ŒUVRES
COMPLÈTES
DE BOSSUET

PUBLIÉES

D'APRÈS LES IMPRIMÉS ET LES MANUSCRITS ORIGINAUX

PURGÉES DES INTERPOLATIONS ET RENDUES A LEUR INTÉGRITÉ

PAR F. LACHAT

ÉDITION
RENFERMANT TOUS LES OUVRAGES ÉDITÉS ET PLUSIEURS INÉDITS

VOLUME XXIII

PARIS
LIBRAIRIE DE LOUIS VIVÈS, ÉDITEUR
RUE DELAMBRE, 9

1864

ŒUVRES COMPLÈTES
DE BOSSUET.

Besançon. — Imprimerie d'Outhenin Chalandre fils.

ŒUVRES
COMPLÈTES
DE BOSSUET

PUBLIÉES

D'APRÈS LES IMPRIMÉS ET LES MANUSCRITS ORIGINAUX

PURGÉES DES INTERPOLATIONS ET RENDUES A LEUR INTÉGRITÉ

PAR F. LACHAT

ÉDITION
RENFERMANT TOUS LES OUVRAGES ÉDITÉS ET PLUSIEURS INÉDITS

VOLUME XXIII

PARIS
LIBRAIRIE DE LOUIS VIVES, ÉDITEUR
RUE DELAMBRE, 9
1864

DE LA
CONNOISSANCE DE DIEU ET DE SOI-MÊME.
LA LOGIQUE.
TRAITÉ DU LIBRE ARBITRE.
POLITIQUE
TIRÉE DES PROPRES PAROLES DE L'ÉCRITURE SAINTE.

REMARQUES HISTORIQUES.

Bossuet faisoit depuis longtemps l'honneur de l'éloquence et de la religion, qu'il étoit encore simple prêtre, sans dignité dans l'Eglise ni dans l'Etat.

Proposé au siége épiscopal de Condom le 8 septembre 1669, il fut nommé précepteur du Dauphin un an plus tard, le 5 septembre 1670. Dans l'acte de nomination, Louis XIV se félicitoit d'avoir trouvé chez l'éminent prélat, « non-seulement toutes les qualités requises pour remplir dignement une charge si importante, mais la doctrine, la probité, les mœurs, la sagesse, une expérience consommée[1]; » et dans une autre circonstance, il déclara qu'il l'avoit « choisi parmi tous les évêques de son royaume[2]. » On créa, pour contenter des sollicitations considérables, une place de sous-précepteur en faveur du savant Huet; déjà le duc de Montausier remplissoit auprès du Dauphin les fonctions de gouverneur, et M. de Cordemoy celles de lecteur.

Bossuet conçut un plan d'éducation digne d'un grand roi, digne de lui-même. Pour le remplir avec plus de succès, nourri dans les belles-lettres dès son enfance, après avoir ravi l'admiration des Arnault et des Bourdaloue, des Corneille et des Pascal, il refit pour ainsi dire ses études classiques; tous les chefs-d'œuvre d'Athènes et de Rome repassèrent sous ses regards scrutateurs, et bientôt le génie des langues savantes, non plus que l'obscurité des anciens monumens, n'eut plus rien de

---

[1] *Provision de l'office de précepteur de M. le Dauphin, pour M. l'évêque de Condom*, 13 septembre 1670. — [2] *Lettre* inédite de *Louis XIV au cardinal Altieri*, 9 mai 1673.

caché pour lui ; pendant que Homère et Virgile lui dévoiloient les secrets de l'éloquence et de la poésie, Aristote et Tite-Live lui révélèrent les mystères de la science et de l'histoire [1]. Nous le verrons répandre à pleines mains, dans les ouvrages qu'il composera pour le Dauphin, ce double trésor.

Mais le plan qui provoqua tant de travaux préparatoires, quel étoit-il? Bossuet va nous l'apprendre. En 1679, Innocent XI, qui venoit d'approuver par un bref solennel l'*Exposition de la Doctrine catholique*, lui fit manifester le désir de connoître la méthode qu'il avoit suivie dans l'éducation du Dauphin, le priant de lui raconter ses vues, ses pensées, ses travaux dans cette grande entreprise. Bossuet s'empressa de répondre à des vœux si augustes ; il écrivit la lettre intitulée : *De Institutione Ludovici Delphini*..... « De l'Education du Dauphin, au pape Innocent XI. » Admirable dans sa simplicité non moins que dans sa profondeur, cette lettre est regardée comme un chef-d'œuvre de style et de science ; cependant l'auteur n'eut pas même la pensée de la donner au public : c'est l'abbé Bossuet, son neveu, qui la publia pour la première fois en 1709, à la tête de la *Politique sacrée*. L'aspirant aux dignités ecclésiastiques n'oublia pas de dédier au Dauphin sa publication.

La lettre à Innocent XI se trouve au commencement de ce volume. Elle nous fait voir, comme dans un tableau, la sollicitude et les travaux continuels du dévoué précepteur auprès de son royal élève. Pour fixer l'attention du jeune prince, il se contenta dans le commencement de lui raconter des histoires agréables; et partout il l'entouroit de soins paternels, pour l'attacher à sa personne. Et comme la religion forme la base de l'éducation chrétienne, il fit à son usage, non-seulement une courte exposition des principaux mystères de la foi, mais des formules de prières

---

[1] Bossuet savoit par cœur les vers d'Homère, aussi bien que ceux de Virgile. Evêque de Meaux, au milieu d'une conversation sur le *divin poëte*, comme il appeloit le chantre d'Achille, il récita tout à coup, avec enthousiasme, un long passage de l'*Iliade*. Comme on lui témoignoit de la surprise et de l'admiration, il dit : « Quelle merveille, après avoir enseigné tant d'années la grammaire et la rhétorique. » — « Comment? dans quel collége? » lui demanda l'évêque d'Autun (Gabriel de Roquette) : « A Saint-Germain et à Versailles, » répondit Bossuet. Puis il ajouta que « pendant qu'il faisoit des études si agréables avec Monseigneur le Dauphin, il étoit si plein d'Homère qu'il récitoit souvent ses vers en dormant; que souvent il s'éveilloit par l'attention qu'il avoit à les réciter, comme on s'éveille au milieu d'un songe dont on est vivement frappé. Un jour même, continue son biographe, il fit encore tout endormi un vers touchant sur le malheur d'Ulysse. Virgile ne lui étoit pas moins familier. Il n'alloit jamais à la campagne sans Virgile. Il ne cessoit de vanter la douceur de ses vers, et toujours un exemple pris dans les *Eglogues* ou dans les *Géorgiques*, venoit justifier les éloges. Les tableaux de la nature, dans ce poëte, faisoient partout ses délices, mais combien plus à la campagne ! C'est ici qu'il avoit le modèle et la peinture sous les yeux. » (L'abbé Ledieu, *Mémoires*, sur l'éducation du Dauphin.)

empreintes d'une tendre piété ; et c'est au zèle de l'instituteur que nous devons deux précieux ouvrages de l'évêque, le *Catéchisme de Meaux* et les *Prières ecclésiastiques*. En même temps qu'il nourrissoit et formoit son cœur par la religion, il éclairoit et polissoit son esprit par les lettres et par la science, lui enseignant tour à tour la grammaire françoise et la langue latine, l'histoire et la géographie, la rhétorique et la logique, la philosophie et la morale, la jurisprudence et la politique. Nous ne pourrions décrire dans tous ses détails un enseignement si divers et si multiple ; qu'on en suive les phases et le développement dans l'exposé du Maître : le but qui nous est prescrit, les limites qui nous sont imposées, restreignent nos remarques aux écrits qui les complétèrent.

I. *De la connoissance de Dieu et de soi-même.* — Voici ce que Bossuet dit de cet ouvrage : « Pour devenir parfait philosophe, l'homme n'a besoin d'étudier autre chose que lui-même ; ..... en remarquant seulement ce qu'il trouve en lui, il reconnoît par là l'auteur de son être... Aussi avons-nous formé le plan de la philosophie sur ce précepte de l'Evangile : *Considérez-vous attentivement vous-mêmes* [1] ; et sur cette parole de David : *O Seigneur, j'ai tiré de moi une merveilleuse connoissance de ce que vous êtes* [2]. Appuyé sur ces deux passages, nous avons fait un traité *de la Connoissance de Dieu et de soi-même*, où nous expliquons la structure du corps et la nature de l'esprit par les choses que chacun expérimente en soi : et faisons voir qu'un homme qui sait bien se rendre présent à lui-même, trouve Dieu plus présent que toute autre chose, puisque sans lui il n'auroit ni mouvement, ni vie, ni esprit, ni raison [3]... »

Voilà donc tout le plan de Bossuet : La connoissance de l'homme mène à la connoissance de Dieu. Or, pour connoître l'homme, il faut le considérer dans son ame, dans son corps, dans l'union de ces deux parties de lui-même, dans ses rapports avec Dieu, enfin dans sa différence avec la bête. De là cinq chapitres.

1. L'ame se connoît par ses opérations qui sont, les unes sensitives et les autres intellectuelles. Les opérations sensitives comprennent les sensations, l'imagination et les passions ; les opérations intellectuelles embrassent l'entendement et la volonté. Ainsi, dans le premier chapitre, du plaisir et de la douleur, de l'imagination et des passions, de la mémoire et de l'entendement, des sciences et des arts, de la vertu et des vices, de la droite raison et de la raison corrompue.

2. Le corps humain forme l'objet de l'anatomie et de la physiologie. Bossuet étudia pendant une année, sous la direction du médecin Duverney, à l'aide du scalpel, cette double science ; et le disciple fit ce

[1] *Luc*, XXI, 34. — [2] *Psaume*, CXXXVIII, 6. — [3] *Lettre à Innocent XI.*

que le maître n'auroit pu faire. Au xvii⁰ siècle, les médecins parloient (font-ils de même aujourd'hui?) un dialecte singulièrement étrange, employant tantôt des mots grecs qu'ils n'entendoient guères, tantôt des formules demi-barbares qui remplaçoient l'idée absente. Sans sortir du langage ordinaire, Bossuet expliqua les merveilles du corps humain dans des termes aussi simples qu'élégans, avec une clarté qu'on n'avoit plus apportée dans les sciences depuis les maîtres d'Athènes et de Rome. Le biographe du grand homme nous apprend que « les physiciens, les anatomistes, les médecins les plus renommés de son temps trouvèrent son œuvre supérieure à tout ce qui avoit paru jusqu'alors sur le même sujet [1]; » et son historien ajoute « qu'il n'est aucune des découvertes nouvelles qui soit en contradiction avec son exposé [2]. » La dernière allégation n'est pas entièrement exacte. Comme les docteurs du moyen âge, Bossuet connoissoit les principes généraux de la physique aussi bien qu'on les connoît aujourd'hui ; mais puisque les sciences d'expérience vont se développant dans un ordre de production successive, il ne pouvoit devancer les découvertes qui devoient naître des inventions mêmes de son époque ; aussi verra-t-on qu'il s'est plus ou moins trompé dans quelques détails, sur l'existence ou la nature des esprits animaux, sur l'origine et le commencement d'une partie des nerfs, sur certaines fonctions du cœur, sur l'action de l'air dans la respiration, sur les sutures du cerveau, etc.

3. Dans l'union la plus intime, l'ame et le corps agissent réciproquement l'un sur l'autre. Comment cela? En percevant les objets extérieurs, les sens produisent dans les nerfs un ébranlement qui se prolonge jusqu'au cerveau, et le corps porte ainsi la sensation dans l'ame; à son tour l'ame, plus noble et par conséquent maîtresse, commande les mouvemens du corps, et va jusqu'à susciter les passions par l'image ou la pensée des objets. Il suit de là, pour le remarquer en passant, que l'ame a le moyen de modérer, de calmer et même de prévenir les passions : ce moyen, c'est d'en détruire la violence plutôt que d'en combattre le cours, c'est d'éloigner son esprit des choses qui les enflamment, pour l'attacher à d'autres objets qui les éteignent faute d'aliment. « Il est quelquefois utile, dit notre auteur, de s'abandonner à des passions innocentes pour échapper à des passions criminelles. » Belle application de la physiologie à la morale! « Au reste l'union de l'ame et du corps, poursuit Bossuet, est une espèce de miracle perpétuel, général et subsistant, qui paroît dans toutes les sensations de l'ame et dans tous les mouvements volontaires du corps : miracle dont il est difficile et peut-être impossible à l'esprit humain de pénétrer le secret, mais dont on ne peut contester la vérité. » Certaines idées fausses, qui

---

[1] L'abbé Ledieu, *Mémoires,* de l'éducation du Dauphin. — [2] Bausset, *Histoire de Bossuet*, liv. IV, § 14.

régnoient au xvii⁰ siècle, rendoient ce miracle, sinon plus impénétrable, du moins plus obscur encore.

4. Les rapports de l'homme avec Dieu se manifestent et dans son corps et dans son ame. OEuvre d'une sagesse infinie, le corps humain est disposé selon la mesure, le nombre et le poids [1] ; admirables correspondances, ineffables harmonies qui nous montrent, pour employer le langage des anciens docteurs, les *vestiges* de la Divinité. L'ame, plus parfaite encore, a trois facultés qui se réunissent sans se confondre, la perception, l'intellection et la volonté. Voilà l'*image* de Dieu. D'un autre côté, l'entendement humain comprend les règles de proportion par lesquelles nous mesurons tout, c'est-à-dire les vérités nécessaires, éternelles, infinies. Or ces vérités, infinies parce qu'elles renferment les types de toutes choses, éternelles parce qu'elles subsistent toujours, nécessaires parce qu'elles ne peuvent être autrement; ces vérités, que sont-elles, sinon Dieu même? Ainsi brille partout l'empreinte éclatante, c'est-à-dire les preuves manifestes du souverain Etre. Mais puisque ces preuves partent de l'homme pour arriver à Dieu, si Bossuet n'avoit consulté que l'ordre des idées, n'auroit-il pas intitulé son livre : *De la Connoissance de soi-même et de Dieu?*

5. L'homme diffère de la brute par deux prérogatives essentielles, le raisonnement et l'invention. En apercevant l'ordre du monde, l'homme connoît tous les ouvrages du Créateur : il connoît, non-seulement les corps visibles qui peuplent l'espace, mais encore les choses invisibles qu'ils montrent évidentes aux regards de l'intelligence [2]. La bête, au contraire, qu'éprouve-t-elle en présence de ce magnifique spectacle? Des sensations physiques. Que voit-elle? Des formes extérieures, dont elle ne peut abstraire ni l'essence, ni la figure, ni les qualités. Ensuite l'homme a inventé des sciences qui soumettent le monde à ses lois, des instrumens qui lui montrent l'infiniment grand et l'infiniment petit, des appareils qui détruisent le temps et l'espace; que dirai-je encore? des arts et des machines qui ont changé la face de la terre. Qu'ont inventé les animaux? Rien ; pas un procédé pour se préserver du froid, pas un signe pour se rallier, pas une arme pour se défendre contre leur ennemi, qui les fait tomber dans tant de piéges. Les sublimes philosophes plaident vainement la cause de la bête contre eux-mêmes; vainement ils l'élèvent au-dessus d'eux pour avoir le droit de s'abaisser au-dessous d'elle : l'homme le plus borné l'emporte infiniment sur le plus adroit des animaux. Notre auteur en donne des preuves aussi convaincantes qu'ingénieuses; en le lisant, si l'on oublie ses autres ouvrages, on croira qu'il a passé sa vie dans l'étude des sciences naturelles.

Tel est le livre *de la Connoissance de Dieu et de soi-même* [3]. Bossuet

[1] *Sap.* XI, 21.—[2] *Rom.*, I, 20.—[3] M. Pierre Séguier, né en 1504 et mort en 1580, avocat-général au parlement de Paris, puis président à mortier, laissa par testa-

ne le livra point à la publicité, parce qu'il n'avoit pas pour but immédiat de protéger l'Eglise contre un danger pressant ; il se contenta d'en donner une copie à Fénelon, pour servir à l'instruction du duc de Bourgogne. On imprima cette copie en 1722, à Paris, chez Amaulry, et plusieurs crurent que l'ouvrage étoit de l'archevêque de Cambray ; mais les esprits judicieux reconnurent bientôt l'essor de l'aigle et la griffe de lion, et l'on demanda de toutes parts une édition authentique à l'évêque de Troyes. Usé avant l'âge déjà, le vieillard avoit soixante-dix-sept ans; il communiqua le manuscrit, et signa un court mandement qui devoit servir de préface. L'ouvrage parut en 1741, à Paris, chez la veuve Alix, 1 vol. in-12. On disoit vainement au nom de l'évêque de Troyes, dans le petit mandement, cette édition beaucoup plus correcte que la précédente : elle accumuloit par-dessus les fautes anciennes une montagne de nouvelles fautes. Vivant au beau milieu du xviii° siècle, l'éditeur devoit, sous peine d'ignorance et de superstition, croire au progrès; il chargea l'on ne sait quel médecin de mettre son livre au niveau de la science du jour. Le bon docteur se mit à corriger bravement le grand écrivain : non qu'il signalât des faits nouveaux, de nouvelles découvertes; mais il voulut faire disparoître, parce qu'il ne la comprenoit pas, la terminologie empruntée par Bossuet aux scholastiques ; il remplaça les mots simples par des termes relevés, les expressions concises par des périphrases ; en un mot, il traduisit la langue si claire et si belle de son auteur en argot médical. Et les éditeurs des œuvres complètes, qui pourroit le croire? ont reproduit fidèlement toutes ces altérations grossières ; seulement on a donné en 1846, dans un volume séparé, une édition plus conforme à l'original. Le manuscrit, qui se trouve à la Bibliothèque impériale, est une magnifique copie, comme toutes celles qu'on mettoit dans les mains du Dauphin. Elle porte de nombreuses corrections tracées de la main de Bossuet ; mais elle porte aussi les remaniemens du téméraire docteur. Nous avons soigneusement recueilli dans le texte les véritables corrections; et nous avons mis les interpolations au bas des pages, en les faisant précéder du mot *L'inconnu*, afin que le lecteur puisse les apprécier et par là même les éditions.

II. *La Logique*, autre ouvrage qui servit à l'éducation du Dauphin. — Comme nous l'avons vu, Bossuet dit, dans la *Connoissance de Dieu et de soi-même*, que l'ame a deux facultés, l'entendement et la volonté : l'entendement qui regarde le vrai, la volonté qui a le bien pour objet. De là deux sciences pour gouverner les principales facultés de l'ame, la logique et la morale.

ment à ses enfans un ouvrage intitulé : *Rudimenta cognitionis Dei et sui :* « Elémens de la connoissance de Dieu et de soi-même. » Balesdens publia cet ouvrage en latin en 1636, et Colletet le traduisit plus tard en françois. (*Biog.* de Michaud, vol. 41, p. 458.

La logique est une science qui dirige l'entendement dans la recherche et la connoissance de la vérité.

Nous parvenons à la connoissance de la vérité par la conception, par le jugement et par le raisonnement. La conception donne les idées, le jugement forme la proposition, et le raisonnement produit le syllogisme. Ainsi des idées, des propositions, des syllogismes ; voilà les sujets des trois livres qui divisent la logique.

1. L'idée représente à l'entendement l'image de l'objet entendu.

Considérées sous le rapport des objets, suivant qu'elles représentent des choses existant en elles-mêmes ou dans un autre, les idées peuvent s'appeler substantielles ou accidentelles ; envisagées du côté de l'entendement, selon qu'on les voit dans une lumière plus ou moins vive et sous une forme plus ou moins nettement déterminée, elles sont claires ou distinctes, obscures ou confuses.

2. Les idées, soit les termes qui les expriment, s'unissent ou se séparent, s'affirment ou se nient les unes des autres : c'est là ce qui forme la proposition.

Dans chaque proposition, il y a nécessairement deux termes qui s'affirment ou se nient, puis le verbe *est* qui prononce l'affirmation ou la négation ; c'est-à-dire il y a le sujet, l'attribut et la copule.

Les propositions se divisent, à raison de leurs matières ou de leurs termes, en incomplexes ou complexes, simples ou composées, absolues ou conditionnelles ; à raison de leur étendue, en universelles et particulières ; à raison de leur qualité, en affirmatives et négatives ; enfin à raison de leur objet, en véritables et fausses.

3. Comme la proposition unit ou sépare des termes, ainsi le raisonnement unit ou sépare des propositions, il montre qu'une proposition moins étendue est renfermée dans deux propositions plus générales.

On voit que le raisonnement, ou si l'on veut l'argument se compose de trois propositions, qui sont la majeure, la mineure et la conclusion.

Il y a diverses sortes de raisonnement : le syllogisme, l'enthymème, le sorite, l'argument hypothétique, l'argument disjonctif, l'argument démonstratif et l'argument probable.

Outre l'évidence, le raisonnement peut appeler à son aide l'autorité : l'autorité de la révélation divine, l'autorité du consentement universel, l'autorité du témoignage humain, l'autorité des sages, l'autorité des lois, l'autorité des jugemens prononcés dans les tribunaux.

La *Logique* de Bossuet n'a vu le jour que dans ce siècle. Le savant qui a dirigé l'édition de Versailles semble dédaigner cet ouvrage. « Le manuscrit, dit-il, n'a point paru, et en le lisant on juge aisément pourquoi. Quand Bossuet l'écrivit, la *Logique* de Port-Royal étoit connue, étoit même imprimée : il en fit donc un abrégé, changea quelque chose à l'ordre des chapitres, et aux exemples allégués substitua d'autres exemples : eut-il jamais la pensée qu'un tel abrégé dût être publié [1] ? » Cela ne mérite point de réponse. Quoi ! Bossuet se seroit contenté, dans un de ses ouvrages, d'abréger l'ouvrage d'un autre auteur ! Mais en *lisant* sa *Logique*, on *juge aisément*, que dis-je? on voit avec la dernière évidence qu'elle n'est point un *Abrégé* de la *Logique* de Port-Royal ; elle a été composée sur le plan des traités qui servoient à l'enseignement dans le xviie siècle; elle reproduit les principes et traduit admirablement la langue des scholastiques ; et Bossuet nous apprend lui-même qu'il l'a tirée en partie d'Aristote et de Platon. Ou l'éditeur de Versailles n'a pas lu le manuscrit de la *Logique*, non plus que tous les autres ; ou il a voulu s'épargner la peine d'une longue et difficile transcription : voilà tout. Le savant auteur des *Études sur la Vie de Bossuet* n'a pas reculé, lui, devant la peine de lire et de transcrire; M. Floquet a publié la *Logique* en 1828, dans l'édition de Beaucé-Rusand et dans un petit volume séparé; c'est alors que l'ouvrage parut pour la première fois. Le manuscrit présente comme deux parties. Les deux premiers livres, admirablement copiés, de la même écriture que *la Connoissance de Dieu et de soi-même*, portent de nombreuses corrections tracées par Bossuet; au contraire, le troisième livre, d'une mauvaise transcription, n'offre aucun vestige de sa main : les lignes, occupant toute la page et pressées les unes contre les autres, ne laissoient aucune place aux surcharges ; Bossuet attendoit probablement une meilleure copie pour faire les changemens convenables. Quoi qu'il en soit, ce livre est, comme les deux autres, d'une authenticité incontestable et incontestée.

III. *Traité du Libre arbitre.* — Nous le disions tout à l'heure d'après Bossuet, l'ame a deux facultés principales, l'entendement et la volonté. Or la plus belle prérogative de la volonté, son attribut essentiel, son fond même, c'est le libre arbitre. Le livre que nous abordons se rattache donc, par des liens intimes, aux deux ouvrages dont nous venons de parler. Aussi Bossuet le fit-il, bien qu'on ait dit le contraire, pour servir à l'éducation du Dauphin.

Le *Traité du Libre arbitre* établit deux choses : l'existence de la liberté humaine et son accord avec la Providence divine. Ainsi l'ouvrage a comme deux parties qui comprennent, l'une les quatre premiers chapitres, l'autre les suivans.

L'existence de la liberté se prouve de plusieurs manières : par le sentiment; car je sens que je puis agir ou n'agir pas, vouloir ou ne vouloir pas : par le raisonnement; car j'ai une idée très-claire, c'est-à-dire une représentation très-réelle, c'est-à-dire encore une preuve très-certaine de ma liberté : enfin par la révélation ; car, sans parler des textes les plus

---

[1] *Édit. de Versailles*, tom. I, p. XXII.

formels et les plus positifs, l'Ecriture sainte nous la montre partout dans les châtimens du vice et dans les récompenses de la vertu.

Mais si nous pouvons agir avec connoissance, après délibération, par conseil et par choix, Dieu sait tout, prévoit tout, dispose de tout; si nous pouvons faire ceci ou cela, nos actions sont comprises dans les décrets de la Providence; s'il est certain que nous sommes libres, il l'est aussi que le souverain Modérateur gouverne notre liberté : comment concilier ces deux dogmes qui semblent contradictoires? Les concilier? Quand la conciliation nous seroit impossible, encore ne devrions-nous pas les rejeter, puisqu'ils sont certains l'un et l'autre, et que la vérité ne détruit pas la vérité; quand ils renfermeroient un secret au-dessus de notre connoissance, encore devrions-nous retenir ce que nous en connoissons manifestement, visiblement. Mais il y a plusieurs moyens d'accorder ensemble la Providence divine et la liberté humaine; notre auteur admet l'explication des thomistes, le système qu'on appelle de la *promotion physique*. D'après cette théorie, Dieu fait tout ce qu'il y a de bon et de réel; mais il le fait selon sa nature : il fait nécessaire ce qui est nécessaire, et libre ce qui est libre. « Dieu veut dès l'éternité, dit Bossuet, tout l'exercice futur de la liberté humaine. Qu'y a-t-il de plus absurde que de dire qu'il n'est pas, à cause que Dieu veut qu'il soit? Ne faut-il pas dire, au contraire, qu'il est parce que Dieu le veut ? » Au reste, le système dit des thomistes est-il bien de saint Thomas? Nous avons prouvé ailleurs sans réplique, ce nous semble, que des mains coupables ont altéré sa doctrine dans l'article de l'Immaculée Conception de la bienheureuse Vierge Marie; ces mêmes mains ne pourroient-elles pas l'avoir pareillement falsifié sur le point de la promotion physique, comme aussi de la prédestination absolue? La prédestination absolue et la promotion physique sont dures : *Durus est hic sermo.*

Le *Traité du Libre arbitre* fut publié pour la première fois par l'évêque de Troyes, 1731, Paris, chez Barthélemy Alix. Nous avons collationné l'ouvrage sur cette édition, car le manuscrit ne se retrouve pas.

Encore un mot. Quand Bossuet voulut composer les trois ouvrages que nous venons de passer rapidement en revue, il déposa, si l'on peut ainsi dire, la crosse de l'évêque pour ne garder que la plume du philosophe; *la Connoissance de Dieu et de soi-même, la Logique* et le *Traité du Libre arbitre* relèvent, non pas des oracles de l'Ecriture sainte, mais des lumières de la raison : c'est là, c'est dans ces écrits purement rationnels qu'il faut chercher ce qu'on appelle la philosophie de l'Aigle de Meaux. On nous donne souvent de longues et savantes dissertations sur ce sujet : nous voudrions, pour notre part, moins de phrases pompeuses et plus de choses nettement déterminées; nous voudrions un court exposé renfermant tout simplement, sous un petit nombre de numéros, les propositions fondamentales du système philosophique de Bossuet. La philosophie de Bossuet, ce n'est ni l'évidence de Descartes, ni l'ontologisme de Malebranche, ni l'éclectisme de Cousin, ni le sens commun de Lamennais, ni le traditionalisme de Bonald, ni le semi-traditionalisme de je ne sais qui; ce n'est rien de tout cela pris séparément, mais c'est tout cela s'unissant dans une admirable harmonie. Bossuet n'a garde de mutiler et de paralyser l'esprit humain, en lui ôtant les objets de ses facultés, et pour ainsi dire les instrumens de ses opérations : il lui laisse toute source de connoissance, tout principe de science, tout moyen de certitude ; il lui laisse l'évidence dans les premiers principes et leurs conséquences nécessaires, l'ontologisme dans la métaphysique, l'éclectisme dans les opinions libres, le sens commun dans le témoignage universel, enfin le traditionalisme ou le semi-traditionalisme, comme on voudra, dans les choses de fait et d'expérience. La philosophie de Bossuet, c'est la philosophie du bon sens chrétien, la philosophie qui s'enseignoit autrefois dans toutes les écoles catholiques, la philosophie des scholastiques et particulièrement de saint Thomas.

Nous parlerons de la *Politique sacrée* dans le prochain volume.

DE INSTITUTIONE
LUDOVICI DELPHINI

LUDOVICI XIV FILII

AD INNOCENTIUM XI

PONTIFICEM MAXIMUM.

Ludovicum Magnum, Beatissime Pater, sæpè dicentem audivimus, sibi quidem Delphinum, unicum pignus, tantæ familiæ regnique munimentum, meritò esse charissimum : cæterùm eâ lege suavissimo filio vitam imprecari, ut dignus majoribus tantoque imperio viveret; atque omninò eum nullum esse malle quam desidem.

Quare, jam indè ab initio id in animo habuit, ut Princeps augustissimus, non socordiæ aut otio, non muliebribus blanditiis, non ludo aut nugis puerilibus, sed labori ac virtuti insuesceret; atque à teneris, ut aiunt, unguiculis, primùm timorem Dei quo vita humana nititur, quoque ipsis Regibus sua majestas et auctoritas constat : tùm egregias omnes disciplinas artesque, quæ tantum decerent Principem, accuratè perdisceret; maximè quidem eas, quæ regendo ac firmando imperio essent ; verùm et eas quæ quomodocumquè animum perpolire, ornare vitam, homines litteratos conciliare Principi possent : ut ipse Delphinus, et morum exemplar ac flos juventutis, et præclarus ingeniorum fautor, et tanto demùm parente dignus haberetur.

I.

Lex à Rege posita, et studiorum ratio constituta.

Eam itaque legem studiis Principis fixit, ut nulla dies vacua effluretet : aliud enim cessare omninò; aliud oblectare ac relaxare animum : ac puerilem ætatem ludis jocisque excitandam, non tamen penitùs permittendam, sed ad graviora studia quotidie revocandam, ne intermissa languescerent : negotiosissimam Principum vitam nullo die vacare ab ingentibus curis; pueritiam quoque ità exercendam, ut è singulis diebus aliquot horæ decerperentur rebus seriis addicendæ : sic, ipsis jam studiis ad gravitatem inflexum, atque assuefactum animum, negotiis tradi : id quoque pertinere ad eam lenitatem, quæ formandis ingeniis adhibenda esset; lenem enim esse vim consuetudinis, neque importuno monitore opus, ubi ultrò ipsa monitoris officio fungeretur.

His rationibus adductus Rex prudentissimus, certas quotidie horas litterarum studiis assignavit : has quidem interdùm aspersis jocis ad hilariorem habitum componendas, ne tristis et horrida doctrinæ facies puerum deterreret. Neque falsus animi fuit : sic nempè factum est, ut ipsà consuetudine admonitus, lætus et alacer, ac ludibundo similis, puer regius solita repeteret studia, aliud ludi genus si promptum animum adhiberet.

Sed caput institutionis fuit, Ducem Montauserium præfecisse, virum militari gloriâ nec non litterariâ clarum, pietatis verò laude clarissimum : unum omnium et naturâ et studio ad id factum, ut tanti herois filium viriliter educaret. Is igitur Principem nunquàm ab oculis manibusque dimittere; assiduè fingere, à licentioribus quoque dictis puras aures tueri, pravisque ingeniis præstare inaccessas; ad omnem virtutem, maximè ad Dei cultum, monitis accendere, exemplo præire, invictâ constantiâ opus urgere, iisdemque vestigiis semper insistere : nihil deniquè prætermittere, quo regius juvenis quàm valentissimo et corpore et animo esset. Quem nos virum ubique conjunctissimum habuisse gloriamur : atque optimis quibusque artibus præcellentem, in re quoque litterariâ et adjutorem nacti, et auctorem secuti sumus.

II.

Religio.

Quotidiana studia, matutinis æquè ac pomeridianis horis, ab rerum divinarum doctrinâ semper incepta : quæ ad eam pertinerent, Princeps detecto capite summâ cum reverentiâ audiebat.

Cùm catechismi doctrinam quam memoriâ teneret exponeremus, iterùm atque iterùm monebamus præter communes christianæ vitæ leges, multa esse quæ singulis pro variâ rerum personarumque ratione incumberent : hinc sua Principibus propria et præcipua munera, quæ prætermittere s'ne gravi noxâ non possent. Horum summa capita tùm delibavimus, alia graviora et reconditiora maturiori ætati consideranda, docebamus.

Sanè repetendo effecimus, ut hæc tria vocabula aptissimè inter se connexa hærerent memoriæ, pietas, bonitas, justitia : his vitam christianam, his regii imperii officia contineri. Hæc verò ità colligebamus, ut qui pius in Deum esset, idem erga homines ad Dei imaginem conditos, Deique filios, esset optimus; tùm qui benè omnibus vellet, eum et sua cuique tribuere, et à bonis arcere sceleratorum injurias, et propter publicam pacem malefacta coercere, perversosque homines ac turbulentos in ordinem cogere. Principem ergò pium atque ideò bonum, omnibus benefacere, per sese nemini gravem, nisi scelere et contumaciâ provocatum.

Ad ea capita, quæ deindè copiosè tradidimus, præcepta retulimus : ab eo fonte manare, eò redire omnia : ideò Principem optimis disciplinis imbuendum, ut hæc promptè et facilè præstare possit.

Sacram historiam, quæ utroque Testamento continetur, jam indè ab initio, et memoriter tenebat et sæpè memorabat : in eâ maximè, quæ in pios Principes Deus ultrò contulerit; quàm tremenda judicia de impiis et contumacibus tulerit.

Paulò jam adultior legit Evangelium, *Actusque Apostolorum*, atque Ecclesiæ nascentis exordia. His Jesum Christum amare docebatur : puerum amplexari : cum ipso adolescere, parentibus obedientem, Deo hominibusque gratum, novaque in dies sapientiæ argumenta proferentem. Hinc audire prædicantem : admirari signa stupenda facientem : colere beneficium : hærere morienti, ut et resurgentem, et ad cœlos ascendentem sequi daretur. Tùm Ecclesiam amore pariter et honore complecti : humilem, patientem, jam indè à primordio curis exercitam, probatam suppliciis ubique victricem. In eâ intueri, ex Christi placitis regentes Apostolos, ac verbo pariter et exemplo præcuntes : in omnibus auctorem ac præsidentem Petrum : plebem dicto audientem, nec post apostolica decreta quidquam inquirentem. Cætera deniquè, quæ et fundare fidem, et spem erigere, et charitatem inflammare queant : Mariam quoque colere, et impensè venerari, piam apud Christum hominum advocatam; quæ tamen doceat nonnisi Christo obedientibus beneficia divina contingere : sæpè multùmque cogitare, quanta castitatis et humilitatis præmia tulerit, suavissimo pignore è cœlis dato, Dei mater effecta, æternoque Parenti sanctè sociata. Hîc christianæ religionis pura et casta mysteria : virginem Christum, neque alteri quàm virgini dandum : colendam ergò in primis castitatem Mariæ cultoribus, ipsâ castitate ad summam dignitatem et fœcunditatem evectæ.

In legendo Evangelio si fortè evagaretur animus, aut debita reverentia tantisper excideret, librum amovere, sanctè illum nec nisi summâ veneratione lectitandum : id Princeps gravissimi supplicii loco ducere : hinc paulatim assuescere, ut attentè et sanctè pauca perlegeret, multa cogitaret. Nos planè et simpliciter explicare sententias; quæ hæreticos convincerent, quæ ipsi improbè à vero detorsissent, suo loco notare : interim admonere, multa esse quæ ætatem, multa quæ humanum captum exsuperent : his superbiam frangi, his exerceri fidem : nec fas in re tantâ suo ingenio indulgere, sed omnia accipienda ex majorum sensu, Ecclesiæque decretis : novatoribus certam imminere perniciem : nec nisi fucatam falsamque pietatem, quæ ab eâ regulâ deflexisset.

Lectis relectisque Evangeliis, Veteris Testamenti, ac Regum præsertim historiam aggressi sumus. In Regibus Deum severissimæ ultionis edere monimenta : quò enim excelsiore fastigio essent, summæ rerum Deo jubente præpositi, eò arctiore subjectione teneri, atque omnibus documento esse, quàm fragiles, imò nullæ, humanæ vires essent, nisi divino præsidio niterentur.

Ex Apostolicis Epistolis, certa capita selegimus quæ mores christianos informarent. Quin ex Prophetis quoque quædam delibavimus; quâ auctoritate, quâ majestate, superbos Reges compellaret Deus : quàm ipso spiritu immensos difflaret exercitus, imperia everteret, victos victoresque pari æquaret excidio. Quæ Christum prædicerent vaticinia Prophetarum, ubi in Evangeliis occurrebant, ea in ipso fonte quæsita demonstrabamus. Hæc admirari Princeps : nos admonere, quàm nova cum antiquis aptè cohærerent, neque unquàm vanas pollicitationes Dei aut minas futuras, firmaque omninò esse, quæ venturo sæculo assignarit; verax ubique Deus, futurorum ex antè actis approbatâ fide. His sæpè inspersimus vitas Patrum, splendidiora Martyrum acta, religiosam Historiam, quæ et erudirent pariter et oblectarent. Atque hæc de religione.

III.

Grammatica : auctores latini : geographia.

Grammatica studia enarrare quid attinet ? Id quidem maximè curavimus, ut latini pariter patriique sermonis proprietatem primùm, tùm etiam elegantiam nosset. Hujus disciplinæ tædia temperavimus demonstratâ utilitate, rerumque ac verborum, quoad ferebat ætas, cognitione conjunctâ.

His perfectum est, ut vel puer, optimos latinitatis auctores promptè intelligeret, arcanos etiam sensus rimaretur, vixque hæreret unquàm ubi animum intendisset : ex iis, præsertim ex poetis, jucundissima quæque et utilissima memoriæ commendata persæpè recitaret, atque occasione datâ, rebus ipsis quæ inciderent, aptè accommodaret.

In his verò auctoribus perlegendis nunquàm ab instituto nostro discessimus, quo pietatem simul morumque doctrinam, ac civilem prudentiam traderemus. Gentilis theologiæ religionisque fabulas, et infanda mysteria, documento esse quàm altâ caligine per sese homines mersi degerent : politissimas quasque gentes, ac civilis sapientiæ consultissimas, Ægyptios, Græcos, Romanos, easdem in summâ rerum divinarum ignoratione versatas, absurdissima portenta coluisse; neque ex his unquàm nisi Christo duce emersisse : hinc veram religionem, divinæ gratiæ totam esse tribuendam.

Neque eò seciùs gentiles purè sanctèque quoad res sineret, sua sacra habuisse ratos, his maximè stare rempublicam : multa quoque morum, multa justitiæ exempla præbuisse, quibus premi Christianos, si nec à Deo docti virtutem retinuissent. Hæc quidem plerumquè non præcipientium specie, sed familiariter monebamus, quæ semel animo hausta, sæpè ipse Delphinus spontè memorabat : meminimusque, laudato Alexandro, qui adversùs Persas communem Græciæ causam tanto animo suscepisset, ultrò advertisse, quàm longè esset gloriosus Principi Christiano, communem Christianitatis hostem, ipsius jam cervicibus imminentem, propulsare ac debellare.

Æquum autem duximus, auctorum opera non minutatim incisa, hoc est non unum aut alterum, *Æneidos* putà aut Cæsaris librum, à reliquis avulsum et abruptum, sed integrum opus continenter, et quasi uno spiritu legere : ut Princeps paulatim assuesceret, non singula quæque, sed ipsam rerum seriem atque operis summam intueri : cùm nec singulis sua lux aut pulchritudo constet, nisi universi operis, velut ædificii, rationem atque ideam animo informaris.

In poetis, Virgilio maximè ac Terentio est delectatus : in historicis, Sallustio ac Cæsare. Hunc verò egregium et scribendi et agendi magistrum vehementer admirari : belli administrandi ducem adhibere : nos cum summo Imperatore iter agere, castra designare, aciem instruere, inire atque expedire consilia, laudare, coercere militem, opere exercere, spe erigere, promptum et alacrem habere, fortem et abstinentem exercitum agere; hunc disciplinâ, socios fide ac tutelâ in officio retinere; locis atque hostibus universam belli accommodare rationem, cunctari interdùm, urgere sæpiùs, ipsâque celeritate non consilia hostibus, non fugam relinquere; victis parcere, comprimere rebellantes, debellatas gentes æquitate ac prudentiâ componere : his lenire simul et confirmare victoriam.

Quid memorem, ut in Terentio suaviter atque utiliter luserit : quantaque se hìc rerum humanarum exempla præbuerint, intuenti fallaces voluptatum ac muliercularum illecebras, adolescentulorum impotentes et cæcos impetus ; lubricam ætatem servorum ministeriis atque adulatione per devia præcipitatam, tùm suis exagitatam erroribus, atque amoribus cruciatam, nec nisi miraculo expeditam, vix tandem conquiescentem ubi ad officium redierit. Hìc morum, hìc ætatum, hìc cupiditatum naturam à summo artifice expressam ; ad hæc personarum formam ac lineamenta, verosque sermones, deniquè venustum illud ac decens, quo artis opera commendetur. Neque interim jucundissimo poetæ, si quæ licentiùs scripserit, parcimus : sed è nostris plurimos intemperantiùs quoque lusisse, mirati, horum lasciviam exitiosam moribus, severis imperiis coercemus.

In immensum creverit opus, si exponere aggredimur quæ in quoque auctore notata, præsertim in Cicerone, quem jocantem, philosophantem, perorantem audivimus.

Geographiam intereà ludendo, et quasi peregrinando transgessimus : nunc secundo delapsi flumine, nunc oras maritimas legentes, mox in altum pelagus invecti aut mediterranea penetrantes, urbes ac portus, non tamen festinatis itineribus neque incuriosi hospites peragramus ; sed omnia lustramus, mores inquirimus, maximè in Gallià ; diversissimos populos, bellicosissimam gentem, sæpè et mobilem, populosissimas urbes ; tantam imperii molem summà arte regendam et continendam.

IV.

Historia, maximè Francica : eaque à Principe latino et vernaculo sermone conscripta.

Porrò historiam, humanæ vitæ magistram, ac civilis prudentiæ ducem, summà diligentià tradidimus : sed præcipuam in eo operam collocavimus, ut Francicam maximè, hoc est suam, teneret. Nec libros tamen operosè evolvendos puero dedimus (quanquàm et nonnulla ex vernaculis auctoribus, Comineo præsertim ac Bellæo, legenda decerpsimus) : sed nos ipsi, ex fontibus ac probatissimis quibusque scriptoribus ea selegimus, quæ ad rerum seriem animo complectendam maximè pertinerent. Ea nos Principi vivà voce narrare, quantùm ipse memorià facilè retineret ; mox eadem recitanda reposcere : is posteà gallico sermone pauca conscribere, mox in latinum vertere ; id thematis loco esse ; nos utraque pari diligentià emendare : ultimo hebdomadis die, quæ per totam scripta essent, uno tenore relegere : in libros dividere, libros ipso iterùm iterùmque revolvere.

Hinc assiduitate scribendi factum est, ut historia nostra Principis manu styloque gallicè simul et latinè confecta, ad postrema jam regna devenerit : et latina quidem, ex quo ea lingua satis Principi nota, omisimus : reliquam historiam gallicè eodem studio persequimur. Sic autem egimus, ut cum Principis judicio, nostra quoque historia cresceret : ac tempora quidem antiqua strictiùs, nostris proxima explicatiùs traderemus : non tamen minuta quæque et curiosa sectati, sed mores gentis honos pravosque, majorum instituta, legesque præcipuas : rerum conversiones, earumque causas : arcana consiliorum, inopinatos eventus quibus animus assuefaciendus esset, atque ad omnia componendus : Regum errata ac secutas calamitates : ipsorum jam indè à Clodoveo per tanta spatia temporum inconcussam fidem, atque in tuendâ catholicâ religione constantiam : huic conjunctam Sedis apostolicæ observantiam singularem, eâ enim maximè gloriatos : hinc regnum ipsum à tot sæculis firmum constitisse : postquàm subortæ hæreses, ubique turbidos insanosque motus, imminutam Regum majestatem, ac florentissimum imperium tantùm non accisum, nec pristinas vires nisi perculsâ demùm fractâque hæresi recepisse.

Ut autem Principi, ex ipsâ historiâ, rerum agendarum constaret ratio; in iis exponendis, periculorum statu constituto, velut initâ deliberatione, solemus omnia momenta perpendere, ab eoque exquirere quid deindè decerneret; tùm eventus exsequimur, peccata notamus : rectè facta laudamus : atque experientiâ duce, certam consiliorum capiendorum expediendorumque rationem stabilimus.

V.

Sanctus Ludovicus exemplar Principis.

Cæterùm, cùm ex universâ Regum nostrorum historiâ, vitæ, morumque exempla sumamus; tum sanctum Ludovicum unum proponimus, absolutissimi Regis exemplar. Eum non modò sanctitatis gloriâ, quod nemo nescit, sed laude etiam militari, fortitudine, constantiâ, æquitate, magnificentiâ, civili prudentiâ præstitisse, retectis gestorum consiliorumque fontibus, demonstramus. Hinc gloriam Francicæ domûs, atque id augustissimæ familiæ summo decori extitisse : quòd, quo auctore prognata sit, eo, exemplo morum, regiarumque artium magistro, ac certissimo apud Deum deprecatore uteretur.

VI.

Regis exemplum.

Secundùm eum, res Ludovici Magni, vivamque eam quam oculis intuemur historiam : rempublicam optimis legibus constitutam : ærarii rationes ordinatas : revelata fraudium latibula : militarem disciplinam pari prudentiâ atque auctoritate firmatam : annonæ comparandæ, obsidendarum urbium, regendorum exercituum, novas artes : invictos ducum ac militum animos; nec tantùm impetum, sed robur atque constantiam, gentique infixum, sub tanto Rege omnia pervincenda : Regem ipsum magni instar exercitûs : hinc consiliorum vim et cohærentiam, atque occulta molimina, nonnisi stupendis rerum eventibus eruptura : elusos hostes ac territos : socios summâ fide constantiâque defensos : partâ jam tutâque victoriâ, æquis conditionibus datam pacem : deniquè, incredibile studium tuendæ atque amplificandæ religionis, et parentis maximi ad optima quæque capessenda conatus, obsequentissimo filio commendamus.

VII.

Philosophia quo consilio tradita. Tractatus *de Cognitione Dei, et sui.*

Philosophica ita distribuimus, ut quæ fixa essent, vitæque humanæ utilia, serió certisque rationibus firmata traderemus, quæ opinionibus dissensionibusque jactata, historicè referremus : æquum ac benevolum utrique parti Principem præstituri, ac formaturi regendis rebus, natum, non ad litigandum, sed ad judicandum.

Cùm autem intelligeremus, eo philosophiam maximè contineri, ut animum primùm ad sese revocatum, hinc quasi firmato gradu, ad Deum erigeret; ab eo initio exorsi sumus. Eam enim veram esse philosophiam, maximèque parabilem, quâ scilicet homo ipse, non lectione librorum, ac philosophorum placitis operosè collectis, aut experimentis longè conquisitis, sed ipsâ sui experientiâ nixus, ad auctorem suum se deindè converteret. Hujus pulcherrimæ utilissimæque philosophiæ jam indè à primis annis semina jecimus; omnique industriâ enisi sumus, uti puer quàm maximè animum à corpore secerneret, hoc est eam partem quæ imperaret, ab eâ quæ serviret : tùm, sub mentis corpori imperantis imagine, Deum orbi universo, ipsique adeò menti, imperantem agnosceret. Adultiore verò ætate, cùm tempus admoneret jam viâ ac ratione tradendam esse philosophiam, memores Dominici præcepti : *Attendite vobis* [1]; Davidicæque sententiæ : *Mirabilis facta est scientia tua ex me* [2]; tractatum instituimus *de Cognitione Dei et sui* : quo structuram corporis, animique naturam, ex his maximè quæ in se quisque experitur, exponimus : idque omninò agimus, ut cùm homo sibi sit præsentissimus, tùm sibi in omnibus præsentissimum contempletur Deum, sine quo illi nec motus, nec spiritus, nec vita, nec ratio constet; juxta illam sententiam maximè philosophicam Apostoli Athenis, hoc est, in ipsâ philosophiæ arce disputantis : *Non longè est ab unoquoque nostrûm; in ipso enim vivimus, et movemur, et sumus* [3]; et iterùm : *Cùm ipse det omnibus vitam, et inspirationem, et omnia* [4]. Quæ cùm Apostolus ut philosophiæ nota assumat ad ulteriora animos provecturus, nos illum à naturâ humanis ingeneratum mentibus divinitatis sensum, ex ipsâ nostri cognitione eliciendum excitandumque suscepimus : certisque argumentis effecimus, ut qui se belluis nihil præstare vellent, mortalium omnium vanissimi pariter ac turpissimi, necnon nequissimi judicarentur.

VIII.

Logica : Rhetorica : Ethica.

Quid plura? hinc Dialecticam, moralemque Philosophiam adornavimus, excolentis animi, quas in nobis experiebamur, sublimioribus partibus, intelligendi nimirùm ac volendi facultate. Ac Dialecticam quidem, ex Platone et Aristotele, non ad umbratilem verborum pugnam, sed ad judicium ratione formandum : eam maximè partem oratione complexi, quæ topica argumenta rebus gerendis apta componeret, eaque per sese invalida, alia aliis nec-

---

[1] *Luc.*, XXI, 34. — [2] *Psal.* CXXXVIII, 6. — [3] *Act.*, XVII, 27, 28. — [4] *Ibid.*, 25.

tendo firmaret. Quo demùm ex fonte Rhetoricam exsurgere jussimus, quæ nudis argumentis, quasi ossibus nervisque, à Dialecticâ compactis, et carnem et spiritum et motum inderet : eamque adeò non stridulam et canoram, non timidam et evanidam, sed sanam vigentemque fecimus; neque fuco depinximus, sed verum colorem nitoremque dedimus, ex ipsâ veritate efflorescentem. Eò sanè selecta Aristotelis, Ciceronis, Quintiliani, aliorumque præcepta contulimus; sed exemplis magis quàm præceptis egimus : solebamusque orationes quæ maximè afficerent, percellerentque animum, sublatis figuris, ornamentisque verborum, quasi detractâ cute, ad illam, quam modò diximus, ossium nervorumque compagem, hoc est ad simplicia nudaque argumenta redigere; ut quid Logica præstaret, quid Rhetorica adderet, quasi oculis cerneretur.

Moralem verò doctrinam non alio ex fonte quàm ex Scripturâ, christianæque religionis decretis, repetendam ostendimus : neque committendum, ut qui pleno flumine irrigari possit, turbidos rivulos consectetur. Neque eò seciùs Aristotelis moralia persecuti sumus, quibus adjunximus Socratica illa mira et pro tempore sublimia dogmata, quæ et fidem ab incredulis, et ab obduratis ruborem exprimerent. Interim docebamus, quid in horum decretis christiana philosophia reprehenderit, quid addiderit; probata verò, quâ auctoritate firmarit, quâ doctrinâ illustravit, ut philosophicam gravitatem tantæ sapientiæ comparatam, meram esse infantiam confiteri oporteret.

IX.

Principia Juris civilis.

Neque abs re duximus, ex Romanis legibus aliquid delibare : quid jus ipsum et quotuplex, quæ conditio personarum, quæ rerum divisiones, quæ ratio contractuum, quæ testamentorum hæreditatumque; magistratuum quoque potestatem, judiciorumque auctoritatem : alia ejusmodi quibus vitæ civilis principia continentur.

X.

Aliæ Philosophiæ partes.

Metaphysicam sanè quæ in antedictis maximè versatur, commemorare non vacat. Physica benè multa in explicando corpore humano tradidimus : cætera ex nostro instituto historicè potiùs quàm dogmaticè, Aristotelis placitis minimè prætermissis. Experimenta verò rerum naturalium sic exhibere fecimus, ut in his Princeps ludo suavissimo atque utilissimo, humanæ mentis industriam, præclaraque artium inventa, quibus naturam et retegerent, et ornarent, interdùm adjuvarent; ipsam deniquè naturæ artem, imò summi opificis et patentissimam, et occultissimam providentiam miraretur.

XI.

Mathematicæ disciplinæ.

Mathematicas disciplinas argumentandi magistras, ab optimo doctore accepit; nec tantùm, ut fit, munire et oppugnare urbes, metari castra; ipse industriâ manu munimenta describere, aciem instruere, circumducere; sed etiam machinarum construendarum artem, liquidorum solidorumque librationes, varia mundi systemata, atque Euclidis elementa, primos certè libros, tam prompto animo hausit, ut spectantibus miraculo esset. Hæc quidem omnia, suo ordine locoque sensim instillata : ac præcipua cura fuit, uti adtemperatè omnia præberentur, quo faciliùs incoquerentur, et coalescerent.

XII.

Tria postrema, colligendis studiorum fructibus. Primum opus. *Religionis continua series, variæque imperiorum vices, ex Historiâ universali*.

Nunc propè jam confecto cursu, tria in primis præstanda suscepimus.

Historiam universam, antiquam, novamque : illam ab origine mundi ad Carolum Magnum, atque eversum antiquum Romanum Imperium; hanc, ab condito novo per Francos Imperio, ordinatam : jamque antè perlectam ità revolvimus, ut et perpetuam religionis seriem, et imperiorum vices, earumque causas ex alto repetitas, liquidò demonstremus. Et quidem religionem, utriusque Testamenti consertis inter se coaptatisque mysteriis, semper immotam, ipso ævo crevisse, ac nova antiquis superstructa vim roburque addidisse : quo pondere victas prostratasque hæreses, ipsam veritatem ejusque propugnatricem ac magistram Ecclesiam, Petrâ scilicet nixam, firmo gradu constitisse : imperia verò ipso ævo fatiscentia, ac velut mutuis confecta cædibus, alterum in alterum corruisse. Illius ergò firmitudinis, harum ruinarum causas aperimus. Ægyptiorum, atque Assyriorum, Persarum, posteà Græcorum, Romanorum, sequentis deindè ævi, nec longo tamen sermone, instituta persequimur : quid unaquæque gens, et fatale aliis, sibique ipsi pestiferum aluerit, quæque secuturis documenta præbuerit. Sic rerum humanarum, universæque historiæ duplicem fructum capimus : primum, ut religioni, ipsâ perennitate, sua auctoritas ac sanctitas constet : tùm, ut imperiis sponte lapsuris, ex priscis exemplis fulcimenta quæramus : sic sanè, ut cogitemus ipsis fulcimentis innatam, rebus humanis hærere mortalitatem, spemque ad cœlestia transferendam.

XIII.

Secundum opus. Instituta politica, ex Scripturâ deprompta.

Alterum opus nostrum, instituta politica, civilemque prudentiam, ipsosque juris fontes, ex sacræ Scripturæ decretis et exemplis reserat : neque tantùm, quâ pietate colendus Regibus, ac placandus Deus; quâ sollicitudine ac reverentiâ tutanda Ecclesiæ fides, servanda jura, pastores designandi, verùm etiam undè ipsa civilitas, quibusque initiis cœtus humani coaluerint, quâ arte tractandi animi, ineunda consilia, bella administranda, componenda pax, sanciendæ leges, vindicanda auctoritas, constituenda respublica. Planumque omninò fit, Scripturas divinas aliis omnibus libris qui vitam civilem instituunt, quantùm auctoritate, tantùm prudentiâ, ac rerum gerendarum ratione præstare.

XIV.

Tertium opus. Regni Gallicani, cæterorumque regnorum, ac totius Europæ status.

Tertium opus nostrum, regni Gallicani peculiaria instituta complectitur : quæ cum aliis imperiis composita et collata, universæ reipublicæ christianæ, totiusque adeò Europæ designant statum.

His demùm perfectis, quoad tempus et industria nostra tulerit, reposcenti Regi amantissimum filium, ejus jussu ductuque, bonis omnibus artibus exornatum, atque perpolitum reddere parati sumus : meliore magistro, ipso scilicet Rege, ipsoque rerum usu, ad majora studia promovendum.

Nos quidem hæc, beatissime Pater, pro nostri officii ratione, summâ fide ac diligentiâ fecimus, plantavimus, rigavimus; det incrementum Deus! Sanè, ex quo ille te, cujus vices geris, impulit, ut tot inter, unus nostris laboribus paternum animum adhiberes; Tuæ quoque Sanctitatis nomine ad optima quæque Principem adhortamur : idque perspeximus, maximo ad virtutem incitamento fuisse. Beatos verò nos, qui tantâ in re tantum Pontificem, Leonem alterum, alterum Gregorium, imò Petrum, adjutorem habeamus.

BEATISSIME PATER,

Vestræ Sanctitatis,

In Palatio San-Germano. Devotissimus et obedientissimus
VIII *martii* 1679. filius,

Sic signatum : † J. BENIGNUS, Episcopus Condomensis.

Et hæc erat inscriptio : *Sanctissimo Domino, Domino nostro Innocentio Papæ XI.*

DE L'INSTRUCTION

DE

MONSEIGNEUR LE DAUPHIN

AU PAPE INNOCENT XI.

Nous avons souvent ouï dire au Roi, très-saint Père, que Monseigneur le Dauphin étant le seul enfant qu'il eût, le seul appui d'une si auguste famille et la seule espérance d'un si grand royaume, lui devoit être bien cher : mais qu'avec toute sa tendresse il ne lui souhaitoit la vie que pour faire des actions dignes de ses ancêtres et de la place qu'il devoit remplir, et qu'enfin il aimeroit mieux ne l'avoir pas que de le voir fainéant et sans vertu.

C'est pourquoi dès que Dieu lui eut donné ce prince, pour ne le pas abandonner à la mollesse, où tombe comme nécessairement un enfant qui n'entend parler que de jeux, et qu'on laisse trop longtemps languir parmi les caresses des femmes et les amusemens du premier âge, il résolut de le former de bonne heure au travail et à la vertu. Il voulut que dès sa plus tendre jeunesse et pour ainsi dire dès le berceau, il apprît premièrement la crainte de Dieu, qui est l'appui de la vie humaine, et qui assure aux Rois mêmes leur puissance et leur majesté : et ensuite toutes les sciences convenables à un si grand Prince, c'est-à-dire celles qui peuvent servir au gouvernement, et à maintenir un royaume; et même celles qui peuvent de quelque manière que ce soit perfectionner l'esprit, donner de la politesse, attirer à un prince l'estime des hommes savans : en sorte que Monseigneur le Dauphin pût servir d'exemple pour les mœurs, de modèle à la jeunesse, de protecteur aux gens d'esprit : et en un mot, se montrer digne fils d'un si grand Roi.

I.

La règle sur les études donnée par le Roi.

La loi qu'il imposa aux études de ce Prince, fut de ne lui laisser passer aucun jour sans étudier. Il jugea qu'il y a bien de la différence entre demeurer tout le jour sans travailler, et prendre quelque divertissement pour relâcher l'esprit. Il faut qu'un enfant joue, qu'il se réjouisse; cela l'excite : mais il ne faut pas l'abandonner de sorte au jeu et au plaisir, qu'on ne le rappelle chaque jour à des choses plus sérieuses, dont l'étude seroit languissante, si elle étoit trop interrompue. Comme toute la vie des princes est occupée et qu'aucun de leurs jours n'est exempt de grands soins, il est bon de les exercer dès l'enfance à ce qu'il y a de plus sérieux, et de les y faire appliquer chaque jour pendant quelques heures : afin que leur esprit soit déjà rompu au travail, et tout accoutumé aux choses graves, lorsqu'on les met dans les affaires. Cela même fait partie de cette douceur, qui sert tant à former les jeunes esprits : car la force de la coutume est douce, et l'on n'a plus besoin d'être averti de son devoir, depuis qu'elle commence à nous en avertir d'elle-même.

Ces raisons portèrent le Roi à destiner chaque jour certaines heures à l'étude, qu'il crut pourtant devoir être entremêlées de choses divertissantes, afin de tenir l'esprit de ce Prince dans une agréable disposition, et de ne lui point faire paroitre l'étude sous un visage hideux et triste qui le rebutât. En quoi certes il ne s'est pas trompé : car en suivant cette méthode, il est arrivé que le Prince averti par la seule coutume, retournoit gaiement et comme en se jouant à ses exercices ordinaires, qui ne lui étoient en effet qu'un nouveau divertissement, pour peu qu'il voulût appliquer son esprit.

Mais le principal de cette institution fut sans doute d'avoir donné pour gouverneur à ce jeune prince M. le Duc de Montausier, illustre dans la guerre et dans les lettres, mais plus illustre encore par sa piété; et tel, en un mot, qu'il sembloit né pour élever le fils d'un héros. Depuis ce temps, le Prince a toujours été sous ses yeux, et comme dans ses mains : il n'a cessé de travailler à le former, toujours veillant à l'entour de lui, pour éloigner ceux qui eussent pu corrompre son innocence, ou par de mauvais exemples, ou même par des discours licencieux. Il l'exhortoit sans relâche à toutes les vertus, principalement à la piété : il lui en donnoit en lui-même un parfait modèle, pressant et poursuivant son ouvrage avec une attention et une constance invincible; et en un mot, il n'oublioit rien de ce qui pouvoit servir à donner au Prince toute la force de corps et d'esprit dont il a besoin. Nous tenons à gloire d'avoir toujours été parfaitement d'accord avec un homme si excellent en toute chose, que même en ce qui regarde les lettres, il nous a non-seulement aidés à exécuter nos desseins, mais il nous en a inspiré que nous avons suivis avec succès.

II.

La Religion.

L'étude de chaque jour commençoit soir et matin par les choses saintes : et le Prince, qui demeuroit découvert pendant que duroit cette leçon, les écoutoit avec beaucoup de respect.

Lorsque nous expliquions le Catéchisme, qu'il savoit par cœur, nous l'avertissions souvent qu'outre les obligations communes de la vie chrétienne, il y en avoit de particulières pour chaque profession, et que les Princes, comme les autres, avoient de certains devoirs propres, auxquels ils ne pouvoient manquer sans commettre de grandes fautes. Nous nous contentions alors de lui en montrer les plus essentiels selon sa portée ; et nous réservions à un âge plus mûr, ce qui nous sembloit ou trop profond ou trop difficile pour un enfant.

Mais dès lors à force de répéter, nous fîmes que ces trois mots, *piété, bonté, justice*, demeurèrent dans sa mémoire avec toute la liaison qui est entre eux. Et pour lui faire voir que toute la vie chrétienne et tous les devoirs des Rois étoient contenus dans ces trois mots, nous disions que celui qui étoit pieux envers Dieu, étoit bon aussi envers les hommes que Dieu a créés à son image, et qu'il regarde comme ses enfans : ensuite nous remarquions que qui vouloit du bien à tout le monde, rendoit à chacun ce qui lui appartenoit, empêchoit les méchans d'opprimer les gens de bien, punissoit les mauvaises actions, réprimoit les violences, pour entretenir la tranquillité publique. D'où nous tirions cette conséquence, qu'un bon prince étoit pieux, bienfaisant envers tous par son inclination, et jamais fâcheux à personne, s'il n'y étoit contraint par le crime et par la rébellion. C'est à ces principes que nous avons rapporté tous les préceptes que nous lui avons donnés depuis plus amplement : il a vu que tout venoit de cette source, que tout aboutissoit là, et que ses études n'avoient point d'autre objet que de le rendre capable de s'acquitter aisément de tous ses devoirs.

Il savoit dès lors toutes les histoires de l'Ancien et du Nouveau Testament : il les récitoit souvent : nous lui faisions remarquer les graces que Dieu avoit faites aux Princes pieux, et combien ses jugemens avoient été terribles contre les impies, ou contre ceux qui avoient été rebelles à ses ordres.

Etant un peu plus avancé en âge, il a lu l'Evangile, les *Actes des Apôtres*, et les commencemens de l'Eglise. Il y apprenoit à aimer Jésus-Christ ; à l'embrasser dans son enfance ; à croire pour ainsi dire avec lui, en obéissant à ses parens, en se rendant agréable à Dieu et aux hommes, et en donnant chaque jour de nouveaux témoignages de sagesse. Après il écoutoit ses prédications, il étoit ravi de ses miracles, il admirait la bonté qui le portoit à faire du bien à tout le monde; il ne le quittait pas mourant, afin d'obtenir la grace de le suivre ressuscitant et montant aux cieux. Dans les *Actes*, il apprenoit à aimer et à honorer l'Eglise, humble, patiente, que le monde n'a jamais laissée en repos, éprouvée par les supplices, toujours victorieuse. Il voyoit les Apôtres la gouvernant selon les ordres de Jésus-Christ, et la formant par leurs exemples plus encore que par leur parole; saint Pierre y exerçant l'autorité principale, et tenant partout la première place : les Chrétiens soumis aux décrets des Apôtres, sans se mettre en peine de rien, dès qu'ils étoient rendus. Enfin nous lui faisons remarquer tout ce qui peut établir la foi, exciter l'espérance et enflammer la charité. La lecture de l'Evangile nous servoit aussi à lui inspirer une dévotion particulière pour la sainte Vierge, qu'il voyoit s'intéresser pour les hommes, les recommander à son Fils comme leur avocate; et leur montrer en même temps que ce n'est qu'en obéissant à Jésus-Christ, qu'on en peut obtenir des graces. Nous l'exhortions à penser souvent à la merveilleuse récompense qu'elle eut de sa chasteté et de son humilité, par le gage précieux qu'elle reçut du ciel, quand elle devint Mère de Dieu, et qu'il se fit une si sainte alliance entre elle et le Père éternel. Nous lui faisions observer en cet endroit combien les mystères de la religion étoient purs, que Jésus-Christ devoit être vierge, qu'il ne pouvoit être donné qu'à une vierge de devenir sa Mère : et qu'il s'ensuivoit de là que la chasteté devoit être le fondement de la dévotion envers Marie puisqu'elle devoit à cette vertu toute sa grandeur et même toute sa fécondité.

Que si en lisant l'Evangile il paroissoit songer à autre chose, ou n'avoir pas toute l'attention et le respect que mérite cette lecture, nous lui ôtions aussitôt le livre, pour lui marquer qu'il ne le falloit lire qu'avec révérence. Le Prince, qui regardoit comme un châtiment d'être privé de cette lecture, apprenoit à lire saintement le peu qu'il lisoit, et à y penser beaucoup. Nous lui expliquions clairement et simplement les passages. Nous lui marquions les endroits qui servent à convaincre les hérétiques, et ceux qu'ils ont malicieusement détournés de leur véritable sens. Nous l'avertissions souvent qu'il y avoit bien des choses en ce livre qui passoient son âge, et beaucoup même qui passoient l'esprit humain : qu'elles y étoient pour abattre l'orgueil des hommes et pour exercer leur foi; qu'il n'étoit pas permis en chose si haute de croire à son sens, mais qu'il falloit tout expliquer selon la tradition ancienne et les décrets de l'Eglise : que tous les novateurs se perdoient infailliblement; et que tous ceux qui s'écartoient de cette règle, n'avoient qu'une piété fausse et pleine de fard.

Après avoir lu plusieurs fois l'Evangile, nous avons lu les histoires du Vieux Testament, et principalement celle des Rois : où nous remarquions que c'est sur les Rois que Dieu exerce ses plus terribles vengeances; que plus le faîte des honneurs, où Dieu même les élève en leur donnant la souveraine puissance, est haut, plus leur sujétion devient grande à son égard; et qu'il se plaît à les faire servir d'exemple, du peu que peuvent les hommes, quand le secours d'en haut leur manque.

Quant aux Epîtres des Apôtres, nous en avons choisi les endroits qui servent à former les mœurs chrétiennes. Nous lui avons aussi fait voir dans les Prophètes, avec quelle autorité et quelle majesté Dieu parle aux rois superbes : comment d'un souffle il dissipe les armées, renverse les empires, et réduit les vainqueurs au sort des vaincus, en les faisant périr comme eux. Lorsque nous trouvions dans l'Evangile les prophéties qui regardent Jésus-Christ, nous prenions soin de montrer au Prince, dans les Prophètes mêmes, les lieux d'où elles étoient tirées. Il admiroit ce rapport de l'Ancien et du Nouveau Testament : l'accomplissement de ces prophéties nous servoit de preuve certaine pour établir ce qui regarde le siècle à venir. Nous montrions que Dieu, toujours véritable, qui avoit accompli à nos yeux tant de grandes choses prédites de si loin, n'accompliroit pas moins fidèlement tout ce qu'il nous faisoit encore attendre : de sorte qu'il n'y avoit rien de plus assuré que les biens qu'il nous promettoit, et les maux dont il nous menaçoit après cette vie. A cette lecture nous avons souvent mêlé les Vies des Saints, les Actes les plus illustres des martyrs, et l'Histoire religieuse, afin de divertir le Prince en l'instruisant. Voilà ce qui regarde la religion.

III.

La grammaire : les auteurs latins : et la géographie.

Nous ne nous arrêterons pas à parler de l'étude de la grammaire. Notre principal soin a été de lui faire connoître premièrement la propriété, et ensuite l'élégance de la langue latine et de la françoise. Pour adoucir l'ennui de cette étude, nous lui en faisions voir l'utilité; et autant que son âge le permettoit, nous joignions à l'étude des mots la connoissance des choses.

Par ce moyen il est arrivé que tout jeune il entendoit fort aisément les meilleurs auteurs latins : il en cherchoit même les sens les plus cachés; et à peine y hésitoit-il, dès qu'il y vouloit un peu penser. Il apprenoit par cœur les plus agréables et les plus utiles endroits de ces auteurs, et surtout des poëtes : il les récitoit souvent, et dans les occasions il les appliquoit à propos aux sujets qui se présentoient.

En lisant ces auteurs, nous ne nous sommes jamais écartés de notre principal dessein, qui étoit de faire servir toutes ses études à lui acquérir tout ensemble la piété, la connoissance des mœurs et celle de la politique. Nous lui faisions connoître par les mystères abominables des Gentils, et par les fables de leur théologie, les profondes ténèbres où les hommes demeuroient plongés en suivant leurs propres lumières. Il voyoit que les nations les plus polies et les plus habiles en tout ce qui regarde la vie civile, comme les Egyptiens, les Grecs et les Romains, étoient dans une si profonde ignorance des choses divines, qu'ils adoroient les plus monstrueuses créatures de la nature : et qu'elles ne se sont retirées de cet abîme, que depuis que Jésus-Christ a commencé de les conduire. D'où il lui étoit aisé de conclure que la véritable religion étoit un don de la grace. Nous lui faisions aussi remarquer que les Gentils, bien qu'ils se trompassent dans la leur, avoient néanmoins un profond respect pour les choses qu'ils estimoient sacrées : persuadés qu'ils étoient que la religion étoit le soutien des Etats. Les exemples de modération et de justice que nous trouvions dans leurs histoires, nous servoient à confondre tout Chrétien qui n'auroit pas le courage de pratiquer la vertu, après que Dieu même nous l'a apprise. Au reste nous faisions le plus souvent ces observations, non comme des leçons, mais comme des entretiens familiers; et cela les faisoit entrer plus agréablement dans son esprit : de sorte qu'il faisoit souvent de lui-même de semblables réflexions. Et je me souviens qu'ayant un jour loué Alexandre d'avoir entrepris avec tant de courage la défense de toute la Grèce contre les Perses, le Prince ne manqua pas de remarquer qu'il seroit bien plus glorieux à un prince chrétien de repousser et d'abattre l'ennemi commun de la Chrétienté, qui la menace, et la presse de toutes parts.

Nous n'avons pas jugé à propos de lui faire lire les ouvrages des auteurs par parcelles; c'est-à-dire de prendre un livre de l'*Enéide* par exemple, ou de César, séparé des autres. Nous lui avons fait lire chaque ouvrage entier de suite et comme tout d'une haleine, afin qu'il s'accoutumât peu à peu, non à considérer chaque chose en particulier, mais à découvrir tout d'une vue le but principal d'un ouvrage, et l'enchaînement de toutes ses parties : étant certain que chaque endroit ne s'entend jamais clairement, et ne paroît avec toute sa beauté qu'à celui qui a regardé tout l'ouvrage comme on regarde un édifice, et en a pris tout le dessein et toute l'idée.

Entre les poëtes, ceux qui ont plu davantage à Monseigneur le Dauphin, sont Virgile et Térence; et entre les historiens, ç'a été Salluste et César. Il admiroit le dernier comme un excellent maître pour faire des grandes choses, et pour les écrire. Il le regardoit comme un homme de qui il falloit apprendre à faire la guerre. Nous suivions ce grand capitaine dans toutes ses marches, nous lui voyions faire ses campemens, mettre ses troupes en bataille, former et exécuter ses desseins; louer et châtier à propos les soldats, les exercer au travail, leur élever le cœur par l'espérance, les tenir toujours en haleine, conduire une puissante armée sans endommager le pays, retenir dans le devoir ses troupes par la discipline, et ses alliés par la foi et la protection ; changer sa manière selon les lieux où il faisoit la guerre, et selon les ennemis qu'il avoit en tête ; aller quelquefois lentement, mais user le plus souvent d'une si grande diligence, que l'ennemi surpris et serré de près, n'ait ni le temps de délibérer ni celui de fuir ; pardonner aux vaincus, abattre les rebelles ; gouverner avec adresse les peuples subjugués, et leur faire ainsi trouver sa victoire douce pour la mieux assurer.

On ne peut dire combien il s'est diverti agréablement et utilement dans Térence, et combien de vives images de la vie humaine lui ont passé devant les yeux en le lisant. Il a vu les trompeuses amorces de la volupté et des femmes ; les aveugles emportemens d'une jeunesse que la flatterie et les intrigues d'un valet ont engagé dans un pas difficile et glissant ; qui ne sait que devenir, que l'amour tourmente, qui ne sort de peine que par une espèce de miracle, et qui ne trouve le repos qu'en retournant à son devoir. Là le Prince remarquoit les mœurs et le caractère de chaque âge et de chaque passion exprimé par cet admirable ouvrier, avec tous les traits convenables à chaque personnage, des sentimens naturels, et enfin avec cette grace et cette bienséance que demandent ces sortes d'ouvrages. Nous ne pardonnions pourtant rien à ce poëte si divertissant, et nous reprenions les endroits où il a écrit trop licencieusement. Mais en même temps nous nous étonnions que plusieurs de nos auteurs eussent écrit pour le théâtre avec beaucoup moins de retenue, et condamnions une façon d'écrire si déshonnête comme pernicieuse aux bonnes mœurs.

Il faudroit faire un gros volume, pour rapporter toutes les remarques que nous avons faites sur chaque auteur, et principalement sur Cicéron, que nous avons admiré dans ses discours de philosophie, dans ses oraisons, et même lorsqu'il railloit librement et agréablement avec ses amis.

Parmi tout cela nous voyions la Géographie en jouant et comme en faisant voyage : tantôt en suivant le courant des fleuves, tantôt rasant les côtes de la mer et allant terre à terre ; puis tout d'un coup cinglant en haute mer, nous traversions dans les terres, nous voyions les ports et les villes, non en les courant comme feroient des voyageurs sans curiosité, mais examinant tout, recherchant les mœurs, surtout celles de la France, et nous arrêtant dans les plus fameuses villes pour connoître les humeurs opposées de tant de divers peuples qui composent cette nation belliqueuse et remuante : ce qui joint à la vaste étendue d'un royaume si peuplé, faisoit voir qu'il ne pouvoit être conduit qu'avec une profonde sagesse.

IV.

L'histoire. Celle de France composée par Monseigneur le Dauphin, en latin et en françois.

Enfin nous lui avons enseigné l'Histoire. Et comme c'est la maîtresse de la vie humaine et de la politique, nous l'avons fait avec une grande exactitude : mais nous avons principalement eu soin de lui apprendre celle de la France, qui est la sienne. Nous ne lui avons pas néanmoins donné la peine de feuilleter les livres; et à la réserve de quelques auteurs de la nation, comme Philippes de Commines et du Bellay, dont nous lui avons fait lire les plus beaux endroits, nous avons été nous-mêmes dans les sources, et nous avons tiré des auteurs les plus approuvés, ce qui pouvoit le plus servir à lui faire comprendre la suite des affaires. Nous en récitions de vive voix autant qu'il en pouvoit facilement retenir : nous le lui faisions répéter; il l'écrivoit en françois, et puis il le mettoit en latin : cela lui servoit de thème, et nous corrigions aussi soigneusement son françois que son latin. Le samedi il relisoit tout d'une suite ce qu'il avoit composé durant la semaine; et l'ouvrage croissant, nous l'avons divisé par livres, que nous lui faisions relire très-souvent.

L'assiduité avec laquelle il a continué ce travail l'a mené jusqu'aux derniers règnes : si bien que nous avons presque toute notre histoire en latin et en françois, du style et de la main de ce Prince. Depuis quelque temps, comme nous avons vu qu'il savoit assez de latin, nous l'avons fait cesser d'écrire l'Histoire en cette langue. Nous la continuons en françois avec le même soin; et nous l'avons disposée de sorte qu'elle s'étendit à proportion que l'esprit du Prince s'ouvroit, et que nous voyions son jugement se former; en récitant fort en abrégé ce qui regarde les premiers temps, et beaucoup plus exactement ce qui s'approche des nôtres. Nous ne descendons pas néanmoins dans un trop grand détail des petites choses, et nous ne nous amusons pas à rechercher celles qui ne sont que de curiosité : mais nous remarquons les mœurs de la nation bonnes et mauvaises : les coutumes anciennes, les lois fondamentales : les grands changemens et leurs causes : le secret des conseils : les événemens inespérés, pour y accoutumer l'esprit et le préparer à tout : les fautes des rois et les calamités qui les ont suivies : la foi qu'ils ont conservée pendant ce grand espace de temps qui s'est passé depuis Clovis jusqu'à nous : cette constance à défendre la religion catholique, et tout ensemble le profond respect qu'ils ont toujours eu pour le saint Siége, dont ils ont tenu à gloire d'être les enfans les plus soumis. Que ç'a été cet attachement inviolable à la religion et à l'Eglise, qui a fait subsister le royaume depuis tant de siècles. Ce qu'il nous étoit aisé de faire voir par les épouvantables mouvemens que l'hérésie a causés dans tout le corps de l'Etat, en affoiblissant la puissance et la majesté royale, et en réduisant presque à la dernière extrémité un royaume si florissant : sans qu'il ait pu reprendre sa première force qu'en abattant l'hérésie.

Mais afin que le Prince apprît de l'Histoire la manière de conduire les affaires, nous avons coutume, dans les endroits où elles paroissent en péril, d'en exposer l'état, et d'en examiner toutes les circonstances, pour délibérer, comme on feroit dans un conseil, de ce qu'il y auroit à faire en ces occasions : nous lui demandons son avis; et quand il s'est expliqué, nous poursuivons le récit pour lui apprendre les événemens. Nous marquons les fautes, nous louons ce qui a été bien fait : et conduits par l'expérience, nous établissons la manière de former les desseins et de les exécuter.

V.

Saint Louis modèle d'un roi parfait.

Au reste si nous prenons de toute l'histoire de nos Rois des exemples pour la vie et pour les mœurs, nous ne proposons que le seul saint Louis comme le modèle d'un roi parfait. Personne ne lui conteste la gloire de la sainteté : mais après l'avoir fait paroître vaillant, ferme, juste, magnifique, grand dans la paix et dans la guerre, nous montrons en découvrant les motifs de ses actions et de ses desseins, qu'il a été très-habile dans le gouvernement des affaires. C'est de lui que nous tirons la plus grande gloire de l'auguste maison de France, dont le principal honneur est de trouver tout ensemble dans celui à qui elle doit son origine, un parfait modèle pour les mœurs, un excellent maître pour leur apprendre à régner, et un intercesseur assuré auprès de Dieu.

VI.

L'exemple du Roi.

Après saint Louis, nous lui proposons les actions de Louis le Grand, et cette histoire vivante qui se passe à nos yeux : l'Etat affermi par de bonnes lois, les finances bien ordonnées, toutes les fraudes qu'on y faisoit découvertes, la discipline militaire établie avec autant de prudence que d'autorité : ces magasins, ces nouveaux moyens d'assiéger les places et de conduire les armées en toute saison; le courage invincible des chefs et des soldats, l'impétuosité naturelle de la nation soutenue d'une fermeté et d'une constance extraordinaire; cette ferme croyance qu'ont tous les François, que rien ne leur est impossible sous un si grand Roi : et enfin le Roi même qui vaut tout seul une grande armée : la force, la suite, le secret impénétrable de ses conseils, et ces ressorts cachés dont l'artifice ne se découvre que par les effets qui surprennent toujours : les ennemis confus et dans l'épouvante; les alliés fidèlement défendus; la paix donnée à l'Europe à des conditions équitables après une victoire assurée : enfin cet incroyable attachement à défendre la religion, cette envie de l'accroître, et ces efforts continuels de parvenir à tout ce qu'il y a de plus grand et de meilleur. Voilà ce que nous remarquons dans le père, et ce que nous recommandons au fils d'imiter de tout son pouvoir.

VII.

La Philosophie. Traité *de la Connoissance de Dieu et de soi-même.*

Pour les choses qui regardent la philosophie, nous les avons distribuées, de sorte que celles qui sont hors de doute et utiles à la vie, lui puissent être montrées sérieusement, et dans toute la certitude de leurs principes. Pour celles qui ne sont que d'opinion et dont on dispute, nous nous sommes contentés de les lui rapporter historiquement, jugeant qu'il étoit de sa dignité d'écouter les deux parties et d'en protéger également les défenseurs, sans entrer dans leurs querelles, parce que celui qui est né pour le commandement doit apprendre à juger, et non à disputer.

Mais après avoir considéré que la philosophie consiste principalement à rappeler l'esprit à soi-même, pour s'élever ensuite comme par un degré sûr jusqu'à Dieu, nous avons commencé par là, comme par la recherche la plus aisée, aussi bien que la plus solide et la plus utile qu'on se puisse proposer. Car ici pour devenir parfait philosophe, l'homme n'a besoin d'étudier autre chose que lui-même; et sans feuilleter tant de livres, sans faire de pénibles recueils de ce qu'ont dit les philosophes, ni aller chercher bien loin des expériences, en remarquant seulement ce qu'il trouve en lui, il reconnoît par là l'auteur de son être. Aussi avions-nous dès les premières années jeté les semences d'une si belle et si utile philosophie : et nous avions employé toute sorte de moyens pour faire que le prince sût dès lors discerner l'esprit d'avec le corps, c'est-à-dire cette partie qui commande en nous, de celle qui obéit, afin que l'ame commandant au corps, lui représentât Dieu commandant au monde entier et à l'ame même. Mais lorsque le voyant plus avancé en âge, nous avons cru qu'il étoit temps de lui enseigner méthodiquement la philosophie, nous en avons formé le plan sur ce précepte de l'Evangile : *Considérez-vous attentivement vous-mêmes* [1]; et sur cette parole de David : *O Seigneur, j'ai tiré de moi une*

---

[1] *Luc.*, XXI, 34.

merveilleuse connoissance de ce que vous êtes [2]. Appuyés sur ces deux passages, nous avons fait un Traité *de la Connoissance de Dieu et de soi-même*, où nous expliquons la structure du corps et la nature de l'esprit, par les choses que chacun expérimente en soi : et faisons voir qu'un homme qui sait se rendre présent à lui-même, trouve Dieu plus présent que toute autre chose, puisque sans lui il n'auroit ni mouvement, ni esprit, ni vie, ni raison : selon cette parole vraiment philosophique de l'Apôtre prêchant à Athènes, c'est-à-dire dans le lieu où la Philosophie étoit comme dans son fort : « *Il n'est pas loin de chacun de nous, puisque c'est en lui que nous vivons, que nous sommes mus, et que nous sommes* [3]; » et encore : « *Puisqu'il nous donne à tous la vie, la respiration, et toutes choses* [4]. » A l'exemple de saint Paul, qui se sert de cette vérité comme connue aux philosophes, pour les mener plus loin, nous avons entrepris d'exciter en nous par la seule considération de nous-mêmes ce sentiment de la Divinité, que la nature a mis dans nos ames en les formant : de sorte qu'il paroisse clairement que ceux qui ne veulent point reconnoître ce qu'ils ont au-dessus des bêtes, sont tout ensemble les plus aveugles, les plus méchans et les plus impertinens de tous les hommes.

VIII.

La logique : la rhétorique : et la morale.

De là nous avons passé à la logique et à la morale, pour cultiver ces deux principales parties que nous avions remarquées en notre esprit; c'est-à-dire la faculté d'entendre et celle de vouloir. Pour la logique, nous l'avons tirée de Platon et d'Aristote, non pour la faire servir à de vaines disputes de mots, mais pour former le jugement par un raisonnement solide : nous arrêtant principalement à cette partie qui sert à trouver les argumens probables, parce que ce sont ceux que l'on emploie dans les affaires. Nous avons expliqué comment il les faut lier les uns aux autres; de sorte que tout foibles qu'ils sont chacun à part, ils deviennent invincibles par cette liaison. De cette source nous avons tiré la rhétorique, pour donner aux argumens nus, que la dialectique avoit assemblés, comme des os et des nerfs, de la chair, de l'esprit et du mouvement. Ainsi nous n'en avons pas fait une discoureuse, dont les paroles n'ont que du son : nous ne l'avons pas faite enflée et vide de choses, mais saine et vigoureuse : nous ne l'avons point fardée, mais nous lui avons donné un teint naturel et une vive couleur : en sorte qu'elle n'eût d'éclat que celui qui sort de la vérité même. Pour cela nous avons tiré d'Aristote, de Cicéron, de Quintilien et des autres, les meilleurs préceptes; mais nous nous sommes beaucoup plus servis

---

[2] *Psal.* CXXXVIII, 6. — [3] *Act.*, XVII, 27, 28. — [3] *Ibid.*, 25.

d'exemples que de préceptes, et nous avions coutume en lisant les discours qui nous émouvoient le plus, d'en ôter les figures et les autres ornemens de paroles, qui en sont comme la chair et la peau; de sorte que n'y laissant que cet assemblage d'os et de nerfs dont nous venons de parler, c'est-à-dire les seuls argumens, il étoit aisé de voir ce que la logique faisoit dans ces ouvrages, et ce que la rhétorique y ajoutoit.

Pour la doctrine des mœurs, nous avons cru qu'elle ne se devoit pas tirer d'une autre source que de l'Ecriture et des maximes de l'Evangile; et qu'il ne falloit pas, quand on peut puiser au milieu d'un fleuve, aller chercher des ruisseaux bourbeux. Nous n'avons pas néanmoins laissé d'expliquer la Morale d'Aristote : à quoi nous avons ajouté cette doctrine admirable de Socrate, vraiment sublime pour son temps, qui peut servir à donner de la foi aux incrédules, et à faire rougir les plus endurcis. Nous marquions en même temps ce que la philosophie chrétienne y condamnoit, ce qu'elle y ajoutoit, ce qu'elle y approuvoit : avec quelle autorité elle en confirmoit les dogmes véritables, et combien elle s'élevoit au-dessus : en sorte qu'on fût obligé d'avouer que la philosophie, toute grave qu'elle paroît, comparée à la sagesse de l'Evangile, n'étoit qu'une pure enfance.

IX.

Les principes de la jurisprudence.

Nous avons cru qu'il seroit bon de donner au Prince quelque teinture des lois romaines, en lui faisant voir par exemple, ce que c'est que le droit, de combien de sortes il y en avoit, la condition des personnes, la division des choses; ce que c'est que les contrats, les testamens, les successions, la puissance des magistrats, l'autorité des jugemens et les autres principes de la vie civile.

X.

Les autres parties de la philosophie.

Nous ne dirons rien ici de la métaphysique, parce qu'elle est toute répandue dans ce qui précède. Nous avons mêlé beaucoup de physique en expliquant le corps humain : et pour les autres choses qui regardent cette étude, nous les avons traitées selon notre projet, plus historiquement que dogmatiquement. Nous n'avons pas oublié ce qu'en a dit Aristote : et pour l'expérience des choses naturelles, nous avons fait faire devant le Prince les plus nécessaires et les plus belles. Il n'y a pas moins trouvé de divertissement que de profit. Elles lui ont fait connoître l'industrie de l'esprit humain, et les belles inventions des arts, soit pour découvrir les secrets de la nature, ou pour l'embellir, ou pour l'aider. Mais ce qui est plus considérable, il a découvert l'art de la nature même, ou plutôt la providence de Dieu, qui est à la fois si visible et si cachée.

XI.

Les mathématiques.

Les mathématiques, qui servent le plus à la justesse du raisonnement, lui ont été montrées par un excellent maître : qui ne s'est pas contenté comme c'est l'ordinaire, de lui apprendre à fortifier des places, à les attaquer, à faire des campemens; mais qui lui a encore appris à construire des forts, à les dessiner de sa propre main, à mettre une armée en bataille, et à la faire marcher. Il lui a enseigné les mécaniques, le poids des liquides et des solides, les différens systèmes du monde, et les premiers livres d'Euclide : ce qu'il a compris avec tant de promptitude, que ceux qui le voyoient en étoient surpris.

Au reste, toutes ces choses ne lui ont été enseignées que peu à peu, chacun en son lieu. Et notre soin principal a été qu'on les lui donnât à propos, et chaque chose en son temps, afin qu'il les digérât plus aisément, et qu'elles se tournassent en nourriture.

XII.

Trois derniers ouvrages pour recueillir les fruit des études. Le premier : Histoire universelle, pour expliquer la suite de la religion, et les changemens des empires.

Maintenant que le cours de ses études est presque achevé, nous avons cru devoir travailler principalement à trois choses.

Premièrement à une *Histoire universelle*, qui eût deux parties : dont la première comprit depuis l'origine du monde jusqu'à la chute de l'ancien Empire Romain, et au couronnement de Charlemagne : et la seconde, depuis ce nouvel empire établi par les François. Il y avoit déjà longtemps que nous l'avions composée, et même que nous l'avions fait lire au Prince : mais nous la repassons maintenant, et nous y avons ajouté de nouvelles réflexions, qui font entendre toute la suite de la religion, et les changemens des empires, avec leurs causes profondes que nous reprenons dès leur origine. Dans cet ouvrage, on voit paroître la religion toujours ferme et inébranlable, depuis le commencement du monde : le rapport des deux Testamens lui donne cette force ; et l'Evangile qu'on voit s'élever sur les fondemens de la loi, montre une solidité qu'on reconnoît aisément être à toute épreuve. On voit la vérité toujours victorieuse, les hérésies renversées, l'Eglise fondée sur la Pierre les abattre par le seul poids d'une autorité si bien établie, et s'affermir avec le temps : pendant qu'on voit au contraire les empires les plus florissans, non-seulement s'affoiblir par la suite des années, mais encore se défaire mutuellement, et tomber les uns sur les autres. Nous montrons d'où vient d'un côté une si ferme consistance ; et de l'autre, un état toujours changeant et des ruines inévitables. Cette dernière recherche nous a engagés à expliquer en peu de mots les lois et les coutumes des Egyptiens, des Assyriens et des Perses, celles des Grecs, celles des Romains, et celles des temps suivans : ce que chaque nation a eu dans les siennes qui ait été fatal aux autres et à elles-mêmes, et les exemples que leurs progrès ou leur décadence ont donnés aux siècles futurs. Ainsi nous tirons deux fruits de l'Histoire universelle. Le premier est de faire voir tout ensemble l'autorité et la sainteté de la religion, par sa propre stabilité et par sa durée perpétuelle. Le second, est que connoissant ce qui a causé la ruine de chaque empire, nous pouvons sur leur exemple trouver les moyens de soutenir les Etats, si fragiles de leur nature, sans toutefois oublier que ces soutiens mêmes sont sujets à la loi commune de la mortalité, qui est attachée aux choses humaines, et qu'il faut porter plus haut ses espérances.

XIII.

Second ouvrage : *Politique tirée des propres paroles de la sainte Ecriture.*

Par le second ouvrage, nous découvrons les secrets de la politique, les maximes du gouvernement, et les sources du droit, dans la doctrine et dans les exemples de la sainte Ecriture. On y voit non-seulement avec quelle piété il faut que les rois servent Dieu, ou le fléchissent après l'avoir offensé ; avec quel zèle ils sont obligés à défendre la foi de l'Eglise, à maintenir ses droits, et à choisir ses pasteurs : mais encore l'origine de la vie civile ; comment les hommes ont commencé à former leur société ; avec quelle adresse il faut manier les esprits ; comment il faut former le dessein de conduire une guerre, ne l'entreprendre pas sans bon sujet, faire une paix, soutenir l'autorité, faire des lois et régler un Etat. Ce qui fait voir clairement que l'Ecriture sainte surpasse autant en prudence qu'en autorité tous les autres livres qui donnent des préceptes pour la vie civile : et qu'on ne voit en nul autre endroit, des maximes aussi sûres pour le gouvernement.

XIV.

Troisième ouvrage : *L'état du royaume et de toute l'Europe.*

Le troisième ouvrage comprend les lois et les coutumes particulières du royaume de France. En comparant ce royaume avec tous les autres, on met sous les yeux du Prince tout l'état de la Chrétienté, et même de toute l'Europe.

Nous achèverons tous ces desseins, autant que le temps et notre industrie le pourra permettre. Et quand le Roi nous redemandera ce fils si cher, que nous avons tâché par son commandement et sous ses ordres d'instruire dans tous les beaux-arts, nous sommes prêts à le remettre entre ses mains, pour faire des études plus nécessaires, sous de meilleurs maîtres, qui sont le Roi même et l'usage du monde et des affaires.

Voilà, très-saint Père, ce que nous avons fait pour nous acquitter de notre devoir. Nous avons planté, nous avons arrosé : plaise à Dieu de donner l'accroissement. Au reste depuis que celui dont vous tenez la place sur la terre, vous a inspiré parmi tant soins, de jeter un regard paternel sur nos travaux, nous nous servons de l'autorité de Votre Sainteté même, pour porter le Prince à la vertu : et nous éprouvons avec joie que les exhortations que nous lui faisons de votre part, font impression sur son esprit. Que nous sommes heureux, très-saint Père, d'être secourus dans un ouvrage si grand par un si grand Pape, dans lequel nous voyons revivre saint Léon, saint Grégoire, et saint Pierre même!

Très-Saint Père,

De Votre Sainteté,

A Saint Germain-en-Laye, le 8 de mars 1679.

Ainsi signé,

Le fils très-obéissant et très-dévot.

† J. BÉNIGNE, ancien Evêque de Condom.

Et au-dessus : *A Notre très-saint Père le Pape Innocent XI.*

INNOCENTIUS PP. XI.

Venerabilis Frater, salutem, et apostolicam benedictionem. Rationem ac methodum, quâ præclaram Delphini indolem optimis artibus, ab ineunte ætate, imbuendam suscepit Fraternitas tua, et feliciter adolescentem in præsens imbuit; eleganter copiosèque descriptam in tuis litteris, dignam judicavimus, cui perlegendæ tempus aliquod gravissimis christianæ reipublicæ curis subtraheremus. Et quidem jacta à te, quasi in fertili solo, semina virtutum ejus Principis animo, quem maximi et clarissimi imperii hæredem olim futurum jam suspicit, et sub inclyti parentis disciplinâ defensorem propagatoremque fidei expectat Ecclesia universa, uberem publicæ felicitatis ac lætitiæ messem pollicentur. Inter plurima autem liberalis doctrinæ, et veræ sapientiæ monita, quibus regiam Delphini mentem informas; illa in primis laudanda, ac sæpiùs inculcanda videntur, quæ regni rectè administrandi regulas, et utilitatem populorum, cum regis ipsius rationibus ac laude conjunctam respiciunt : quem industriæ ac pietati tuæ scopum propositum à te fuisse non dubitamus. Intelliget profectò suo tempore, et magno sanè cum fructu reipublicæ, grataque haustæ à te disciplinæ recordatione Delphinus, non tam pulchrum et præclarum esse regiâ edi sorte, quàm uti sapienter : nihil regiâ dignitate ac magnitudine dignius, quàm traditam à Deo amplissimam potestatem non ad explendas cupiditates suas, et ad inanis gloriæ ambitum, sed in præsidium ac patrocinium generis humani unicè conferre : nihil cogitare, nullum opus aggredi quod vel ab æquitatis et justitiæ semitâ deflectat, vel ad divini honoris incrementum non dirigatur; animo identidem reputando, bona omnia quibus in præsenti vitâ fruimur, à Deo profecta in Deum ipsum refundi debere, ad cujus nutum oriuntur et occidunt invictissima ac florentissima quæque imperia. Porrò ad apostolicam Sedem colendam, et omnibus filialis observantiæ officiis prosequendam, magno illi incita-

mento semper fore confidimus, tùm religiosissimorum Galliæ
Regum majorum suorum exempla, undè perennes in istud
regnum fluxere cœlestis beneficentiæ thesauri : tùm mutam ac
planè maternam ejusdem Sedis in ipso amplectendo charitatem.
Nos interim Dei benignitati debitas habemus gratias, quòd tantæ
spei adolescenti par educator institutorque contigerit : et accu-
ratas fundimus preces, ut anima bona, quam Delphinus sortitus
est, multò etiam institutione curâque tuâ melior fiat; et pariter
erudiantur omnes, qui judicant terram. Tibique, Venerabilis
Frater, apostolicam benedictionem, indicem amoris erga te
nostri, animique præclarè de tuâ virtute existimantis, peraman-
ter impertimur. Datum Romæ, apud sanctum Petrum, sub
annulo Piscatoris, die xix aprilis m. dc. lxxix, Pontificatùs nostri
anni tertii.

Sic signatum :   Marius Spinula.

Et hæc erat incriptio :   *Venerabili Fratri Episcopo Con-*
                                          domensi.

INNOCENT PP. XI.

Vénérable Frère, salut et bénédiction apostolique. La méthode que vous vous êtes proposée, pour former dès ses plus tendres années aux bonnes choses le Dauphin de France, et que vous continuez d'employer avec tant de succès auprès de ce jeune Prince, pendant qu'il s'avance à un âge plus mûr; nous a paru mériter que nous dérobassions quelque temps aux importantes affaires de la Chrétienté, pour lire la lettre où vous avez si élégamment et si pleinement décrit cette méthode. La félicité publique sera le fruit de la bonne semence que vous jetterez, comme dans une terre fertile, dans l'esprit d'un Prince que toute l'Eglise respecte déjà comme l'héritier d'un si grand royaume, et qu'elle voit sous la conduite d'un illustre père, se rendre digne non-seulement de protéger la foi catholique, mais encore de l'étendre. Entre tant d'instructions de la véritable sagesse, dont vous remplissez l'esprit du Dauphin, celles-là sans doute sont les plus belles et les plus dignes d'être inculquées sans cesse, qui apprennent à unir ensemble comme choses inséparables, les intérêts et la gloire des rois avec le bien de leurs peuples et les règles d'un bon gouvernement. Le Prince que vous instruisez connoîtra un jour avec un grand accroissement du bien public, et un agréable ressouvenir de l'éducation qu'il aura reçue de vous, qu'il n'est point si beau ni si glorieux d'être né dans la royauté que de savoir s'en bien servir; et que le plus digne emploi qu'un prince puisse faire de cette puissance souveraine qu'il reçoit de Dieu, c'est de la faire uniquement servir, non pas à contenter ses passions ou le désir d'une gloire vaine, mais à procurer le bonheur du genre humain. Il connoîtra qu'il ne doit jamais former de desseins ni commencer d'entreprises qui s'éloignent de la voie de la justice, et qui ne se rapportent à l'avancement de la gloire de Dieu : pensant souvent en lui-même que les biens dont nous jouissons en cette vie, comme ils sont des présens de Dieu, doivent être rapportés à celui qui nous les a donnés, et devant qui s'élèvent ou tombent comme il lui plaît les plus triomphans et les plus florissans empires. Au reste pour ce qui regarde le Siége apostolique, nous espérons que ce Prince sera puissamment excité à lui donner dans toutes les occasions des marques d'une obéissance filiale, tant par l'exemple des rois de France ses prédécesseurs, qui par le respect qu'ils ont toujours eu pour le saint Siége, ont attiré sur ce royaume d'infinis trésors de la libéralité du Ciel; que par la tendresse et l'affection véritablement maternelle que nous ressentons pour lui dans notre cœur. Cependant nous ne cessons de rendre graces à la bonté de Dieu, qu'il se soit trouvé un homme tel que vous, digne d'élever et d'instruire un Prince né pour de si grandes choses; et nous lui demandons soigneusement dans nos prières que cette ame naturellement portée au bien, que le Dauphin a reçue en partage, y fasse chaque jour par vos instructions et par vos soins de nouveaux progrès; et qu'ainsi puissent être instruits à l'avenir tous ceux qui gouvernent la terre. Quant à vous, vénérable Frère, nous vous donnons de bon cœur notre bénédiction apostolique, comme une marque de l'amitié que nous vous portons et de la grande estime que nous faisons de votre vertu. Donné à Rome à Saint-Pierre, sous l'anneau du Pêcheur, le 19 avril 1679, et le III° de notre pontificat.

Signé,   Marius Spinula.

Et au-dessus :   *A notre vénérable Frère l'Evêque de Condom.*

DE LA

CONNOISSANCE DE DIEU

ET DE SOI-MÊME.

Dessein et division de ce traité.

La sagesse consiste à connoître Dieu et à se connoître soi-même.

La connoissance de nous-mêmes nous doit élever à la connoissance de Dieu.

Pour bien connoître l'homme, il faut savoir qu'il est composé de deux parties, qui sont l'ame et le corps.

L'ame est ce qui nous fait penser ; entendre ; sentir ; raisonner ; vouloir, choisir une chose plutôt qu'une autre, et un mouvement plutôt qu'un autre, comme de se mouvoir à droite plutôt qu'à gauche.

Le corps est cette masse étendue en longueur, largeur et profondeur, qui nous sert à exercer nos opérations. Ainsi, quand nous voulons voir, il faut ouvrir les yeux. Quand nous voulons prendre quelque chose, ou nous étendons la main pour nous en saisir, ou nous remuons les pieds et les jambes et par elles tout le corps, pour nous en approcher.

Il y a donc dans l'homme trois choses à considérer : l'ame séparément, le corps séparément, et l'union de l'un et de l'autre.

Il ne s'agira pas ici de faire un long raisonnement sur ces choses, ni d'en rechercher les *causes profondes* [1] ; mais plutôt d'observer et de concevoir ce que chacun de nous en peut reconnoître en faisant réflexion sur ce qui arrive tous les jours, ou à lui-même, ou aux autres hommes semblables à lui. Commençons par la connoissance de ce qui est dans notre ame.

[1] C'est pourtant ce que l'on fait dans ce traité : aussi l'auteur a-t-il marqué cette expression pour la changer. (*Note de l'abbé Ledieu.*)

CHAPITRE PREMIER.

De l'ame.

I.

Opérations sensitives, et premièrement des cinq sens.

Nous connoissons notre ame par ses opérations, qui sont de deux sortes : les opérations sensitives et les opérations intellectuelles.

Il n'y a personne qui ne connoisse ce qui s'appelle les cinq sens qui sont la vue, l'ouïe, l'odorat, le goût et le toucher.

A la vue appartiennent la lumière et les couleurs ; à l'ouïe, les sons; à l'odorat, les bonnes et mauvaises senteurs; au goût, l'amer et le doux et les autres qualités semblables ; au toucher, le chaud et le froid, le dur et le mol, le sec et l'humide.

La nature, qui nous apprend que ces sens et leurs actions appartiennent proprement à l'ame, nous apprend aussi qu'ils ont leurs organes ou leurs instrumens dans le corps. Chaque sens a le sien propre. La vue a les yeux, l'ouïe a les oreilles, l'odorat a les narines, le goût a la langue et le palais (*a*) ; le toucher seul se répand dans tout le corps, et se trouve partout où il y a des chairs.

Les opérations sensitives, c'est-à-dire celles des sens, sont appelées *sentimens* ou plutôt *sensations :* voir les couleurs, ouïr les sons, goûter le doux ou l'amer, sont autant de sensations différentes.

. Les sensations se font dans notre ame à la présence de certains corps, que nous appelons objets. C'est à la présence du feu que je sens de la chaleur : je n'entends aucun bruit que quelque corps ne soit agité : sans la présence du soleil et des autres corps lumineux, je ne verrois point la lumière; ni le blanc ni le noir, si la neige, par exemple, ou la poix ou l'encre, n'étoient présens. Otez les corps mal polis ou aigus, je ne sentirai rien de rude ni de piquant. Il en est de même des autres sensations.

(*a*) L'anonyme : La langue.

Afin qu'elles se forment dans notre ame, il faut que l'organe corporel soit frappé actuellement de l'objet et en reçoive l'impression : je ne vois qu'autant que mes yeux sont frappés des rayons d'un corps lumineux, ou directs ou réfléchis. Si l'agitation de l'air ne fait impression dans mon oreille, je ne puis entendre le bruit, et c'est là proprement aussi ce qui s'appelle la présence de l'objet. Car quelque proche que je sois d'un tableau, si j'ai les yeux fermés, ou que quelque corps interposé empêche que les rayons réfléchis de ce tableau ne viennent jusqu'à mes yeux, cet objet ne leur est pas présent ; et le même se verra dans les autres sens.

Nous pouvons donc définir la sensation (si toutefois une chose si intelligible de soi a besoin d'être définie), nous la pouvons, dis-je, définir la première perception qui se fait en notre ame à la présence des corps que nous appelons objets, et en suite de l'impression qu'ils font sur les organes de nos sens.

Je ne prends pourtant pas encore cette définition pour une définition exacte et parfaite. Car elle nous explique plutôt l'occasion d'où les sensations ont accoutumé de nous arriver, qu'elle ne nous en explique la nature. Mais cette définition suffit pour nous faire distinguer d'abord les sensations d'avec les autres opérations de notre ame.

Or, encore que nous ne puissions entendre les sensations sans les corps qui sont leurs objets, et sans les parties de nos corps qui servent d'organes pour les excercer; comme nous ne mettons point les sensations dans les objets, nous ne les mettons non plus dans les organes dont les dispositions bien considérées, comme nous ferons voir en son lieu, se trouveront de même nature que celles des objets mêmes. C'est pourquoi nous regardons les sensations comme choses qui appartiennent à notre ame, mais qui nous marquent l'impression que les corps environnans font sur le nôtre et la correspondance qu'il a avec eux.

Selon notre définition, la sensation doit être la première chose qui s'élève en l'ame et qu'on y ressente à la présence des objets. Et en effet, la première chose que j'aperçois en ouvrant les yeux, c'est la lumière et les couleurs ; si je n'aperçois rien, je dis que je suis dans les ténèbres. La première chose que je sens en montrant ma main au feu et en maniant de la glace, c'est que j'ai chaud ou que j'ai froid, et ainsi du reste.

Je puis bien ensuite avoir diverses pensées sur la lumière, en rechercher la nature, en remarquer les réflexions et les réfractions, observer même que les couleurs qui disparoissent aussitôt que la lumière se retire, semblent n'être autre chose dans les corps où je les aperçois, que de différentes modifications de la lumière elle-même, c'est-à-dire diverses réflexions ou réfractions des rayons du soleil et des autres corps lumineux. Mais toutes ces pensées ne me viennent qu'après cette perception sensible de la lumière, que j'ai appelée sensation ; et c'est la première qui s'est faite en moi aussitôt que j'ai eu ouvert les yeux.

De même après avoir senti que j'ai chaud ou que j'ai froid, je puis observer que les corps d'où me viennent ces sentimens causeroient diverses altérations à ma main, si je ne m'en retirois ; que le chaud la brûleroit et la consumeroit, que le froid l'engourdiroit et la mortifieroit, et ainsi du reste. Mais ce n'est pas là ce que j'aperçois d'abord en m'approchant du feu et de la glace. A ce premier abord il s'est fait en moi une certaine perception qui m'a fait dire : J'ai chaud ou j'ai froid, et c'est ce qu'on appelle sensation.

Quoique la sensation demande, pour être formée, la présence actuelle de l'objet, elle peut durer quelque temps après. Le chaud ou le froid dure dans ma main après que je l'ai éloignée ou du feu ou de la glace qui me la causoient. Quand une grande lumière ou le soleil même regardé fixement a fait dans nos yeux une impression fort violente, il nous paroît encore, après les avoir fermés, des couleurs d'abord assez vives, mais qui vont s'affoiblissant peu à peu et semblent à la fin se perdre dans l'air. La même chose nous arrive après un grand bruit, et une douce liqueur laisse après qu'elle est passée un moment de goût exquis. Mais tout cela n'est qu'une suite de la première touche de l'objet présent.

II.
Le plaisir et la douleur.

Le plaisir et la douleur accompagnent les opérations des sens ; on sent du plaisir à goûter de bonnes viandes, et de la douleur à en goûter de mauvaises, et ainsi du reste.

Ce chatouillement des sens qu'on trouve, par exemple, en goûtant de bons fruits, de douces liqueurs et d'autres viandes exquises, c'est ce qui s'appelle plaisir ou volupté. Ce sentiment importun des sens offensés, c'est ce qui s'appelle douleur.

L'un et l'autre sont compris sous les sentimens ou sensations, puisqu'ils sont l'un et l'autre une perception soudaine et vive, qui se fait d'abord en nous à la présence des objets plaisans et fâcheux ; comme à la présence d'un vin délicieux qui arrose notre palais, ce que nous sentons au premier abord, c'est le plaisir qu'il nous donne ; et à la présence d'un fer qui nous perce et nous déchire, nous ne sentons rien plus tôt ni plus vivement que la douleur qu'il nous cause.

Quoique le plaisir et la douleur soient de ces choses qui n'ont pas besoin d'être définies, parce qu'elles sont conçues par elles-mêmes, nous pouvons toutefois définir le plaisir un sentiment agréable qui convient à la nature, et la douleur un sentiment fâcheux, contraire à la nature.

Il paroît que ces deux sentimens naissent en nous, comme tous les autres, à la présence de certains corps qui nous accommodent ou qui nous blessent. En effet nous sentons de la douleur quand on nous coupe, quand on nous pique, quand on nous serre, et ainsi du reste, et nous en découvrons aisément la cause ; car nous voyons ce qui nous serre et ce qui nous pique : mais nous avons d'autres douleurs plus intérieures, par exemple, des douleurs de tête et d'estomac, des coliques et d'autres semblables. Nous avons la faim et la soif, qui sont aussi deux espèces de douleurs. Ces douleurs se ressentent au dedans, sans que nous voyions aucune chose au dehors qui nous les cause : mais nous pouvons aisément penser qu'elles viennent des mêmes principes que les autres ; c'est-à-dire que nous les sentons quand les parties intérieures du corps sont picotées ou serrées par quelques humeurs qui tombent dessus, à peu près de même manière que nous les voyons arriver dans les parties extérieures. Ainsi toutes ces sortes de douleurs sont de la même nature que celles dont nous apercevons les causes, et appartiennent sans difficulté aux sensations.

La douleur est plus vive et dure plus longtemps que le plaisir; ce qui nous doit faire sentir combien notre état est triste et malheureux en cette vie.

Il ne faut pas confondre le plaisir et la douleur avec la joie et la tristesse. Ces choses se suivent de près, et nous appelons souvent les unes du nom des autres. Mais plus elles sont approchantes et plus on est sujet à les confondre, plus il faut prendre soin de les distinguer.

Le plaisir et la douleur naissent à la présence effective d'un corps qui touche et affecte les organes ; ils sont aussi ressentis en un certain endroit déterminé, par exemple, le plaisir du goût précisément sur la langue et la douleur d'une blessure dans la partie offensée. Il n'en est pas ainsi de la joie et de la tristesse, à qui nous n'attribuons aucune place certaine. Elles peuvent être excitées en l'absence des objets sensibles par la seule imagination, ou par la réflexion de l'esprit. On a beau imaginer et considérer le plaisir du goût et celui d'une odeur exquise, ou la douleur de la goutte, on n'en fait pas naître pour cela le sentiment. Un homme qui veut exprimer le mal que lui fait la goutte ne dira pas qu'elle lui cause de la tristesse, mais de la douleur; et aussi ne dira-t-il pas qu'il ressent une grande joie dans la bouche en buvant une liqueur délicieuse, mais qu'il y ressent un grand plaisir. Un homme sait qu'il est atteint de ces sortes de maladies mortelles qui ne sont point douloureuses; il ne sent point de douleur, et toutefois il est plongé dans la tristesse. Ainsi ces choses sont fort différentes. C'est pourquoi nous avons rangé le plaisir et la douleur avec les sensations, et nous mettrons la joie et la tristesse avec les passions dans l'appétit.

Il est maintenant aisé de marquer toutes nos sensations. Il y a celles des cinq sens : il y a le plaisir et la douleur. Les plaisirs ne sont pas tous d'une même espèce, et nous en ressentons de fort différens, non-seulement en plusieurs sens, mais dans le même. Il en faut dire autant des douleurs. Celle de la migraine ne ressemble pas à celle de la colique ou de la goutte. Il y a certaines espèces de douleurs qui reviennent et cessent tous les jours : et c'est la faim et la soif.

III.
Diverses propriétés des sons.

Parmi nos sens, quelques-uns ont leur organe double : nous avons deux yeux, deux oreilles, deux narines, et la sensation peut être exercée par ces organes conjointement ou séparément. Quand ils agissent conjointement, la sensation est un peu plus forte. On voit mieux des deux yeux ensemble que d'un seul, encore qu'il y en ait qui ne remarquent guère cette différence.

Quelques-unes de nos sensations nous font sentir d'où elles nous viennent, et d'autres ne font point cet effet en nous. Quand nous sentons la douleur de la goutte, ou de la migraine, ou de la colique, nous sentons bien la douleur dans une certaine partie, mais nous ne sentons pas d'où le coup y vient. Mais nous sentons assez de quel côté nous viennent les sons et les odeurs. Nous sentons par le toucher ce qui nous arrête, ou ce qui nous cède. Nous rapportons naturellement à certaines choses le bon et le mauvais goût. La vue surtout rapporte toujours et fort promptement d'un certain côté, et à un certain objet les couleurs qu'elle aperçoit.

De là s'ensuit que nous devons encore sentir en quelque façon la figure et le mouvement de certains objets, par exemple, des corps colorés. Car en ressentant, comme nous faisons au premier abord, de quel côté nous en vient le sentiment; parce qu'il vient de plusieurs côtés et de plusieurs points, nous en apercevons l'étendue; parce qu'ils sont réduits à certaines bornes au delà desquelles nous ne sentons rien, nous sommes frappés de leur figure; s'ils changent de place, comme un flambeau qu'on porte devant nous, nous en ressentons le mouvement : ce qui arrive principalement dans la vue, qui est le plus clair et le plus distinct de tous les sens.

Ce n'est pas que l'étendue, la figure et le mouvement soient par eux-mêmes visibles, puisque l'air qui a toutes ces choses ne l'est pas : on les appelle aussi visibles par accident, à cause qu'elles ne le sont que par les couleurs.

De là vient la distinction des choses sensibles par elles-mêmes, comme les couleurs, les saveurs, et ainsi du reste; et sensibles par accident, comme les grandeurs, les figures et le mouvement.

Les choses sensibles par accident s'appellent aussi sensibles communs, parce qu'elles sont communes à plusieurs sens. Nous ne sentons pas seulement par la vue, mais encore par le toucher, une certaine étendue et une certaine figure dans nos objets; et quand une chose que nous tenons échappe de nos mains, nous sentons par ce moyen en quelque façon qu'elle se meut. Mais il faut bien remarquer que ces choses ne sont pas le propre objet des sens, ainsi qu'il a été dit.

Il y a donc sensibles communs et sensibles propres. Les sensibles propres sont ceux qui sont particuliers à chaque sens, comme les couleurs à la vue, le son à l'ouïe, et ainsi du reste. Et les sensibles communs sont ceux dont nous venons de parler, qui sont communs à plusieurs sens.

On pourroit ici examiner si c'est une opération des sens qui nous fait apercevoir d'où nous vient le coup, et l'étendue, la figure ou le mouvement de l'objet. Car peut-être que ces sensibles communs appartiennent à quelque autre opération, qui se joint à celle des sens. Mais je ne veux point encore aller à ces précisions : il me suffit d'avoir ici observé que la perception de ces sensibles communs ne se sépare jamais d'avec les sensations.

IV.

Le sens commun et l'imagination.

Il reste encore deux remarques à faire sur les sensations. La première, c'est que, toutes différentes qu'elles sont, il y a en l'âme une faculté de les réunir : car l'expérience nous apprend qu'il ne se fait qu'un seul objet sensible de tout ce qui nous frappe ensemble, même par des sens différens, surtout quand le coup vient du même endroit. Ainsi, quand je vois le feu d'une certaine couleur, que je ressens le chaud qu'il me cause, et que j'entends le bruit qu'il fait, non-seulement je vois cette couleur, je ressens cette chaleur et j'entends ce bruit, mais je ressens ces sensations différentes comme venant du même feu.

Cette faculté de l'ame qui réunit les sensations, soit qu'elle soit seulement une suite de ces sensations qui s'unissent naturellement quand elles viennent ensemble, ou qu'elle fasse partie de l'imaginative, dont nous allons parler; cette faculté, dis-je, quelle qu'elle soit, en tant qu'elle ne fait qu'un seul objet de tout ce qui frappe ensemble nos sens, est appelée le sens commun : terme qui se transporte aux opérations de l'esprit, mais dont la propre signification est celle que nous venons de remarquer.

La seconde chose qu'il faut observer dans les sensations, c'est qu'après qu'elles sont passées, elles laissent dans l'ame une image d'elles-mêmes et de leurs objets : c'est ce qui s'appelle *imaginer*.

Que l'objet coloré que je regarde se retire, que le bruit que j'entends s'apaise, que je cesse de boire la liqueur qui m'a donné du plaisir, que le feu qui m'échauffoit soit éteint et que le sentiment du froid ait succédé si vous voulez à la place, j'imagine encore en moi-même cette couleur, ce bruit, ce plaisir et cette chaleur; tout cela moins vif, à la vérité, que lorsque je voyois ou que j'entendois, que je goûtois ou que je sentois actuellement, mais toujours de même nature.

Bien plus, après une entière et longue interruption de ces sentimens, ils peuvent se renouveler. Le même objet coloré, le même son, le même plaisir d'une bonne odeur ou d'un bon goût me revient à diverses reprises, ou en veillant, ou dans les songes; et cela s'appelle mémoire ou ressouvenir. Et cet objet me revient à l'esprit tel que les sens le lui avoient présenté d'abord, et marqué des mêmes caractères dont chaque sens l'avoit pour ainsi dire affecté, si ce n'est qu'un long temps les fasse oublier.

Il est aisé maintenant d'entendre ce que c'est qu'imaginer. Toutes les fois qu'un objet une fois senti par le dehors demeure intérieurement, ou se renouvelle dans ma pensée avec l'image de la sensation qu'il a causée à mon ame, c'est ce que j'appelle *imaginer :* par exemple, quand ce que j'ai vu, ou ce que j'ai ouï, dure ou me revient dans les ténèbres ou dans le silence, je ne dis pas que je le vois ou que je l'entends, mais que je l'imagine.

La faculté de l'ame où se fait cet acte s'appelle imaginative, ou fantaisie, d'un mot grec qui signifie à peu près la même chose, c'est-à-dire se faire une image.

L'imagination d'un objet est toujours plus foible que la sensation, parce que l'image dégénère toujours de la vivacité de l'original.

Par là demeure entendu tout ce qui regarde les sensations. Elles naissent soudaines et vives à la présence des objets sensibles : celles qui regardent le même objet, quoiqu'elles viennent de divers sens, se réunissent ensemble et sont rapportées à l'objet qui les a fait naître; enfin après qu'elles sont passées, elles se conservent et se renouvellent par leur image.

V.

Des sens extérieurs et intérieurs, et plus en particulier de l'imagination.

Voilà ce qui a donné lieu à la célèbre distinction des sens extérieurs et intérieurs.

On appelle *sens extérieur* celui dont l'organe paroît au dehors et qui demande un objet externe actuellement présent.

Tels sont les cinq sens que chacun connoît; on voit les yeux, les oreilles et les autres organes des sens; et on ne peut ni voir, ni ouïr, ni sentir en aucune sorte, que les objets extérieurs dont ces organes peuvent être frappés, ne soient en présence en la manière qu'il convient.

On appelle *sens intérieur* celui dont les organes ne paroissent pas, et qui ne demande pas un objet externe actuellement présent. On range ordinairement parmi les sens intérieurs cette faculté qui réunit les sensations, c'est-à-dire le sens commun, et celle qui les conserve ou les renouvelle, c'est-à-dire l'imaginative.

On peut douter du sens commun, parce que ce sentiment qui

réunit, par exemple, les diverses sensations que le feu nous cause et les rapporte à un seul objet, se fait seulement à la présence de l'objet même, et dans le même moment que les sens extérieurs agissent. Mais pour l'acte d'imaginer, qui continue après que les sens extérieurs cessent d'agir, il appartient sans difficulté au sens intérieur.

Il est maintenant aisé de bien connoître la nature de cet acte, et on ne peut trop s'y appliquer.

La vue et les autres sens extérieurs nous font apercevoir certains objets hors de nous ; mais outre cela nous les pouvons apercevoir au dedans de nous, tels que les sens extérieurs les font sentir, lors même qu'ils ont cessé d'agir ; par exemple, je fais ici un triangle ▲, et je le vois de mes yeux. Que je les ferme, je vois encore ce même triangle intérieurement tel que ma vue me l'a fait sentir, de même couleur, de même grandeur et de même situation : c'est ce qui s'appelle imaginer un triangle.

Il y a pourtant une différence ; c'est, comme il a été dit, que cette continuation de la sensation se faisant par une image, ne peut pas être si vive que la sensation elle-même, qui se fait à la présence actuelle de l'objet, et qu'elle s'affoiblit de plus en plus avec le temps.

Cet acte d'imaginer accompagne toujours l'action des sens extérieurs. Toutes les fois que je vois, j'imagine en même temps ; et il est assez malaisé de distinguer ces deux actes dans le temps que la vue agit ; mais ce qui nous en marque la distinction, c'est que même en cessant de voir, je puis continuer à imaginer ; et cela, c'est voir encore en quelque façon la chose même, telle que je la voyois lorsqu'elle étoit présente à mes yeux.

Ainsi nous pouvons dire en général qu'imaginer une chose, c'est continuer de la sentir, moins vivement toutefois et d'une autre sorte que lorsqu'elle étoit actuellement présente aux sens extérieurs.

De là vient qu'en imaginant un objet, on l'imagine toujours d'une certaine grandeur, d'une certaine figure, avec de certaines qualités sensibles, particulières et déterminées ; par exemple, blanche ou noire, dure ou molle, froide ou chaude ; et cela en tel et tel degré, c'est-à-dire plus ou moins, et ainsi du reste.

Il faut soigneusement observer qu'en imaginant, nous n'ajoutons que la durée aux choses que les sens nous apportent : pour le reste l'imagination, au lieu d'y ajouter le diminue, les images qui nous restent de la sensation n'étant jamais aussi vives que la sensation elle-même.

Voilà ce qui s'appelle imaginer; c'est ainsi que l'ame conserve les images des objets qu'elle a sentis, et telle est enfin cette faculté qu'on appelle imaginative.

Et il ne faut pas oublier que lorsqu'on l'appelle sens intérieur en l'opposant à l'extérieur, ce n'est pas que les opérations de l'un et de l'autre sens ne se fassent au dedans de l'ame; mais, comme il a été dit, c'est, premièrement, que les organes des sens extérieurs sont au dehors, par exemple les yeux, les oreilles, la langue et le reste; au lieu qu'il ne paroît point au dehors d'organe qui serve à imaginer; et secondement, que quand on exerce les sens extérieurs, on se sent actuellement frappé par l'objet corporel qui est au dehors, et qui pour cela doit être présent; au lieu que l'imagination est affectée de l'objet, soit qu'il soit ou qu'il ne soit pas présent, et même quand il a cessé d'être absolument, pourvu qu'une fois il ait été bien senti. Ainsi je ne puis voir ce triangle dont nous parlions, qu'il ne soit actuellement présent; mais je puis l'imaginer, même après l'avoir effacé ou éloigné de mes yeux.

Voilà ce qui regarde les sens, tant intérieurs qu'extérieurs, et la différence des uns et des autres.

VI.

Les passions.

De ces sentimens intérieurs et extérieurs, et principalement des plaisirs et de la douleur, naissent en l'ame certains mouvemens que nous appelons passions.

Le sentiment du plaisir nous touche très-vivement, quand il est présent, et nous attire puissamment quand il ne l'est pas, et le sentiment de la douleur fait un effet tout contraire : ainsi partout où nous ressentons ou imaginons le plaisir et la douleur, nous sommes attirés ou rebutés ; c'est ce qui nous donne de l'appétit pour une viande agréable et de la répugnance pour une viande dégoûtante ; et tous les autres plaisirs, aussi bien que toutes les autres douleurs, causent en nous des appétits ou des répugnances de même nature, où la raison n'a aucune part.

Ces appétits ou ces répugnances et aversions sont appelés mouvemens de l'ame, non qu'elle change de place ou qu'elle se transporte d'un lieu à un autre ; mais c'est que, comme le corps s'approche ou s'éloigne en se mouvant, ainsi l'ame par ses appétits ou aversions s'unit avec les objets ou s'en sépare.

Ces choses étant posées, nous pouvons définir la passion un mouvement de l'ame, qui, touchée du plaisir ou de la douleur ressentie ou imaginée dans un objet, le poursuit ou s'en éloigne : si j'ai faim, je cherche avec passion la nourriture nécessaire ; si je suis brûlé par ce feu, j'ai une forte passion de m'en éloigner.

On compte ordinairement onze passions, que nous allons rapporter et définir par ordre.

L'amour est une passion de s'unir à quelque chose. On aime une nourriture agréable, on aime l'exercice de la chasse. Cette passion fait qu'on aime de s'unir à ces choses, et de les avoir en sa puissance.

La haine, au contraire, est une passion d'éloigner de nous quelque chose ; je hais la douleur ; je hais le travail ; je hais une médecine pour son mauvais goût ; je hais un tel homme qui me fait du mal ; et mon esprit s'en éloigne naturellement.

Le désir est une passion qui nous pousse à rechercher ce que nous aimons, quand il est absent.

L'aversion, autrement nommée la fuite ou l'éloignement, est une passion d'empêcher que ce que nous haïssons ne nous approche.

La joie est une passion par laquelle l'ame jouit du bien présent et s'y repose.

La tristesse est une passion par laquelle l'ame tourmentée du mal présent, s'en éloigne autant qu'elle peut et s'en afflige.

Jusqu'ici les passions n'ont eu besoin, pour être excitées, que de la présence ou de l'absence de leurs objets : les cinq autres y ajoutent la difficulté.

L'audace ou la hardiesse ou le courage est une passion par laquelle l'ame s'efforce de s'unir à l'objet aimé, dont l'acquisition est difficile.

La crainte est une passion par laquelle l'ame s'éloigne d'un mal difficile à éviter.

L'espérance est une passion qui naît en l'ame, quand l'acquisition de l'objet aimé est possible, quoique difficile. Car lorsqu'elle est aisée ou assurée, on en jouit par avance et on est en joie.

Le désespoir au contraire est une passion qui naît en l'ame quand l'acquisition de l'objet aimé paroît impossible.

La colère est une passion par laquelle nous nous efforçons de repousser avec violence celui qui nous fait du mal ou de nous en venger.

Cette dernière passion n'a point de contraire, si ce n'est qu'on veuille mettre parmi les passions l'inclination de faire du bien à qui nous oblige ; mais il la faut rapporter à la vertu, et elle n'a pas l'émotion ni le trouble que les passions apportent.

Les six premières passions, qui ne présupposent dans leurs objets que la présence ou l'absence, sont rapportées par les anciens philosophes à l'appétit qu'ils appellent *concupiscible* ; et pour les cinq dernières, qui ajoutent la difficulté à l'absence ou à la présence, ils les rapportent à l'appétit qu'ils appellent *irascible*.

Ils appellent appétit concupiscible celui où domine le désir ou la concupiscence ; et irascible celui où domine la colère. Cet appétit a toujours quelque difficulté à surmonter ou quelque effort à faire, et c'est ce qui émeut la colère.

L'appétit qu'on appelle irascible seroit peut-être appelé plus convenablement courageux. Les Grecs, qui ont fait les premiers cette distinction d'appétits, expriment par un même mot la colère et le courage, et il est naturel de nommer appétit courageux celui qui doit surmonter les difficultés.

Et on peut joindre aussi les deux expressions d'*irascible* et de *courageux,* parce que la colère est née pour exciter et soutenir le courage.

Quoi qu'il en soit, la distinction des passions en passions dont l'objet est regardé simplement comme présent ou absent, et des passions où la difficulté se trouve jointe à la présence ou à l'absence, est indubitable.

Et quand nous parlons de difficulté, ce n'est pas qu'il faille toujours mettre dans les passions qui la présupposent, un jugement exprès de l'entendement par lequel il juge un tel objet difficile à acquérir ; mais c'est, comme nous verrons plus amplement en son lieu, que la nature a revêtu les objets dont l'acquisition est difficile de certains caractères propres, qui par eux-mêmes font sur l'esprit des impressions et des imaginations différentes.

Outre ces onze principales passions, il y a encore la honte, l'envie, l'émulation, l'admiration et l'étonnement et quelques autres semblables ; mais elles se rapportent à celles-ci. La honte est une tristesse ou une crainte d'être exposé à la haine ou au mépris pour quelque faute ou quelque défaut naturel, mêlée avec le désir de le couvrir ou de nous justifier. L'envie est une tristesse que nous avons du bien d'autrui, et une crainte qu'en le possédant il ne nous en prive, ou un désespoir d'acquérir le bien que nous voyons déjà occupé par un autre avec une haine invincible contre celui qui semble nous le détenir. L'émulation qui naît en l'homme de cœur, quand il voit faire aux autres de grandes actions, enferme l'espérance de les pouvoir faire, parce que les autres les font, et un sentiment d'audace qui nous porte à les entreprendre avec confiance. L'admiration et l'étonnement comprennent en eux, ou la joie d'avoir vu quelque chose d'extraordinaire et le désir d'en savoir les causes aussi bien que les suites ; ou la crainte que sous cet objet nouveau il n'y ait quelque péril caché, et l'inquiétude causée par la difficulté de le connoître : ce qui nous rend comme immobiles et sans action, et c'est ce que nous appelons être étonné.

L'inquiétude, les soucis, la peur, l'effroi, l'horreur et l'épouvante, ne sont autre chose que les différens degrés et les différens effets de la crainte. Un homme mal assuré du bien qu'il possède entre en inquiétude ; si les périls augmentent, ils lui causent de fâcheux soucis ; quand le mal presse davantage, il a peur ; si la peur le trouble et le fait trembler, cela s'appelle effroi et horreur; que si elle le saisit tellement qu'il paroisse comme éperdu, cela s'appelle épouvante.

Ainsi il paroît manifestement qu'en quelque manière qu'on prenne les passions, et à quelque nombre qu'on les étende, elles se réduisent toujours aux onze que nous venons d'expliquer.

Et même nous pouvons dire, si nous consultons ce qui se passe en nous-mêmes, que nos autres passions se rapportent au seul amour, et qu'il les enferme ou les excite toutes. La haine de quelque objet ne vient que de l'amour qu'on a pour un autre. Je ne hais la maladie que parce que j'aime la santé. Je n'ai d'aversion pour quelqu'un que parce qu'il m'est un obstacle à posséder ce que j'aime. Le désir n'est qu'un amour qui s'étend au bien qu'il n'a pas, comme la joie est un amour qui s'attache au bien qu'il a. La fuite et la tristesse sont un amour qui s'éloigne du mal par lequel il est privé de son bien et qui s'en afflige. L'audace est un amour qui entreprend pour posséder l'objet aimé, ce qu'il y a de plus difficile, et la crainte un amour qui se voyant menacé de perdre ce qu'il recherche, est troublé de ce péril. L'espérance est un amour qui se flatte qu'il possédera l'objet aimé, et le désespoir est un amour désolé de ce qu'il s'en voit privé à jamais, ce qui cause un abattement dont on ne peut se relever. La colère est un amour irrité de ce qu'on lui veut ôter son bien et s'efforçant de le défendre. Enfin ôtez l'amour, il n'y a plus de passions; et posez l'amour, vous les faites naître toutes.

Quelques-uns pourtant ont parlé de l'admiration comme de la première des passions, parce qu'elle naît en nous à la première surprise que nous cause un objet nouveau, avant que de l'aimer ou de le haïr. Mais si cette surprise en demeure à la simple admiration d'une chose qui paroît nouvelle, elle ne fait en nous aucune émotion, ni aucune passion par conséquent. Que si elle nous cause quelque émotion, nous avons remarqué comme elle appartient aux passions que nous avons expliquées. Ainsi il faut persister à mettre l'amour la première des passions, et la source de toutes les autres.

Voilà ce qu'un peu de réflexion sur nous-mêmes nous fera connoître de nos passions, autant qu'elles se font sentir à l'ame.

Il faudroit ajouter seulement qu'elles nous empêchent de bien raisonner et qu'elles nous engagent dans le vice, si elles ne sont détournées. Mais ceci s'entendra mieux quand nous aurons défini les opérations intellectuelles.

VII.

Les opérations intellectuelles, et premièrement celles de l'entendement.

Les opérations intellectuelles sont celles qui sont élevées au-dessus des sens.

Disons quelque chose de plus précis : ce sont celles qui ont pour objet quelque raison qui nous est connue.

J'appelle ici raison l'appréhension ou la perception de quelque chose de vrai, ou qui soit réputé pour tel. La suite va faire entendre tout ceci.

Il y a deux sortes d'opérations intellectuelles : celles de l'entendement et celles de la volonté.

L'une et l'autre a pour objet quelque raison qui nous est connue. Tout ce que j'entends est fondé sur quelque raison ; je ne veux rien que je ne puisse dire pour quelle raison je le veux.

Il n'en est pas de même des sensations, comme la suite le fera paroître à qui y prendra garde de près.

Disons avant toutes choses ce qui appartient à l'entendement.

L'entendement est la lumière que Dieu nous a donnée pour nous conduire. On lui donne divers noms : en tant qu'il invente et qu'il pénètre, il s'appelle *esprit ;* en tant qu'il juge et qu'il dirige au vrai et au bien, il s'appelle *raison* et *jugement*.

Le vrai caractère de l'homme, qui le distingue si fort des autres animaux, c'est d'être capable de raison. Il est porté naturellement à rendre raison de ce qu'il fait. Ainsi le vrai homme sera celui qui peut rendre bonne raison de sa conduite.

La raison, en tant qu'elle nous détourne du vrai mal de l'homme, qui est le péché, s'appelle la *conscience*.

Quand notre conscience nous reproche le mal que nous avons fait, cela s'appelle *syndérèse* ou *remords de conscience*.

La raison nous est donnée pour nous élever au-dessus des sens et de l'imagination. La raison qui les suit et s'y asservit est une raison corrompue, qui ne mérite plus le nom de raison.

Voilà en général ce que c'est que l'entendement; mais nous le concevrons mieux quand nous aurons exactement défini son opération.

Entendre, c'est connoître le vrai et le faux, et discerner l'un d'avec l'autre. Par exemple entendre un triangle, c'est connoître cette vérité, que c'est une figure à trois côtés; ou parce que ce mot de *triangle* pris absolument est affecté au triangle rectiligne, entendre le triangle, c'est entendre que c'est une figure terminée de trois lignes droites.

Par cette définition, je connois la nature de l'entendement, et sa différence d'avec les sens.

Les sens donnent lieu à la connoissance de la vérité; mais ce n'est pas par eux précisément que je la connois.

Quand je vois les arbres d'une longue allée, quoiqu'ils soient tous à peu près égaux, se diminuer peu à peu à mes yeux, en sorte que la diminution commence dès le second et se continue à proportion de l'éloignement; quand je vois uni, poli et continu ce qu'un microscope me fait voir rude, inégal et séparé; quand je vois courbe à travers de l'eau un bâton que je sais d'ailleurs être droit; quand emporté dans un bateau par un mouvement égal, je me sens comme immobile avec tout ce qui est dans le vaisseau, pendant que je vois le reste, qui ne branle pourtant pas, comme s'enfuyant de moi, en sorte que je transporte mon mouvement à des choses immobiles et leur immobilité à moi qui remue : ces choses et mille autres de même nature où les sens ont besoin d'être redressés, me font voir que c'est par quelque autre faculté que je connois la vérité et que je la discerne de la fausseté.

Et cela ne se trouve pas seulement dans les sensibles que nous avons appelés communs, mais encore dans ceux qu'on appelle propres. Il m'arrive souvent de voir, sur certains objets, certaines couleurs ou certaines taches qui ne proviennent point des objets mêmes, mais du milieu à travers lequel je les regarde, ou de l'altération de mon organe; ainsi des yeux remplis de bile font voir tout jaune; et eux-mêmes éblouis pour avoir été trop arrêtés sur le soleil, font voir après cela diverses couleurs, ou en l'air ou sur les objets, que l'on n'y verroit nullement sans cette altération. Souvent je sens dans l'oreille des bruits semblables à ceux que me cause l'air agité par certains corps sans néanmoins qu'il le soit. Telle odeur paroît bonne à l'un et désagréable à l'autre. Les goûts sont différens, et un autre trouvera toujours amer ce que je trouve toujours doux. Moi-même je ne m'accorde pas toujours avec moi-même, et je sens que le goût varie en moi autant par la propre disposition de ma langue que par celle des objets mêmes. C'est à la raison à juger de ces illusions des sens, et c'est à elle par conséquent à connoître la vérité.

De plus les sens ne m'apprennent pas ce qui se fait dans leurs organes. Quand je regarde ou que j'écoute, je ne sens ni l'ébranlement qui se fait dans le tympan que j'ai dans l'oreille, ni celui des nerfs optiques que j'ai dans le fond de l'œil. Lorsque ayant les yeux blessés ou le goût malade, je sens tout amer et je vois tout jaune, je ne sens point par la vue ni par le goût l'indisposition de mes yeux ou de ma langue. J'apprends tout cela par les réflexions que je fais sur les organes corporels dont mon seul entendement me fait connoître les usages naturels avec leurs dispositions bonnes ou mauvaises.

Les sens ne me disent non plus ce qu'il y a dans leurs objets capable d'exciter en moi les sensations. Ce que je sens quand je dis : J'ai chaud ou je brûle, sans doute n'est pas la même chose que ce que je conçois dans le feu lorsque je l'appelle chaud et brûlant. Ce qui me fait dire : J'ai chaud, c'est un certain sentiment que le feu qui ne sent pas ne peut avoir, et ce sentiment, augmenté jusqu'à la douleur me fait dire que je brûle.

Quoique le feu n'ait en lui-même ni le sentiment ni la douleur qu'il excite en moi, il faut bien qu'il y ait en lui quelque chose capable de l'exciter : mais ce quelque chose que j'appelle la chaleur du feu, n'est point connu par les sens, et si j'en ai quelque idée elle me vient d'ailleurs.

Ainsi les sens ne nous apportent que leurs propres sensations, et laissent à l'entendement à juger des dispositions qu'ils marquent dans les objets. L'ouïe m'apporte seulement les sons, et le goût l'amer et le doux ; comment il faut que l'air soit ému pour causer du bruit, ce qu'il y a dans les viandes qui me les fait trouver amères ou douces, sera toujours ignoré si l'entendement ne le découvre.

Ce qui se dit des sens s'étend aussi à l'imagination qui, comme nous avons dit, ne nous apporte autre chose que des images de la sensation, qu'elle ne surpasse que dans la durée.

Et tout ce que l'imagination ajoute à la sensation, est une pure illusion qui a besoin d'être corrigée, comme quand, ou dans les songes, ou par quelque trouble, j'imagine les choses autrement que je ne les vois.

Ainsi tant en dormant qu'en veillant, nous nous trouvons souvent remplis de fausses imaginations dont le seul entendement peut juger.

C'est pourquoi tous les philosophes sont d'accord qu'il n'appartient qu'à lui seul de connoître le vrai et le faux, et de discerner l'un d'avec l'autre.

C'est aussi lui seul qui remarque la nature des choses. Par la vue nous sommes touchés de ce qui est étendu et de ce qui est en mouvement : le seul entendement recherche et conçoit ce que c'est que d'être étendu, et ce que c'est que d'être en mouvement.

Par la même raison, il n'y a que l'entendement qui puisse errer. A proprement parler, il n'y a point d'erreur dans le sens, qui fait toujours ce qu'il doit, puisqu'il est fait pour opérer selon les dispositions non-seulement des objets, mais des organes. C'est à l'entendement, qui doit juger des organes mêmes, à tirer des sensations les conséquences nécessaires; et s'il se laisse surprendre, c'est lui qui se trompe.

Ainsi il demeure pour constant que le vrai effet de l'intelligence, c'est de connoître le vrai et le faux et les discerner l'un de l'autre.

C'est ce qui ne convient qu'à l'entendement, et ce qui montre en quoi il diffère tant des sens que de l'imagination.

VIII.

De certains actes de l'entendement qui sont joints aux sensations, et comment on en connoît la différence.

Mais il y a des actes de l'entendement qui suivent de si près les sensations, que nous les confondons avec elles, à moins d'y prendre garde fort exactement.

Le jugement que nous faisons naturellement des proportions et de l'ordre qui en résulte, est de cette sorte.

Connoître les proportions et l'ordre, est l'ouvrage de la raison qui compare une chose avec une autre et en découvre les rapports.

Le rapport de la raison et de l'ordre est extrême. L'ordre ne peut être remis dans les choses que par la raison, ni être entendu que par elle. Il est ami de la raison et son propre objet.

Ainsi on ne peut nier qu'apercevoir les proportions, apercevoir l'ordre et en juger, ne soit une chose qui passe les sens.

Par la même raison apercevoir la beauté et en juger est un ouvrage de l'esprit, puisque la beauté ne consiste que dans l'ordre, c'est-à-dire dans l'arrangement et la proportion.

De là vient que les choses qui sont les moins belles en elles-mêmes reçoivent une certaine beauté quand elles sont arrangées avec de justes proportions et un rapport mutuel.

Ainsi il appartient à l'esprit, c'est-à-dire à l'entendement, de juger de la beauté; parce que juger de la beauté, c'est juger de l'ordre, de la proportion et de la justesse; choses que l'esprit seul peut apercevoir.

Ces choses présupposées, il sera aisé de comprendre qu'il nous arrive souvent d'attribuer aux sens ce qui appartient à l'esprit.

Lorsque nous regardons une longue allée, quoique tous les arbres décroissent à nos yeux à mesure qu'ils s'en éloignent, nous les jugeons tous égaux. Ce jugement n'appartient point à l'œil, à l'égard duquel ces arbres sont diminués. Il se forme par une secrète réflexion de l'esprit, qui connoissant naturellement la diminution que cause l'éloignement dans les objets, juge égales toutes les choses qui décroissent également à la vue à mesure qu'elles s'éloignent.

Mais encore que ce jugement appartienne à l'esprit, à cause qu'il est fondé sur la sensation et qu'il la suit de près ou plutôt qu'il naît avec elle, nous l'attribuons aux sens, et nous disons qu'on voit à l'œil l'égalité de ces arbres et la juste proportion de cette allée.

C'est aussi par là qu'elle nous plaît et qu'elle nous semble belle; et nous croyons voir par les yeux plutôt qu'entendre par l'esprit cette beauté, parce qu'elle se présente à nous aussitôt que nous jetons les yeux sur cet agréable objet.

Mais nous savons d'ailleurs que la beauté, c'est-à-dire la justesse, la proportion et l'ordre, ne s'aperçoit que par l'esprit, dont il ne faut pas confondre l'opération avec celle du sens, sous prétexte qu'elle l'accompagne.

Ainsi quand nous trouvons un bâtiment beau, c'est un jugement que nous faisons sur la justesse et la proportion de toutes les parties en les rapportant les unes aux autres, et il y a dans ce jugement un raisonnement caché que nous n'apercevons pas à cause qu'il se fait fort vite.

Nous avons donc beau dire que cette beauté se voit à l'œil, ou que c'est un objet plaisant aux yeux, ce jugement nous vient par ces sortes de réflexions secrètes qui pour être vives et promptes, et pour suivre de près les sensations, sont confondues avec elles.

Il en est de même de toutes les choses dont la beauté nous frappe d'abord. Ce qui nous fait trouver une couleur belle, c'est un jugement secret que nous portons en nous-mêmes de sa proportion avec notre œil qu'elle divertit. Les beaux tons, les beaux chants, les belles cadences, ont la même proportion avec notre oreille. En apercevoir la justesse aussi promptement que le son nous touche l'ouïe, c'est ce qu'on appelle avoir l'oreille bonne, quoique, pour parler exactement, il fallût attribuer ce jugement à l'esprit.

Et une marque que cette justesse, qu'on attribue à l'oreille, est un ouvrage de raisonnement et de réflexion, c'est qu'elle s'acquiert ou se perfectionne par l'art. Il y a certaines règles qui étant une fois connues, font sentir plus promptement la beauté de certains accords ; l'usage même fait cela tout seul, parce qu'en multipliant les réflexions, il les rend plus aisées et plus promptes ; et on dit qu'il raffine l'oreille, parce qu'il allie plus vite, avec des sons qui la frappent, le jugement que porte l'esprit sur la beauté des accords.

Les jugemens que nous faisons en trouvant les choses grandes ou petites par rapport des unes aux autres, sont encore de même nature. C'est par là que le dernier arbre d'une longue allée, quelque petit qu'il vienne à nos yeux, nous paroît naturellement aussi grand que le premier ; et nous ne jugerions pas aussi sûrement de sa grandeur, si le même arbre étant seul dans une vaste campagne ne pouvoit pas être comparé à d'autres.

Il y a donc en nous une géométrie naturelle, c'est-à-dire une science des proportions qui nous fait mesurer les grandeurs en les comparant les unes aux autres, et concilie la vérité avec les apparences.

C'est ce qui donne moyen aux peintres de nous tromper dans leurs perspectives. En imitant l'effet de l'éloignement et la diminution qu'il cause proportionnellement dans les objets, ils nous font paroître enfoncé ou relevé ce qui est uni, éloigné ce qui est proche, et grand ce qui est petit.

C'est ainsi que sur un théâtre de vingt ou trente pieds, on nous fait paroître des allées immenses. Et alors si quelque homme vient à se montrer au-dessus du dernier arbre de cette allée imaginaire, il nous paroît un géant, comme surpassant en grandeur cet arbre que la justesse des proportions nous fait égaler au premier.

Et par la même raison les peintres donnent souvent une figure à leurs objets pour nous en faire paroître une autre. Ils tournent en losange les pavés d'une chambre, qui doivent paroître carrés, parce que dans une certaine distance les carreaux effectifs prennent à nos yeux cette figure ; et nous voyons ces carreaux peints si bien carrés, que nous avons peine à croire qu'ils soient si étroits, ou tournés si obliquement : tant est forte l'habitude que notre esprit a prise de former ses jugemens sur les proportions, et de juger toujours de même, pourvu qu'on ait trouvé l'art de ne rien changer dans les apparences.

Et quand nous découvrons par raisonnement ces tromperies de la perspective, nous disons que le jugement redresse les sens, au lieu qu'il faudroit dire pour parler avec une entière exactitude que le jugement se redresse lui-même, c'est-à-dire qu'un jugement qui suit l'apparence est redressé par un jugement qui se fonde en vérité connue, et un jugement d'habitude par un jugement de réflexion expresse.

IX.

Différence de l'imagination et de l'entendement.

Voilà ce qu'il faut entendre pour apprendre à ne pas confondre avec les sensations des choses de raisonnement. Mais comme il est beaucoup plus à craindre qu'on ne confonde l'imagination avec l'intelligence, il faut encore marquer les caractères propres de l'une et de l'autre.

La chose sera aisée, en faisant un peu de réflexion sur ce qui a été dit.

Nous avons dit premièrement que l'entendement connoît la nature des choses, ce que l'imagination ne peut pas faire.

Il y a, par exemple, grande différence entre imaginer le triangle et entendre le triangle. Imaginer le triangle, c'est s'en représenter un d'une mesure déterminée et avec une certaine grandeur de ses angles et de ses côtés ; au lieu que l'entendre, c'est en connoître la nature et savoir en général que c'est une figure à trois côtés, sans déterminer aucune grandeur ni proportion particulière. Ainsi quand on entend un triangle, l'idée qu'on en a convient à tous les triangles équilatéraux, isocèles ou autres, de quelque grandeur et proportion qu'ils soient ; au lieu que le triangle qu'on imagine est restreint à une certaine espèce de triangle et à une grandeur déterminée.

Il faut juger de la même sorte des autres choses qu'on peut imaginer et entendre ; par exemple, imaginer l'homme, c'est s'en représenter un qui soit de grande ou de petite taille, blanc ou basané, sain ou malade : et l'entendre, c'est concevoir seulement que c'est un animal raisonnable sans s'arrêter à aucune de ses qualités particulières.

Il y a encore une autre différence entre imaginer et entendre. C'est qu'entendre s'étend beaucoup plus loin qu'imaginer. Car on ne peut imaginer que les choses corporelles et sensibles, au lieu que l'on peut entendre les choses tant corporelles que spirituelles, celles qui sont sensibles et celles qui ne le sont pas : par exemple, Dieu et l'ame.

Ainsi ceux qui veulent imaginer Dieu et l'ame tombent dans une grande erreur, parce qu'ils veulent imaginer ce qui n'est pas imaginable, c'est-à-dire ce qui n'a ni corps, ni figure, ni enfin rien de sensible.

A cela il faut rapporter les idées que nous avons de la bonté, de la vérité, de la justice, de la sainteté et les autres semblables, dans lesquelles il n'entre rien de corporel, et qui aussi conviennent ou principalement, ou seulement, aux choses spirituelles, telles que sont Dieu et l'ame ; de sorte qu'elles ne peuvent pas être imaginées, mais seulement entendues.

Comme donc toutes les choses qui n'ont point de corps ne peuvent être conçues que par la seule intelligence, il s'ensuit que l'entendement s'étend plus loin que l'imagination.

Mais la différence essentielle entre imaginer et entendre, est celle qui est exprimée par la définition. C'est qu'entendre n'est autre chose que connoître et discerner le vrai et le faux, ce que l'imagination qui suit simplement le sens ne peut avoir.

X.

Comment l'imagination et l'intelligence s'unissent et s'aident, ou s'embarrassent mutuellement.

Encore que ces deux actes d'imaginer et d'entendre soient si distingués, ils se mêlent toujours ensemble. L'entendement ne définit point le triangle ni le cercle, que l'imagination ne s'en figure un. Il se mêle des images sensibles dans la considération des choses les plus spirituelles, par exemple de Dieu et des ames; et quoique nous les rejetions de notre pensée comme choses fort éloignées de l'objet que nous contemplons, elles ne laissent pas de le suivre.

Il se forme souvent aussi dans notre imagination des figures bizarres et capricieuses, qu'elle ne peut pas forger toute seule et où il faut qu'elle soit aidée par l'entendement. Les centaures, les chimères et les autres compositions de cette nature que nous faisons et défaisons quand il nous plaît, supposent quelque réflexion sur les choses différentes dont elles se forment, et quelque comparaison des unes avec les autres : ce qui appartient à l'entendement. Mais ce même entendement, qui excite dans la fantaisie ces assemblages monstrueux, en connoît la vanité.

L'imagination, selon qu'on en use, peut servir ou nuire à l'intelligence.

Le bon usage de l'imagination est de s'en servir seulement pour rendre l'esprit attentif ; par exemple, quand en discourant de la nature du cercle et du carré et des proportions de l'un avec l'autre je m'en figure un dans l'esprit, cette image me sert beaucoup à empêcher les distractions et à fixer ma pensée sur ce sujet.

Le mauvais usage de l'imagination est de la laisser décider ; ce qui arrive principalement à ceux qui ne croient rien de véritable que ce qui est imaginable et sensible : erreur grossière qui confond l'imagination et le sens avec l'entendement.

Aussi l'expérience fait-elle voir qu'une imagination trop vive étouffe le raisonnement et le jugement.

Il faut donc employer l'imagination et les images sensibles seulement pour nous recueillir en nous-mêmes, en sorte que la raison préside toujours.

XI.

Différence d'un homme d'esprit et d'un homme d'imagination ; l'homme de mémoire.

Par là se peut remarquer la différence entre les gens d'imagination et les gens d'esprit ou d'entendement. Mais il faut auparavant démêler l'équivoque de ce terme, *esprit.*

L'esprit s'étend quelquefois tant à l'imagination qu'à l'entendement, et en un mot à tout ce qui agit au dedans de nous.

Ainsi quand nous avons dit qu'on se figuroit dans l'esprit un cercle ou un carré, le mot d'*esprit* signifioit là l'imagination.

Mais la signification la plus ordinaire du mot d'esprit est de le prendre pour entendement : ainsi un homme d'*esprit* et un homme d'entendement est à peu près la même chose, quoique le mot d'*entendement* marque un peu plus ici le bon jugement.

Cela supposé, la différence des gens d'imagination et des gens d'esprit est évidente. Ceux-là sont propres à retenir et à se représenter vivement les choses qui frappent les sens. Ceux-ci savent démêler le vrai et le faux et juger de l'un et de l'autre.

Ces deux qualités des hommes se remarquent dans leurs discours et dans leur conduite.

Les premiers sont féconds en descriptions, en peintures vives, en comparaisons, et autres choses semblables que les sens fournissent; le bon esprit donne aux autres un fort raisonnement avec un discernement exact et juste, qui produit des paroles propres et précises.

Les premiers sont passionnés et emportés, parce que l'imanation qui prévaut en eux excite naturellement et nourrit les passions. Les autres sont réglés et modérés, parce qu'ils sont plus disposés à écouter la raison et à la suivre.

Un homme d'imagination est fécond en expédiens, parce que la mémoire qu'il a fort vive et les passions qu'il a fort ardentes, donnent beaucoup de mouvement à son esprit. Un homme d'entendement sait mieux prendre son parti et agit avec plus de suite. Ainsi l'un trouve ordinairement plus de moyens pour arriver à une fin; l'autre en fait un meilleur choix et se soutient mieux.

Comme nous avons remarqué que l'imagination aide beaucoup l'intelligence, il est clair que pour faire un habile homme, il faut de l'un et de l'autre : mais dans ce tempérament il faut que l'intelligence et le raisonnement prévale.

Et quand nous avons distingué les gens d'imagination d'avec les gens d'esprit, ce n'est pas que les premiers soient tout à fait destitués de raisonnement, ni les autres d'imagination. Ces deux choses vont toujours ensemble, mais on définit les hommes par la partie qui domine en eux.

Il faudroit ici parler des gens de mémoire, qui est comme un troisième caractère entre les gens de raisonnement et les gens d'imagination. La mémoire fournit beaucoup au raisonnement ; mais elle appartient à l'imagination : quoique dans l'usage ordinaire on appelle gens d'imagination ceux qui sont inventifs, et gens de mémoire ceux qui retiennent ce qui est inventé par les autres.

XII.

Les actes particuliers de l'intelligence.

Après avoir séparé l'intelligence d'avec les sens et d'avec l'imagination, il faut maintenant considérer quels sont les actes particuliers de l'intelligence.

C'est autre chose d'entendre la première fois une vérité, autre chose de la rappeler à notre esprit après l'avoir sue. L'entendre la première fois, s'appelle entendre simplement, concevoir, apprendre; et la rappeler dans son esprit, s'appelle se ressouvenir.

On distingue la mémoire qui s'appelle imaginative, où se retiennent les choses sensibles et les sensations, d'avec la mémoire intellectuelle par laquelle se retiennent les vérités et les choses de raisonnement et d'intelligence.

On distingue aussi entre les pensées de l'ame qui tendent directement aux objets, et celles où elle se retourne sur elle-même et sur ses propres opérations, par cette manière de penser qu'on appelle *réflexion*.

Cette expression est tirée des corps, lorsque repoussés par d'autres corps qui s'opposent à leur mouvement, ils retournent pour ainsi dire sur eux-mêmes.

Par la réflexion l'esprit juge des objets, des sensations, enfin de lui-même et de ses propres jugemens qu'il redresse ou qu'il confirme. Ainsi il y a des réflexions qui se font sur les objets et les sensations simplement, et d'autres qui se font sur les actes mêmes de l'intelligence, et celles-là sont les plus sûres et les meilleures.

XIII.
Les trois opérations de l'esprit.

Mais ce qu'il y a de principal en cette matière est de bien entendre les trois opérations de l'esprit.

Dans une proposition, c'est autre chose d'entendre les termes dont elle est composée; autre chose de les assembler ou de les disjoindre : par exemple, dans ces deux propositions : *Dieu est éternel, l'homme n'est pas éternel*, c'est autre chose d'entendre ces termes, *Dieu, homme, éternel*, autre chose de les assembler ou de les disjoindre en disant : *Dieu est éternel*, ou : *L'homme n'est pas éternel*.

Entendre les termes, par exemple, entendre que *Dieu* veut dire la première cause, qu'*homme* veut dire animal raisonnable, qu'*éternel* veut dire ce qui n'a ni commencement ni fin, c'est ce qui s'appelle conception, simple appréhension, et c'est la première opération de l'esprit.

Elle ne se fait peut-être jamais toute seule, et c'est ce qui fait dire à quelques-uns qu'elle n'est pas. Mais ils ne prennent pas garde qu'entendre les termes, est chose qui précède naturellement les assembler : autrement on ne sait ce qu'on assemble.

Assembler ou disjoindre les termes, c'est en assurer un de l'autre, ou en nier un de l'autre, en disant : *Dieu est éternel, l'homme n'est pas éternel* : c'est ce qui s'appelle proposition ou jugement, qui consiste à affirmer ou nier, et c'est la seconde opération de l'esprit.

A cette opération appartient encore de suspendre son jugement quand la chose ne paroît pas claire, et c'est ce qui s'appelle *douter*.

Que si nous nous servons d'une chose claire, pour en rechercher une obscure, cela s'appelle *raisonner*, et c'est la troisième opération de l'esprit.

Raisonner, c'est prouver une chose par une autre; par exemple, prouver une proposition d'Euclide par une autre; prouver que Dieu hait le péché, parce qu'il est saint, ou qu'il ne change jamais ses résolutions, parce qu'il est éternel et immuable dans tout ce qu'il est.

Toutes les fois que nous trouvons dans le discours ces particules, *parce que, car, puisque, donc*, et les autres qu'on nomme causales, c'est la marque indubitable du raisonnement.

Mais sa construction naturelle et celle qui découvre toute sa force, est d'arranger trois propositions dont la dernière suive des deux autres : par exemple pour réduire en forme les deux raisonnemens que nous venons de proposer sur Dieu, il faut dire ainsi :

Ce qui est saint hait le péché :
Dieu est saint :
Donc Dieu hait le péché.

Ce qui est éternel et immuable dans tout ce qu'il est, ne change jamais ses résolutions :
Dieu est éternel et immuable dans tout ce qu'il est :
Donc Dieu ne change jamais ses résolutions.

Nous entendons naturellement que si les deux premières propositions qu'on appelle *majeure* et *mineure*, sont bien prouvées, la troisième qu'on appelle *conclusion* ou *conséquence* est indubitable.

Nous ne nous astreignons guère à construire le raisonnement de cette sorte, parce que cela rendroit le discours trop long, et que d'ailleurs un raisonnement s'entend très-bien sans cela. Car on dit, par exemple, en très-peu de mots : *Dieu, qui est bon, doit être bienfaisant envers les hommes*, et on entend facilement que, parce qu'il est bon de sa nature, on doit croire qu'il est bienfaisant envers la nôtre.

Un raisonnement est ou seulement probable, vraisemblable et conjectural, ou certain et démonstratif. Le premier genre de raisonnement se fait en matière douteuse ou particulière et contingente ; le second se fait en matière certaine, universelle et nécessaire : par exemple j'entreprends de prouver que César est un ennemi de sa patrie, qui a toujours eu le dessein d'en opprimer la liberté, comme il a fait à la fin ; et que Brutus qui l'a tué n'a jamais eu d'autre dessein que celui de rétablir la forme légitime de la république, c'est raisonner en matière douteuse, particulière et contingente, et tous les raisonnemens que je fais sont du genre conjectural; et au contraire quand je prouve que tous les angles au sommet et les angles alternes sont égaux, et que les trois angles de tout triangle sont égaux à deux droits, c'est raisonner en matière certaine, universelle et nécessaire : le raisonnement que je fais est démonstratif et s'appelle *démonstration*.

Le fruit de la démonstration est la science; tout ce qui est démontré ne peut pas être autrement qu'il est démontré. Ainsi toute vérité démontrée est nécessaire, éternelle et immuable. Car en quelque point de l'éternité qu'on suppose un entendement humain, il sera capable de l'entendre. Et comme cet entendement ne la fait pas, mais la suppose, il s'ensuit qu'elle est éternelle et par là indépendante de tout entendement créé.

Il faut soigneusement remarquer qu'il y a des propositions qui s'entendent par elles-mêmes et dont il ne faut point demander de preuve; par exemple dans les mathématiques : *Le tout est plus grand que sa partie. Deux lignes parallèles ne se rencontrent jamais à quelque étendue qu'on les prolonge. De tout point donné on peut tirer une ligne à un autre point.* Et dans la morale : *Il faut suivre la raison, l'ordre vaut mieux que la confusion;* et autres de cette nature.

De telles propositions sont claires par elles-mêmes, parce que quiconque les considère et en a entendu les termes ne peut leur refuser sa croyance.

Ainsi nous n'en cherchons point de preuves; mais nous les faisons servir de preuves aux autres qui sont plus obscures; par exemple de ce que l'ordre est meilleur que la confusion, je conclus qu'il n'y a rien de meilleur à l'homme que d'être gouverné selon les lois, et qu'il n'y a rien de pire que l'anarchie, c'est-à-dire de vivre sans gouvernement et sans lois.

Ces propositions claires et intelligibles par elles-mêmes et dont on se sert pour démontrer la vérité des autres, s'appellent *axiomes* ou *premiers principes*. Elles sont d'éternelle vérité, parce qu'ainsi qu'il a été dit, toute vérité certaine en matière universelle est éternelle; et si les vérités démontrées le sont, à plus forte raison celles qui servent de fondement à la démonstration.

Voilà ce qui s'appelle les trois opérations de l'esprit. La première ne juge de rien et ne discerne pas tant le vrai d'avec le faux, qu'elle prépare la voie au discernement en démêlant les idées. La seconde commence à juger ; car elle reçoit comme vrai ou faux ce qui est évidemment tel et n'a pas besoin de discussion. Quand elle ne voit pas clair, elle doute et laisse la chose à examiner au raisonnement, où se fait le discernement parfait du vrai et du faux.

XIV.
Diverses dispositions de l'entendement.

Mais on peut douter en deux manières. Car on doute premièrement d'une chose avant que de l'avoir examinée, et on en doute quelquefois encore plus après l'avoir examinée. Le premier doute peut être appelé un simple doute ; le second peut être appelé un doute raisonné qui tient beaucoup du jugement, parce que tout considéré on prononce avec connaissance de cause que la chose est douteuse.

Quand par le raisonnement on entend certainement quelque chose, qu'on en comprend les raisons, et qu'on a acquis la facilité de s'en ressouvenir, c'est ce qui s'appelle *science*. Le contraire s'appelle *ignorance*.

Il y a de la différence entre ignorance et erreur. Errer, c'est croire ce qui n'est pas. Ignorer, c'est simplement ne le savoir pas.

Parmi les choses qu'on ne sait point, il y en a qu'on croit sur le témoignage d'autrui ; c'est ce qui s'appelle *foi*. Il y en a sur lesquelles on suspend son jugement et avant et après l'examen ; c'est ce qui s'appelle *doute* ; et quand dans le doute on penche d'un côté plutôt que d'un autre sans pourtant rien déterminer absolument, cela s'appelle *opinion*.

Lorsqu'on croit quelque chose sur le témoignage d'autrui, ou c'est Dieu qu'on en croit, et alors c'est la foi divine ; ou c'est l'homme, et alors c'est la foi humaine.

La foi divine n'est sujette à aucune erreur, parce qu'elle s'appuie sur le témoignage de Dieu, qui ne peut tromper ni être trompé.

La foi humaine en certain cas peut aussi être indubitable, quand ce que les hommes rapportent passe pour constant dans tout le genre humain, sans que personne le contredise; par exemple qu'il y a une ville nommée Alep, et un fleuve nommé Euphrate, et une montagne nommée Caucase, et ainsi du reste; ou quand nous sommes très-assurés que ceux qui nous rapportent quelque chose qu'ils ont vue n'ont aucune raison de nous tromper : tels que sont, par exemple, les apôtres qui dans les maux que leur attiroit le témoignage qu'ils rendoient à Jésus-Christ ressuscité, ne pouvoient être portés à le rendre constamment jusqu'à la mort, que par l'amour de la vérité.

Hors de là, ce qui n'est certifié que par les hommes peut être cru comme plus vraisemblable, mais non pas comme certain.

Il en est de même toutes les fois que nous croyons quelque chose par des raisons seulement probables, et non tout à fait convaincantes : car alors nous n'avons pas la science, mais seulement une opinion qui, encore qu'elle penche d'un certain côté, ainsi qu'il a été dit, n'ose pas s'y appuyer tout à fait et n'est jamais sans quelque crainte.

Ainsi nous avons entendu ce que c'est que science, ignorance, erreur, foi divine et humaine, opinion et doute.

XV.

Les sciences et les arts.

Toutes les sciences sont comprises dans la philosophie. Ce mot signifie l'amour de la sagesse à laquelle l'homme parvient en cultivant son esprit par les sciences.

Parmi les sciences, les unes s'attachent à la seule contemplation de la vérité, et pour cela sont appelées *spéculatives;* les autres tendent à l'action, et sont appelées *pratiques.*

Les sciences spéculatives sont la métaphysique, qui traite des choses les plus immatérielles, comme de l'être en général, et en particulier de Dieu et des êtres intellectuels faits à son image; la physique, qui étudie la nature; la géométrie, qui démontre l'essence et les propriétés des grandeurs, comme l'arithmétique celle des nombres; l'astronomie, qui apprend le cours des astres et par là le système universel du monde, c'est-à-dire la disposition de ses principales parties; chose qui peut être aussi rapportée à la physique.

Les sciences pratiques sont la logique et la morale, dont l'une nous enseigne à bien raisonner, et l'autre à bien vouloir.

Des sciences sont nés les arts, qui ont apporté tant d'ornement et tant d'utilité à la vie humaine.

Les arts diffèrent d'avec les sciences en ce que premièrement, ils nous font produire quelque ouvrage sensible; au lieu que les sciences exercent seulement ou règlent les opérations intellectuelles : et secondement, que les arts travaillent en matière contingente. La rhétorique s'accommode aux passions et aux affaires présentes; la grammaire au génie des langues et à leur usage variable; l'architecture aux diverses situations : mais les sciences s'occupent d'un objet éternel et invariable, ainsi qu'il a été dit.

Quelques-uns mettent la logique et la morale parmi les arts, parce qu'elles tendent à l'action. Mais leur action est purement intellectuelle; et il semble que ce doit être quelque chose de plus qu'un art, qui nous apprenne par où le raisonnement et la volonté est droite; chose immuable et supérieure à tous les changemens de la nature et de l'usage.

Il est pourtant vrai qu'à prendre le mot d'art pour industrie et pour méthode, on peut dire qu'il y a beaucoup d'art dans les moyens qu'emploient la logique et la morale à nous faire bien raisonner et bien vivre : joint aussi que dans l'application il peut y avoir certains préceptes qui changent selon les personnes.

Les principaux arts sont : la grammaire, qui fait parler correctement; la rhétorique, qui fait parler éloquemment; la poétique, qui fait parler divinement et comme si l'on étoit inspiré; la musique, qui par la juste proportion des tons donne à la voix une force secrète pour délecter et pour émouvoir; la médecine et ses dépendances, qui tiennent le corps humain en bon état; l'arithmétique pratique, qui apprend à calculer sûrement et facilement;

l'architecture, qui donne la commodité et la beauté aux édifices publics et particuliers, qui orne les villes et les fortifie, qui bâtit des palais aux rois et des temples à Dieu; la mécanique, qui fait jouer les ressorts et transporter aisément les corps pesans, comme les pierres pour élever les édifices et les eaux pour le plaisir ou pour la commodité de la vie; la sculpture et la peinture, qui en imitant le naturel reconnoissent qu'elles demeurent beaucoup au-dessous, et autres semblables.

Ces arts sont appelés *libéraux*, parce qu'ils sont dignes d'un homme libre, à la différence des arts qui ont quelque chose de servile, que notre langue appelle *métiers* et *arts mécaniques* : quoique le nom de mécanique ait une plus noble signification lorsqu'il exprime ce bel art qui apprend l'usage des ressorts et la construction des machines : mais les métiers serviles usent seulement de machines, sans en connoître la force et la construction.

Les arts règlent les métiers; l'architecture commande aux maçons, aux menuisiers et aux autres. L'art de manier les chevaux dirige ceux qui font les mors, les fers, les brides et les autres choses semblables.

Les arts libéraux et mécaniques sont distingués, en ce que les premiers travaillent de l'esprit plutôt que de la main; et les autres, dont le succès dépend de la routine et de l'usage plutôt que de la science, travaillent plus de la main que de l'esprit.

La peinture qui travaille de la main plus que les autres arts libéraux, s'est acquis rang parmi eux, à cause que le dessin qui est l'ame de la peinture est un des plus excellens ouvrages de l'esprit, et que d'ailleurs le peintre qui imite tout doit savoir de tout. J'en dis autant de la sculpture qui a sur la peinture l'avantage du relief, comme la peinture a sur elle celui des couleurs.

Les sciences et les arts font voir combien l'homme est ingénieux et inventif. En pénétrant par les sciences les œuvres de Dieu, et en les ornant par les arts, il se montre vraiment fait à son image et capable d'entrer, quoique foiblement dans ses desseins.

Il n'y a donc rien que l'homme doive plus cultiver que son entendement, qui le rend semblable à son auteur. Il le cultive en le remplissant de bonnes maximes, de jugemens droits et de connoissances utiles.

XVI.
Ce que c'est que bien juger; quels en sont les moyens, et quels les empêchemens.

La vraie perfection de l'entendement est de bien juger.

Juger, c'est prononcer au dedans de soi sur le vrai et sur le faux; et bien juger, c'est y prononcer avec raison et connoissance.

C'est une partie de bien juger que de douter quand il faut. Celui qui juge certain ce qui est certain, et douteux ce qui est douteux, est un bon juge.

Par le bon jugement on se peut exempter de toute erreur; car on évite l'erreur non-seulement en embrassant la vérité quand elle est claire, mais encore en se retenant quand elle ne l'est pas.

Ainsi la vraie règle de bien juger est de ne juger que quand on voit clair; et le moyen de le faire est de juger après une grande considération.

Considérer une chose, c'est arrêter son esprit à la regarder en elle-même; en peser toutes les raisons, toutes les difficultés et tous les inconvéniens.

C'est ce qui s'appelle *attention;* c'est elle qui rend les hommes graves, sérieux, prudens, capables des grandes affaires et des hautes spéculations.

Être attentif à un objet, c'est l'envisager de tous côtés; et celui qui ne le regarde que du côté qui le flatte, quelque long que soit le temps qu'il emploie à le considérer, n'est pas vraiment attentif.

C'est autre chose d'être attaché à un objet, autre chose d'y être attentif. Y être attaché, c'est vouloir à quelque prix que ce soit, lui donner ses pensées et ses désirs, ce qui fait qu'on ne le regarde que du côté agréable : mais y être attentif, c'est vouloir le considérer pour en bien juger, et pour cela connoître le pour et le contre.

Il y a une sorte d'attention après que la vérité est connue, et c'est plutôt une attention d'amour et de complaisance que d'examen et de recherche.

La cause de mal juger est l'*inconsidération*, qu'on appelle autrement *précipitation*.

Précipiter son jugement, c'est croire ou juger avant que d'avoir connu.

Cela nous arrive ou par orgueil, ou par impatience, ou par prévention, qu'on appelle autrement *préoccupation*.

Par orgueil, parce que l'orgueil nous fait présumer que nous connoissons aisément les choses les plus difficiles et presque sans examen. Ainsi nous jugeons trop vite, et nous nous attachons à notre sens sans vouloir jamais revenir, de peur d'être forcés à reconnoître que nous nous sommes trompés.

Par impatience, lorsqu'étant las de considérer, nous jugeons avant que d'avoir tout vu.

Par prévention en deux manières, ou par le dehors, ou par le dedans.

Par le dehors, quand nous croyons trop facilement sur le rapport d'autrui, sans songer qu'il peut nous tromper ou être trompé lui-même.

Par le dedans, quand nous nous trouvons portés sans raison à croire une chose plutôt qu'une autre.

Le plus grand déréglement de l'esprit, c'est de croire les choses parce qu'on veut qu'elles soient, et non parce qu'on a vu qu'elles sont en effet.

C'est la faute où nos passions nous font tomber. Nous sommes portés à croire ce que nous désirons et ce que nous espérons, soit qu'il soit vrai, soit qu'il ne le soit pas.

Quand nous craignons quelque chose, souvent nous ne voulons pas croire qu'elle nous arrive, et souvent aussi par foiblesse nous croyons trop facilement qu'elle arrivera.

Celui qui est en colère en croit toujours les causes justes sans même vouloir les examiner, et par là il est hors d'état de porter un jugement droit.

Cette séduction des passions s'étend bien loin dans la vie, tant à cause que les objets qui se présentent sans cesse nous en causent toujours quelques-unes, qu'à cause que notre humeur même nous attache naturellement à de certaines passions particulières que nous trouverions partout dans notre conduite, si nous savions nous observer.

Et comme nous voulons toujours plier la raison à nos désirs, nous appelons raison ce qui est conforme à notre humeur naturelle, c'est-à-dire à une passion secrète qui se fait d'autant moins sentir qu'elle fait comme le fond de notre nature.

C'est pour cela que nous avons dit que le plus grand mal des passions, c'est qu'elles nous empêchent de bien raisonner; et par conséquent de bien juger, parce que le bon jugement est l'effet du bon raisonnement.

Nous voyons aussi clairement par les choses qui ont été dites, que la paresse qui craint la peine de considérer, est le plus grand obstacle à bien juger.

Ce défaut se rapporte à l'impatience. Car la paresse toujours impatiente quand il faut peiner tant soit peu, fait qu'on aime mieux croire que d'examiner, parce que le premier est bientôt fait et que le second demande une recherche plus longue et plus pénible.

Les conseils semblent toujours trop longs au paresseux; c'est pourquoi il abandonne tout, et s'accoutume à croire quelqu'un qui le mène comme un enfant et comme un aveugle (a), pour ne pas dire comme une bête.

Par toutes les causes que nous avons dites, notre esprit est tellement séduit qu'il croit savoir ce qu'il ne sait pas, et bien juger des choses dans lesquelles il se trompe : non qu'il ne distingue très-bien entre savoir et ignorer ou se tromper; car il sait que l'un n'est pas l'autre, et au contraire qu'il n'y a rien de plus opposé : mais c'est que, faute de considérer, il veut croire qu'il sait ce qu'il ne sait pas.

Et notre ignorance va si loin, que souvent même nous ignorons nos propres dispositions. Un homme ne veut point croire qu'il soit orgueilleux, ni lâche, ni paresseux, ni emporté : il veut croire qu'il a raison; et quoique sa conscience lui re-

(a) L'anonyme a barré la fin de la phrase.

proche souvent ses fautes, il aime mieux étourdir lui-même le sentiment qu'il en a, que d'avoir le chagrin de les connoître.

Le vice qui nous empêche de connoître nos défauts s'appelle *amour-propre*, et c'est celui qui donne tant de crédit aux flatteurs.

On ne peut surmonter tant de difficultés, qui nous empêchent de bien juger, c'est-à-dire de reconnoître la vérité, que par un amour extrême qu'on aura pour elle et un grand désir de l'entendre.

De tout cela il paroît que mal juger vient toujours d'un vice de volonté.

L'entendement de soi est fait pour entendre; et toutes les fois qu'il entend, il juge bien. Car s'il juge mal, il n'a pas assez entendu; et n'entendre pas assez, c'est-à-dire n'entendre pas tout dans une matière dont il faut juger, à vrai dire ce n'est rien entendre, parce que le jugement se fait sur le tout.

Ainsi tout ce qu'on entend est vrai. Quand on se trompe, c'est qu'on n'entend pas, et le faux qui n'est rien de soi n'est ni entendu ni intelligible.

Le vrai c'est ce qui est. Le faux c'est ce qui n'est pas.

On peut bien ne pas entendre ce qui est; mais jamais on ne peut entendre ce qui n'est pas.

On croit quelquefois l'entendre, et c'est ce qui fait l'erreur; mais en effet on ne l'entend pas, puisqu'il n'est pas.

Et ce qui fait qu'on croit entendre ce qu'on n'entend pas, c'est que par les raisons ou plutôt par les foiblesses que nous avons dites, on ne veut pas considérer; on veut juger cependant, et on juge précipitamment, et enfin on veut croire qu'on a entendu, et on s'impose à soi-même.

Nul homme ne veut se tromper; et nul homme aussi ne se tromperoit s'il ne vouloit des choses qui font qu'il se trompe, parce qu'il en veut qui l'empêchent de considérer et de chercher la vérité sérieusement.

De cette sorte celui qui se trompe, premièrement n'entend pas son objet, et secondement ne s'entend pas lui-même, parce qu'il ne veut considérer ni son objet, ni lui-même, ni sa précipitation, ni l'orgueil, ni l'impatience, ni la paresse, ni les passions et les préventions qui la causent.

Et il demeure pour certain que l'entendement purgé de ces vices et vraiment attentif à son objet, ne se trompera jamais; parce qu'alors ou il verra clair et ce qu'il verra sera certain, ou il ne verra pas clair et il tiendra pour certain qu'il doit douter jusqu'à ce que la lumière paroisse.

XVII.
Perfection de l'intelligence au-dessus du sens.

Par les choses qui ont été dites, il se voit de combien l'entendement est élevé au-dessus du sens.

Premièrement le sens est forcé à se tromper à la manière qu'il le peut être; la vue ne peut pas voir un bâton quelque droit qu'il soit, au travers de l'eau qu'elle ne le voie tordu ou plutôt brisé : et elle a beau s'attacher à cet objet, jamais par elle-même elle ne découvrira son illusion. L'entendement au contraire n'est jamais forcé à errer : jamais il n'erre que faute d'attention; et s'il juge mal en suivant trop vite le sens ou les passions qui en naissent, il redressera son jugement, pourvu qu'une droite volonté le rende attentif à son objet et à lui-même.

Secondement le sens est blessé et affoibli par les objets les plus sensibles : le bruit à force de devenir grand étourdit et assourdit les oreilles; l'aigre et le doux extrêmes offensent le goût, que le seul mélange de l'un et de l'autre satisfait; les odeurs ont besoin aussi d'une certaine médiocrité pour être agréables, et les meilleures portées à l'excès choquent autant ou plus que les mauvaises; plus le chaud et le froid sont sensibles, plus ils incommodent nos sens; tout ce qui nous touche trop violemment nous blesse; les yeux trop fixement arrêtés sur le soleil, c'est-à-dire sur le plus visible de tous les objets et par qui les autres se voient, y souffrent beaucoup et à la fin s'y aveugleroient. Au contraire plus un objet est clair et intelligible, plus il est certain, plus il est connu comme vrai, plus il contente l'entendement et plus il le fortifie. La recherche en peut être laborieuse; mais la contemplation en est toujours douce. C'est ce qui a fait dire à Aristote que le sensible le plus fort offense le sens; mais que le parfait intelligible récrée l'entendement et le fortifie; d'où ce Philosophe conclut que l'entendement de soi n'est point attaché à un organe corporel, et qu'il est par sa nature séparable du corps, ce que nous considérerons dans la suite.

Troisièmement le sens n'est jamais touché que de ce qui passe, c'est-à-dire de ce qui se fait et se défait journellement. Et ces choses mêmes qui passent, dans le peu de temps qu'elles demeurent, il ne les sent pas toujours de même; la même chose qui chatouille aujourd'hui mon goût, ou ne lui plaît pas toujours, ou lui plaît moins : les objets de la vue lui paroissent autres au grand jour, au jour médiocre, dans l'obscurité, de loin ou de près, d'un certain point ou d'un autre. Au contraire ce qui a été une fois entendu et démontré paroît toujours le même à l'entendement. S'il nous arrive de varier sur cela, c'est que les sens et les passions s'en mêlent : mais l'objet de l'entendement, ainsi qu'il a été dit, est immuable et éternel, ce qui lui montre qu'au-dessus de lui il y a une vérité éternellement subsistante, comme nous avons déjà dit et que nous le verrons ailleurs plus clairement.

Ces trois grandes perfections de l'intelligence nous feront voir en leur temps qu'Aristote a parlé divinement, quand il a dit de l'entendement et de sa séparation d'avec les organes, ce que nous venons de rapporter.

Quand nous avons entendu les choses, nous sommes en état de vouloir et de choisir. Car on ne veut jamais qu'on ne connoisse auparavant.

XVIII.

La volonté et ses actes.

Vouloir est une action par laquelle nous poursuivons le bien et fuyons le mal, et choisissons les moyens pour parvenir à l'un et éviter l'autre. Par exemple nous désirons la santé et fuyons la maladie, et pour cela nous choisissons les remèdes propres, et nous nous faisons saigner ou nous nous abstenons des choses nuisibles, quelque agréables qu'elles soient, et ainsi du reste. Nous voulons être sages et nous choisissons pour cela ou de lire, ou de converser, ou d'étudier, ou de méditer en nous-mêmes, ou enfin quelques autres choses utiles pour cette fin.

Ce qui est désiré pour l'amour de soi-même et à cause de sa propre bonté, s'appelle *fin*, par exemple la santé de l'ame et du corps; et ce qui sert pour y arriver s'appelle *moyen*, par exemple, se faire instruire et prendre une médecine.

Nous sommes déterminés par notre nature à vouloir le bien en général; mais nous avons la liberté de notre choix à l'égard de tous les biens particuliers. Par exemple tous les hommes veulent être heureux, et c'est le bien général que la nature demande. Mais les uns mettent leur bonheur dans une chose, les autres dans une autre; les uns dans la retraite, les autres dans la vie commune; les uns dans les plaisirs et dans les richesses, les autres dans la vertu.

C'est à l'égard de ces biens particuliers que nous avons la liberté de choisir; et c'est ce qui s'appelle le *franc arbitre* ou le *libre arbitre*.

Avoir son franc arbitre, c'est pouvoir choisir une certaine chose plutôt qu'une autre; exercer son franc arbitre, c'est la choisir en effet.

Ainsi le libre arbitre est la puissance que nous avons de faire ou de ne pas faire quelque chose. Par exemple je puis parler ou ne parler pas, remuer ma main ou ne la remuer pas, la remuer d'un côté plutôt que d'un autre.

C'est par là que j'ai mon franc arbitre, et je l'exerce quand je prends parti entre les choses que Dieu a mises en mon pouvoir.

Avant que de prendre son parti, on raisonne en soi-même sur ce qu'on a à faire, c'est-à-dire qu'on délibère, et qui délibère sent que c'est à lui à choisir.

Ainsi un homme qui n'a pas l'esprit gâté n'a pas besoin qu'on lui prouve son franc arbitre, car il le sent; et il ne sent pas plus clairement qu'il voit ou qu'il vit ou qu'il raisonne, qu'il se sent capable de délibérer et de choisir.

De ce que nous avons notre libre arbitre à faire ou ne pas faire quelque chose, il arrive que selon que nous faisons bien ou mal, nous sommes dignes de blâme ou de louange, de récompense ou de châtiment. Et c'est ce qui s'appelle *mérite* ou *démérite*.

On ne blâme ni on ne châtie un enfant d'être boiteux ou d'être laid ; mais on le blâme et on le châtie d'être opiniâtre, parce que l'un dépend de sa volonté et que l'autre n'en dépend pas.

XIX.

La vertu et les vices : la droite raison et la raison corrompue.

Un homme à qui il arrive un mal inévitable s'en plaint comme d'un malheur ; mais s'il a pu l'éviter, il sent qu'il y a de sa faute et il se l'impute, et il se fâche de l'avoir commise.

Cette tristesse que nos fautes nous causent a un nom particulier et s'appelle *repentir*. On ne se repent pas d'être mal fait ou d'être malsain ; mais on se repent d'avoir mal fait.

De là vient aussi le remords ; et la notion si claire que nous avons de nos fautes est une marque certaine de la liberté que nous avons eue à les commettre.

La liberté est un grand bien ; 'mais il paroît par les choses qui ont été dites, que nous en pouvons bien et mal user. Le bon usage de la liberté quand il se tourne en habitude s'appelle *vertu*, et le mauvais usage de la liberté quand il se tourne en habitude s'appelle *vice*.

Les principales vertus sont la prudence, qui nous apprend ce qui est bon ou mauvais : la justice, qui nous inspire une volonté invincible de rendre à chacun ce qui lui appartient et de donner à chacun selon son mérite, par où sont réglés les devoirs de la libéralité, de la civilité et de la bonté : la force, qui nous fait vaincre les difficultés qui accompagnent les grandes entreprises ; et la tempérance, qui nous enseigne à être modérés en tout, principalement dans ce qui regarde les plaisirs des sens. Qui connoîtra ces vertus connoîtra aisément les vices qui leur sont opposés, tant par excès que par défaut.

Les causes principales qui nous portent au vice sont nos passions qui, comme nous avons dit, nous empêchent de bien juger du vrai et du faux, et nous préviennent trop violemment en faveur du bien sensible ; d'où il paroît que le principal devoir de la vertu doit être de les réprimer; c'est-à-dire de les réduire aux termes de la raison.

Le plaisir et la douleur qui, comme nous avons dit, font naître nos passions, ne viennent pas en nous par raison et par connoissance, mais par sentiment. Par exemple le plaisir que je ressens dans le boire et le manger se fait en moi indépendamment de toute sorte de raisonnement; et comme ces sentimens naissent en nous sans raisons, il ne faut point s'étonner qu'ils nous portent aussi très-souvent à des choses déraisonnables. Le plaisir de manger fait qu'un malade se tue. Le plaisir de se venger fait souvent commettre des injustices effroyables, et dont nous-mêmes nous ressentons les mauvais effets.

Ainsi les passions n'étant inspirées que par le plaisir et par la douleur, qui sont des sentimens où la raison n'a point de part, il s'ensuit qu'on n'en a non plus dans les passions. Qui est en colère se veut venger, soit qu'il soit raisonnable de le faire ou non. Qui aime veut jouir, soit que la raison le permette ou qu'elle le défende; le plaisir est son guide, et non la raison.

Mais la volonté qui choisit est toujours précédée par la connoissance; et étant née pour écouter la raison, elle doit se rendre plus forte que les passions qui ne l'écoutent pas.

Par là les philosophes ont distingué en nous deux appétits: l'un que le plaisir sensible emporte, qu'ils ont appelé *sensitif, irraisonnable* et *inférieur;* l'autre qui est né pour suivre la raison, qu'ils appellent aussi pour cela *raisonnable* et *supérieur;* et c'est celui que nous appelons proprement la volonté.

Il faut pourtant remarquer, pour ne rien confondre, que le raisonnement peut servir à faire naître les passions. Nous connoissons par la raison le péril qui nous fait craindre et l'injure qui nous met en colère : mais au fond ce n'est pas cette raison qui fait naître cet appétit violent de fuir ou de se venger, c'est le plaisir ou la douleur que nous causent les objets; et la raison, au contraire, d'elle-même tend à réprimer ces mouvemens impétueux.

J'entends la droite raison; car il y a une raison déjà gagnée par les sens et par leurs plaisirs, qui bien loin de réprimer les passions, les nourrit et les irrite. Un homme s'échauffe lui-même par de faux raisonnemens, qui rendent plus violent le désir qu'il a de se venger ; mais ces raisonnemens qui ne procèdent point par les vrais principes, ne sont pas tant des raisonnemens que des égaremens d'un esprit prévenu et aveuglé.

C'est pour cela que nous avons dit que la raison qui suit les sens n'est pas une véritable raison, mais une raison corrompue, qui au fond n'est non plus raison qu'un homme mort est un homme.

XX.

Récapitulation.

Les choses qui ont été expliquées nous ont fait connoître l'ame dans toutes ses facultés. Les facultés sensitives nous ont paru dans les opérations des sens intérieurs et extérieurs, et dans les passions qui en naissent ; et les facultés intellectuelles nous ont aussi paru dans les opérations de l'entendement et de la volonté.

Quoique nous donnions à ces facultés des noms différens par rapport à leurs diverses opérations, cela ne nous oblige pas à les regarder comme des choses différentes. Car l'entendement n'est autre chose que l'ame en tant qu'elle conçoit ; la mémoire n'est autre chose que l'ame en tant qu'elle retient et se ressouvient ; la volonté n'est autre chose que l'ame en tant qu'elle veut et qu'elle choisit.

De même l'imagination n'est autre chose que l'ame en tant qu'elle imagine, et se représente les choses à la manière qui a été dite. La faculté visive n'est autre chose que l'ame en tant qu'elle voit, et ainsi des autres ; de sorte qu'on peut entendre que toutes ces facultés ne sont au fond que la même ame qui reçoit divers noms à cause de ses différentes opérations.

CHAPITRE II.

Du corps.

I.

Ce que c'est que le corps organique.

La première chose qui paroît dans notre corps, c'est qu'il est organique, c'est-à-dire composé de parties de différente nature qui ont différentes fonctions.

Ces organes lui sont donnés pour exercer certains mouvemens.

Il y a de trois sortes de mouvemens : celui de haut en bas, qui nous est commun avec toutes les choses pesantes; celui de nourriture et d'accroissement, qui nous est commun avec les plantes; celui qui est excité par certains objets, qui nous est commun avec les animaux.

L'animal s'abandonne quelquefois à ce mouvement de pesanteur, comme quand il s'asseoit ou qu'il se couche; mais le plus souvent il lui résiste, comme quand il se tient droit ou qu'il marche. L'aliment est distribué dans toutes les parties du corps au préjudice du cours qu'ont naturellement les choses pesantes; de sorte qu'on peut dire que les deux derniers mouvemens résistent au premier, et que c'est une des différences des plantes et des animaux d'avec les autres corps pesans.

Pour donner des noms à ces trois mouvemens divers, nous pouvons nommer le premier mouvement naturel; le second mouvement vital; le troisième mouvement animal : ce qui n'empêchera pas que le mouvement animal ne soit vital, et que l'un et l'autre ne soient naturels.

Ce mouvement que nous appelons animal, est le même qu'on nomme progressif, comme avancer, reculer, marcher de côté et d'autre.

Au reste il vaut mieux, ce semble, appeler ce mouvement animal que volontaire, à cause que les animaux qui n'ont ni raison ni volonté, le font comme nous.

Nous pourrions ajouter à ces mouvemens le mouvement violent, qui arrive à l'animal quand on le traîne ou quand on le pousse, et le mouvement convulsif; mais il a été bon de considérer avant toutes choses les trois genres de mouvemens qui sont, pour ainsi parler, de la première intention de la nature.

Le premier n'a pas besoin d'organes, et c'est pourquoi nous l'appelons purement naturel, quoique les médecins réservent ce nom au mouvement du cœur. Les deux autres ont besoin d'organes, et il a fallu pour les exercer que le corps fût composé de plusieurs parties.

II.

Division des parties du corps, et description des extérieures.

Elles sont extérieures et intérieures.

Entre les parties extérieures, la principale est la tête qui au dedans enferme le cerveau, et au dehors, sur le devant, fait paroître le visage, la plus belle partie du corps, où sont toutes les ouvertures par où les objets frappent les sens, c'est-à-dire les yeux, les oreilles et les autres de même nature.

On y voit entre autres l'ouverture par où entrent les viandes et par où sortent les paroles, c'est-à-dire la bouche. Elle renferme la langue, qui avec les lèvres cause toutes les articulations de la voix par ses divers battemens contre le palais et contre les dents.

La langue est aussi l'organe du goût: c'est par elle qu'on goûte les viandes. Outre qu'elle nous les fait goûter, elle les humecte et les amollit; elle les porte sous les dents pour être mâchées, et aide à les avaler.

On voit ensuite le col, sur lequel la tête est posée, et qui paroît comme un pivot sur lequel elle tourne.

Après viennent les épaules, où les bras sont attachés et qui sont propres à porter les grands fardeaux.

Les bras sont destinés à serrer, et à remuer ou à transporter selon nos besoins les choses qui nous accommodent ou nous embarrassent. Les mains nous servent aux ouvrages les plus forts et les plus délicats : par elles nous nous faisons des instrumens pour faire les ouvrages qu'elles ne peuvent faire elles-mêmes. Par exemple les mains ne peuvent ni couper ni scier ; mais elles font des couteaux, des scies, et d'autres instrumens semblables qu'elles appliquent chacun à leur usage. Les bras et les mains sont brisés en divers endroits, pour faciliter le mouvement et pour serrer les corps grands et petits. Les doigts inégaux entre eux s'égalent pour embrasser ce qu'ils tiennent. Le petit doigt et le pouce servent à fermer fortement et exactement la main. Les mains nous sont données pour nous défendre et pour éloigner du corps ce qui lui nuit. C'est pourquoi il n'y a endroit où elles ne puissent atteindre.

On voit ensuite la poitrine, qui contient le cœur et le poumon; les côtes en font et en soutiennent la cavité (*a*).

Au bas est le ventre qui enferme l'estomac, le foie, la rate, les intestins ou boyaux par où les excrémens se séparent et se déchargent.

Toute cette masse est posée sur les cuisses et sur les jambes brisées en divers endroits, comme les bras pour la facilité du mouvement et du repos.

Les pieds soutiennent le tout; et quoiqu'ils paroissent petits à comparaison de tout le corps, les proportions en sont si bien prises qu'ils portent sans peine un si grand fardeau. Les doigts des pieds y contribuent, parce qu'ils serrent et appliquent le pied contre la terre ou le pavé.

Le corps aide aussi à se soutenir par la manière dont il se situe, parce qu'il se pose naturellement sur un certain centre de pesanteur, qui fait que les parties se contre-balancent mutuellement, et que le tout se soutient sans peine par ce contre-poids.

Les chairs et la peau couvrent tout le corps, et servent à le défendre contre les injures de l'air.

Les chairs sont cette substance molle et tendre qui couvre les os de tous côtés; elles sont composées de divers filets qu'on appelle fibres, tors en différents sens, qui peuvent s'allonger et se rétrécir, et par là tirer, retirer, étendre, fléchir, remuer en di-

---

(*a*) L'anonyme a mis à la marge du manuscrit : « Le diaphragme oublié, » et toutes les éditions donnent de cet organe une longue description. On dit que l'abbé Ledieu a tracé cette traduction sur le manuscrit; mais il n'en existe pas un mot. D'ailleurs Bossuet parle plus loin du diaphragme, et dit en son style tout ce qu'on lui fait dire ici en style d'éditeur.

verses sortes les parties du corps ou les tenir en état. C'est ce qui s'appelle muscles, et de là vient la distinction des muscles extenseurs ou fléchisseurs.

Les muscles ont leur origine à certains endroits des os, où on les voit attachés, excepté quelques-uns qui servent à l'éjection des excrémens et dont la composition est fort différente des autres.

La partie du muscle qui est insérée à (*a*) l'os s'appelle la tête ; l'autre extrémité s'appelle la queue, et c'est le tendon ; le milieu s'appelle le ventre, et c'est la plus molle, comme la plus grosse. Les deux extrémités ont plus de force, parce que l'une soutient le muscle, et que par l'autre, c'est-à-dire par le tendon qui est aussi le plus fort, s'exerce immédiatement le mouvement.

Il y a des muscles qui se meuvent ensemble, en concours et en même sens, pour s'aider les uns les autres ; on les appelle congénères (*b*) ; il y en a d'autres opposés, et dont le jeu est contraire, c'est-à-dire que pendant que les uns se retirent, les autres s'allongent, on les appelle antagonistes ; c'est par là que se font les mouvemens des parties et le transport de tout le corps.

On ne peut assez admirer cette prodigieuse quantité de muscles qui se voient dans le corps humain, ni leur jeu si aisé et si commode, non plus que le tissu de la peau qui les enveloppe, si fort et si délicat tout ensemble.

III.

Description des parties intérieures, et premièrement de celles qui sont enfermées dans la poitrine.

Parmi les parties intérieures, celle qu'il faut considérer la première, c'est le cœur. Il est situé au milieu de la poitrine, couché pourtant de manière que la pointe en est tournée et un peu avancée du côté gauche. Il a deux cavités, à chacune desquelles est jointe une artère et une veine, qui de là se répandent partout le corps. Ces deux cavités, que les anatomistes appellent les deux ventricules du cœur, sont séparées par une substance solide et

---

(*a*) L'anonyme : Qui sort de l'os. — (*b*) L'anon. : On les peut appeler concurrens.

charnue à qui notre langue n'a point donné de nom, et que les Latins appellent *septum medium*.

Ce qu'il y a de plus remarquable dans le cœur est son battement continuel, par lequel il se resserre et se dilate. C'est ce qui s'appelle *systole* et *diastole*; systole quand il se resserre, et diastole quand il se dilate. Dans la diastole il s'enfle et s'arrondit; dans la systole il s'apetisse et s'allonge : mais l'expérience a appris que lorsqu'il s'enfle au dehors, il se resserre au dedans, et au contraire qu'il se dilate au dedans, quand il s'apetisse et s'amenuise au dehors. Ceux qui pour connoître mieux la nature des parties, ont fait des dissections d'animaux vivans, assurent qu'après avoir fait une ouverture dans leur cœur quand il bat encore, si on y enfonce le doigt, on se sent plus pressé dans la diastole, et ils ajoutent que la chose doit nécessairement arriver ainsi par la seule disposition des parties.

A considérer la composition de toute la masse du cœur, les fibres et les filets dont il est tissu et la manière dont ils sont tors, on le reconnoît pour un muscle, à qui les esprits venus du cerveau causent son battement continuel. Et on prétend que ces fibres ne sont pas mues selon leur longueur prise en droite ligne, mais comme tordues de côté; ce qui fait que le cœur se ramenant sur lui-même, s'enfle en rond; et en même temps que les parties qui environnent les cavités se compriment au dedans avec grande force.

Cette compression fait deux grands effets sur le sang. L'un, qu'elle le bat fortement, et par là même elle l'échauffe; l'autre, qu'elle le pousse avec violence dans les artères (*a*), après que le cœur en se dilatant l'a reçu par les veines.

Ainsi par une continuelle circulation, le sang doit couler nécessairement (*b*) des veines dans les artères, et des artères dans les veines, repassant sans cesse dans le cœur, où il est battu de nouveau, où par conséquent il se réchauffe et se purifie, et où enfin il prend sa dernière forme.

(*a*) L'anon. : Et par la même raison elle l'échauffe; l'autre qu'elle le pousse avec violence dans les artères. — (*b*) L'anonyme a effacé la fin de l'alinéa et l'alinéa suivant.

Cette compression qui le bat, l'échauffe et le purifie, sert aussi à en exprimer et élever les esprits, c'est-à-dire une vapeur fort subtile, fort vive et fort agitée, qui tient quelque chose de la nature du feu par son activité et par sa vitesse. Il y a des vaisseaux disposés pour la porter promptement dans le cerveau, où par de nouveaux battemens et par d'autres causes elle devient plus vive et plus agitée.

Il y a beaucoup de chaleur dans le cœur; mais ceux qui ont ouvert des animaux vivans, assurent qu'ils ne la ressentent guère moins grande dans les autres parties.

On peut (a) penser toutefois que le cœur, par son mouvement le plus vif et le plus violent qui soit dans le corps, s'échaufferoit beaucoup plus et jusqu'à un excès insupportable, si cette chaleur n'étoit tempérée par l'air que le poumon attire.

Le poumon est une substance molle et poreuse (b), qui en se dilatant et se resserrant à la manière d'un soufflet, reçoit et rend l'air que nous respirons. Ce mouvement s'appelle *dilatation* et *compression :* en général *respiration ;* en particulier, quand le poumon attire l'air en se dilatant, cela s'appelle *inspiration :* et quand il le rend en se resserrant, cela s'appelle (c) *aspiration* ou *expiration*.

Les mouvemens du poumon se font par le moyen des muscles insérés en divers endroits au dedans du corps (d) et par lesquels la poitrine est comprimée et dilatée.

Cette compression et dilatation se fait aussi sentir dans le bas-ventre, qui s'enfle et s'abaisse au mouvement de la poitrine, par le moyen de certains muscles qui font la communication de l'une et de l'autre partie.

Le poumon se répand de part et d'autre dans toute la capacité de la poitrine. Il est autour du cœur pour le rafraîchir par l'air qu'il attire. En rejetant cet air, on dit qu'il pousse au dehors les fumées que le cœur excite par sa chaleur, et qui le suffoqueroient si elles n'étoient évaporées. Cette même fraîcheur de l'air sert aussi à épaissir le sang et à corriger sa trop grande subtilité. Le

(a) Cet alinéa est aussi barré. — (b) L'anon. : Une partie molle et vésiculaire. — (c) L'anon. : S'appelle *aspiration*. — (d) Au dedans et au dehors du corps.

poumon a encore beaucoup d'autres usages qui s'entendront mieux par la suite.

C'est une chose admirable comme l'animal, qui n'a pas besoin de respirer dans le ventre de sa mère, aussitôt qu'il en est dehors ne peut plus vivre sans respiration : ce qui vient de la différente manière dont il se nourrit dans l'un et dans l'autre état.

Sa mère mange, digère et respire pour lui; et par les vaisseaux disposés à cet effet lui envoie le sang tout préparé et conditionné comme il faut pour circuler dans son corps et le nourrir.

Le dedans de la poitrine est tendu d'une peau assez délicate qu'on appelle *pleure* (a). Elle est fort sensible, et c'est d'elle que nous viennent les douleurs de la pleurésie.

IV.
Les parties qui sont au-dessous de la poitrine.

Au-dessous du poumon est l'estomac, qui est une grande membrane en forme d'une bourse ou d'une cornemuse, et c'est là que se fait la digestion des viandes.

Du côté droit est le foie. Il enveloppe un côté de l'estomac, et aide à la digestion par sa chaleur. Il fait la séparation de la bile d'avec le sang. De là vient qu'il a par-dessous un petit vaisseau comme une petite bouteille, qu'on appelle la *vésicule* du fiel, où la bile se ramasse et d'où elle se décharge dans les intestins. Cette humeur âcre en les picotant, les agite et leur sert comme d'une espèce de lavement naturel pour leur faire jeter les excrémens.

La rate est à l'opposite du foie; c'est une espèce d'éponge, où s'imbibe l'humeur terrestre et mélancolique, d'où viennent, à ce qu'on tient, les vapeurs qui causent ces noirs chagrins dont on ne peut dire le sujet.

Derrière sont les deux reins, où se séparent et s'amassent les sérosités qui tombent dans la vessie par deux petits tuyaux qu'on appelle les *uretères*, et font les urines.

Au-dessous de toutes ces parties sont les entrailles ou les instes-

(a) On préfère aujourd'hui le mot *plèvre*.

tins, ou par divers détours les excrémens se séparent, et tombent dans les lieux par ou (*a*) la nature s'en décharge.

Les intestins sont attachés et comme cousus aux extrémités du mésentère; aussi ce mot signifie-t-il le milieu des entrailles.

Le mésentère est la partie qui s'appelle *fraise* dans les animaux, par le rapport qu'elle a aux fraises qu'on portoit autrefois au cou.

C'est une grande membrane étendue à peu près en rond, mais repliée plusieurs fois sur elle-même; ce qui fait que les intestins qui la bordent dans toute sa circonférence se replient de la même sorte et se répandent dans tout le bas-ventre par divers détours (*b*).

On voit sur le mésentère une infinité de petites veines plus minces que des cheveux, qu'on appelle des *veines lactées*, à cause qu'elles contiennent une liqueur semblable au lait, blanche et douce comme lui, dont on verra dans la suite la génération.

Au reste les veines lactées sont si petites, qu'on ne peut les apercevoir dans l'animal qu'en l'ouvrant un peu après qu'il a mangé, parce que c'est alors, comme il sera dit, qu'elles se remplissent de ce suc blanc, et qu'elles en prennent la couleur.

Au milieu du mésentère est une glande assez petite. Les veines lactées sortent toutes des intestins, et aboutissent à cette glande comme à leur centre.

Il paroît par la seule situation que la liqueur dont ces veines sont remplies leur doit venir des entrailles, et qu'elle est portée à cette glande, d'où elle est conduite en d'autres parties qui seront marquées dans la suite.

Tous les intestins ont leur pellicule commune, qu'on appelle le *péritoine*, qui les enveloppe et qui contient divers vaisseaux, entre autres les *ombilicaux* appelés ainsi parce qu'ils se terminent au nombril. Ce sont ceux par où le sang et la nourriture sont portés au cœur de l'enfant, tant qu'il est dans le ventre de sa mère. Ensuite ils n'ont plus d'usage, et aussi se resserrent-ils tellement, qu'à peine les peut-on apercevoir dans la dissection.

Toute cette basse région, qui commence à l'estomac est sépa-

(*a*) L'anon.: D'où. — (*b*) Se replient de la même sorte dans tout le bas-ventre.

rée de la poitrine par une grande membrane musculeuse, ou pour mieux dire par un muscle qui s'appelle le *diaphragme*. Il s'étend d'un côté à l'autre dans toute la circonférence des côtes (a), et semble ainsi étendu pour empêcher que les fumées qui sortent de l'estomac et du bas-ventre, à cause des alimens et des excrémens, n'offusquent le cœur.

Mais son principal usage est de servir à la respiration. Pour l'aider, il se hausse et se baisse par un mouvement continuel, qui peut être hâté ou ralenti par diverses causes.

En se baissant, il appuie sur les intestins et les presse, ce qui a de grands usages qu'il faudra considérer en leur lieu.

Le diaphragme est percé, pour donner passage aux vaisseaux qui doivent s'étendre dans les parties inférieures.

Le foie et la rate y sont attachés. Quand il est secoué violemment, ce qui arrive quand nous rions avec éclat, la rate secouée en même temps, se purge des humeurs qui la surchargent : d'où vient qu'en certains états on se sent beaucoup soulagé par un ris éclatant.

Voilà les parties principales qui sont renfermées dans la capacité de la poitrine et dans le bas-ventre. Outre cela il y en a d'autres qui servent de passage pour conduire à celles-là.

V.

Les passages qui conduisent aux parties ci-dessus décrites, c'est-à-dire l'œsophage et la trachée-artère.

A l'entrée de la gorge sont attachés l'œsophage, autrement le gosier, et la trachée-artère. *OEsophage* signifie en grec ce qui porte la nourriture. *Trachée-artère* et *âpre-artère*, c'est la même chose. Elle est ainsi appelée à cause qu'étant composée de divers anneaux, le passage n'en est pas uni.

L'œsophage, selon son nom, est le conduit par où les viandes sont portées à l'estomac, qui n'est qu'un allongement ou, comme parle la médecine, une production de l'œsophage. La situation et l'usage de ce conduit font voir qu'il doit traverser le diaphragme.

La trachée-artère est le conduit par où l'air qu'on respire est

(a) L'anonyme a supprimé le reste de l'alinéa.

porté dans le poumon, où elle se répand en une infinité de petites branches qui à la fin deviennent imperceptibles, ce qui fait que le poumon s'enfle tout entier par la respiration.

Le poumon repoussant (*a*) l'air par la trachée-artère avec effort, forme la voix de la même sorte qu'il se forme un son par un tuyau d'orgue. Avec l'air sont aussi poussées au dehors les humidités superflues qui s'engendrent dans le poumon et que nous crachons.

La trachée-artère a dans son entrée une petite languette qui s'ouvre pour donner passage aux choses qui doivent sortir par cet endroit-là. Elle s'ouvre plus ou moins, ce qui sert à former la voix et à diversifier les tons.

La même languette se ferme exactement quand on avale; de sorte que les viandes passent par-dessus pour aller dans l'œsophage, sans entrer dans la trachée-artère, qu'il faut laisser libre à la respiration. Car si l'aliment passoit de ce côté-là, on étoufferoit. Ce qui paroît par la violence qu'on souffre et par l'effort qu'on fait, lorsque la trachée-artère étant un peu entr'ouverte, il y entre quelque goutte d'eau qu'on veut repousser.

La disposition de cette languette étant telle qu'on la vient de voir, il s'ensuit qu'on ne peut jamais parler et avaler tout ensemble.

Au bas de l'estomac et à l'ouverture qui est dans son fond, il y a une languette à peu près semblable, qui ne s'ouvre qu'en dehors. Pressée par l'aliment qui sort de l'estomac, elle s'ouvre, mais en sorte qu'elle empêche le retour aux viandes qui continuent leur chemin (*b*) le long d'un gros boyau, où commence à se faire la séparation des excrémens d'avec la bonne nourriture.

VI.

Le cerveau et les organes des sens.

Au-dessus et dans la partie la plus haute de tout le corps, c'est-à-dire dans la tête, est le cerveau destiné à recevoir les impres-

(*a*) L'anonyme : Poussant. — (*b*) L'anonyme : Au chyle qui continue son chemin.

sions des objets et tout ensemble à donner au corps les mouvemens nécessaires pour les suivre ou les fuir.

Par la liaison qui se trouve entre les objets et le mouvement progressif, il a fallu qu'où se termine l'impression des objets, là se trouvât le principe et la cause de ce mouvement.

Le cerveau a été formé pour réunir ensemble ces deux fonctions.

L'impression des objets se fait par les nerfs qui servent au sentiment, et il se trouve que ces nerfs aboutissent tous au cerveau.

Les esprits coulés dans les muscles par les nerfs répandus dans tous les membres, font le mouvement progressif; et on sait premièrement que les esprits sont portés d'abord du cœur au cerveau, où ils prennent leur dernière forme : et secondement, que les nerfs par où s'en fait la conduite ont leur origine dans le cerveau comme les autres.

Il ne faut donc point douter que la direction des esprits et par là tout le mouvement progressif, n'ait sa cause dans le cerveau. Et en effet il est constant que le cerveau est directement (*a*) attaqué dans les maladies où le corps est entrepris, telles que sont l'apoplexie et la paralysie, et dans celles qui causent ces mouvemens irréguliers qu'on appelle *convulsions*.

Comme l'action des objets sur les organes des sens et l'impression qu'ils font devoit être continuée jusqu'au cerveau, il a fallu que la substance en fût tout ensemble assez molle pour recevoir les impressions et assez ferme pour les conserver. Et en effet elle a tout ensemble ces deux qualités.

Le cerveau a divers sinus et anfractuosités; outre cela diverses cavités qu'on appelle *ventricules,* choses que les médecins et anatomistes montrent plus aisément qu'ils n'en expliquent les usages.

Il est divisé en grand et petit, appelé aussi *cervelet.* Le premier vers la partie antérieure, et l'autre vers la partie postérieure de la tête.

La communication de ces deux parties du cerveau est visible par leur structure; mais les dernières observations semblent faire voir que la partie antérieure du cerveau est destinée aux opéra-

(*a*) L'anonyme : Le cerveau est attaqué.

tions des sens; c'est aussi là que se trouvent les nerfs qui servent à la vue, à l'ouïe, au goût et à l'odorat : au lieu que du cervelet naissent les nerfs qui servent au toucher et aux mouvemens, principalement à celui du cœur. Aussi les blessures et les autres maux qui attaquent cette partie sont-ils plus mortels, parce qu'ils vont directement au principe de la vie.

Le cerveau, dans toute sa masse, est enveloppé de deux tuniques déliées et transparentes, dont l'une, appelée *pie-mère*, est l'enveloppe immédiate qui s'insinue aussi dans tous les détours du cerveau; et l'autre est nommée *dure-mère*, à cause de la fermeté de sa consistance.

La dure-mère par les artères dont elle est remplie, est en battement continuel, et bat aussi sans cesse le cerveau, dont les parties étant fort pressées, il s'ensuit que le sang et les esprits qui y sont contenus sont aussi fort pressés et fort battus : ce qui est une des causes de l'agitation et aussi du raffinement des esprits.

C'est ce battement de la dure-mère, qu'on ressent si fort dans les maux de tête, et qui cause des douleurs si violentes.

L'artifice (*a*) de la nature est inexplicable à faire que le cerveau reçoive tant d'impressions, sans en être trop ébranlé. La disposition de cette partie y contribue, parce que par sa mollesse il ralentit le coup, et s'en laisse imprimer fort doucement.

La délicatesse extrême des organes des sens aide aussi à produire un si bon effet, parce qu'ils ne pèsent point sur le cerveau, et y font une impression fort tendre et fort douce.

Cela veut dire que le cerveau n'en est point blessé. Car, au reste, cette impression ne laisse pas d'être forte à sa manière, et de causer des mouvemens assez grands; mais tellement proportionnés à la nature du cerveau, qu'il n'en est point offensé.

Ce seroit ici le lieu de considérer les parties qui composent l'œil, ses pellicules appelées tuniques; ses humeurs de différente nature par lesquelles se font diverses réfractions des rayons; les muscles qui tournent l'œil, et le présentent diversement aux objets comme un miroir; les nerfs optiques, qui se terminent en cette membrane déliée qu'on nomme *rétine*, qui est tendue sur le

---

(*a*) L'anonyme a barré tout l'alinéa.

fond de l'œil comme un velouté délicat et mince, et qui embrasse la partie de l'œil qu'on nomme le *cristallin*, à cause qu'elle ressemble à un beau cristal.

Il faudroit aussi remarquer la construction tant extérieure qu'intérieure de l'oreille, et entre autres choses le petit tambour appelé *tympan*, c'est-à-dire cette pellicule si mince et si bien tendue, qui par un petit marteau d'une fabrique extraordinairement délicate, reçoit le battement de l'air, et le fait passer par ses nerfs jusqu'au dedans du cerveau. Mais cette description, aussi bien que celles des autres organes des sens, seroit trop longue et n'est pas nécessaire pour notre sujet.

VII.

Les parties qui règnent par tout le corps, et premièrement les os.

Outre ces parties qui ont leur région séparée, il y en a d'autres qui s'étendent et règnent par tout le corps, comme sont les os, les artères, les veines et les nerfs.

Les os sont d'une substance sèche et dure, incapable de se courber, et qui peut être cassée plutôt que fléchie. Mais quand ils sont cassés, ils peuvent être facilement remis, et la nature y jette une glaire, comme une espèce de soudure, qui fait qu'ils se reprennent plus solidement que jamais. Ce qu'il y a de plus remarquable dans les os, c'est leurs jointures, leurs ligamens et les divers emboîtemens des uns dans les autres, par le moyen desquels ils jouent et se meuvent.

Les emboîtemens les plus remarquables sont ceux de l'épine du dos, qui règne depuis le chignon du col jusqu'au croupion. C'est un composé de petits os en forme d'anneaux enlacés merveilleusement les uns dans les autres, et ouverts au milieu pour donner entrée aux vaisseaux qui doivent y avoir leur passage. Il a fallu faire l'épine du dos de plusieurs pièces, afin qu'on pût courber et dresser le corps, qui seroit trop roide si l'épine étoit d'un seul os.

Le propre des os est de tenir le corps en état, et de lui servir d'appui. Ils font dans le corps humain ce que font les pièces de bois dans un bâtiment de plâtre. Sans les os tout le corps s'abattroit, et on verroit tomber par pièces toutes les parties. Ils en renferment les unes, comme le crâne, c'est-à-dire l'os de la tête, renferme le cerveau, et les côtes le poumon et le cœur. Ils en soutiennent les autres, comme les os des bras et des cuisses soutiennent les chairs qui y sont attachées.

Le cerveau est contenu dans un seul os ; mais s'il en eût été de même du poumon, cet os auroit été trop grand, par conséquent ou trop fragile ou trop solide pour se remuer au mouvement des muscles qui devoient dilater ou resserrer la poitrine. C'est pourquoi il a fallu faire ce coffre de la poitrine de plusieurs pièces qu'on appelle côtes. Elles tiennent ensemble par les peaux qui leur sont communes, et sont plus pliantes que les autres os, pour être capables d'obéir aux mouvemens que leurs muscles leur devoient donner.

Le crâne a beaucoup de choses qui lui sont particulières. Il a en haut ses sutures, où il est un peu entr'ouvert pour laisser évaporer les fumées du cerveau, et servir à l'insertion de l'une de ses enveloppes, c'est-à-dire de la dure-mère. Il a aussi ses deux tables, étant composé de deux couches d'os posées l'une sur l'autre avec un artifice admirable, entre lesquelles s'insinuent les artères et les veines qui leur portent leur nourriture.

VIII.

Les artères, les veines et les nerfs.

Les artères, les veines et les nerfs sont joints ensemble, et se répandent par tout le corps jusques aux moindres parties.

Les artères et les veines sont des vaisseaux qui portent par tout le corps, pour en nourrir toutes les parties, cette liqueur qu'on appelle *sang* ; de sorte qu'elles-mêmes, pour être nourries, sont pleines d'autres petites artères et d'autres petites veines, et celles-là d'autres encore, jusqu'au terme que Dieu seul peut savoir : et toutes ces veines et ces artères composent avec les nerfs, qui se multiplent de la même sorte, un tissu vraiment merveilleux et inimitable.

Il y a aux extrémités des artères et des veines, de secrètes communications, par où le sang passe continuellement des unes dans les autres.

Les artères le reçoivent du cœur, et les veines l'y reportent. C'est pourquoi à l'ouverture des artères et à l'embouchure des veines du côté du cœur, il y a des valvules ou soupapes qui ne s'ouvrent qu'en un sens, et qui selon le sens dont elles sont tournées, donnent le passage et empêchent le retour. Celles des artères se trouvent disposées de sorte qu'elles peuvent recevoir le sang en sortant du cœur ; et celles des veines, au contraire, de sorte qu'elles ne peuvent le rendre : et il y a par intervalles, le long des artères et des veines, des valvules de même nature, qui ne permettent pas au sang une fois passé de remonter au lieu d'où il est venu ; tellement qu'il est forcé, par le nouveau sang qui survient sans cesse, d'aller toujours en avant, et de rouler sans fin par tout le corps.

Mais ce qui aide le plus à cette circulation, c'est que les artères ont un battement continuel, semblable à celui du cœur, et qui le suit : c'est ce qui s'appelle le pouls.

Et il est aisé d'entendre que les artères doivent s'enfler au battement du cœur, qui jette du sang dedans ; mais outre cela on a remarqué que, par leur composition elles ont comme le cœur un battement qui leur est propre.

On peut entendre ce battement, ou en supposant que leurs fibres une fois enflées par le sang que le cœur y jette, font sur elles-mêmes une espèce de ressort, ou qu'elles sont tournées de sorte qu'elles se remuent comme le cœur même à la manière des muscles.

Quoi qu'il en soit, l'artère peut être considérée comme un cœur répandu partout pour battre le sang et le pousser en avant, et comme un ressort, ou un muscle monté pour ainsi parler sur le mouvement du cœur et qui doit battre en même cadence.

Il paroît donc que par la structure et le battement de l'artère, le sang doit toujours avancer dans ce vaisseau ; et d'ailleurs l'artère battant sans relâche sur la veine qui lui est conjointe, y doit faire le même effet que sur elle-même, quoique non de même force, c'est-à-dire qu'elle y doit battre le sang et le pousser continuellement de valvule en valvule, sans le laisser reposer un seul moment.

Et par là il a fallu que l'artère, qui devoit avoir un battement si continuel et si ferme, fût d'une consistance plus solide et plus dure que la veine ; joint que l'artère, qui reçoit le sang comme il vient du cœur, c'est-à-dire plus échauffé et plus vif, a dû encore pour cette raison être d'une structure plus forte, pour empêcher que cette liqueur n'échappât en abondance par son extrême subtilité, et ne rompît ses vaisseaux à la manière d'un vin fumeux.

Il n'est pas possible de s'empêcher d'admirer la sagesse de la nature qui, ici comme partout ailleurs, forme les parties de la manière qu'il faut pour les effets auxquels on les voit manifestement destinées.

Il y a deux artères et deux veines principales, d'où naissent toutes les autres. La plus grande artère s'appelle l'*aorte* ; la plus grande veine s'appelle la *veine-cave* (a). La plus petite artère, crue autrefois veine, s'appelle encore maintenant *veine-artérieuse*, comme la plus petite veine, crue autrefois artère, s'appelle *artère veineuse*.

A chaque côté du cœur il y a une veine et une artère. La veine-cave est au côté droit, où elle vide, dans la cavité du même côté, le sang qui est reçu dans la plus petite artère. L'aorte, ou la grande artère, est au côté gauche, où elle reçoit le sang, qui est versé par la petite veine.

Les veines et les artères ont leur bouche large du côté du cœur, d'où elles s'étendent en diverses branches, qui à force de se partager deviennent imperceptibles.

L'aorte et la veine-cave vont par tout le corps, excepté le poumon, où la plus petite artère et la plus petite veine, à mesure qu'elles s'éloignent du cœur, se répandent et se perdent en mille petits rameaux.

Immédiatement en sortant du cœur, l'aorte et la grande veine envoient une de leurs branches dans le cerveau ; et c'est par là que s'y fait ce transport soudain des esprits, dont il a été parlé.

Les nerfs sont comme de petites cordes, ou plutôt de petits filets qui commencent par le cerveau, et s'étendent par tout le corps jusqu'aux dernières extrémités.

(a) L'anonyme a barré la fin de la phrase et les trois alinéas suivans.

Partout où il y a des nerfs, il y a quelque sentiment; et partout où il y a du sentiment, il s'y rencontre des nerfs : ce qui fait regarder les nerfs comme le propre organe des sens.

Les nerfs (*a*) sont creux au dedans, en forme de petits tuyaux; et nous avons déjà vu, que c'est par eux que se fait la conduite des esprits par tout le corps.

Leur cavité (*b*) est remplie d'une certaine moelle, qu'on dit être de même nature que le cerveau, et à travers de laquelle les esprits peuvent aisément continuer leur cours à cause qu'elle est rare et poreuse (*c*).

Par là se voient deux usages principaux des nerfs. Ils sont premièrement les organes propres du sentiment. C'est pourquoi à chaque partie qui est le siége de quelqu'un des sens, il y a des nerfs destinés pour servir au sentiment; par exemple il y a aux yeux les nerfs optiques, les auditifs aux oreilles, les olfactifs aux narines, et les gustatifs à la langue. Ces nerfs servent aux sens situés dans ces parties ; et comme le toucher se trouve par tout le corps, il y a aussi des nerfs répandus par tout le corps.

Ceux qui vont ainsi par tout le corps en sortant du cerveau, passent le long de l'épine du dos, d'où ils se partagent et s'étendent dans toutes les parties.

Le second usage des nerfs n'est guère moins important. C'est de porter par tout le corps les esprits qui font agir les muscles, et causent tous les mouvemens.

Ces mêmes nerfs répandus partout, qui servent au toucher, servent aussi à cette conduite des esprits dans tous les muscles. Mais les nerfs que nous avons considérés comme les propres organes des quatre autres sens, n'ont point cet usage.

Et il est à remarquer que les nerfs qui servent au toucher se trouvent même dans les parties qui servent aux autres sens, dont la raison est que ces parties-là ont avec leur sentiment propre celui du toucher. Les yeux, les oreilles, les narines et la langue peuvent recevoir des impressions qui ne dépendent que du toucher seul, et d'où naissent des douleurs auxquelles ni les cou-

---

(*a*) Cet alinéa est barré. — (*b*) L'anon. : La cavité des nerfs. — (*c*) Peuvent aisément continuer leur cours.

leurs, ni les sons, ni les odeurs, ni le goût n'ont aucune part.

Ces parties ont aussi des mouvemens qui demandent d'autres nerfs que ceux qui servent immédiatement à leurs sensations particulières ; par exemple les mouvemens des yeux qui se tournent de tant de côtés, et ceux de la langue qui paroissent si divers dans la parole, ne dépendent en aucune sorte des nerfs qui servent au goût et à la vue ; et aussi y en trouve-t-on beaucoup d'autres, par exemple dans les yeux les nerfs moteurs et les autres que démontre l'anatomie.

Les parties que nous venons de décrire ont toutes, ou presque toutes, de petits passages qu'on appelle *pores*, par où s'échappent et s'évaporent les matières les plus légères et les plus subtiles par un mouvement qu'on appelle *transpiration*.

IX.

Le sang et les esprits.

Après avoir parlé des parties qui ont de la consistance, il faut parler maintenant des liqueurs et des esprits.

Il y a une liqueur qui arrose tout le corps, et qu'on appelle le *sang*.

Cette liqueur est mêlée dans toute sa masse de beaucoup d'autres liqueurs, telles que sont la bile et les sérosités. Celle qui est rouge, qu'on voit à la fin se figer dans une palette et qui en occupe le fond, est celle qu'on appelle proprement sang.

C'est par cette liqueur que la chaleur se répand et s'entretient ; c'est d'elle que se nourrissent toutes les parties, et si l'animal ne se réparoit continuellement par cette nourriture il périroit.

C'est un grand secret de la nature de savoir comment le sang s'échauffe dans le cœur.

Et d'abord on peut penser que le cœur étant extrêmement chaud, le sang s'y échauffe et s'y dilate comme l'eau dans un vaisseau déjà échauffé.

Et si la chaleur du cœur, qu'on ne trouve guère plus grande que celle des autres parties, ne suffit pas pour cela, on y peut ajouter deux choses : l'une, que le sang soit composé, ou en son tout, ou en partie, d'une matière de la nature de celles qui s'échauffent par le mouvement : et déjà on le voit fort mêlé de bile, matière si aisée à échauffer; et peut-être que le sang même dans sa propre substance tient de cette qualité : de sorte qu'étant, comme il est continuellement, battu premièrement par le cœur, et ensuite par les artères. il vient à un degré de chaleur considérable.

L'autre chose qu'on peut dire, est qu'il se fait dans le cœur une fermentation du sang.

On appelle fermentation, lorsqu'une matière s'enfle par une espèce de bouillonnement, c'est-à-dire par la dilatation de ses parties intérieures. Ce bouillonnement se fait par le mélange d'une autre matière qui se répand et s'insinue entre les parties de celle qui est fermentée, et qui les poussant du dedans au dehors, leur donne une plus grande circonférence. C'est ainsi que le levain enfle la pâte.

On peut donc penser que le cœur mêle dans le sang une matière, quelle qu'elle soit, capable de le fermenter; ou même sans chercher plus loin, qu'après que l'artère a reçu le sang que le cœur y pousse, quelque partie restée dans le cœur sert de ferment au nouveau sang que la veine y décharge aussitôt après, comme un peu de vieille pâte aigrie fermente et enfle la nouvelle.

Soit donc qu'une de ces causes suffise, soit qu'il les faille toutes joindre ensemble, ou que la nature ait encore quelque autre secret inconnu aux hommes, il est certain que le sang s'échauffe beaucoup dans le cœur, et que cette chaleur entretient la vie.

Car d'un sang refroidi, il ne s'engendre plus d'esprits; ainsi le mouvement cesse et l'animal meurt.

Le sang doit avoir une certaine consistance médiocre, et quand il est ou trop subtil ou trop épais il en arrive divers maux à tout le corps.

Il bouillonne quelquefois extraordinairement, et souvent il s'épaissit avec excès; ce qui lui doit arriver par le mélange de quelque liqueur.

Et il ne faut pas croire que cette liqueur qui peut ou épaissir tout le sang ou le faire bouillonner, soit toujours en grande quantité; l'expérience faisant voir combien peu il faut de levain pour enfler beaucoup de pâte, et que souvent une seule goutte d'une certaine liqueur agite et fait bouillir une quantité beaucoup plus grande de l'autre.

C'est par là qu'une goutte de venin entrée dans le sang, en fige toute la masse et nous cause une mort certaine : et on peut croire de même qu'une goutte de liqueur d'une autre nature fera bouillonner tout le sang. Ainsi ce n'est pas toujours la trop grande quantité de sang, mais c'est souvent son bouillonnement qui le fait sortir des veines, et qui cause les saignemens de nez ou les autres accidens semblables, qu'on ne guérit pas toujours aussi en tirant du sang, mais en trouvant ce qui est capable de le rafraîchir et de le calmer.

Nous avons déjà dit du sang, qu'il a un cours perpétuel du cœur dans les artères, des artères dans les veines, et des veines encore dans le cœur, d'où il est jeté de nouveau dans les artères, et toujours de même tant que l'animal est vivant.

Ainsi c'est le même sang qui est dans les artères et dans les veines, avec cette différence que le sang artériel sortant immédiatement du cœur doit être plus chaud, plus subtil et plus vif, au lieu que celui des veines est plus tempéré et plus épais. Il ne laisse pas d'avoir sa chaleur, mais plus modérée; et se figeroit tout à fait, s'il croupissoit dans les veines et ne venoit bientôt se réchauffer dans le cœur.

Le sang artériel a encore cela de particulier, que quand l'artère est piquée, on le voit saillir comme par bouillons et à diverses reprises, ce qui est causé par le battement de l'artère.

Toutes les humeurs, comme la bile jaune ou noire, appelée autrement mélancolie, les sérosités et la pituite ou le flegme, coulent avec le sang dans la même masse, et en sont aussi séparées en certaines parties du corps, ainsi qu'il a été dit. Ces humeurs ont différentes qualités tant par leur propre nature, que selon qu'elles sont diversement préparées et pour ainsi dire criblées. C'est de cette masse commune que sont épreintes et formées la salive, les urines, les sueurs, les eaux contenues dans les vaisseaux lymphatiques qu'on trouve auprès des veines; celles qui remplissent les glandes de l'estomac, par exemple, qui servent tant à la digestion; ces larmes enfin que la nature tient réservées en de certains tuyaux auprès des yeux peut-être pour les rafraîchir et les humecter.

Les esprits sont la partie la plus vive et la plus agitée du sang (*a*). C'est une espèce de vapeur extraordinairement subtile et mouvante, que la chaleur du cœur en fait élever, et qui est portée promptement par certains vaisseaux au cerveau, où les esprits s'affinent davantage par leur propre agitation, par celle du cerveau même et par la nature des parties où ils passent à peu près comme des liqueurs s'épurent et se clarifient dans les instrumens par où on les coule.

De là ils entrent dans les nerfs qu'ils tiennent tendus; par les nerfs ils s'insinuent dans les muscles qu'ils font jouer, et mettent en action toutes les parties.

X.
Le sommeil, la veille et la nourriture.

Quand les esprits sont épuisés à force d'agir, les nerfs se détendent, tout se relâche, l'animal s'endort, et se délasse du travail et de l'action où il est sans cesse pendant qu'il veille.

Le sang et les esprits se dissipent continuellement, et ont aussi besoin d'être réparés.

Pour ce qui est des esprits, il est aisé de concevoir qu'étant si subtils et si agités, ils passent à travers les pores et se dissipent d'eux-mêmes par leur propre agitation.

On peut aussi aisément comprendre que le sang, à force de passer et de repasser dans le cœur, s'évaporerait à la fin. Mais il y a une raison particulière à la dissipation du sang, tirée de la nourriture.

Les parties (*b*) de notre corps doivent bien avoir quelque consistance; mais si elles n'avoient aussi quelque mollesse, elles ne seroient pas assez maniables, ni assez pliantes pour faciliter le mouvement. Etant donc, comme elles sont, assez tendres, elles se dissipent et se consument facilement tant par leur propre cha-

---

(*a*) *L'anon.* :... Du sang, et mettent en action toutes les parties. — Le reste du chapitre est barré. — (*b*) L'anonyme a barré cet alinéa et le suivant.

leur que par la perpétuelle agitation des corps qui les environnent. C'est pour cela qu'un corps mort par la seule agitation de l'air auquel il est exposé, se corrompt et se pourrit. Car l'air ainsi agité, ébranlant ce corps mort par le dehors et s'insinuant dans les pores par sa subtilité, à la fin l'altère et le dissout. Le même arriveroit à un corps vivant, s'il n'étoit réparé par la nourriture.

Ce renouvellement des chairs et des autres parties du corps paroît principalement dans la guérison des blessures, qu'on voit se fermer, et en même temps les chairs revenir par une assez prompte régénération.

Cette réparation se fait par le moyen du sang qui coule dans les artères, dont les plus subtiles parties s'échappant par les pores, dégouttent sur tous les membres, où elles se prennent, s'y attachent et les renouvellent : c'est par là que le corps croît et s'entretient, comme on voit les plantes et les fleurs croître et s'entretenir par l'eau de la pluie. Ainsi le sang toujours employé à nourrir et à réparer l'animal, s'épuiscroit aisément s'il n'étoit lui-même réparé, et la source en seroit bientôt tarie.

La nature y a pourvu par les alimens qu'elle nous a préparés, et par les organes qu'elle a disposés pour renouveler le sang, et par le sang tout le corps.

L'aliment commence premièrement à s'amollir dans la bouche par le moyen de certaines eaux épreintes des glandes qui y aboutissent. Ces eaux détrempent les viandes, et font qu'elles peuvent plus facilement être brisées et broyées par les mâchoires : ce qui est un commencement de digestion.

De là elles sont portées par l'œsophage dans l'estomac, où il coule dessus d'autres sortes d'eaux épreintes d'autres glandes, qui se voient en nombre infini dans l'estomac même. Par le moyen de ces eaux et à la faveur de la chaleur du foie, les viandes se cuisent dans l'estomac, à peu près comme elles feroient dans une marmite mise sur le feu ; ce qui se fait d'autant plus facilement, que ces eaux de l'estomac sont de la nature des eaux fortes : car elles ont la vertu d'inciser les viandes, et les coupent si menues qu'il n'y a plus rien de l'ancienne forme.

C'est ce qui s'appelle la *digestion* qui n'est autre chose que l'altération que souffre l'aliment dans l'estomac, pour être disposé à s'incorporer à l'animal.

Cette matière digérée blanchit et devient comme liquide : c'est ce qui s'appelle le *chyle*.

Il est porté de l'estomac au boyau qui est au-dessous, et où se commence la séparation du pur et de l'impur, laquelle se continue tout le long des intestins.

Elle se fait par le pressement continuel que cause la respiration, et le mouvement du diaphragme sur les boyaux. Car étant ainsi pressés, la matière dont ils sont pleins est contrainte de couler dans toutes les ouvertures qu'elle trouve dans son passage; en sorte que les veines lactées, qui sont attachées aux boyaux, ne peuvent manquer d'être remplies par ce mouvement.

Mais comme elles sont fort minces, elles ne peuvent recevoir que les parties les plus délicates, qui exprimées par le pressement des intestins, se jettent dans ces veines, et y forment cette liqueur blanche qui les remplit et les colore, pendant que le plus grossier par la force du même pressement continue son chemin dans les intestins, jusqu'à ce que le corps en soit déchargé.

Car il y a quelques valvules disposées d'espace en espace dans les intestins, qui empêchent la matière de remonter (*a*), et on remarque, outre cela, qu'ils sont tournés en dedans comme une espèce de vis, qui détermine la matière à prendre un certain cours, et la conduit aux extrémités par où elle doit sortir.

La liqueur des veines lactées est celle que la nature prépare pour la nourriture de l'animal; le reste est le superflu et comme le marc qu'elle rejette, qu'on appelle aussi pour cette raison *excrément*.

Ainsi se fait la séparation du liquide d'avec le grossier et du pur d'avec l'impur, à peu près de la même sorte que le vin et l'huile s'expriment du raisin et de l'olive pressée, ou comme la fleur de farine passe par un sas plutôt que le son, ou que certaines liqueurs passées par une chausse se clarifient et y laissent ce qu'elles ont de plus grossier.

Les détours des boyaux repliés les uns sur les autres, font que

---

(*a*) La fin de l'alinéa est barrée.

la matière digérée dans l'estomac y séjourne plus longtemps, et donne tout le loisir nécessaire à la respiration pour exprimer tout le bon suc, en sorte qu'il ne s'en perde aucune partie.

A cela sert (a) beaucoup encore cette disposition des parties intérieures des boyaux en forme de vis; ce qui fait que la matière digérée ne peut s'échapper qu'après de longs circuits, durant lesquels la nature tire toujours ce qui lui est propre.

Il arrive aussi par ces détours et cette disposition intérieure des boyaux, que l'animal ayant une fois pris sa nourriture, peut demeurer longtemps sans en prendre de nouvelle, parce que le suc épuré qui le nourrit est longtemps à s'exprimer; ce qui fait durer la nutrition, et empêche la faim de revenir sitôt.

Et on remarque que les animaux qu'on voit presque toujours affamés, comme par exemple les loups, ont les intestins fort droits : d'où il arrive que l'aliment digéré y séjourne peu, et que le besoin de manger est pressant et revient souvent.

Comme les entrailles pressées par la respiration, jettent dans les veines lactées la liqueur dont nous venons de parler, ces veines pressées par la même force, la poussent au milieu du mésentère, dans la glande où nous avons dit qu'elles aboutissent : d'où le même pressement les porte dans un certain réservoir nommé le *réservoir de Pecquet*, du nom d'un fameux anatomiste de nos jours, qui l'a découvert.

De là il passe dans un long vaisseau, qui par la même raison est appelé le *canal* ou le *conduit de Pecquet*. Ce vaisseau étendu le long de l'épine du dos, aboutit un peu au-dessous du col à une des veines qu'on appelle *sous-clavières* ; d'où il est porté dans le cœur, et là il prend tout à fait la forme de sang.

Il sera aisé de comprendre comment le chyle est élevé à cette veine, si on considère que le long de ce vaisseau de Pecquet il y a des valvules disposées par intervalles qui empêchent cette liqueur de descendre, et que d'ailleurs elle est continuellement poussée en haut tant par la matière qui vient en abondance des veines lactées que par le mouvement du poumon, qui fait monter ce suc en pressant le vaisseau où il est contenu.

(a) Alinéa barré par l'anonyme.

Il n'est pas croyable à combien de choses sert la respiration ; elle rafraîchit le cœur et le sang ; elle entraîne avec elle et pousse dehors les fumées qu'excite la chaleur du cœur ; elle fournit l'air dont se forme la voix et la parole ; elle aide par l'air qu'elle attire à la génération des esprits ; elle pousse le chyle des entrailles dans les veines lactées, de là dans la glande du mésentère, ensuite dans le réservoir et dans le canal de Pecquet, et enfin dans la sous-clavière ; et en même temps elle facilite l'éjection des excrémens, toujours en pressant les intestins.

XI.
Le cœur et le cerveau sont les deux maîtresses parties.

Voilà quelle est à peu près la disposition du corps et l'usage de ses parties, parmi lesquelles il paroît que le cœur et le cerveau sont les principales, et celles qui pour ainsi dire mènent toutes les autres.

Ces deux maîtresses parties influent dans tout le corps. Le cœur y envoie partout le sang dont il est nourri ; et le cerveau y distribue de tous côtés les esprits par lesquels il est remué.

Au premier la nature a donné les artères et les veines pour la distribution du sang, et elle a donné les nerfs au second pour l'administration des esprits.

Nous avons vu que la fabrique des esprits se commence par le cœur, lorsque battant le sang et l'échauffant, il en élève les parties les plus subtiles au cerveau, qui les perfectionne, et qui ensuite en renvoie au cœur ce qui lui est nécessaire pour exciter (a) son battement.

Ainsi ces deux maîtresses parties, qui mettent pour ainsi dire tout le corps en action, s'aident mutuellement dans leurs fonctions, puisque sans les vapeurs que le cœur élève de ce sang (b), le cerveau n'auroit pas de quoi former les esprits, et que le cœur aussi n'auroit point de battement (c) sans les esprits que le cerveau lui envoie.

(a) *L'anon.* : Produire. — (b) Sans le sang que le cœur envoie au cerveau. — (c) Mouvement.

Dans ce secours nécessaire que se donnent ces deux parties, laquelle des deux commence ? C'est ce qu'il est malaisé de déterminer ; et il faudroit pour cela avoir recours à la première formation de l'animal.

Pour entendre ce qu'il y a ici de plus constant, il faut penser avant toutes choses que le fœtus ou l'embryon, c'est-à-dire l'animal qui se forme, est engendré d'autres animaux déjà formés et vivans, où il y a par conséquent du sang et des esprits déjà tout faits, qui peuvent se communiquer à l'animal qui commence.

On voit en effet que l'embryon est nourri du sang de la mère qui le porte. On peut donc penser que ce sang étant conduit dans le cœur de ce petit animal qui commence d'être, s'y réchauffe et s'y dilate par la chaleur naturelle à cette partie ; que de là passent au cerveau ces vapeurs subtiles (a), qui achèvent de s'y former en esprits à la manière qui a été dite ; que ces esprits revenus au cœur par les nerfs, causent son premier battement, qui se continue ensuite à peu près comme celui d'une pendule après une première vibration.

On peut penser aussi et peut-être plus vraisemblablement, que l'animal étant tiré de semences pleines d'esprits, le cerveau par sa première conformation en peut avoir ce qu'il lui en faut pour exciter dans le cœur cette première pulsation d'où suivent toutes les autres.

Quoi qu'il en soit, l'animal qui se forme venant d'un animal déjà formé, on peut aisément comprendre que le mouvement se continue de l'un à l'autre, et que le premier ressort dont Dieu a voulu que tout dépendît, étant une fois ébranlé, ce même mouvement s'entretient toujours.

Au reste outre les parties que nous venons de considérer dans le corps, il y en a beaucoup d'autres connues et inconnues à l'esprit humain. Mais ceci suffît pour entendre l'admirable économie de ce corps si sagement et si délicatement organisé, et les principaux ressorts par lesquels s'en exercent les opérations.

(a) *L'anon. :* Ce sang subtil.

XII.

La santé, la maladie, la mort ; et à propos des maladies, les passions en tant qu'elles regardent le corps.

Quand le corps est en bon état et dans sa disposition naturelle, c'est ce qui s'appelle *santé*. La maladie au contraire est la mauvaise disposition du tout, ou de ses parties. Que si l'économie du corps est tellement troublée que les fonctions naturelles cessent tout à fait, la mort de l'animal s'ensuit.

Cela doit arriver précisément quand les deux maîtresses pièces, c'est-à-dire le cerveau et le cœur, sont hors d'état d'agir ; c'est-à-dire quand le cœur cesse de battre, et que le cerveau ne peut plus exercer cette action, quelle qu'elle soit, qui envoie les esprits au cœur.

Car encore que le concours des autres parties soit nécessaire pour nous faire vivre, la cessation de leur action nous fait languir, mais ne nous tue pas tout à coup : au lieu que quand l'action du cerveau ou du cœur cesse tout à fait, on meurt à l'instant.

Or on peut en général concevoir trois choses capables de causer dans ces deux parties cette cessation funeste : la première, si elles sont ou altérées dans leur substance, ou dérangées dans leur composition ; la seconde, si les esprits qui sont pour ainsi dire l'âme du ressort, viennent à manquer ; la troisième, si ne manquant pas et se trouvant préparés, ils sont empêchés d'agir par quelque autre cause, par exemple de couler (a) ou du cerveau dans le cœur ou du cœur dans le cerveau.

Et il semble que toute machine doive cesser par une de ses causes. Car ou le ressort se rompt, comme les tuyaux dans un orgue, et les roues ou les meules dans un moulin ; ou le moteur cesse, comme si la rivière qui fait aller ces roues est détournée, ou que le soufflet qui pousse l'air dans l'orgue soit brisé ; ou le moteur et le mobile étant en état, l'action de l'un sur l'autre est empêchée par quelque autre corps, comme si quelque chose au dedans de l'orgue empêche le vent d'y entrer ; ou que l'eau et

(a) *L'anon*: Ils sont empêchés par quelque autre cause de couler...

toutes les roues étant comme il faut, quelque corps interposé en un endroit principal empêche le jeu.

Appliquant à l'homme, machine sans comparaison plus ingénieuse et plus délicate; mais en ce qu'il a de corporel, pure machine (*a*) : on peut concevoir qu'il meurt, si les ressorts principaux se corrompent, si les esprits qui sont le moteur s'éteignent, ou si les ressorts étant en état et les esprits prêts, le jeu en est empêché par quelque autre cause.

S'il arrive par quelque coup que le cerveau ou le cœur soient entamés, et que la continuité des filets soit interrompue : et sans entamer la substance, si le cerveau ou se ramollit ou se dessèche excessivement, ou que par un accident semblable les fibres du cœur se roidissent ou se relâchent tout à fait, alors ces deux ressorts, d'où dépend tout le mouvement, ne subsistent plus (*b*) et toute la machine est arrêtée.

Mais quand le cerveau et le cœur demeureroient en leur entier, dès là que les esprits manquent, les ressorts cessent faute de moteur : et quand il se formeroit des esprits conditionnés comme il faut, si les tuyaux par où ils doivent passer, ou resserrés ou remplis de quelque autre chose, leur ferment l'entrée (*c*), c'est de même que s'ils n'étoient plus. Ainsi le cerveau et le cœur dont l'action et la communication nous font vivre, restent sans force ; le mouvement cesse dans son principe, toute la machine demeure, et ne se peut plus rétablir.

Voilà ce qu'on appelle mort, et les dispositions à cet état s'appellent *maladies*.

Ainsi toute altération dans le sang, qui l'empêche de fournir pour les esprits une matière louable, rend le corps malade ; et si la chaleur naturelle, ou étouffée par la trop grande épaisseur du sang, ou dissipée par son excessive subtilité, n'envoie plus d'esprits, il faut mourir : tellement qu'on peut définir la mort l'extinction de la chaleur naturelle dans le sang et dans le cœur (*d*).

(*a*) *L'anon.* : Appliquant ceci au corps de l'homme, machine sans comparaison plus composée et plus délicate; mais en ce que l'homme a de corporel, pure machine. — (*b*) Alors l'action de ces deux ressorts, d'où dépend tout le mouvement, ne subsiste plus. — (*c*) L'entrée ou le passage. — (*d*) On peut dé-

Outre les altérations qui arrivent dans le corps par les maladies, il y en a qui sont causées par les passions, qui à vrai dire sont une espèce de maladie. Il seroit trop long d'expliquer ici toutes ces altérations, et il suffit d'observer en général qu'il n'y a point de passion qui ne fasse quelque changement dans les esprits, et par les esprits dans le cœur et dans le sang. Et c'est une suite nécessaire de l'impression violente que certains objets font dans le cerveau.

De là il arrive nécessairement que quelques-unes des passions les y excitent et les y agitent avec violence, et que les autres les y ralentissent. Les unes par conséquent les font couler plus abondamment dans le cœur, et les autres moins. Celles qui les font abonder, comme la colère et l'audace, les répandent avec profusion, et les poussent de tous côtés au dedans et au dehors : celles qui excitent moins, telles que sont la tristesse et le désespoir, les retiennent serrés au dedans, comme pour les ménager. De là naissent dans le cœur et dans le pouls des battemens, les uns plus lents, les autres plus vites; les uns incertains et inégaux, et les autres plus mesurés; d'où il arrive dans le sang divers changemens, et de là conséquemment de nouvelles altérations dans les esprits. Les membres extérieurs reçoivent aussi de différentes dispositions : quand on est attaqué, le cerveau envoie plus d'esprits aux bras et aux mains, et c'est ce qui fait qu'on est plus fort dans la colère. Dans cette passion, les muscles s'affermissent, les nerfs se bandent, les poings se ferment, tout se tourne à l'ennemi pour l'écraser, et le corps est disposé à se ruer sur lui de tout son poids. Quand il s'agit de poursuivre un bien, ou de fuir un mal pressant, les esprits accourent avec abondance aux cuisses et aux jambes pour hâter la course ; tout le corps soutenu par leur extrême vivacité, devient plus léger : ce qui a fait dire au Poëte en parlant d'Apollon et de Daphné : *Hic spe celer, illa timore.* Si un bruit un peu extraordinaire menace de quelque coup, on s'éloigne naturellement de l'endroit d'où vient le bruit, en y jetant l'œil, afin d'esquiver plus facilement ; et quand le coup est reçu, la main

---

finir la mort la cessation du mouvement interne et du mouvement local dans le sang et dans le cœur.

se porte aussitôt aux parties blessées, pour ôter s'il se peut la cause du mal : tant les esprits sont disposés dans les passions, à seconder promptement les membres qui ont besoin de se mouvoir.

Par l'agitation du dedans, la disposition du dehors est toute changée. Selon que le sang accourt au visage ou s'en retire, il y paroît ou enflammation ou pâleur (*a*). Ainsi on voit dans la colère les yeux allumés; on y voit rougir le visage, qui au contraire pâlit dans la crainte. La joie et l'espérance en adoucissent les traits, ce qui répand sur le front une image de sérénité. La colère et la tristesse au contraire les rendent plus rudes, et leur donnent un air ou plus farouche, ou plus sombre. La voix change aussi en diverses sortes. Car selon que le sang ou les esprits coulent plus ou moins dans le poumon, dans les muscles qui l'agitent, et dans la trachée-artère par où il respire l'air, ces parties ou dilatées ou pressées diversement, poussent tantôt des sons éclatans, tantôt des cris aigus, tantôt des voix confuses, tantôt de longs gémissemens, tantôt des soupirs entrecoupés. Les larmes accompagnent de tels états, lorsque les tuyaux qui en sont la source sont dilatés ou pressés à une certaine mesure. Si le sang refroidi et par là épaissi, envoie peu de vapeurs au cerveau, et lui fournit moins de matière d'esprits qu'il ne faut; ou si au contraire étant ému et échauffé plus qu'à l'ordinaire, il en fournit trop, il arrivera tantôt des tremblemens et des convulsions, tantôt des langueurs et des défaillances; les muscles se relâcheront, et on se sentira prêt à tomber; ou bien en se resserrant excessivement, ils rétréciront la peau, et feront dresser les cheveux dont elle enferme la racine, et causeront ce mouvement qu'on appelle *horreur* (*b*). Les physiciens expliquent en particulier toutes ces

---

(*a*) *L'anon.* : Rougeur. — (*b*) Si le sang refroidi et par là épaissi se porte lentement au cerveau et lui fournit moins de matière d'esprits qu'il ne faut; ou si au contraire étant ému et échauffé plus qu'à l'ordinaire, il lui en fournit trop, il arrivera tantôt des tremblemens et des convulsions, tantôt des langueurs et des défaillances; les muscles se relâcheront, et on se sentira prêt à tomber; ou bien les fibres même de la peau qui couvre la tête, faisant alors l'office de muscles en se resserrant excessivement, la peau se retirant sur elle-même fera dresser les cheveux dont elle enferme la racine et causera ce mouvement qu'on appelle *horreur*.

altérations; mais c'est assez pour notre dessein! d'en avoir remarqué en général la nature, les causes, les effets et les signes.

Les passions à les regarder seulement dans le corps, semblent n'être autre chose qu'une agitation extraordinaire des esprits ou du sang, à l'occasion de certains objets qu'il faut fuir ou poursuivre.

Ainsi la cause des passions doit être l'impression et le mouvement qu'un objet de grande force fait dans le cerveau.

De là suit l'agitation et des esprits et du sang, dont l'effet naturel doit être de disposer le corps de la manière qu'il faut pour fuir l'objet ou le suivre; mais cet effet est souvent empêché par accident.

Les signes des passions, qui en sont aussi des effets, mais moins principaux, c'est ce qui en paroît au dehors; tels sont les larmes, les cris et les autres changemens tant de la voix que des yeux et du visage.

Car comme il est de l'institution de la nature que les passions des uns fassent impression sur les autres; par exemple que la tristesse de l'un excite la pitié de l'autre; que lorsque l'un est disposé à faire du mal par la colère, l'autre soit disposé en même temps ou à la défense ou à la retraite, et ainsi du reste : il a fallu que les passions n'eussent pas seulement de certains effets au dedans, mais qu'elles eussent encore au dehors chacune son propre caractère, dont les autres hommes pussent être frappés.

Et cela paroît tellement du dessein de la nature, qu'on trouve sur le visage une infinité de nerfs et de muscles, dont on ne reconnoît point d'autre usage que d'en tirer en divers sens toutes les parties, et d'y peindre les passions par la secrète correspondance de leurs mouvemens avec les mouvemens intérieurs.

XIII.

La correspondance de toutes les parties.

Il nous reste encore à considérer le consentement de toutes les parties du corps, pour s'entr'aider mutuellement et pour la défense du tout. Quand on tombe d'un côté, le col (*a*) et tout le corps se tournent à l'opposite. De peur que la tête ne se heurte, les mains se jettent devant elle, et s'exposent aux coups qui la briseroient. Dans la lutte, on voit le coude se présenter comme un bouclier devant le visage. Les paupières se ferment pour garantir l'œil. Si on est fortement penché d'un côté, le corps se porte de l'autre pour faire le contre-poids, et se balance lui-même en diverses manières pour prévenir une chute, ou pour la rendre moins incommode. Par la même raison, si on porte un grand poids d'un des côtés, on se sert de l'autre à contre-peser. Une femme qui porte un seau d'eau pendu à la droite étend le bras gauche et se penche de ce côté-là. Celui qui porte sur le dos se penche en avant (*b*) et au contraire quand on porte sur la tête, le corps naturellement se tient fort droit. Enfin il ne manque jamais de se situer de la manière la plus convenable pour se soutenir ; en sorte que les parties ont toujours un même centre de gravité, qu'on prend au juste comme si on savoit la mécanique. A cela on peut rapporter certains effets des passions, que nous avons remarqués. Enfin il est visible que les parties du corps sont disposées à se prêter un secours mutuel, et à concourir ensemble à la conservation de leur tout.

Tant de mouvemens si bien ordonnés et si forts selon les règles de la mécanique, se font en nous sans science, sans raisonnement et sans réflexion ; au contraire la réflexion ne feroit ordinairement qu'embarrasser. Nous verrons dans la suite qu'il se fait en nous, sans que nous le sachions ou que nous le sentions, une infinité de mouvemens semblables. La prunelle s'élargit et se rétrécit de la manière la plus convenable à nous faire voir de loin ou de près. La trachée-artère s'ouvre et se resserre selon les tons qu'elle doit former (*c*). La bouche se dispose, et la langue se remue comme il faut pour les différentes articulations. Un petit enfant, pour tirer des mamelles de sa nourrice la liqueur dont il se nourrit, ajuste aussi bien ses lèvres et sa langue que s'il savoit

---

(*a*) *L'anon.* : La tête, le col. — (*b*) Comme pour contre-peser. — (*c*) A nous donner plus ou moins de jour ; l'œil s'aplatit et s'allonge selon que nous avons besoin de voir de loin ou de près ; la glotte s'élargit ou s'étrécit selon les tons qu'elle doit former.

l'art des pompes aspirantes ; ce qu'il fait même en dormant, tant la nature a voulu nous faire voir que ces choses n'avoient pas besoin de notre attention.

Mais moins il y a d'adresse et d'art de notre côté dans des mouvemens si proportionnés et si justes, plus il en paroît dans celui qui a si bien disposé toutes les parties de notre corps.

XIV.

Récapitulation, où sont ramassées les propriétés de l'ame et du corps.

Par les choses qui ont été dites, il est aisé de comprendre la différence de l'ame et du corps, et il n'y a qu'à considérer les diverses propriétés que nous y avons remarquées.

Les propriétés de l'ame sont voir, ouïr, goûter, sentir, imaginer ; avoir du plaisir ou de la douleur, de l'amour ou de la haine, de la joie ou de la tristesse, de la crainte ou de l'espérance ; assurer, nier, douter, raisonner, réfléchir et considérer, comprendre, délibérer, se résoudre, vouloir ou ne vouloir pas : toutes choses qui dépendent du même principe, et que nous avons entendues très-distinctement sans nommer seulement le corps, si ce n'est comme l'objet que l'ame aperçoit, ou comme l'organe dont elle se sert.

La marque que nous entendons distinctement ces opérations de notre ame, c'est que jamais nous ne prenons l'une pour l'autre. Nous ne prenons point le doute pour l'assurance, ni affirmer pour nier, ni raisonner pour sentir : nous ne confondons pas l'espérance avec le désespoir, ni la crainte avec la colère, ni la volonté de vivre selon la raison avec celle de vivre selon les sens et les passions.

Ainsi nous connoissons distinctement les propriétés de l'ame ; voyons maintenant celles du corps.

Les propriétés du corps et des parties qui le composent sont d'être étendues plus ou moins, d'être agitées plus vite ou plus lentement, d'être ouvertes ou d'être fermées, dilatées ou pressées, tendues ou relachées, jointes ou séparées les unes des autres, capables d'être insinuées en certains endroits plutôt qu'en d'autres (*a*) : choses qui appartiennent au corps, et qui en font manifestement la nourriture, l'augmentation, la diminution, le mouvement et le repos.

En voilà assez pour connoître la nature de l'ame et du corps, et l'extrême différence de l'un et de l'autre.

CHAPITRE III.

De l'union de l'ame et du corps.

I.

L'ame est naturellement unie au corps.

Il a plu néanmoins à Dieu que des créatures si différentes fussent étroitement unies : et il étoit convenable, afin qu'il y eût de toutes sortes d'êtres dans le monde, qu'il s'y trouvât et des corps qui ne fussent unis à aucun esprit, telles que sont la terre et l'eau et les autres de cette nature ; et des esprits qui, comme Dieu même, ne fussent unis à aucun corps, tels que sont les anges ; et aussi des esprits unis à un corps, telle qu'est l'ame raisonnable, à qui comme à la dernière de toutes les créatures intelligentes, il devoit échoir en partage ou plutôt convenir naturellement de faire un même tout avec le corps qui lui est uni.

Ce corps, à le regarder comme organique, est un par la proportion et la correspondance de ses parties ; de sorte qu'on peut l'appeler un même organe, de même et à plus forte raison qu'un luth ou un orgue (*b*) un seul instrument : d'où il résulte que l'ame lui doit être unie en son tout, parce qu'elle lui est unie comme à un seul organe parfait dans sa totalité.

(*a*) *L'anon.* : Les propriétés du corps, c'est-à-dire des parties qui le composent ou des liqueurs qui lui donnent le mouvement, sont : celles des parties, d'être étendues plus ou moins, d'être agitées plus vite ou plus lentement, d'être ouvertes ou d'être fermées, dilatées ou pressées, tendues ou relâchées, jointes ou séparées les unes des autres ; et à l'égard des liqueurs, d'être épaisses ou subtiles, capables d'être insinuées en certains endroits plutôt qu'en d'autres, agitées plus ou moins. — (*b*) A plus forte raison qu'un orgue est appelé un seul instrument, quoique composé de plus de tuyaux.

II.

Deux effets principaux de cette union, et deux genres d'opérations dans l'ame.

C'est une union admirable de notre corps et de notre ame que nous avons à considérer. Et quoiqu'il soit difficile et peut-être impossible à l'esprit humain d'en pénétrer le secret, nous en voyons pourtant quelque fondement dans les choses qui ont été dites.

Nous avons distingué dans l'ame deux sortes d'opérations : les opérations sensitives et les opérations intellectuelles ; les unes attachées à l'altération et au mouvement des organes corporels, les autres supérieures au corps, et nées (*a*) pour le gouverner.

Car il est visible que l'ame se trouve assujettie par ses sensations aux dispositions corporelles ; et il n'est pas moins clair que par le commandement de la volonté guidée par l'intelligence, elle remue les bras, les jambes, la tête, et enfin transporte tout le corps.

Que si l'ame n'étoit simplement qu'intellectuelle, elle seroit tellement au-dessus du corps, qu'on ne sauroit par où elle y pourroit tenir, mais parce qu'elle est sensitive, on la voit manifestement unie au corps par cet endroit-là (*b*), ou pour mieux dire par toute sa substance, puisqu'elle est indivisible et qu'on peut bien en distinguer les opérations, mais non pas la partager dans son fond.

Dès là que l'ame est sensitive, elle est sujette au corps de ce côté-là, puisqu'elle souffre de ses mouvemens ; et que les sensations, les unes fâcheuses et les autres agréables, y sont attachées.

De là suit un autre effet : c'est que l'ame, qui remue les membres et tout le corps par sa volonté, le gouverne comme une chose qui lui est intimement unie, qui la fait souffrir elle-même, et lui cause des plaisirs et des douleurs extrêmement vives (*c*).

(*a*) *L'anon. :* Données. — (*b*) Mais parce qu'elle est sensitive, c'est-à-dire jointe à un corps et par là chargée de veiller à sa conservation et à sa défense, elle a dû être unie au corps par cet endroit. — (*c*) De là suit que l'ame doit remuer les membres et tout le corps, et le gouverner comme une chose qui lui

Voilà ce que nous pouvons entendre de l'union de l'ame (*a*), et elle se fait remarquer principalement par deux effets.

Le premier est que de certains mouvemens du corps suivent certaines pensées ou sentimens dans l'ame, et le second réciproquement qu'à une certaine pensée ou sentiment qui arrive à l'ame sont attachés certains mouvemens qui se font en même temps dans le corps : par exemple de ce que les chairs sont coupées, c'est-à-dire séparées les unes des autres, ce qui est un mouvement dans le corps, il arrive que je sens en moi la douleur, que nous avons vue être un sentiment de l'ame ; et de ce que j'ai dans l'ame la volonté que ma main soit remuée, il arrive qu'elle l'est en effet au même moment.

Le premier de ces deux effets paroît dans les opérations où l'ame est assujettie au corps, qui sont les opérations sensitives ; et le second paroît dans les opérations où l'ame préside au corps, qui sont les opérations intellectuelles.

Considérons ces deux effets l'un après l'autre : voyons avant toutes choses ce qui se fait dans l'ame ensuite des mouvemens du corps, et nous verrons après ce qui arrive dans le corps ensuite des pensées de l'ame.

III.

<small>Les sensations sont attachées à des mouvemens corporels qui se font en nous.</small>

Et d'abord il est clair que tout ce qu'on appelle sentiment ou sensation, je veux dire la perception des couleurs, des sons, du bon et du mauvais goût, du chaud et du froid, de la faim et de la soif, du plaisir et de la douleur, suit les mouvemens et l'im-

---

est intimement unie, qui la met dans la nécessité de souffrir elle-même des plaisirs et des douleurs extrêmement vives. Or l'ame ne peut mouvoir le corps que par sa volonté, qui naturellement n'a nul pouvoir sur le corps, comme le corps ne peut naturellement rien sur l'ame pour la rendre heureuse ou malheureuse ; ces deux substances étant de nature si différentes, que l'une ne pourroit rien sur l'autre, si Dieu créateur de l'une et de l'autre n'avoit par sa volonté souveraine joint ces deux substances par la dépendance mutuelle de l'une à l'égard de l'autre. Ce qui est une espèce de miracle perpétuel, général et subsistant, qui paroît dans toutes les sensations de l'ame et dans tous les mouvemens volontaires du corps. — (*a*) *L'anon. : De l'union de l'ame avec le corps.*

pression que font les objets sensibles sur nos organes corporels.

Mais pour entendre plus distinctement par quels moyens cela s'exécute, il faut supposer plusieurs choses constantes.

La première, qu'en toute sensation il se fait un contact et une impression réelle et matérielle sur nos organes, qui vient ou immédiatement ou originairement de l'objet.

Et déjà, pour le toucher et le goût, le contact y est palpable et immédiat. Nous ne goûtons que ce qui est immédiatement appliqué à notre langue; et à l'égard du toucher, le mot l'emporte, puisque toucher et contact c'est la même chose.

Et encore que le soleil et le feu nous échauffent étant éloignés, il est clair qu'ils ne font impression sur notre corps qu'en la faisant sur l'air qui le touche. Le même se doit dire du froid; et ainsi ces deux sensations appartenantes au toucher, se font par l'application et l'attouchement de quelque corps.

On doit croire que si le goût et le toucher demandent un contact réel, il ne sera pas moins dans les autres sens, quoiqu'il y soit plus délicat.

Et l'expérience le fait voir, même dans la vue, où le contact des objets et l'ébranlement de l'organe corporel paroît le moindre (*a*); car on peut aisément sentir, en regardant le soleil, combien ses rayons directs sont capables de nous blesser : ce qui ne peut venir que d'une trop violente agitation des parties qui composent l'œil (*b*).

Mais encore que ces rayons nous blessent moins étant réfléchis, le coup en est souvent très-fort, et le seul effet du blanc et du noir (*c*) nous fait sentir que les couleurs ont plus de force que nous ne pensons pour nous émouvoir. Car il est certain que le blanc écarte les nerfs optiques, et que le noir au contraire les tient trop serrés. C'est pourquoi ces deux couleurs blessent la vue, quoique d'une manière opposée; car le blanc la dissipe et l'éblouit (*d*) :

(*a*) *L'anon.* : Le moins. — (*b*) Qui composent le fond de l'œil. Cette agitation causée par l'union des rayons dans le cristallin, a un point brûlant qui aveugleroit, c'est-à-dire brûleroit l'organe de la vision, si on s'opiniâtroit à regarder fixement le soleil. — (*c*) Le seul effet du blanc nous fait sentir. — (*d*) Car il est certain que le blanc frappe fortement les nerfs optiques. C'est pourquoi cette couleur blesse la vue : ce qui paroît...

ce qui paroît tellement à ceux qui voyagent parmi les neiges, pendant que la campagne en est couverte, qu'ils sont contraints de se défendre contre l'effort que cette blancheur fait sur leurs yeux, en les couvrant de quelque verre, sans quoi ils perdroient la vue. Et les ténèbres, qui font sur nous le même effet que le noir, nous font perdre la vue d'une autre sorte, lorsque les nerfs optiques trop longtemps serrés, à la fin, deviennent immobiles et incapables d'être ébranlés par les objets (*a*). On sent aussi à la longue qu'un noir trop enfoncé fait beaucoup de mal; et par l'effet sensible de ces deux couleurs principales on peut juger de celui de toutes les autres.

Quant aux sons, l'agitation de l'air et le coup qui en vient à notre oreille sont choses trop sensibles pour être révoquées en doute. On se sert du son des cloches pour dissiper les nuées; souvent de grands cris ont tellement fendu l'air, que les oiseaux en sont tombés; d'autres ont été jetés par terre par le seul vent d'un boulet; et peut-on avoir peine à croire que les oreilles soient agitées par le bruit, puisque même les bâtimens en sont ébranlés et qu'on les en voit trembler? On peut juger par là de ce que fait une plus douce agitation sur des parties plus délicates.

Cette agitation de l'air est si palpable, qu'elle se fait même sentir en d'autres parties du corps. Chacun peut remarquer l'ébranlement que certains sons, comme celui d'un orgue ou d'une basse de viole, font sur son corps. Les paroles (*b*) se font sentir aux extrémités des doigts situés d'une certaine façon; et on peut croire que les oreilles formées pour recevoir cette impression, la recevront aussi beaucoup plus forte.

L'effet des senteurs nous paroît assez par l'impression qu'elles font sur la tête. De plus, on ne verroit pas les chiens suivre le gibier en flairant les endroits où il a passé, s'il ne restoit quelques vapeurs sorties de l'animal poursuivi. Et quand on brûle des par-

(*a*) *L'anon.* : Lorsque les nerfs optiques par une longue désaccoutumance de souffrir la lumière même réfléchie, sont exposés tout à coup à une grande lumière dans un lieu ou tout est blanc; ou lorsque après une longue captivité dans un lieu parfaitement ténébreux, faute d'exercice ils s'affaissent et se flétrissent, par là deviennent incapables d'être ébranlés par les objets. — (*b*) Les tons.

fums, on en voit la fumée se répandre dans toute une chambre, et l'odeur se fait sentir en même temps que la vapeur vient à nous. On doit croire qu'il sort des fumées à peu près de même nature, quoique imperceptibles, de tous les corps odoriférans, et que c'est ce qui cause tant de mauvais effets (a) dans notre cerveau. Car il faut apprendre à juger des choses qui ne se voient pas par celles qui se voient.

IV.

Les mouvemens corporels qui se font en nous dans les sensations, viennent des objets par le milieu.

Il est donc vrai qu'il se fait dans toutes nos sensations, une impression réelle et corporelle sur nos organes ; mais nous avons ajouté qu'elle vient immédiatement ou originairement de l'objet.

Elle en vient immédiatement dans le toucher et dans le goût, où l'on voit les corps appliqués par eux-mêmes à nos organes : elle en vient originairement dans les autres sensations, où l'application de l'objet n'est pas immédiate, mais où le mouvement qui se fait en vient jusqu'à nous du tout du long de l'air (b), par une parfaite continuité.

C'est ce que l'expérience nous découvre aussi certainement que tout le reste que nous avons dit. Un corps interposé m'empêche de voir le tableau que je regardois : quand le milieu est transparent, selon la nature dont il est, l'objet vient à moi différemment ; l'eau, qui rompt la ligne droite, le courbe à mes yeux ; les verres, selon qu'ils sont colorés ou taillés, en changent les couleurs, les grandeurs et les figures : l'objet ou se grossit ou s'apetisse, ou se renverse ou se redresse, ou se multiplie. Il faut donc premièrement qu'il se commence quelque chose sur l'objet même, et c'est la réflexion de quelque rayon du soleil ou d'un autre corps lumineux ; et il faut secondement que cette réflexion, qui se commence à l'objet, se continue tout le long de l'air (c) jusqu'à mes yeux : ce qui montre que l'impression qui se fait sur moi vient originairement de l'objet même.

(a) *L'anon.* : Tant de bons et de mauvais effets. — (b) A travers de l'air. — (c) A travers de l'air.

Il en est de même de l'agitation qui cause les sons, et de la vapeur qui excite les senteurs. Dans l'ouïe le corps résonnant qui cause le bruit doit être agité, et on y sent au doigt un trémoussement tant que le bruit dure. Dans l'odorat une vapeur doit s'exhaler du corps odoriférant ; et dans l'un et dans l'autre sens, si le vent qui agite l'air rompt le coup qui venoit à nous, nous ne sentons rien.

Ainsi dans les sensations, à n'y regarder seulement que ce qu'il y a dans les corps, nous trouvons trois choses à considérer : l'objet, le milieu et l'organe même, par exemple les yeux et les oreilles.

V.

Les mouvemens de nos corps, auxquels les sensations sont attachées, sont les mouvemens des nerfs.

Mais comme ces organes sont composés de plusieurs parties, pour savoir précisément quelle est celle qui est le propre instrument destiné par la nature pour les sensations, il ne faut que se souvenir qu'il y a en nous certains petits filets qu'on appelle *nerfs,* qui prennent leur origine dans le cerveau, et qui de là se répandent dans tout le corps.

Souvenons-nous aussi qu'il y a des nerfs particuliers attribués par la nature à chaque sens ; il y en a pour les yeux, pour les oreilles, pour l'odorat, pour le goût ; et comme le toucher se répand par tout le corps, il y a aussi des nerfs répandus partout dans les chairs. Enfin il n'y a point de sentiment où il n'y a point de nerfs, et les parties nerveuses sont les plus sensibles. C'est pourquoi tous les philosophes sont d'accord que les nerfs sont le propre organe des sens.

Nous avons vu outre cela que les nerfs aboutissent tous au cerveau (*a*) et qu'ils sont pleins des esprits qu'il y envoie continuellement, ce qui doit les tenir toujours tendus (*b*) pendant que l'animal veille. Tout cela supposé, il sera facile de déterminer le mouvement précis auquel la sensation est attachée, et enfin

---

(*a*) *L'anon.:* Que les nerfs sortent tous du cerveau. (*b*) Tendus en quelque manière.

tout ce qui regarde tant la nature que l'usage des sensations, en tant qu'elles servent au corps et à l'ame.

C'est ce qui sera expliqué en douze propositions, dont les six premières feront voir les sensations attachées aux mouvemens (*a*) des nerfs, et les six autres expliqueront l'usage que l'ame fait des sensations et l'instruction qu'elle en reçoit tant pour le corps que pour elle-même.

VI.

Six propositions qui expliquent comment les sensations sont attachées aux mouvemens (*b*) des nerfs.

I. PROPOSITION. *Les nerfs sont ébranlés par les objets du dehors qui frappent les sens.*

C'est de quoi on ne peut douter dans le toucher, où l'on voit des corps appliqués immédiatement sur le nôtre, qui étant en mouvement ne peuvent manquer d'ébranler les nerfs qu'ils trouvent répandus partout. L'air chaud ou froid qui nous environne doit avoir un effet semblable; il est clair que l'un dilate les parties du corps, et que l'autre les resserre; ce qui ne peut être sans quelque ébranlement des nerfs. Le même doit arriver dans les autres sens, où nous avons vu que l'altération de l'organe n'est pas moins réelle. Ainsi les nerfs de la langue seront touchés et ébranlés par le suc exprimé des viandes, les nerfs auditifs par l'air qui s'agite au mouvement des corps résonnans, les nerfs de l'odorat par les vapeurs qui sortent des corps, les nerfs optiques par les rayons ou directs ou réfléchis du soleil, ou d'un autre corps lumineux; autrement les coups que nous recevons, non-seulement du soleil trop fixement regardé, mais encore du blanc et du noir (*c*) ne seroient pas encore aussi forts que nous les avons remarqués; enfin généralement dans toutes les sensations, les nerfs sont frappés par quelque objet, et il est aisé d'entendre que des filets si déliés et si bien tendus en quelque manière (*d*) ne peuvent manquer d'être ébranlés aussitôt qu'ils sont touchés avec quelque force.

(*a*) *L'anon.* : A l'ébranlement des nerfs. — (*b*) A l'ébranlement. — (*c*) Mais encore du blanc. — (*d*) Et tendus en quelque manière.

II. Proposition. *Cet ébranlement des nerfs frappés par les objets se continue jusqu'au dedans de la tête et du cerveau.*

La raison est que les nerfs sont continués jusque-là ; ce qui fait qu'ils portent par nécessité (*a*) au dedans le mouvement et les impressions qu'ils reçoivent du dehors.

Cela s'entend aisément par le mouvement d'une corde ou d'un filet bien tendu (*b*), qu'on ne peut mouvoir à une de ses extrémités sans que l'autre soit ébranlée à l'instant, à moins qu'on n'arrête le mouvement au milieu.

Les nerfs sont semblables à cette corde ou à ce filet, avec cette différence qu'ils sont sans comparaison plus déliés, et pleins outre cela d'un esprit très-vif et très-vite (*c*), c'est-à-dire d'une subtile vapeur qui coule sans cesse au dedans et les tient tendus (*d*) ; de sorte qu'ils sont remués par les moindres impressions du dehors, et les portent fort promptement au dedans de la tête où est leur racine.

III. Proposition. *Le sentiment est attaché à cet ébranlement des nerfs.*

Il n'y a point à cela de difficulté ; et puisque les nerfs sont le propre organe des sens, il est clair que c'est à l'impression qui se fait dans cette partie que la sensation doit être attachée.

De là il doit arriver qu'elle s'excite toutes les fois que les nerfs sont ébranlés, qu'elle dure autant que dure l'ébranlement des nerfs, et au contraire que les mouvemens qui n'ébranlent point les nerfs ne sont point sentis : et l'expérience fait voir que la chose arrive ainsi.

Premièrement nous avons vu qu'il y a toujours quelque contact de l'objet, et par là quelque ébranlement dans les nerfs, lorsque la sensation s'excite.

Et sans même qu'aucun objet extérieur frappe nos oreilles, nous y sentons certains bruits qui ne peuvent arriver que de ce

---

(*a*) *L'anon. :* Par une espèce de nécessité. — (*b*) Cela s'entend en quelque manière par le mouvement d'une corde ou d'un filet tendu. — (*c*) D'une liqueur. — (*d*) Et les emplit.

que des humeurs qui se jettent sur le tympan, l'ébranlent en diverses sortes ; ce qui fait sentir des tintemens plus ou moins clairs, selon que les nerfs sont diversement touchés (*a*).

Par une raison semblable, on voit des étincelles de lumière s'exciter au mouvement de l'œil frappé ou de la tête heurtée ; et rien ne les fait paroître que l'ébranlement causé par ces coups dans les nerfs, au mouvement desquels la perception (*b*) de la lumière est naturellement attachée.

Et ce qui le justifie, ce sont ces couleurs changeantes que nous continuons de voir même après avoir fermé les yeux, lorsque nous les avons tenus quelque temps arrêtés sur une grande lumière, ou sur un objet mêlé de différentes couleurs, surtout quand elles sont éclatantes.

Comme alors l'ébranlement des nerfs optiques a dû être fort violent, il doit durer quelque temps, quoique plus foible, après que l'objet est disparu : c'est ce qui fait que la perception d'une grande et vive lumière se tourne en couleurs plus douces, et que l'objet qui nous avoit ébloui par ses couleurs variées, nous laisse en se retirant quelques restes d'une semblable vision.

Si ces couleurs semblent vaguer au milieu de l'air, si elles s'affoiblissent peu à peu, si enfin elles se dissipent, c'est que le coup que donnoit l'objet présent ayant cessé, le mouvement qui reste dans le nerf est moins fixe, qu'il se ralentit et enfin s'accoise (*c*) tout à fait.

La même chose arrive à l'oreille, lorsqu'étonnée par un grand bruit, elle en conserve quelque sentiment après même que l'agitation a cessé dans l'air.

C'est par la même raison que nous continuons quelque temps à avoir chaud dans un air froid, et à avoir froid dans un air chaud, parce que l'impression causée dans les nerfs par la présence de l'objet subsiste encore.

(*a*) *L'anon.* : Nous y sentons certains bruits qui ne peuvent guère arriver que de ce que, par quelque cause interne que ce soit, le tympan est ébranlé comme il le seroit par les causes externes qui lui sont occasion de sentir des tintemens plus ou moins clairs ou des bourdonnemens plus ou moins graves, selon que les nerfs sont diversement touchés. — (*b*) Dans les nerfs, semblable à celui auquel la perception.... — (*c*) *L'anon.* : Qu'il cesse.

Supposé, par exemple, que l'altération que cause le feu dans ma main et dans les nerfs qu'il y rencontre, soit une grande agitation de toutes les parties qui iroit enfin à les dissoudre et à les réduire en cendres, et au contraire que l'impression qu'y fait le froid, soit d'arrêter le mouvement des parties en les tenant pressées les unes contre les autres, ce qui causeroit à la fin un entier engourdissement ; il est clair que, tant que dure cette altération, le sentiment du froid et du chaud doit durer aussi, quoique je me sois retiré de l'air glacé et de l'air brûlant.

Mais comme après qu'on a éloigné les objets qui faisoient cette impression sur les organes, elle s'affoiblit, et qu'ils reviennent (*a*) peu à peu à leur naturel, il doit aussi arriver que la sensation diminue ; et la chose ne manque pas de se faire ainsi.

Ce qui fait durer si longtemps la douleur de la goutte ou de la colique, c'est la continuelle régénération de l'humeur mordicante qui la fait naître, et qui ne cesse de picoter ou de tirailler les nerfs (*b*).

La douleur de la faim et de la soif vient d'une cause semblable. Ou le gosier desséché se resserre et tire les nerfs, ou les eaux fortes que l'estomac envoie des environs dans son fond pour y faire la digestion des viandes se tournent contre lui et piquent ses nerfs, jusqu'à ce qu'on leur ait donné en mangeant une matière plus propre à les exercer (*c*).

Pour la douleur d'une plaie, si elle se fait sentir longtemps après le coup donné, c'est à cause de l'impression violente qu'il a faite sur la partie, et à cause de l'inflammation et des accidens qui surviennent, par lesquels le picotement des nerfs est continué.

Il est donc vrai que le sentiment s'élève par le mouvement du nerf, et dure par la continuation de cet ébranlement. Et il est vrai aussi que les mouvemens qui n'ébranlent pas les nerfs ne sont point sentis : ce qui fait que l'on ne se sent point croître,

---

(*a*) *L'anon.:* Et que ces organes reviennent. — (*b*) Tirailler les parties que la présence des nerfs rend sensibles. — (*c*) Ou le dissolvant que l'estomac rend par les glandes dont il est comme percé dans son fond pour y faire la digestion des viandes, se tourne contre lui et pique les nerfs, jusqu'à ce qu'on lui ait donné en mangeant une matière plus propre à recevoir son action.

et qu'on ne sent non plus comment l'aliment s'incorpore à toutes les parties, parce qu'il ne se fait dans ce mouvement aucun ébranlement des nerfs, comme on l'entendra aisément, si on considère combien est douce (a) l'insinuation de l'aliment dans les parties qui le reçoivent.

Ce qui vient d'être expliqué dans cette troisième proposition, sera confirmé par les suivantes.

IV. PROPOSITION. *L'ébranlement des nerfs, auquel le sentiment est attaché, doit être considéré dans toute son étendue, c'est-à-dire en tant qu'il se communique d'une extrémité à l'autre des parties du nerf qui sont frappées au dehors, jusqu'à celles qui sont cachées dans le cerveau (b).*

L'expérience le fait voir. C'est pour cela qu'on bande les nerfs au-dessus quand on veut couper au-dessous, afin que le mouvement se porte plus languissamment dans le cerveau et que la douleur soit moins vive. Que si on pouvoit tout à fait arrêter le mouvement du nerf au milieu, il n'y auroit point du tout de sentiment.

On voit aussi que dans le sommeil, on ne sent pas quand on est touché légèrement, parce que les nerfs étant détendus (c), ou il ne s'y fait aucun mouvement, ou il est trop léger pour se communiquer jusqu'au dedans de la tête.

V. PROPOSITION. *Quoique le sentiment soit principalement uni à l'ébranlement du nerf au dedans du cerveau, l'ame qui est présente à tout le corps, rapporte le sentiment qu'elle reçoit à l'extrémité où l'objet frappe.*

Par exemple, j'attribue la vue d'un objet à l'œil tout seul, le goût à la seule langue ou au seul gosier; et si je suis blessé au bout du doigt, je dis que j'ai mal au doigt, sans songer seulement si j'ai un cerveau ni s'il s'y fait quelque impression.

De là vient qu'on voit souvent que ceux qui ont la jambe coupée ne laissent pas de sentir du mal au bout du pied, de dire

---

(a) *L'anon.* : Lente et insensible. — (b) Jusqu'à l'endroit où il sort du cerveau. — (c) Moins pleins.

qu'il leur démange et de gratter leur jambe de bois, parce que le nerf qui répondoit au pied et à la jambe étant ébranlé dans le cerveau, il se fait un sentiment que l'ame rapporte à la partie coupée comme si elle subsistoit encore.

Et il falloit nécessairement que la chose arrivât ainsi. Car encore que la jambe soit emportée avec les bouts des nerfs qui y étoient, le reste en demeure dans le cerveau, capable des mêmes mouvemens qu'il avoit auparavant, et même très-disposé à les faire tant à cause qu'il a été formé pour cela qu'à cause qu'il y est accoutumé, et par là déjà plié à ces mouvemens (*a*). S'il arrive donc que le nerf qui répondoit à la jambe, ébranlé par les esprits ou par les humeurs, vienne à faire le mouvement qu'il faisoit lorsque la jambe étoit encore unie au corps, il est clair qu'il se doit exciter en nous un sentiment semblable, et que nous le rapporterons encore à la partie à laquelle la nature avoit appris de le rapporter.

Néanmoins cette partie du nerf (*b*) qui reste dans le cerveau n'étant plus frappée des objets accoutumés, elle doit perdre insensiblement et avec le temps la disposition qu'elle avoit à son mouvement ordinaire, et c'est pourquoi ces douleurs qu'on sent aux parties blessées cessent à la fin : à quoi sert aussi beaucoup la réflexion que nous faisons que nous n'avons plus de jambes.

Quoi qu'il en soit, cette expérience confirme que le sentiment de l'ame est attaché à l'ébranlement du nerf, en tant qu'il se fait dans le cerveau (*c*), et fait voir aussi que ce sentiment est rapporté naturellement à l'endroit extérieur du corps où se fait (*d*) le contact du nerf et de l'objet.

VI. PROPOSITION. *Quelques-unes de nos sensations se terminent à un objet, et les autres non.*

Cette différence des sensations déjà touchée dans le chapitre *De l'Ame*, mérite par son importance encore un peu d'explica-

---

(*a*) *L'anon.* : Le reste qui demeure continue avec le cerveau, est capable des mêmes mouvemens qu'il avoit auparavant, et le cerveau capable aussi d'en recevoir le contre-coup à cause qu'il a été formé pour cela, joint que l'ame est accoutumée à rapporter à certaines parties semblables mouvemens. — (*b*) Issu du cerveau.— (*c*) Qu'il se communique au cerveau. — (*d*) Où se faisoit autrefois.

tion. Nous n'aurons, pour bien entendre la chose, qu'à écouter nos expériences.

Toutes les fois que l'ébranlement des nerfs vient du dedans, par exemple lorsque quelque humeur formée au dedans de nous se jette sur quelque partie et y cause de la douleur, nous ne rapportons cette sensation à aucun objet, et nous ne savons d'où elle nous vient.

La goutte nous prend à la main; une humeur âcre picote nos yeux; le sentiment douloureux qui suit de ces mouvemens n'a aucun objet.

C'est pourquoi généralement, dans toutes les sensations que nous rapportons aux parties intérieures de notre corps, nous n'apercevons aucun objet qui les cause; par exemple dans les douleurs de tête, ou d'estomac, ou d'entrailles; dans la faim et dans la soif, nous sentons simplement de la douleur en certaines parties; mais une sensation si vive ne nous fait pas regarder un certain objet, parce que tout l'ébranlement vient du dedans.

Au contraire, quand l'ébranlement des nerfs vient du dehors, notre sensation ne manque jamais de se terminer à quelque objet qui est hors de nous. Les corps qui nous environnent nous paroissent dans la vision comme tapissés par les couleurs : nous attribuons aux viandes le bon ou le mauvais goût; qui est arrêté, se sent arrêté par quelque chose; qui est battu, sent venir les coups de quelque chose qui le frappe; on sent pareillement et les sons et les odeurs comme venus du dehors, et ainsi du reste.

Mais encore que cela s'observe dans toutes ces sensations, ce n'est pas avec la même netteté. Car, par exemple on ne sent pas si distinctement d'où viennent les sons et les odeurs, qu'on sent d'où viennent les couleurs, ou la lumière regardée directement : dont la raison est que la vision se fait en ligne droite, et que les objets ne viennent à l'œil que du côté où il est tourné : au lieu que les sons et les odeurs viennent de tous côtés indifféremment, et par des lignes souvent rompues au milieu de l'air, qui ne peuvent par conséquent se rapporter à un endroit fixe.

Il faut aussi remarquer touchant les objets, qu'ordinairement on n'en voit qu'un, quoique le sens ait un double organe : je dis ordinairement, parce qu'il arrive quelquefois que les deux yeux doublent les objets, et voici sur ce sujet quelle est sa règle.

Quand on change la situation naturelle des organes, par exemple quand on presse l'œil en sorte que les nerfs optiques ne sont point frappés en même sens (*a*), alors l'objet paroît double en des lieux différens, quoiqu'en l'un plus obscur qu'en l'autre ; de sorte que visiblement il s'excite deux sensations distinctes. Mais quand les deux yeux demeurent dans leur situation ; comme deux cordes semblables montées sur un même ton et touchées en même temps de la même force ne rendent qu'un même son à notre oreille, ainsi les nerfs des deux yeux touchés de la même sorte ne présentent (*b*) à l'ame qu'un seul objet, et ne lui font remarquer qu'une sensation. La raison en est évidente : puisque les deux nerfs touchés de même ont un même rapport à l'objet, ils le doivent par conséquent faire voir tout à fait un, sans aucune diversité, ni de couleur, ni de situation, ni de figure.

Il est donc absolument impossible que nous ayons en ce cas deux sensations qui nous paroissent distinctes, parce que leur parfaite ressemblance, et leur rapport uniforme au même objet, ne permet pas à l'ame de les distinguer : au contraire, elles doivent s'y unir ensemble, comme choses qui conviennent en tout point. Et ce qui doit résulter de leur union, c'est qu'elles soient plus fortes étant unies que séparées ; en sorte qu'on voie un peu mieux de deux yeux que d'un, comme l'expérience le montre.

Voilà ce qu'il y avoit à considérer sur la nature et les différences des sensations, en tant qu'elles appartiennent au corps et à l'ame, et qu'elles dépendent de leur concours. Avant que de passer à l'usage que l'ame en fait, et pour le corps, et pour elle-même, il est bon de recueillir ce qui vient d'être expliqué, et d'y faire un peu de réflexion.

(*a*) *L'anon.* : En sorte que le fond de l'œil n'est pas frappé en un endroit semblable dans les deux yeux. — (*b*) Touchées en même temps ne rendent qu'un même son à notre oreille, ainsi les nerfs des deux yeux touchés de part et d'autre par un endroit semblable dans le fond des deux yeux, ne présentent...

VII.

Réflexions sur la doctrine précédente.

Si nous l'avons bien compris, nous avons vu qu'il se fait en toutes les sensations un mouvement enchaîné qui commence à l'objet (*a*) et se termine au dedans du cerveau.

Il n'est pas besoin de parler ni du toucher ni du goût, où l'application de l'objet est immédiate et trop palpable pour être niée. A l'égard des trois autres sens, nous avons dit que dans la vue, le rayon doit se réfléchir de dessus l'objet; que dans l'ouïe, le corps résonnant doit être agité; enfin que dans l'odorat, une vapeur doit s'exhaler du corps odoriférant.

Voilà donc un mouvement qui se commence à l'objet; mais ce n'est rien, s'il ne continue dans tout le milieu qui est entre l'objet et nous.

C'est ici que nous avons remarqué ce que peuvent les vents et l'eau, et les autres corps interposés, opaques et non transparens, pour empêcher les objets et leur effet naturel.

Mais posons qu'il n'y ait rien dans le milieu qui empêche le mouvement de se continuer jusqu'à moi, ce n'est pas assez. Si je ferme les yeux, ou que je bouche les oreilles et les narines, les rayons réfléchis, et l'air agité, et la vapeur exhalée, viendront à moi inutilement; il faut donc que ce mouvement, qui a commencé à l'objet et s'est étendu dans le milieu, se continue encore dans les organes. Et nous avons reconnu qu'il se pousse le long des nerfs jusqu'au dedans du cerveau.

Toute cette suite de mouvemens enchaînés et continués est nécessaire pour la sensation, et c'est après tout cela qu'elle s'excite dans l'ame.

Mais le secret de la nature, ou plutôt (*b*) celui de Dieu, est d'exciter la sensation lorsque l'enchaînement finit, c'est-à-dire lorsque le nerf est ébranlé dans le cerveau, et de faire qu'elle se

---

(*a*) *L'anonyme*.: Un mouvement qui commence au contact médiat ou immédiat de l'objet et de l'organe, et se termine... — (*b*)) Ou pour mieux parler.

termine à l'endroit (a) où l'enchaînement commence, c'est-à-dire à l'objet même, comme nous l'avons expliqué.

Par là il sera aisé d'entendre de quoi nous instruisent les sensations, et à quoi nous sert cette instruction tant pour le corps que pour l'ame.

Pour cela remettons-nous bien dans l'esprit les quatre choses que nous venons d'observer dans les sensations, c'est-à-dire ce qui se fait dans l'objet, ce qui se fait dans le milieu, ce qui se fait dans nos organes, ce qui se fait dans notre ame, c'est-à-dire la sensation elle-même, dont tout le reste a été la préparation.

VIII.

Six propositions qui font voir de quoi l'ame est instruite par les sensations, et l'usage qu'elle en fait tant pour le corps que pour elle-même.

VII. PROPOSITION. *Ce qui se fait dans les nerfs, c'est-à-dire le mouvement (b) auquel le sentiment est attaché, n'est ni senti ni connu.*

Quand nous voyons, quand nous écoutons, ou que nous goûtons, nous ne sentons ni ne connoissons en aucune manière ce qui se fait dans notre corps ou dans nos nerfs, et dans notre cerveau, ni même (c) si nous avons un cerveau et des nerfs. Tout ce que nous apercevons, c'est qu'à la présence de certains objets il s'excite en nous divers sentimens; par exemple, ou un sentiment de plaisir ou un sentiment de douleur, ou un bon ou un mauvais goût, et ainsi du reste. Ce bon et ce mauvais goût se trouve attaché à certains mouvemens des organes, c'est-à-dire des nerfs; mais ce bon et ce mauvais goût ne nous fait rien sentir ni apercevoir de ce qui se fait (d) dans les nerfs. Tout ce que nous en savons nous vient du raisonnement, qui n'appartient pas à la sensation, et n'y sert de rien.

VIII. PROPOSITION. *Non-seulement nous ne sentons pas ce qui se*

(a) *L'anon.:* Est d'exciter la sensation où l'enchaînement finit, c'est-à-dire où le nerf ébranlé aboutit au cerveau, et de faire qu'elle soit rapportée par l'ame à l'endroit.— (b) L'ébranlement.— (c) Et nous ne le sentirions pas moins, quand nous ignorerions absolument si... — (d) Se passe.

fait dans nos nerfs, c'est-à-dire leur ébranlement ; mais nous ne sentons non plus ce qu'il y a dans l'objet qui le rend capable de les ébranler, ni ce qui se fait dans le milieu par où l'impression de l'objet vient jusqu'à nous.

Cela est constant par l'expérience. La vue ne nous rapporte pas les diverses réflexions de la lumière qui se font dans les objets, et dont nos yeux sont frappés, ni comme il faut que l'objet ou le milieu soient faits pour être opaques ou transparens, pour causer les réflexions ou les réfractions, et les autres accidens semblables ; ni pourquoi le blanc ou le noir dilatent nos nerfs ou les resserrent, et ainsi des autres couleurs (*a*). L'ouïe ne nous fait sentir ni l'agitation de l'air, ni celle des corps résonnans, que nous pourrions ignorer si nous ne la savions d'ailleurs (*b*). L'odorat ne nous dit rien des vapeurs qui nous affectent, ni le goût des sucs exprimés sur notre langue, ni comment ils doivent être faits pour nous causer ou du plaisir ou de la douleur, de la douceur ou de l'aigreur ou de l'amertume. Enfin le toucher ne nous apprend pas ce qui fait que l'air chaud ou froid dilate ou ferme nos pores, et cause à tout notre corps, principalement à nos nerfs, des agitations si différentes.

Lorsque nous nous sentons enfoncer dans l'eau et dans les corps mols, ce qui nous fait sentir cet enfoncement, c'est que le froid ou le chaud que nous ne sentions qu'à une partie s'étend plus avant ; mais pour savoir ce qui fait que ce corps nous cède, le sens ne nous en dit mot.

Il ne nous dit non plus pourquoi les corps nous résistent, et à regarder la chose de près, ce que nous sentons alors, c'est seulement la douleur qui s'excite ou qui se commence par la rencontre des corps durs et mal polis, dont la dureté blesse le nôtre plus tendre.

Si l'eau et les corps humides s'attachent à notre peau, et s'y font sentir, le sens ne découvre pas la délicatesse de leurs parties,

---

(*a*) *L'anon.* : Ni pourquoi le blanc ébranle si fortement les nerfs, et ainsi des autres couleurs. — (*b*) Si nous ne la savions d'ailleurs ou par les réflexions de notre esprit, ou même par l'ébranlement de tout le corps et par la douleur de l'oreille, comme on l'éprouve au moment d'un coup de canon tiré de près. Mais alors c'est par le toucher qu'on reçoit cette impression.

qui les rend capables d'entrer dans nos pores (*a*), et de s'y tenir attachées, ni pourquoi les corps secs n'en font autant qu'étant réduits en poussière, ni d'où vient la différence que nous sentons entre la poudre et les gouttes d'eau qui s'attachent à notre main. Tout cela n'est point aperçu précisément par le toucher, et enfin aucun de nos sens ne peut seulement soupçonner (*b*) pourquoi il est touché par ces objets.

Toutes les choses que je viens de remarquer n'ont besoin, pour être entendues, que d'une simple exposition (*c*); mais on ne peut se la faire à soi-même trop claire ni trop précise, si on veut comprendre la différence du sens et de l'entendement, dont on est sujet à confondre les opérations.

IX. PROPOSITION. *En sentant, nous apercevons seulement la sensation elle-même, mais quelquefois terminée à quelque chose qu'on appelle objet.*

Pour ce qui est de la sensation, il n'est pas besoin de prouver qu'elle est aperçue en sentant; chacun s'en est à soi-même un bon témoin, et celui qui sent n'a pas besoin d'en être averti.

C'est pourtant par quelque autre chose (*d*) que la sensation que nous connoissons la sensation. Car elle ne peut pas réfléchir sur elle-même, et se tourne toute à l'objet auquel elle est terminée.

Ainsi le vrai effet de la sensation est de nous aider à discerner les objets. En effet nous distinguons les choses qui nous touchent ou nous environnent par les sensations qu'elles nous excitent, et c'est comme une enseigne que la nature nous a donnée pour les connoître (*e*).

Mais avec tout cela il paroît par les choses qui ont été dites, qu'en vertu de la sensation précisément prise, nous ne connoissons rien du tout du fond de l'objet; nous ne savons, ni de quelles

---

(*a*) *L'anon. :* De mouiller notre peau. — (*b*) Aucun de nos sens même ne va jusqu'à nous faire connoître pourquoi... — (*c*) Simple exposition accompagnée de quelque attention de l'auditeur. — (*d*) Quelque autre vertu. — (*e*) Et c'est comme un signal que la nature nous a donné pour connoître l'existence et la présence des choses extérieures, et ce qu'elles sont à notre égard.

parties il est composé, ni quel en est l'arrangement (*a*), ni pourquoi il est propre à nous renvoyer les rayons, ou à exhaler certaines vapeurs, ou à exciter dans l'air tant de divers mouvemens qui font la diversité des sons, et ainsi du reste. Nous remarquons seulement que nos sensations se terminent à quelque chose hors de nous, dont pourtant nous ne savons rien, sinon qu'à sa présence il se fait en nous un certain effet, qui est la sensation.

Il sembleroit qu'une perception de cette nature ne seroit guère capable de nous instruire. Nous recevons pourtant de grandes instructions par le moyen de nos sens; et voici comment :

X. Proposition. *Les sensations servent à l'ame à s'instruire de ce qu'elle doit ou rechercher ou fuir pour la conservation du corps qui lui est uni.*

L'expérience justifie cet usage des sensations, et c'est peut-être la première fin que la nature se propose en nous les donnant; mais à cela il faut ajouter quelque chose que nous allons dire (*b*).

XI. Proposition. *L'instruction que nous recevons par les sensations seroit imparfaite ou plutôt nulle, si nous n'y joignions la raison.*

Ces deux propositions seront éclaircies toutes deux ensemble, et il ne faut que s'observer soi-même pour les entendre.

La douleur nous fait connoître que tout le corps, ou quelqu'une de ses parties est mal disposée, afin que l'ame soit sollicitée à fuir ce qui cause le mal, et à y donner remède (*c*).

C'est pourquoi il a fallu que la douleur se rapportât, ainsi qu'il a été dit, à la partie offensée, parce que l'ame est instruite par ce moyen (*d*) à appliquer le remède où est le mal.

Il en est de même du plaisir. Celui que nous avons à manger et

---

(*a*) *L'anon.* : Ni quel est l'arrangement de ses parties élémentaires. — (*b*) Ce qui suit. — (*c*) A fuir ce qui cause le mal s'il est extérieur, et à y donner remède s'il vient du dedans ou si les causes extérieures ont fait sur le corps un effet permanent. — (*d*) Et à la cause externe et à la partie offensée, parce que l'ame est instruite par ce moyen à éloigner ce qui nous blesse et à appliquer...

à boire nous sollicite à donner au corps les alimens nécessaires, et nous fait employer à cet usage les parties où nous ressentons le plaisir du goût.

Car les choses sont tellement disposées, que ce qui est convenable au corps est accompagné de plaisir, comme ce qui lui est nuisible est accompagné de douleur : de sorte que le plaisir et la douleur servent à intéresser l'ame dans ce qui regarde le corps, et l'obligent à chercher les choses qui en font la conservation.

Ainsi quand le corps a besoin de nourriture ou de rafraîchissement (*a*), il se fait en l'ame une douleur qu'on appelle faim et soif, et cette douleur nous sollicite à manger et à boire.

Le plaisir s'y mêle aussi, pour nous y engager plus doucement (*b*). Car outre que nous sentons du plaisir à faire cesser la douleur de la faim et de la soif, le manger et le boire nous causent d'eux-mêmes un plaisir particulier, qui nous pousse encore davantage à donner au corps les choses dont il a besoin (*c*).

C'est en cette sorte que le plaisir et la douleur servent à l'ame d'instruction, pour lui apprendre ce qu'elle doit au corps ; et cette instruction est utile, pourvu que la raison y préside. Car le plaisir de lui-même est un trompeur ; et quand l'ame s'y abandonne sans raison, il ne manque jamais de l'égarer, non-seulement en ce qui la touche, comme quand il lui fait abandonner la vertu ; mais encore en ce qui touche le corps, puisque souvent la douceur du goût nous porte à manger et à boire tellement à contre-temps, que l'économie du corps en est troublée (*d*).

Il y a aussi des choses qui nous causent beaucoup de douleur, et toutefois qui ne laissent pas d'être dans la suite un grand remède à nos maux.

Enfin toutes les autres sensations qui se font en nous servent à nous instruire. Car chaque sensation différente présuppose natu-

---

(*a*) *L'anon.*: De nourriture ou solide ou liquide. — (*b*) Parce que toute action sans plaisir est pénible. — (*c*) Un plaisir particulier qui nous engage à chercher, à préparer et à donner au corps, aux dépens du corps et de ses mouvemens souvent laborieux et des soins de l'ame, les choses dont il a besoin. — (*d*) A manger et à boire à tel excès ou tellement à contre-temps que l'économie du corps en est troublée ; mais alors la douleur causée par le plaisir et le repentir causé par la douleur, nous instruisent pour l'avenir.

rellement quelque diversité dans les objets. Ainsi ce que je vois jaune est autre que ce que je vois vert ; ce qui est amer au goût est autre que ce qui est doux ; ce que je sens chaud est autre que ce que je sens froid (*a*). Et si un objet qui me causoit une sensation commence à m'en causer une autre, je connois par là qu'il y est arrivé quelque changement. Si l'eau qui me sembloit froide commence à me sembler chaude, c'est que depuis elle aura été mise sur le feu. Et cela, c'est discerner les objets, non point en eux-mêmes, mais par les effets qu'ils font sur nos sens, comme par une marque posée au dehors. A cette marque l'ame distingue les choses qui sont autour d'elle, et juge par quel endroit elles peuvent faire du bien ou du mal au corps.

Mais il faut encore en cela que la raison nous dirige, sans quoi nos sens pourroient nous tromper. Car le même objet me paroît grand de loin et petit de près (*b*). Le même bâton, qui me paroît droit dans l'air, me paroît courbe dans l'eau ; la même eau quand elle est tiède, si j'ai la main chaude, me paroît froide ; et si je l'ai froide, me paroît chaude. Tout me paroît vert à travers un verre de cette couleur ; et par la même raison tout me paroît jaune, lorsque la bile jaune elle-même s'est répandue sur mes yeux (*c*) ; quand la même humeur se jette sur la langue, tout me paroît amer ; lorsque les nerfs qui servent à la vue et à l'ouïe sont agités au dedans, il se forme des étincelles, des couleurs, des bruits confus ou des tintemens qui ne sont attachés à aucun objet sensible. Les illusions de cette sorte sont infinies.

L'ame seroit donc souvent trompée, si elle se fioit à ses sens sans consulter la raison. Mais elle peut profiter de leur erreur ; et toujours, quoi qu'il arrive, lorsque nous avons des sensations nouvelles, nous sommes avertis par là qu'il s'est fait quelque

(*a*) *L'anon.* : Ce que je sens chaud est au moins dans un autre état que ce que je sens froid. — (*b*) Car le même objet vu à même distance me paroît grand dès que je l'estime plus éloigné, et me paroît moindre dès que je l'estime plus près : par exemple la lune me paroît plus grande étant vue à l'horizon, et plus petite quand elle est fort élevée, qu'en l'une et en l'autre position elle soit vue précisément sous le même angle, c'est-à-dire à même distance. (L'abbé Ledieu). — (*c*) Tout blanc paroît vert à travers un verre de cette couleur interposé à distance raisonnable de l'œil ; et par la même raison tout paroîtroit jaune aux ictériques, si la bile se répandoit aussi bien sur la cornée qu'elle se répand sur la conjonctive dans la jaunisse.

changement, ou dans les objets qui nous paroissent, ou dans le milieu par où nous les apercevons, ou même dans les organes de nos sens. Dans les objets, quand ils sont changés, comme quand de l'eau froide devient chaude, ou que des feuilles auparavant vertes deviennent pâles (a) étant desséchées. Dans le milieu, quand il est tel qu'il empêche ou qu'il rompt (b) l'action de l'objet, comme l'eau rompt la ligne du rayon qu'un bâton renvoie à nos yeux. Dans l'organe des sens, quand ils sont notablement altérés par les humeurs qui s'y jettent ou par d'autres causes semblables.

Au reste quand quelqu'un de nos sens nous trompe, nous pouvons aisément rectifier ce mauvais jugement par le rapport des autres sens et par la raison. Par exemple, quand un bâton paroît courbé à nos yeux étant dans l'eau, outre que, si on l'en tire, la vue se corrigera elle-même ; le toucher que nous sentirons affecté comme il a accoutumé de l'être quand les corps sont droits, et la raison seule qui nous fera voir que l'eau ne peut pas tout d'un coup l'avoir rompu, nous peut redresser. Si tout me paroît amer au goût, ou que tout semble jaune à ma vue, la raison me fera connoître (c) que cette uniformité ne peut pas être venue tout à coup aux choses où auparavant j'ai senti tant de différence ; et ainsi je connoîtrai l'altération de mes organes, que je tâcherai de remettre en leur naturel.

Ainsi nos sensations ne manquent jamais de nous instruire, je dis même quand elles nous trompent, et nos deux propositions demeurent constantes.

XII. PROPOSITION. *Outre le secours que donnent les sens à notre raison pour entendre les besoins du corps, ils l'aident aussi beaucoup à connoître toute la nature.*

Car notre ame a en elle-même des principes de vérité éternelle, et un esprit de rapport, c'est-à-dire des règles de raisonnement et un art de tirer des conséquences : cette ame ainsi formée et pleine de ces lumières, se trouve unie à un corps si petit à la vé-

---

(a) *L'anon. :* Jaunies. — (b) Altère. — (c) Si tout me paroît amer au goût, la raison me fera connoître...

rité, qu'il est moins que rien à l'égard de cet univers immense; mais qui pourtant a ses rapports avec ce grand tout, dont il est une si petite partie. Et il se trouve composé de sorte qu'on diroit qu'il n'est qu'un tissu de petites fibres infiniment déliées, disposées d'ailleurs avec tant d'art, que des mouvemens très-forts ne les blessent pas, et que toutefois les plus délicats ne laissent pas d'y faire leurs impressions; en sorte qu'il lui en vient de très-remarquables et de la lune et du soleil, et même des sphères les plus hautes, quoique éloignées de nous par des espaces incompréhensibles (a). Or l'union de l'ame et du corps se trouve faite de si bonne main, enfin l'ordre y est si bon et la correspondance si bien établie, que l'ame qui doit présider, est avertie par ses sensations de ce qui se passe dans ce corps et aux environs jusqu'à des distances infinies (b). Car comme ces sensations ont leur rapport à certaines dispositions de l'objet, ou du milieu, ou de l'organe, ainsi qu'il a été dit; à chaque sensation l'ame apprend des choses nouvelles, dont quelques-unes regardent la subsistance du corps qui lui est uni, et la plupart n'y servent de rien. Car que sert, par exemple, au corps humain la vue de ce nombre prodigieux d'étoiles qui se découvrent à nos yeux pendant la nuit? Et même en considérant ce qui profite au corps, l'ame découvre par occasion une infinité d'autres choses : en sorte que du petit corps où elle est enfermée, elle tient à tout, et voit tout l'univers se venir pour ainsi dire marquer sur ce corps, comme le cours du soleil se marque sur un cadran. Elle apprend donc par ce moyen des particularités considérables, comme le cours du soleil; le flux et le reflux de la mer; la naissance, l'accroissement, les propriétés différentes des animaux, des plantes, des minéraux; et autres choses innombrables, les unes plus grandes, les autres plus petites, mais toutes enchaînées entre elles (c). De ces particularités elle compose l'histoire de la nature, dont les faits sont toutes les choses qui frappent nos sens. Et par son esprit de rapport, elle a bientôt remarqué combien ces faits sont suivis. Ainsi elle rapporte

(a) *L'anon.* : Par des espaces qui, bien que calculés jusqu'à certain point n'en sont pas moins inimaginables.— (b) Comme infinies.— (c) Enchaînées entre elles, toutes même en particulier capables d'annoncer leur Créateur à quiconque le sait bien considérer.

l'un à l'autre; elle compte; elle mesure; elle observe les oppositions et le concours, les effets du mouvement et du repos, l'ordre, les proportions, les correspondances, les causes particulières et universelles, celles qui font aller (*a*) les parties, et celle qui tient tout en état. Ainsi joignant ensemble les principes universels qu'elle a dans l'esprit, et les faits particuliers qu'elle apprend par le moyen des sens, elle voit beaucoup dans la nature, et en sait assez pour juger que ce qu'elle n'y voit pas encore est le plus beau : tant il a été utile de faire des nerfs qui pussent être touchés de si loin, et d'y joindre des sensations par lesquelles l'ame est avertie de si grandes choses.

IX.

De l'imagination et des passions, et de quelle sorte il les faut ici considérer.

Voilà ce que nous avions à considérer sur l'union naturelle des sensations avec le mouvement des nerfs. Il faut maintenant entendre à quels mouvemens du corps l'imagination et les passions sont attachées.

Mais il faut premièrement remarquer que les imaginations et les passions s'excitent en nous, ou simplement par les sens, ou parce que la raison et la volonté s'en mêlent.

Car souvent nous nous appliquons expressément à imaginer quelque chose, et souvent aussi il nous arrive d'exciter exprès et de fortifier quelque passion en nous-mêmes; par exemple ou l'audace ou la colère, à force de nous représenter ou nous laisser représenter par les autres les motifs qui nous les peuvent causer.

Comme nos imaginations et nos passions peuvent être excitées et fortifiées par notre choix, elles peuvent aussi par là être ralenties. Nous pouvons fixer par une attention volontaire les pensées confuses de notre imagination dissipée (*b*), et arrêter par vive force de raisonnement et de volonté le cours emporté de nos passions.

Si nous regardions cet état mêlé d'imagination, de passion, de raisonnement et de choix, nous confondrions ensemble les opérations sensitives et les intellectuelles, et nous n'entendrions jamais

(*a*) *L'anon.* : Qui meuvent — (*b*) La mobilité de notre imagination.

l'effet parfait des unes et des autres. Faisons-en donc la séparation. Et comme pour mieux entendre ce que feroient par eux-mêmes des chevaux fougueux, il faut les considérer sans bride et sans conducteur qui les pousse ou qui les retienne, considérons l'imagination et les passions purement abandonnées aux sens et à elles-mêmes, sans que l'empire de la volonté ou aucun raisonnement s'y mêle, ou pour les exciter ou pour les calmer. Au contraire comme il arrive toujours que la partie supérieure est sollicitée à suivre l'imagination et la passion, mettons encore avec elles, et regardons comme une partie de leur effet naturel, tout ce que la partie supérieure leur donne par nécessité, avant qu'elle ait pris sa dernière résolution ou pour ou contre. Ainsi nous découvrirons ce que peuvent par elles-mêmes l'imagination et les passions, et à quelles dispositions du corps elles s'excitent.

X.

De l'imagination en particulier, et à quel mouvement du corps elle est attachée.

Et pour commencer par l'imagination, comme elle suit naturellement la sensation, il faut que l'impression que le corps reçoit dans l'une soit attachée à celle qu'il reçoit dans l'autre : et par la seule construction des organes il nous paroîtra qu'il en est ainsi. Il ne faut que se souvenir que le cerveau, où aboutissent tous les nerfs, est d'une nature fort molle, et par là ne peut s'empêcher de recevoir quelque impression par leur ébranlement, non plus que la cire par l'attouchement des corps qui la pressent (a).

Et la chose sera encore plus aisée (b) à entendre, si on regarde toute la substance du cerveau ou quelques-unes de ses parties principales, comme composées de petits filets qui tiennent aux nerfs, quoiqu'ils soient d'une autre nature ; à quoi l'anatomie ne

(a) *L'anon.* : Qu'il le reçoit dans l'autre : et quoique la construction des organes du cerveau ne nous apprenne rien du détail, de ce qui s'y passe à cette occasion, nous sommes bien fondés à croire qu'il s'y passe quelque chose à l'occasion de quoi l'âme avertie reçoit de son Créateur telle ou telle idée. Pour entrer dans cette pensée, il ne faut que se souvenir que le cerveau est l'origine de tous les nerfs, et que l'ébranlement des nerfs par les objets sensibles aboutit au cerveau. — (b) Moins difficile.

répugne pas, et au contraire l'analogie des autres parties du corps nous porte à le croire.

Car les chairs et les muscles, qui ne paroissent à nos yeux qu'une masse compacte et confuse, dans une dissection délicate paroissent un amas de petites cordes tournées en différens sens, suivant les divers mouvemens auxquels ces parties doivent servir (*a*). On trouve la même chose de la rate et du foie. La peau et les autres membranes sont aussi un composé de filets très-fins, dont le tissu est fait de la manière qu'il faut pour donner tout ensemble à ces parties (*b*), la souplesse et la consistance que demandent les besoins du corps.

On peut bien croire que la nature n'aura pas été moins soigneuse du cerveau qui est l'instrument principal des fonctions animales, et que la composition n'en sera pas moins industrieuse.

On comprendra donc aisément qu'il sera composé d'une infinité de petits filets, que l'affluence des esprits à cette partie et leur continuel mouvement tiendront toujours en état : en sorte qu'ils pourront être aisément mus et pliés, à l'ébranlement des nerfs, en autant de manières qu'il faudra.

Que si on n'observe pas cette distinction de petits filets dans le cerveau d'un animal mort (*c*), il est aisé de concevoir que l'humidité de cette partie et l'extinction de la chaleur naturelle, d'où suit celle des esprits, en est la cause (*d*) : joint que dans les autres parties du corps, quoique plus grossières et plus massives (*e*), le tissu n'est aperçu qu'avec beaucoup de travail et jamais dans toute sa délicatesse.

Car la nature travaille avec tant d'adresse, et réduit le corps à des parties si fines et si déliées, que ni l'art ne la peut imiter, ni la vue la plus perçante la suivre dans des divisions si délicates, quelque secours qu'elle cherche dans les verres et les microscopes.

(*a*) *L'anon.* : Qui ne paroissent à nos yeux au premier aspect qu'une masse informe et inarticulée, paroissent dans une dissection délicate un écheveau de petits cordons nommés fibres, qui sont elles-mêmes des écheveaux de petits filets parallèles les uns aux autres. — (*b*) De la manière qui convient à chacune pour son usage, pour donner à tout ce genre de parties la souplesse.— (*c*) Animal ni mort ni vivant.— (*d*) La mollesse de cette partie en est la cause.— (*e*) Plus grossières, plus consistantes et plus distinctes.

Ces choses présupposées, il est clair que l'impression ou le coup que les nerfs reçoivent de l'objet, portera nécessairement sur le cerveau ; et comme la sensation se trouve conjointe à l'ébranlement du nerf, l'imagination le sera à l'ébranlement qui se fera sur le cerveau même.

Selon cela, l'imagination doit suivre, mais de fort près, la sensation, comme le mouvement du cerveau doit suivre celui du nerf.

Et comme l'impression qui se fait dans le cerveau doit imiter celle du nerf, aussi avons-nous vu que l'imagination n'est autre chose que l'image de la sensation.

De même aussi que le nerf est d'une nature à recevoir un mouvement plus vite et plus ferme que le cerveau, la sensation aussi est plus vive que l'imagination.

Mais aussi comme la nature du cerveau est capable d'un mouvement plus durable, l'imagination dure plus longtemps que la sensation.

Le cerveau ayant tout ensemble (a) assez de mollesse pour recevoir facilement les impressions, et assez de consistance pour les retenir, il y peut demeurer à peu près comme sur la cire des marques fixes et durables, qui servent à rappeler les objets, et donnent lieu au souvenir (b).

On peut aisément comprendre que les coups qui viennent ensemble par divers sens, portent à peu près au même endroit du cerveau, ce qui fait que divers objets n'en font qu'un seul, quand ils viennent dans le même temps.

J'aurai, par exemple, rencontré un lion en passant par les déserts de Libye, et j'en aurai vu l'affreuse figure ; mes oreilles auront été frappées de son rugissement terrible ; j'aurai senti, si

---

(a) *L'anon.* :... Plus longtemps que la sensation. Il faut donc qu'il y ait une cause de cette durée ; mais si cette cause subsiste dans le cerveau, où et de quelle manière ? Ou si elle consiste dans la puissance obédientielle de l'ame une fois touchée de cette idée et de l'institution de son Créateur tout-puissant, c'est ce qu'il seroit inutile de chercher, puisqu'il paroît impossible de parvenir à cette connoissance. On dit sur cela que le cerveau ayant... — (b)... Et donnent lieu au souvenir. Mais il ne faut qu'approfondir cette idée pour voir combien elle est superficielle, téméraire, insuffisante, même en général et encore infiniment plus en détail.

vous le voulez, quelque atteinte de ses griffes, dont une main secourable m'aura arraché. Il se fait dans mon cerveau par ces trois sens divers, trois fortes impressions de ce que c'est qu'un lion : mais parce que ces trois impressions, qui viennent à peu près ensemble, ont porté au même endroit, une seule remuera le tout; et ainsi il arrivera qu'au seul aspect du lion, à la seule ouïe de son cri, ce furieux animal reviendra tout entier à mon imagination.

Et cela ne s'étend pas seulement à tout l'animal, mais encore au lieu où j'ai été frappé la première fois d'un objet si effroyable. Je ne reverrai jamais le vallon désert où j'en aurai fait la rencontre, sans qu'il me prenne quelque émotion ou même quelque frayeur.

Ainsi de tout ce qui frappe en même temps les sens, il ne s'en compose qu'un seul objet, qui fait son impression dans le même endroit du cerveau, et y a son caractère particulier. Et c'est pourquoi, en passant, il ne faut pas s'étonner si un chat frappé d'un bâton au bruit d'un grelot qui y étoit attaché, est ému après par le grelot seul qui a fait son impression avec le bâton au même endroit du cerveau.

Toutes les fois que les endroits du cerveau, où les marques des objets restent imprimées, sont agités ou par les vapeurs qui montent continuellement à la tête, ou par le cours des esprits, ou par quelque autre cause que ce soit, les objets doivent revenir à l'esprit; ce qui nous cause en veillant tant de différentes pensées qui n'ont point de suite, et en dormant tant de vaines imaginations que nous prenons pour des vérités.

Et parce que le cerveau composé, comme il a été dit, de parties si délicates et plein d'esprits si vifs et si prompts, est dans un mouvement continuel, et que d'ailleurs il est agité à secousses inégales et irrégulières, selon que les vapeurs et les esprits montent à la tête : il arrive de là que notre esprit est plein de pensées si vagues, si nous ne le retenons et ne le fixons par l'attention.

Ce qui fait qu'il y a pourtant quelque suite dans ces pensées, c'est que les marques des objets gardent un certain ordre dans le cerveau.

Et il y a une grande utilité dans cette agitation qui ramène tant de pensées vagues, parce qu'elle fait que tous les objets, dont notre cerveau retient les traces, se représentent devant nous de temps en temps par une espèce de circuit : d'où il arrive que les traces s'en rafraîchissent, et que l'ame choisit l'objet qui lui plait pour en faire le sujet de son attention.

Souvent aussi les esprits prennent leur cours si impétueusement et avec un si grand concours vers un endroit du cerveau, que les autres demeurent sans mouvement faute d'esprits qui les agitent ; ce qui fait qu'un certain objet déterminé s'empare de notre pensée, et qu'une seule imagination fait cesser toutes les autres.

C'est ce que nous voyons arriver dans les grandes passions, et lorsque nous avons l'imagination échauffée ; c'est-à-dire qu'à force de nous attacher à un objet, nous ne pouvons plus nous en arracher, comme nous voyons arriver aux peintres et aux personnes qui composent, surtout aux poëtes, dont l'ouvrage dépend tout d'une certaine chaleur d'imagination.

Cette chaleur, qu'on attribue à l'imagination, est en effet une affection du cerveau, lorsque les esprits naturellement ardens, accourus en abondance, l'échauffent en l'agitant avec violence ; et comme il ne prend pas feu tout à coup, son ardeur ne s'éteint aussi qu'avec le temps.

XI.

Des passions, et à quelle disposition du corps elles sont unies.

De cette agitation du cerveau et des pensées qui l'accompagnent, naissent les passions avec tous les mouvemens qu'elles causent dans le corps, et tous les désirs qu'elles excitent dans l'ame.

Pour ce qui est des mouvemens corporels, il y en a de deux sortes dans les passions : les intérieurs, c'est-à-dire ceux des esprits et du sang ; et les extérieurs, c'est-à-dire ceux des pieds, des mains et de tout le corps, pour s'unir à l'objet ou s'en éloigner, qui est le propre effet des passions.

La liaison de ces mouvemens intérieurs et extérieurs, c'est-à-dire du mouvement des esprits avec celui des membres externes, est manifeste, puisque les membres ne se remuent qu'au mouvement des muscles, ni les muscles qu'au mouvement et à la direction des esprits.

Et il faut en général que les mouvemens des animaux suivent l'impression des objets dans le cerveau, puisque la fin naturelle de leur mouvement est de les approcher ou de les éloigner des objets mêmes.

C'est pourquoi nous avons vu que pour lier ces deux choses, c'est-à-dire l'impression des objets et le mouvement, la nature a voulu qu'au même endroit où aboutit le dernier coup de l'objet, c'est-à-dire dans le cerveau, commençât le premier branle du mouvement; et pour la même raison elle a conduit jusqu'au cerveau les nerfs, qui sont tout ensemble et les organes par où les objets nous frappent, et les tuyaux par où les esprits sont portés dans les muscles et les font jouer.

Ainsi par la liaison qui se trouve naturellement entre l'impression des objets et les mouvemens par lesquels le corps est transporté d'un lieu à un autre, il est aisé de comprendre qu'un objet qui fait une impression forte, par là dispose le corps à de certains mouvemens, et l'ébranle pour les exercer.

En effet il ne faut que songer ce que c'est que le cerveau frappé, agité, imprimé pour ainsi parler par les objets, pour entendre qu'à ces mouvemens quelques passages seront ouverts et d'autres fermés; et que de là il arrivera que les esprits, qui tournent sans cesse avec grande impétuosité dans le cerveau, prendront leur cours à certains endroits plutôt qu'en d'autres; qu'ils rempliront par conséquent certains nerfs plutôt que d'autres; et qu'ensuite le cœur, les muscles, enfin toute la machine mue et ébranlée en conformité, sera poussée vers certains objets ou à l'opposite, selon la proportion que la nature aura mise entre nos corps et ces objets.

Et en cela la sagesse de celui qui a réglé tous ces mouvemens consistera seulement à tourner le cerveau, de sorte que le corps soit ébranlé vers les objets convenables et détourné des objets contraires.

Après cela il est clair que s'il veut joindre une ame à un corps, afin que tout se rapporte, il doit joindre les désirs de l'ame à cette secrète disposition qui ébranle le corps d'un certain côté, puisque même nous avons vu que les désirs sont à l'ame ce que le mouvement progressif est au corps, et que c'est par là qu'elle s'approche ou qu'elle s'éloigne à sa manière.

Voilà donc entre l'ame et le corps une proportion admirable ; les sensations répondent à l'ébranlement des nerfs, les imaginations aux impressions du cerveau, et les désirs ou les aversions à ce branle secret que reçoit le corps dans les passions, pour s'approcher ou se reculer (*a*) de certains objets.

Et pour entendre ce dernier effet de correspondance, il ne faut que considérer en quelle disposition entre le corps dans les grandes passions, et en même temps combien l'ame est sollicitée à y accommoder ses désirs.

Dans une grande colère, le corps se trouve plus prêt à insulter l'ennemi et à l'abattre, et se tourne tout à cette insulte : et l'ame, qui se sent aussi vivement pressée, tourne toutes ses pensées au même dessein.

Au contraire la crainte se tourne à l'éloignement et à la fuite, qu'elle rend vite et précipitée plus qu'elle ne le seroit naturellement, si ce n'est qu'elle devienne si extrême, qu'elle dégénère en langueur et en défaillance : et ce qu'il y a de merveilleux, c'est que l'ame entre aussitôt dans des sentimens convenables à cet état ; elle a autant de désir de fuir que le corps y a de disposition ; que si la frayeur nous saisit, de sorte que le sang se glace si fort que le corps tombe en défaillance, l'ame défaut (*b*) en même temps, le courage tombe avec les forces, et il n'en reste pas même assez pour vouloir prendre la fuite.

Et il étoit convenable à l'union de l'ame et du corps que la difficulté du mouvement, aussi bien que la disposition à le faire, eût quelque chose dans l'ame qui lui répondît ; et c'est aussi ce qui fait naître le découragement, la profonde mélancolie et le désespoir.

Contre de si tristes passions et au défaut de la joie qu'on a ra-

(*a*) *L'anon.* : S'éloiguer. — (*b*) Semble s'affoiblir.

rement bien pure, l'espérance nous est donnée comme une espèce de charme qui nous empêche de sentir nos maux. Dans l'espérance les esprits ont de la vigueur; le courage se soutient aussi, et même il s'excite. Quand elle manque, tout tombe et on se sent comme enfoncé dans un abîme.

Selon ce qui a été dit, on pourra définir la passion, à la prendre en ce qu'elle est et dans l'ame et dans le corps, un désir ou une aversion qui naît dans l'ame à proportion que le corps est disposé au dedans à poursuivre ou à fuir certains objets (*a*).

Ainsi le concours de l'ame et du corps est visible dans les passions : mais il est clair que la bonne et mauvaise disposition doit commencer par le corps (*b*).

Car comme les passions suivent les sensations, et que les sensations suivent les dispositions du corps dont elles doivent avertir l'ame, il paroît que les passions les doivent suivre aussi : en sorte que le corps doit être ébranlé par un certain mouvement, avant que l'ame soit sollicitée à s'y joindre par son désir.

En un mot, en ce qui regarde les sensations, les imaginations et les passions, elle est purement patiente; et il faut toujours penser que comme la sensation suit l'ébranlement du nerf, et que l'imagination suit l'impression du cerveau, le désir ou l'aversion suivent aussi la disposition où le corps est mis par les objets qu'il faut ou fuir ou chercher.

La raison est que les sensations et tout ce qui en dépend est donné à l'ame pour l'exciter à pourvoir aux besoins du corps, et que tout cela par conséquent devoit être accommodé à ce qu'il souffre.

Et il ne faut, pour nous en convaincre, que nous observer nous-mêmes dans un de nos appétits les plus naturels, qui est celui de manger. Le corps vide de nourriture en a besoin, et l'ame aussi la désire : le corps est altéré par ce besoin, et l'ame

(*a*) *L'anon.*: A la prendre en ce qu'elle est dans l'ame, en ce qui regarde les choses corporelles, un désir ou une aversion qui naît dans elle à proportion que le corps est capable au dedans de concourir avec l'ame à poursuivre ou à fuir certains objets, et dans le corps une disposition par laquelle il est capable d'exciter dans l'ame des désirs ou des aversions pour certains objets. — (*b*) Mais il est clair que le premier mobile est tantôt la pensée dans l'ame, tantôt le mouvement commencé par la disposition du corps.

ressent aussi la douleur pressante de la faim : les viandes frappent l'œil ou l'odorat, et en ébranlent les nerfs; les sensations conformes s'excitent, c'est-à-dire que nous voyons et sentons les viandes : par l'ébranlement des nerfs cet objet est imprimé dans le cerveau; et le plaisir de manger remplit l'imagination : à l'occasion de l'impression que les viandes font dans le même cerveau, les esprits coulent dans tous les endroits qui servent à la nutrition; l'eau vient à la bouche, et on sait que cette eau est propre à ramollir les viandes, à en exprimer le suc, à nous les faire avaler; d'autres eaux s'apprêtent dans l'estomac, et déjà elles le picotent; tout se prépare à la digestion, et l'ame dévore déjà les viandes par la pensée.

C'est ce qui fait dire ordinairement que l'appétit facilite la digestion : non qu'un désir puisse de soi-même inciser les viandes, les cuire et les digérer; mais c'est que ce désir vient dans le temps que tout est prêt dans le corps à la digestion.

Et qui verroit un homme affamé en présence de la nourriture offerte après un long temps, verroit ce que peut l'objet présent, et comme tout le corps se tourne à le saisir et à l'engloutir.

Il en est donc de notre corps dans les passions, par exemple dans une faim ou dans une colère violente, comme d'un arc bandé, dont toute la disposition tend à décocher le trait; et on peut dire qu'un arc en cet état ne tend pas plus à tirer, que le corps d'un homme en colère tend à frapper l'ennemi. Car, et le cerveau, et les nerfs, et les muscles, le tournent tout entier à cette action, comme les autres passions le tournent aux actions qui leur sont conformes.

Et encore qu'en même temps que le corps est en cet état, il s'élève dans notre ame mille imaginations et mille désirs; ce n'est pas tant ces pensées qu'il faut regarder, que les mouvemens du cerveau auxquels elles se trouvent jointes, puisque c'est par ces mouvemens que les passages sont ouverts, que les esprits coulent, que les nerfs et par eux les muscles en sont remplis, et que tout le corps est tendu à un certain mouvement.

Et ce qui fait croire que dans cet état, il faut moins regarder les pensées de l'ame que les mouvemens du cerveau, c'est que dans les passions, comme nous les considérons, l'ame est patiente, et qu'elle ne préside pas aux dispositions du corps, mais qu'elle y sert.

C'est pourquoi il n'entre dans les passions ainsi regardées aucune sorte de raisonnement ou de réflexion ; car nous y considérons ce qui prévient tout raisonnement et toute réflexion, et ce qui suit naturellement la direction des esprits pour causer certains mouvemens.

Et encore que nous ayons vu dans le chapitre *De l'ame* que les passions se diversifient à la présence ou à l'absence des objets, et par la facilité ou la difficulté de les acquérir, ce n'est pas qu'il intervienne une réflexion, par laquelle nous concevions l'objet présent ou absent, facile ou difficile à acquérir : mais c'est que l'éloignement aussi bien que la présence de l'objet ont leurs caractères propres, qui se marquent dans les organes et dans le cerveau ; d'où suivent dans tout le corps les dispositions convenables, et dans l'ame aussi des sentimens et des désirs proportionnés.

Au reste il est bien certain que les réflexions qui suivent après, augmentent ou ralentissent les passions ; mais ce n'est pas encore de quoi il s'agit ; je ne regarde ici que le premier coup que porte la passion au corps et à l'ame ; et il me suffit d'avoir observé comme une chose indubitable, que le corps est disposé par les passions à de certains mouvemens, et que l'ame est en même temps puissamment portée à y consentir. De là viennent les efforts qu'elle fait, quand il faut par vertu s'éloigner des choses où le corps est disposé. Elle s'aperçoit alors combien elle y tient, et que la correspondance n'est que trop grande.

XII.

Second effet de l'union de l'ame et du corps, où se voient les mouvemens du corps assujettis aux actions de l'ame.

Jusques ici nous avons regardé dans l'ame ce qui suit les mouvemens du corps ; voyons maintenant dans le corps ce qui suit les pensées de l'ame.

C'est ici le bel endroit de l'homme. Dans ce que nous venons de voir, c'est-à-dire dans les opérations sensuelles, l'ame est as-

vérité qui nous blesse par elle-même étant connue, et que plus une ame droite la regarde, plus elle en est délectée.

Et de là vient encore que tant que l'ame s'attache à la vérité sans écouter les passions et les imaginations, elle la voit toujours la même ; ce qui ne pourroit pas être, si la connoissance suivoit le mouvement du cerveau toujours agité, et du corps toujours changeant.

C'est de là aussi qu'il arrive que le sens varie souvent, ainsi que nous l'avons dit au lieu allégué. Car ce n'est point la vérité seule qui agit en lui ; mais il s'excite à l'agitation qui arrive dans son organe : au lieu que l'entendement, qui agissant en son naturel, ne reçoit d'impression que de la seule vérité, la voit aussi toujours uniforme.

Car posons, par exemple, quelques vérités clairement connues, comme seroit, que rien ne se donne l'être à soi-même, ou qu'il faut suivre la raison en tout, et toutes les autres qui suivent de ces beaux principes : nous pouvons bien n'y penser pas ; mais tant que nous y serons véritablement attentifs, nous les verrons toujours de même, jamais altérées ni diminuées : ce qui montre que la connoissance de ces vérités ne dépend d'aucune disposition changeante, et n'est pas comme la sensation attachée à un organe altérable.

Et c'est pourquoi au lieu que la sensation, qui s'élève au concours momentané de l'objet et de l'organe, aussi vite qu'une étincelle au choc de la pierre et du fer, ne nous fait rien apercevoir qui ne passe presque à l'instant ; l'entendement au contraire voit des choses qui ne passent pas, parce qu'il n'est attaché qu'à la vérité, dont la subsistance est éternelle.

Ainsi il n'est pas possible de regarder l'intelligence comme une suite de l'altération qui se sera faite dans le corps, ni par conséquent l'entendement comme attaché à un organe corporel dont il suive le mouvement.

XIV.

L'intelligence par sa liaison avec le sens dépend en quelque sorte du corps, mais par accident.

Il faut pourtant reconnoître qu'on n'entend point sans imaginer ni sans avoir senti. Car il est vrai que, par un certain accord entre toutes les parties qui composent l'homme, l'ame n'agit pas sans le corps (*a*), ni la partie intellectuelle sans la partie sensitive.

Et déjà à l'égard des corps (*b*), il est certain que nous ne pouvons entendre qu'il y en ait d'existans dans la nature que par le moyen des sens. Car en cherchant d'où nous viennent nos sensations, nous trouvons toujours quelque corps qui a affecté nos organes, et ce nous est une preuve que ces corps existent.

Et en effet s'il y a des corps dans l'univers, c'est chose de fait, dont nous sommes avertis par nos sens, comme des autres faits; et sans le secours des sens, je ne pourrois non plus deviner s'il y a un soleil que s'il y a un tel homme dans le monde.

Bien plus l'esprit occupé de choses incorporelles, par exemple de Dieu et de ses perfections, s'y est senti excité par la considération de ses œuvres, ou par sa parole, ou enfin par quelque autre chose dont les sens ont été frappés.

Et notre vie ayant commencé par de pures sensations, avec peu ou point d'intelligence indépendante du corps, nous avons dès l'enfance contracté une si grande habitude de sentir et d'imaginer, que ces choses nous suivent toujours, sans que nous puissions en être entièrement séparés.

De là vient que nous ne pensons jamais ou presque jamais à quelque objet que ce soit, que le nom dont nous l'appelons ne nous revienne; ce qui marque la liaison des choses qui frappent nos sens, tels que sont les noms, avec nos opérations intellectuelles.

On met en question s'il peut y avoir en cette vie un pur acte d'intelligence dégagé de toute image sensible, et il n'est pas incroyable que cela puisse être durant de certains momens dans

---

(*a*) *L'anon.*: N'agit pas, c'est-à-dire ne pense et ne connoît pas sans le corps.
— (*b*) A l'égard de la connoissance des corps.

quand il vit qu'on alloit tuer son père, et s'écria qu'on se gardât bien de toucher à la personne du roi. L'empêchement de sa langue pouvoit être surmonté par un grand effort, que la volonté de sauver son père lui fit faire.

Il est donc indubitable qu'il y a une infinité de mouvemens dans le corps qui suivent les pensées de l'ame ; et ainsi les deux effets de l'union restent parfaitement établis.

XIII.

L'intelligence n'est attachée par elle-même à aucun organe, ni à aucun mouvement du corps.

Mais afin que rien ne passe sans réflexion, voyons ce que fait le corps et à quoi il sert dans les opérations intellectuelles, c'est-à-dire tant dans celles de l'entendement que dans celles de la volonté.

Et d'abord il faut reconnoître que l'intelligence, c'est-à-dire la connoissance de la vérité, n'est pas, comme la sensation et l'imagination, une suite de l'ébranlement de quelque nerf ou de quelque partie du cerveau.

Nous en serons convaincus en considérant les trois propriétés de l'entendement, par lesquelles nous avons vu dans le chapitre *De l'ame* (1), qu'il est élevé au-dessus du sens et de toutes ses dépendances.

Car il y paroît que la sensation ne dépend pas seulement de la vérité de l'objet, mais qu'elle suit tellement des dispositions et du milieu de l'organe, que par là l'objet vient à nous tout autre qu'il n'est. Un bâton droit devient courbe à nos yeux au milieu de l'eau, le soleil et les autres astres y viennent infiniment plus petits qu'ils ne sont en eux-mêmes : nous avons beau être convaincus de toutes les raisons par lesquelles on sait, et que l'eau n'a pas tout d'un coup rompu ce bâton, et que tel astre, qui ne nous paroît qu'un point dans le ciel, surpasse sans proportion toute la grandeur de la terre ; ni le bâton pour cela n'en devient plus droit à nos yeux, ni les étoiles plus grandes : ce qui montre

[1] N., XVII.

que la vérité ne s'imprime pas sur le sens, mais que toutes les sensations sont une suite nécessaire des dispositions du corps, sans qu'elles puissent jamais s'élever au-dessus d'elles.

Que s'il en étoit autant de l'entendement, il pourroit être de même forcé à l'erreur. Or est-il que nous n'y tombons que par notre faute, et pour ne vouloir pas apporter l'attention nécessaire à l'objet dont il faut juger. Car dès lors que l'ame se tourne directement à la vérité, résolue de ne céder qu'à elle seule, elle ne reçoit d'impression que de la vérité même : en sorte qu'elle s'y attache quand elle paroît, et demeure en suspens si elle ne paroît pas ; toujours exempte d'erreur en l'un et en l'autre état, ou parce qu'elle connoît la vérité, ou parce qu'elle connoît du moins qu'elle ne peut pas encore la connoître.

Par le même principe, il paroît qu'au lieu que les objets les plus sensibles sont pénibles et insupportables ; la vérité au contraire, plus elle est intelligible, plus elle plaît. Car la sensation n'étant qu'une suite d'un organe corporel, la plus forte doit nécessairement devenir pénible par le coup violent que l'organe aura reçu, tel qu'est celui que les yeux reçoivent par le soleil, et les oreilles par un grand bruit : en sorte qu'on est forcé de détourner les yeux et de boucher les oreilles. De même une forte imagination nous travaille extraordinairement, parce qu'elle ne peut pas être sans une commotion trop violente du cerveau. Et si l'entendement avoit la même dépendance du corps, le corps ne pourroit manquer d'être blessé par la vérité la plus forte, c'est-à dire la plus certaine et la plus connue. Si donc cette vérité, loin de blesser, plaît et soulage, c'est qu'il n'y a aucune partie qu'elle doive rudement frapper ou émouvoir : car ce qui peut être blessé de cette sorte est un corps ; mais qu'elle s'unit paisiblement à l'entendement, en qui elle trouve une entière correspondance, pourvu qu'il ne se soit point gâté lui-même par les mauvaises dispositions que nous avons marquées ailleurs (1).

Que si cependant nous éprouvons que la recherche de la vérité soit laborieuse, nous découvrirons bientôt de quel côté nous vient ce travail ; mais en attendant, nous voyons qu'il n'y a point de

¹ Chap. I, n. XVI.

sujettie au corps : mais dans les opérations intellectuelles, que nous allons considérer, non-seulement elle est libre, mais elle commande.

Et il lui convenoit d'être la maîtresse, parce qu'elle est la plus noble, et qu'elle est née par conséquent pour commander.

Nous voyons en effet comme nos membres se meuvent à son commandement, et comme le corps se transporte promptement où elle veut.

Un si prompt effet du commandement de l'ame ne nous donne plus d'admiration, parce que nous y sommes accoutumés; mais nous en demeurons étonnés, pour peu que nous y fassions de réflexion.

Pour remuer la main, nous avons vu qu'il faut faire agir premièrement le cerveau, et ensuite les esprits, les nerfs et les muscles; et cependant de toutes ces parties, il n'y a souvent que la main qui nous soit connue. Sans connoître toutes les autres, ni les ressorts intérieurs qui font mouvoir notre main, ils ne laissent pas d'agir, pourvu que nous voulions seulement la remuer.

Il en est de même des autres membres qui obéissent à la volonté. Je veux exprimer ma pensée; les paroles convenables me sortent aussitôt de la bouche, sans que je sache aucun des mouvemens que doivent faire pour les former la langue ou les lèvres, encore moins ceux du cerveau, du poumon et de la trachée-artère, puisque je ne sais pas même naturellement si j'ai de telles parties, et que j'ai eu besoin de m'étudier moi-même pour le savoir.

Que je veuille avaler, la trachée-artère se ferme infailliblement, sans que je songe à la remuer et sans que je la connoisse, ni que je la sente agir.

Que je veuille regarder loin, la prunelle de l'œil se dilate; et au contraire elle se resserre quand je veux regarder de près, sans que je sache qu'elle soit capable de ce mouvement, ou en quelle partie précisément il se fait. Il y a une infinité d'autres mouvemens semblables, qui se font dans notre corps, à notre seule volonté, sans que nous sachions comment, ni pourquoi, ni même s'ils se font.

Celui de la respiration est admirable en ce que nous le suspendons et l'avançons quand il nous plaît, ce qui étoit nécessaire pour avoir le libre usage de la parole. Et cependant quand nous dormons, elle se fait sans que notre volonté y ait part.

Ainsi par un secret merveilleux, le mouvement de tant de parties, dont nous n'avons nulle connoissance, ne laisse pas de dépendre de notre volonté. Nous n'avons qu'à nous proposer un certain effet connu : par exemple de regarder, de parler, ou de marcher ; aussitôt mille ressorts inconnus, des esprits, des nerfs, des muscles, et le cerveau même qui mène tous ces mouvemens, se remuent pour les produire, sans que nous connoissions autre chose, sinon que nous le voulons, et qu'aussitôt que nous le voulons l'effet s'ensuit.

Et outre tous ces mouvemens qui dépendent du cerveau, il faut que nous exercions sur le cerveau même un pouvoir immédiat, puisque nous pouvons être attentifs quand nous le voulons, ce qui ne se fait pas sans quelque tension du cerveau, comme l'expérience le fait voir.

Par cette même attention, nous mettons volontairement certaines choses dans notre mémoire que nous rappelons aussi quand il nous plaît, avec plus ou moins de peine, suivant que le cerveau est bien ou mal disposé.

Car il en est de cette partie comme des autres, qui pour être en état d'obéir à l'ame, demandent certaines dispositions : ce qui montre, en passant, que le pouvoir de l'ame sur le corps a ses limites.

Afin donc que l'ame commande avec effet, il faut toujours supposer que les parties soient bien disposées, et que le corps soit en bon état. Car quelquefois on a beau vouloir marcher, il se sera jeté telle humeur sur les jambes, ou tout le corps se trouvera si foible par l'épuisement des esprits, que cette volonté sera inutile.

Il y a pourtant certains empêchemens, dans les parties, qu'une forte volonté peut surmonter ; et c'est un grand effet du pouvoi de l'ame sur le corps, qu'elle puisse même délier des organes qui jusque-là avoient été empêchés d'agir : comme on dit du fils de Crésus, qui ayant perdu l'usage de la parole, la recouvra

les esprits élevés à une haute contemplation et exercés par un long temps (a) à tenir leur sens dans la règle ; mais cet état est fort rare, et il faut parler ici de ce qui est ordinaire à l'entendement.

L'expérience fait voir qu'il se mêle toujours ou presque toujours à ces opérations, quelque chose de sensible, dont même il se sert pour s'élever aux objets les plus intellectuels.

Aussi avons-nous reconnu que l'imagination, pourvu qu'on ne la laisse pas dominer, et qu'on sache la retenir en certaines bornes, aide naturellement l'intelligence.

Nous avons vu aussi que notre esprit, averti de cette suite de faits que nous apprenons par nos sens, s'élève au-dessus, admirant en lui-même et la nature des choses, et l'ordre du monde. Mais les règles et les principes par lesquels il aperçoit de si belles vérités dans les objets sensibles, sont supérieurs aux sens ; et il en est à peu près des sens et de l'entendement, comme de celui qui propose simplement les faits, et de celui qui en juge.

Il y a donc déjà en notre ame une opération, et c'est celle de l'entendement, qui précisément et en elle-même n'est point attachée au corps, encore qu'elle en dépende indirectement, en tant qu'elle se sert des sensations et des images sensibles.

XV.

La volonté n'est attachée à aucun organe corporel ; et loin de suivre les mouvemens du corps, elle y préside.

La volonté n'est pas moins indépendante, et je le reconnois par l'empire qu'elle a sur les membres extérieurs et sur tout le corps.

Je sens donc que je puis vouloir ou tenir ma main immobile, ou lui donner du mouvement ; et cela en haut ou en bas, à droite ou à gauche, avec une égale facilité : de sorte qu'il n'y a rien qui me détermine que ma seule volonté.

Car je suppose que je n'ai dessein en remuant ma main, de ne m'en servir, ni pour prendre ni pour soutenir, ni pour approcher ni pour éloigner quoi que ce soit : mais seulement de la mou-

---

(a) *L'anon.:* Durant un long temps.

voir du côté que je voudrai, ou si je veux, de la tenir en repos.

Je fais en cet état une pleine expérience de ma liberté, et du pouvoir que j'ai sur mes membres, que je tourne où je veux et comme je veux, seulement parce que je le veux.

Et parce que j'ai connu que les mouvemens de ces membres dépendent tous du cerveau, il faut par nécessité que ce pouvoir que j'ai sur mes membres, je l'aie principalement sur le cerveau même.

Il faut donc que ma volonté le domine, tant s'en faut qu'elle puisse être une suite de ses mouvemens et de ses impressions.

Un corps ne choisit pas où il se meut, mais il va comme il est poussé : et s'il n'y avoit en moi que le corps, ou que ma volonté fût, comme les sensations, attachée à quelqu'un des mouvemens du corps, bien loin d'avoir quelque empire, je n'aurois pas même de liberté.

Aussi ne suis-je pas libre à sentir ou ne sentir pas, quand l'objet sensible est présent : je puis bien fermer les yeux ou les détourner, et en cela je suis libre; mais je ne puis en ouvrant les yeux, empêcher la sensation attachée nécessairement aux impressions corporelles, où la liberté ne peut pas être.

Ainsi l'empire si libre que j'exerce sur mes membres me fait voir que je tiens le cerveau en mon pouvoir, et que c'est là le siége principal de l'ame.

Car encore qu'elle soit unie à tous les membres, et qu'elle les doive tenir tous en sujétion, son empire s'exerce immédiatement sur la partie d'où dépendent tous les mouvemens progressifs, c'est-à-dire sur le cerveau.

En dominant cette partie, où aboutissent les nerfs, elle se rend arbitre des mouvemens, et tient en main pour ainsi dire les rênes par où tout le corps est poussé et retenu.

Soit donc qu'elle ait le cerveau entier immédiatement sous sa puissance, soit qu'il y ait quelque maîtresse pièce par où elle contienne les autres parties, comme un pilote conduit tout le vaisseau par le gouvernail, il est certain que le cerveau est son siége principal, et que c'est de là qu'elle préside à tous les mouvemens du corps.

poussent sans cesse, souffriroit un mouvement trop irrégulier; les pensées seroient trop dissipées; et cette dissipation, outre qu'elle tourneroit à une espèce d'extravagance, d'elle-même est fatigante; c'est pourquoi il faut nécessairement, même pour son propre repos, brider ces mouvemens irréguliers du cerveau.

Voilà donc l'empêchement levé, c'est-à-dire la dissipation ôtée. L'ame se trouve tranquille, et les imaginations confuses sont disposées à tourner en raisonnement et en considération.

XVIII.
L'ame attentive à raisonner se sert du cerveau, par le besoin qu'elle a des images sensibles.

Il ne faut pourtant pas penser qu'elle doive rejeter alors toute imagination et toute image sensible, puisque nous avons reconnu qu'elle s'en aide pour raisonner.

Ainsi loin de rejeter toute sorte d'images sensibles, elle songe seulement à rappeler celles qui sont convenables à son sujet, et qui peuvent aider son raisonnement.

Mais d'autant que ces images sensibles sont attachées aux impressions ou aux marques qui demeurent dans le cerveau, et qu'ainsi elles ne peuvent revenir sans que le cerveau soit ému dans les endroits où sont les marques, comme il a déjà été remarqué, il faut conclure que l'ame peut quand elle veut, non-seulement calmer le cerveau, mais encore l'exciter en tel endroit qu'il lui plaît pour rappeler les objets selon ses besoins : l'expérience nous fait voir aussi que nous sommes maîtres de rappeler, comme nous voulons, les choses confiées à notre mémoire. Et encore que ce pouvoir ait ses bornes, et qu'il soit plus grand dans les uns que dans les autres, il n'y auroit aucun raisonnement, si nous ne pouvions l'exercer jusqu'à un certain point. Et c'est une nouvelle raison pour montrer (*a*) combien le cerveau doit être en repos, quand il s'agit de raisonner. Car agité et déjà ému, il seroit peu en état d'obéir à l'ame et de faire à point nommé les mouvemens nécessaires pour lui présenter les images sensibles dont elle a besoin.

(*a*) *L'anon. :* Et c'est une raison de l'immobilité de l'ame, pour montrer.

CHAPITRE III, N. XVIII.

C'est ici que le cerveau peine (*a*). Car au lieu que son naturel est d'avoir un mouvement libre et incertain comme le cours des esprits, il est réduit premièrement à un repos violent, et puis à des mouvemens suivis et réguliers, qui le travaillent beaucoup.

Car lorsqu'il est détendu et abandonné au cours naturel des esprits, le mouvement en peu de temps erre en plus de parties; mais il est aussi moins rapide et moins violent : au lieu qu'on a besoin en raisonnant de se représenter fort vivement les objets; ce qui ne se peut, sans que le cerveau soit fortement remué.

Et il faut pour faire un raisonnement, tant rappeler d'images sensibles, par conséquent remuer le cerveau fortement en tant d'endroits, qu'il n'y auroit rien à la longue de plus fatigant.

D'autant plus qu'en rappelant ces objets divers qui servent au raisonnement, l'esprit demeure toujours attaché à l'objet qui en fait le sujet principal; de sorte que le cerveau est en même temps calmé à l'égard de son agitation universelle, tendu et dressé à un point fixe par la considération de l'objet principal, et en même temps remué fortement en divers endroits pour rappeler les objets seconds et subsidiaires.

Il faut pour des mouvemens si réguliers et si forts, beaucoup d'esprits; et la tête aussi en tire (*b*) tant dans ces opérations, quand elles sont longues, qu'elle en épuise le reste du corps.

De là suit une lassitude universelle, et une nécessité indispensable de relâcher son attention.

Mais la nature y a pourvu, en nous donnant le sommeil (*c*) où les nerfs sont détendus, où les sensations sont éteintes, où le cerveau et tout le corps se reposent. Comme donc c'est là le vrai temps du relâchement, le jour doit être donné à l'attention, qui peut être plus ou moins forte, et par là tantôt tendre le cerveau, et tantôt le soulager.

Voilà ce qui doit se faire dans le cerveau durant le raisonnement, c'est-à-dire durant la recherche de la vérité; recherche que nous avons dit devoir être laborieuse; et on aperçoit maintenant que ce travail ne vient pas précisément de l'acte d'en-

---

(*a*) *L'anon.* : Peine en tous ceux qui n'ont pas acquis cette heureuse immobilité. — (*b*) Reçoit. — (*c*) Le sommeil, surtout de la nuit.

XVII.

La nature de l'attention et ses effets immédiats sur le cerveau, par où paroît l'empire de la volonté.

Outre la force donnée à la volonté pour empêcher le dernier effet des passions, elle peut encore en prenant la chose de plus haut, les arrêter et les modérer dans leur principe ; et cela par le moyen de l'attention qu'elle fera volontairement à certains objets, ou dans le temps des passions pour les calmer, ou devant les passions pour les prévenir.

Cette force de l'attention et l'effet qu'elle a sur le cerveau, et par le cerveau sur tout le corps et même sur la partie imaginative de l'ame, et par là sur les passions et les appétits, est digne d'une grande considération.

Nous avons déjà observé que la contention de la tête se ressent fort grande dans l'attention, et par là il est sensible qu'elle a un grand effet dans le cerveau.

On éprouve d'ailleurs que cette action dépend de la volonté ; en sorte que le cerveau doit être sous son empire, en tant qu'il sert à l'attention.

Pour entendre tout ceci, il faut remarquer que les pensées naissent dans notre ame quelquefois à l'agitation naturelle du cerveau, et quelquefois par une attention volontaire.

Pour ce qui est de l'agitation du cerveau, nous avons observé qu'elle erre (a) quelquefois d'une partie à une autre ; alors nos pensées sont vagues comme le cours des esprits : mais que quelquefois aussi elle se fait en un seul endroit ; et alors nos pensées sont fixes, et l'ame est plus attachée, comme le cerveau est aussi plus fortement et plus uniformément tendu.

Par là nous observons en nous-mêmes une attention forcée ; ce n'est pas là toutefois ce que nous appelons attention : nous donnons ce nom seulement à l'attention où nous choisissons notre objet, pour y penser volontairement.

Que si nous étions capables d'une telle attention, nous ne serions jamais maîtres de nos considérations et de nos pensées,

---

(a) *L'anon.* : Qu'elle passe.

qui ne seroient qu'une suite de l'agitation nécessaire du cerveau : nous serions sans liberté, et l'esprit seroit en tout asservi au corps, toutes choses contraires et à la raison et même à l'expérience.

Par ces choses on peut comprendre la nature de l'attention, et que c'est une application volontaire de notre esprit sur un objet.

Mais il faut encore ajouter que nous voulions considérer cet objet par l'entendement; c'est-à-dire raisonner dessus, ou enfin y contempler la vérité. Car s'abandonner volontairement à quelque imagination qui nous plaise, sans vouloir nous en détourner, ce n'est pas sans attention; il faut vouloir entendre et raisonner.

C'est donc proprement par l'attention que commencent le raisonnement et les réflexions, et l'attention commence elle-même par la volonté de considérer et d'entendre.

Et il paroît clairement que pour se rendre attentif, la première chose qu'il faut faire, c'est d'ôter l'empêchement naturel de l'attention, c'est-à-dire la dissipation et ces pensées vagues qui s'élèvent dans notre esprit; car il ne peut être tout ensemble dissipé et attentif.

Pour faire taire ces pensées qui nous dissipent, il faut que l'agitation naturelle du cerveau soit en quelque sorte calmée : car tant qu'elle durera, nous ne serons jamais assez maîtres de nos pensées, pour avoir de l'attention.

Ainsi le premier effet du commandement de l'ame, est que voulant être attentive, elle apaise l'agitation naturelle du cerveau.

Et nous avons déjà vu que pour cela il n'est pas besoin qu'elle connoisse le cerveau, ou qu'elle ait intention d'agir sur lui. Il suffit qu'elle veuille faire ce qui dépend d'elle immédiatement, c'est-à-dire être attentive; le cerveau, s'il n'est prévenu par quelque agitation trop violente, obéit naturellement, et se calme par la seule subordination du corps à l'ame.

Mais comme les esprits qui tournoient dans le cerveau tendent toujours à l'agiter à leur ordinaire, son mouvement ne peut être arrêté sans quelque effort : c'est ce qui fait que l'attention a quelque chose de pénible, et veut être relâchée de temps en temps.

Aussi le cerveau abandonné aux esprits et aux vapeurs qui le

Et ce qu'il y a ici de merveilleux, c'est qu'elle ne sent point naturellement ni ce cerveau qu'elle meut, ni les mouvemens qu'elle y fait pour contenir ou pour ébranler le reste du corps, ni d'où lui vient un pouvoir qu'elle exerce si absolument : nous connoissons seulement qu'un empire est donné à l'ame, et qu'une loi est donnée au corps en vertu de laquelle il obéit.

XVI.

L'empire que la volonté exerce sur les mouvemens extérieurs la rend indirectement maîtresse des passions.

Cet empire de la volonté sur les membres d'où dépendent les mouvemens extérieurs, est d'une extrême conséquence. Car c'est par là que l'homme se rend maître de beaucoup de choses, qui par elles-mêmes sembloient n'être point soumises à ses volontés.

Il n'y a rien qui paroisse moins soumis à la volonté que la nutrition : et cependant elle se réduit à l'empire de la volonté, en tant que l'ame maîtresse des membres extérieurs donne à l'estomac ce qu'elle veut, quand elle veut, et dans la mesure que la raison prescrit; en sorte que la nutrition est rangée sous cette règle.

Et l'estomac même en reçoit la loi, la nature l'ayant fait propre à se laisser plier par l'accoutumance.

Par ces mêmes moyens, l'ame règle aussi le sommeil, et le fait servir à la raison.

En commandant aux membres des exercices pénibles, elle les fortifie, elle les durcit aux travaux, et se fait un plaisir de les assujettir à ses lois.

Ainsi elle se fait un corps plus souple et plus propre aux opérations intellectuelles : la vie des saints religieux en est une preuve.

Elle étend aussi son empire sur l'imagination et les passions, c'est-à-dire sur ce qu'elle a de plus indocile.

L'imagination et les passions naissent des objets; et par le pouvoir que nous avons sur les mouvemens extérieurs, nous pouvons ou nous approcher ou nous éloigner des objets.

CHAPITRE III, N. XVI.

Les passions dans l'exécution dépendent des mouvemens extérieurs : il faut frapper pour achever ce qu'a commencé la colère ; il faut fuir pour achever ce qu'a commencé la crainte : mais la volonté peut empêcher la main de frapper, et les pieds de fuir.

Nous avons vu dans la colère tout le corps tendu à frapper, comme un arc à tirer son coup. L'objet a fait son impression, les esprits ont coulé, le cœur a battu plus violemment qu'à l'ordinaire, le sang s'est ému et a envoyé des esprits et plus abondans et plus vifs ; les nerfs et les muscles en sont remplis (*a*) ; ils sont tendus, les poings sont fermés, et le bras affermi est prêt à frapper : mais il faut encore lâcher la corde ; il faut que la volonté laisse aller le corps ; autrement le mouvement ne s'achève pas.

Ce qui se dit de la colère, se dit de la crainte et des autres passions, qui disposent tellement le corps aux mouvemens qui leur conviennent, que nous ne les retenons que par vive force de raison et de volonté.

On peut dire que ces derniers mouvemens, auxquels le corps est si disposé, par exemple celui de frapper, s'achèveroient tout à fait par la force de cette disposition, s'il n'étoit réservé à l'ame de lâcher le dernier coup.

Et il en arriveroit à peu près de même que dans la respiration, que nous pouvons suspendre par la volonté quand nous veillons ; mais qui s'achève pour ainsi dire toute seule par la simple disposition du corps, quand l'ame le laisse agir naturellement, par exemple dans le sommeil.

En effet il arrive quelque chose de semblable dans les premiers mouvemens des passions : et les esprits et le sang s'émeuvent quelquefois si vite dans la colère, que le bras se trouve lâché avant qu'on ait eu le loisir d'y faire réflexion. Alors la disposition du corps a prévalu, et il ne reste plus à la volonté trop promptement prévenue, qu'à regretter le mal qui s'est fait sans elle.

Mais ces mouvemens sont rares, et n'arrivent guère à ceux qui s'accoutument de bonne heure à se maîtriser eux-mêmes.

(*a*) *L'anon.* : L'objet a fait son impression, les esprits coulent, le cœur bat plus violemment qu'à l'ordinaire, le sang coule comme un torrent et envoie des esprits et plus abondans et plus vifs ; les nerfs et les muscles en sont remplis...

tendre, mais des imaginations qui doivent aller en concours, et qui présupposent dans le cerveau un grand mouvement.

Au reste quand la vérité est trouvée, tout le travail cesse; et l'ame toujours délectée de ce beau spectacle, voudroit n'en être jamais arrachée, parce que la vérité ne cause par elle (*a*) aucune altération.

Et lorsqu'elle demeure clairement connue, l'imagination agit peu ou point du tout : de là vient qu'on ne ressent que peu ou point de travail.

Car dans la recherche de la vérité où nous procédons par comparaisons, par oppositions, par proportions, par autres choses semblables pour lesquelles il faut appeler beaucoup d'images sensibles, l'imagination agit beaucoup; mais quand la chose est trouvée, l'ame fait taire l'imagination autant qu'elle peut, et ne fait plus que tourner vers la vérité un simple regard, en quoi consiste l'acte d'entendre.

Et plus cet acte est démêlé de toute image sensible, plus il est tranquille; ce qui montre que l'acte d'entendre, de lui-même ne fait point de peine.

Il en fait pourtant par accident, parce que pour y demeurer, il faut arrêter l'imagination et par conséquent tenir en bride le cerveau contre le cours des esprits.

Ainsi la contemplation, quelque douce qu'elle soit par elle-même, ne peut pas durer longtemps (*b*), par le défaut du corps continuellement agité.

Et les seuls besoins du corps, qui sont si fréquens et si grands, font diverses impressions, et rappellent diverses pensées auxquelles il est nécessaire de prêter l'oreille : de sorte que l'ame est forcée de quitter la contemplation de la vérité.

Par les choses qui ont été dites, on entend le premier effet de l'attention sur le corps. Il regarde le cerveau, qui au lieu d'une agitation universelle, est fixé à un certain point au commandement de l'ame quand elle veut être attentive, et au reste demeure en état d'être excitée subsidiairement où elle veut.

Il y a un second effet de l'attention, qui s'étend sur les pas-

(*a*) *L'anon.* : Par elle-même. — (*b*) Bien longtemps.

sions : nous allons le considérer. Mais avant que de passer outre, il ne faut pas oublier une chose considérable, qui regarde l'attention prise en elle-même. C'est qu'un objet qui a commencé de nous occuper par une attention volontaire, nous tient dans la suite longtemps attachés même malgré nous, parce que les esprits, qui ont pris un certain cours, ne peuvent pas aisément être détournés.

Ainsi notre attention est mêlée de volontaire et d'involontaire. Un objet qui nous a occupés par force, nous flatte souvent, de sorte que la volonté s'y donne ; de même qu'un objet choisi par une forte occupation nous devient une application inévitable.

Et comme l'agitation naturelle de notre cerveau rappelle beaucoup de pensées qui nous viennent malgré nous, l'attention volontaire de notre ame fait de son côté de grands effets sur le cerveau même ; les traces que les objets y avoient laissées en deviennent plus profondes, et le cerveau est disposé à s'émouvoir plus aisément dans ces endroits-là.

Et par l'accord établi entre le corps et l'ame, il se fait naturellement une telle liaison entre les impressions du cerveau et les pensées de l'ame, que l'un ne manque jamais de ramener l'autre : et ainsi, quand une forte imagination a causé par l'attention que l'ame y apporte un grand mouvement dans le cerveau, en quelque sorte que ce mouvement soit renouvelé, il fait revivre, et souvent dans toute leur force, les pensées qui l'avoient causé la première fois.

C'est pourquoi il faut beaucoup prendre garde de quelles imaginations on se remplit volontairement, et se souvenir que dans la suite elles reviendront souvent malgré nous par l'agitation naturelle du cerveau et des esprits.

Mais il faut aussi conclure qu'en prenant les choses de loin et ménageant bien notre attention, dont nous sommes maîtres, nous pouvons gagner beaucoup sur les impressions de notre cerveau, et le plier à l'obéissance.

XIX.

L'effet de l'attention sur les passions, et comment l'ame les peut tenir en sujétion dans leur principe : où il est parlé de l'extravagance, de la folie et des songes.

Par cet empire sur notre cerveau, nous pouvons aussi tenir en bride les passions qui en dépendent toutes, et c'est le plus bel effet de l'attention.

Pour l'entendre, il faut observer quelle sorte d'empire nous pouvons avoir sur nos passions.

1° Il est certain que nous ne leur commandons pas directement, comme à nos bras et à nos mains : nous ne pouvons pas élever ou apaiser notre colère, comme nous pouvons ou remuer le bras ou le tenir sans action.

2° Il n'est pas moins clair, et nous l'avons déjà dit, que par le pouvoir que nous avons sur les membres extérieurs, nous en avons aussi un très-grand sur les passions; mais indirectement, puisque nous pouvons par là, et nous éloigner des objets qui les font naître, et en empêcher l'effet. Ainsi je puis m'éloigner d'un objet odieux qui m'irrite; et lorsque ma colère est excitée, je lui puis refuser mon bras dont elle a besoin pour se satisfaire.

Mais pour cela il le faut vouloir, et le vouloir fortement. Et la grande difficulté est de vouloir autre chose que ce que la passion nous inspire, parce que dans les passions l'ame se trouve tellement portée à s'unir aux dispositions du corps, qu'elle ne peut presque se résoudre à s'y opposer.

Il faut donc chercher un moyen de calmer, ou de modérer, ou même de prévenir les passions dans leur principe; et ce moyen est l'attention bien gouvernée.

Car le principe de la passion, c'est l'impression puissante d'un objet dans le cerveau, et l'effet de cette impression ne peut être mieux empêché qu'en se rendant attentif à d'autres objets.

En effet nous avons vu que l'ame attentive, fixe le cerveau en un certain endroit vers lequel elle détermine le cours des esprits; et par là elle rompt le coup de la passion, qui les portant à un autre endroit, causoit de mauvais effets dans tout le corps.

C'est pourquoi on dit, et il est vrai, que le remède le plus naturel des passions, c'est de détourner l'esprit autant qu'on peut des objets qu'elles lui présentent; et il n'y a rien pour cela de plus efficace, que de s'attacher à d'autres objets.

Et il faut ici observer qu'il en est des esprits émus et poussés d'un certain côté, à peu près comme d'une rivière qu'on peut plus aisément détourner que l'arrêter de droit fil; ce qui fait qu'on réussit mieux dans la passion en pensant à d'autres choses, qu'en s'opposant directement à son cours.

Et de là vient qu'une passion violente a souvent servi de frein ou de remède aux autres; par exemple l'ambition ou la passion de la guerre, à l'amour.

Et il est quelquefois utile de s'abandonner à des passions innocentes, pour détourner ou pour empêcher des passions criminelles.

Il sert aussi beaucoup de faire un bon choix des personnes avec qui on converse. Ce qui est en mouvement répand aisément son agitation autour de soi, et rien n'émeut plus les passions que les discours et les actions des hommes passionnés.

Au contraire une ame tranquille nous tire en quelque façon hors de l'agitation, et semble nous communiquer son repos, pourvu toutefois que cette tranquillité ne soit pas insensible et fade. Il faut quelque chose de vif, qui s'accorde un peu avec notre mouvement, mais où dans le fond il se trouve de la consistance.

Enfin dans les passions il faut calmer les esprits par une espèce de diversion, et se jeter pour ainsi dire à côté plutôt que de combattre de front : c'est-à-dire qu'il n'est plus temps d'opposer des raisons à une passion déjà émue; car en raisonnant sur sa passion, même pour l'attaquer, on en rappelle l'objet, on en renforce les traces, et on irrite plutôt les esprits qu'on ne les calme. Où les sages raisonnemens sont de grand effet, c'est à prévenir les passions. Il faut donc nourrir son esprit de considérations sensées, et lui donner de bonne heure des attachemens honnêtes, afin que les objets des passions trouvent la place déjà prise, les esprits déterminés à un certain cours et le cerveau affermi.

Car la nature ayant formé cette partie capable d'être occupée par les objets et aussi d'obéir à la volonté, il est clair que qui prévient doit l'emporter.

Si donc l'ame s'accoutume de bonne heure à être maîtresse de son attention, et qu'elle l'attache à de bons objets, elle sera par ce moyen maîtresse, premièrement du cerveau, par là du cours des esprits, et par là enfin des émotions que les passions excitent.

Mais il faut se souvenir que l'attention véritable est celle qui considère l'objet tout entier. Ce n'est être qu'à demi attentif à un objet, comme seroit une femme tendrement aimée, que de n'y considérer que le plaisir dont on est flatté en l'aimant, sans songer aux suites honteuses d'un semblable engagement.

Il est donc nécessaire d'y bien penser, et d'y penser de bonne heure, parce que si on laisse le temps à la passion de faire toute son impression dans le cerveau, l'attention viendra trop tard.

Car en considérant le pouvoir de l'ame sur le corps, il faut observer soigneusement que ses forces sont bornées et restreintes : de sorte qu'elle ne peut pas faire des bras ou des mains, et encore moins du cerveau tout ce qu'elle veut (a).

C'est pourquoi nous venons de voir qu'elle le perdroit en le poussant trop, et qu'elle est obligée de le ménager.

Par la même raison, il s'y fait souvent des agitations si violentes, que l'ame n'en est plus maîtresse, non plus qu'un cocher de chevaux fougueux qui ont pris le frein aux dents.

Quand cette disposition est fixe et perpétuelle, c'est ce qui s'appelle *folie*; et quand elle a une cause qui finit avec le temps, comme un mouvement de fièvre, cela s'appelle *délire* et *rêverie*.

Dans la folie et dans le délire, il arrive de deux choses l'une : ou le cerveau est agité tout entier avec un égal dérèglement; alors il s'est fait une parfaite extravagance, et il ne paroît aucune suite dans les pensées ni dans les paroles : ou le cerveau n'est blessé que dans un certain endroit; alors la folie ne s'attache aussi qu'à un objet déterminé : tels sont ceux qui s'imaginent être toujours à la comédie et à la chasse : et tant d'autres frappés d'un certain objet, parlent raisonnablement de tous les autres,

---

(a) *L'anon.* : En sorte qu'elle ne peut pas faire tout ce qu'elle veut des bras ou des mains...

et assez conséquemment de celui-là même qui fait leur erreur.

La raison est que n'y ayant qu'un seul endroit du cerveau marqué d'une impression invincible à l'ame, elle demeure maîtresse de tout le reste, et peut exercer ses fonctions sur tout autre objet.

Et l'agitation du cerveau dans la folie est si violente, qu'elle paroît même au dehors par le trouble qui paroît dans tout le visage, et principalement par l'égarement des yeux.

De là s'ensuit que toutes les passions violentes sont une espèce de folie, parce qu'elles causent des agitations dans le cerveau, dont l'ame n'est pas maîtresse. Aussi n'y a-t-il point de cause plus ordinaire de la folie, que les passions portées à certains excès.

Par là aussi s'expliquent les songes, qui sont une espèce d'extravagance.

Dans le sommeil, le cerveau est abandonné à lui-même, et il n'y a point d'attention. Car la veille consiste précisément dans l'attention de l'esprit, qui se rend maître de ses pensées.

Nous avons vu que l'attention cause le plus grand travail du cerveau, et que c'est principalement ce travail que le sommeil vient relâcher.

De là il doit arriver deux choses. L'une, que l'imagination doit dominer dans les songes, et qu'il se doit présenter à nous une grande variété d'objets, souvent même avec quelque suite, pour les raisons qui ont été dites en parlant de l'imagination. L'autre, que ce qui se passe dans notre imagination nous paroît réel et véritable, parce qu'alors il n'y a point d'attention, par conséquent point de discernement.

De tout cela il résulte que la vraie assiette de l'ame est lorsqu'elle est maîtresse des mouvemens du cerveau; et que comme c'est par l'attention qu'elle le contient, c'est aussi de son attention qu'elle se doit principalement rendre la maîtresse : mais qu'il s'y faut prendre de bonne heure, et ne pas laisser occuper le cerveau à des impressions trop fortes, que le temps rendroit invincibles.

Et nous avons vu en général que l'ame, en se servant bien de sa volonté, et de ce qui est soumis naturellement à la volonté, peut régler et discipliner tout le reste.

Enfin des méditations sérieuses, des conversations honnêtes, une nourriture modérée, un sage ménagement de ses forces, rendent l'homme maître de lui-même, autant que cet état de mortalité le peut souffrir.

XX.

L'homme qui a médité la doctrine précédente se connoît lui-même.

Après les réflexions que nous avons faites sur l'ame, sur le corps, sur leur union, nous pouvons maintenant nous bien connoître.

Car si nous ne voyons pas dans le fond de l'ame ce qui lui fait comme demander naturellement d'être unie à un corps, il ne faut pas s'en étonner, puisque nous connoissons si peu le fond des substances; mais si cette union ne nous est pas connue dans son fond, nous la connoissons suffisamment par les deux effets que nous venons d'expliquer, et par le bel ordre qui en résulte.

Car premièrement, nous voyons la parfaite société de l'ame et du corps.

Nous voyons secondement, que dans cette société la partie principale, c'est-à-dire l'ame, est aussi celle qui préside, et que le corps lui est soumis. Les bras, les jambes, tous les autres membres, et enfin tout le corps est remué et transporté d'un lieu à un autre au commandement de l'ame; les yeux et les oreilles se tournent où il lui plaît; les mains exécutent ce qu'elle ordonne; la langue explique ce qu'elle pense et ce qu'elle veut; les sens lui présentent les objets dont elle doit juger et se servir, les parties qui digèrent et distribuent la nourriture, celles qui forment les esprits et qui les envoient où il faut, tiennent les membres extérieurs et tout le corps en état pour lui obéir.

C'est en cela que consiste la bonne disposition du corps. En effet nous trouvons le corps sain, quand il peut exécuter ce que l'ame lui prescrit; au contraire nous sommes malades, lorsque le corps foible et abattu ne peut plus se tenir debout, ni se mouvoir comme nous le souhaitons.

Ainsi on peut dire que le corps est un instrument dont l'ame se sert à sa volonté; et c'est pourquoi Platon définissoit l'homme en cette sorte: L'homme, dit-il, est une ame se servant du corps.

C'est de là qu'il concluoit l'extrême différence du corps et de l'ame, parce qu'il n'y a rien de plus différent de celui qui se sert de quelque chose, que la chose même dont il se sert.

L'ame donc qui se sert du bras et de la main comme il lui plaît; qui se sert de tout le corps, qu'elle transporte où elle trouve bon; qui l'expose à tels périls qu'il lui plaît et à sa ruine certaine, est sans doute d'une nature de beaucoup supérieure à ce corps, qu'elle fait servir en tant de manières et si impérieusement à ses desseins.

Ainsi on ne se trompe pas, quand on dit que le corps est comme l'instrument de l'ame; et il ne se faut pas étonner si le corps étant mal disposé, l'ame en fait moins bien ses fonctions. La meilleure main du monde, avec une mauvaise plume, écrira mal; si vous ôtez à un ouvrier ses instrumens, son adresse naturelle ou acquise ne lui servira de rien.

Il y a pourtant une extrême différence entre les instrumens ordinaires et le corps humain : qu'on brise le pinceau d'un peintre, ou le ciseau d'un sculpteur, il ne sent point les coups dont ils ont été frappés : mais l'ame sent tous ceux qui blessent le corps, et au contraire elle a du plaisir quand on lui donne ce qu'il lui faut pour s'entretenir.

Le corps n'est donc pas un simple instrument appliqué par le dehors, ni un vaisseau que l'ame gouverne à la manière d'un pilote. Il en seroit ainsi si elle n'étoit simplement qu'intellectuelle; mais parce qu'elle est sensitive, elle est forcée de s'intéresser d'une façon plus particulière à ce qui le touche, et de le gouverner non comme une chose étrangère, mais comme une chose naturelle et intimement unie.

En un mot, l'ame et le corps ne font ensemble qu'un tout naturel, et il y a entre les parties une parfaite et nécessaire communication.

Aussi avons-nous trouvé dans toutes les opérations animales, quelque chose de l'ame et quelque chose du corps; de sorte que pour se connoître soi-même, il faut savoir distinguer dans chaque action ce qui appartient à l'une d'avec ce qui appartient à l'autre, et remarquer tout ensemble comment deux parties de si différente nature s'entr'aident mutuellement.

XXI.

Pour se bien connoître soi-même, il faut s'accoutumer par de fréquentes réflexions à discerner en chaque action ce qu'il y a du corps d'avec ce qu'il y a de l'ame.

Pour ce qui regarde le discernement, on se le rend facile par de fréquentes réflexions; et comme on ne sauroit trop s'exercer dans une méditation si importante, ni trop distinguer son ame d'avec son corps, il sera bon de parcourir dans ce dessein toutes les opérations que nous avons considérées.

Ce qu'il y a du corps quand nous nous mouvons, c'est un premier branle dans le cerveau, suivi du mouvement et des esprits et des muscles, et enfin du transport ou de tout le corps ou de quelqu'une de ses parties, par exemple du bras ou de la main. Ce qu'il y a du côté de l'ame, c'est la volonté de se mouvoir, et le dessein d'aller d'un côté plutôt que d'un autre.

Dans la parole ce qu'il y a du côté du corps, outre l'action du cerveau qui commence tout, c'est le mouvement du poumon et de la trachée-artère pour pousser l'air, et le battement du même air par la langue et par les lèvres: et ce qu'il y a du côté de l'ame, c'est l'intention de parler et d'exprimer sa pensée.

Tous ces mouvemens, si l'on y prend garde, quoiqu'ils se fassent au commandement de la volonté humaine, pourroient absolument se faire sans elle; de même que la respiration, qui dépend d'elle en quelque sorte, se fait tout à fait sans elle quand nous dormons: et il nous arrive souvent de proférer en dormant certaines paroles, ou de faire d'autres mouvemens qu'on peut regarder comme un pur effet de l'agitation du cerveau, sans que la volonté y ait part. On peut aussi concevoir qu'il se forme certaines paroles par le battement seul de l'air, comme on voit dans les échos; et c'est ainsi que le poëte faisoit parler ce fantôme:
Dat inania verba, dat sine mente sonum [1].

---

[1] Virg., *Æneide*, x, 639, 640.

Cette considération nous peut servir à observer dans les mouvemens, et surtout dans la parole, ce qui appartient à l'ame et ce qui appartient au corps. Mais continuons à marquer cette différence dans les autres opérations.

Dans la vue, ce qu'il y a du côté du corps, c'est que les yeux soient ouverts, que les rayons du soleil soient réfléchis de dessus la superficie de l'objet à notre œil en droite ligne, qu'ils y souffrent certaines réfractions dans les humeurs, qu'ils peignent et qu'ils impriment l'objet en petit dans le fond de l'œil, que les nerfs optiques soient ébranlés, enfin que le mouvement se communique jusqu'au dedans du cerveau. Ce qu'il y a du côté de l'ame, c'est la sensation, c'est-à-dire la perception de la lumière et des couleurs, et le plaisir que nous ressentons dans les unes plutôt que dans les autres, ou dans certaines vues agréables plutôt qu'en d'autres.

Dans l'ouïe, ce qu'il y a du côté du corps, c'est que l'air agité d'une certaine façon, frappe le tympan et ébranle les nerfs jusqu'au cerveau. Du côté de l'ame, c'est la perception du son, le plaisir de l'harmonie, la peine que nous donnent de méchantes voix et des tons discordans, et les diverses pensées qui naissent en nous par la parole.

Dans le goût et dans l'odorat, un certain suc tiré des viandes et mêlé avec la salive ébranle les nerfs de la langue; une vapeur qui sort des fleurs ou des autres corps frappe les nerfs des narines; tout ce mouvement se communique à la racine des nerfs, et voilà ce qu'il y a du côté du corps. Il y a du côté de l'ame la perception du bon et du mauvais goût, des bonnes et des mauvaises odeurs.

Dans le toucher, les parties du corps sont ou agitées par le chaud, ou resserrées par le froid; les corps que nous touchons ou s'attachent à nous par leur humidité, ou s'en séparent aisément par leur sécheresse; notre chair est ou écorchée par quelque chose de rude, ou percée par quelque chose d'aigu; une humeur âcre et maligne se jette sur quelque partie nerveuse, la picote, la presse, la déchire; par ces divers mouvemens, les nerfs sont ébranlés dans toute leur longueur et jusqu'au cerveau;

voilà ce qu'il y a du côté du corps : et il y a du côté de l'ame le sentiment du chaud et du froid, et celui de la douleur ou du plaisir.

Dans la douleur, nous poussons des cris violens, notre visage se défigure, les larmes nous coulent des yeux. Ni ces cris, ni ces larmes, ni ce changement qui paroît sur notre visage, ne sont la douleur; elle est dans l'ame, à qui elle apporte un sentiment fâcheux et contraire.

Dans la faim et dans la soif, nous remarquons du côté du corps, ces eaux fortes qui picotent l'estomac, et les vapeurs qui dessèchent le gosier; et du côté de l'ame, la douleur que nous cause cette mauvaise disposition des parties, et le désir de la réparer par le manger et le boire.

Dans l'imagination et dans la mémoire, nous avons du côté du corps, les impressions du cerveau, les marques qu'il en conserve, l'agitation des esprits qui l'ébranlent en divers endroits; et nous avons du côté de l'ame, ces pensées vagues et confuses qui s'effacent les unes les autres, et les actes de la volonté qui recommande certaines choses à la mémoire, et puis les lui redemande et les lui fait rendre à propos.

Pour ce qui est des passions, quand vous concevez les esprits émus, le cœur agité par un battement redoublé, le sang échauffé, les muscles tendus, le bras et tout le corps tournés à l'attaque, vous n'avez pas encore compris la colère, parce que vous n'avez dit que ce qui se trouve dans le corps; et il faut encore y considérer du côté de l'ame, le désir de la vengeance. De même ni le sang retiré, ni les extrémités froides, ni la pâleur sur le visage, ni les jambes et les pieds tournés à une fuite précipitée, ne sont ce qu'on appelle proprement la crainte; c'est ce qu'elle fait dans le corps; dans l'ame, c'est un sentiment par lequel elle s'efforce d'éviter le péril connu, et il en est de même de toutes les autres passions.

En méditant ces choses et se les rendant familières, on se forme une habitude de distinguer les sensations, les imaginations et les passions ou appétits naturels, d'avec les dispositions et les mouvemens corporels; et cela fait, on n'a plus de peine à en démêler les opérations intellectuelles, qui, loin d'être assujetties au corps, président à ses mouvemens, et ne communiquent avec lui que par la liaison qu'elles ont avec le sens, auquel néanmoins nous les avons vues si supérieures.

XXII.
Comment on peut distinguer les opérations sensitives, d'avec les mouvemens corporels qui en sont inséparables.

Sur ce qui a été dit de la distinction qu'il faut faire des mouvemens corporels d'avec les sensations et les passions, on demandera peut-être comment on peut distinguer des choses qui se suivent de si près, et qui semblent inséparables : par exemple, comment distinguer la colère d'avec l'agitation des esprits et du sang ; comment distinguer le sentiment d'avec le mouvement des nerfs, ou si on veut des esprits, puisque ce mouvement étant posé, le sentiment suit aussitôt, et que jamais on n'a le sentiment, que ce mouvement ne précède.

On demandera encore comment le plaisir et la douleur peuvent appartenir à l'ame, puisqu'on les sent dans le corps. N'est-ce pas dans mon doigt coupé que je sens la douleur de la blessure ? et n'est-ce pas dans le palais que je sens le plaisir du goût ? On en dira autant de toutes les autres sensations.

A cela il est aisé de répondre que le mouvement dont il s'agit qui n'est qu'un changement de place, et le sentiment qui est la perception de quelque chose, sont fort différens l'un de l'autre.

On distingue donc ces choses par leurs idées naturelles, qui n'ont rien de commun ensemble, et ne peuvent être confondues que par erreur.

La séparation des parties du bras ou de la main dans une blessure, n'est pas d'une autre nature que celle qui se feroit dans un corps inanimé. Cette séparation ne peut donc pas être la douleur.

Il faut raisonner de même de tous les autres mouvemens du corps. L'agitation du sang n'est pas d'une autre nature que celle d'une autre liqueur ; l'ébranlement du nerf n'est pas d'une autre nature que celui d'une corde, ni le mouvement du cerveau que celui d'un autre corps : et pour venir aux esprits, leur cours n'est pas aussi d'une nature différente de celui d'une autre vapeur, puisque les esprits et les nerfs, et les filets dont on dit que le cerveau est composé, pour être plus déliés n'en sont pas moins corps, et que leur mouvement si vite, si délicat et si subtil qu'on se l'imagine, n'est après tout qu'un simple changement de place; ce qui est très-éloigné de sentir et de désirer.

Et cela se reconnoîtra dans les sensations, en reprenant la chose jusqu'au principe.

Nous y avons remarqué un mouvement enchaîné, qui se commence à l'objet, se continue dans le milieu, se communique à l'organe, aboutit enfin au cerveau et y fait son impression.

Il est aisé de comprendre que, tel que le mouvement se commence auprès de l'objet, tel il dure dans le milieu et tel il se continue dans les organes du corps extérieurs et intérieurs, la proportion toujours gardée.

Je veux dire que selon les diverses dispositions du milieu et de l'organe, ce mouvement pourra quelque peu changer, comme il arrive dans les réfractions, comme il arrive lorsque l'air par où doit se communiquer le mouvement du corps résonnant est agité par le vent : mais cette diversité se fait toujours à proportion du coup qui vient de l'objet; et c'est selon cette proportion que les organes, tant extérieurs qu'intérieurs, sont frappés.

Ainsi la disposition des organes corporels est au fond de même nature que celle qui se trouve dans les objets mêmes, au moment que nous en sommes touchés ; comme l'impression se fait dans la cire, telle et de même nature qu'elle a été faite dans le cachet.

En effet cette impression, qu'est-ce autre chose qu'un mouvement dans la cire, par lequel elle est forcée de s'accommoder au cachet qui se meut sur elle? Et de même l'impression dans nos organes, qu'est-ce autre chose qu'un mouvement qui se fait en eux en suite du mouvement qui se commence à l'objet?

Je vois que ma main pressée par un corps pesant et rude, cède et baisse en conformité du mouvement de ce corps qui pèse sur elle, et le même mouvement se continue sur toutes les parties qui sont disposées à le recevoir. Il n'y a personne qui n'entende que si l'agitation qui cause le bruit, est un certain trémoussement du corps résonnant, par exemple d'une corde de luth, une pareille trépidation se doit continuer dans l'air : et quand ensuite le tympan viendra à être ébranlé, et le nerf auditif avec lui, et le cerveau même ensuite, cet ébranlement après tout ne sera pas d'une autre nature qu'a été celui de la corde, et au contraire ce n'en sera que la continuation.

Toutes ces impressions étant de même nature, ou plutôt tout cela n'étant qu'une suite du même ébranlement qui a commencé à l'objet, il n'est pas moins ridicule de dire que l'agitation du tympan et l'ébranlement du nerf ou de quelque autre partie, puisse être la sensation que de dire que l'ébranlement de l'air ou celui du corps résonnant la soit.

Il faut donc, pour bien raisonner, regarder toute cette suite d'impressions corporelles, depuis l'objet jusqu'au cerveau, comme chose qui tient à l'objet; et par la même raison qu'on distingue les sensations d'avec l'objet, il faut les distinguer d'avec les impressions et les mouvemens qui le suivent.

Ainsi la sensation est une chose qui s'élève après tout cela, et dans un autre sujet, c'est-à-dire non plus dans le corps, mais dans l'ame seule.

Il en faut dire autant, et de l'imagination, et des désirs qui en naissent. En un mot, tant qu'on ne fera que remuer des corps, c'est-à-dire des choses étendues en longueur, largeur et profondeur, quelque vites et quelque subtils qu'on fasse ces corps, et dût-on les réduire à l'indivisible, si leur nature le pouvoit permettre, jamais on ne fera une sensation ni un désir.

Car enfin, qu'un corps soit plus vite, il arrivera plus tôt; qu'il soit plus mince, il pourra passer par une plus petite ouverture : mais que cela fasse sentir ou désirer, c'est ce qui n'a aucune suite et ne s'entend pas.

De là vient que l'ame, qui connoît si bien et si distinctement ses sensations, ses imaginations et ses désirs, ne connoît la délicatesse et les mouvemens ni du cerveau, ni des nerfs, ni des esprits, ni même si ces choses sont dans la nature. Je sais bien que je sens la douleur de la migraine ou de la colique, et que je sens du plaisir en buvant et en mangeant, et je connois très-distinctement ce plaisir et cette douleur : mais si j'ai une membrane autour du cerveau, dont les nerfs soient picotés par une humeur âcre ; si j'ai des nerfs à la langue que le suc des viandes remue, c'est ce que je ne sais pas. Je ne sais non plus si j'ai des esprits qui errent dans le cerveau, et se jettent dans les nerfs, tant pour les tenir tendus que pour se répandre de là dans les muscles. Ce qui montre qu'il n'y a rien de plus distingué que le sentiment et toutes ces dispositions des organes corporels, puisque l'un est si clairement aperçu, et que l'autre ne l'est point du tout.

Ainsi il se trouvera que nous connoissons beaucoup plus de choses de notre ame que de notre corps, puisqu'il se fait dans notre corps tant de mouvemens que nous ignorons, et que nous n'avons aucun sentiment que notre esprit n'aperçoive.

Concluons donc que le mouvement des nerfs ne peut pas être un sentiment ; que l'agitation du sang ne peut pas être un désir ; que le froid qui est dans le sang, quand les esprits dont il est plein se retirent vers le cœur, ne peut pas être la haine ; et en un mot, qu'on se trompe en confondant les dispositions et altérations corporelles avec les sensations, les imaginations et les passions.

Ces choses sont unies ; mais elles ne sont point les mêmes, puisque leurs natures sont si différentes ; et comme se mouvoir n'est pas sentir, sentir n'est pas se mouvoir.

Ainsi quand on dit qu'une partie du corps est sensible, ce n'est pas que le sentiment puisse être dans le corps ; mais c'est que cette partie étant toute nerveuse, elle ne peut être blessée sans un grand ébranlement des nerfs ; ébranlement auquel la nature a joint un vif sentiment de douleur.

Et si elle nous fait rapporter ce sentiment à la partie offensée ; si, par exemple, quand nous avons la main blessée, nous y ressentons de la douleur, c'est un avertissement que la blessure qui cause de la douleur est dans la main ; mais ce n'est pas une preuve que le sentiment, qui ne peut convenir qu'à l'ame, se puisse attribuer au corps.

En effet quand un homme qui a la jambe emportée, croit y ressentir autant de douleur qu'auparavant, ce n'est pas que la douleur soit reçue dans une jambe qui n'est plus ; mais c'est que l'ame, qui la ressent seule, la rapporte au même endroit qu'elle avoit accoutumé de la rapporter.

Ainsi de quelque manière qu'on tourne et qu'on remue le corps, que ce soit vite ou lentement, circulairement ou en ligne droite, en masse ou en parcelles séparées, cela ne le fera jamais sentir : encore moins imaginer : encore moins raisonner, et entendre la nature de chaque chose et la sienne propre : encore moins délibérer et choisir, résister à ses passions, se commander à soi-même, aimer enfin quelque chose jusqu'à lui sacrifier sa propre vie.

Il y a donc dans le corps humain, une vertu supérieure à toute la masse du corps, aux esprits qui l'agitent, aux mouvemens et aux impressions qu'il en reçoit : cette vertu est dans l'ame, ou plutôt elle est l'ame même, qui, quoique d'une nature élevée au-dessus du corps, lui est unie toutefois par la puissance suprême qui a créé l'une et l'autre.

CHAPITRE IV.

De Dieu créateur de l'ame et du corps, et auteur de leur union.

I.

L'homme est un ouvrage d'un grand dessein et d'une sagesse profonde.

Dieu qui a créé l'ame et le corps et qui les a unis l'un à l'autre d'une façon si intime, se fait connoître lui-même dans ce bel ouvrage.

Quiconque connoîtra l'homme verra que c'est un ouvrage de grand dessein, qui ne pouvoit être ni conçu ni exécuté que par une sagesse profonde.

Tout ce qui montre de l'ordre, des proportions bien prises et des moyens propres à faire de certains effets, montre aussi une fin expresse : par conséquent, un dessein formé, une intelligence réglée et un art parfait.

C'est ce qui se remarque dans toute la nature. Nous voyons tant de justesse dans ses mouvemens et tant de convenance entre ses parties, que nous ne pouvons nier qu'il n'y ait de l'art. Car s'il en faut pour remarquer ce concert et cette justesse, à plus forte raison pour l'établir. C'est pourquoi nous ne voyons rien dans l'univers que nous ne soyons portés à demander pourquoi il se fait : tant nous sentons naturellement que tout a sa convenance et sa fin.

Aussi voyons-nous que les philosophes qui ont le mieux observé la nature nous ont donné pour maxime, qu'elle ne fait rien en vain, et qu'elle va toujours à ses fins par les moyens les plus courts et les plus faciles : et il y a tant d'art dans la nature, que l'art même ne consiste qu'à la bien entendre et à l'imiter. Et plus on entre dans ses secrets, plus on la trouve pleine de proportions cachées qui font tout aller par ordre, et sont la marque certaine d'un ouvrage bien entendu et d'un artifice profond.

Ainsi sous le nom de nature, nous entendons une sagesse profonde, qui développe avec ordre et selon de justes règles, tous les mouvemens que nous voyons.

Mais de tous les ouvrages de la nature, celui où le dessein est le plus suivi, c'est sans doute l'homme.

Et déjà il est d'un beau dessein d'avoir voulu faire de toutes sortes d'êtres : des êtres qui n'eussent que l'étendue avec tout ce qui lui appartient, figure, mouvement, repos, tout ce qui dépend de la proportion ou disproportion de ces choses : des êtres qui n'eussent que l'intelligence et tout ce qui convient à une si noble opération, sagesse, raison, prévoyance, volonté, liberté, vertu : enfin des êtres où tout fût uni, et où une ame intelligente se trouvât jointe à un corps.

L'homme étant formé par un tel dessein, nous pouvons définir l'ame raisonnable, substance intelligente née pour vivre dans un corps et lui être intimement unie.

L'homme tout entier est compris dans cette définition, qui commence par ce qu'il a de meilleur sans oublier ce qu'il a de moindre, et fait voir l'union de l'un et de l'autre.

A ce premier trait qui figure l'homme, tout le reste est accommodé avec un ordre admirable.

Nous avons vu que pour l'union il falloit qu'il se trouvât dans l'ame, outre les opérations intellectuelles supérieures au corps, des opérations sensitives naturellement engagées dans le corps, et assujetties à ses organes : aussi voyons-nous dans l'ame ces opérations sensitives.

Mais les opérations intellectuelles n'étoient pas moins nécessaires à l'ame, puisqu'elle devoit, comme la plus noble partie du composé, gouverner le corps et y présider : en effet, Dieu lui a donné ces opérations intellectuelles, et leur a attribué le commandement.

Il falloit qu'il y eût un certain concours entre toutes les opérations de l'ame, et que la partie raisonnable pût tirer quelque utilité de la partie sensitive. La chose a été ainsi réglée. Nous avons vu que l'ame avertie et excitée par les sensations, apprend et remarque ce qui se passe autour d'elle, pour ensuite pourvoir aux besoins du corps et faire ses réflexions sur les merveilles de la nature.

Peut-être que la chose s'entendra mieux en la reprenant d'un peu plus haut.

La nature intelligente aspire à être heureuse; elle a l'idée du bonheur, elle le cherche; elle a l'idée du malheur, elle l'évite; c'est à cela qu'elle rapporte tout ce qu'elle fait, et il semble que c'est là son fond. Mais sur quoi doit être fondée la vie heureuse, si ce n'est sur la connoissance de la vérité? Mais on n'est pas heureux simplement pour la connoître : il faut l'aimer, il faut la vouloir : il y a de la contradiction de dire qu'on soit heureux sans aimer son bonheur et ce qui le fait. Il faut donc, pour être heureux, et connoître le bien et l'aimer; et le bien de la nature intelligente, c'est la vérité; c'est là ce qui la nourrit et la vivifie. Et si je concevois une nature purement intelligente, il me semble que je n'y mettrois qu'entendre et aimer la vérité, et que cela seul la rendroit heureuse. Mais comme l'homme n'est pas une nature purement intelligente, et qu'il est, ainsi qu'il a été dit, une nature intelligente unie à un corps, il lui faut autre chose : il lui faut les sens. Et cela se déduit du même principe. Car puisqu'elle est unie à un corps, le bon état de ce corps doit faire une partie de son bonheur; et pour achever l'union, il faut que la partie intelligente pourvoie au corps qui lui est uni, la principale à l'inférieure.

Ainsi une des vérités que doit connoître l'ame unie à un corps est ce qui regarde les besoins du corps et les moyens d'y pourvoir. C'est à quoi servent les sensations, comme nous venons de le dire, et comme nous l'avons établi ailleurs. Et notre ame étant de telle nature que ses idées intellectuelles sont universelles, abstraites, séparées de toutes matières particulières, elle avoit besoin d'être avertie par quelque autre chose, de ce qui regarde ce corps particulier à qui elle est unie, et les autres corps qui peuvent ou le secourir ou lui nuire, et nous avons vu que les sensations lui sont données pour cela. Par la vue, par l'ouïe, par les autres sens, elle discerne parmi les objets ce qui est propre ou contraire au corps : le plaisir et la douleur la rendent attentive à ses besoins, et ne l'invitent pas seulement, mais la forcent à y pourvoir.

Voilà quelle devoit être l'ame, et de là il est aisé de déterminer quel devoit être le corps.

Il falloit premièrement qu'il fût capable de servir aux sensations, et par conséquent qu'il pût recevoir des impressions de tous côtés, puisque c'étoit à ces impressions que les sensations devoient être unies.

Mais si le corps n'étoit en état de prêter ses mouvemens aux desseins de l'ame, en vain apprendroit-elle par les sensations ce qui est à rechercher et à fuir.

Il a donc fallu que ce corps si propre à recevoir les impressions, le fût aussi à exercer mille mouvemens divers.

Pour tout cela il falloit le composer d'une infinité de parties délicates et de plus les unir ensemble, en sorte qu'elles pussent agir en concours pour le bien commun.

En un mot, il falloit à l'ame un corps organique; et Dieu lui en a fait un capable des mouvemens les plus forts, aussi bien que des plus délicats et des plus industrieux.

Ainsi tout l'homme est construit avec un dessein suivi et avec un art admirable. Mais si la sagesse de son auteur éclate dans le tout, elle ne paroît pas moins dans chaque partie.

II.

Le corps humain est l'ouvrage d'un dessein profond et admirable.

Nous venons de voir que notre corps devoit être composé de beaucoup d'organes capables de recevoir les impressions des objets, et d'exercer des mouvemens proportionnés à ces impressions.

Ce dessein est parfaitement exécuté, tout est ménagé dans le corps humain avec un artifice merveilleux. Le corps reçoit de tous côtés les impressions des objets sans être blessé ; on lui a donné des organes pour éviter ce qui l'offense ou le détruit ; et les corps environnans, qui font sur lui ce mauvais effet, font encore celui de lui causer de l'éloignement. La délicatesse des parties, quoiqu'elle aille à une finesse inconcevable, s'accorde avec la force et avec la solidité. Le jeu des ressorts n'est pas moins aisé que ferme; à peine sentons-nous battre notre cœur, nous qui sentons les moindres mouvemens du dehors, si peu qu'ils viennent à nous ; les artères vont, le sang circule, les esprits coulent, toutes les parties s'incorporent leur nourriture sans troubler notre sommeil, sans distraire nos pensées, sans exciter tant soit peu notre sentiment : tant Dieu a mis de règle et de proportion, de délicatesse et de douceur, dans de si grands mouvemens.

Ainsi nous pouvons dire avec assurance que, de toutes les proportions qui se trouvent dans les corps, celles du corps organique sont les plus parfaites et les plus palpables.

Tant de parties si bien arrangées, et si propres aux usages pour lesquels elles sont faites ; la disposition des valvules ; le battement du cœur et des artères; la délicatesse des parties du cerveau et la variété de ses mouvemens, d'où dépendent tous les autres ; la distribution du sang et des esprits; les effets différens de la respiration, qui ont un si grand usage dans le corps : tout cela est d'une économie, et s'il est permis d'user de ce mot, d'une mécanique si admirable, qu'on ne la peut voir sans ravissement, ni assez admirer la sagesse qui en a établi les règles.

Il n'y a genre de machine qu'on ne trouve dans le corps humain. Pour sucer quelque liqueur, les lèvres servent de tuyau, et la langue sert de piston. Au poumon est attachée l'âpre-artère comme une espèce de flûte douce d'une fabrique particulière, qui s'ouvrant plus ou moins, modifie l'air et diversifie les tons. La langue est un archet, qui battant sur les dents et sur le palais, en tire des sons exquis. L'œil a ses humeurs et son cristallin, où les réfractions se ménagent avec plus d'art que dans les verres les mieux taillés. Il a aussi sa prunelle, qui s'allonge et se resserre pour rapprocher les objets, comme les lunettes de longue vue. L'oreille a son tambour, où une peau aussi délicate que bien tendue résonne au mouvement d'un petit marteau que le moindre bruit agite; elle a dans un os fort dur des cavités pratiquées pour faire retentir la voix, de la même sorte qu'elle retentit parmi les rochers et dans les échos. Les vaisseaux ont leurs soupapes ou valvules tournées en tous sens; les os et les muscles ont leurs poulies et leurs leviers : les proportions qui font et les équilibres et la multiplication des forces mouvantes y sont observées dans une justesse où rien ne manque. Toutes les machines sont si simples, le jeu en est si aisé, et la structure si délicate, que toute autre machine est grossière à comparaison.

A rechercher de près les parties, on y voit de toute sorte de tissus; rien n'est mieux filé, rien n'est mieux passé, rien n'est serré plus exactement.

Nul ciseau, nul tour, nul pinceau ne peut approcher de la tendresse avec laquelle la nature tourne et arrondit ses sujets.

Tout ce que peut faire la séparation et le mélange des liqueurs, leur précipitation, leur digestion, leur fermentation et le reste, est pratiqué si habilement dans le corps humain, qu'auprès de ces opérations la chimie la plus fine n'est qu'une ignorance.

On voit à quel dessein chaque chose a été faite : pourquoi le cœur, pourquoi le cerveau, pourquoi le sang, pourquoi la bile, pourquoi les autres humeurs. Qui voudra dire que le sang n'est pas fait pour nourrir l'animal; que l'estomac et les eaux qu'il jette par ses glandes, ne sont pas faites pour préparer par la digestion la formation du sang; que les artères et les veines ne sont pas faites de la manière qu'il faut pour le contenir, pour le porter partout, pour le faire circuler continuellement ; que le cœur n'est pas fait pour donner le branle à cette circulation : qui voudra dire que la langue et les lèvres, avec leur prodigieuse mobilité, ne sont pas faites pour former la voix en mille sortes d'articulations; ou que la bouche n'a pas été mise à la place la plus convenable, pour transmettre la nourriture à l'estomac; que les dents n'y sont pas placées pour rompre cette nourriture, et la rendre capable d'entrer; que les eaux qui coulent dessus ne sont pas propres à la ramollir, et ne viennent pas pour cela à point nommé; ou que ce n'est pas pour ménager les organes et la place, que la bouche est pratiquée de manière que tout y sert également à la nourriture et à la parole : qui voudra dire ces choses, fera mieux de dire encore qu'un bâtiment n'est pas fait pour loger, et que ses appartemens ou engagés ou dégagés, ne sont pas construits pour la commodité de la vie et pour faciliter les ministères nécessaires : en un mot, il sera un insensé qui ne mérite pas qu'on lui parle.

Si ce n'est peut-être qu'il faille dire que le corps humain n'a point d'architecte, parce qu'on n'en voit pas l'architecte avec les yeux; et qu'il ne suffit pas de trouver tant de raison et tant de dessein dans sa disposition, pour entendre qu'il n'est pas fait sans raison et sans dessein.

Plusieurs choses font remarquer combien est grand et profond l'artifice dont il est construit.

Les savans et les ignorans, s'ils ne sont tout à fait stupides, sont également saisis d'admiration en le voyant. Tout homme qui le considère par lui-même trouve foible tout ce qu'il en a ouï dire, et un seul regard lui en dit plus que tous les discours et tous les livres.

Depuis tant de temps qu'on regarde et qu'on étudie si curieusement le corps humain, quoiqu'on sente que tout y a sa raison, on n'a pu encore parvenir à en pénétrer le fond; plus on considère, plus on trouve de choses nouvelles, plus belles que les premières qu'on avoit tant admirées : et quoiqu'on trouve très-grand ce qu'on a déjà découvert, on voit que ce n'est rien à comparaison de ce qui reste à chercher.

Par exemple, qu'on voie les muscles si forts et si tendres; si unis pour agir en concours, si dégagés pour ne se point mutuellement embarrasser; avec des filets si artistement tissus et si bien tors, comme il faut pour faire leur jeu; au reste si bien tendus, si bien soutenus, si promptement placés, si bien insérés où il faut, assurément on est ravi, et on ne peut quitter un si beau spectacle; et malgré qu'on en ait, un si grand art parle de son artisan; et cependant tout cela est mort, faute de voir par où les esprits s'insinuent, comment ils tirent, comment ils relâchent, comment le cerveau les forme, et comment il les envoie avec leur adresse fixe : toutes choses qu'on voit bien qui sont, mais dont le secret principe et le maniement n'est pas connu.

Et parmi tant de spéculations faites par une curieuse anatomie, s'il est arrivé quelquefois à ceux qui s'y sont occupés, de désirer que pour plus de commodité les choses fussent autrement qu'ils ne les voyoient, ils ont trouvé qu'ils ne faisoient un si vain désir que faute d'avoir tout vu; et personne n'a encore trouvé qu'un seul os dût être figuré autrement qu'il n'est, ni être articulé autre part, ni être emboîté plus commodément, ni être percé en d'autres endroits, ni donner aux muscles dont il est l'appui une place plus propre à s'y enclaver; ni enfin qu'il y eût aucune partie, dans tout le corps, à qui on pût seulement désirer ou une autre température ou une autre place.

Il ne reste donc à désirer dans une si belle machine, sinon qu'elle aille toujours, sans être jamais troublée et sans finir. Mais qui l'a bien entendue, en voit assez pour juger que son auteur ne pouvoit pas manquer de moyens pour la réparer toujours, et enfin la rendre immortelle; et que maître de lui donner l'immortalité, il a voulu que nous connussions qu'il la peut donner par grâce, l'ôter par châtiment et la rendre par récompense. La religion, qui vient là-dessus, nous apprend qu'en effet c'est ainsi qu'il en a usé, et nous apprend tout ensemble à le louer et à le craindre.

En attendant l'immortalité qu'il nous promet, jouissons du beau spectacle des principes qui nous conservent si longtemps ; et connoissons que tant de parties, où nous ne voyons qu'une impétuosité aveugle, ne pourroient pas concourir à cette fin, si elles n'étoient tout ensemble et dirigées et formées par une cause intelligente.

Le secours mutuel que se prêtent ces parties les unes aux autres : quand la main, par exemple, se présente pour sauver la tête, qu'un côté sert de contre-poids à l'autre que sa pente et sa pesanteur entraînent, et que le corps se situe naturellement de la manière la plus propre à se soutenir ; ces actions et les autres de cette sorte, qui sont si propres et si convenables à la conservation du corps, dès là qu'elles se font sans que notre raison y ait part, nous montrent qu'elles sont conduites et les parties disposées par une raison supérieure.

La même chose paroît par cette augmentation de forces qui nous arrive dans les grandes passions. Nous avons vu ce que font et la colère et la crainte; comme elles nous changent; comme l'une nous encourage et nous arme, et comme l'autre fait de notre corps, pour ainsi parler, un instrument propre à fuir. C'est sans doute un grand secret de la nature (c'est-à-dire de Dieu) d'avoir premièrement proportionné les forces du corps à ses besoins ordinaires : mais d'avoir trouvé le moyen de doubler les forces dans les besoins extraordinairement pressans et de disposer tellement le cerveau, le cœur et le sang, que les esprits, d'où dépend toute l'action du corps, devinssent dans les grands périls plus abondans ou plus vifs; et en même temps fussent portés, sans que nous le sussions, aux parties où ils peuvent rendre la défense plus vigoureuse, ou la fuite plus légère; c'est l'effet d'une sagesse infinie.

Et cette augmentation de forces proportionnées à nos besoins, nous fait voir que les passions, dans leur fond et dans la première institution de la nature, étoient faites pour nous aider ; et que si maintenant elles nous nuisent aussi souvent qu'elles font, il faut qu'il soit arrivé depuis quelque désordre.

En effet l'opération des passions dans le corps des animaux, loin de les embarrasser, les aide à ce que leur état demande (j'excepte certains cas qui ont des causes particulières); et le contraire n'arriveroit pas à l'homme, s'il n'avoit mérité par quelque faute qu'il se fît en lui quelque espèce de renversement.

Que si avec tant de moyens que Dieu nous a préparés pour la conservation de notre corps, il faut que chaque homme meure, l'univers n'y perd rien, puisque dans les mêmes principes qui conservent l'homme durant tant d'années, il se trouve encore de quoi en produire d'autres jusqu'à l'infini. Ce qui le nourrit, le rend fécond, et rend l'espèce immortelle. Un seul homme, un seul animal, une seule plante suffit pour peupler toute la terre : et le dessein de Dieu est si suivi, qu'une infinité de générations ne sont que l'effet d'un seul mouvement continué sur les mêmes règles, et en conformité du premier branle que la nature a reçu au commencement.

Quel architecte est celui qui faisant un bâtiment caduc, y met un principe pour se relever dans ses ruines ; et qui sait immortaliser par tels moyens son ouvrage en général, ne pourra-t-il pas immortaliser quelque ouvrage qu'il lui plaira en particulier ?

Si nous considérons une plante qui porte en elle-même la graine d'où il se forme une autre plante, nous serons forcés d'avouer qu'il y a dans cette graine un principe secret d'ordre et d'arrangement, puisqu'on voit les branches, les feuilles, les fleurs et les fruits s'expliquer et se développer de là avec une telle régularité ; et nous verrons en même temps qu'il n'y a qu'une profonde sagesse qui ait pu renfermer toute une grande plante dans une si petite graine, et l'en faire sortir par des mouvemens si réglés.

Mais la formation de nos corps est beaucoup plus admirable, puisqu'il y a sans comparaison plus de justesse, plus de variété et plus de rapports entre toutes leurs parties.

Il n'y a rien certainement de plus merveilleux, que de considérer tout un grand ouvrage dans ses premiers principes, où il est comme ramassé et où il se trouve tout entier en petit.

On admire avec raison la beauté et l'artifice d'un moule où la matière étant jetée, il s'en forme un visage fait au naturel, ou quelque autre figure régulière. Mais tout cela est grossier à comparaison des principes d'où viennent nos corps, par lesquels une si belle structure se forme de si petits commencemens, se conserve d'une manière si aisée et si admirable, se répare dans sa chute et se perpétue par un ordre si immuable.

Les plantes et les animaux en se perpétuant sans dessein les uns les autres avec une exacte ressemblance, font voir qu'ils ont été une fois formés avec dessein sur un modèle immuable, sur une idée éternelle.

Ainsi nos corps dans leur formation et dans leur conservation, portent la marque d'une invention, d'un dessein, d'une industrie inexplicables : tout y a sa raison, tout y a sa fin, tout y a sa proportion et sa mesure, et par conséquent tout est fait par art.

III.

Desseins merveilleux dans les sensations et dans les choses qui en dépendent.

Mais que serviroit à l'ame d'avoir un corps si sagement construit, si elle, qui le doit conduire, n'étoit avertie de ses besoins? Aussi l'est-elle admirablement par les sensations, qui lui servent à discerner les objets qui peuvent détruire ou entretenir en bon état le corps qui lui est uni.

Bien plus, il a fallu qu'elle fût obligée à en prendre soin par quelque chose de fort ; c'est ce que font le plaisir et la douleur, qui lui venant à l'occasion des besoins du corps ou de ses bonnes dispositions, l'engagent à pourvoir à ce qui le touche.

Au reste nous avons assez observé la juste proportion qui se trouve entre l'ébranlement passager des nerfs et les sensations ; entre les impressions permanentes du cerveau, et les imaginations qui devoient durer et se renouveler de temps en temps ; enfin entre ces secrètes dispositions du corps qui l'ébranlent pour s'approcher ou s'éloigner de certains objets, et les désirs ou les aversions par lesquels l'ame s'y unit et s'en éloigne par la pensée.

Par là s'entend admirablement bien l'ordre que tiennent la sensation, l'imagination et la passion, tant entre elles qu'à l'égard des mouvemens corporels d'où elles dépendent ; et ce qui achève de faire voir la beauté d'une proportion si juste, est que la même suite qui se trouve entre trois dispositions du corps se trouve aussi entre trois dispositions de l'ame ; je veux dire que comme la disposition qu'a le corps dans les passions à s'avancer ou se reculer, dépend des impressions du cerveau, et les impressions du cerveau de l'ébranlement des nerfs, ainsi le désir et les aversions dépendent naturellement des imaginations, comme celles-ci dépendent des sensations.

IV.

La raison nécessaire pour juger des sensations et régler les mouvemens extérieurs, devoit nous être donnée et ne l'a pas été sans un grand dessein.

Mais quoique l'ame soit avertie des besoins du corps et de la diversité des objets par les sensations et les passions, elle ne profiteroit pas de ces avertissemens sans ce principe secret de raisonnement, par lequel elle comprend les rapports des choses et juge de ce qu'elles lui font expérimenter.

Ce même principe de raisonnement la fait sortir de son corps pour se jeter par la pensée sur le reste de la nature, et comprendre l'enchaînement des parties qui composent un si grand tout.

A ces connoissances devoit être jointe une volonté maîtresse d'elle-même, et capable d'user, selon la raison, des organes, des sentimens, et des connoissances mêmes.

Et c'étoit de cette volonté qu'il falloit faire dépendre les membres du corps, afin que la partie principale eût l'empire qui lui convenoit sur la moindre.

Aussi voyons-nous qu'il est ainsi. Nos muscles agissent, nos membres remuent, et notre corps est transporté à l'instant que nous le voulons. Cet empire est une image du pouvoir absolu de Dieu, qui remue tout l'univers par sa volonté et y fait tout ce qu'il lui plaît.

Et il a tellement voulu que tous ces mouvemens de notre corps servissent à la volonté, que même les involontaires, par où se fait la distribution des esprits et des alimens, tendent naturellement à rendre le corps plus souple, puisque jamais il n'obéit mieux que lorsqu'il est sain, c'est-à-dire quand ses mouvemens naturels et intérieurs vont selon leur règle.

Ainsi les mouvemens intérieurs qui sont naturels et nécessaires, servent à faciliter les mouvemens extérieurs qui sont volontaires.

Mais en même temps que Dieu a soumis à la volonté les mouvemens extérieurs, il nous a laissé deux marques sensibles que cet empire dépendoit d'une autre puissance. La première est que le pouvoir de la volonté a des bornes, et que l'effet en est empêché par la mauvaise disposition des membres, qui devroient être soumis. La seconde, que nous remuons notre corps sans savoir comment, sans connoître aucun des ressorts qui servent à le remuer, et souvent même sans discerner les mouvemens que nous faisons, comme il se voit principalement dans la parole.

Il paroît donc que ce corps est un instrument fabriqué et soumis à notre volonté par une puissance qui est hors de nous ; et toutes les fois que nous nous en servons, soit pour parler, ou pour respirer, ou pour nous mouvoir en quelque façon que ce soit, nous devrions toujours sentir Dieu présent.

V.

L'intelligence a pour objet des vérités éternelles, qui ne sont autre chose que Dieu même, où elles sont toujours subsistantes et toujours parfaitement entendues.

Mais rien ne sert tant à l'ame pour s'élever à son auteur que la connoissance qu'elle a d'elle-même et de ses sublimes opérations, que nous avons appelées intellectuelles.

Nous avons déjà remarqué que l'entendement a pour objet des vérités éternelles.

Les règles des proportions, par lesquelles nous mesurons toutes choses, sont éternelles et invariables.

Nous connoissons clairement que tout se fait dans l'univers par la proportion du plus grand au plus petit, et du plus fort au plus foible; et nous en savons assez pour connoître que ces proportions se rapportent à des principes d'éternelle vérité.

Tout ce qui se démontre en mathématique et en quelque autre science que ce soit, est éternel et immuable, puisque l'effet de la démonstration est de faire voir que la chose ne peut pas être autrement qu'elle est démontrée.

Aussi pour entendre la nature et les propriétés des choses que je connois, par exemple, ou d'un triangle, ou d'un carré, ou d'un cercle, ou les proportions de ces figures, et de toutes autres figures entre elles, je n'ai pas besoin de savoir qu'il y en ait de telles dans la nature, et je puis m'assurer de n'en avoir jamais ni tracé ni vu de parfaites. Je n'ai pas besoin non plus de songer qu'il y ait quelque mouvement dans le monde, pour entendre la nature du mouvement même, ou celle des lignes que chaque mouvement décrit, et les proportions cachées avec lesquelles il se développe. Dès que l'idée de ces choses s'est une fois réveillée dans mon esprit, je connois que, soit qu'elles soient ou qu'elles ne soient pas actuellement, c'est ainsi qu'elles doivent être, et qu'il est impossible qu'elles soient d'une autre nature ou se fassent d'une autre façon.

Et pour venir à quelque chose qui nous touche de plus près, j'entends par ces principes de vérité éternelle, que quand aucun homme et moi-même ne serions pas, le devoir essentiel de l'homme, dès là qu'il est capable de raisonner, est de vivre selon la raison et de chercher son auteur, de peur de lui manquer de reconnoissance, si faute de le chercher il l'ignoroit.

Toutes ces vérités et toutes celles que j'en déduis par un raisonnement certain, subsistent indépendamment de tous les temps ; en quelque temps que je mette un entendement humain, il les connoîtra : mais en les connoissant, il les trouvera vérités, il ne les fera pas telles : car ce ne sont pas nos connoissances qui font leurs objets, elles les supposent. Ainsi ces vérités subsistent devant tous les siècles, et devant qu'il y ait eu un entendement humain : et quand tout ce qui se fait par les règles des proportions, c'est-à-dire tout ce que je vois dans la nature, seroit détruit, excepté moi, ces règles se conserveroient dans ma pensée ; et je verrois clairement qu'elles seroient toujours bonnes et toujours véritables, quand moi-même je serois détruit avec le reste.

Si je cherche maintenant, où et en quel sujet elles subsistent éternelles et immuables comme elles sont, je suis obligé d'avouer un être où la vérité est éternellement subsistante, et où elle est toujours entendue : et cet être doit être la vérité même, et doit être toute vérité : et c'est de lui que la vérité dérive dans tout ce qui est et ce qui entend hors de lui.

C'est donc en lui, d'une certaine manière qui m'est incompréhensible, c'est en lui, dis-je, que je vois ces vérités éternelles ; et les voir, c'est me tourner à celui qui est immuablement toute vérité et recevoir ses lumières.

Cet objet éternel, c'est Dieu éternellement subsistant, éternellement véritable, éternellement la vérité même.

Et en effet, parmi ces vérités éternelles que je connois, une des plus certaines est celle-ci, qu'il y a quelque chose au monde qui existe d'elle-même, par conséquent qui est éternelle et immuable.

Qu'il y ait un seul moment où rien ne soit, éternellement rien ne sera. Ainsi le néant sera à jamais toute vérité, et rien ne sera vrai que le néant : chose absurde et contradictoire.

Il y a donc nécessairement quelque chose qui est avant tous les temps et de toute éternité, et c'est dans cet éternel que ces vérités éternelles subsistent.

C'est là aussi que je les vois ; tous les autres hommes les voient comme moi, ces vérités éternelles ; et tous, nous les voyons toujours les mêmes, et nous les voyons être devant nous : car nous avons commencé, et nous le savons ; et nous savons que ces vérités ont toujours été.

Ainsi nous les voyons dans une lumière supérieure à nous-mêmes ; et c'est dans cette lumière supérieure que nous voyons aussi si nous faisons bien ou mal, c'est-à-dire si nous agissons ou non selon ces principes constitutifs de notre être.

Là donc nous voyons avec toutes les autres vérités, les règles invariables de nos mœurs ; et nous voyons qu'il y a des choses d'un devoir indispensable, et que dans celles qui sont naturellement indifférentes, le vrai devoir est de s'accommoder au plus grand bien de la société humaine.

Ainsi un homme de bien laisse régler l'ordre des successions et de la police aux lois civiles, comme il laisse régler le langage et la forme des habits à la coutume ; mais il écoute en lui-même une loi inviolable qui lui dit qu'il ne faut faire tort à personne, et qu'il vaut mieux qu'on nous en fasse que d'en faire à qui que ce soit.

En ces règles invariables, un sujet qui se sent partie d'un Etat, voit qu'il doit obéissance au prince qui est chargé de la conduite du tout ; autrement la paix du monde seroit renversée : et un prince y voit aussi qu'il gouverne mal, s'il regarde ses plaisirs et ses passions plutôt que la raison et le bien des peuples qui lui sont commis.

L'homme qui voit ces vérités, par ces vérités se juge lui-même, et se condamne quand il s'en écarte : ou plutôt ce sont ces vérités qui le jugent, puisque ce ne sont pas elles qui s'accommodent aux jugemens humains, mais les jugemens humains, qui s'accommodent à elles.

Et l'homme juge droitement, lorsque sentant ses jugemens variables de leur nature, il leur donne pour règle ces vérités éternelles.

Ces vérités éternelles, que tout entendement aperçoit toujours les mêmes, par lesquelles tout entendement est réglé, sont quelque chose de Dieu, ou plutôt sont Dieu même.

Car toutes ces vérités ne sont au fond qu'une seule vérité. En effet je m'aperçois en raisonnant, que ces vérités sont suivies. La même vérité qui me fait voir que les mouvemens ont certaines règles, me fait voir que les actions de ma volonté doivent aussi avoir les leurs. Et je vois ces deux vérités dans cette vérité commune, qui me dit que tout a sa loi, que tout a son ordre : ainsi la vérité est une de soi. Qui la connoît en partie, en voit plusieurs ; qui les verroit parfaitement, n'en verroit qu'une.

Et il faut nécessairement que la vérité soit quelque part très-parfaitement entendue, et l'homme s'en est à lui-même une preuve indubitable.

Car soit qu'il se considère lui-même, ou qu'il étende sa vue sur tous les êtres qui l'environnent, il voit tout soumis à des lois certaines et aux règles immuables de la vérité. Il voit qu'il entend ces lois, du moins en partie, lui qui n'a fait ni lui-même, ni aucune autre partie de l'univers pour petite qu'elle soit ; et il voit bien que rien n'auroit été fait, si ces lois n'étoient ailleurs parfaitement entendues : et il voit qu'il faut reconnoître une sagesse éternelle, où toute loi, tout ordre, toute proportion ait sa raison primitive.

Car il est absurde qu'il y ait tant de suite dans les vérités, tant de proportion dans les choses, tant d'économie dans leur assemblage, c'est-à-dire dans le monde ; et que cette suite, cette proportion, cette économie ne soit nulle part bien entendue : et l'homme, qui n'a rien fait, la connoissant véritablement, quoique non pas pleinement, doit juger qu'il y a quelqu'un qui la connoît dans sa perfection, et que ce sera celui-là même qui aura tout fait.

VI.

L'ame connoît par l'imperfection de son intelligence, qu'il y a ailleurs une intelligence parfaite.

Nous n'avons donc qu'à réfléchir sur nos propres opérations, pour entendre que nous venons d'un plus haut principe.

Car dès là que notre ame se sent capable d'entendre, d'affirmer et de nier, et que d'ailleurs elle sent qu'elle ignore beaucoup de choses, qu'elle se trompe souvent, et que souvent aussi pour s'empêcher d'être trompée, elle est forcée à suspendre son jugement et à se tenir dans le doute : elle voit à la vérité qu'elle a en elle un bon principe, mais elle voit aussi qu'il est imparfait, et qu'il y a une sagesse plus haute à qui elle doit son être.

En effet le parfait est plutôt que l'imparfait; et l'imparfait le suppose, comme le moins suppose le plus dont il est la diminution, et comme le mal suppose le bien dont il est la privation. Ainsi il est naturel que l'imparfait suppose le parfait, dont il est pour ainsi dire déchu ; et si une sagesse imparfaite telle que la nôtre, qui peut douter, ignorer, se tromper, ne laisse pas d'être, à plus forte raison devons-nous croire que la sagesse parfaite est et subsiste, et que la nôtre n'en est qu'une étincelle.

Car si nous étions tous seuls intelligens dans le monde, nous seuls nous vaudrions mieux avec notre intelligence imparfaite, que tout le reste qui seroit tout à fait brute et stupide ; et on ne pourroit comprendre d'où viendroit, dans ce tout qui n'entend pas, cette partie qui entend, l'intelligence ne pouvant pas naître d'une chose brute et insensée. Il faudroit donc que notre ame avec son intelligence imparfaite, ne laissât pas d'être par elle-même, par conséquent d'être éternelle et indépendante de toute autre chose : ce que nul homme, quelque fol qu'il soit, n'osant penser de soi-même, il reste qu'il connoisse au-dessus de lui une intelligence parfaite, dont toute autre reçoive la faculté et la mesure d'entendre.

Nous connoissons donc par nous-mêmes et par notre propre

imperfection, qu'il y a une sagesse infinie qui ne se trompe jamais, qui ne doute de rien, qui n'ignore rien, parce qu'elle a une pleine compréhension de la vérité, ou plutôt qu'elle est la vérité même.

Cette sagesse est elle-même sa règle, de sorte qu'elle ne peut jamais faillir, et c'est à elle à régler toutes choses.

Par la même raison, nous connoissons qu'il y a une souveraine bonté qui ne peut jamais faire aucun mal; au lieu que notre volonté imparfaite, si elle peut faire le bien, peut aussi s'en détourner.

De là nous devons conclure que la perfection de Dieu est infinie; car il a tout en lui-même. Sa puissance l'est aussi, de sorte qu'il n'a qu'à vouloir pour faire tout ce qu'il lui plaît.

C'est pourquoi il n'a eu besoin d'aucune matière précédente pour créer le monde. Comme il en trouve le plan et le dessein dans sa sagesse, et la source dans sa bonté, il ne lui faut aussi pour l'exécution que sa seule volonté toute-puissante.

Mais quoiqu'il fasse de si grandes choses, il n'en a aucun besoin, et il est heureux en se possédant lui-même.

L'idée même du bonheur nous mène à Dieu. Car si nous avons l'idée du bonheur, puisque d'ailleurs nous n'en pouvons voir la vérité en nous-mêmes, il faut qu'elle nous vienne d'ailleurs : il faut, dis-je, qu'il y ait ailleurs une nature vraiment bienheureuse : que si elle est bienheureuse, elle n'a rien à désirer; elle est parfaite : et cette nature bienheureuse, parfaite, pleine de tout bien, qu'est-ce autre chose que Dieu?

Il n'y a rien de plus existant ni de plus vivant que lui, parce qu'il est et qu'il vit éternellement. Il ne peut pas qu'il ne soit, lui qui possède la plénitude de l'être, ou plutôt qui est l'être même, selon ce qu'il dit, parlant à Moïse [1] : JE SUIS CELUI QUI SUIS; CELUI QUI EST *m'envoie à vous* (a).

---

[1] *Exod.*, III, 14.

(a) Note marg., Bossuet : Quelque part ici marquer la démonstration de ce qui est, de ce qui est immuable, de ce qui est éternel, de ce qui est parfait, antérieur à ce qui n'est pas, à ce qui n'est pas toujours le même, à ce qui n'est pas parfait. Saint Augustin, Boëce, saint Thomas.

VII.

L'ame qui connoît Dieu et se sent capable de l'aimer, sent dès là qu'elle est faite pour lui et qu'elle tient tout de lui.

En la présence d'un être si grand et si parfait, l'ame se trouve elle-même un pur néant, et ne voit rien en elle qui mérite d'être estimé, si ce n'est qu'elle est capable de connoître et d'aimer Dieu.

Elle sent par là qu'elle est née pour lui. Car si l'intelligence est pour le vrai, et que l'amour soit pour le bien, le premier vrai a droit d'occuper toute notre intelligence, et le souverain bien a droit de posséder tout notre amour.

Mais nul ne connoît Dieu que celui que Dieu éclaire, et nul n'aime Dieu que celui à qui il inspire son amour. Car c'est à lui de donner à sa créature tout le bien qu'elle possède, et par conséquent le plus excellent de tous les biens, qui est de le connoître et de l'aimer.

Ainsi le même qui a donné l'être à la créature raisonnable, lui a donné le bien-être. Il lui donne la vie, il lui donne la bonne vie, il lui donne d'être juste, il lui donne d'être sainte, il lui donne enfin d'être bienheureuse.

VIII.

L'ame connoît sa nature, en connoissant qu'elle est faite à l'image de Dieu.

Je commence ici à me connoître mieux que je n'avois jamais fait, en me considérant par rapport à celui dont je tiens l'être.

Moïse, qui m'a dit que j'étois fait à l'image et ressemblance de Dieu, en ce seul mot m'a mieux appris quelle est ma nature que ne peuvent faire tous les livres et tous les discours des philosophes.

J'entends et Dieu entend; Dieu entend qu'il est, j'entends que Dieu est, et j'entends que je suis. Voilà déjà un trait de cette divine ressemblance. Mais il faut ici considérer ce que c'est qu'entendre à Dieu, et ce que c'est qu'entendre à moi.

Dieu est la vérité même et l'intelligence même, vérité infinie, intelligence infinie. Ainsi dans le rapport mutuel qu'ont ensemble la vérité et l'intelligence, l'une et l'autre trouvent en Dieu leur perfection; puisque l'intelligence qui est infinie comprend la vérité toute entière, et que la vérité infinie trouve une intelligence égale à elle.

Par là donc la vérité et l'intelligence ne font qu'un; et il se trouve une intelligence (c'est-à-dire Dieu), qui étant aussi la vérité même, est elle-même son unique objet.

Il n'en est pas ainsi des autres choses qui entendent. Car quand j'entends cette vérité : Dieu est, cette vérité n'est pas mon intelligence. Ainsi l'intelligence et l'objet, en moi peuvent être deux : en Dieu, ce n'est jamais qu'un. Car il n'entend que lui-même, et il entend tout en lui-même, parce que tout ce qui est et n'est pas lui, est en lui comme dans sa cause.

Mais c'est une cause intelligente qui fait tout par raison et par art, qui par conséquent a en elle-même, ou plutôt qui est elle-même l'idée et la raison primitive de tout ce qui est.

Et les choses qui sont hors de lui n'ont leur être ni leur vérité, que par rapport à cette idée éternelle et primitive.

Car les ouvrages de l'art n'ont leur être et leur vérité parfaite, que par le rapport qu'ils ont avec l'idée de l'artisan.

L'architecte a dessiné dans son esprit un palais ou un temple, avant que d'en avoir mis le plan sur le papier : et cette idée intérieure de l'architecte est le vrai plan et le vrai modèle de ce palais ou de ce temple.

Ce palais ou ce temple seront le vrai palais ou le vrai temple que l'architecte a voulu faire, quand ils répondront parfaitement à cette idée intérieure qu'il en a formée.

S'ils n'y répondent pas, l'architecte dira : Ce n'est pas là l'ouvrage que j'ai médité : si la chose est parfaitement exécutée selon son projet, il dira : Voilà mon dessein au vrai, voilà le vrai temple que je voulois construire.

Ainsi tout est vrai dans les créatures de Dieu, parce que tout répond à l'idée de cet architecte éternel, qui fait tout ce qu'il veut et comme il veut.

C'est pourquoi Moïse l'introduit dans le monde qu'il venoit de faire, et il dit qu'après avoir vu son ouvrage, il le trouva bon :

c'est-à-dire qu'il le trouva conforme à son dessein ; et il le vit bon, vrai et parfait, où il avoit vu qu'il le falloit faire tel, c'est-à-dire dans son idée éternelle.

Mais ce Dieu, qui avoit fait un ouvrage si bien entendu et si capable de satisfaire tout ce qui entend, a voulu qu'il y eût parmi ses ouvrages quelque chose qui entendît et son ouvrage et lui-même.

Il a donc fait des natures intelligentes, et je me trouve être de ce nombre. Car j'entends et que je suis, et que Dieu est, et que beaucoup d'autres choses sont, et que moi et les autres choses ne serions pas, si Dieu n'avoit voulu que nous fussions.

Dès là que j'entends les choses comme elles sont, ma pensée leur devient conforme ; car je les pense telles qu'elles sont : et elles se trouvent conformes à ma pensée, car elles sont comme je les pense.

Voilà donc quelle est ma nature : pouvoir être conforme à tout, c'est-à-dire pouvoir recevoir l'impression de la vérité ; en un mot, pouvoir l'entendre.

J'ai trouvé cela en Dieu ; car il entend tout, il sait tout : les choses sont comme il les voit : mais ce n'est pas comme moi, qui, pour bien penser, dois rendre ma pensée conforme aux choses qui sont hors de moi : Dieu ne rend pas sa pensée conforme aux choses qui sont hors de lui ; au contraire, il rend les choses qui sont hors de lui, conformes à sa pensée éternelle. Enfin il est la règle, il ne reçoit pas de dehors l'impression de la vérité ; il est la vérité même : il est la vérité qui s'entend parfaitement elle-même.

En cela donc je me reconnois fait à son image : non son image parfaite, car je serois comme lui la vérité même ; mais fait à son image, capable de recevoir l'impression de la vérité.

IX.

L'ame qui entend la vérité reçoit en elle-même une impression divine qui la rend conforme à Dieu.

Et quand je reçois actuellement cette impression, quand j'entends actuellement la vérité que j'étois capable d'entendre, que m'arrive-t-il, sinon d'être actuellement éclairé de Dieu et rendu conforme à lui ?

D'où me pourroit venir l'impression de la vérité ? Me vient-elle des choses mêmes ? Est-ce le soleil qui s'imprime en moi, pour me faire connoître ce qu'il est, lui que je vois si petit malgré sa grandeur immense ? Que fait-il en moi, ce soleil si grand et si vaste, par le prodigieux épanchement de ses rayons ? que fait-il, que d'exciter dans mes nerfs quelque léger tremblement, et d'imprimer quelque petite marque dans mon cerveau ? N'ai-je pas vu que la sensation qui s'élève ensuite, ne me représente rien de ce qui se fait ni dans le soleil, ni dans mes organes : et que si j'entends que le soleil est si grand, que ses rayons sont si vifs, et traversent en moins d'un clin d'œil un espace immense, je vois ces vérités dans une lumière intérieure, c'est-à-dire dans ma raison, par laquelle je juge et des sens, et de leurs organes, et de leurs objets.

Et d'où vient à mon esprit cette impression si pure de la vérité ? D'où lui viennent ces règles immuables qui dirigent le raisonnement, qui forment les mœurs, par lesquelles il découvre les proportions secrètes des figures et des mouvemens ? D'où lui viennent, en un mot, ces vérités éternelles que j'ai tant considérées ? Sont-ce les triangles, et les carrés, et les cercles que je trace grossièrement sur le papier, qui impriment dans mon esprit leurs proportions et leurs rapports ? ou bien y en a-t-il d'autres, dont la parfaite justesse fasse cet effet ? Où les ai-je vus ces cercles et ces triangles si justes, moi qui ne puis m'assurer d'avoir jamais vu aucune figure parfaitement régulière, et qui entends néanmoins si parfaitement cette régularité ? Y a-t-il quelque part, ou dans le monde ou hors du monde, des triangles ou des cercles subsistant dans cette parfaite régularité, d'où elle se soit imprimée dans mon esprit ? et ces règles du raisonnement et des mœurs subsistent-elles aussi en quelque part, d'où elles me communiquent leur vérité immuable ? Ou bien n'est-ce pas plutôt que celui qui a répandu partout la mesure, la proportion, la vérité même, en imprime en mon esprit l'idée certaine ?

Mais qu'est-ce que cette idée ? Est-ce lui-même qui me montre en sa vérité tout ce qu'il lui plaît que j'entende, ou quelque impression de lui-même, ou les deux ensemble?

Et que seroit-ce que cette impression? Quoi, quelque chose de semblable à la marque d'un cachet gravé sur la cire? Grossière imagination, qui feroit l'ame corporelle, et la cire intelligente.

Il faut donc entendre que l'ame faite à l'image de Dieu, capable d'entendre la vérité qui est Dieu même, se tourne actuellement vers son original, c'est-à-dire vers Dieu, où la vérité lui paroît autant que Dieu la lui veut faire paroître.

Car il est maître de se montrer autant qu'il veut; et quand il se montre pleinement, l'homme est heureux.

C'est une chose étonnante, que l'homme entende tant de vérités, sans entendre en même temps que toute vérité vient de Dieu, qu'elle est en Dieu, qu'elle est Dieu même; mais c'est qu'il est enchanté par ses sens et par ses passions trompeuses; et il ressemble à celui qui renfermé dans son cabinet, où il s'occupe de ses affaires, se sert de la lumière sans se mettre en peine d'où elle lui vient.

Enfin donc il est certain qu'en Dieu est la raison primitive de tout ce qui est, et de tout ce qui s'entend dans l'univers; qu'il est la vérité originale, et que tout est vrai par rapport à son idée éternelle; que cherchant la vérité, nous le cherchons; que la trouvant, nous le trouvons, et lui devenons conformes.

X.

L'image de Dieu s'achève en l'ame par une volonté droite.

Nous avons vu que l'ame qui cherche et qui trouve en Dieu la vérité, se tourne vers lui pour la concevoir. Qu'est-ce donc que se tourner vers Dieu? Est-ce que l'ame se remue comme un corps, et quitte une place pour en prendre une autre? Mais certes un tel mouvement n'a rien de commun avec entendre. Ce n'est pas être transporté d'un lieu à un autre, que de commencer à entendre ce qu'on n'entendoit pas: on ne s'approche pas, comme on fait d'un corps, de Dieu qui est toujours et partout invisiblement présent. L'ame l'a toujours en elle-même; car c'est par lui qu'elle subsiste. Mais pour voir, ce n'est pas assez d'avoir la lumière présente : il faut se tourner vers elle ; il lui faut ouvrir les yeux : l'ame a aussi sa manière de se tourner vers Dieu, qui est sa lumière, parce qu'il est la vérité ; et se tourner à cette lumière, c'est-à-dire à la vérité, c'est en un mot vouloir l'entendre.

L'ame est droite par cette volonté, parce qu'elle s'attache à la règle de toutes ses pensées, qui n'est autre que la vérité.

Là s'achève aussi la conformité de l'ame avec Dieu. Car l'ame qui veut entendre la vérité, aime dès là cette vérité que Dieu aime éternellement, et l'effet de cet amour de la vérité est de nous la faire chercher avec une ardeur infatigable, de nous y attacher immuablement quand elle nous est connue, et de la faire régner sur tous nos désirs.

Mais l'amour de la vérité en suppose quelque connoissance. Dieu donc, qui nous a faits à son image, c'est-à-dire qui nous a faits pour entendre et pour aimer la vérité à son exemple, commence d'abord à nous en donner l'idée générale, par laquelle il nous sollicite à en rechercher la pleine possession, où nous avançons à mesure que l'amour de la vérité s'épure et s'enflamme en nous.

Au reste la vérité et le bien ne sont que la même chose. Car le souverain bien est la vérité entendue et aimée parfaitement. Dieu donc, toujours entendu et toujours aimé de lui-même, est sans doute le souverain bien : dès là il est parfait, et se possédant lui-même, il est heureux.

Il est donc heureux et parfait, parce qu'il entend et aime sans fin le plus digne de tous les objets, c'est-à-dire lui-même.

Il n'appartient qu'à celui qui seul est de soi d'être lui-même sa félicité. L'homme, qui n'est rien de soi, n'a rien de soi ; son bonheur et sa perfection est de s'attacher à connoître et à aimer son auteur.

Malheur à la connoissance stérile qui ne se tourne point à aimer, et se trahit elle-même !

C'est donc là mon exercice, c'est là ma vie, c'est là ma perfection, et tout ensemble ma béatitude, de connoître et d'aimer celui qui m'a fait.

Par là je reconnois que tout néant que je suis de moi-même devant Dieu, je suis fait toutefois à son image, puisque je trouve ma perfection et mon bonheur dans le même objet que lui, c'est-à-dire dans lui-même, et dans de semblables opérations, c'est-à-dire en connoissant et en aimant.

XI.

L'ame attentive à Dieu se connoît supérieure au corps, et apprend que c'est par punition qu'elle en est devenue captive.

C'est donc en vain que je tâche quelquefois de m'imaginer comment est faite mon ame, et de me la représenter sous quelque figure corporelle. Ce n'est point au corps qu'elle ressemble, puisqu'elle peut connoître et aimer Dieu, qui est un esprit si pur ; et c'est à Dieu même qu'elle est semblable.

Quand je cherche en moi-même ce que je connois de Dieu, ma raison me répond que c'est une pure intelligence, qui n'est ni étendue par les lieux, ni renfermée dans les temps ; alors s'il se présente à mon esprit quelque idée ou quelque image de corps, je la rejette et je m'élève au-dessus : par où je vois de combien la meilleure partie de moi-même, qui est faite pour connoître Dieu, est élevée par sa nature au-dessus du corps.

C'est aussi par là que j'entends qu'étant unie à un corps, elle devoit avoir le commandement, que Dieu en effet lui a donné ; et j'ai remarqué en moi-même une force supérieure au corps, par laquelle je puis l'exposer à sa ruine certaine, malgré la douleur et la violence que je souffre en l'y exposant.

Que si ce corps pèse si fort à mon esprit, si ses besoins m'embarrassent et me gênent ; si les plaisirs et les douleurs qui me viennent de son côté me captivent et m'accablent ; si les sens, qui dépendent tout à fait des organes corporels, prennent le dessus sur la raison même avec tant de facilité ; enfin si je suis captif de ce corps que je devois gouverner, ma religion m'apprend, et ma raison me confirme, que cet état malheureux ne peut être qu'une peine envoyée à l'homme, pour la punition de quelque péché et de quelque désobéissance.

Mais je nais dans ce malheur : c'est au moment de ma naissance et dans tout le cours de mon enfance ignorante, que les sens prennent cet empire, que la raison qui vient et trop tardive et trop foible, trouve établi : tous les hommes naissent comme moi dans cette servitude ; et ce nous est à tous un sujet de croire, ce que d'ailleurs la foi nous a enseigné, qu'il y a quelque chose de dépravé dans la source commune de notre naissance.

La nature même commence en nous ce sentiment. Je ne sais quoi est imprimé dans le cœur de l'homme, pour lui faire reconnoître une justice qui punit les pères criminels sur leurs enfans, comme étant une portion de leur être.

De là ces discours des poëtes, qui regardant Rome désolée par tant de guerres civiles, ont dit qu'elle payoit bien les parjures de Laomédon et des Troyens, dont les Romains étoient descendus, et le parricide commis par Romulus leur auteur, en la personne de son frère.

Les poëtes [1], imitateurs de la nature et dont le propre est de rechercher dans le fond du cœur humain les sentimens qu'elle y imprime, ont aperçu que les hommes recherchent naturellement les causes de leurs désastres dans les crimes de leurs ancêtres, et par là ils ont ressenti quelque chose de cette vengeance qui poursuit le crime du premier homme sur ses descendans [2].

Nous voyons même des historiens païens [3], qui considérant la mort d'Alexandre au milieu de ses victoires et dans ses plus belles années, et ce qui est bien plus étrange, les sanglantes divisions des Macédoniens, dont la fureur fit périr par des morts tragiques son frère, ses sœurs et ses enfans, attribuent tous ces malheurs à la vengeance divine, qui punissoit les impiétés et les parjures de Philippe sur sa famille (a).

Ainsi nous portons au fond du cœur une impression de cette justice qui punit les pères dans les enfans. En effet Dieu, auteur de l'être, ayant voulu le donner aux enfans dépendamment de leurs parens, les a mis par ce moyen sous leur puissance, et a

---

[1] Virg., *Georg.*, lib. I, vers. 501, 502. Hor. *Carm.*, lib. III, *od.* III, et IV. *Epod.*, VII. — [2] Eurip. dans le *Thésée*; Eschyle, *Prom.* — [3] Pausanias, *Descr. Græc.*, lib. VIII, cap. VII.

(a) Note marg : L'amour des enfans presque éteint ; selon les mœurs anciennes, punir dans les enfans, le meilleur moyen de retenir...

voulu qu'ils fussent et par leur naissance et par leur éducation, le premier bien qui leur appartînt. Sur ce fondement, il paroît que punir les pères dans leurs enfans, c'est les punir dans leur bien le plus réel : c'est les punir dans une partie d'eux-mêmes, que la nature leur a rendue plus chère que leurs propres membres, et même que leur propre vie : en sorte qu'il n'est pas moins juste de punir un homme dans ses enfans, que de le punir dans ses membres et dans sa personne; et il faut chercher le fondement de cette justice dans la loi primitive de la nature, qui veut que le fils tienne l'être de son père, et que le père revive dans son fils comme dans un autre lui-même.

Les lois civiles ont imité cette loi primordiale, puisque selon leurs dispositions celui qui perd la liberté, ou le droit de citoyen, ou celui de la noblesse, les perd pour toute sa race : tant les hommes ont trouvé juste que ces droits se transmissent avec le sang, et se perdissent de même.

Et cela, qu'est-ce autre chose qu'une suite de la loi naturelle, qui fait regarder les familles comme un même corps dont le père est le chef, qui peut être justement puni aussi bien que récompensé dans ses membres?

Bien plus : parce que les hommes naturellement sociables, composent des corps politiques, qu'on appelle des nations et des royaumes, et se font des chefs et des rois, tous les hommes unis en cette sorte sont un même tout, et Dieu ne juge pas indigne de sa justice de punir les rois sur leurs peuples, et d'imputer à tout le corps le crime du chef.

Combien plus cette unité se trouvera-t-elle dans les familles, où elle est fondée sur la nature, et qui sont le fondement et la source de toute société.

Reconnoissons donc cette justice, qui venge les crimes des pères sur leurs enfans; et adorons ce Dieu puissant et juste, qui, ayant gravé dans nos cœurs naturellement quelque idée d'une vengeance si terrible, nous en a développé le secret dans son Ecriture.

Que si par la secrète, mais puissante impression de cette justice, un poëte tragique introduit Thésée, qui troublé de l'attentat dont il croyoit son fils coupable, et ne sentant rien en sa conscience qui méritât que les dieux permissent que sa maison fût déshonorée par une telle infamie, remonte jusqu'à ses ancêtres : « Qui de mes pères, dit-il, a commis un crime digne de m'attirer un si grand opprobre ? » nous, qui sommes instruits de la vérité, ne demandons plus, en considérant les malheurs et la honte de notre naissance, qui de nos pères a péché; mais confessons que Dieu ayant fait naître tous les hommes d'un seul, pour établir la société humaine sur un fondement plus naturel, ce père de tous les hommes, créé aussi heureux que juste, a manqué volontairement à son auteur, qui ensuite a vengé tant sur lui que sur ses enfans une rébellion si horrible, afin que le genre humain reconnût ce qu'il doit à Dieu, et ce que méritent ceux qui l'abandonnent.

Et ce n'est pas sans raison que Dieu a voulu imputer aux hommes, non le crime de tous leurs pères, quoiqu'il le pût; mais le crime du seul premier père, qui contenant en lui-même tout le genre humain, avoit reçu la grace pour tous ses enfans, et devoit être puni aussi bien que récompensé en eux tous.

Car s'il eût été fidèle à Dieu, il eût vu sa fidélité honorée dans ses enfans, qui seroient nés aussi saints et aussi heureux que lui.

Mais aussi, dès lors que ce premier homme, aussi indignement que volontairement rebelle, a perdu la grace de Dieu, il l'a perdue pour lui-même et pour toute sa postérité, c'est-à-dire pour tout le genre humain, qui avec ce premier homme d'où il est sorti, n'est plus que comme un seul homme justement maudit de Dieu, et chargé de toute la haine que mérite le crime de son premier père.

Ainsi les malheurs qui nous accablent, et tant d'indignes foiblesses que nous ressentons en nous-mêmes, ne sont pas de la première institution de notre nature, puisque en effet nous voyons dans les Livres saints, que Dieu qui nous avoit donné une ame immortelle, lui avoit aussi uni un corps immortel, si bien assorti avec elle qu'elle n'étoit ni inquiétée par aucun besoin, ni tourmentée par aucune douleur, ni tyrannisée par aucune passion.

Mais il étoit juste que l'homme, qui n'avoit pas voulu se soumettre à son auteur, ne fût plus maître de soi-même; et que ses passions, révoltées contre sa raison, lui fissent sentir le tort qu'il avoit de s'être révolté contre Dieu.

Ainsi tout ce qu'il y a en moi-même me sert à connoître Dieu. Ce qui me reste de fort et de réglé me fait connoître sa sagesse; ce que j'ai de foible et de déréglé me fait connoître sa justice. Si mes bras et mes pieds obéissent à mon ame quand elle commande, cela est réglé, et me montre que Dieu, auteur d'un si bel ordre, est sage; si je ne puis pas gouverner comme je voudrois mon corps et les désirs qui en suivent les dispositions, c'est en moi un déréglement qui me montre que Dieu, qui l'a ainsi permis pour me punir, est souverainement juste.

XII.

Conclusion de ce chapitre.

Que si mon ame connoît la grandeur de Dieu, la connoissance de Dieu m'apprend aussi à juger de la dignité de mon ame, que je ne vois élevée que par le pouvoir qu'elle a de s'unir à son auteur avec le secours de sa grace.

C'est donc cette partie spirituelle et divine, capable de posséder Dieu, que je dois principalement estimer et cultiver en moi-même. Je dois par un amour sincère attacher immuablement mon esprit au père de tous les esprits, c'est-à-dire à Dieu.

Je dois aussi aimer pour l'amour de lui, ceux à qui il a donné une ame semblable à la mienne, et qu'il a faits comme moi capables de le connoître et de l'aimer.

Car le lien de société le plus étroit qui puisse être entre les hommes, c'est qu'ils peuvent tous en commun posséder le même bien, qui est Dieu.

Je dois aussi considérer que les autres hommes ont comme moi un corps infirme, sujet à mille besoins et à mille travaux : ce qui m'oblige à compatir à leurs misères.

Ainsi je me rends semblable à celui qui m'a fait à son image, en imitant sa bonté; à quoi les princes sont d'autant plus obligés, que Dieu qui les a établis pour le représenter sur la terre, leur demandera compte des hommes qu'il leur a confiés.

CHAPITRE V.

De la différence entre l'homme et la bête.

I.

Pourquoi les hommes veulent donner un raisonnement aux animaux, deux argumens en faveur de cette opinion.

Nous avons vu l'ame raisonnable dégradée par le péché, et par là presque tout à fait assujettie aux dispositions du corps. Nous l'avons vue attachée à la vie sensuelle par où elle commence, et par là captive du corps et des objets corporels d'où lui viennent les voluptés et les douleurs. Elle croit n'avoir à chercher ni à éviter que les corps : elle ne pense pour ainsi dire que corps; et se mêlant tout à fait avec ce corps qu'elle anime, à la fin elle a peine à s'en distinguer; enfin, elle s'oublie et se méconnoît elle-même.

Son ignorance est si grande, qu'elle a peine à connoître combien elle est au-dessus des animaux. Elle leur voit un corps semblable au sien, de mêmes organes et de mêmes mouvemens; elle les voit vivre et mourir, être malades et se porter bien à peu près comme font les hommes; manger, boire, aller et venir à propos, et selon que les besoins du corps le demandent; éviter les périls, chercher les commodités; attaquer et se défendre aussi industrieusement qu'on le puisse imaginer; ruser même, et ce qui est plus fin encore, prévenir les finesses, comme il se voit tous les jours à la chasse, où les animaux semblent montrer une subtilité exquise.

D'ailleurs on les dresse, on les instruit : ils s'instruisent les uns les autres : les oiseaux apprennent à voler, en voyant voler leurs mères. Nous apprenons aux perroquets à parler, et à la plupart des animaux mille choses que la nature ne leur apprend pas.

Ils semblent même se parler les uns aux autres : les poules, animal d'ailleurs simple et niais, semblent appeler leurs petits égarés, et avertir leurs compagnes par un certain cri du grain qu'elles ont trouvé. Un chien nous pousse quand nous ne lui donnons rien, et on diroit qu'il nous reproche notre oubli : on entend ces animaux gratter à une porte qui leur est fermée : ils gémissent ou crient d'une manière à nous faire connoître leurs besoins, et il semble qu'on ne puisse leur refuser quelque espèce de langage. Cette ressemblance des actions des bêtes aux actions humaines trompe les hommes ; ils veulent, à quelque prix que ce soit, que les animaux raisonnent ; et tout ce qu'ils peuvent accorder à la nature humaine, c'est d'avoir peut-être un peu plus de raisonnement.

Encore y en a-t-il qui trouvent que ce que nous en avons de plus ne sert qu'à nous inquiéter, et qu'à nous rendre plus malicieux. Ils s'estimeroient plus tranquilles et plus heureux, s'ils étoient comme les bêtes.

C'est qu'en effet les hommes mettent ordinairement leur félicité dans les choses qui flattent leurs sens : et cela même les lie au corps, d'où dépendent les sensations. Ils voudroient se persuader qu'ils ne sont que corps ; et ils envient la condition des bêtes, qui n'ont que leur corps à soigner. Enfin ils semblent vouloir élever les animaux jusqu'à eux-mêmes, afin d'avoir droit de s'abaisser jusqu'aux animaux et de pouvoir vivre comme eux.

Ils trouvent des philosophes qui les flattent dans ces pensées. Plutarque, qui paroît si grave en certains endroits, a fait des traités entiers du raisonnement des animaux, qu'il élève, ou peu s'en faut, au-dessus des hommes [1]. C'est un plaisir de voir Montaigne faire raisonner son oie, qui se promenant dans sa basse-cour, se dit à elle-même que tout est fait pour elle, que c'est pour elle que le soleil se lève et se couche, que la terre ne produit ses fruits que pour la nourrir, que la maison n'est faite que pour la loger, que l'homme même est fait pour prendre soin d'elle, et que si enfin il égorge quelquefois des oies, aussi fait-il bien son semblable [2].

Par ces beaux discours, il se rit des hommes qui pensent que tout est fait pour leur service. Celse, qui a tant écrit contre le

---

[1] *OEuv. mor.*, trad. de Ricard, tom. XIII, 1791. — [2] *Essais*, liv. II, ch. XII.

christianisme, est plein de semblables raisonnemens. Les grenouilles, dit-il, et les rats discourent dans leurs marais et dans leurs trous, disant que Dieu a tout fait pour eux, et qu'il est venu en personne pour les secourir [1]. Il veut dire que les hommes devant Dieu ne sont que rats et vermisseaux, et que la différence entre eux et les animaux est petite.

Ces raisonnemens plaisent par leur nouveauté; on aime à raffiner sur cette matière, et c'est un jeu à l'homme de plaider contre lui-même la cause des bêtes.

Ce jeu seroit supportable, s'il n'y entroit pas trop de sérieux; mais, comme nous avons dit, l'homme cherche dans ces jeux des excuses à ses désirs sensuels, et ressemble à quelqu'un de grande naissance, qui ayant le courage bas, ne voudroit point se souvenir de sa dignité, de peur d'être obligé à vivre dans les exercices qu'elle demande.

C'est ce qui fait dire à David : « L'homme étant en honneur, ne l'a pas connu ; il s'est comparé lui-même aux animaux insensés, et s'est fait semblable à eux [2]. »

Tous les raisonnemens qu'on fait ici en faveur des animaux se réduisent à deux, dont le premier est : Les animaux font toutes choses convenablement, aussi bien que l'homme; donc ils raisonnent comme l'homme. Le second est : Les animaux sont semblables aux hommes à l'extérieur, tant dans leurs organes que dans la plupart de leurs actions ; donc ils agissent par le même principe intérieur, et ils ont du raisonnement.

II.

Réponse au premier argument.

Le premier argument a un défaut manifeste. C'est autre chose de faire tout convenablement, autre chose de connoître la convenance. L'un convient non-seulement aux animaux, mais à tout ce qui est dans l'univers ; l'autre est le vrai effet du raisonnement et de l'intelligence.

Dès là que tout le monde est fait par raison, tout s'y doit faire

[1] Orig., *Contre Cels.*, lib. IV, cap. XXIII. — [2] *Psal.*, XLVIII. 21.

convenablement. Car le propre d'une cause intelligente est de mettre de la convenance et de l'ordre dans tous ses ouvrages.

Au-dessus de notre foible raison restreinte à certains objets, nous avons reconnu une raison première et universelle, qui a tout conçu avant qu'il fût, qui a tout tiré du néant, qui rappelle tout à ses principes, qui forme tout sur la même idée, et fait tout mouvoir en concours.

Cette raison est en Dieu, ou plutôt cette raison c'est Dieu. Il n'est forcé en rien; il est le maître de sa matière, et la tourne comme il lui plaît : le hasard n'a point de part à ses ouvrages : il n'est dominé par aucune nécessité; enfin sa raison seule est sa loi. Ainsi tout ce qu'il fait est suivi, et la raison y paroît partout.

Il y a une raison qui fait que le plus grand poids emporte le moindre; qu'une pierre enfonce dans l'eau plutôt que du bois; qu'un arbre croît en un lieu plutôt qu'en un autre; et que chaque arbre tire de la terre, parmi une infinité de sucs, celui qui est propre pour le nourrir : mais cette raison n'est pas dans toutes ces choses; elle est en celui qui les a faites, et qui les a ordonnées.

Si les arbres poussent leurs racines autant qu'il est convenable pour les soutenir; s'ils étendent leurs branches à proportion, et se couvrent d'une écorce si propre à les défendre contre les injures de l'air; si la vigne, le lierre et les autres plantes qui sont faites pour s'attacher aux grands arbres ou aux rochers, en choisissent si bien les petits creux, et s'entortillent si proprement aux endroits qui sont capables de les appuyer; si les feuilles et les fruits de toutes les plantes se réduisent à des figures si régulières, et s'ils prennent au juste avec la figure le goût et les autres qualités qui suivent de la nature de la plante, tout cela se fait par raison, mais certes cette raison n'est pas dans les arbres.

On a beau exalter l'adresse de l'hirondelle qui se fait un nid si propre, ou des abeilles qui ajustent avec tant de symétrie leurs petites niches : les grains d'une grenade ne sont pas ajustés moins proprement; et toutefois on ne s'avise pas de dire que les grenades ont de la raison.

Tout se fait, dit-on, à propos dans les animaux. Mais tout se fait peut-être encore plus à propos dans les plantes. Leurs fleurs tendres et délicates, et durant l'hiver enveloppées comme dans un petit coton, se déploient dans la saison la plus bénigne; les feuilles les environnent comme pour les garder; elles se tournent en fruits dans leur saison, et ces fruits servent d'enveloppes aux grains, d'où doivent sortir de nouvelles plantes. Chaque arbre porte des semences propres à engendrer son semblable; en sorte que d'un orme il vient toujours un orme, et d'un chêne toujours un chêne. La nature agit en cela comme sûre de son effet; ces semences, tant qu'elles sont vertes et crues, demeurent attachées à l'arbre pour prendre leur maturité; elles se détachent d'elles-mêmes quand elles sont mûres; elles tombent au pied de leurs arbres, et les feuilles tombent dessus; les pluies viennent, les feuilles pourrissent et se mêlent avec la terre, qui ramollie par les eaux, ouvre son sein aux semences, que la chaleur du soleil jointe à l'humidité fera germer en son temps. Certains arbres, comme les ormeaux et une infinité d'autres, renferment leurs semences dans des matières légères que le vent emporte; la race s'étend bien loin par ce moyen, et peuple les montagnes voisines. Il ne faut donc plus s'étonner si tout se fait à propos dans les animaux : cela est commun à toute la nature; il ne sert de rien de prouver que leurs mouvemens ont de la suite, de la convenance et de la raison; mais s'ils connoissent cette convenance et cette suite, si cette raison est en eux ou dans celui qui les a faits, c'est ce qu'il falloit examiner.

Ceux qui trouvent que les animaux ont de la raison, parce qu'ils prennent pour se nourrir et se bien porter les moyens convenables, devroient dire aussi que c'est par raisonnement que se fait la digestion; qu'il y a un principe de discernement qui sépare les excrémens d'avec la bonne nourriture, et qui fait que l'estomac rejette souvent les viandes qui lui répugnent, pendant qu'il retient les autres pour les digérer.

En un mot, toute la nature est pleine de convenances et disconvenances, de proportions et disproportions, selon lesquelles les choses, ou s'ajustent ensemble, ou se repoussent l'une l'autre;

ce qui montre à la vérité que tout est fait par intelligence, mais non pas que tout soit intelligent.

Il n'y a aucun animal qui s'ajuste si proprement à quoi que ce soit, que l'aimant s'ajuste lui-même aux deux pôles. Il en suit l'un, il évite l'autre : une aiguille aimantée fuit un côté de l'aimant et s'attache à l'autre avec une plus apparente avidité, que celle que les animaux témoignent pour leur nourriture. Tout cela est fondé sans doute sur des convenances et disconvenances cachées. Une secrète raison dirige tous ces mouvemens; mais cette raison est en Dieu, ou plutôt cette raison c'est Dieu même, qui parce qu'il est tout raison, ne peut rien faire qui ne soit suivi.

C'est pourquoi quand les animaux montrent dans leurs actions tant d'industrie, saint Thomas a raison de les comparer à des horloges et aux autres machines ingénieuses, où toutefois l'industrie réside, non dans l'ouvrage, mais dans l'artisan [1].

Car enfin quelque industrie qui paroisse dans ce que font les animaux, elle n'approche pas de celle qui paroît dans leur formation, où toutefois il est certain que nulle autre raison n'agit que celle de Dieu. Et il est aisé de penser que ce même Dieu, qui a formé les semences et qui y a mis ce secret principe d'arrangement, d'où se développent par des mouvemens si réglés les parties dont l'animal est composé, a mis aussi dans ce tout si industrieusement formé le principe qui le fait mouvoir convenablement à ses besoins et à sa nature.

III.

Second argument en faveur des animaux; en quoi ils nous sont semblables, et si c'est dans le raisonnement.

On nous arrête pourtant ici, et voici ce qu'on nous objecte. Nous voyons les animaux émus comme nous par certains objets, où ils se portent, non moins que les hommes, par les moyens les plus convenables. C'est donc mal à propos que l'on compare leurs actions avec celles des plantes et des autres corps, qui n'agissent point comme touchés de certains objets, mais comme de

---

[1] I-II, quæst. XIII, art. 2, ad 3.

simples causes naturelles dont l'effet ne dépend pas de la connoissance.

Mais il faudroit considérer que les objets sont eux-mêmes des causes naturelles, qui comme toutes les autres, font leurs effets par les moyens les plus convenables.

Car, qu'est-ce que les objets, si ce n'est les corps qui nous environnent, à qui la nature a préparé dans les animaux certains organes délicats, capables de recevoir et de porter au dedans du cerveau les moindres agitations du dehors? Et nous avons vu que l'air agité agit sur l'oreille, les vapeurs des corps odoriférans sur les narines, les rayons du soleil sur les yeux, et ainsi du reste, aussi naturellement que le feu agit sur l'eau et par une impression aussi réelle.

Et pour montrer combien il y a loin entre agir par l'impression des objets et agir par raisonnement, il ne faut que considérer ce qui se passe en nous-mêmes.

Cette considération nous fera remarquer dans les objets premièrement, l'impression qu'ils font sur nos organes corporels : secondement, les sensations qui suivent immédiatement ces impressions : troisièmement, le raisonnement que nous faisons sur les objets, et le choix que nous faisons de l'un plutôt que de l'autre.

Les deux premières choses se font en nous avant que nous ayons fait la troisième, c'est-à-dire de raisonner. Notre chair a été percée, et nous avons senti de la douleur avant que nous ayons réfléchi et raisonné sur ce qui nous vient d'arriver. Il en est de même de tous les autres objets. Mais quoique notre raison ne se mêle pas dans ces deux choses, c'est-à-dire dans l'altération corporelle de l'organe et dans la sensation qui s'excite immédiatement après, ces deux premières choses ne laissent pas de se faire convenablement par la raison supérieure qui gouverne tout.

Qu'ainsi ne soit, nous n'avons qu'à considérer ce que la lumière fait dans notre œil, ce que l'air agité fait sur notre oreille, en un mot de quelle sorte le mouvement se communique depuis le dehors jusqu'au dedans; nous verrons qu'il n'y a rien de plus convenable nide plus suivi.

Nous avons même observé que les objets disposent le corps de la manière qu'il faut pour le mettre en état de les poursuivre ou de les fuir selon le besoin. De là vient que nous devenons plus robustes dans la colère, et plus vites dans la crainte ; chose qui certainement a sa raison, mais une raison qui n'est point en nous.

Et on ne peut assez admirer le secours que donne la crainte à la foiblesse ; car outre qu'étant pressée elle précipite la fuite, elle fait que l'animal se cache et se tapit, qui est la chose la plus convenable à la foiblesse attaquée.

Souvent même il lui est utile de tomber absolument en défaillance, parce que la défaillance supprime la voix et en quelque sorte l'haleine, et empêche tous les mouvemens qui attiroient l'ennemi.

On dit ordinairement que certains animaux font les morts pour empêcher qu'on ne les tue. C'est en effet que la crainte les jette dans la défaillance. Cette adresse qu'on leur attribue est la suite naturelle d'une crainte extrême, mais une suite très-convenable aux besoins et aux périls d'un animal foible.

La nature, qui a donné dans la crainte un secours si proportionné aux animaux infirmes, a donné la colère aux autres, et y a mis tout ce qu'il faut pour rendre la défense ferme et l'attaque vigoureuse, sans qu'il soit besoin pour cela de raisonner.

Nous l'éprouvons en nous-mêmes dans les premiers mouvemens de la colère ; et lorsque sa violence nous ôte toute réflexion, nous ne laissons pas toutefois et de nous mieux situer, et souvent même dans l'emportement de frapper plus juste que si nous y avions bien pensé.

Et généralement, quand notre corps se situe de la manière la plus convenable à se soutenir ; quand en tombant nous éloignons naturellement la tête, et que nous parons le coup avec la main ; quand sans y penser nous nous ajustons avec les corps qui nous environnent, de la manière la plus commode pour nous empêcher d'en être blessés, tout cela se fait convenablement, et ne se fait pas sans raison ; mais nous avons vu que cette raison n'est pas la nôtre.

C'est sans raisonner qu'un enfant qui tette ajuste ses lèvres et sa langue de la manière la plus propre à tirer le lait qui est dans la mamelle; en quoi il y a si peu de discernement, qu'il fera le même mouvement sur le doigt qu'on lui mettra à la bouche, par la seule conformité de la figure du doigt avec celle de la mamelle : c'est sans raisonner que notre prunelle s'élargit pour les objets éloignés, et se resserre pour les autres : c'est sans raisonner que nos lèvres et notre langue font les mouvemens divers qui causent l'articulation, et nous n'en connoissons aucun, à moins que d'y faire beaucoup de réflexion : ceux enfin qui les ont connus n'ont pas besoin de se servir de cette connoissance pour les produire : elle les embarrasseroit : toutes ces choses et une infinité d'autres se font si raisonnablement, que la raison en excède notre pouvoir et en surpasse notre industrie.

Il est bon d'appuyer un peu sur la parole. Il est vrai que c'est le raisonnement qui fait que nous voulons parler et exprimer nos pensées. Mais les paroles qui viennent ensuite ne dépendent plus du raisonnement; elles sont une suite naturelle de la disposition des organes.

Bien plus, après avoir commencé les choses que nous savons par cœur, nous voyons que notre langue les achève toute seule longtemps après que la réflexion que nous y faisions est éteinte tout à fait; au contraire la réflexion, quand elle revient, ne fait que nous interrompre et nous ne récitons plus si sûrement.

Combien de sortes de mouvemens doivent s'ajuster ensemble pour opérer cet effet? Ceux du cerveau, ceux du poumon, ceux de la trachée-artère, ceux de la langue, ceux des lèvres, ceux de la mâchoire, qui doit tant de fois s'ouvrir et se fermer à propos. Nous n'apportons point en naissant l'habileté que nous avons à faire ces choses; elle s'est faite dans notre cerveau, et ensuite dans toutes les autres parties, par l'impression profonde de certains objets dont nous avons été souvent frappés; et tout cela s'arrange en nous avec une justesse inconcevable, sans que notre raison y ait part.

Nous écrivons sans savoir comment, après avoir une fois appris; la science en est dans les doigts; et les lettres souvent regardées ont fait une telle impression sur le cerveau, que la figure en passe sur le papier sans qu'il soit besoin d'y avoir de l'attention.

Les choses prodigieuses que certains hommes font dans le sommeil montrent ce que peut la disposition du corps, indépendamment de nos réflexions et de nos raisonnemens.

Si maintenant nous venons aux sensations que nous trouvons jointes avec les impressions des objets sur notre corps, nous avons vu combien tout cela est convenable. Car il n'y a rien de mieux pensé que d'avoir joint le plaisir aux objets qui sont convenables à notre corps, et la douleur à ceux qui lui sont contraires. Mais ce n'est pas notre raison qui a si bien ajusté ces choses, c'est une raison plus haute et plus profonde.

- Cette raison souveraine a proportionné avec les objets les impressions qui se font dans nos corps : cette même raison a uni nos appétits naturels avec nos besoins; elle nous a forcés par le plaisir et par la douleur, à désirer la nourriture sans laquelle nos corps périroient : elle a mis dans les alimens qui nous sont propres, une force pour nous attirer : le bois n'excite pas notre appétit comme le pain : d'autres objets nous causent des aversions souvent invincibles : tout cela se fait en nous par des proportions et disproportions cachées, et notre raison n'a aucune part ni aux dispositions qui sont dans l'objet, ni à celles qui naissent en nous à sa présence.

Supposons donc que la nature veuille faire aux animaux des choses utiles pour leur conservation. Avant que d'être forcée à leur donner pour cela du raisonnement, elle a pour ainsi parler deux choses à tenter.

L'une, de proportionner les objets avec les organes, et d'ajuster les mouvemens qui naissent des uns avec ceux qui doivent suivre naturellement dans les autres : un concert admirable résultera de cet assemblage, et chaque animal se trouvera attaché à son objet, aussi sûrement que l'aimant l'est à son pôle; mais alors ce qui semblera finesse et discernement dans les animaux, au fond sera seulement un effet de la sagesse et de l'art profond de celui qui aura construit toute la machine.

Et si l'on veut qu'il y ait quelque sensation jointe à l'impression des objets, il n'y aura qu'à imaginer que la nature aura attaché le plaisir et la douleur aux choses convenables et contraires ; les appétits suivront naturellement : et si les actions y sont attachées, tout se fera convenablement dans les animaux, sans que la nature soit obligée à leur donner pour cela du raisonnement.

Et ces deux moyens, dont nous supposons que la nature se peut servir, ne sont point choses inventées à plaisir. Car nous les trouvons en nous-mêmes. Nous y trouvons des mouvemens ajustés naturellement avec les objets : nous y trouvons des plaisirs et des douleurs, attachés naturellement aux objets convenables ou contraires : notre raison n'a pas fait ces proportions ; elle les a trouvées faites par une raison plus haute : et nous ne nous tromperons pas d'attribuer seulement aux animaux, ce que nous trouvons dans cette partie de nous-mêmes qui est animale.

Il n'y a donc rien de meilleur, pour bien juger des animaux, que de s'étudier soi-même auparavant. Car encore que nous ayons quelque chose au-dessus de l'animal, nous sommes animaux, et nous avons l'expérience tant de ce que fait en nous l'animal que de ce qu'y fait le raisonnement et la réflexion. C'est donc en nous étudiant nous-mêmes et en observant ce que nous sentons, que nous devenons juges compétens de ce qui est hors de nous, et dont nous n'avons pas d'expérience. Et quand nous aurons trouvé dans les animaux ce qui est en nous d'animal, ce ne sera pas une conséquence que nous devions leur attribuer ce qu'il y a en nous de supérieur.

Or l'animal touché de certains objets, fait en nous naturellement et sans réflexion des choses très-convenables. Nous devons donc être convaincus par notre propre expérience, que ces actions convenables ne sont pas une preuve de raisonnement.

Il faut pourtant lever ici une difficulté, qui vient de ne pas penser à ce que fait en nous la raison.

On dit que cette partie qui agit en nous sans raisonnement, commence seulement les choses, mais que la raison les achève : par exemple, l'objet présent excite en nous l'appétit, ou de manger, ou de la vengeance; mais nous n'en venons à l'exécution que par un raisonnement qui nous détermine ; ce qui est si véritable, que nous pouvons même résister à nos appétits naturels, et aux dispositions les plus violentes de notre corps et de nos organes. Il semble donc, dira-t-on, que la raison doit intervenir dans les fonctions animales, sans quoi elles n'auront jamais qu'un commencement imparfait.

Mais cette difficulté s'évanouit en un moment, si on considère ce qui se fait en nous-mêmes dans les premiers mouvemens qui précèdent la réflexion. Nous avons vu comme alors la colère nous fait frapper juste; nous éprouvons tous les jours comme un coup qui vient nous fait promptement détourner le corps, avant que nous y ayons seulement pensé. Qui de nous peut s'empêcher de fermer les yeux, ou de détourner la tête, quand on feint seulement de nous y vouloir frapper ? Alors si notre raison avoit quelque force, elle nous rassureroit contre un ami qui se joue ; mais bon gré mal gré, il faut fermer l'œil ; il faut détourner la tête, et la seule impression de l'objet opère invinciblement en nous cette action. La même cause dans les chutes, fait jeter promptement les mains devant la tête ; plus un excellent joueur de luth laisse agir sa main sans y faire de réflexion, plus il touche juste ; et nous voyons tous les jours des expériences, qui doivent nous avoir appris que les actions animales, c'est-à-dire celles qui dépendent des objets, s'achèvent par la seule force de l'objet, même plus sûrement qu'elles ne feroient si la réflexion s'y venoit mêler.

On dira qu'en toutes ces choses il y a un raisonnement caché : sans doute ; mais c'est le raisonnement ou plutôt l'intelligence de celui qui a tout fait, et non pas la nôtre.

Et il a été de sa providence, de faire que la nature s'aidât elle-même, sans attendre nos réflexions trop lentes et trop douteuses, que le coup auroit prévenues.

Il faut donc penser que les actions qui dépendent des objets et de la disposition des organes, s'achèveroient en nous naturellement comme d'elles-mêmes, s'il n'avoit plu à Dieu de nous donner quelque chose de supérieur au corps, et qui devoit présider à ses mouvemens.

Il a fallu pour cela que cette partie raisonnable pût contenir dans certaines bornes les mouvemens corporels, et aussi les laisser aller quand il faudroit.

C'est ainsi que dans une colère violente, la raison retient le corps tout disposé à frapper par le rapide mouvement des esprits, et prêt à lâcher le coup.

Otez le raisonnement, c'est-à-dire ôtez l'obstacle, l'objet nous entraînera et nous déterminera à frapper.

Il en seroit de même de tous les autres mouvemens, si la partie raisonnable ne se servoit pas du pouvoir qu'elle a d'arrêter le corps.

Ainsi loin que la raison fasse l'action, il ne faut que la retirer pour faire que l'objet l'emporte et achève le mouvement.

Je ne nie pas que la raison ne fasse souvent mouvoir le corps plus industrieusement qu'il ne feroit de lui-même; mais il y a aussi des mouvemens prompts, qui pour cela n'en sont pas moins justes, et où la réflexion deviendroit embarrassante.

Ce sont de tels mouvemens qu'il faut donner aux animaux; et ce qui fait qu'en beaucoup de choses ils agissent plus sûrement et adressent plus juste que nous, c'est qu'ils ne raisonnent pas: c'est-à-dire qu'ils n'agissent pas par une raison particulière, tardive et trompeuse, mais par la raison universelle, dont le coup est sûr.

Ainsi pour montrer qu'ils raisonnent, il ne s'agit pas de prouver qu'ils se meuvent convenablement par rapport à certains objets, puisqu'on trouve cette convenance dans les mouvemens les plus brutes : il faut prouver qu'ils entendent cette convenance, et qu'ils la choisissent.

IV.

Si les animaux apprennent.

Et comment, dira quelqu'un, le peut-on nier ? Ne voyons-nous pas tous les jours qu'on leur fait entendre raison ? Ils sont capables comme nous de discipline : on les châtie ; on les récompense ; ils s'en souviennent, et on les mène par là comme les hommes. Témoin les chiens qu'on corrige en les battant, et dont on anime le courage pour la chasse d'un animal en leur donnant leur curée.

On ajoute qu'ils se font des signes les uns aux autres, qu'ils en reçoivent de nous, qu'ils entendent notre langage, et nous font entendre le leur. Témoin les cris qu'on fait aux chevaux et aux chiens pour les animer, les paroles qu'on leur dit et les noms qu'on leur donne, auxquels ils répondent à leur manière, aussi promptement que les hommes.

Pour entendre le fond de ces choses et n'être point trompé par les apparences, il faut aller à des distinctions qui, quoique claires et intelligibles, ne sont pas ordinairement considérées.

Par exemple, pour ce qui regarde l'instruction et la discipline qu'on attribue aux animaux, c'est autre chose d'apprendre, autre chose d'être plié et forcé à certains effets contre ses premières dispositions.

L'estomac, qui sans doute ne raisonne pas quand il digère les viandes, s'accoutume à la fin à celles qui auparavant lui répugnoient, et les digère comme les autres. Tous les ressorts s'ajustent d'eux-mêmes, et facilitent leur jeu par leur exercice; au lieu qu'ils semblent s'engourdir et devenir paresseux, quand on cesse de s'en servir. L'eau se facilite son passage; et à force de couler, elle ajuste elle-même son lit de la manière la plus convenable à sa nature.

Le bois se plie peu à peu, et semble s'accoutumer à la situation qu'on lui veut donner; le fer même s'adoucit dans le feu et sous le marteau, et corrige son aigreur naturelle. En général, tous les corps sont capables de recevoir certaines impressions contraires à celles que la nature leur avoit données.

Il est donc aisé d'entendre que le cerveau, dont la nature a été si bien mêlée de mollesse et de consistance, est capable de se plier en une infinité de façons nouvelles; d'où par la correspondance qu'il a avec les nerfs et les muscles, il arrivera aussi mille sortes de différens mouvemens.

Toutes les autres parties se forment de la même sorte à ceraines choses, et acquièrent la facilité d'exercer les mouvemens qu'elles exercent souvent.

Et comme tous les objets font une grande impression sur le cerveau, il est aisé de comprendre qu'en changeant les objets aux animaux, on changera naturellement les impressions de leur cerveau ; et qu'à force de leur présenter les mêmes objets, on en rendra les impressions et plus fortes et plus durables.

Le cours des esprits suivra pour les causes que nous avons vues en leur lieu. Et par la même raison que l'eau facilite son cours en coulant, les esprits se feront aussi à eux-mêmes des ouvertures plus commodes, en sorte que ce qui étoit auparavant difficile devient aisé dans la suite.

Nous ne devons avoir aucune peine d'entendre ceci dans les animaux, puisque nous l'éprouvons en nous-mêmes.

C'est ainsi que se forment les habitudes ; et la raison a si peu de part dans leur exercice, qu'on distingue agir par raison, d'avec agir par habitude.

C'est ainsi que la main se rompt à écrire ou à jouer d'un instrument, c'est-à-dire qu'elle corrige une roideur qui tenoit les doigts comme engourdis.

Nous n'avions pas naturellement cette souplesse. Nous n'avions pas naturellement dans notre cerveau les vers que nous récitons sans y penser. Nous les y mettons peu à peu à force de les répéter ; et nous sentons que pour faire cette impression, il sert beaucoup de parler haut, parce que l'oreille frappée porte au cerveau un coup plus ferme.

Si pendant que nous dormons cette partie du cerveau, où résident ces impressions, vient à être fortement frappée par quelque épaisse vapeur ou par le cours des esprits, il nous arrivera souvent de réciter ces vers, dont nous nous serons entêtés.

Puisque les animaux ont un cerveau comme nous, un sang comme le nôtre fécond en esprits, et des muscles de même nature, il faut bien qu'ils soient capables de ce côté-là des mêmes impressions.

Celles qu'ils apportent en naissant se pourront fortifier par l'usage, et il en pourra naître d'autres par le moyen des nouveaux objets.

De cette sorte on verra en eux une espèce de mémoire, qui ne sera autre chose qu'une impression durable des objets, et une disposition dans le cerveau, qui le rendra capable d'être réveillé à la présence des choses dont il a accoutumé d'être frappé.

Ainsi la curée donnée aux chiens fortifiera naturellement la disposition qu'ils ont à la chasse ; et par la même raison les coups qu'on leur donnera à propos, à force de les retenir, les rendront immobiles à certains objets, qui naturellement les auroient émus.

Car nous avons vu par l'anatomie que les coups vont au cerveau, quelque part qu'ils donnent ; et quand on frappe les animaux en certains temps et à la présence de certains objets, on unit dans le cerveau l'impression qu'y fait le coup avec celle qu'y fait l'objet, et par là on en change la disposition.

Par exemple, si on bat un chien à la présence d'une perdrix qu'il alloit manger, il se fait dans le cerveau une autre impression que celle que la perdrix y avoit faite naturellement. Car le cerveau est formé de sorte que des corps qui agissent sur lui en concours, comme la perdrix et le bâton, il ne s'en fait qu'un seul objet total, qui a son caractère particulier ; par conséquent son impression propre, d'où suivent des actions convenables.

C'est ainsi que les coups retiennent et poussent les animaux, sans qu'il soit besoin qu'ils raisonnent ; et par la même raison ils s'accoutument à certaines voix et à certains sons. Car la voix a sa manière de frapper ; le coup donne à l'oreille, et le contre-coup au cerveau.

Il n'y a personne qui puisse penser que cette manière d'apprendre, ou d'être touché du langage, demande de l'entendement : et on ne voit rien, dans les animaux, qui oblige à y reconnoître quelque chose de plus excellent.

V.

Suite, où on montre encore plus en particulier ce que c'est que dresser les animaux et que leur parler.

Bien plus, si nous venons à considérer ce que c'est qu'apprendre, nous découvrirons bientôt que les animaux en sont incapables.

Apprendre suppose qu'on puisse savoir ; et savoir suppose

qu'on puisse avoir des idées universelles et des principes universels, qui une fois pénétrés nous fassent toujours tirer de semblables conséquences.

J'ai en mon esprit l'idée d'une horloge, ou de quelque autre machine. Pour la faire, je ne me propose aucune matière déterminée ; je la ferai également de bois ou d'ivoire, de cuivre ou d'argent ; voilà ce qui s'appelle une idée universelle, qui n'est astreinte à aucune matière particulière.

J'ai mes règles pour faire mon horloge ; je la ferai également bien sur quelque matière que ce soit : aujourd'hui, demain, dans dix ans, je la ferai toujours de même. C'est là avoir un principe universel, que je puis également appliquer à tous les faits particuliers, parce que je sais tirer de ce principe des conséquences toujours uniformes.

Loin d'avoir besoin pour mes desseins d'une matière particulière et determinée, j'imagine souvent une machine que je ne puis exécuter, faute d'avoir une matière assez propre : et je vais tâtant toute la nature et remuant toutes les inventions de l'art, pour voir si je trouverai la matière que je cherche.

Voyons si les animaux ont quelque chose de semblable, et si la conformité qui se trouve dans leurs actions, leur vient de regarder intérieurement un seul et même modèle.

Le contraire paroît manifestement. Car faire la même chose, parce qu'on reçoit toujours et à chaque fois la même impression, ce n'est pas ce que nous cherchons.

Je regarde cent fois le même objet, et toujours il fait dans ma vue un effet semblable : cette perpétuelle uniformité ne vient nullement d'une idée intérieure à laquelle je m'étudie de me conformer : c'est que je suis toujours frappé du même objet matériel ; c'est que mon organe est toujours également ému, et que la nature a uni la même sensation à cette émotion, sans que je puisse en empêcher l'effet.

Il en est de même des choses convenables ou contraires à la vie : elles ont toutes leur caractère particulier, qui fait son impression sur mon corps : à cela sont attachés naturellement la volupté et la douleur, l'appétit et la répugnance.

Or il me semble que tout le mieux qu'on puisse faire pour les animaux, c'est de leur accorder des sensations; du moins est-il assuré qu'on ne leur met rien dans la tête, que par des impressions palpables. Un homme peut être touché des idées immatérielles, de celles de la vérité, de celles de la vertu, de celles de l'ordre et des proportions, et des règles immuables qui les entretiennent; choses manifestement incorporelles : au contraire qui dresse un chien lui présente du pain à manger, prend un bâton à la main, lui enfonce pour ainsi parler les objets matériels sur tous ses organes, et le dresse à coups de bâton, comme on forge le fer à coups de marteau.

Qui veut entendre ce que c'est véritablement qu'apprendre, et la différence qu'il y a entre enseigner un homme et dresser un animal, n'a qu'à regarder de quel instrument on se sert pour l'un et pour l'autre.

Pour l'homme, on emploie la parole, dont la force ne dépend point de l'impression corporelle. Car ce n'est point par cette impression qu'un homme en entend un autre : s'il n'est averti, s'il n'est convenu, en un mot s'il n'entend la langue, la parole ne lui fait rien : et au contraire s'il entend dix langues, dix sortes d'impressions sur les oreilles et sur son cerveau n'exciteront en lui que la même idée; et ce qu'on lui explique par tant de langues, on le peut encore expliquer en autant de sortes d'écritures. Et on peut substituer à la parole et à l'écriture mille autres sortes de signes. Car quelle chose, dans la nature, ne peut pas servir de signal? En un mot, tout est bon pour avertir l'homme, pourvu qu'on s'entende avec lui. Mais à l'animal, avec qui on ne s'entend pas, rien ne sert que les impressions réelles et corporelles; il faut les coups et le bâton. Et si on emploie la parole, c'est toujours la même qu'on inculque aux oreilles de l'animal, comme son, et non comme signe. Car on ne veut pas s'entendre avec lui, mais le faire venir à son point.

Avec un homme à qui nous parlons ou que nous avons à instruire, nous ne cessons pas jusqu'à ce que nous sentions qu'il entre dans notre pensée. Il n'en est pas ainsi des animaux : à proprement parler, nous nous en servons comme d'instrumens; des chiens, comme d'instrumens à chasser; des chevaux, comme d'instrumens à nous porter, à nous servir à la guerre, et ainsi du reste. Comme en accordant un instrument, nous tâtons la corde à diverses fois jusqu'à ce que nous l'ayons mise à notre point : ainsi nous tâtons un chien que nous dressons à la chasse jusqu'à ce qu'il fasse ce que nous voulons, sans songer à le faire entrer dans notre pensée, non plus que la corde. Car nous ne lui sentons point de pensées ni de réflexions qui répondent aux nôtres.

Que si les animaux sont incapables de rien apprendre des hommes qui s'appliquent expressément à les dresser, à plus forte raison ne faut-il pas croire qu'ils apprennent les uns des autres.

Il est vrai qu'ils reçoivent les uns des autres de nouvelles impressions et dispositions; mais si cela étoit apprendre, toute la nature apprendroit; et rien ne seroit plus docile que la cire, qui retient si bien tous les traits du cachet qu'on appuie sur elle.

C'est ainsi qu'un oiseau reçoit dans le cerveau une impression du vol de sa mère; et cette impression se trouvant semblable à celle qui est dans la mère, il fait nécessairement la même chose.

Les hommes appellent cela apprendre, parce que lorsqu'ils apprennent, il se fait quelque chose de pareil en eux. Car ils ont un cerveau de même nature que celui des animaux; et ils font plus facilement les mouvemens qui se font souvent en leur présence, sans doute parce que leur cerveau imprimé du caractère de ce mouvement, est disposé par là à en produire un semblable. Mais cela n'est pas apprendre ; c'est recevoir une impression, dont on ne sait ni les raisons, ni les causes, ni les convenances.

C'est ce qui paroît clairement dans le chant, et même dans la parole. Laissons-nous aller à nous-mêmes, nous parlerons naturellement du même ton qu'on nous parle. Un écho en fait bien autant. Qu'on mette deux cordes de luth à l'unisson, l'une sonne quand on touche l'autre. Il se fait quelque chose de semblable en nous, quand nous chantons sur le même ton dont on commence : un maître de musique nous le fait faire ; mais ce n'est pas lui qui nous l'apprend : la nature nous l'a appris avant lui, quand elle a mis une si grande correspondance entre l'oreille qui reçoit les sons, et la trachée-artère qui les forme. Ceux qui savent l'anatomie connoissent les nerfs et les muscles qui font cette correspondance, et elle ne dépend point du raisonnement.

C'est ce qui fait que les rossignols se répondent les uns aux autres, que les sansonnets et les perroquets répètent les paroles dont ils sont frappés. Ce sont comme des échos, ou plutôt ce sont de ces cordes montées sur le même ton, qui se répondent nécessairement l'une à l'autre.

Nous ne sommes pas seulement disposés à chanter sur le même ton que nous écoutons; mais encore tout notre corps s'ébranle en cadence, pour peu que nous ayons l'oreille juste; et cela dépend si peu de notre choix, qu'il faudroit nous forcer pour faire autrement : tant il y a de proportion entre les mouvemens de l'oreille et ceux des autres parties.

Il est maintenant aisé de connoître la différence qu'il y a entre imiter naturellement, et apprendre par art. Quand nous chantons simplement après un autre, nous l'imitons naturellement; mais nous apprenons à chanter, quand nous nous rendons attentifs aux règles de l'art, aux mesures, aux temps, aux différences des tons et à leurs accords, et aux autres choses semblables.

Et pour recueillir en deux mots tout ce qui vient d'être dit, il y a dans l'instruction quelque chose qui ne dépend que de la conformation des organes, et de cela les animaux en sont capables cemme nous; et il y a ce qui dépend de la réflexion et de l'art, dont nous ne voyons en eux aucune marque.

Par là demeure expliqué tout ce qui se dit de leur langage. C'est autre chose d'être frappé du son ou de la parole, en tant qu'elle agite l'air, et ensuite les oreilles et le cerveau : autre chose de la regarder comme un signe dont les hommes sont convenus, et rappeler en son esprit les choses qu'elle signifie. Ce dernier, c'est ce qui s'appelle entendre le langage; et il n'y en a dans les animaux aucun vestige.

C'est aussi une fausse imagination qui nous persuade qu'ils nous font des signes. C'est autre chose de faire un signe pour se faire entendre, autre chose d'être mu de telle manière qu'un autre puisse entendre nos dispositions.

La fumée nous est un signe du feu, et nous fait prévenir les embrasemens : les mouvemens d'une aiguille nous marquent les heures, et règlent notre journée : le rouge au visage et le feu aux yeux, sont un signe de la colère comme l'éclair qui nous avertit d'éviter ce foudre : les cris d'un enfant nous sont un signe qu'il souffre, et par là il nous invite sans y penser à le soulager : mais de dire que pour cela ou le feu, ou une montre, ou un enfant, et même un homme en colère, nous fassent signe de quelque chose, c'est s'abuser trop visiblement.

VI.

Extrême différence de l'homme et de la bête.

Cependant sur ces légères ressemblances, les hommes se comparent aux animaux ; ils leur voient un corps comme à eux, et des mouvemens corporels semblables aux leurs. Ils sont d'ailleurs attachés à leurs sens, et par leurs sens à leur corps : tout ce qui n'est point corps, leur paroît un rien : ils oublient leur dignité, et contens de ce qu'ils ont de commun avec les bêtes, ils mènent aussi une vie toute bestiale.

C'est une chose étrange qu'ils aient besoin d'être réveillés sur cela. L'homme, animal superbe, qui veut s'attribuer à lui-même tout ce qu'il connoît d'excellent et qui ne veut rien céder à son semblable, fait des efforts pour trouver que les bêtes le valent bien, ou qu'il y a peu de différence entre lui et elles.

Une si étrange dépravation, qui nous fait voir d'un côté combien notre orgueil nous enfle, et de l'autre combien notre sensualité, nous ravilit ne peut être corrigée que par une sérieuse considération des avantages de notre nature. Voici donc ce qu'elle a de grand, et dont nous ne voyons dans les animaux aucune apparence.

La nature humaine connoît Dieu, et voilà déjà par ce seul mot les animaux au-dessous d'elle jusqu'à l'infini. Car qui seroit assez insensé pour dire qu'ils aient seulement le moindre soupçon de cette excellente nature qui a fait toutes les autres, ou que cette connoissance ne fasse pas la plus grande de toutes les différences ?

La nature humaine, en connoissant Dieu, a l'idée du bien et du vrai, d'une sagesse infinie, d'une puissance absolue, d'une droiture infaillible, en un mot de la perfection.

La nature humaine connoît l'immutabilité et l'éternité; et sait que ce qui est toujours et ce qui est toujours de même, doit précéder tout ce qui change; et qu'à comparaison de ce qui est toujours, ce qui change ne mérite pas qu'on le compte parmi les êtres.

La nature humaine connoît des vérités éternelles, et elle ne cesse de les chercher au milieu de tout ce qui change, puisque son génie est de rappeler tous les changemens à des règles immuables.

Car elle sait que tous les changemens qui se voient dans l'univers se font avec mesure et par des proportions (*a*) cachées; en sorte qu'à prendre l'ouvrage dans son tout, on n'y peut rien trouver d'irrégulier.

C'est là qu'elle aperçoit l'ordre du monde, la beauté incomparable des astres, la régularité de leurs mouvemens, les grands effets du cours du soleil, qui ramène les saisons et donne à la terre tant de différentes parures. Notre raison se promène par tous les ouvrages de Dieu, où voyant, et dans le détail et dans le tout, une sagesse d'un côté si éclatante, et de l'autre si profonde et si cachée, elle est ravie et se perd dans cette contemplation.

Alors s'apparoît à elle la belle et véritable idée d'une vie hors de cette vie, d'une vie qui se passe toute dans la contemplation de la vérité : et elle voit que la vérité, éternelle par elle-même, doit mesurer une telle vie par l'éternité qui lui est propre.

La nature humaine connoît que le hasard n'est qu'un nom inventé par l'ignorance, et qu'il n'y en a point dans le monde. Car elle sait que la raison s'abandonne au hasard le moins qu'elle peut; et que plus il y a de raison dans une entreprise ou dans un ouvrage, moins il y a de hasard : de sorte qu'où préside une raison infinie, le hasard n'y peut avoir de lieu.

La nature humaine connoît que ce Dieu qui préside à tous les corps, et qui les meut à sa volonté, ne peut pas être un corps :

(*a*) *Note marg.* : Subordinations, causes, proportions : trop vague.

autrement il seroit changeant, mobile, altérable, et ne seroit point la raison éternelle et immuable par qui tout est fait.

La nature humaine connoît la force de la raison, et comment une chose doit suivre d'une autre : elle aperçoit en elle-même cette force invincible de la raison : elle connoît les règles certaines par lesquelles il faut qu'elle arrange toutes ses pensées ; elle voit dans tout bon raisonnement une lumière éternelle de vérité, et voit dans la suite enchaînée des vérités, que dans le fond il n'y en a qu'une seule où toutes les autres sont comprises.

Elle voit que la vérité, qui est une, ne demande naturellement qu'une seule pensée pour la bien entendre ; et dans la multiplicité des pensées qu'elle sent naître en elle-même, elle sent aussi qu'elle n'est qu'un léger écoulement de celui qui comprenant toute vérité dans une seule pensée, pense aussi éternellement la même chose.

Ainsi elle connoît qu'elle est une image et une étincelle de cette raison première ; qu'elle doit s'y conformer, et vivre pour elle.

Pour imiter la simplicité de celui qui pense toujours la même chose, elle voit qu'elle doit réduire toutes ses pensées à une seule, qui est celle de servir fidèlement ce Dieu dont elle est l'image.

Mais en même temps elle voit qu'elle doit aimer pour l'amour de lui, tout ce qu'elle trouve honoré de cette divine ressemblance, c'est-à-dire tous les hommes.

Là elle découvre les règles de la justice, de la bienséance, de la société, ou, pour mieux parler, de la fraternité humaine ; et sait que si dans tout le monde, parce qu'il est fait par raison, rien ne se fait que de convenable, elle qui entend la raison, doit bien plus se gouverner par les lois de la convenance.

Elle sait que qui s'éloigne volontairement de ces lois, est digne d'être réprimé et châtié par leur autorité toute-puissante, et que qui fait du mal en doit souffrir.

Elle sait que le châtiment répare l'ordre du monde blessé par l'injustice, et qu'une action injuste, qui n'est point réparée par l'amendement, ne le peut être que par le supplice.

Elle voit donc que tout est juste dans le monde, et par conséquent que tout y est beau, parce qu'il n'y a rien de plus beau que la justice..

Par ces règles, elle connoît que l'état de cette vie, où il y a tant de maux et tant de désordres, doit être un état pénal, auquel doit succéder un autre état où la vertu soit toujours avec le bonheur, et où le vice soit toujours avec la souffrance.

Elle connoît donc par des principes certains ce que c'est que châtiment et récompense; et voit comment elle doit et s'en servir pour les autres, et en profiter pour elle-même.

C'est sur cela qu'elle fonde les sociétés et les républiques, et qu'elle réprime l'inhumanité et la barbarie.

Dire que les animaux aient le moindre soupçon de toutes ces choses, c'est s'aveugler volontairement et renoncer au bon sens.

Après cela concluons que l'homme qui se compare aux animaux, ou les animaux à lui, s'est tout à fait oublié, et ne peut tomber dans cette erreur que par le peu de soin qu'il prend de cultiver en lui-même ce qui raisonne et qui entend.

VII.

Les animaux n'inventent rien.

Qui verra seulement que les animaux n'ont rien inventé de nouveau depuis l'origine du monde, et qui considérera d'ailleurs tant d'inventions, tant d'arts et tant de machines par lesquelles la nature humaine a changé la face de la terre, verra aisément par là combien il y a de grossièreté d'un côté, et combien de génie de l'autre.

Ne doit-on pas être étonné que ces animaux, à qui on veut attribuer tant de ruses, n'aient encore rien inventé, pas une arme pour se défendre, pas un signal pour se rallier et s'entendre contre les hommes, qui les font tomber dans tant de piéges? S'ils pensent, s'ils raisonnent, s'ils réfléchissent, comment ne sont-ils pas encore convenus entre eux du moindre signe? Les sourds et les muets trouvent l'invention de se parler par leurs doigts. Les plus stupides le font parmi les hommes; et si on voit que les animaux en sont incapables, on peut voir combien ils sont au-dessous du dernier degré de stupidité, et que ce n'est pas connoître la raison que de leur en donner la moindre étincelle.

Quand on entend dire à Montaigne [1], qu'il y a plus de différence de tel homme à tel homme, que de tel homme à telle bête, on a pitié d'un si bel esprit, soit qu'il dise sérieusement une chose si ridicule, soit qu'il raille sur une matière qui d'elle-même est si sérieuse.

Y a-t-il un homme si stupide qui n'invente du moins quelque signe pour se faire entendre? Y a-t-il une bête si rusée, qui ait jamais rien trouvé? Et qui ne sait que la moindre des inventions est d'un ordre supérieur à tout ce qui ne fait que suivre?

Et à propos du raisonnement qui compare les hommes stupides avec les animaux, il y a deux choses à remarquer : l'une, que les hommes les plus stupides ont des choses d'un ordre supérieur au plus parfait des animaux; l'autre, que tous les hommes étant sans contestation de même nature, la perfection de l'ame humaine doit être considérée dans toute la capacité où l'espèce se peut étendre; et qu'au contraire ce qu'on ne voit dans aucun des animaux, n'a son principe ni dans aucune des espèces, ni dans tout le genre.

Et parce que la marque la plus convaincante que les animaux sont poussés par une aveugle impétuosité, est l'uniformité de leurs actions : entrons dans cette matière, et recherchons les causes profondes qui ont introduit une telle variété dans la vie humaine.

VIII.

De la première cause des inventions et de la variété de la vie humaine, qui est la réflexion.

Représentons-nous donc que les corps vont naturellement un même train, selon les dispositions où on les a mis.

Ainsi tant que notre corps demeure dans la même disposition, ses mouvemens vont toujours de même.

Il en faut dire autant des sensations, qui, comme nous avons dit, sont attachées nécessairement aux dispositions des organes corporels.

---

[1] *Essais*, liv. III, chap. XII.

Car encore que nous ayons vu que nos sensations demandent nécessairement un principe distingué du corps, c'est-à-dire une ame; nous avons vu en même temps que cette ame, en tant qu'elle sent, est assujettie au corps, en sorte que les sensations en suivent le mouvement.

Jamais donc nous n'inventerons rien par les sensations, qui vont toujours à la suite des mouvemens corporels, et ne sortent jamais de cette ligne.

Et ce qu'on dit des sensations se doit dire des imaginations, qui ne sont que des sensations continuées.

Ainsi quand on attribue les inventions à l'imagination, c'est en tant qu'il s'y mêle des réflexions et du raisonnement, comme nous verrons tout à l'heure. Mais de soi, l'imagination ne produiroit rien, puisqu'elle n'ajoute rien aux sensations que la durée.

Il en est de même de ces appétits ou aversions naturelles que nous appelons passions; car elles suivent les sensations, et suivent principalement le plaisir et la douleur.

Si donc nous n'avions qu'un corps et des sensations, ou ce qui les suit, nous n'aurions rien d'inventif. Mais deux choses font naître les inventions : 1° nos réflexions; 2° notre liberté.

Car au-dessus des sensations, des imaginations, des appétits naturels, il commence à s'élever en nous ce qui s'appelle réflexion; c'est-à-dire que nous remarquons nos sensations, nous les comparons avec leurs objets, nous recherchons les causes de ce qui se fait en nous et hors de nous; en un mot, nous entendons et nous raisonnons, c'est-à-dire que nous connoissons la vérité, et que d'une vérité nous allons à l'autre.

Dès là donc nous commençons à nous élever au-dessus des dispositions corporelles; et il faut ici remarquer que dès que dans ce chemin nous avons fait un premier pas, nos progrès n'ont plus de bornes. Car le propre des réflexions, c'est de s'élever les unes sur les autres; de sorte qu'on réfléchit sur ses réflexions jusqu'à l'infini.

Au reste quand nous parlons de ces retours sur nous-mêmes, il n'est plus besoin d'avertir que ce retour ne se fait pas à la manière de celui des corps. Réfléchir n'est pas exercer un mouvement circulaire; autrement tout corps qui tourne s'entendroit lui-même, et son mouvement. Réfléchir, c'est recevoir au-dessus des mouvemens corporels et au-dessus même des sensations, une lumière qui nous rend capables de chercher la vérité jusque dans sa source.

C'est pourquoi, en passant, ceux-là s'abusent, qui voulant donner aux bêtes du raisonnement, croient pouvoir le renfermer dans certaines bornes. Car au contraire une réflexion en attire une autre, et la nature des animaux pourra s'élever à tout dès qu'elle pourra sortir de la ligne droite.

C'est ainsi que d'observations en observations, les inventions humaines se sont perfectionnées. L'homme attentif à la vérité a connu ce qui étoit propre ou mal propre à ses desseins, et s'est trouvé, l'imagination remplie par les sensations d'une infinité d'images; par cette force qu'il a de réfléchir, il les a assemblées, il les a disjointes; il s'est en cette manière formé des desseins : il a cherché des matières propres à l'exécution. Il a vu qu'en fondant le bas il pouvoit élever le haut : il a bâti, il a occupé de grands espaces dans l'air, et a étendu sa demeure naturelle : en étudiant la nature, il a trouvé des moyens de lui donner de nouvelles formes : il s'est fait des instrumens, il s'est fait des armes : il a élevé les eaux qu'il ne pouvoit pas aller puiser dans le fond où elles étoient : il a changé toute la face de la terre : il en a creusé, il en a fouillé les entrailles, et y a trouvé de nouveaux secours : ce qu'il n'a pas pu atteindre, de si loin qu'il a pu l'apercevoir, il l'a tourné à son usage : ainsi les astres le dirigent dans ses navigations et dans ses voyages : ils lui marquent et les saisons et les heures : après six mille ans d'observations, l'esprit humain n'est pas épuisé; il cherche et il trouve encore, afin qu'il connoisse qu'il peut trouver jusqu'à l'infini, et que la seule paresse peut donner des bornes à ses connoissances et à ses inventions.

Qu'on me montre maintenant que les animaux aient ajouté quelque chose depuis l'origine du monde, à ce que la nature leur avoit donné : j'y reconnoîtrai de la réflexion et de l'invention. Que s'ils vont toujours un même train, comme les eaux et comme les arbres, c'est folie de leur donner un principe dont on ne voit parmi eux aucun effet.

Et il faut ici remarquer que les animaux, à qui nous voyons faire les ouvrages les plus industrieux, ne sont pas ceux où d'ailleurs nous nous imaginons le plus d'esprit. Ce que nous voyons de plus ingénieux parmi les animaux sont les réservoirs des fourmis si l'observation en est véritable (*a*), les toiles des araignées et les filets qu'elles tendent aux mouches, les rayons de miel des abeilles, la coque des vers à soie, les coquillages des limaçons et des autres animaux semblables, dont la bave forme autour d'eux des bâtimens si ornés et d'une architecture si bien entendue : et toutefois ces animaux n'ont d'ailleurs aucune marque d'esprit; et ce seroit une erreur de les estimer plus ingénieux que les autres, puisqu'on voit que leurs ouvrages ont en effet tant d'esprit qu'ils les passent, et doivent sortir d'un principe supérieur.

Aussi la raison nous persuade que ce que les animaux font de plus industrieux, se fait de la même sorte que les fleurs, les arbres et les animaux eux-mêmes, c'est-à-dire avec art du côté de Dieu, et sans art qui réside en eux.

IX.

Seconde cause des inventions, et de la variété de la vie humaine : la liberté.

Mais du principe de réflexion qui agit en nous, naît une seconde chose; c'est la liberté, nouveau principe d'invention et de variété parmi les hommes. Car l'ame élevée par la réflexion au-dessus du corps et au-dessus des objets, n'est point entraînée par leurs impressions, et demeure libre et maîtresse des objets et d'elle-même : ainsi elle s'attache à ce qu'il lui plaît, et considère ce qu'elle veut, pour s'en servir selon les fins qu'elle se propose.

Cette liberté va si loin, que l'ame s'y abandonnant, sort quelquefois des limites que la raison lui prescrit; et ainsi parmi les mouvemens qui diversifient en tant de manières la vie humaine, il faut compter les égaremens et les fautes.

(*a*) Elle l'est très-certainement.

De là sont nées mille inventions : les lois, les instructions, les récompenses, les châtimens, et les autres moyens qu'on a inventés pour contenir ou pour redresser la liberté égarée.

Les animaux ne s'égarent pas en cette sorte : c'est pourquoi on ne les blâme jamais. On les frappe bien de nouveau, par la même raison qui fait qu'on retouche souvent à la corde qu'on veut monter sur un certain ton ; mais les blâmer ou se fâcher contre eux, c'est comme quand, de colère, on rompt sa plume qui ne marque pas, ou qu'on jette à terre un couteau qui refuse de couper.

Ainsi la nature humaine a une étendue en bien et en mal, qu'on ne trouve point dans la nature animale. Et c'est pourquoi les passions, dans les animaux, ont un effet plus simple et plus certain. Car les nôtres se compliquent par nos réflexions, et s'embarrassent mutuellement. Trop de vues, par exemple mêleront la crainte avec la colère, ou la tristesse avec la joie. Mais comme les animaux qui n'ont point de réflexion, n'ont que les objets naturels, leurs mouvemens sont moins détournés.

Joint que l'ame par sa liberté est capable de s'opposer aux passions avec une telle force, qu'elle en empêche l'effet : ce qui étant une marque de raison dans l'homme, le contraire est une marque que les animaux n'ont point de raison.

Car partout où la passion domine sans résistance, le corps et ses mouvemens y font et y peuvent tout, et ainsi la raison n'y peut pas être.

Mais le grand pouvoir de la volonté sur le corps, consiste dans ce prodigieux effet que nous avons remarqué [1], que l'homme est tellement maître de son corps, qu'il peut même le sacrifier à un plus grand bien qu'il se propose. Se jeter au milieu des coups, et s'enfoncer dans les traits par une impétuosité aveugle, comme il arrive aux animaux, ne marque rien au-dessus du corps. Car un verre se brise bien en tombant d'en haut de son propre poids. Mais se déterminer à mourir avec connoissance et par raison, malgré toute la disposition du corps qui s'oppose à ce dessein, marque un principe supérieur au corps ; et parmi tous les animaux, l'homme est le seul où se trouve ce principe.

---

[1] Chap. III, n. 22 ; chap. IV, n. 11.

La pensée d'Aristote est belle ici, que l'homme seul a la raison, parce que seul il peut vaincre et la nature et la coutume [1].

X.

Combien la sagesse de Dieu paroît dans les animaux.

Par les choses qui ont été dites, il paroît manifestement qu'il n'y a dans les animaux ni art, ni réflexion, ni invention, ni liberté. Mais moins il y a de raison en eux, plus il y en a dans celui qui les a faits.

Et certainement c'est l'effet d'un art admirable d'avoir si industrieusement travaillé la matière, qu'on soit tenté de croire qu'elle agit par elle-même et par une industrie qui lui est propre.

Les sculpteurs et les peintres semblent animer les pierres et faire parler les couleurs, tant ils représentent vivement les actions extérieures qui marquent la vie. On peut dire à peu près dans le même sens, que Dieu fait raisonner les animaux, parce qu'il imprime dans leurs actions une image si vive de raison, qu'il semble d'abord qu'ils raisonnent.

Il semble en effet que Dieu ait voulu nous donner dans les animaux, une image de raisonnement, une image de finesse; bien plus une image de vertu et une image de vice : une image de piété dans le soin qu'ils montrent tous pour leurs petits, et quelques-uns pour leurs pères; une image de prévoyance, une image de fidélité, une image de flatterie, une image de jalousie et d'orgueil, une image de cruauté, une image de fierté et de courage. Ainsi les animaux nous sont un spectacle où nous voyons nos devoirs et nos manquemens dépeints. Chaque animal est chargé de sa représentation; il étale comme un tableau la ressemblance qu'on lui a donnée; mais il n'ajoute non plus qu'un tableau rien à ses traits : il ne montre d'autre invention que celle de son auteur; et il est fait, non pour être ce qu'il nous paroît, mais pour nous en rappeler le souvenir.

Admirons donc dans les animaux, non point leur finesse et leur industrie; car il n'y a point d'industrie où il n'y a point d'in-

[1] *Politic.*, lib. VII, cap. XIII.

vention : mais la sagesse de celui qui les a construits avec tant d'art, qu'ils semblent même agir avec art.

XI.
Les animaux sont soumis à l'homme, et n'ont pas même le dernier degré de raisonnement.

Il n'a pas voulu toutefois que nous fussions déçus par cette apparence de raisonnement que nous voyons dans les animaux. Il a voulu au contraire que les animaux fussent des instrumens dont nous nous servons, et que cela même fût un jeu pour nous.

Nous domptons les animaux les plus forts, et venons à bout de ceux qu'on imagine les plus rusés. Et il est bon de remarquer que les hommes les plus grossiers sont ceux que nous employons à conduire les animaux; ce qui montre combien ils sont au-dessous du raisonnement; puisque le dernier degré de raisonnement suffit pour les conduire comme on veut.

Une autre chose nous fait voir encore combien les bêtes sont loin de raisonner. Car on n'en a jamais vu qui fussent touchées de la beauté des objets qui se présentent à leurs yeux, ni de la douceur des accords, ni des autres choses semblables, qui consistent en proportion et en mesure; c'est-à-dire qu'elles n'ont pas même cette espèce de raisonnement qui accompagne toujours en nous la sensation, et qui est le premier effet de la réflexion.

Qui considérera toutes ces choses s'apercevra aisément que c'est l'effet d'une ignorance grossière ou de peu de réflexion, de confondre les animaux avec l'homme, ou de croire qu'ils ne diffèrent que du plus au moins; car on doit avoir aperçu combien il y a d'objets dont les animaux ne peuvent être touchés, et qu'il n'y en a aucun dont on puisse juger vraisemblablement qu'ils entendent la nature et les convenances.

XII.
Réponse à l'objection tirée de la ressemblance des organes.

Et quand on croit prouver la ressemblance du principe intérieur par celle des organes, on se trompe doublement : premièrement, en ce qu'on croit l'intelligence absolument attachée aux organes corporels, ce que nous avons vu être très-faux. Et le principe dont se servent les défenseurs des animaux devroit leur faire tirer une conséquence opposée à celles qu'ils tirent. Car s'ils soutiennent d'un côté que les organes sont communs entre les hommes et les bêtes, comme d'ailleurs il est clair que les hommes entendent des objets dont on ne peut pas même soupçonner que les animaux aient la moindre lumière, il faudroit conclure nécessairement que l'intelligence de ces objets n'est point attachée aux organes, et qu'elle dépend d'un autre principe.

Mais secondement, on se trompe quand on assure qu'il n'y a point de différence d'organes entre les hommes et les animaux : car les organes ne consistent pas dans cette masse grossière que nous voyons et que nous touchons. Elle dépend de l'arrangement des parties délicates et imperceptibles, dont on aperçoit quelque chose en y regardant de près, mais dont toute la finesse ne peut être sentie que par l'esprit.

Or personne ne peut savoir jusqu'où va dans le cerveau cette délicatesse d'organes. On dit seulement que l'homme à proportion de sa grandeur, contient dans sa tête sans comparaison plus de cervelle qu'aucun animal, quel qu'il soit.

Et nous pouvons juger de la délicatesse des parties de notre cerveau par celle de notre langue. Car la langue de la plupart des animaux, quelque semblable qu'elle paroisse à la nôtre dans sa masse extérieure, est incapable d'articulation. Et pour faire que la nôtre puisse articuler distinctement tant de sons divers, il est aisé de juger de combien de muscles délicats elle a dû être composée.

Maintenant il est certain que l'organisation du cerveau doit être d'autant plus délicate, qu'il y a sans comparaison plus d'objets dont il peut recevoir les impressions, qu'il n'y a de sons que la langue puisse articuler.

Mais au fond c'est une méchante preuve de raisonnement que celle qu'on tire des organes, puisque nous avons vu si clairement combien il est impossible que le raisonnement y soit attaché et assujetti de lui-même.

Ce qui fait raisonner l'homme n'est pas l'arrangement des organes, c'est un rayon et une image de l'esprit divin ; c'est une impression, non point des objets, mais des vérités éternelles, qui résident en Dieu comme dans leur source ; de sorte que de vouloir voir les marques du raisonnement dans les organes, c'est chercher à mettre tout l'esprit dans le corps.

Et il n'y a rien assurément de plus mauvais sens, que de conclure qu'à cause que Dieu nous a donné un corps semblable aux animaux, il ne nous a rien donné de meilleur qu'à eux. Car sous les mêmes apparences, il a pu cacher divers trésors ; et ainsi il en faut croire autre chose que les apparences.

Ce n'est pas en effet par la nature ou par l'arrangement de nos organes, que nous connoissons notre raisonnement. Nous le connoissons par expérience, en ce que nous nous sentons capables de réflexion : nous connoissons un pareil talent dans les hommes nos semblables, parce que nous voyons par mille preuves, et surtout par le langage, qu'ils pensent et qu'ils réfléchissent comme nous : et comme nous n'apercevons dans les animaux aucune marque de réflexion, nous devons conclure qu'il n'y a en eux aucune étincelle de raisonnement.

Je ne veux point ici exagérer ce que la figure humaine a de singulier, de noble, de grand, d'adroit et de commode au-dessus de tous les animaux. Ceux qui l'étudieront, le découvriront aisément, et ce n'est pas cette différence de l'homme d'avec la bête que j'ai eu dessein d'expliquer.

XIII.

Ce que c'est que l'instinct qu'on attribue ordinairement aux animaux ; deux opinions sur ce point.

Mais après avoir prouvé que les bêtes n'agissent point par raisonnement, examinons par quel principe on doit croire qu'elles agissent. Car il faut bien que Dieu ait mis quelque chose en elles pour les faire agir convenablement comme elles font, et pour les pousser aux fins auxquelles il les a destinées. Cela s'appelle ordinairement *instinct*. Mais comme il n'est pas bon de s'accoutumer à dire des mots qu'on n'entend pas, il faut voir ce qu'on peut entendre par celui-ci.

Le mot d'*instinct* en général signifie impulsion. Il est opposé à choix, et on a raison de dire que les animaux agissent par impulsion plutôt que par choix.

Mais qu'est-ce que cette impulsion et cet instinct? Il y a sur cela deux opinions qu'il est bon de rapporter en peu de paroles.

La première veut que l'instinct des animaux soit un sentiment. La seconde n'y reconnoît autre chose qu'un mouvement semblable à celui des horloges et autres machines.

Ce dernier sentiment est presque né dans nos jours. Car encore que Diogène le Cynique eût dit au rapport de Plutarque [1], que les bêtes ne sentoient pas à cause de la grossièreté de leurs organes, il n'avoit point eu de sectateurs. Du temps de nos pères, un médecin espagnol (a) a enseigné la même doctrine au siècle passé, sans être suivi, à ce qu'il paroît, de qui que ce soit. Mais depuis peu M. Descartes a donné un peu plus de vogue à cette opinion, qu'il a aussi expliquée par de meilleurs principes que tous les autres [2].

La première opinion, qui donne le sentiment pour instinct, remarque premièrement, que notre ame a deux parties, la sensitive et la raisonnable. Elle remarque secondement, que puisque ces deux parties ont en nous des opérations si distinctes, on peut les séparer entièrement; c'est-à-dire que comme on comprend qu'il y a des substances purement intelligentes, comme sont les anges, il y en aura aussi de purement sensitives, comme sont les bêtes.

Ils y mettent donc tout ce qu'il y a en nous qui ne raisonne pas, c'est-à-dire non-seulement le corps et les organes; mais encore les sensations, les imaginations, les passions, enfin tout ce qui suit les dispositions corporelles, et qui est dominé par les objets.

Mais comme nos imaginations et nos passions ont souvent beaucoup de raisonnement mêlé, ils retranchent tout cela aux

---

[1] *Opin. des philos.*, liv. V, chap. XX; *Œuv. mor.*, tom. XII, édit. 1790. —
[2] Rep. aux IV⁰ et V⁰ object., et lettre XXVI.

(a) *Note marg.* : Le nommer. Sur quoi l'anonyme : Gomes Pereira, dans l'ouvrage qu'il intitula du nom de son père et de sa mère *Antoniana Margarita*.

bêtes ; et en un mot, ils n'y mettent que ce qui se peut faire sans réflexion.

Il est maintenant aisé de déterminer ce qui s'appelle instinct dans cette opinion; car en donnant aux bêtes tout ce qu'il y a en nous de sensitif, on leur donne par conséquent le plaisir et la douleur, et les appétits ou les aversions qui les suivent ; car tout cela ne dépend point du raisonnement.

L'instinct des animaux ne sera donc autre chose que le plaisir et la douleur, que la nature aura attachés en eux, comme en nous, à certains objets et aux impressions qu'ils font dans le corps.

Et il semble que le Poëte ait voulu expliquer cela, lorsque parlant des abeilles, il dit qu'elles ont soin de leurs petits, touchées par une certaine douceur [1].

Ce sera donc par le plaisir et par la douleur, que Dieu poussera et incitera les animaux aux fins qu'il s'est proposées ; car à ces deux sensations sont joints naturellement les appétits convenables.

A ces appétits seront jointes par un ordre de la nature les actions extérieures, comme s'approcher ou s'éloigner ; et c'est ainsi, disent-ils, que poussés par le sentiment d'une douleur violente, nous retirons promptement et avant toute réflexion notre main du feu.

Et si la nature a pu attacher les mouvemens extérieurs du corps à la volonté raisonnable, elle a pu aussi les attacher à ces appétits brutaux dont nous venons de parler.

Telle est la première opinion touchant l'instinct. Elle paroît d'autant plus vraisemblable, qu'en donnant aux animaux le sentiment et ses suites, elle ne leur donne rien dont nous n'ayons l'expérience en nous-mêmes, et que d'ailleurs elle sauve parfaitement la dignité de la nature humaine, en lui réservant le raisonnement.

Elle a pourtant ses inconvéniens, comme toutes les opinions humaines. Le premier est que la sensation par toutes les choses qui ont été dites et par beaucoup d'autres, ne peut pas être une

---

[1] Virg., *Georg.*, IV, 55.

affection des corps. On peut bien les subtiliser, les rendre plus déliés, les réduire en vapeurs et en esprits ; par là ils deviendront plus vites, plus mobiles, plus insinuans, mais cela ne les fera pas sentir.

Toute l'Ecole en est d'accord ; et aussi en donnant la sensation aux animaux, elle leur donne une ame sensitive distincte du corps.

Cette ame n'a point d'étendue, autrement elle ne pourroit pas pénétrer tout le corps, ni lui être unie, comme l'Ecole le suppose.

Cette ame est indivisible, selon saint Thomas [1], toute dans le tout, et toute dans chaque partie. Toute l'Ecole le suit en cela, du moins à l'égard des animaux parfaits ; car à l'égard des reptiles et des insectes, dont les parties séparées ne laissent pas que de vivre, c'est une difficulté à part, sur laquelle l'Ecole même est fort partagée, et qu'il ne s'agit pas ici de traiter.

Que si l'ame qu'on donne aux bêtes est distincte du corps, si elle est sans étendue et indivisible, il semble qu'on ne peut pas s'empêcher de la reconnoître pour spirituelle.

Et de là naît un autre inconvénient ; car si cette ame est distincte du corps, si elle a son être à part, la dissolution du corps ne doit point la faire périr ; et nous retombons par là dans l'erreur des Platoniciens, qui mettoient toutes les ames immortelles, tant celles des hommes que celles des animaux.

Voilà deux grands inconvéniens ; et voici par où on en sort.

Et premièrement, saint Thomas [2] et les autres docteurs de l'Ecole, ne croient pas que l'ame soit spirituelle, précisément pour être distincte du corps, ou pour être indivisible.

Pour cela il faut entendre ce qu'on appelle proprement spirituel.

Spirituel, c'est immatériel ; et saint Thomas appelle immatériel ce qui non-seulement n'est pas matière, mais qui de soi est indépendant de la matière.

Cela même selon lui est intellectuel : il n'y a que l'intelligence qui d'elle-même soit indépendante de la matière, et qui ne tienne à aucun organe corporel.

[1] I part., quæst. LXXV, art. 8. — [2] I part., quæst. L.

Il n'y a donc proprement en nous d'opération spirituelle, que l'opération intellectuelle. Les opérations sensitives ne s'appellent point de ce nom, parce qu'en effet nous les avons vues tout à fait assujetties à la matière et au corps. Elles servent à la partie spirituelle, mais elles ne sont pas spirituelles ; et aucun auteur que je sache, ne leur a donné ce nom.

Tous les philosophes, même les païens, ont distingué en l'homme deux parties. L'une raisonnable, qu'ils appellent νοῦς, *mens ;* en notre langue *esprit, intelligence :* l'autre qu'ils appellent *sensitive* et *irraisonnable.*

Ce que les philosophes païens ont appelé νοῦς, *mens,* partie raisonnable et intelligente, c'est à quoi les saints Pères ont donné le nom de *spirituel ;* en sorte que dans leur langage, *nature spirituelle* et *nature intellectuelle,* c'est la même chose.

Ainsi le premier de tous les esprits, c'est Dieu, souverainement intelligent.

La créature spirituelle est celle qui est faite à son image, qui est née pour entendre, et encore pour entendre Dieu selon sa portée.

Tout ce qui n'est point intellectuel, n'est ni l'image de Dieu, ni capable de Dieu : dès là il n'est pas spirituel.

De cette sorte, l'intellectuel et le spirituel, c'est la même chose.

Notre langue s'est conformée à cette notion. Un esprit, selon nous, est toujours quelque chose d'intelligent : et nous n'avons point de mot plus propre pour expliquer celui de νοῦς et de *mens,* que celui d'*esprit.*

En cela nous suivons l'idée du mot d'*esprit* et de *spirituel* qui nous est donnée dans l'Ecriture, où tout ce qui s'appelle *esprit* au sens dont il s'agit est intelligent, et où les seules opérations qui sont nommées spirituelles, sont les intellectuelles.

C'est en ce sens que saint Paul appelle Dieu, le Père de tous les esprits [1], c'est-à-dire de toutes les créatures intellectuelles capables de s'unir à lui.

Dieu est esprit, dit Notre-Seigneur, *et ceux qui l'adorent,*

[1] *Hebr.,* xii, 9.

doivent l'adorer en esprit et en vérité [1] : c'est-à-dire que cette suprême intelligence doit être adorée par l'intelligence.

Selon cette notion, les sens n'appartiennent pas à l'esprit.

Quand l'Apôtre distingue l'homme animal d'avec l'homme spirituel [2], il distingue celui qui agit par les sens d'avec celui qui agit par l'entendement et s'unit à Dieu.

Quand le même Apôtre dit que la chair convoite contre l'esprit, et l'esprit contre la chair [3], il entend que la partie intelligente combat la partie sensitive; que l'esprit capable de s'unir à Dieu, est combattu par le plaisir sensible attaché aux dispositions corporelles.

Le même Apôtre en séparant les fruits de la chair d'avec les fruits de l'esprit [4], par ceux-ci entend les vertus intellectuelles, et par ceux-là entend les vices qui nous attachent aux sens et à leurs objets.

Et encore que parmi les fruits de la chair, il range beaucoup de vices qui semblent n'appartenir qu'à l'esprit, tels que sont l'orgueil et la jalousie, il faut remarquer que ces sentimens vicieux s'excitent principalement par les marques sensibles de préférence que nous désirons pour nous-mêmes, et que nous envions aux autres; ce qui donne lieu de les ranger parmi les vices qui tirent leur origine des objets sensibles.

Il se voit donc que les sensations, d'elles-mêmes ne font point partie de la nature spirituelle, parce qu'en effet elles sont totalement assujetties aux objets corporels et aux dispositions corporelles.

Ainsi la spiritualité commence en l'homme, où la lumière de l'intelligence et de la réflexion commence à poindre, parce que c'est là que l'ame commence à s'élever au-dessus du corps; et non-seulement à s'élever au-dessus, mais encore à le dominer et à s'attacher à Dieu, c'est-à-dire au plus spirituel et au plus parfait de tous les objets.

Quand donc on aura donné les sensations aux animaux, il paroît qu'on ne leur aura rien donné de spirituel : leur ame sera de même nature que leurs opérations, lesquelles en nous-mêmes,

---

[1] *Joan.*, IV, 24. — [2] I *Cor.*, II, 14, 15. — [3] *Galat.*, V, 16. — [4] *Ibid.*, 19-22.

quoiqu'elles viennent d'un principe, qui n'est pas un corps, passent pourtant pour charnelles et corporelles par leur assujettissement total aux dispositions du corps.

De cette sorte ceux qui donnent aux bêtes des sensations et une ame qui en soit capable, interrogés si cette ame est un esprit ou un corps, répondront qu'elle n'est ni l'un ni l'autre. C'est une nature mitoyenne, qui n'est pas un corps, parce qu'elle n'est pas étendue en longueur, largeur et profondeur; qui n'est pas un esprit, parce qu'elle est sans intelligence, incapable de posséder Dieu et d'être heureuse.

Ils résoudront par le même principe l'objection de l'immortalité; car encore que l'ame des bêtes soit distincte du corps, il n'y a point d'apparence qu'elle puisse être conservée séparément, parce qu'elle n'a point d'opération qui ne soit totalement absorbée par le corps et par la matière : et il n'y a rien de plus injuste ni de plus absurde aux platoniciens, que d'avoir égalé l'ame des bêtes, où il n'y a rien qui ne soit dominé absolument par le corps, à l'ame humaine, où l'on voit un principe qui s'élève au-dessus de lui, qui le pousse jusqu'à sa ruine pour contenter la raison, et qui s'élève jusqu'à la plus haute vérité, c'est-à-dire jusqu'à Dieu même.

C'est ainsi que la première opinion sort des deux inconvéniens que nous avons remarqués; mais la seconde croit se tirer encore plus nettement d'affaire. Car elle n'est point en peine d'expliquer comment l'ame des animaux n'est ni spirituelle ni immortelle, puisqu'elle ne leur donne pour toute ame que le sang et les esprits.

Elle dit donc que les mouvemens des animaux ne sont point administrés par les sensations, et qu'il suffit pour les expliquer de supposer seulement l'organisation des parties, l'impression des objets sur le cerveau et la direction des esprits pour faire jouer les muscles.

C'est en cela que consiste l'instinct, selon cette opinion; et ce ne sera autre chose que cette force mouvante par laquelle le muscles sont ébranlés et agités.

Au reste ceux qui suivent cette opinion, observent que le

esprits peuvent changer de nature par diverses causes. Plus de bile mêlée dans le sang les rendra plus impétueux et plus vifs ; le mélange d'autres liqueurs les fera plus tempérés. Autres seront les esprits d'un animal mal repu, autres ceux d'un animal affamé. Il y aura aussi de la différence entre les esprits d'un animal qui aura sa vigueur entière, et ceux d'un animal déjà épuisé et recru. Les esprits pourront être plus ou moins abondans, plus ou moins vifs, plus grossiers ou plus atténués ; et ces philosophes prétendent qu'il n'en faut pas davantage pour expliquer tout ce qui se fait dans les animaux, et les différens états où ils se trouvent.

Avec ce raisonnement, cette opinion jusqu'ici entre peu dans l'esprit des hommes. Ceux qui la combattent concluent de là qu'elle est contraire au sens commun ; et ceux qui la défendent répondent que peu de personnes les entendent, à cause que peu de personnes prennent la peine de s'élever au-dessus des préventions des sens et de l'enfance.

Il est aisé de comprendre, par ce qui vient d'être dit, que ces derniers conviennent avec l'École, non-seulement que le raisonnement, mais encore que la sensation ne peut jamais précisément venir du corps ; mais ils ne mettent la sensation qu'où ils mettent le raisonnement, parce que la sensation, qui d'elle-même ne connoît point la vérité, selon eux n'a aucun usage que d'exciter la partie qui la connoît.

Et ils soutiennent que les sensations ne servent de rien à expliquer ni à faire les mouvemens corporels, parce que loin de les causer, elles les suivent : en sorte que, pour bien raisonner il faut dire : Tel mouvement est, donc telle sensation s'ensuit ; et non pas : Telle sensation est, donc tel mouvement s'ensuit.

Pour ce qui est de l'immortalité de l'ame humaine, elle n'a aucune difficulté, selon leurs principes. Car dès là qu'ils ont établi avec toute l'École, qu'elle est distincte du corps, parce qu'elle sent, parce qu'elle entend, parce qu'elle veut, en un mot parce qu'elle pense ; ils disent qu'il n'y a plus qu'à considérer que Dieu, qui aime ses ouvrages, conserve généralement à chaque chose l'être qu'il lui a une fois donné. Les corps peuvent bien être dissous, leurs parcelles peuvent bien être séparées et jetées deçà et delà, mais pour cela ils ne sont point anéantis. Si donc l'ame est une substance distincte du corps, par la même raison ou à plus forte raison, Dieu lui conservera son être; et n'ayant point de parties, elle doit subsister éternellement dans toute son intégrité.

XIV.

Conclusion de tout ce traité, où l'excellence de la nature humaine est de nouveau démontrée.

Voilà les deux opinions que soutiennent touchant les bêtes, ceux qui ont aperçu qu'on ne peut sans absurdité ni leur donner du raisonnement, ni faire sentir la matière. Mais laissant à part les opinions, rappelons à notre mémoire les choses que nous avons constamment trouvées et observées dans l'ame raisonnable.

Premièrement, outre les opérations sensitives toutes engagées dans la chair et dans la matière, nous y avons trouvé les opérations intellectuelles si supérieures au corps et si peu comprises dans ses dispositions, qu'au contraire elles le dominent, le font obéir, le dévouent à la mort et le sacrifient.

Nous avons vu aussi que par notre entendement, nous apercevons des vérités éternelles, claires et incontestables; nous savons qu'elles sont toujours les mêmes, et nous sommes toujours les mêmes à leur égard, toujours également ravis de leur beauté, et convaincus de leur certitude; marque que notre ame est faite pour les choses qui ne changent pas, et qu'elle a en elle un fond qui aussi ne doit pas changer.

Car il faut ici observer que ces vérités éternelles sont l'objet naturel de notre entendement; c'est par elles qu'il rapporte naturellement toutes les actions humaines à leur règle; tous les raisonnemens aux premiers principes connus par eux-mêmes comme éternels et invariables; tous les ouvrages de l'art et de la nature, toutes les figures, tous les mouvemens aux proportions cachées qui en font et la beauté et la force; enfin toutes choses généralement, aux décrets de la sagesse de Dieu, et à l'ordre immuable qui les fait aller en concours.

Que si ces vérités éternelles sont l'objet naturel de l'entendement humain, par la convenance qui se trouve entre les objets et les puissances, on voit quelle est sa nature; et qu'étant né conforme à des choses qui ne changent point, il a en lui un principe de vie immortelle.

Et parmi ces vérités éternelles qui sont l'objet naturel de l'entendement, celle qu'il aperçoit comme la première, en laquelle toutes les autres subsistent et se réunissent, c'est qu'il y a un premier Être qui entend tout avec certitude, qui fait tout ce qu'il veut, qui est lui-même sa règle, dont la volonté est notre loi, dont la vérité est notre vie.

Nous savons qu'il n'y a rien de plus impossible que le contraire de ces vérités; et qu'on ne peut jamais supposer, sans avoir le sens renversé, ou que ce premier Être ne soit pas, ou qu'il puisse changer, ou qu'il puisse y avoir une créature intelligente qui ne soit pas faite pour entendre et pour aimer ce principe de son être.

C'est par là que nous avons vu que la nature de l'ame est d'être formée à l'image de son auteur, et cette conformité nous y fait entendre un principe divin et immortel.

Car s'il y a quelque chose parmi les créatures qui mérite de durer éternellement, c'est sans doute la connoissance et l'amour de Dieu, et ce qui est né pour exercer ces divines opérations.

Quiconque les exerce les voit si justes et si parfaites, qu'il voudroit les exercer à jamais; et nous avons dans cet exercice l'idée d'une vie éternelle et bienheureuse.

Les histoires anciennes et modernes font foi que cette idée de vie immortelle se trouve confusément dans toutes les nations qui ne sont pas tout à fait brutes. Mais ceux qui connoissent Dieu, l'ont très-claire et très-distincte; car ils voient que la créature raisonnable peut vivre éternellement heureuse, en admirant les grandeurs de Dieu, les conseils de sa sagesse et la beauté de ses ouvrages.

Et nous avons quelque expérience de cette vie, lorsque quelque vérité illustre nous apparoît; et que contemplant la nature, nous admirons la sagesse qui a tout fait dans un si bel ordre.

Là nous goûtons un plaisir si pur, que tout autre plaisir ne nous paroît rien à comparaison. C'est ce plaisir qui a transporté les philosophes, et qui leur a fait souhaiter que la nature n'eût donné aux hommes aucunes voluptés sensuelles, parce que ces voluptés troublent en nous le plaisir de goûter la vérité toute pure.

Qui voit Pythagore ravi d'avoir trouvé les carrés des côtés d'un certain triangle avec le carré de sa base, sacrifier une hécatombe en action de graces [1]; qui voit Archimède [2] attentif à quelque nouvelle découverte, en oublier le boire et le manger; qui voit Platon [3] célébrer la félicité de ceux qui contemplent le beau et le bon, premièrement dans les arts, secondement dans la nature, et enfin dans leur source et dans leur principe qui est Dieu; qui voit Aristote [4] louer ces heureux momens où l'ame n'est possédée que de l'intelligence de la vérité, et juger une telle vie seule digne d'être éternelle et d'être la vie de Dieu : mais qui voit les saints tellement ravis de ce divin exercice de connoître, d'aimer et de louer Dieu, qu'ils ne le quittent jamais, et qu'ils éteignent pour le continuer durant tout le cours de leur vie, tous les désirs sensuels; qui voit, dis-je, toutes ces choses, reconnoît dans les opérations intellectuelles un principe et un exercice de vie éternellement heureuse.

Et le désir d'une telle vie s'élève et se fortifie d'autant plus en nous, que nous méprisons davantage la vie sensuelle, et que nous cultivons avec plus de soin la vie de l'intelligence.

Et l'ame qui entend cette vie et qui la désire, ne peut comprendre que Dieu qui lui a donné cette idée et lui a inspiré ce désir, l'ait faite pour une autre fin.

Et il ne faut pas s'imaginer qu'elle perde cette vie en perdant son corps; car nous avons vu que les opérations intellectuelles ne sont pas à la manière des sensations, attachées à des organes corporels; et encore que par la correspondance qui se doit trouver entre toutes les opérations de l'ame, l'entendement se serve des sens et des images sensibles, ce n'est pas en se tournant de ce

---

[1] Cic., *De natur. deor.*, lib. III, n. 36. — [2] Cic., *De fine boni et mali*, lib. V, n. 19. — [3] *Conviv., De Amore.* — [4] *Ethic.*, lib. X, cap. VII.

côté-là qu'il se remplit de la vérité, mais en se tournant vers la vérité éternelle.

Les sens n'apportent pas à l'ame la connoissance de la vérité ; ils l'excitent, ils la réveillent, ils l'avertissent de certains effets ; elle est sollicitée à chercher les causes : mais elle ne les découvre, elle n'en voit les liaisons, ni les principes qui font tout mouvoir que dans une lumière supérieure qui vient de Dieu, ou qui est Dieu même.

Dieu donc est la vérité, d'elle-même toujours présente à tous les esprits, et la vraie source de l'intelligence : c'est donc de ce côté qu'elle voit le jour ; c'est par là qu'elle respire et qu'elle vit.

Ainsi autant que Dieu restera à l'ame (et de lui-même jamais il ne manque à ceux qu'il a faits pour lui, et sa lumière bienfaisante ne se retire jamais que de ceux qui s'en détournent volontairement); autant, dis-je, que Dieu restera à l'ame, autant vivra notre intelligence ; et quoi qu'il arrive de nos sens et de notre corps, la vie de notre raison est en sûreté.

Que s'il faut un corps à notre ame qui est née pour lui être unie, la loi de la Providence veut que le plus digne l'emporte ; et Dieu rendra à l'ame son corps immortel, plutôt que de laisser l'ame faute de corps dans un état imparfait.

Mais réduisons ces raisonnemens en peu de paroles. L'ame née pour considérer ces vérités immuables et Dieu où se réunit toute vérité, par là se trouve conforme à ce qui est éternel.

En connoissant et en aimant Dieu, elle exerce les opérations qui méritent le mieux de durer toujours.

Dans ces opérations elle a l'idée d'une vie éternellement bienheureuse, et elle en conçoit le désir ; elle s'unit à Dieu, qui est le vrai principe de l'intelligence, et ne craint point de le perdre en perdant le corps : d'autant plus que sa sagesse éternelle, qui fait servir le moindre au plus digne, si l'ame a besoin d'un corps pour vivre dans sa naturelle perfection, lui rendra plutôt le sien que de laisser défaillir son intelligence par ce manquement.

C'est ainsi que l'ame connoît qu'elle est née pour être heureuse à jamais, et aussi que renonçant à ce bonheur éternel, un malheur éternel sera son supplice.

Il n'y a donc plus de néant pour elle, depuis que son auteur l'a une fois tirée du néant pour jouir de sa vérité et de sa bonté. Car comme qui s'attache à cette vérité et à cette bonté, mérite plus que jamais de vivre dans cet exercice, et de le voir durer éternellement, celui aussi qui s'en prive et qui s'en éloigne, mérite de voir durer dans l'éternité la peine de sa défection.

Ces raisons sont solides et inébranlables à qui les sait pénétrer ; mais le chrétien a d'autres raisons qui sont le vrai fondement de son espérance, c'est la parole de Dieu et ses promesses immuables. Il promet la vie éternelle à ceux qui le servent, et condamne les rebelles à un supplice éternel : il est fidèle à sa parole et ne change point ; et comme il a accompli aux yeux de toute la terre ce qu'il a promis de son Fils et de son Eglise, l'accomplissement de ces promesses nous assure la vérité de celles de la vie future.

Vivons donc dans cette attente, passons dans le monde sans nous y attacher ; ne regardons pas ce qui se voit, mais ce qui ne se voit pas, parce que, comme dit l'Apôtre, ce qui se voit est passager, et ce qui ne se voit pas dure toujours.

FIN DE LA CONNOISSANCE DE DIEU ET DE SOI-MÊME.

LA LOGIQUE

L'homme qui a fait réflexion sur lui-même, a connu qu'il y avoit dans son ame deux puissances ou facultés principales, dont l'une s'appelle *entendement*, et l'autre *volonté*; et deux opérations principales, dont l'une est entendre, et l'autre vouloir.

Entendre se rapporte au vrai, et vouloir au bien.

Toute la conduite de l'homme dépend du bon usage de ces deux puissances. L'homme est parfait, quand d'un côté il entend le vrai, et que de l'autre il veut le bien véritable, c'est-à-dire la vertu (a).

Mais comme il ne lui arrive que trop souvent de s'égarer en l'une ou en l'autre de ces actions, il a besoin d'être averti de ce qu'il faut savoir pour être en état tant de connoître la vérité, c'est-à-dire de bien raisonner, que d'embrasser la vertu, c'est-à-dire de bien choisir.

De là naissent deux sciences nécessaires à la vie humaine, dont l'une apprend ce qu'il faut savoir pour entendre la vérité, et l'autre ce qu'il faut savoir pour embrasser la vertu.

La première de ces sciences s'appelle *Logique*, d'un mot grec qui signifie *raison*, ou *dialectique*, d'un mot grec qui signifie *discourir*; et l'autre s'appelle *Morale*, parce qu'elle règle les mœurs. Les Grecs l'appellent *Ethique*, du mot qui signifie *les mœurs* en leur langue.

Il paroît donc que la Logique a pour objet de diriger l'entendement à la vérité; et la Morale, de porter la volonté à la vertu.

Pour opérer un si bon effet, elles ont leurs règles et leurs préceptes; et c'est en quoi elles consistent principalement : de sorte

(a) *Alinéa barré :* Car ayant deux actions principales qui mènent toutes les autres, celle de juger dans l'entendement et celle de choisir dans la volonté, quand il juge et qu'il choisit selon la raison, il n'a plus rien à désirer en cette vie.

qu'elles sont de ces sciences qui tendent à l'action, et qu'on appelle *pratiques*.

Selon cela, la Logique peut être définie *une science pratique par laquelle nous apprenons ce qu'il faut savoir pour être capables d'entendre la vérité;* et la Morale, *une science pratique par laquelle nous apprenons ce qu'il faut savoir pour embrasser la vertu.*

Ou pour le dire en moins de mots, la *Logique est une science qui nous apprend à bien raisonner*, et la Morale est *une science qui nous apprend à bien vivre.*

Or, comme l'entendement a trois opérations principales, la Logique, qui entreprend de le diriger, doit s'appliquer à ces trois opérations, dont nous allons aussi traiter en trois livres.

LIVRE PREMIER.

CHAPITRE PREMIER.

De l'entendement.

Il faut examiner avant toutes choses, ce que c'est que l'entendement.

Entendre, *c'est connoître le vrai et le faux, et discerner l'un d'avec l'autre*. C'est ce qui fait la différence entre cet acte et tous les autres.

Par les sens l'ame reçoit des objets certaines impressions qui s'appellent *sensations*. Par l'imagination elle reçoit simplement, et conserve ce qui lui est apporté par les sens. Par l'entendement elle juge de tout, et connoît ce qu'il faut penser tant des objets que des sensations.

Elle fait quelque chose de plus : elle s'élève au-dessus des sens, et entend certains objets où les sens ne trouvent aucune prise ; par exemple Dieu, elle-même, les autres ames semblables à elle et certaines vérités universelles.

Voilà ce qui s'appelle *entendement*. Il nous apprend à corriger les illusions des sens et de l'imagination, par un juste discernement du vrai et du faux. Je vois un bâton dans l'eau, comme rompu ; tous les objets me paroissent jaunes ; je m'imagine dans l'obscurité voir un fantôme : la lumière de l'entendement vient au-dessus, et me fait connoître ce qui en est.

Il juge, non-seulement des sensations, mais de ses propres jugemens, qu'il redresse ou qu'il confirme après une plus exacte perquisition de la vérité, parce que la faculté de réfléchir, qui lui est propre, s'étend sur tous les objets, sur toutes les facultés et sur lui-même.

CHAPITRE II.

Des idées et de leur définition.

Nous entendons la vérité par le moyen des idées ; et il faut ici les définir.

Nous nous servons quelquefois du mot d'*idée* pour signifier les images qui se font en notre esprit, lorsque nous imaginons quelque objet particulier : par exemple, si je m'imagine le château de Versailles, et que je me représente en moi-même comme il est fait ; si je m'imagine la taille ou le visage d'un homme, je dis que j'ai l'idée de ce château ou de cet homme. Les peintres disent indifféremment qu'ils font un portrait d'imagination ou d'idée, quand ils peignent une personne absente sur l'image qu'ils s'en sont formée en la regardant.

Ce ne sont point de telles idées que nous avons ici à considérer.

Il y a d'autres idées qu'on appelle *intellectuelles ;* et ce sont celles que la Logique a pour objet.

Pour les entendre, il ne faut qu'observer avec soin la distinction qu'il y a entre imaginer et entendre.

La même différence qui se trouve entre ces deux actes, se trouve aussi entre les images que nous avons dans la fantaisie, et les idées intellectuelles qui sont celles que nous nommerons dorénavant proprement *idées*.

Comme celui qui imagine a dans son ame l'image de la chose qu'il imagine, ainsi celui qui entend a dans son ame l'idée de la vérité qu'il entend. C'est celle que nous appelons *intellectuelle ;* par exemple, sans imaginer aucun triangle particulier, j'entends en général le triangle comme une figure terminée de trois lignes droites. Le triangle ainsi entendu dans mon esprit, est une idée intellectuelle.

L'idée peut donc être définie *ce qui représente à l'entendement la vérité de l'objet entendu.* Ainsi on ne connoît rien que ce dont on a l'idée présente.

De là s'ensuit que les choses dont nous n'avons nulle idée, sont à notre égard comme n'étant pas.

CHAPITRE III.

Des termes, et de leur liaison avec les idées.

Il faut ici observer la liaison des idées avec les termes.

Il n'y a rien de plus différent que ces deux choses, et leurs différences sont aisées à remarquer.

L'idée est *ce qui représente à l'entendement la vérité de l'objet entendu.*

Le terme est *la parole qui signifie cette idée.*

L'idée représente immédiatement les objets; les termes ne signifient que médiatement et en tant qu'ils rappellent les idées.

L'idée précède le terme qui est inventé pour la signifier : nous parlons pour exprimer nos pensées.

L'idée est ce par quoi nous nous disons la chose à nous-mêmes; le terme est ce par quoi nous l'exprimons aux autres.

L'idée est naturelle, et est la même dans tous les hommes : les termes sont artificiels, c'est-à-dire inventés par art, et chaque langue a les siens (*a*).

Ainsi l'idée représente naturellement son objet; et le terme, seulement par institution, c'est-à-dire parce que les hommes en sont convenus : par exemple, ces mots *triangle* et *cheval* n'ont

---

(*a*) *Alinéa barré :* L'idée précède le terme, puisque le terme est inventé pour la signifier. Nous parlons pour exprimer nos pensées.

aucune conformité naturelle avec ce qu'ils signifient; et si les hommes avoient voulu, ils auroient pu rappeler à l'esprit toute autre idée.

Mais encore que ces deux choses soient si distinguées, elles sont devenues comme inséparables, parce que par l'habitude que nous avons prise dès notre enfance d'expliquer aux autres ce que nous pensons, il arrive que nos idées sont toujours unies aux termes qui les expriment, et aussi que ces termes nous rappellent naturellement nos idées : par exemple, si j'entends bien ce mot de *triangle*, je ne le prononce point sans que l'idée qui y répond me revienne ; et aussi je ne pense point au triangle même, que le nom ne me revienne à l'esprit.

Ainsi soit que nous parlions aux autres, soit que nous nous parlions à nous-mêmes, nous nous servons toujours de nos mots et de notre langage ordinaires.

Absolument pourtant, l'idée peut être séparée du terme, et le terme de l'idée. Car il faut avoir entendu les choses avant que de les nommer; et le terme aussi, s'il n'est entendu, ne nous rappelle aucune idée.

Quelquefois nous n'avons pas le terme présent, que la chose nous est très-présente; et quelquefois nous avons le terme présent, sans nous souvenir de sa signification.

Les enfans conçoivent beaucoup de choses qu'ils ne savent pas nommer, et ils retiennent beaucoup de mots dont ils n'apprennent le sens que par l'usage.

Mais depuis que par l'habitude ces deux choses se sont unies, on ne les considère plus que comme un seul tout dans le discours. L'idée est considérée comme l'ame, et le terme comme le corps.

Le terme considéré en cette sorte, c'est-à-dire comme faisant un seul tout avec l'idée et la contenant, est supposé dans le discours pour les choses mêmes, c'est-à-dire mis à leur place; et ce qu'on dit des termes, on le dit des choses.

Nous tirons un grand secours de l'union des idées avec les termes, parce qu'une idée attachée à un terme fixe n'échappe pas si aisément à notre esprit.

Ainsi le terme joint à l'idée nous aide à être attentifs : par exemple, la seule idée intellectuelle de triangle ou de cercle est fort subtile d'elle-même, et échappe facilement par les moindres distractions; mais quand elle est revêtue de son terme propre comme d'une espèce de corps, elle est plus fixe et on la tient mieux.

Mais il faut pour cela être attentif, c'est-à-dire ne faire pas comme ceux qui n'écoutent que le son tout seul de la parole, au lieu de considérer l'endroit de notre esprit où la parole doit frapper, c'est-à-dire l'idée qu'elle doit réveiller en nous.

CHAPITRE IV.

Des trois opérations de l'entendement, et de leur rapport avec les idées.

Parmi les idées, les unes s'accordent naturellement ensemble, et les autres sont incompatibles et s'excluent mutuellement; par exemple : *Dieu* et *éternel*, c'est-à-dire : *cause qui fait tout, et ce qui n'a ni commencement ni fin*, sont idées qui s'unissent naturellement. Au contraire ces deux idées : *Dieu* et *auteur du péché*, sont incompatibles. Quand deux idées s'accordent, on les unit en affirmant l'une de l'autre, et en disant, par exemple : *Dieu est éternel*. Au contraire, quand elles s'excluent mutuellement, on nie l'une de l'autre en disant : *Dieu*, c'est-à-dire *la sainteté même*, *n'est pas auteur du péché, c'est-à-dire de l'impureté même*.

C'est par l'union ou l'assemblage des idées, que se forme le jugement que porte l'esprit sur le vrai ou sur le faux; et ce jugement consiste en une simple proposition, par laquelle nous nous disons en nous-mêmes : *Cela est, cela n'est pas ; Dieu est éternel, l'homme n'est pas éternel*.

Avant que de porter un tel jugement, il faut entendre les termes dont chaque proposition est composée, c'est-à-dire *Dieu, homme, éternel*. Car, comme nous avons dit, avant que d'assembler ces deux termes : *Dieu* et *éternel*, ou de séparer ces deux-ci : *homme* et *éternel*, il faut les avoir compris.

Entendre les termes, c'est les rapporter à leur idée propre, c'est-à-dire à celle qu'ils doivent rappeler à notre esprit.

Mais ou l'assemblage des termes est manifeste par soi-même, ou il ne l'est pas. S'il l'est, nous avons vu que sur la simple proposition bien entendue, l'esprit ne peut refuser son consentement ; et qu'au contraire s'il ne l'est pas, il faut appeler en confirmation de la vérité d'autres propositions connues, c'est-à-dire qu'il faut raisonner.

Par exemple, dans celle-ci : *Le tout est plus grand que sa partie,* il ne faut qu'entendre ces mots : *tout* et *partie,* pour voir que la partie, qui n'est qu'une diminution du tout, est moindre que le tout qui la comprend, et comprend encore autre chose.

Au contraire dans celle-ci : *Les parties d'un certain tout, par exemple d'un arbre ou d'un animal, doivent être nécessairement de différente nature ;* pour juger de sa vérité, la connoissance des termes dont elle est composée ne suffit pas. Il faut appeler au secours les diverses fonctions que doit faire un animal, comme se nourrir ou marcher, et montrer que des fonctions si diverses exigent que l'animal ait plusieurs parties de nature différente ; par exemple, des os, des muscles, un estomac, un cœur, etc.

Voilà donc trois opérations de l'esprit manifestement distinguées : une qui conçoit simplement les idées ; une qui les assemble ou les désunit, en affirmant ou niant l'une de l'autre ; une qui ne voyant pas d'abord un fondement suffisant pour affirmer ou nier, examine s'il se peut trouver en raisonnant.

CHAPITRE V.

De l'attention, qui est commune aux trois opérations de l'esprit.

Chaque opération de l'esprit, pour être bien faite, doit être faite attentivement ; de sorte que l'attention est une qualité commune à toutes les trois.

L'attention est opposée à la distraction, et on peut connoître l'une par l'autre.

La distraction est un mouvement vague et incertain de l'esprit, qui passe d'un objet à l'autre, sans en considérer aucun.

L'attention est donc un état de consistance dans l'esprit, qui s'attache à considérer quelque chose.

Ce qui la rend nécessaire, c'est que notre esprit imparfait a besoin de temps pour bien faire ses opérations. Nous en verrons les causes par la suite ; et nous étudierons les moyens de rendre l'esprit attentif, ou de remédier aux distractions ; ce qui est un des principaux objets de la Logique.

CHAPITRE VI.

De la première opération de l'esprit, qui est la conception des idées.

La première opération de l'esprit, qu'on appelle simple *appréhension* ou *conception*, considère les idées. Mais les idées peuvent être regardées ou nûment en elles-mêmes, ou revêtues de certains termes ; selon ces différens égards, la première opération de l'esprit peut être définie *la simple conception des idées*, ou *la simple intelligence des termes*. Si on veut recueillir ensemble l'une et l'autre considération, on la pourra définir *la simple conception des idées que les termes signifient, sans rien affirmer ou nier.*

Car, ainsi qu'il a été dit, chaque terme a une idée qui lui répond ; par exemple, au mot de *roi*, répond l'idée de celui qui a la suprême puissance dans un Etat ; au mot de *vertu*, répond l'idée d'une habitude de vivre selon la raison ; au mot de *triangle*, répond l'idée de figure terminée de trois lignes droites (a).

Ainsi quand on prononce ce mot *triangle*, la première chose qu'on fait, c'est de rapporter ce terme à l'idée qui y répond dans l'esprit.

On n'affirme rien encore, et on ne nie rien du triangle ; mais on conçoit seulement ce que signifie ce terme, et on le joint avec son idée.

(a) *Mots effacés :* Répond l'idée de figure à trois côtés, ou plutôt terminée de trois lignes droites. Comme le triangle rectiligne est celui qui dans l'usage ordinaire retient seul le nom de *triangle*, à *triangle* répond l'idée de figure terminée de trois lignes droites.

CHAPITRE VII.

Dénombrement de plusieurs idées.

Rien ne nous fait mieux connoître les opérations de l'esprit, que de les exercer avec attention sur divers sujets. Comme donc la première opération est la simple conception des idées, il est bon de nous appliquer à quelques-unes de celles que nous avons dans l'esprit.

L'ame conçoit premièrement ce qui la touche elle-même ; par exemple, ses opérations et ses objets.

Nous savons ce qui répond dans l'esprit à ces mots : *sentir, imaginer, entendre, considérer, se ressouvenir, affirmer, nier, douter, savoir, errer, ignorer, être libre, délibérer, se résoudre, vouloir, ne vouloir pas, choisir bien ou mal, être digne de louange ou de blâme, de châtiment ou de récompense,* et ainsi du reste.

Nous savons aussi ce qui répond à ces mots : *vrai* et *faux, bien* et *mal*, qui sont les propres objets que l'entendement et la volonté recherchent.

Nous savons pareillement ce qui s'entend par ces mots : *plaisir* et *douleur, faim* et *soif*, et autres sensations semblables.

Enfin nous savons ce que signifient ces mots : *amour* et *haine, joie* et *tristesse*, *espérance* et *désespoir*, et les autres qui expriment nos passions.

A chacun de ces mots répond son idée que nous avons, et qu'il est bon de réveiller en lisant ceci.

Ces mots : *raison, vertu, vice, conscience*, et *syndérèse*, qui tous regardent nos mœurs, nous sont aussi fort connus, et nous avons compris ce qui leur répond dans notre intérieur.

Par là nous trouverons les idées de la justice, de la tempérance, de la sincérité, de la force, de la libéralité, et des vices qui leur sont contraires : par exemple, à ce terme *sincérité* répond *résolution de ne mentir jamais et de dire le vrai quand la raison le demande :* à ce mot *justice* répond *volonté constante et perpétuelle de rendre à chacun ce qui lui appartient*, et ainsi des autres.

Il y a encore des choses qui nous conviennent, comme maladie et santé, puissance et foiblesse, bonheur et malheur ; choses dont nous avons en nous les idées.

Nous avons déjà remarqué ces deux mots : *Dieu* et *créature*, avec les idées qui leur répondent, d'*être qui fait tout*, et d'*être fait par un autre*.

A l'idée d'être immuable, qui convient à Dieu, répond dans notre esprit ce qui est toujours de même ; à l'idée de changeant, qui convient à la créature, répond de n'être pas toujours en même état.

Nous avons aussi les idées de beaucoup de choses naturelles ; par exemple, de tous les objets de nos sens. A ce terme : *chaud* ou *froid*, répond ce qui cause le sentiment que nous exprimons en disant : *J'ai chaud*, ou *j'ai froid*. C'est ainsi que nous disons : *Le feu est chaud : la neige est froide*. A ce terme *doux* ou *amer*, *blanc* ou *noir*, *vert* ou *incarnat*, répond ce qui cause en nous certaines sensations. Et pour venir aux autres choses, à ce terme *mouvement* répond dans les corps, *être transporté d'un lieu à un autre* ; à ce terme *repos*, répond *demeurer dans le même lieu* ; à ce terme *corps*, répond *ce qui est étendu en longueur, largeur et profondeur* ; à ce terme *esprit*, répond *ce qui entend et ce qui veut* ; à ce terme *figure*, répond le *terme des corps* ; et ainsi des autres.

Nous avons aussi des idées très-nettes des choses que considèrent les mathématiques, telles que sont triangle, carré, cercle, figures régulières ou irrégulières, nombre, mesure, et autres infinies du même genre.

Les noms des choses qui se font par art, ou par invention et institution humaine, nous sont aussi fort connus. A ce mot de *maison* répond l'idée d'un lieu où nous nous renfermons contre les incommodités du dehors ; à ce mot *fortification*, répond l'idée d'une chose qui nous défend contre une grande force. Les lois, la police, le commandement, la royauté, la magistrature, les diverses formes de gouvernement ou par un seul homme, ou par un conseil, ou par tout le peuple, ont leurs idées très-claires qui répondent à chaque mot.

Quiconque prendra la peine de considérer ces mots, verra qu'il les entend très-bien, et démêlera aisément les idées qu'ils doivent rappeler, sans qu'il soit nécessaire de nous étendre maintenant sur tous ces objets.

CHAPITRE VIII.

Division générale des idées.

Après avoir rapporté un grand nombre d'idées différentes que nous avons dans l'esprit, il est bon de les réduire à certains genres : et nous en trouvons d'abord deux principaux.

Il y a des idées qui représentent les choses comme étant et subsistant en elles-mêmes, sans les regarder comme attachées à une autre ; par exemple, quand je dis *esprit*, c'est-à-dire *chose intelligente* ; *corps*, c'est-à-dire *chose étendue* ; *Dieu*, c'est-à-dire *ce qui est de soi*.

Il y a d'autres idées qui représentent leur objet, non comme existant en lui-même, mais comme surajouté et attaché à quelque autre chose. Par exemple, quand je dis *rondeur* et *sagesse*, je ne conçois pas la rondeur ni la sagesse comme choses subsistantes en elles-mêmes ; mais je conçois la rondeur comme née pour faire quelque chose ronde, et la sagesse comme née pour faire quelque chose sage.

Il faut donc nécessairement que dans ces idées, outre ce qu'elles représentent directement, c'est-à-dire ce qui fait être rond, et ce qui fait être sage, il y ait un regard indirect sur ce qui est rond et ce qui est sage, c'est-à-dire sur la chose même à qui convient l'un et l'autre.

Ainsi je puis bien entendre un bâton, sans songer qu'il soit droit ou qu'il soit courbe ; mais je ne puis entendre la droiture ni la courbure du bâton, pour ainsi parler, sans songer au bâton même.

Au premier genre d'idées, il faut rapporter celles qui répondent à ces mots : *Dieu, esprit, corps, bois, air, eau, pierre, métail, arbre, lion, aigle, homme,* parce que tous ces termes signifient un seul objet absolument, sans le regarder comme attaché à un autre.

Au second genre d'idées, il faut rapporter celles qui répondent à ces mots : *figure, longueur, largeur, profondeur, science, justice, libéralité*, et autres semblables, parce que dans le mot de *figure*, de *longueur*, et de *science*, outre ce qui y répond directement, il y a encore un regard sur ce qui est figuré, sur ce qui est long et sur ce qui est savant.

Le premier genre d'idées représente les substances mêmes; le second représente ce qui est attaché, ou surajouté aux substances; comme *science* est chose attachée ou surajoutée à l'esprit, *rondeur* est chose attachée ou surajoutée au corps.

Cette division des idées les partage du côté de leur objet, parce que les idées n'en peuvent avoir que de deux sortes, dont l'un est la chose même qui est, c'est-à-dire la substance, l'autre est ce qui lui est attaché.

Il faut donc ici considérer que la même chose, ou la même substance peut être de différentes façons, sans que son fond soit changé : par exemple, le même esprit, ou le même homme considéré selon son esprit, peut être tantôt sans la science, et tantôt avec la science; tantôt géomètre, et tantôt non; tantôt avec plaisir, tantôt avec douleur; tantôt vicieux, tantôt vertueux; tantôt malheureux, tantôt heureux : et cependant, au fond, c'est le même esprit, c'est le même homme.

Ainsi un même corps peut être tantôt en mouvement, et tantôt en repos; tantôt droit, tantôt courbe; et toutefois ce sera au fond le même corps.

Plusieurs corps peuvent être, ou jetés ensemble pêle-mêle et en confusion, ou arrangés dans un certain ordre et rapportés à la même fin : cependant ce seront toujours les mêmes corps en substance.

Une même eau peut être tantôt chaude, tantôt froide, tantôt prise et glacée, tantôt coulante, tantôt blanchie en écume, tantôt réduite en vapeur : une même cire peut être disposée, tantôt en une figure, et tantôt en une autre; elle peut être tantôt dure et avec quelque consistance, tantôt liquide et coulante; et selon cela tantôt jaune ou blanche, et tantôt d'une autre couleur : et cependant au fond c'est la même eau, c'est la même cire.

Il en est de même de l'or et de tous les autres métaux ; et en un mot, il en est de même de tous les êtres que nous connoissons, excepté Dieu.

Ce fond qui subsiste en chaque être au milieu de tous les changemens, c'est ce qui s'appelle la substance ou la chose même. Ce qui est attaché à la chose, et de quoi on entend qu'elle est affectée, s'appelle *accident* ou *forme accidentelle, qualité, mode*, ou *façon d'être*.

Le propre de l'accident est d'être en quelque chose [1] ; et ce en quoi est l'accident, à quoi il est attaché et inhérent, s'appelle son *sujet*.

Il ne faut pas ici s'imaginer que l'accident soit dans son sujet comme une partie est dans son tout, par exemple la main dans le corps, ni comme ce qui est contenu est dans ce qui le contient, par exemple un diamant dans une boîte. Il n'est pas non plus attaché à son sujet comme une tapisserie l'est à la muraille : il y est comme la forme qui le façonne, qui l'affecte et qui le modifie.

Comme c'est par les idées que nous entendons les choses, la diversité des choses devoit nous être marquée par celle des idées : et voici comment cela se fait.

La substance peut bien être sans ses qualités : par exemple, l'esprit humain sans science, et le corps sans mouvement ; mais la science ne peut pas être sans quelque esprit qui soit savant, ni le mouvement sans quelque corps qui soit mû. De là vient aussi que les idées qui représentent les substances, les regardent en elles-mêmes, sans les attacher à un sujet : au lieu que celles qui représentent les accidens d'un sujet, regardent tout ensemble et l'accident et le sujet même.

Ainsi les idées sont une parfaite représentation de la nature, parce qu'elles représentent les choses suivant qu'elles sont. Elles représentent en elles-mêmes les substances qui en effet soutiennent tout ; et représentent les qualités ou les accidens ou les autres choses semblables qui sont attachées à la substance, par rapport à la substance même qui les soutient.

Soit donc cette règle indubitable : que *les idées qui nous re-*

[1] Accidentis esse est inesse.

présentent quelque chose sans l'attacher à un sujet, sont des idées de substance; par exemple, *Dieu, esprit, corps;* et *les idées qui nous représentent une chose comme étant en un sujet marqué par l'idée même,* par exemple, *science, vertu, mouvement, rondeur,* sont des idées d'accident. C'est pourquoi les idées de ce premier genre peuvent s'appeler *substantielles,* et les autres *accidentelles.*

Au reste ce qui répond dans la nature à ce second genre d'idées, n'est pas proprement une chose, mais ce qui est attaché à une chose : et néanmoins parce que ce n'est pas un pur néant, on lui donne le nom de *chose :* la rondeur, dit-on, est une *chose* qui convient au cercle, la science est une *chose* qui convient au philosophe.

On pourroit ici demander à quel genre d'idées il faut rapporter celles qui répondent à ces mots : *armes, habits,* et autres semblables. Il les faut rapporter sans difficulté au dernier genre, parce qu'être armé et être habillé, aussi bien qu'être nu et être désarmé, c'est chose accidentelle à l'homme : et ainsi quoique les armes et les habits considérés en eux-mêmes, soient plusieurs substances : dans l'usage, qui est proprement ce que nous y considérons, ils sont regardés comme convenant accidentellement à l'homme qui en est revêtu.

Ces remarques paroîtront vaines à qui ne les regardera pas de près ; mais à qui saura les entendre, elles paroîtront un fondement nécessaire de tout raisonnement exact et de tout discours correct.

CHAPITRE IX.

Autre division générale des idées.

Il y a une autre division des idées, non moins générale que celle que nous venons d'apporter ; c'est d'être *claires* ou *obscures,* autrement *distinctes* ou *confuses.*

La première division des idées se prend de leur objet, qui est ou la chose même, c'est-à-dire la substance, ou ce qui est attaché à la chose. Celle-ci regarde les idées considérées en elles-mêmes et du côté de l'entendement, où les unes portent une lumière claire et distincte, et les autres une lumière plus sombre et plus confuse.

Les idées *claires* sont celles qui nous font connoître dans l'objet quelque chose d'intelligible par soi-même : par exemple, quand je conçois le triangle comme une figure comprise de trois lignes droites, ce que me découvre cette idée est entendu de soi-même, et se trouve certainement dans l'objet, c'est-à-dire dans le triangle.

Cette idée est appelée *claire*, à raison de son évidence ; et par la même raison elle est appelée *distincte*, parce que par elle je distingue clairement les choses : car ce qu'une idée a de clair me fait séparer son objet de tous les autres ; par être figure à trois lignes droites, je distingue le triangle du parallélogramme qui est terminé de quatre.

Ainsi quand il fait jour et que la lumière est répandue, les objets que je confondois pendant les ténèbres étant éclairés, ils paroissent distinctement à mes yeux.

Les idées *obscures* sont celles qui ne montrent rien d'intelligible de soi-même dans leurs objets ; par exemple, si je regarde le soleil comme ce qui élève les nues, j'entends que les nues s'élèvent des eaux lorsque le soleil donne dessus : mais je n'entends pas encore pour cela ce qu'il y a dans le soleil par où il soit capable de les élever.

Telles sont les idées que nous nous formons, lorsque voyant que le fer accourt à l'aimant, ou que quelques simples nous purgent, nous disons qu'il y a dans l'aimant une vertu attractive que nous appelons *magnétique*, et qu'il y a une vertu purgative dans tel et tel simple. Il est clair que le fer s'unit à l'aimant, et il faut bien qu'il y ait quelque chose dans l'aimant qui fasse que le fer s'y joigne plutôt qu'au bois ou à la pierre. Mais le mot de *vertu attractive* ne m'explique point ce que c'est, et je suis encore à le chercher.

Il en est de même de la vertu purgative du séné et de la rhubarbe. Il est clair que nous sommes purgés par ces simples, et il faut bien qu'il y ait quelque chose en eux en vertu de quoi nous le soyons : mais ce quelque chose n'est point expliqué par la vertu purgative, et je n'en ai qu'une idée confuse.

Ces idées ont bien leur rapport à quelque chose de clair ; car il est clair que je suis purgé : mais si elles expliquent l'effet, elles laissent la cause inconnue : elles disent ce qui nous arrive en prenant ces simples ; mais elles ne montrent rien dans le simple même qui soit clair et intelligible de soi.

Ainsi quand nous disons que certaines choses ont des qualités occultes, cette expression est utile pour marquer ce qu'il faut chercher ; mais elle ne l'explique en aucune sorte.

Et ce qui montre combien de tels mots sont confondus et obscurs de leur nature, c'est que nous ne nous en servons point dans les choses claires. Interrogé pourquoi une aiguille pique, ou pourquoi une boule roule plutôt qu'un carré, je ne dis point que l'aiguille a la vertu de piquer, ou la boule celle de rouler ; je dis que l'aiguille est pointue et s'insinue facilement ; je dis que la boule, qui ne pose que sur un point, est attachée au plan par moins de parties, et en peut être détachée plus aisément que le cube, qui s'y appuie de tout un côté.

Voilà ce qui s'appelle des idées *claires* ou *distinctes,* et des idées *obscures* ou *confuses.* Les premières sont les véritables idées ; les autres sont des idées imparfaites et impropres.

Il ne faut pourtant pas les mépriser, ni rejeter du discours les termes qui y répondent, parce que d'un côté ils marquent un effet manifeste hors de leur objet, et de l'autre ils nous indiquent ce qu'il faut chercher dans l'objet même.

CHAPITRE X.

Plusieurs exemples d'idées claires et obscures.

Pour exercer notre esprit à entendre ces idées, il est bon de s'en proposer un assez grand nombre de toutes les sortes, et de nous accoutumer à les distinguer les unes d'avec les autres.

Du côté de notre ame, nous avons une idée très-nette de toutes nos opérations. Ces mots : *sentir, imaginer, entendre, affirmer, nier, douter, raisonner, vouloir,* et les autres, nous expriment quelque chose très-bien entendu, et que nous expérimentons en nous-mêmes.

Si je dis qu'un homme est colère, qu'il est doux, qu'il est hardi ou timide : les passions que je veux exprimer en lui me sont très-connues.

Si je dis aussi qu'il est savant, ou ignorant, qu'il est musicien, géomètre, arithméticien, astronome : ce que je mets en lui par ces termes, m'est très-connu.

De même en disant qu'il est vertueux, qu'il est sobre, qu'il est juste, qu'il est courageux, qu'il est prudent, qu'il est libéral; ou au contraire qu'il est vicieux, injuste et déraisonnable, gourmand, téméraire, avare ou prodigue : ce que je lui attribue est intelligible de soi.

Du côté des corps, je trouve en moi beaucoup d'idées très-distinctes. Il n'y a rien que de très-clair dans les idées qui me représentent le corps comme *étendu en longueur, largeur et profondeur;* la figure, comme le *terme du corps;* chaque figure en particulier, selon sa nature propre : par exemple, le triangle, comme une figure terminée de trois lignes droites ; le cercle, comme une figure terminée d'une seule ligne ; la circonférence d'un cercle, comme la ligne qui environne le centre ; le centre, comme le point du milieu également distant de chaque point de la circonférence; et ainsi des autres.

Dans les nombres, dans les mesures, dans les raisons, dans les proportions, ce qui est marqué du côté des objets, est intelligible de soi, et ne peut être ignoré, si peu qu'on y pense.

Quand je parle des végétaux ou des animaux, ce que j'entends par ces termes est intelligible de soi, et se trouve clairement dans les objets mêmes. Les végétaux sont des corps qui croissent par une secrète insinuation ; les animaux sont des substances, qui frappées de certains objets, se meuvent selon ces objets, de côté ou d'autre, par un principe intérieur. Tout cela est clair et intelligible.

Voilà peut-être assez d'idées claires. Nous avons déjà rapporté un grand nombre d'idées confuses. Une telle plante a la vertu d'attirer du cerveau de telles humeurs, d'en chasser d'autres de l'estomac ou des entrailles, de favoriser la digestion, de rabaisser ou de dissiper les vapeurs de la rate, de peur qu'elles n'offusquent le cerveau, et ainsi des autres ; cette plante ou ce minéral a une qualité propre à guérir un tel mal, ou à faire un tel effet : voilà des idées confuses, qui disent bien ce qui se fait par le moyen de ces minéraux ou de ces plantes, mais qui ne montrent rien de distinct dans les plantes mêmes.

Ainsi quand nous disons chaud et froid, doux et amer, de bonne ou de mauvaise odeur : nous proposons à la vérité ce qui est très-clair, que le feu ou la glace, quand je m'en approche, me font dire : *J'ai chaud* ou : *J'ai froid*, et me causent des sensations que j'explique par ces paroles : je vois aussi qu'il faut bien qu'il y ait dans le feu et dans la glace quelque chose qui les rende propres à me causer de tels sentimens ; mais cette chose, soit que je l'exprime par le terme générique de *vertu*, de *qualité*, de *faculté*, de *puissance*, ou par le terme spécifique de *chaleur* ou de *froideur*, est une chose à chercher et que je n'entends pas encore.

En un mot, ma sensation et la chose d'où elle me vient, me sont connues ; ce qu'il y a dans l'objet qui donne lieu à la sensation ne l'est pas.

Il en est de même des termes qui répondent aux autres sensations. Je conçois ce que je sens, quand je dis que cette liqueur est douce ou amère ; j'appelle douceur et amertume ce qu'il y a dans cette liqueur qui me cause mes sentimens. Mais ces termes ne m'expliquent rien distinctement dans l'objet qu'ils me représentent, et je suis encore à chercher ce qui le rend tel.

Il faut peut-être juger de même des termes qui signifient les couleurs. Car si être coloré de telle ou telle sorte, n'est autre chose, selon Aristote [1], aussi bien que selon Démocrite et Epicure, que de renvoyer différemment les rayons d'un corps lumineux, il s'ensuit que ce terme de *blanc* ou de *noir*, nous marque à la vérité, très-distinctement ce que nous sentons en nous-mêmes, et nous fait aussi très-bien entendre qu'il y a quelque chose dans la neige qui nous la fait appeler blanche : c'est ce que j'appelle *blancheur*, et j'ai raison de donner un nom à cette propriété de

---

[1] Voyez son traité *De Animâ*, lib. II, cap. VII.

la neige, quelle qu'elle soit; mais je ne sais pas encore ce que c'est, et je ne le saurai jamais, si je ne puis pénétrer auparavant quelles sortes de réflexion souffrent les rayons du soleil en donnant sur le corps blanc.

Ceux donc qui diroient que la chaleur n'est pas dans le feu, ni la froideur dans la glace, ni l'amertume dans l'absinthe, ni la blancheur dans la neige, parleroient fort impertinemment. Pour parler correctement, il faut dire que ce que ces mots signifient, se trouve certainement dans tous ces sujets; mais que ces mots n'expliquent pas précisément ce que c'est, et que c'est chose à examiner.

CHAPITRE XI.

Diverses propriétés des idées, et premièrement qu'elles ont toutes un objet réel et véritable.

Après avoir défini et divisé les idées, il en faut considérer maintenant les propriétés, autant qu'il convient à la Logique.

La première propriété des idées, c'est que leur objet est quelque chose de réel et d'effectif.

Cette propriété est enfermée dans la propre définition de l'idée.

Nous l'avons ainsi définie : Idée, *ce qui représente à l'entendement la vérité de l'objet entendu.* Si l'idée nous représente quelque vérité, c'est-à-dire quelque chose, il faut bien que l'objet de l'idée soit quelque chose d'effectif et de réel.

CHAPITRE XII.

Si, et comment on peut dire qu'on a de fausses idées.

Il paroît par ce qui vient d'être expliqué, qu'à proprement parler, on ne peut pas dire qu'on ait de fausses idées, parce que l'idée étant par sa nature ce qui nous montre le vrai, elle ne peut contenir en soi rien de faux.

Ainsi quand on dit de quelqu'un, qu'il a de fausses idées de certaines choses, on veut dire que faute d'être attentif à l'idée de ces choses-là, il leur attribue des qualités qui ne leur conviennent point : par exemple, si quelqu'un assuroit qu'un roi doit se faire craindre plutôt que se faire aimer, on diroit qu'il a une fausse idée du nom de roi, parce que pour n'avoir pas considéré que le nom de roi est un nom de protecteur et de père, il lui attribue la qualité odieuse de se faire craindre plutôt qu'aimer.

De même si quelqu'un disoit que le propre d'un philosophe est d'être un grand disputeur, on diroit qu'il a une fausse idée du terme de philosophe, parce que faute d'avoir considéré que le philosophe est un homme qui cherche sérieusement la vérité, et qui combat l'erreur quand l'occasion s'en présente, on lui donne l'impertinente démangeaison de disputer sans fin et sans mesure.

CHAPITRE XIII.

De ce qu'on appelle êtres de raison, *et quelle idée on en a.*

Les hommes pleins d'illusions et de vains fantômes, se figurent mille choses qui ne sont pas, et qu'on appelle *êtres de raison* : une montagne d'or, un centaure, une montagne sans vallée, et autres semblables.

Voilà ce qu'on appelle *êtres de raison*, êtres qui ne sont que dans la pensée. On les appelle aussi en notre langue des *chimères*, pour montrer qu'ils ne subsistent pas, non plus que la Chimère des poëtes.

On demande quelle idée nous avons de ces sortes d'êtres ; et il est aisé de répondre après avoir remarqué qu'il y en a trois espèces.

La première est de certains êtres qui sont en effet possibles, même comme on les conçoit, mais que ce seroit folie de les chercher dans la nature : par exemple, il est aussi aisé à Dieu de faire un amas d'or égal aux Alpes, que de faire un amas de terres et de rochers de cette hauteur : cela s'appelleroit montagne d'or, et à ce mot répond une idée réelle, puisque la chose est possible. Mais parce qu'elle ne subsiste que dans notre idée, et que ce seroit une illusion que d'espérer la trouver effectivement, quand on veut dire que les avares ont de vaines espérances, on dit qu'ils s'imaginent des montagnes d'or.

La seconde espèce d'êtres de raison consiste dans le mélange de plusieurs natures actuellement existantes, mais dont l'assemblage, tel qu'on le fait, est une pure illusion : par exemple un centaure, qu'on compose d'un homme et d'un cheval. A ce mot répondent deux idées réelles, l'une de l'homme et l'autre du cheval ; mais qu'on unit ensemble contre la raison et dont on compose un animal imaginaire.

La troisième espèce d'êtres de raison est celle où ce qu'on conçoit est un pur néant, une chose absolument impossible et contradictoire en elle-même ; par exemple, une montagne sans vallée. A cela il ne répond rien dans l'esprit ; c'est un discours en l'air, qui se détruit sitôt qu'on y pense, et qui ne peut nous donner aucune idée.

CHAPITRE XIV.

Le néant n'est pas entendu, et n'a point d'idée.

Les choses qui ont été dites montrent que le néant n'a point d'idée. Car l'idée étant l'idée de quelque chose, si le rien avoit une idée, le rien seroit quelque chose.

De là s'ensuit encore qu'à proprement parler, le néant n'est pas entendu. Il n'y a nulle vérité dans ce qui n'est pas : il n'y a donc aussi rien d'intelligible ; mais où l'idée de l'être manque, là nous entendons le non-être.

De là vient que, pour exprimer qu'une chose est fausse, souvent on se contente de dire : *Cela ne s'entend pas, cela ne signifie rien ;* c'est-à-dire qu'à ces paroles il ne répond dans l'esprit aucune idée.

Par là il faut dire encore qu'il n'y a point d'idée du faux, comme faux. Car de même que le vrai est ce qui est, le faux est ce qui n'est point.

On connoît donc la fausseté d'une chose dans la vérité qui lui est contraire.

Ainsi lorsqu'en faisant le dénombrement des idées, nous y avons rapporté celles du vrai et du faux, il faut entendre que l'idée du faux n'est que l'éloignement de l'idée du vrai.

De même l'idée du mal n'est que l'éloignement de l'idée du bien.

De cette sorte, à ces termes *faux* et *mal* répond dans notre esprit quelque chose; mais ce qui y répond, c'est le vrai qui exclut le faux, et le bien qui exclut le mal.

Et tout cela est fondé sur ce que le faux et le mal, comme faux et comme mal, sont un *non-être*, qui n'a point d'idée, ou pour parler plus correctement, ne sont pas un être qui ait une idée.

Ce qui pourroit nous tromper, c'est que nous donnons au vrai et au faux, et même au néant, un nom positif : mais de là il ne s'ensuit pas que l'idée qui y répond soit positive : autrement le néant seroit quelque chose : ce qui est contradictoire.

Au reste, on entend assez que le *positif* c'est ce qui pose et qui met; et que le *négatif* est ce qui ôte. Le terme positif affirme, et le négatif nie, comme le porte son nom.

CHAPITRE XV.

Des êtres appelés négatifs et privatifs.

De ce qu'un être n'est pas un autre être, et n'a pas en lui quelque chose, on a imaginé certains êtres qu'on appelle *êtres négatifs* ou *êtres privatifs* : par exemple, de ce qu'un homme a perdu la vue, on a dit qu'il étoit aveugle; et puis en regardant l'aveuglement comme une espèce d'être privatif, on a dit qu'il avoit en lui l'aveuglement.

Mais tout cela est impropre; et il n'y a personne qui n'entende qu'être aveugle, ce n'est pas avoir quelque chose, mais c'est n'avoir pas quelque chose, c'est-à-dire n'avoir pas la vue.

Tout ce donc qu'il y a à considérer, c'est que ce qui n'a point quelque chose, ou il est capable de l'avoir, comme l'homme est capable d'avoir la vue; et en ce cas n'avoir pas s'appelle *privation* : ou il est incapable, comme un arbre n'est pas capable de voir; et en ce cas n'avoir pas s'appelle *négation*.

La raison de ces expressions est évidente. Car le terme de *négation* dit simplement n'avoir pas, et le terme de *privation* suppose de plus qu'on est capable d'avoir; et c'est ce qui s'appelle en être privé. On ne dit pas qu'une pierre a été privée de la vue, dont elle étoit incapable : cette privation ne regarde que les animaux qui peuvent voir.

Ces choses légères en soi, sont nécessaires à observer, pour entendre le discours humain, et pour éviter l'erreur d'imaginer quelques qualités positives, toutes les fois que nous donnons des noms positifs.

CHAPITRE XVI.

Les idées sont positives, quoique souvent exprimées en termes négatifs.

Des choses qui ont été dites, il résulte que les idées sont positives, parce que toutes elles démontrent quelque être, quelque chose de positif et de réel.

Mais parce que qui pose une chose en exclut une autre, de là vient qu'on les exprime souvent par des termes négatifs.

Quand un homme est tellement fort qu'aucune force n'égale la sienne, la position de cette force exclut la victoire que les autres pourroient remporter sur lui, et c'est pourquoi on dit qu'il est invincible.

Ce qui répond à cette idée, est une force supérieure à celle des autres. Il n'y a rien de plus positif; mais ce positif s'exprime très-bien, en appelant cet homme invincible, parce que ce terme négatif représente parfaitement à l'esprit qu'on ne fait contre un tel homme que de vains efforts.

Ainsi quand on parle d'un être immortel, on y suppose tant d'être et tant de vie, que le non-être n'y a point de place. Ce qu'on exprime par ce terme est très-positif, puisque c'est une plénitude d'être et de vie, ou, si l'on veut, une force du principe qui fait vivre; mais le terme négatif le fait bien entendre.

CHAPITRE XVII.

Dans les termes négatifs, il faut toujours regarder ce qui leur répond de positif dans l'esprit.

De là s'ensuit qu'en écoutant quelque terme négatif, qui le veut entendre comme il faut doit considérer ce qui lui répond de réel et de positif dans l'esprit ; comme pour entendre ce terme *invincible*, il faut considérer avant toutes choses ce qui est posé dans ce terme, parce que ce qui est posé, c'est-à-dire une force supérieure, est le premier et ce qui fonde l'exclusion de la victoire des autres.

Ainsi quand on dit : *Dieu est immuable*, on pourroit croire que ce terme n'enferme rien autre chose qu'une simple exclusion de changement. Mais au contraire cette exclusion du changement est fondée sur la plénitude de l'être de Dieu. Parce qu'il est de lui-même, il est toujours, et il est toujours ce qu'il est, et ne cesse jamais de l'être.

De sorte que le changement, qui est signifié par un terme positif, est plutôt une privation que l'immutabilité, parce qu'être changeant n'est autre chose qu'une déchéance, pour ainsi parler, de la plénitude d'être, qui fait que celui qui est proprement, c'est-à dire qui est de soi, est toujours le même.

CHAPITRE XVIII.

A *chaque objet chaque idée.*

De ce que l'idée est née pour représenter son objet, il s'ensuit que chaque objet précisément pris, ne peut avoir qu'une idée qui lui réponde dans l'esprit, parce que tant que l'objet sera regardé comme un, une seule idée l'épuisera tout, c'est à-dire en découvrira la vérité toute entière. Ainsi en ne regardant le triangle que comme triangle et dans la raison du triangle, je n'en puis avoir qu'une seule idée, parce qu'une seule contient tellement le tout, que ce qui est au delà n'est rien ; d'où s'ensuit cette vérité incontestable : *A chaque objet chaque idée* ; c'est-à-dire : *Au même objet pris de même, il ne répond dans l'esprit qu'une seule idée.*

CHAPITRE XIX.

Un même objet peut être considéré diversement.

Mais comme on peut tirer plusieurs lignes du même point, ainsi on peut rapporter un même objet à diverses choses. C'est la même ame qui conçoit, qui veut, qui sent et qui imagine ; mais on la peut considérer en tant qu'elle sent, en tant qu'elle imagine, en tant qu'elle entend ou qu'elle veut ; et selon ces diverses considérations, lui donner non-seulement divers noms, mais encore divers attributs; l'appeler, par exemple, partie raisonnable, partie sensitive, partie imaginative, et déterminer ce qui lui convient sous chacune des idées que ces noms ramènent à l'esprit.

C'est la même substance appelée corps, qui est étendue en longueur, largeur et profondeur : mais on la peut considérer en tant que longue seulement, ou en tant que longue et large, ou en tant que longue, large et profonde tout ensemble. Par exemple, pour mesurer un chemin, on n'a que faire de sa largeur, et il faut seulement le considérer comme long ; pour concevoir un plan, on n'a pas besoin de sa profondeur, il suffit de le regarder comme long et large, c'est-à-dire d'en considérer la superficie ; et ainsi du reste.

CHAPITRE XX.

Un même objet considéré diversement se multiplie en quelque façon et multiplie les idées.

Selon ces divers rapports, l'objet est considéré comme différent de lui-même, en tant qu'il est regardé sous des raisons différentes. Il est en ce sens multiplié; et il faut par conséquent, selon ce qui a été dit, que les idées se multiplient. Par exemple, un même corps considéré comme long est un autre objet que ce même corps considéré comme long et large; et c'est ce qui donne lieu à l'idée de ligne et à celle de superficie.

On peut considérer à part les propriétés de la ligne ; et cela, c'est considérer ce qui convient au corps en tant qu'il est long ; comme de faire des angles de différente nature, à quoi la largeur ne fait rien du tout, et ainsi des autres.

Regarder le corps en cette sorte, c'est le regarder sous une autre idée que lorsqu'on le regarde sous le nom et sous la raison de superficie, ou que lorsqu'en réunissant les trois dimensions, on le regarde sous la pleine raison de corps solide.

Ainsi à mesure que les objets peuvent être considérés en quelque façon que ce soit, comme différens d'eux-mêmes, les idées qui les représentent sont multipliées, afin que l'objet soit vu par tous les endroits qu'il le peut être.

CHAPITRE XXI.

Divers objets peuvent être considérés sous une même raison, et être entendus par une seule idée.

Nous avons vu qu'un même objet, en tant qu'il peut être considéré selon divers rapports et sous différentes raisons, est multiplié et donne lieu à des idées différentes. Il est vrai aussi que divers objets, en tant qu'ils peuvent être considérés sous une même raison, sont réunis ensemble, et ne demandent qu'une même idée pour être entendus : par exemple, quand je considère plusieurs cercles, je considère sans difficulté plusieurs objets : l'un sera plus petit, l'autre plus grand; ils seront diversement situés; l'un sera en mouvement et l'autre en repos, et ainsi du reste. Mais outre que je les puis considérer selon toutes ces différences, je puis aussi considérer que le plus petit aussi bien que le plus grand, celui qui est en repos aussi bien que celui qui est en mouvement, a tous les points de sa circonférence également éloignés du milieu. A les regarder en ce sens et sous cette raison commune, ils ne font tous ensemble qu'un seul objet, et sont conçus sous la même idée.

Ainsi plusieurs hommes et plusieurs arbres sont sans difficulté plusieurs objets, mais qui étant entendus sous la raison commune d'hommes et d'arbres, n'en deviennent qu'un seul à cet égard, et sont compris dans la même idée qui répond à ces mots d'homme et arbre.

Ce n'est pas que la raison d'homme, ou celle de cercle en général, subsiste en elle-même distinguée de tous les hommes ou de tous les cercles particuliers; mais c'est que plusieurs cercles et plusieurs hommes se ressemblent tellement en tant qu'hommes et en tant que cercles, qu'il n'y en a aucun à qui l'idée d'homme et celle de cercle prise en général, ne convienne parfaitement.

Ces idées qui représentent plusieurs choses s'appellent universelles, ainsi qu'il sera expliqué plus amplement dans la suite.

CHAPITRE XXII.
Ce que c'est que précision, et idée ou raison précise.

Après avoir remarqué que les idées peuvent représenter une même chose sous diverses raisons, ou plusieurs choses sous une même raison, il faut considérer ce qui convient aux idées selon ces deux différences.

De ce qu'une même chose peut être considérée sous diverses raisons, naissent les précisions de l'esprit, autrement appelées *abstractions mentales;* chose si nécessaire à la logique et à tout bon raisonnement.

Quand je dis ce qui entend, ce qui veut, ce qui a du plaisir et de la douleur, je ne nomme qu'une même chose en substance, c'est-à-dire l'ame. Mais je puis considérer qu'elle entend, sans considérer qu'elle veut : et ensuite je puis rechercher ce qui lui convient en tant qu'elle entend, sans rechercher ce qui lui convient en tant qu'elle veut; et je trouve alors qu'en tant qu'elle entend, elle est capable de raisonner et de connoître la vérité : ce qui ne lui convient pas en tant qu'elle veut.

Il en est de même des corps considérés seulement selon leur longueur, ou considérés seulement selon leur longueur et leur largeur, ou considérés enfin selon leurs trois dimensions.

Voilà ce qui s'appelle *connoissance précise,* et *connoître précisément.*

La même chose qui entend, est sans doute celle qui veut; mais c'est autre chose dans l'esprit de la considérer en tant qu'elle veut, autre chose de la considérer en tant qu'elle conçoit et qu'elle entend.

Ainsi c'est autre chose de considérer un corps en tant précisément qu'il est long, autre chose de considérer le même corps en tant qu'il est long et large (*a*).

(*a*) *Alinéa barré :* Toutes les idées enferment quelque précision, parce qu'ainsi qu'il a été dit, toutes les idées sont universelles, c'est-à-dire qu'elles regardent

Selon cela il se voit qu'une idée précise est une idée démêlée de toute autre idée, même de celles qui peuvent convenir à la même chose considérée d'un autre biais : par exemple, quand on considère un corps en tant qu'il est long, sans considérer qu'il est large, on s'attache à l'idée précise de la longueur.

C'est ce qui s'appelle aussi *raison précise* ou *raison formelle*; et l'opération de l'esprit qui la tire de son sujet s'appelle *précision*, ou abstraction mentale, comme il a été remarqué (*a*).

Ainsi la précision peut être définie *l'action que fait notre esprit en séparant, par la pensée, des choses en effet inséparables.*

CHAPITRE XXIII.

La précision n'est point une erreur.

A considérer la nature de la précision selon qu'elle vient d'être expliquée, il se voit manifestement que la précision n'enferme aucune erreur.

C'est autre chose de considérer, ou la chose sans son attribut, ou l'attribut sans la chose, ou un attribut sans un autre; autre chose de nier, ou l'attribut de la chose, ou la chose de l'attribut, ou un attribut d'un autre : par exemple, c'est autre chose de dire que le corps n'est pas long, ou que ce qui est long n'est pas un corps, ou que ce qui est long n'est pas large, ou que ce qui est large n'est pas long : autre chose de considérer le corps en lui-même, sans considérer qu'il est long, et de dire que c'est une certaine substance; ou bien de considérer précisément sa longueur, sans jeter sur sa subtance aucun regard direct ; ou enfin de considérer précisément qu'il est long, sans songer en même temps qu'il est large, et au contraire.

Dire que ce qui est long n'est pas large, est une erreur qui appartient, comme nous verrons, à la seconde opération de l'esprit. Considérer une chose comme longue sans la considérer

en quoi plusieurs espèces ou plusieurs individus conviennent, sans considérer ou sans savoir en quoi précisément ils diffèrent. — (*a*) *Alinéa barré* : Par ces sortes de précisions on sépare en quelque façon par la pensée ce qui est inséparable du côté de l'objet; par exemple la longueur d'avec la largeur; la figure d'avec le corps.

comme large, n'est pas une erreur, c'est une simple considération d'une idée sans songer à l'autre ; ce qui appartient manifestement à la première opération dont nous traitons.

En cette opération il ne peut y avoir aucune erreur, parce que ni on ne nie, ni on n'affirme : de sorte qu'il n'y a rien de plus clair que cet axiome de l'Ecole : *Qui fait une précision, ne fait pas pour cela un mensonge ;* Abstrahentium non est mendacium.

CHAPITRE XXIV.

La précision loin d'être une erreur, est le secours le plus nécessaire pour nous faire connoître distinctement la vérité.

Bien plus, la précision loin d'être une erreur, est le secours le plus nécessaire pour nous faire connoître distinctement la vérité. Car c'est par elle que nous démêlons nos idées ; ce qui fait toute la clarté de la conception.

En démêlant nos idées et en regardant ce que chacune contient nettement en elle-même, nous entendons ce qui convient à chaque chose, et en vertu de quoi et jusqu'à quel point : par exemple, en considérant la boule qui roule de A en B, par diverses précisions je connois qu'elle avance de A en B, en tant que poussée de ce côté-là ; qu'elle roule sur elle-même en tant que ronde ; qu'elle écrase ce qu'elle rencontre en tant que pesante, et qu'en l'écrasant elle le brise ou l'aplatit plus ou moins, non selon qu'elle est plus ou moins ronde, mais selon qu'elle est plus ou moins lourde : je vois qu'il lui convient en tant qu'elle avance, de décrire une ligne droite, et qu'en tant qu'elle roule sur elle-même, elle en décrit une spirale ; d'où suivent différens effets, lesquels sans le secours de la précision je brouillerois ensemble, sans jamais les rapporter à leurs propres causes.

Ainsi certaines choses conviennent à l'homme en tant qu'il a une ame, en tant qu'il a un corps, en tant qu'il conçoit, en tant qu'il veut, en tant qu'il imagine, en tant qu'il sent, en tant qu'il a de l'audace, et en tant que cette audace est mêlée plus ou moins de quelque crainte : toutes choses que je ne connois distinctement, et que je n'attribue à leurs propres causes que par la précision.

Faute d'avoir fait les précisions nécessaires, quelques-uns ont cru que les animaux entendoient le langage humain, ou se parloient les uns aux autres, parce qu'on les voit se remuer à certains cris, et particulièrement les chiens faire tant de mouvemens à la parole de leur maître. Ils n'auroient pas fait un si faux raisonnement, s'ils avoient considéré que les animaux peuvent être touchés de la voix en tant qu'elle est un air poussé et agité, mais non en tant qu'elle signifie par institution : ce qui s'appelle proprement parler et entendre.

En mathématique on sait que tout consiste en précisions. Les lignes, les superficies, les nombres considérés comme hors de toute matière, et les autres semblables idées ne sont que précisions par où on démêle un grand nombre de vérités importantes.

En théologie saint Augustin a fait voir que l'homme est capable de pécher, non en tant précisément qu'il vient de Dieu, qui est l'auteur de tout bien; mais en tant qu'il a été tiré du néant, parce que c'est à cause de cela qu'il est capable de décliner de l'être parfait; d'où vient aussi que Dieu, qui seul est de soi, est aussi lui seul absolument impeccable [1].

Ce ne sont pas seulement les sciences spéculatives qui se servent des précisions : elles ne sont pas moins nécessaires pour les choses de pratique.

En morale on nous enseigne qu'il ne faut pas aimer le manger à cause qu'il donne du plaisir, mais à cause qu'il entretient la vie : et la vie elle-même doit être aimée, non comme un bien que nous avons, mais comme donnée de Dieu pour être employée à son service.

En jurisprudence on regarde le même homme comme citoyen, comme fils, comme père, comme mari; et selon ces diverses qualités, on lui attribue divers droits, et on lui fait exercer de différentes actions. Le même crime, par exemple un assassinat, en tant qu'il est regardé comme offensant les particuliers, engage à des dédommagemens envers la famille du mort; et en tant qu'il

---

[1] S. August., *De Vera Relig.*, n. 35 et seq., et *De Civit. Dei*, lib. XIV, cap. XIII.

trouble la paix de l'Etat, il attire l'animadversion publique et un châtiment exemplaire.

Je rapporte plusieurs exemples de précisions, afin qu'on voie qu'elles règnent en toute matière et en toute science, et qu'on ne les prenne pas pour de vaines subtilités; mais plutôt qu'on les regarde comme un fondement nécessaire de tout bon raisonnement.

CHAPITRE XXV.

De la distinction de raison, et de la distinction réelle.

C'est sur les précisions ainsi expliquées, qu'est fondée la distinction que l'Ecole appelle *de raison*.

Afin de la bien entendre, il faut concevoir auparavant la distinction réelle.

La distinction réelle est celle qui se trouve dans les choses mêmes, soit qu'on y pense, soit qu'on n'y pense pas : par exemple les étoiles, les élémens, les métaux, les hommes; les individus de même espèce, Scipion, Caton, Lælius; les diverses affections et opérations des choses, comme mouvement, repos, entendre, vouloir, sentir, et autres choses semblables, sont réellement distinguées; et ce qui fait que cette distinction est nommée *réelle*, c'est parce qu'elle se trouve dans les choses mêmes.

Cette distinction qui se trouve dans les choses mêmes, soit qu'on y pense, soit qu'on n'y pense pas, est de trois sortes : car, ou elle est de chose à chose, telle que celle de Dieu à homme, et d'homme à lion; ou de mode à mode, telle que celle d'entendre à vouloir : ou de mode à chose, telle que celle de corps à mouvement.

Les deux dernières distinctions ne sont ni totales, ni parfaites; parce qu'il y a toujours de l'identité, et que le mode n'est que la chose même d'une autre façon, ainsi qu'il a été dit.

Et la distinction de chose à mode n'est pas réciproque : car le corps peut être, et être entendu sans mouvement; et ce mouvement ne peut être ni être conçu sans le corps, puisqu'au fond ce n'est que le corps même.

Voilà ce qui regarde la distinction réelle, autant qu'il est nécessaire pour notre sujet.

La distinction de raison est celle que nous faisons en séparant par notre pensée des choses qui en effet sont unes : par exemple, je considère un triangle équilatéral, premièrement comme triangle, et ensuite comme équilatéral; par ce moyen je distingue la raison de triangle d'avec celle d'équilatéral, qui néanmoins dans un triangle équilatéral est la même chose. Je considère un corps comme long, et puis comme large et comme profond : cela me fait distinguer la longueur, la largeur et la profondeur, qui au fond constituent un même corps.

Il faut toujours observer que cette séparation se fait dans l'esprit, non en niant une chose de l'autre, mais en considérant l'une sans l'autre; de sorte qu'elle n'a aucune erreur, ainsi qu'il a été dit.

Ainsi la distinction réelle fait qu'une chose est niée absolument d'une autre : par exemple, un métal n'est pas un arbre, un tel homme n'est pas un autre homme, entendre n'est pas vouloir; et la distinction de raison opère, non qu'une chose soit niée de l'autre, mais qu'une chose soit considérée sans l'autre : comme quand je considère un corps comme long, sans considérer qu'il est large.

La distinction réelle est indépendante de l'esprit, au lieu que la distinction de raison se fait par notre esprit, par nos idées, par nos précisions et abstractions, comme il a été expliqué.

Toutefois comme nos idées suivent la nature des choses, et que par là il faut nécessairement que la distinction de raison soit fondée sur la distinction réelle, nous avons besoin de considérer le rapport de l'une avec l'autre.

CHAPITRE XXVI.

Toute multiplicité dans les idées présuppose multiplicité du côté des choses mêmes.

Nous avons dit qu'à un seul objet il ne doit répondre dans l'esprit qu'une seule idée; et nous en avons apporté cette raison, que les idées se conforment aux objets.

En effet ce n'est pas un seul objet, en tant précisément qu'il est un, qui demande d'avoir plusieurs idées; naturellement il n'en voudroit qu'une : les idées se multiplient par rapport aux choses diverses à quoi un même objet est comparé.

S'il n'y avoit qu'une seule et même opération dans l'ame, comme il n'y a qu'une seule et même substance, l'ame ne fourniroit à l'esprit qu'une seule idée. Mais comme entendre, ce n'est pas vouloir; et que vouloir, ce n'est pas sentir; et qu'avoir un sentiment, par exemple celui du plaisir, n'est pas avoir celui de la douleur, la même ame peut être conçue selon de différens égards et par diverses idées. C'est pourquoi je la considère, tantôt comme ce qui entend, tantôt comme ce qui veut, tantôt comme ce qui sent, c'est-à-dire qui a du plaisir, de la douleur, etc.

De même si je considère les trois dimensions sous trois idées différentes, c'est à cause que le même corps est considéré comme s'étendant à des termes qui en eux-mêmes sont très-différens.

Ainsi quand je conçois montagne et vallée, si ces idées sont différentes, c'est qu'encore que le même espace par où l'on monte soit aussi celui par où l'on descend, et que ces deux choses soient inséparables : néanmoins descendre et monter sont deux mouvemens, non-seulement différens, mais opposés et incompatibles dans un même sujet en même temps.

Si dans le triangle rectiligne équilatéral je distingue être triangle, être rectiligne et être équilatéral, c'est à cause qu'il y a des triangles qui en effet ne sont pas rectilignes, et des rectilignes qui ne sont pas équilatéraux.

Ainsi dans les autres choses, nous distinguons le degré plus universel d'avec celui qui l'est moins; par exemple, nous distinguons être corps et être vivant, à cause qu'il y a des corps qui ne sont nullement vivans.

Si en Dieu, où tout est un, je distingue la miséricorde d'avec la justice et les autres attributs divins, c'est à cause des effets très-réellement différens à quoi ces deux idées ont leur rapport.

En parcourant toutes les autres idées, on y trouvera toujours le même fondement de distinction, et on verra que c'est une vérité incontestable, que *toute multiplicité dans les idées présuppose multiplicité du côté des choses mêmes.*

CHAPITRE XXVII.

Nous aurions moins d'idées, si notre esprit étoit plus parfait.

Il est pourtant véritable que nous aurions moins d'idées, si notre esprit étoit plus parfait. Car à qui connoîtroit les choses pleinement et parfaitement en elles-mêmes, c'est-à-dire dans leur substance, il ne faudroit qu'une même idée pour une même chose; et cette idée feroit entendre par un seul regard de l'esprit tout ce qui seroit dans son objet.

Mais comme notre manière de connoître les choses est imparfaite, et que nous avons besoin de les considérer par rapport aux autres choses, de là vient que la même chose ne peut nous être connue que par des idées différentes, ainsi que nous venons de dire. Si je connoissois pleinement et parfaitement la nature ou la substance de l'ame, je n'aurois besoin, pour la concevoir, que d'une seule idée en laquelle je découvrirois toutes ses propriétés et toutes ses opérations. Mais comme je ne me connois moi-même, et à plus forte raison les autres choses, que fort imparfaitement, je me représente mon ame sous des idées différentes par rapport à ses différentes opérations, et je tâche de rattraper par cette diversité ce que je voudrois pouvoir trouver par l'unité indivisible d'une idée parfaite.

CHAPITRE XXVIII.

Les idées qui représentent plusieurs objets sous une même raison, sont universelles.

Venons maintenant aux idées qui représentent plusieurs objets sous une même raison.

Cette propriété des idées s'appelle l'*universalité*, parce que dès que les idées conviennent parfaitement à plusieurs choses, par exemple être cercle à tous les cercles particuliers; être homme à Pierre et à Jean, et à tous les autres individus de la nature humaine, dès là elles sont universelles.

Il n'y a rien ici de particulier à remarquer, si ce n'est peut-être que ces idées universelles qui conviennent à plusieurs choses, leur conviennent également : par exemple, la raison de cercle convient également au plus grand comme au plus petit cercle ; être homme convient également au plus sage et au plus fol, sans qu'on puisse jamais dire, en parlant proprement et correctement, qu'un cercle soit plus cercle, un homme plus homme qu'un autre.

De là est né cet axiome de l'Ecole, que *les essences ou les raisons propres des choses sont indivisibles*, c'est-à-dire qu'on n'en a rien, ou qu'on les a dans toute leur intégrité. Car ce qui n'est pas tout à fait cercle ne l'est point du tout, et ainsi du reste.

CHAPITRE XXIX.

Tout est individuel et particulier dans la nature.

Après avoir connu l'universalité des idées, il faut maintenant considérer d'où elle vient ; et pour cela il faut supposer avant toutes choses, que dans la nature tout est individuel et particulier. Il n'y a point de triangle qui subsiste en général ; il n'y a que des triangles particuliers qu'on peut montrer au doigt et à l'œil[1] : il n'y a point d'ame raisonnable en général ; toute ame raisonnable qui subsiste est quelque chose de déterminé, qui ne peut jamais composer qu'un seul et même homme, distingué de tous les autres. On enseigne en métaphysique que la première propriété qui convient à une chose existante, c'est l'unité individuelle et par là incommunicable. Cette vérité ne demande pas de preuve, et ne veut qu'un moment de réflexion pour être entendue.

CHAPITRE XXX.

L'universel est dans la pensée ou dans l'idée.

Il n'y a donc rien en soi-même d'universel, c'est-à-dire qu'il n'y a rien qui soit réellement un dans plusieurs individus. Un certain cercle, à le prendre en soi, est distingué des autres cercles

[1] Hoc aliquid.

par tout ce qu'il est : mais parce que tous les cercles sont tellement semblables comme cercles, qu'en cela l'esprit ne conçoit aucune différence entre eux, il n'en fait qu'un même objet, comme il a été dit, et se les représente sous la même idée.

Ainsi l'universalité est l'ouvrage de la précision, par laquelle l'esprit considère en quoi plusieurs choses conviennent, sans considérer ou sans savoir en quoi précisément elles diffèrent.

Par là il se voit que l'universel ne subsiste que dans la pensée ; et que l'idée qui représente à l'esprit plusieurs choses comme un seul objet, est l'universel proprement dit.

Cette idée universelle, par exemple celle de cercle, a deux qualités : la première, qu'elle convient à tous les cercles particuliers, et ne convient pas plus à l'un qu'à l'autre; la seconde qu'étant prise en elle-même, quoiqu'elle ne représente distinctement aucun cercle particulier, elle les représente tous confusément, et même nous fait toujours avoir sur eux quelque regard indirect, parce que quelque occupé que soit l'esprit à regarder le cercle comme cercle, sans en contempler aucun en particulier, il ne peut jamais oublier tout à fait que cette raison de cercle n'est effective et réelle que dans les cercles particuliers à qui elle convient.

CHAPITRE XXXI.

La nature de l'universel expliquée par la doctrine précédente.

Par là se comprend parfaitement la nature de l'universel.

Il y faut considérer ce que donne la nature même et ce que fait notre esprit.

La nature ne nous donne au fond que des êtres particuliers, mais elle nous les donne semblables. L'esprit venant là-dessus, et les trouvant tellement semblables qu'il ne les distingue plus dans la raison en laquelle ils sont semblables, ne se fait de tous qu'un seul objet, comme nous l'avons dit souvent, et n'en a qu'une seule idée.

C'est ce qui fait dire au commun de l'Ecole, qu'il n'y a point d'universel dans les choses mêmes [1] ; et encore, que la nature

---

[1] *Non datur universale à parte rei.*

donne bien indépendamment de l'esprit quelque fondement à l'universel, en tant qu'elle fournit des choses semblables; mais qu'elle ne donne pas l'universalité aux choses mêmes, puisqu'elle les fait toutes individuelles; et enfin que l'universalité se commence par la nature et s'achève par l'esprit : *Universale inchoatur à naturâ, perficitur ab intellectu.*

Ceux qui pensent le contraire, et qui mettent l'universalité dans les choses mêmes indépendamment de l'esprit, ne tombent dans cette erreur que pour n'avoir pas compris la nature de nos idées, qui regardent d'une même vue les objets semblables, quoique distingués, et pour avoir transporté l'unité qui est dans l'idée aux objets qu'elle représente.

Il paroît par la doctrine précédente, que de même qu'il se fait par les précisions une distinction de raison fondée sur quelque distinction réelle, il se fait dans l'universalité une espèce d'unité de raison fondée sur la ressemblance, qui donne lieu à l'esprit de concevoir plusieurs choses, par exemple plusieurs hommes et plusieurs triangles sous une même raison, c'est-à-dire sous celle d'homme et sous celle de triangle.

CHAPITRE XXXII.

Des êtres qui diffèrent en espèce, et de ceux qui ne diffèrent qu'en nombre.

Nous avons dit que la nature ne nous donne que des êtres particuliers et individuels. Il faut maintenant observer que parmi ces êtres particuliers et individuels, il y en a qui diffèrent en espèce, et d'autres qui ne diffèrent qu'en nombre. Tout cercle, en général et par conséquent chaque cercle en particulier, diffère de tout carré en particulier : mais plusieurs cercles diffèrent seulement en nombre, ainsi des hommes, ainsi des chevaux, ainsi des métaux, ainsi des arbres et de tout le reste.

Ces exemples font assez voir que ce qu'on appelle différent seulement en nombre, c'est ce qui fait simplement compter un, deux, trois, quatre, sans que l'esprit aperçoive des raisons différentes dans ce qui se compte ; par exemple, quand nous disons

[1] *Universale inchoatur à naturâ, perficitur ab intellectu.*

un, deux, trois et quatre cercles, la raison de cercle suit partout : au lieu que ce qui diffère en espèce, est ce où non-seulement on peut compter un, deux et trois, mais où à chaque fois qu'on compte la raison se change : par exemple, quand je dis un cercle, un triangle, un carré, non-seulement je compte trois, mais à chaque fois que je compte, je trouve une nouvelle raison dans mon objet différente de celle que j'avais trouvée auparavant.

Les choses qui diffèrent seulement en nombre sont appelées *individus de même espèce* ou *de même nature ;* et ce qui les fait différer, s'appelle *différence numérique* et *individuelle*. Alexandre, César, Charlemagne, sont individus de la nature humaine, et ainsi du reste : être Alexandre, être Scipion, être Charlemagne, s'appelle différence numérique.

CHAPITRE XXXIII.

Nous ne connoissons pas ce qui fait précisément la différence numérique ou individuelle.

Il faut ici observer une chose très-importante pour entendre la nature et les causes des idées universelles ; c'est que nous ne connoissons pas ce qui fait précisément la différence numérique et individuelle des choses, c'est-à-dire ce qui fait qu'un cercle diffère précisément d'un autre cercle, ou un homme d'un autre homme. Si on me dit qu'un cercle est reconnu différent d'un autre parce qu'il est plus ou moins grand, je puis supposer deux cercles parfaitement égaux qui n'en seront pas moins distingués ; je ne sais point distinguer deux œufs ni deux gouttes d'eau. Il en seroit de même de deux hommes qui seroient tout à fait semblables : témoin ces deux jumeaux tant connus de toute la Cour, pour ne point parler de ceux de Virgile, qui par la conformité de leur taille et de tous leurs traits, faisoient une illusion agréable aux yeux de leurs propres parens, en sorte qu'ils ne pouvoient les distinguer l'un de l'autre [1].

Cela montre évidemment qu'outre les divers caractères qui conviennent ordinairement à chaque individu de la même espèce, et

[1] Virg., *Æneid.*, lib. X, v. 391, 392.

qui nous aident à les distinguer, il y a une distinction plus substantielle et plus foncière, mais en même temps inconnue à l'esprit humain.

CHAPITRE XXXIV.

Toutes nos idées sont universelles, et les unes plus que les autres.

De là s'ensuit clairement que toutes nos idées sont universelles. Car s'il n'y a point d'idées qui fassent entendre les choses selon leurs différences numériques, il paroît que les idées doivent toutes convenir à plusieurs objets, et que toutes par conséquent sont universelles, selon ce qui a été dit.

Mais les unes le sont plus que les autres. Car il y en a qui conviennent à plusieurs choses différentes en nombre seulement, comme par exemple celle du triangle oxygone; et il y en a qui conviennent à plusieurs choses différentes en espèces, comme par exemple celle du triangle rectiligne, qui convient à six espèces de triangle : trois à cause des côtés, l'équilatéral, l'isocèle et le scalène; et trois à cause des angles, l'oxygone, l'amblygone et le rectangle.

L'idée d'oxygone est universelle, puisqu'elle convient à plusieurs triangles, tous oxygones et de même espèce; mais l'idée de triangle rectiligne l'est encore plus, parce qu'elle convient non-seulement à tout triangle oxygone, mais encore aux autres espèces de triangle que nous venons de nommer.

L'idée qui convient à des choses qui diffèrent seulement en nombre, s'appelle *espèce;* et l'idée qui convient à des choses qui diffèrent en espèce s'appelle *genre.*

Parmi les genres, il y en a de plus universels les uns que les autres : par exemple, l'idée de figure marque un genre plus universel que celle du triangle rectiligne; parce qu'outre le triangle rectiligne, elle comprend encore le triangle curviligne et le mixte; et outre tous les genres de triangle, elle comprend le cercle et le carré, et le pentagone, et l'hexagone; et ainsi des autres qui tous conviennent dans le nom et dans la raison de figure.

Au reste il importe peu qu'on appelle universel, et genre et espèce, ou l'idée qui représente plusieurs objets, ou les objets mêmes, en tant qu'ils sont réunis dans la même idée, quoique la façon la plus naturelle semble être d'attribuer l'universalité à l'idée même qui représente également plusieurs êtres.

CHAPITRE XXXV.

Comment nous connoissons les choses qui diffèrent seulement en nombre.

Nous venons de dire que toutes nos idées sont universelles, et que nous n'en avons point qui représente les choses selon leurs différences numériques. Si cela étoit, dira-t-on, nous ne pourrions entendre les individus de même espèce dont nous n'aurions aucune idée; ce qui est ridicule à penser.

Pour répondre à cette objection, il faut dire de quelle manière nous entendons les individus de chaque espèce.

Premièrement, nous savons que tout ce qui existe, tout ce qui peut être désigné ou de la main, ou des yeux, ou de l'esprit, est un seul individu et non pas deux, étant aussi impossible qu'une chose en soit deux, ou qu'une chose soit plus qu'elle n'est, qu'il est impossible qu'elle ne soit pas ce qu'elle est.

Nous savons donc déjà que tout individu est un en lui-même; et pour entendre cela, nous avons seulement besoin d'avoir une idée distincte et l'unité de tous les êtres.

Mais cette idée qui nous fait entendre qu'un tel individu n'est pas un autre, ne nous marque pas distinctement en quoi ces individus diffèrent.

Il faut donc joindre à cela ou une ou plusieurs qualités qui se trouvent rassemblées en chaque individu, et qui en font le propre caractère : tels que sont en un homme la couleur du teint ou des cheveux, la taille, les traits du visage, les habits mêmes quelquefois. Car nous connoissons si peu ce qui fait la différence des individus, que souvent nous ne la sentons que par les choses qu'on leur attache au dehors, comme on se servit d'un ruban pour discerner Pharès et Zara, enfans de Juda, qui venoient au monde par un même enfantement [1].

[1] *Genes.*, XXXVIII, 27 et seq.

Tout cela n'est point proprement avoir une idée d'un tel individu; mais c'est ramasser ensemble plusieurs idées, ou plutôt plusieurs images venues des sens, sous lesquelles nous renfermons cet individu, de peur que la connoissance ne nous en échappe.

Elle nous échappe pourtant malgré nous dans les choses qui sont si semblables, que nous n'y remarquons nulle différence : d'où nous avons déjà inféré que le fond même de la distinction nous est inconnu.

Et nous ne connoissons pas mieux notre propre différence numérique que celle des autres : je ne puis mieux me représenter moi-même à moi-même, qu'en considérant quelque chose qui n'est pas moi-même, mais qui me convient, par exemple quelque pensée. Je suis celui qui pense à présent telle et telle chose, et qui suis très-assuré qu'un autre ne peut pas être ni penser pour moi.

CHAPITRE XXXVI.

Les idées regardent des vérités éternelles, et non ce qui existe et ce qui se fait dans le temps.

Il faut maintenant considérer la plus noble propriété des idées, qui est que leur objet est une vérité éternelle.

Cela suit des choses qui ont été dites. Car si toute idée a une vérité pour objet, comme nous l'avons fait voir; si d'ailleurs nous avons montré que cette vérité n'est pas regardée dans les choses particulières, il s'ensuit qu'elle n'est pas regardée dans les choses comme actuellement existantes, parce que tout ce qui existe est particulier et individuel, ainsi que nous l'avons vu.

De là suit encore que les idées ne regardent pas la vérité qu'elles représentent comme contingente, c'est-à-dire comme pouvant être et n'être pas, et que par conséquent elles la regardent comme éternelle et absolument immuable.

En effet quand je considère un triangle rectiligne comme une figure bornée de trois lignes droites et ayant trois angles égaux à deux droits, ni plus ni moins ; et quand je passe de là à considérer un triangle équilatéral avec ses trois côtés et ses trois angles égaux, d'où s'ensuit que je considère chaque angle de ce triangle comme moindre qu'un angle droit ; et quand je viens encore à considérer un rectangle, et que je vois clairement dans cette idée jointe avec les précédentes, que les deux angles de ce triangle sont nécessairement aigus, et que ces deux angles aigus en valent exactement un seul droit, ni plus ni moins, je ne vois rien de contingent ni de muable, et par conséquent les idées qui me représentent ces vérités sont éternelles.

Quand il n'y auroit dans la nature aucun triangle équilatéral ou rectangle, ou aucun triangle quel qu'il fût, tout ce que je viens de considérer demeure toujours vrai et indubitable.

En effet je ne suis pas assuré d'avoir jamais aperçu aucun triangle équilatéral ou rectangle : ni la règle ni le compas ne peuvent m'assurer qu'une main humaine, si habile qu'elle soit, ait jamais fait une ligne exactement droite, ni des côtés ni des angles parfaitement égaux les uns aux autres.

Il ne faut qu'un microscope pour nous faire, non pas entendre, mais voir à l'œil, que les lignes que nous traçons n'ont rien de droit ni de continu, par conséquent rien d'égal, à regarder les choses exactement.

Nous n'avons donc jamais vu que des images imparfaites de triangles équilatéraux ou rectangles ou isocèles, oxygones, ou amblygones, ou scalènes, sans que rien nous puisse assurer ni qu'il y en ait de tels dans la nature, ni que l'art en puisse construire.

Et néanmoins ce que nous voyons de la nature et des propriétés du triangle, indépendamment de tout triangle existant est certain et indubitable.

En quelque temps donné ou en quelque point de l'éternité, pour ainsi parler, qu'on mette un entendement, il verra ces vérités comme manifestes : elles sont donc éternelles.

Bien plus, comme ce n'est pas l'entendement qui donne l'être à la vérité ; mais que la supposant telle, il se tourne seulement à elle pour l'apercevoir, il s'ensuit que quand tout entendement créé seroit détruit, ces vérités subsisteroient immuablement.

On peut dire la même chose de l'idée de l'homme considéré comme créature raisonnable, capable de connoître et d'aimer

Dieu, et née pour cette fin. Nier ces vérités, ce seroit ne pas connoître l'homme.

Il peut donc bien se faire qu'il n'y ait aucun homme dans toute la nature : mais supposé qu'il y en ait quelqu'un, il ne se peut pas faire qu'il soit autrement : et ainsi la vérité qui répond à l'idée d'homme n'est point contingente, elle est éternelle, immuable, toujours subsistante, indépendamment de tout être et entendement créé.

CHAPITRE XXXVII.

Ce que c'est que les essences, et comment elles sont éternelles.

Voilà ce qui s'appelle l'essence des choses : c'est *ce qui répond premièrement et précisément à l'idée que nous en avons;* ce qui convient tellement à la chose, qu'on ne peut jamais la concevoir sans la concevoir comme telle, ni supposer tout ensemble qu'elle soit telle.

Ainsi l'éternité et l'immutabilité conviennent aux essences, et par conséquent l'indépendance absolue.

Et cependant comme en effet il n'y a rien d'éternel, ni d'immuable, ni d'indépendant que Dieu seul : il faut conclure que ces vérités ne subsistent pas en elles-mêmes, mais en Dieu seul et dans ses idées éternelles qui ne sont autre chose que lui-même.

Il y en a qui, pour vérifier ces vérités éternelles que nous avons proposées, et les autres de même nature, se sont figuré hors de Dieu des essences éternelles : pure illusion, qui vient de n'entendre pas qu'en Dieu, comme dans la source de l'être et dans son entendement où est l'art de faire et d'ordonner tous les êtres, se trouvent les idées primitives, ou, comme parle saint Augustin [1], les raisons des choses éternellement subsistantes.

Ainsi dans la pensée de l'architecte et l'idée primitive d'une maison qu'il aperçoit en lui-même : cette maison intellectuelle ne se détruit par aucune ruine des maisons bâties sur ce modèle intérieur; et si l'architecte étoit éternel, l'idée et la raison de maison le seroient aussi.

[1] *Lib. de LXXXIII Quæst.* quæst. XLVI.

Mais sans recourir à l'architecte mortel, il y a un architecte immortel, ou plutôt un art primitif éternellement subsistant dans la pensée immuable de Dieu, où tout ordre, toute mesure, toute règle, toute proportion, toute raison, en un mot toute vérité se trouve dans son origine.

Ces vérités éternelles que nos idées représentent sont le vrai objet des sciences ; et c'est pourquoi pour nous rendre véritablement savans, Platon nous rappelle sans cesse à ces idées où se voit, non ce qui se forme, mais ce qui est : non ce qui s'engendre et se corrompt, ce qui se montre et passe aussitôt, ce qui se fait et se défait ; mais ce qui subsiste éternellement.

C'est là ce monde intellectuel que ce divin philosophe a mis dans l'esprit de Dieu avant que le monde fût construit, et qui est le modèle immuable de ce grand ouvrage [1].

Ce sont donc là ces idées simples, éternelles, immuables, ingénérables et incorruptibles, auxquelles il nous renvoie pour entendre la vérité.

C'est ce qui lui a fait dire que nos idées, images des idées divines, en étoient aussi immédiatement dérivées, et ne passoient point par les sens, qui servent bien, disoit-il, à les réveiller, mais non à les former dans notre esprit.

Car si sans avoir jamais vu rien d'éternel, nous avons une idée si claire de l'éternité, c'est-à-dire d'être toujours le même ; si sans avoir aperçu aucun triangle parfait, nous l'entendons distinctement et en démontrons tant de vérités incontestables : c'est une marque, dit-il, que ces idées ne viennent pas de nos sens.

Que s'il a poussé trop avant son raisonnement ; s'il a conçu de ces principes que les ames naissoient savantes, et ce qui est pis, qu'elles avoient vu dans une autre vie ce qu'elles sembloient apprendre en celle-ci, en sorte que toute doctrine ne soit qu'un ressouvenir des choses déjà aperçues avant que l'ame fût dans un corps humain, saint Augustin nous a enseigné à retenir ses principes sans tomber dans ces excès insupportables [2].

Sans se figurer, a-t-il dit, que les ames soient avant que d'être

---

[1] Voyez la *République* de Platon, lib. X et le *Phédon*. — [2] *De Trinit.*, lib. XII, n. 24 et *Retract.*, lib. I, cap. VIII, n. 2.

dans le corps, il suffit d'entendre que Dieu qui les forme dans le corps à son image, au temps qu'il a ordonné, les tourne, quand il lui plaît, à ses éternelles idées, ou en met en elle une impression dans laquelle nous apercevons sa vérité même.

Ainsi sans nous égarer avec Platon dans ses siècles infinis où il met les ames en des états si bizarres que nous réfuterons ailleurs, il suffiroit de concevoir que Dieu en nous créant a mis en nous certaines idées primitives où luit la lumière de son éternelle vérité, et que ces idées se réveillent par les sens, par l'expérience et par l'instruction que nous recevons les uns des autres.

De là nous pourrions conclure avec le même saint Augustin [1], qu'apprendre c'est se retourner à ces idées primitives et à l'éternelle vérité qu'elles contiennent, et y faire attention : d'où l'on peut encore inférer avec le même saint Augustin, qu'à proprement parler, un homme ne peut rien apprendre à un autre homme, mais qu'il peut seulement lui faire trouver la vérité qu'il a déjà en lui-même, en le rendant attentif aux idées qui la lui découvrent intérieurement : à peu près comme on indique un objet sensible à un homme qui ne le voit pas, en le montrant du doigt, et en lui faisant tourner ses regards de ce côté-là.

Mais que cela soit ou ne soit pas ainsi, que les idées soient ou ne soient pas formées en nous dès notre origine, qu'elles soient engendrées ou seulement réveillées par nos maîtres et par les réflexions que nous faisons sur nos sensations, ce n'est pas ce que je demande ici ; et il me suffit qu'on entende que les objets représentés par les idées sont des vérités éternelles, subsistantes immuablement en Dieu comme en celui qui est la vérité même.

CHAPITRE XXXVIII.

Quand on a trouvé l'essence, et ce qui répond aux idées, on peut dire qu'il est impossible que les choses soient autrement.

Que si cela est une fois posé, il s'ensuit que quand on a trouvé l'essence, c'est-à-dire ce qui répond premièrement et précisément

---
[1] Lib. *De Magistro*, n. 3 et seq.

à l'idée, on a trouvé en même temps ce qui ne peut être changé, en sorte qu'il est impossible que la chose soit autrement.

Il n'y a pour cela qu'à poser de suite les choses déjà établies. Toute idée a pour objet quelque vérité ; cette vérité est immuable et éternelle, et comme telle est l'objet de la science ; cette vérité subsiste éternellement en Dieu, dans ses idées éternelles, comme les appelle Platon ; dans ses raisons immuables, comme les appelle saint Augustin ; et tout cela, c'est Dieu même. Il est donc autant impossible que la vérité qui répond aisément à l'idée change jamais, qu'il est impossible que Dieu ne soit pas : et ainsi quand on sera assuré d'avoir démêlé précisément ce qui répond à notre idée, on aura trouvé l'essence invariable des choses, et on pourra dire qu'il est impossible qu'elles soient jamais autrement.

C'est ce qui nous a fait dire qu'il se peut qu'il n'y ait ni cercle ni triangle dans la nature ; mais supposé qu'ils soient, ils seront nécessairement tels que nous les avons conçus, et il n'est pas possible qu'ils soient autrement.

De même il se peut bien faire qu'il n'y ait point d'homme, car rien n'a forcé Dieu à le faire ; mais supposé qu'il soit, il sera toujours une créature raisonnable née pour connoître et aimer Dieu ; et faire autre chose que cela, ce ne seroit pas faire un homme.

CHAPITRE XXXIX.

Par quelle idée nous connoissons l'existence actuelle des choses.

Selon ce qui a été dit, nos idées ne recherchent dans aucun sujet actuellement existant la vérité de l'objet qu'elles font entendre : puisque, soit que l'objet existe ou non, nous ne l'entendons pas moins.

Comment donc, dira-t-on, et par quelle idée connoissons-nous qu'une chose existe actuellement ? car puisque nous la connoissons, il faut bien qu'il y en ait quelque idée.

A cela il faut répondre que pour connoître qu'une chose existe actuellement, il faut assembler deux idées l'une de la chose en soi, selon son essence propre, par exemple, animal raisonnable ; l'autre, de l'existence actuelle.

L'idée de l'existence actuelle est celle qui répond à ces mots : *être dans le temps présent*. Ainsi dans le cœur de l'hiver, je puis bien concevoir les roses ; j'entends qu'elles peuvent être, qu'elles ont été au dernier été, qu'elles seront l'été prochain ; mais je ne puis assurer que les roses soient à présent, ni dire : *Les roses sont, il y a des roses*.

Par là se voit clairement que pour dire : *Il y a des roses, les roses sont, les roses existent*, il faut joindre deux idées ensemble : l'une celle qui me représente ce que c'est qu'une rose, et l'autre, celle qui répond à ces mots : *Etre dans le temps présent*.

En effet à ces mots : *Etre à présent*, répond une idée si simple qu'elle ne peut être mieux exprimée que par ces mots mêmes ; et elle est tout à fait distincte de celle qui répond à ce mot *rose*, ou à tel autre qu'on voudra choisir pour exemple.

CHAPITRE XL.

En toutes choses, excepté en Dieu, l'idée de l'essence et l'idée de l'existence sont distinguées.

Il paroît par ce qui vient d'être dit, qu'en toutes choses, excepté Dieu, l'idée de l'essence et celle de l'existence, c'est-à-dire l'idée qui me représente ce que la chose doit être par sa nature quand elle sera, et celle qui me représente ce qui est actuellement existant, sont absolument distinguées ; puisque je peux assurer que le triangle ne peut être autre chose qu'une figure bornée de trois lignes droites, et dire en même temps : *Il n'y a point de triangle*, ou *Il se peut faire qu'il n'y ait point de triangle dans la nature*.

Et cela n'est pas seulement vrai des choses prises généralement, mais encore de tous les individus, puisque nous pouvons dire : *Pierre est*, ou *Pierre sera*, ou *Pierre a été*, ou *Pierre n'est plus*.

Dans ces propositions si différentes, ce qui répond au terme de Pierre est toujours le même, c'est-à-dire un homme que nous avons vu revêtu de telles et de telles qualités : et toute la différence consiste en ce qui répond à ces termes, *être*, ou *devoir être*, ou *avoir été*, ou *n'être plus*.

Et si nous connoissions les raisons précises qui constituent les individus, en tant qu'ils diffèrent simplement en nombre, nous pourrions séparer encore ces raisons individuelles d'avec ce qui nous fait dire : *Un tel individu est, il existe actuellement.*

Il n'y a qu'un seul objet en qui ces deux idées sont inséparables, c'est cet objet éternel qui est conçu comme étant de soi : parce que dès là qu'il est de soi, il est conçu comme étant toujours, comme étant immuablement et nécessairement, comme étant incompatible avec le non-être, comme étant la plénitude de l'être comme ne manquant de rien, comme étant parfait et comme étant tout cela par sa propre essence, c'est-à-dire comme étant Dieu éternellement heureux.

CHAPITRE XLI.

De ce que dans la créature les idées de l'essence et de l'existence sont différentes, il ne s'ensuit pas que l'essence des créatures soit distinguée réellement de leur existence.

De ce que dans les créatures les idées de l'essence et de l'existence sont distinguées, il y en a qui concluent que l'essence et l'existence le sont aussi. Cela n'est pas nécessaire, puisque nous avons vu clairement que, pour multiplier les idées, il n'est pas toujours nécessaire de multiplier le fond des objets; mais qu'il suffit de les prendre différemment, c'est-à-dire de les regarder sous de différentes raisons et à divers égards, comme dans le sujet dont nous parlons, pour faire que l'essence et l'existence aient des idées différentes, c'est que dans l'une la chose soit considérée comme pouvant être, et dans l'autre comme étant actuellement. Mais ceci se traitera plus amplement ailleurs, et j'en ai dit seulement ce qui étoit nécessaire pour faire entendre comment les idées regardent leur objet comme indépendant de l'existence actuelle.

CHAPITRE XLII.

Des différens genres de termes, et en particulier des termes abstraits et concrets.

Après avoir parlé des idées, il faut maintenant parler des termes par lesquels nous les exprimons.

Il y a deux sortes de termes, dont les uns sont universels et les autres sont particuliers.

Les termes universels sont ceux qui conviennent à plusieurs choses, par exemple arbre, animal, homme. Les termes particuliers sont ceux qui signifient les individus de chaque espèce; et tous les noms propres des villes, des montagnes, des hommes et des animaux sont de ce genre.

Les termes universels répondent aux idées universelles, et les termes particuliers répondent à cet amas d'accidens sensibles par lesquels nous avons accoutumé de distinguer les individus de même espèce, ainsi qu'il a été dit [1].

Outre cela des précisions naissent les termes *abstraits* qu'on oppose aux termes *concrets* : et il les faut expliquer tous deux ensemble.

Lorsque je dis l'homme, le rond, le musicien, le géomètre, cela s'appelle des termes concrets; et lorsque je dis l'humanité, la rondeur, la musique, la géométrie, cela s'appelle des termes abstraits.

Par ces termes l'homme, le rond, le musicien, le géomètre, on exprime ce à quoi il convient d'être homme, d'être rond, d'être musicien : et par ceux-ci, l'humanité, la rondeur, je signifie ce par quoi précisément je conçois que l'homme est homme, et que le rond est rond.

Ce qui rend ces termes nécessaires, c'est qu'il y a beaucoup de choses en l'homme qui ne sont pas ce qui le fait être homme; beaucoup de choses dans ce qui est rond, qui ne sont pas ce qui le fait rond; beaucoup de choses dans le géomètre, qui ne sont pas ce qui le fait géomètre : c'est pourquoi, outre ce terme

---

[1] Voyez le chapitre xxxv, ci-dessus.

concret *homme* et *rond,* on a inventé les termes abstraits *humanité* et *rondeur.*

La force de ces termes abstraits est de nous faire considérer l'homme en tant qu'homme, le rond en tant que rond, le musicien en tant que musicien, le géomètre en tant que géomètre.

Ainsi dire ce qui convient à l'homme en tant qu'homme, au rond en tant que rond, au géomètre et au musicien en tant que géomètre et musicien, c'est la même chose que de dire ce qui convient à l'humanité, à la rondeur, à la géométrie et à la musique précisément prises.

Ce n'est pas qu'il y ait ou humanité sans homme, ou géométrie sans géomètre, ou rondeur sans chose ronde; mais c'est qu'on considère précisément la chose ronde selon ce qui la fait ronde; et alors on ne songe pas qu'elle puisse être molle ou dure, pesante ou légère, parce que tout cela ne contribue en rien à la faire ronde.

Ces termes s'appellent *abstraits,* parce qu'ils tirent en quelque façon une forme, comme la rondeur, de son sujet propre, pour la regarder nûment en elle-même et en ce qui lui convient selon sa propre raison.

Au contraire les autres termes s'appellent *concrets,* parce qu'ils unissent ensemble la forme avec son sujet, et signifient toujours une espèce de composé.

Ainsi le terme *abstrait* signifie seulement une partie, c'est-à-dire la forme tirée de son sujet par la pensée : et le terme *concret* signifie le tout, c'est-à-dire le composé même du sujet et de la forme.

Il sera maintenant aisé de définir ces deux espèces de termes. Le terme *concret* est celui *qui signifie le sujet affecté d'une certaine forme :* par exemple homme et musicien représentent ce qui a la forme qui fait être homme et musicien; et le terme *abstrait* est celui qui représente, pour ainsi parler, la forme même, par exemple l'humanité et la musique.

Au reste il faut toujours se souvenir que les termes abstraits sont l'ouvrage des précisions et abstractions mentales : de sorte qu'on ne doit pas s'imaginer que les formes qu'ils signifient comme détachées subsistent en cette sorte, ou même qu'elles soient toujours distinctes de ce qui est exprimé comme sujet : car il suffit que ces choses, quoique très-unies ensemble, puissent être en quelque façon séparées par la pensée.

Je dis *en quelque façon*. Car elles ne le peuvent pas être absolument, n'étant pas possible de penser à la rondeur sans penser, du moins indirectement et confusément, au corps qui est rond, ainsi qu'il a été dit; et moins encore de penser à l'humanité, sans penser à l'homme qu'elle constitue (a).

Mais il faut ici remarquer que les accidens ainsi détachés de leurs sujets par la pensée, sont exprimés pour cette raison comme subsistans; et c'est ce qui donne lieu à tant de noms substantifs qui ne signifient en effet que des formes accidentelles.

Ainsi les termes abstraits sont tous substantifs, encore que la plupart ne signifient pas des substances.

CHAPITRE XLIII.

Quelle est la force de ces termes.

Ce qu'il y a de plus remarquable dans les termes *abstraits* et *concrets*, c'est que tous les termes abstraits s'excluent nécessairement l'un l'autre, au lieu que les termes concrets peuvent convenir ensemble. Le rond peut être mol, le musicien peut être géomètre, l'homme peut être savant; mais l'humanité n'est pas la science, la rondeur n'est pas la mollesse, et la musique n'est pas la géométrie.

La raison est que la nature des termes abstraits est de nous faire regarder les choses selon leur propre raison. Or il est clair que ce qui fait être rond n'est pas ce qui fait être mol, et que ce qui fait être musicien n'est pas ce qui fait être géomètre, et que ce qui fait être homme n'est pas précisément ce qui fait être sa-

---

(a) *Alinéa barré :* Parmi les termes abstraits, il y en a qui signifient la substance même des choses; par exemple, ce mot *humanité* dans le fonds ne signifie autre chose que la pure substance de l'homme : et d'autres qui ne signifient que des accidens comme rondeur et science. La nature de ces deux sortes d'abstraits et leurs différences seront expliquées plus tard, lorsque nous parlerons en particulier des essences et des accidens.

vant ; autrement être savant conviendroit à tout ce qui est homme.

C'est ainsi que nous pouvons dire en termes concrets, que l'homme est tout ensemble spirituel et corporel ; mais nous ne pouvons pas dire en termes abstraits, que la spiritualité soit la corporalité, parce que cette partie de nous-mêmes qui nous fait être esprits n'est pas celle qui nous fait être corps.

Par la même raison nous pouvons dire que celui qui est spirituel est corporel, parce que ces termes concrets, *spirituel* et *corporel*, signifient ici la personne même composée de deux natures ; mais nous ne pouvons pas dire que l'esprit soit le corps, ni, ce qui est la même chose, que le spirituel, en tant que spirituel, puisse jamais être corporel.

De même nous pouvons dire que le même qui est animé est corporel, sans qu'il soit vrai de dire que l'ame est le corps.

La même raison nous fait dire que Notre-Seigneur Jésus-Christ est Dieu et homme, quoique la divinité ou la nature divine ne puisse jamais être l'humanité ou la nature humaine.

Pour cela nous disons aussi que Dieu est mort pour nous, et que l'homme qui nous a rachetés est tout-puissant ; mais c'est un blasphème de dire que la divinité soit morte, ou que l'humanité soit toute-puissante.

La force des termes concrets et abstraits fait seule cette différence, parce que les termes concrets qui marquent le sujet, c'est-à-dire la personne et le composé, peuvent s'unir ; au lieu que les termes abstraits qui marquent les raisons précises selon lesquelles on est tel ou tel, ne peuvent s'affirmer l'un de l'autre : par exemple, quand je dis : *Dieu est mort pour nous*, ce terme *Dieu* marque la personne, c'est-à-dire Jésus-Christ, qui selon une des natures qui lui conviennent, est mort en effet pour nos péchés ; et quand je dis : *La divinité ne meurt pas*, c'est de même que si je disois que Dieu, en tant que Dieu, est immortel, et qu'il ne peut jamais mourir qu'en tant qu'il a pris une nature mortelle.

CHAPITRE XLIV.

Les cinq termes de Porphyre, ou les cinq universaux.

Nous avons suffisamment expliqué l'universalité tant des idées que des termes : il faut venir maintenant à cette solennelle division des universaux ; on en compte cinq : *le genre, l'espèce, la différence, la propriété* et *l'accident.*

C'est ce qui s'appelle autrement les cinq termes, ou *les cinq mots de Porphyre* [1]. Ce célèbre philosophe en a fait un petit traité qu'il appelle *Introduction* [2], parce qu'il prépare l'esprit à entendre les catégories d'Aristote, et même toute la philosophie.

Il faut ici observer que Porphyre applique aux termes la notion de l'universel, parce qu'ainsi qu'il a été dit, ils font comme un même corps avec les idées qu'ils signifient.

Les termes sont singuliers ou universels.

Le terme singulier est celui qui ne signifie qu'une seule chose, comme Alexandre, Charlemagne, Louis le Grand.

Le terme universel est celui qui signifie plusieurs choses sous une même raison, par exemple, plusieurs animaux de différente nature sous la raison commune d'animal.

Cela posé, voici tout ensemble et l'exposition et la preuve des cinq universaux ou des cinq termes de Porphyre.

Les idées nous font entendre ou la nature des choses, ou leurs propriétés, ou ce qui leur arrive, c'est-à-dire leurs accidens.

Nous appelons nature ou essence ce qui constitue la chose [3], c'est-à-dire ce qui précisément la fait être ce qu'elle est ; par exemple, une figure comprise de trois lignes droites est l'essence ou la nature du triangle rectiligne.

Sans cela ce triangle ne peut ni être, ni être conçu ; et c'est la première idée qui se présente quand on considère un triangle.

Nous appelons *propriété* ce qui suit de la nature ; par exemple, de ce qu'un triangle rectiligne est compris de trois lignes droites, il s'ensuit qu'il a trois angles ; et passant plus outre, on trouve que ces trois angles sont égaux à deux droits.

---

[1] *Quinque voces Porphyrii.* — [2] *Isagoge Porphyrii.* — [3] *Principium constitutivum.*

Ce n'est pas l'essence, ni la nature du triangle, car le triangle est trouvé avant qu'on considère cela ; mais c'est une propriété inséparable de sa nature, et que pour cela on appelle quelquefois nature, mais moins proprement.

Nous appelons accident ce qui arrive à la chose, et sans quoi elle peut être ; par exemple, le triangle peut être sans être de telle grandeur ni en telle situation.

Ainsi la nature ou l'essence du triangle, c'est d'être figure à trois côtés ; la propriété du triangle, c'est d'avoir trois angles, et les avoir égaux à deux droits ; ce qui arrive au triangle ou son accident, c'est d'être plus grand ou plus petit, d'être posé sur un angle ou sur un côté, et sur l'un plutôt que sur l'autre.

De même être raisonnable, c'est ce qui constitue l'homme ; expliquer ses pensées par la parole ou quelque autre signe, c'est une propriété qui suit de là ; être éloquent ou ne l'être pas, c'est un accident qui lui arrive.

Et pour passer aux choses morales, ce qui constitue un Etat, c'est d'être une société d'hommes qui vivent sous un même gouvernement ; voilà quelle est sa nature : de là s'ensuit qu'il doit y avoir des châtimens et des récompenses, c'est sa propriété inséparable ; il lui arrive d'être plus ou moins puissant, voilà ce qui s'appelle un accident.

Il y a donc premièrement l'idée de *l'essence* ; c'est la première, et celle par laquelle nous concevons la chose constituée.

Secondement, il y a l'idée des *propriétés* ; c'est la seconde, et celle par laquelle nous concevons ce qui est inséparablement attaché à la nature.

Il y a enfin l'idée d'*accident* ; c'est la troisième, par laquelle nous concevons ce qui arrive à la chose, et sans quoi elle peut être.

En reprenant maintenant ce qui est essentiel à une chose, nous trouverons, ou qu'il lui est commun avec beaucoup d'autres, ou qu'il lui est particulier ; par exemple, il est commun à tout triangle d'être figure à trois côtés, et il est particulier au triangle équilatéral d'avoir trois côtés égaux. Parmi les universaux, ce qui est essentiel et plus commun s'appelle *genre* ; ce qui est essentiel et plus particulier s'appelle *espèce*.

Ainsi être triangle est un genre, être triangle équilatéral est une espèce opposée au triangle isocèle et au scalène.

Mais quand je considère une espèce, outre ce qu'elle a de commun avec les autres espèces, je puis encore la considérer en tant qu'elle en diffère; et ce par quoi j'entends qu'elle diffère des autres, c'est ce qui s'appelle différence : par exemple, être équilatéral, c'est ce qui met la différence entre une espèce de triangle et toutes les autres.

Voilà donc cinq idées universelles, dont trois expriment ce qui est essentiel à la chose, comme genre, espèce, différence; et les deux autres, ce qui est comme attaché à l'essence ou à la nature : par exemple, la propriété et l'accident.

Il faut seulement observer ici que telle chose considérée par rapport à une autre est accidentelle, qui ne laisse pas, étant considérée en elle-même, d'avoir son essence, ses propriétés et ses accidens : par exemple, le mouvement considéré dans une pierre lui est accidentel, car cette pierre peut être en repos; mais le mouvement considéré en lui-même, a son essence, comme d'être le transport d'un corps; il a ses propriétés, comme seroit d'être divisible en plusieurs parties; il a enfin ses accidens, comme d'être plus ou moins vite, selon que l'impulsion est plus ou moins forte.

CHAPITRE XLV.

Explication particulière des cinq universaux; et premièrement du genre, de l'espèce et de la différence.

Il sera bon de parcourir un peu plus en particulier chacun des universaux, pour en prendre une notion plus exacte.

L'universel en général est ce qui convient à plusieurs choses.

Le genre est *ce qui convient à plusieurs choses différentes en espèce*, comme l'espèce est *ce qui convient à plusieurs choses différentes seulement en nombre*, Le triangle rectiligne est genre à l'égard de l'équilatéral, de l'isocèle et des autres qui diffèrent en espèce. Le triangle équilatéral est une espèce de triangle, sous laquelle sont contenus des triangles qui ne diffèrent qu'en nombre.

Voilà ce qu'on appelle genre proprement dit, espèce proprement dite.

Du reste rien n'empêche qu'un genre plus étendu ne comprenne sous soi, non-seulement plusieurs espèces, mais plusieurs autres genres : par exemple, le triangle est un genre à l'égard du rectiligne, du curviligne et du mixte ; ce qui n'empêche pas que le triangle rectiligne ne soit encore un genre à l'égard de l'équilatéral, de l'isocèle, du scalène et autres.

Ainsi la même idée sera genre à un certain égard, et espèce à un autre. Le triangle rectiligne, en tant qu'il est opposé au curviligne et au mixte, est une espèce de triangle; et cependant il est genre à l'égard de ses inférieurs, c'est-à-dire de l'isocèle, du scalène, etc.

Porphyre observe que parmi les genres, par exemple parmi les substances, il y a un genre suprême au-dessus duquel il n'y a plus rien; et c'est, dit-il, la substance qui convient à tout ce qui est, et subsiste absolument en soi-même; et qu'aussi parmi les espèces, il y a l'espèce infime, qui n'a sous soi que de purs individus, différens seulement en nombre, comme l'homme est espèce infime qui a sous soi Pierre, Jacques, Jean.

Les genres et espèces d'entre deux, qui selon divers égards sont tantôt genres et tantôt espèces, sont appelés subalternes : par exemple *animal,* qui a sous soi plusieurs espèces d'animaux, et au-dessus de soi plusieurs autres genres, tels que ceux de substances, de corps et de vivans, sera selon divers égards ou un genre ou une espèce subalterne.

Pour ce qui est de la différence, on ne parle pas ici de la différence accidentelle, qui fait qu'un homme est différent d'un autre homme et de lui-même; par exemple, d'être sain et d'être malade, d'être blond, ou noir, ou châtain : il s'agit de la différence essentielle par laquelle une chose diffère d'une autre dans l'essence même : comme un homme d'un cheval ; un triangle équilatéral ou oxygone, d'un isocèle ou d'un rectangle.

La différence essentielle est ce par quoi nous entendons, premièrement, qu'une chose diffère d'une autre en essence : par exemple, quand je considère en quoi un triangle diffère d'un quadrilatère, la première chose et la principale d'où dérivent toutes les autres, c'est qu'une de ces figures a trois angles et trois côtés, au lieu que l'autre en a quatre.

Je trouve ensuite d'autres attributs en quoi ces figures diffèrent; mais celle-ci est la première et la radicale.

Aristote expliquant la différence, dit que c'est *ce en quoi l'espèce surpasse le genre* : par exemple, être équilatéral est ce en quoi cette espèce de triangle surpasse son genre, c'est-à-dire en d'autres mots, que la différence est *ce qui étant ajouté au genre, constitue l'espèce.* Ainsi le raisonnable ajouté à l'animal, constitue l'homme; et c'est ce en quoi l'homme surpasse l'animal pris génériquement.

Il y a différence générique et différence spécifique. La différence générique est celle *par où un genre subalterne diffère d'un autre genre subalterne :* par exemple le triangle rectiligne, du curviligne.

Cette différence se communique à plusieurs espèces : par exemple, être rectiligne se communique à tous les triangles rectilignes, de quelque espèce qu'ils soient.

La différence spécifique est celle par où une espèce diffère d'une autre : par exemple, l'isocèle d'avec le scalène, l'oxygone d'avec l'amblygone et le rectangle.

En tout cela il n'y a qu'à considérer les termes; car ces choses sont très-aisées et n'ont point de difficulté.

CHAPITRE XLVI.

De la propriété et de l'accident.

Nous avons déjà donné l'idée de la propriété et de l'accident.

La propriété est *ce qui est entendu dans la chose comme une suite de son essence :* par exemple, ainsi qu'il a été dit, la faculté de parler, qui est une suite de la raison, est une propriété de l'homme; avoir trois angles égaux à deux droits, est une propriété du triangle.

Porphyre a distingué quatre sortes de propriétés.

La première est celle qui convient à une espèce, mais non pas à toute l'espèce [1] : comme être géomètre, être médecin, ne convient qu'à l'homme, mais non à tout homme.

La seconde sorte de propriété est celle qui convient à toute l'espèce, mais non pas à elle seule [2] : comme il convient à tout homme, mais non au seul homme, d'être un animal à deux pieds.

La troisième sorte de propriété est celle qui convient à toute l'espèce, et à elle seule, mais seulement dans un certain temps, et non pas toujours [3] : dont Porphyre donne pour exemple ce qu'on appelle blanchir dans les vieillards ; chose qui convient, dit-il, au seul homme et à tout homme, mais seulement dans la vieillesse.

La quatrième et dernière sorte de propriété est celle qui convient à toute l'espèce, à elle seule et toujours [4] : comme à l'homme d'avoir la faculté de parler et celle de rire.

C'est ce qui s'appelle dans l'Ecole, *proprium quarto modo*, qui est la plus excellente sorte de propriété ; et celle-là, dit Porphyre, est la propriété véritable, parce qu'on peut assurer de tout homme, qu'il est capable de rire ; et de tout ce qui est capable de rire, qu'il est homme : ce qu'il appelle une parfaite conversion.

Il définit l'accident *ce qui peut être présent ou absent, sans que le sujet périsse* [5] ; tel qu'est dans la main le chaud et le froid, le blanc et le noir.

Il suffit à ce philosophe, pour constituer un accident, qu'on le puisse séparer de son sujet par la pensée sans le détruire : comme la noirceur, dit-il, se peut séparer de cette sorte d'un corbeau ou d'un Ethiopien, le sujet subsistant toujours dans toute l'intégrité de sa substance.

A l'accident appartiennent toutes ces différentes façons d'être, qu'on appelle modes. De ce qu'un corps est situé tantôt d'une

---

[1] *Soli speciei, sed non omni.* — [2] *Omni speciei, sed non soli.* — [3] *Omni, soli, sed non semper.* — [4] *Omni, soli, et semper.* — [5] *Quod potest abesse et adesse sine subjecti pernicie.*

façon et tantôt d'une autre, qu'il est tantôt en repos et tantôt en mouvement, cela s'appelle *mode*, et appartient au genre d'accident.

Par cette explication des universaux, nous avons parfaitement entendu toutes les manières dont une chose peut convenir à une autre. Car ou elle lui convient comme son essence, par exemple, à l'homme d'être raisonnable; ou comme sa propriété, par exemple, à l'homme d'être capable de parler; ou comme son accident, par exemple, à l'homme d'être debout ou assis, jeune ou vieux, sain ou malade.

La propriété tient le milieu entre l'essence et l'accident. Elle n'est pas l'essence même de la chose, parce qu'elle la suppose déjà constituée; ainsi la faculté de parler n'est qu'une propriété de l'homme, qu'elle suppose déjà constitué par la qualité de raisonnable. Elle n'est pas aussi un simple accident, parce que la chose ne peut pas être, ni être parfaitement entendue sans sa propriété; comme l'homme ne peut pas être, ni être parfaitement compris sans la faculté de parler, le triangle ne peut pas être sans avoir trois angles égaux à deux droits, ni être totalement entendu si cette propriété est ignorée.

- Voilà en substance ce qui est compris dans l'*Introduction de Porphyre*.

CHAPITRE XLVII.

Diverses façons d'exprimer la nature des universaux.

Pour ne rien omettre d'utile en cette matière, il faut encore expliquer les diverses façons de parler dont se servent les philosophes pour expliquer la nature des universaux.

On regarde l'universel comme quelque chose de supérieur à l'égard des choses qu'il comprend sous soi; comme la raison du triangle est appelée supérieure à toutes les espèces de triangle, qu'on appelle aussi pour cette raison ses inférieurs; et la raison d'homme est supérieure à tous les hommes particuliers.

C'est pour cela qu'Aristote définit l'espèce *ce qui est immédiatement au-dessous du genre*.

En effet quand on fait des tables des genres et des espèces, on met le genre au-dessus, et les espèces au-dessous de lui, comme sa descendance. De plus, il semble que l'esprit s'élève en considérant ce qui est plus universel, et que comme d'un lieu plus éminent il découvre plus loin. Qui considère le triangle généralement, étend plus loin sa vue que qui considère le triangle équilatéral; et ainsi du reste.

Une autre manière de considérer les universaux, c'est de les entendre comme un tout, et les choses plus particulières comme des parties de ce tout; d'où est venu le nom de particulier.

Cette façon de parler est commune parmi les Grecs, qui n'appellent point autrement l'universel, que ce qui est pris totalement (d'où vient le nom de *catholique*); comme ils appellent les choses particulières ce qui est pris par partie : par exemple, le triangle comprend tout triangle; au lieu que le triangle isocèle, qui est plus particulier, ne comprend qu'une partie des triangles.

C'est pour cela que Cicéron en parlant dans ses *Offices* et ailleurs[1] des espèces de la tempérance et de la justice, les appelle les parties de la tempérance et de la justice, parce que ce tout qu'on appelle tempérance et justice, est en quelque façon composé de toutes ces parties. Saint Thomas a suivi la même expression dans sa *Seconde Seconde*, lorsqu'il appelle les espèces de chaque vertu ses parties, et dit, par exemple, que la prudence a deux parties; c'est-à-dire deux espèces, dont l'une est la prudence qui apprend à se gouverner soi-même, l'autre est la prudence qui apprend à gouverner les autres[2]. Ces deux espèces de prudence épuisent toute la raison de prudence; et qui les a toutes deux, a toute la prudence possible.

C'est ainsi que l'universel est considéré comme un tout, dont les inférieurs sont les parties; et ces parties, en tant qu'elles signifient les espèces différentes des choses, sont appelées dans l'Ecole, *parties subjectives*, parce qu'on les range au-dessous, ainsi qu'il a été dit.

Mais il ne faut pas s'imaginer que l'universel soit un tout, tel

---

[1] *De Offic.*, lib. I, n. 7; *De Invent.*, lib. II, n. 53, 54. — [2] II-II, quæst. 48 et 49.

qu'est un corps de six pieds de long; car en cet exemple la raison du tout ne convient pas à chacune de ses parties. Il n'y auroit rien de plus faux que de dire que chaque pied d'un corps de six pieds soit un corps de six pieds. Mais au contraire dans le tout dont il s'agit, chaque partie, c'est-à-dire chaque espèce, contient toute la raison de l'universel. Tout homme est animal ; tout poirier est arbre; tout triangle, le plus petit autant que le plus grand, est triangle. Un petit triangle et un grand triangle ne sont pas triangles égaux, mais ils sont également triangles, c'est-à-dire qu'on peut autant assurer de l'un que de l'autre que c'est un triangle. Otez le bras à un homme, ce n'est pas un homme entier : ôtez par la pensée un pied d'un corps de six pieds, la raison d'un tout de six pieds ne subsiste plus dans votre esprit. Mais prenez une seule espèce de triangle sans penser à toutes les autres, vous concevez en la seule que vous réservez toute la raison du triangle.

Par là se conçoit la différence entre les parties qu'on appelle *intégrantes*, et les parties qu'on appelle *subjectives*. La main, le pied, la tête, qui sont les parties intégrantes de l'homme, ne sont pas l'homme, au lieu que chaque espèce de triangle est un triangle véritable.

La totalité d'un tout composé de ses parties intégrantes, s'exprime en latin par le mot *totus;* et la totalité d'un tout, en tant qu'il comprend toutes ses parties subjectives, c'est-à-dire toutes ses espèces et tous ses individus, s'exprime par le mot *omnis*.

C'est autre chose de dire : *Totum triangulum ;* autre chose de dire : *Omne triangulum.* Autre chose de dire en françois : *Tout le triangle;* autre chose de dire : Tout triangle. *Totum triangulum,* tout le triangle c'est-à-dire le triangle tout entier, avec les trois côtés et les trois angles qui le composent. *Omne triangulum,* tout triangle, c'est-à-dire toutes les espèces et tous les individus à qui conviennent le nom et la raison du triangle. Ainsi *Totu homo,* tout l'homme, c'est l'homme avec toutes les parties dont il est composé ; et *Omnis homo,* tout homme, c'est tous les individus de la nature humaine. Il est vrai de dire : *Tout homme est capable de raison,* parce qu'il n'y en a aucun qui ne le soit;

mais il est faux de dire : *Tout l'homme est capable de raison,* parce que toutes les parties de l'homme n'en sont pas capables.

CHAPITRE XLVIII.

Autres façons d'exprimer l'universalité, où est expliqué ce qui s'appelle univoque, analogue, *et* équivoque.

Mais de toutes les expressions dont on se sert dans la matière des universaux, la plus nécessaire est celle que nous allons expliquer.

L'universel, dit-on, doit être énoncé ou assuré univoquement de tous ses inférieurs [1], comme on parle dans l'Ecole.

Pour entendre ce que veut dire ce mot *univoque,* il faut observer trois manières dont un même mot peut convenir à plusieurs choses.

La première est appelée équivoque, en grec *homonyme* [2], lorsqu'il n'y a que le nom commun, et que la raison répondante au nom est absolument différente : comme quand on dit en latin *jus,* pour signifier soit le droit, soit un bouillon; et en françois, louer un homme vertueux, et louer un palais pour y loger.

La seconde manière de communiquer le même nom à plusieurs choses, s'appelle *analogue* ou *proportionnelle,* lorsque le mot est commun, et la raison qui répond au nom à peu près semblable. Ainsi on appelle mouvement le transport des corps et les passions de l'ame, non que la raison qui répond à ce terme de mouvement soit une dans le corps et dans l'ame, mais à cause que ce qu'est au corps le mouvement qui l'approche de certains lieux, la passion l'est à l'ame qu'elle unit à ces objets. C'est sur cette analogie que sont fondées les comparaisons et les métaphores, comme quand on dit : *Esprit lumineux, ténèbres de l'ignorance, campagne riante ;* et ainsi des autres.

La troisième et la dernière façon de rendre un nom commun à plusieurs choses [3], c'est lorsque le nom étant commun, la raison qui répond au nom est la même. Ainsi quand je donne le nom

---

[1] *Prædicari univocè.* — [2] Arist., *Categ.,* cap. I. — [3] *Ibid.*

d'homme à Pierre et à Jean, la raison qui répond au nom se communique avec le nom, et elle est la même partout.

C'est la manière qui convient à l'universel. Quand je dis : Pierre est homme, Jean est homme, l'équilatéral est un triangle, le scalène est un triangle, c'est partout la même raison qui répond au mot d'homme et de triangle ; au lieu que dans l'analogue ce n'est pas la même, mais une semblable ou approchante, et que dans l'équivoque elle n'est ni la même ni approchante.

Voilà donc la propriété la plus essentielle ou plutôt l'essence même de l'universel, qu'il doit convenir univoquement à tous ses inférieurs, c'est-à-dire qu'au même mot doit répondre la même idée.

Mais cette idée, qui étant prise en elle-même quand je dis simplement triangle, s'étend à tous les triangles sans exception, est restreinte à une espèce particulière, quand je dis que l'isocèle est un triangle, et que l'équilatéral en est un aussi. C'est pourquoi on dit ordinairement que l'universel est restreint par les différences qui le déterminent à une espèce plutôt qu'à une autre : non qu'il faille imaginer dans les objets mêmes quelque chose qui se répandant comme l'eau ou l'air, ait besoin d'être restreint ; mais c'est que l'idée générale en soi appliquée à un objet plus particulier, par exemple, celle d'animal à un chien, ou à un cheval, et celle d'homme à Pierre et à Jean, est restreinte par cette application, et descend en quelque manière de sa généralité.

CHAPITRE XLIX.

Suite, où sont expliquées d'autres expressions accommodées à l'universel.

Nous avons vu que l'universel est considéré comme supérieur; et aussi ce à quoi il se communique est appelé *subjectum*, chose qui est au-dessous. Ainsi le cheval, le lion, l'homme même, sont des sujets de l'animal, dit Aristote, *subjecta ;* et l'universel est ce qui se dit ou s'énonce de plusieurs sujets [1].

Mais Aristote entend le mot de sujet en deux manières. On appelle premièrement sujet *ce de quoi l'universel est affirmé,*

---

[1] Arist., *Categ.*, cap. II.

comme quand on affirme l'animal de l'homme et l'homme de Pierre et de Jean : *Prædicatur de subjecto*, comme parle Aristote [1].

Mais ce mot se prend encore en un autre sens, et il signifie *ce qui a en soi quelque accident*, tel que nous l'avons défini. Une boule est le sujet de la rondeur ; roulée, elle est le sujet du mouvement, et ainsi du reste.

Ainsi, dit Aristote, c'est autre chose d'être dit et énoncé d'un sujet ; autre chose d'être en un sujet. L'accident est dans un sujet, comme nous avons dit ailleurs [2] ; les substances prises universellement ne sont pas dans un sujet, puisque ce sont des substances, mais elles sont dites d'un sujet. On dit : L'homme est animal, le cerisier est un arbre.

Le mot de *sujet* a encore un autre sens. Dans une proposition, par exemple dans celle-ci : *Dieu est éternel*, ce de quoi on assure quelque chose, par exemple *Dieu*, s'appelle *sujet* ; et ce qui est assuré d'un autre s'appelle *attribut* [3]. Cette explication de sujet n'est pas de ce lieu, ; mais il a été bon de la mettre ici, afin qu'on voie ensemble toutes les significations de ce mot.

CHAPITRE L.

De quelle manière chaque terme universel est énoncé de ses inférieurs.

Nous avons vu que tous les universaux doivent être énoncés univoquement et selon la même raison. Mais outre cela chaque universel a sa façon particulière d'être énoncé, ou de convenir à ses inférieurs.

Les uns sont énoncés par forme de nom substantif, comme quand on dit : *L'homme est animal; le cercle est une figure.*

Les autres, par forme de nom adjectif, comme quand on dit : *La muraille est blanche, M. Lebrun est un grand peintre.*

Je prends pour noms adjectifs tous ceux qui signifient la substance en tant qu'affectée de quelque accident qui lui est ajouté : ce qui aussi a donné lieu au nom d'*adjectif*.

---

[1] Arist., *Categ.*, cap. II.— [2] Chap. XLVI, ci-dessus, p. 305. — [3] *Subjectum, attributum*, ou *prædicatum*.

Les genres et les espèces s'énoncent de la première façon, c'est-à-dire en noms substantifs. On dit : *L'homme est animal, l'or est métail, l'équilatéral est triangle.* Les différences, les propriétés et les accidens s'énoncent de la seconde, c'est-à-dire en noms adjectifs : on dit : *L'homme est capable de raisonner ou de parler, l'or est pesant et maniable, Platon et Aristote sont philosophes.*

La raison est que le genre et l'espèce sont regardés comme la substance même; au lieu que la différence, la propriété et l'accident sont regardés comme ajoutés à une substance.

Pour le propre et l'accident, l'affaire est claire. Car l'un et l'autre supposent manifestement la chose constituée; c'est pourquoi on ne peut pas dire substantivement : *L'homme est la faculté de rire;* ni *Archimède est la géométrie;* mais on dit adjectivement : *L'homme est capable de rire, Archimède est géomètre.* Et pour ce qui est de la différence, quoiqu'elle soit de l'essence de l'espèce prise précisément, elle est regardée comme ajoutée au genre, qui étant indéterminé de soi, est déterminé par la différence à une espèce particulière; par exemple, l'animal par le raisonnable à l'espèce de l'homme.

Voilà donc pourquoi la différence est énoncée adjectivement, aussi bien que le propre et l'accident : parce que comme l'accident, par exemple la géométrie, ajouté à une substance, compose avec elle ce tout qu'on appelle le géomètre, ainsi la différence, par exemple le raisonnable ajouté à l'animal, compose avec lui ce tout qu'on appelle l'homme.

Et ce qui se dit ici des véritables substances, comme de l'animal et de l'homme, se doit entendre de tout ce qui est exprimé par noms substantifs, c'est-à-dire des formes abstraites par précision, par exemple, blancheur et géométrie. Ainsi on dit substantivement : *La blancheur est une couleur,* et : *La géométrie est une science,* qui sont le genre et l'espèce; et on dit adjectivement : *La blancheur est propre à dissiper la vue, la géométrie en soi est démonstrative, la géométrie d'un tel est peu sûre;* parce que ces termes et autres semblables expriment les différences, les propriétés et les accidens.

Ces deux manières d'énoncer, l'une substantivement et l'autre adjectivement, sont encore expliquées en d'autres termes. On dit : Ce qui est énoncé substantivement est énoncé *in recto*, dans le cas direct, c'est-à-dire au nominatif : au lieu que ce qui est énoncé adjectivement, est dit et énoncé *in obliquo,* dans les cas indirects, où la chose est expliquée comme unie et attachée à une autre, parce que, dire, par exemple, *L'homme est raisonnable,* ou *l'homme est sain,* c'est dire : *L'homme a en lui-même le principe de la raison, l'homme a en lui-même la santé*: Mais la force de ces façons de parler se remarque mieux dans les langues grecque et latine que dans la nôtre, qui à proprement parler n'a point de cas.

Au reste il ne faut pas prétendre qu'on puisse réduire à une exacte logique toutes les façons de parler que l'usage a introduites dans les matières que nous venons de traiter; il suffit d'en avoir entendu le fond.

Toutes ces choses par où Porphyre et Aristote ont préparé le chemin aux catégories étant expliquées, il est temps maintenant de parler des catégories elles-mêmes.

CHAPITRE LI.

Des dix catégories ou prédicamens d'Aristote.

Aristote a jugé que, dans la partie de la logique où il s'agit d'expliquer aux hommes la nature de leurs idées, il étoit bon de leur faire voir un dénombrement des idées les plus générales; et c'est pour cela qu'il nous a donné ses catégories, c'est-à-dire le dénombrement des dix souverains genres auxquels il rapporte tous les êtres.

Pour ce qui est de l'être et de ce qui lui convient en général, on en traite en métaphysique, et l'Ecole appelle cela les *transcendans*, c'est-à-dire les choses qui sont au-dessus de toutes les catégories, et conviennent non à certains genres d'êtres, mais à tous les êtres généralement.

Ces dix genres sont nommés par Aristote *substance, quantité, relation* ou ce qui regarde un autre, *qualité, action, passion, être dans le lieu, être dans le temps, situation, avoir,* ou pour mieux dire, *être revêtu* [1].

Ces dix mots marquent la réponse aux dix questions les plus générales qu'on puisse faire de chaque chose. Qu'est-ce qu'un homme ? On répond en expliquant sa substance. Combien est-il grand ? De tant de coudées. A quoi a-t-il rapport ? A son père, à son fils, à son maître, à son serviteur. Quel est-il ? Blanc ou noir, sain ou malade, robuste ou infirme, ingénieux ou grossier. Que fait-il ? Il dessine, ou fait une figure de géométrie. Que souffre-t-il ? Il a la fièvre, il a un grand mal de tête. Où est-il ? Il est à la ville, il est aux champs. Quand est-il né ? En telle ou telle année. De quoi est-il vêtu ? De pourpre ou d'écarlate.

Quelques-uns soupçonnent que le livre des *Catégories* n'est pas d'Aristote, ce qui importe fort peu ; il nous suffit que Porphyre, Boëce et presque tous les philosophes tant anciens que modernes, le lui attribuent.

Ces dix genres, dont nous avons le dénombrement dans ce livre, s'appellent en latin *prædicamenta,* « prédicamens, » parce qu'ils peuvent être affirmés de plusieurs choses, *prædicari de multis*, à la manière des universaux, parmi lesquels ils tiennent le premier rang.

Le mot de *catégorie* signifie en grec la même chose.

CHAPITRE LII.

De la substance et de l'accident, en général.

Quand Aristote vient au fond des catégories [2], la première chose qu'il fait, c'est de diviser l'être en général, en substance et en accident.

Tous les philosophes supposent cette division comme connue par elle-même ; et nous en avons traité, lorsque nous avons expliqué la première division des idées.

La lumière naturelle nous apprend qu'une même chose peut être en diverses façons même contraires, successivement pour-

---

[1] *Substantia, quantitas, qualitas, ad aliquid vel relatio, actio, passio, ubi quando, situm esse, habere.* — [2] Lib. Categ., cap. IV, V.

tant, et avoir certaines choses attachées à elle. La même ame peut avoir diverses pensées; le même corps peut être en repos ou avoir divers mouvemens; le même doigt peut être droit ou courbé. Les pensées, les mouvemens, le repos, l'être droit ou l'être courbé ne sont pas choses qui subsistent en elles-mêmes; elles sont les affections de quelque autre chose. Il y a donc la chose qui affecte, et la chose qui est affectée; et personne ne peut comprendre que tout ce qui est, ne soit que pour affecter et pour façonner quelque autre chose. La chose donc qui est proprement affectée et ajustée de telle ou telle façon, est celle que l'on appelle *substance*; au contraire celle qui affecte et celle qui est la façon même, est celle qui s'appelle *accident*. C'est pourquoi Aristote a défini la substance *ce qui est le sujet;* et l'accident, *ce qui est dans un sujet;* et encore : La substance, dit-il, *est ce qui est, et en qui quelque chose est;* et l'accident *est ce qui n'est qu'en un autre, ce qui est inhérent à un autre* [1].

Cette notion est si claire, que tout ce qu'on diroit pour l'expliquer davantage ne feroit que l'embarrasser. Il faut seulement observer ce qui a été dit plusieurs fois, et qu'on ne peut trop mettre dans son esprit, que ce qui est véritablement et ce qui mérite proprement le nom de chose, c'est la substance; au lieu que les accidens ne sont pas tant ce qui est [2], ou, comme on dit dans l'Ecole, ne sont pas tant des êtres que des êtres d'être [3].

Selon cela il paroît qu'il n'y a rien de plus clair que la raison de substance en général, quoique peut-être il n'y ait rien de plus inconnu que la nature des substances particulières, dont nous connoissons bien mieux les accidens et les façons d'être que le fond.

CHAPITRE LIII.

De la substance en particulier.

A la tête des catégories, Aristote met la substance comme la plus noble et le sujet de toutes les autres; et c'est là sa définition, ainsi qu'il a été dit.

---

[1] Arist., lib. VII, *Metaph.*, cap. I, 3. — [2] *Ibid.*, cap. I, 2. — [3] *Accidens non tam est ens quam entis ens.*

Il divise la substance en substance *première*, et en subtance *seconde*. La substance première, c'est Pierre, Jean, Jacques, et les autres individus qui subsistent par eux-mêmes, dans quelque espèce que ce soit. Les substances secondes sont les substances prises en général, et qui sont comme tirées par précision des substances particulières : les substances premières ni ne sont dites d'un sujet, ni ne sont dans un sujet ; les substances secondes, c'est-à-dire celles qui sont prises généralement, ne sont pas dans un sujet, mais sont assurées d'un sujet, c'est-à-dire de leurs inférieurs. Tout cela soit dit pour entendre le langage d'Aristote et de l'Ecole.

Sous le nom de substance sont compris, selon ce philosophe, Dieu, homme, corps, arbre, métal, et les autres choses qui, comme celles-là, subsistent par elles-mêmes, et ne sont point entendues comme étant dans un sujet.

Ce sont celles-là qui proprement doivent être exprimées par les noms substantifs. Mais la nature des abstraits et la commodité du discours a obligé à faire des noms substantifs, qui ne conviennent qu'aux accidens, tels que sont mouvement, repos, situation, sentiment, pensée, et une infinité d'autres.

Observons donc les lois du discours commun, mais songeons que ce qui est expliqué par un nom substantif n'est pas toujours une substance.

Il faut en revenir aux idées, et ne prendre jamais pour substance que ce que l'idée nous représente comme indépendant d'un sujet.

Aristote remarque ici que la substance ne reçoit ni plus ni moins ; un arbre n'est pas plus arbre, un métal n'est pas plus métail, un cheval n'est pas plus cheval qu'un autre : cela est vrai généralement de tout ce qui est essentiel à chaque chose, ainsi que nous l'avons remarqué [1].

[1] Chap. XLVII, ci-dessus, p. 309.

CHAPITRE LIV.

De la quantité.

La seconde catégorie d'Aristote est la quantité, c'est-à-dire l'étendue.

Il appelle *quantité* ce qu'on répond à la question : Combien ce corps est-il grand? Il est grand de deux, de trois pieds, de deux ou de trois coudées. On détermine par cette réponse la grandeur, la quantité, l'étendue d'un corps.

Aristote distingue ici deux sortes de quantité, dont il appelle l'une *continue*, et l'autre *discrète* ou *séparée*.

La quantité continue est celle dont les parties sont unies ensemble, comme les parties d'un métail, d'un arbre, d'un animal : la quantité discrète est celle dont les parties ne demandent pas d'être unies. Cette quantité, c'est le nombre, à qui il convient d'être plus ou moins grand, et qui a par cette raison une certaine quantité.

On peut compter les choses unies, comme les pieds et les toises de quelque corps; mais le nombre, loin de demander que ses parties soient unies, les regarde au contraire comme séparées.

La géométrie a pour son objet la quantité continue, et l'arithmétique la quantité discrète ou séparée.

Des quantités continues, l'une est permanente et l'autre successive.

La quantité permanente est celle qui convient aux corps, choses qui demeurent et subsistent. La quantité successive est celle qui convient au mouvement, et au temps ou à la durée, dont la nature est de passer toujours.

On a raison d'attribuer de la quantité ou de l'étendue au mouvement et au temps, puisque le temps, qui n'est autre chose que la durée du mouvement, a sa longueur.

Etre grand ou être petit, être long ou court, sont les propriétés de la quantité tant permanente que successive.

Mais Aristote remarque très-bien [1] que ces termes *grand* ou

---

[1] Lib. *de Categ.*, cap. vi.

petit, *long* ou *court*, au fond sont termes relatifs, puisque la même quantité est appelée grande par comparaison à un certain corps, et petite par rapport à un autre. C'est par cette raison que nous disons : Voilà une grande fourmi ; voilà une petite montagne.

Il en est de même de la longueur ou de la brièveté. La vie d'un homme de quatre-vingts ans est longue par rapport à celle qui se borne à vingt années, et courte par rapport à celle des premiers hommes.

Mais ce qu'il faut remarquer dans la quantité comme absolu, c'est l'étendue elle-même, qui convient à chaque corps considéré indépendamment de tout autre ; un corps a trois, ou quatre, ou cinq pieds ; un mouvement dure tant d'heures, considéré en lui-même ; un nombre est pair ou impair, ternaire ou quaternaire sans être comparé avec un autre.

Aristote observe que la quantité ne reçoit ni plus ni moins, non plus que la substance : un ternaire n'est pas plus ternaire, un jour n'est pas plus un jour, un corps de trois pieds n'est pas plus un corps de trois pieds qu'un autre. Car pour le grand et le petit, qui reçoivent du plus ou du moins, nous avons vu que ce philosophe les rapporte à la relation.

CHAPITRE LV.

De la relation.

Les choses qui ont relation aux autres sont celles, dit Aristote, qui considérées en ce sens, n'ont rien qui ne regarde une autre. Le père, en tant que père, regarde son fils ; le fils, en tant que fils, regarde son père. A, comme égal à B, regarde B. Le semblable, comme semblable, regarde ce à quoi il est semblable, le double n'est double qu'étant rapporté à la moitié dont il est le double ; et la moitié n'est moitié que par rapport au double dont elle fait la moitié.

Ainsi, dit Aristote, les choses qui ont du rapport, considérées sous ce rapport, 1° sont toujours ensemble ; 2° ne peuvent être connues l'une sans l'autre [1]. Qui sait qu'Alexandre est fils de

[1] *Relata sunt simul naturâ et cognitione.*

Philippe, sait que Philippe est père d'Alexandre ; qui sait qu'*A* est égal à *B*, sait que *B* est égal à *A*. Qui sait que 2 est la moitié de 4, sait que 4 est le double de 2.

Il y a dans les choses qui se rapportent, les *termes*, le *fondement*, la *relation* elle-même.

Les termes sont les choses mêmes qu'on rapporte l'une à l'autre : par exemple, Philippe et Alexandre, le corps *A* égal au corps *B*.

Le fondement est ce en quoi consiste le rapport ; par exemple, le fondement qui fait que l'un est père et l'autre fils, est la génération active dans l'un et la génération passive dans l'autre : le fondement du rapport entre *A* et *B* corps égaux, est la quantité de trois ou de quatre pieds en chacun d'eux ; le fondement de la ressemblance entre deux œufs est la couleur et la figure qui leur est commune.

Enfin le rapport ou la relation n'est autre chose, à le bien prendre, que les termes mêmes et les fondemens, en tant que considérés l'un comme regardant l'autre. La paternité n'est autre chose que le père même, considéré comme ayant donné l'être à son fils. L'égalité entre *A* et *B* n'est autre chose qu'*A* et *B*, comme ayant tous deux trois pieds d'étendue.

On dispute partout dans l'Ecole, si la relation catégorique est un être distinct des termes et du fondement pris ensemble : question qui paroît assez vaine, dont aussi Aristote ne parle pas, et qui en tout cas ne sert de rien à la logique.

Ce philosophe ne s'étudie pas à rapporter à certains genres les choses qui ont rapport ensemble, parce que les rapports sont infinis. Soit que les choses soient contraires ou accordantes, semblables ou diverses, on fait entre elles mille rapports dont le dénombrement est impossible et inutile.

Les principaux genres de rapport sont ceux qui sont fondés sur l'action et la passion, comme être père et fils ; sur les facultés et les objets, tel qu'est le rapport du sens avec le sensible ; sur la quantité, d'où naissent l'égalité et l'inégalité ; sur la qualité, d'où naissent les semblables ou les dissemblables, les choses contraires ou accordantes.

CHAPITRE LVI.

De la qualité.

Quant à la qualité, Aristote ne la définit pas autrement que *ce qui fait les choses telles ou telles.* Quelle est cette chose? Elle est blanche, ou noire, douce ou amère, et ainsi du reste. Quel est cet homme? Il est sain, malade, savant, ignorant, grammairien ou géomètre.

Cette définition est de celles qu'on appelle populaires, où il s'agit seulement d'expliquer les manières de parler communes, sans expliquer le fond des choses, dont aussi il ne s'agit pas dans la logique.

On connoît pourtant un peu mieux ce que c'est que qualité par le dénombrement qu'en fait Aristote.

Il fait marcher les qualités deux à deux, et il en reconnoît de quatre sortes.

Il met dans le premier rang les *habitudes* et les *dispositions.*

Les habitudes sont des qualités qui nous donnent des facilités durables, par exemple la vertu et la science formées. Les dispositions sont plus passagères, et n'ont rien de fait ni de consistant; tels sont les commencemens de la vertu et de la science. Celui qui commence à bien vivre, on dit qu'il a de bonnes dispositions pour la vertu; et celui qui vit tout à fait bien, on dit qu'il en a l'habitude même.

Dans le second genre de qualités, Aristote place ce qu'il appelle *puissance* ou *impuissance naturelle* : par exemple, lorsqu'on dit qu'un homme est propre ou malpropre à la course, qu'il est sain, qu'il est infirme, qu'il est ingénieux ou qu'il ne l'est pas.

Il rapporte à cette espèce le dur et le tendre, parce que l'un est propre naturellement à résister à la division, et l'autre au contraire est propre à se laisser diviser.

Au troisième rang des qualités, il place celles qu'il appelle *qualités passibles* et *passions,* ou *simples affections.* Ce sont celles qui affectent les sens, telles que sont les couleurs, l'amertume la douceur, l'aigreur, le chaud, le froid et les autres ; avec cette différence, que quand elles sont durables, comme la pâleur et la rougeur en certains hommes, il les appelle *qualités passibles*, et il les appelle simplement *affections*, quand elles passent légèrement, comme la pâleur que cause la crainte, et le rouge qu'apporte la honte.

Il range dans le dernier lieu la figure et la forme, dont la différence n'est pas expliquée dans le chapitre de la qualité. On croit ordinairement que la figure signifie ici quelque chose de passager, et la forme quelque chose de plus permanent. Les exemples qu'Aristote rapporte de cette espèce de qualité, c'est d'être droit, d'être courbe, d'être triangle ou carré. Car pour l'épais et le rare, le rude et le poli, il ne veut pas que ce soit des qualités, parce que ces choses, dit-il, marquent simplement la situation des parties, qui sont plus proches ou plus éloignées, ou unies ou relevées les unes au-dessus des autres.

Il aurait pu rapporter de même à la situation le droit et le courbe, et même la figure, s'il avait voulu. Mais il a considéré en ce lieu la manière dont on répond aux questions. Quand on demande quel est un homme, ou un animal, on exprime quelle est sa figure; et sur cette question on ne s'avise jamais de répondre comment il est situé.

Il est pourtant vrai qu'à la question : *Quel est un corps ?* on pourroit très-bien répondre qu'il est épais ou rare, rude ou poli ; et si quelqu'un s'opiniâtroit à mettre ces choses dans la catégorie de la qualité, il ne faudroit pas être contentieux sur ce point.

A ces divisions de qualités, Aristote ajoute qu'il y en a peut-être quelques autres espèces, mais que celles qu'il a rapportées sont les quatre principales.

Ce qu'il faut le plus remarquer sur les qualités, c'est qu'elles reçoivent du plus et du moins par plusieurs degrés. Une chose est plus ou moins chaude, plus ou moins blanche, plus ou moins amère.

Ce plus ou ce moins de la qualité est fort différent du plus et du moins de la grandeur.

Quand une chose est plus ou moins grande, c'est qu'elle occupe plus ou moins de place ; et cela s'appelle extension, parce que la chose s'étend plus ou moins quant au lieu.

Mais le plus ou le moins de la qualité ne dépend pas du lieu : le plus grand chaud ni le plus grand blanc n'est pas toujours le plus étendu, ni celui qui tient le plus de place. Ce plus ou ce moins se compte, non par pieds ni par autres mesures semblables, mais par degrés, et s'appelle *intension*, du mot latin *intendere*, qui signifie augmenter les degrés des choses, comme *remittere* en signifie la diminution [1].

Les philosophes ont coutume de diviser les degrés en huit, en sorte que ce qui est chaud au suprême degré est appelé chaud comme huit, *calidum ut octo*. Cette division est arbitraire, aussi bien que celle du cercle en 360 degrés : mais il a fallu convenir d'un certain nombre pour expliquer le plus ou le moins.

Ce que dit Aristote sur les qualités est véritable et nécessaire pour le discours. Mais si quelqu'un se persuadoit qu'il fût bien savant, quand il a dit qu'une chose a certaines qualités, sans en connoître davantage, ou définir plus exactement cette qualité, il tomberoit dans une grande erreur, fort éloignée de l'esprit d'Aristote.

CHAPITRE LVII.

Des six autres catégories.

Aristote tranche en un mot les six autres catégories, et nous imiterons sa brièveté.

Action et *passion*, c'est comme échauffer et être échauffé, blesser ou être blessé, nourrir ou être nourri.

Le mot de *passion* se prend ici, non au même sens qu'il est employé pour signifier ces mouvemens de l'ame que nous appelons *passions*, mais pour exprimer seulement le changement qui arrive aux choses quand quelque autre agit sur elles. C'est ce qui s'appelle en philosophie être affecté de quelque chose, en re-

---

[1] *Intendere. Remittere. Intensio. Remissio. Calidum in intenso, in remisso gradu.*

cevoir l'impression, souffrir, pâtir, quoique ces deux derniers mots, dans le discours ordinaire, marquent de la douleur en celui à qui on les attribue ; mais ce n'est pas ainsi qu'on les entend en philosophie.

Les verbes actifs et passifs sont inventés pour signifier l'action et la passion. Ainsi aimer, haïr, échauffer, signifient proprement les actions. Les passions opposées sont signifiées par être aimé, être haï et échauffé. Mais l'action et la passion sont exprimées indéfiniment par le verbe au présent de l'infinitif, appelé *infinitif* pour cette raison. Tout le reste signifie l'action et la passion par rapport aux temps et aux personnes.

Il est bon d'observer que comme il ne faut pas toujours prendre pour substance tout ce qui s'exprime par un nom substantif, il ne faut pas toujours prendre pour action tout ce qui s'exprime par un verbe actif. La grammaire explique les choses grossièrement et selon les pensées vulgaires. C'est aux philosophes à choisir les idées nettes et précises.

Ce qui regarde l'action et la passion s'explique dans la physique et dans le traité des causes. Remarquons seulement ici qu'on distingue entre les actions, celles qui demeurent dans l'agent même, comme entendre, vouloir, s'asseoir, marcher ; et celles qui passent du dehors, comme porter, battre, unir, séparer, et autres infinies de cette nature (a).

Aristote ne parle point de cette division, et semble en ce lieu ne considérer que les actions qui passent.

Les actions qui se terminent à un objet hors de nous, comme la vue, l'ouïe, les autres sensations, l'entendement et la volonté ; quoiqu'elles demeurent en notre ame qui les produit, et que par conséquent elles soient *immanentes* de leur nature, sont exprimées comme transitoires à raison de l'objet qu'elles vont chercher au dehors. Car on imagine que l'entendement va pénétrant son objet, et ainsi des autres. C'est pourquoi on dit : Entendre la vérité, aimer la vertu, voir un tableau, où entendre, aimer et voir sont regardés comme l'action ; et au contraire être entendu, être aimé et être vu, sont considérés comme une passion de l'ob-

(a) *Actio immanens, transiens.*

jet, quoiqu'en effet pour être entendu et pour être aimé, il n'arrive dans cet objet aucun changement.

Les quatre autres catégories s'entendent par elles mêmes, et ne marquent selon Aristote que des rapports. *L'être dans le lieu,* et *l'être dans le temps,* marquent le rapport qu'ont les êtres à ces deux choses : *la situation* marque celui des parties les unes avec les autres; et *l'avoir,* ou *être habillé,* celui qu'a un corps avec l'habit dont il est vêtu.

Aristote distingue encore d'autres manières d'avoir, qui se répandent dans les autres catégories [1]. On dit dans la *qualité,* avoir de la santé ou de la science; dans la *quantité,* avoir trois pieds, ou plus ou moins; dans la *relation,* avoir un père, avoir un fils, un mari, une femme, et ainsi du reste. Mais *l'avoir* qui est propre à cette catégorie, c'est avoir un anneau, un habit, une arme; et cet *avoir* est une espèce de relation.

L'action même et la passion, selon qu'Aristote les explique en ce lieu, ne sont qu'une espèce de rapport. Si le feu m'échauffe, je suis échauffé par le feu; si je suis échauffé par le feu, le feu m'échauffe. Cela n'est au fond que la même chose; c'est ce qu'on appelle en grammaire tourner l'actif par le passif, et au contraire; de sorte que l'action et la passion considérées en cette sorte, ne diffèrent en rien.

Voilà ce que nous apprennent les catégories. Elles accoutument l'esprit à ranger les choses et à les réduire à certains genres, pour de là descendre au détail des effets de la nature, et aux autres enseignemens plus précis de la philosophie.

CHAPITRE LVIII.

Des opposés.

Après les catégories, Aristote explique (*Cat.,* c. 10) en combien de sortes les choses sont opposées l'une à l'autre, et il en marque quatre [2].

L'opposition est entre deux choses qui se regardent l'une l'autre, et qu'on regarde aussi par cette raison comme mises à l'opposite.

---

[1] *Categ.,* cap. xv. — [2] *Ibid.,* cap. x.

Tous les *opposés* s'excluent l'un l'autre, mais en différentes façons.

Le premier genre d'opposés est fondé sur la relation. Car les choses par leur rapport, se regardent mutuellement, et s'excluent aussi l'une l'autre. Le double est opposé à la moitié, et la moitié au double; le semblable est opposé au semblable qui lui répond, et l'égal à l'égal; le père et le fils, comme tels, se regardent mutuellement, et sont mis à l'opposite l'un de l'autre.

Le second genre d'opposition est la *contrariété*, comme le froid est contraire au chaud, le blanc au noir, le sec à l'humide; et Aristote remarque que ce genre d'opposition ne se trouve que parmi les qualités, quoiqu'elle ne se trouve pas entre toutes.

Le troisième genre d'opposition est *l'habitude* et *la privation*. Avoir la vue, c'est l'habitude; l'aveuglement, c'est la privation de la vue.

Le dernier genre d'opposition est appelé *opposition contradictoire*, qui consiste en affirmation et en négation : *Cela est, cela n'est pas; Il est sage, il n'est pas sage*, sont choses contradictoirement opposées.

La différence de la contrariété avec l'opposition privative et la contradictoire, consiste en ce que les termes des deux contraires sont positifs, par exemple, le chaud et le froid ; au lieu que parmi les termes des deux autres oppositions, l'un est positif, et l'autre privatif ou négatif, ainsi qu'il a été dit [1].

Au reste on regarde quelquefois comme opposées les espèces qui sont rangées sous le même genre, et en effet elles sont incompatibles. Etre chien et être cheval, sont choses qui s'excluent mutuellement.. Mais ces choses et autres semblables s'appellent *choses différentes*, ou choses *de divers ordres*, plutôt que choses opposées.

[1] Chap. xv, ci-dessus, p. 270.

CHAPITRE LIX.

De la priorité et postériorité.

Ensuite des opposés, Aristote fait le dénombrement de toutes les manières dont les choses peuvent être devant ou après l'une l'autre [1].

Elles sont donc devant ou après, ou selon l'ordre des temps, comme Alexandre est devant César; ou selon la dignité et le mérite, comme les rois sont devant leurs sujets, et les vertueux devant les rois mêmes; ou selon l'ordre d'apprendre, comme les lettres sont devant les mots, les mots devant le discours, les principes devant les sciences; ou selon l'ordre des conséquences [2], quand une chose suit de l'autre, et non au contraire; par exemple, de ce que deux sont, il s'ensuit qu'un est aussi; mais comme de ce qu'un est il ne s'ensuit pas de même que deux soient, il faut dire qu'un est devant deux, parce qu'il peut être et être entendu avant qu'on songe à deux, ou que deux soient.

Et quand même les propositions se convertissent absolument, en sorte que si l'une est, l'autre est aussi, celle qui marque la cause est censée antérieure à celle qui marque l'effet. Car si le roi a pris Cambray, le discours qui dit qu'il l'a pris, est véritable; et si ce discours est véritable, il est vrai aussi que Cambray a été pris par le roi. Mais parce que la vérité de ce discours n'est pas cause que la place a été prise, et au contraire que la prise de la place est cause que le discours est vrai, il s'ensuit que cette prise est antérieure à la vérité de ce discours. Cette priorité s'appelle *priorité de nature*, à cause qu'elle est fondée sur l'ordre naturel des causes; c'est par là que le soleil est antérieur à ses rayons et à sa lumière, et ainsi du reste.

Cette priorité de nature étant jointe aux quatre autres, nous avons cinq manières d'être devant ou après, qu'il est nécessaire de bien observer pour parler et raisonner avec justesse.

En autant de manières qu'on peut dire que les choses sont l'une devant l'autre, on peut dire aussi qu'elles sont ensemble.

[1] *Categ.*, cap. XI, XII. — [2] *Secundum existendi consecutionem.*

CHAPITRE LX.

Des termes complexes et incomplexes.

Jusqu'ici nous n'avons parlé que des termes simples, qu'on appelle aussi *incomplexes*, parce qu'ils ne contiennent qu'un seul mot, comme *Dieu, homme, arbre*, et ainsi des autres; il n'est pas moins nécessaire d'entendre les termes complexes.

Les *termes complexes* sont plusieurs termes unis, qui tous ensemble ne signifient que la même chose. Comme si je dis : *Celui qui en moins de six semaines, malgré la rigueur de l'hiver, a pris Valenciennes de force, mis ses ennemis en déroute, et réduit à son obéissance Cambray et Saint-Omer*, tout cela ne signifie que Louis le Grand.

Par ces termes je n'affirme ni ne nie rien ; et ainsi cette longue suite de mots appartient à la simple appréhension.

On se sert de termes complexes, ou pour exprimer en quelque façon ce qu'on ne sait pas, ou pour expliquer plus distinctement ce qu'on sait. Ce qui fait que le fer va à l'aimant, que l'aiguille aimantée se tourne au pôle, que l'eau régale dissout l'or, et les autres expressions semblables, sont termes complexes qui servent à signifier quelque chose qu'on n'entend pas, et on en emploie souvent qui expliquent en particulier ce qu'on n'avoit entendu qu'en confusion.

Parmi ces termes complexes, les uns expliquent seulement, comme ceux que nous avons vus; les autres déterminent et restreignent, comme quand je dis : La figure quadrilatère ou à quatre côtés, qui les a tous quatre égaux, le nom de figure quadrilatère est restreint par les derniers mots au seul carré.

Le roi de France qui a pris deux fois la Franche-Comté pendant l'hiver, cela détermine la pensée à Louis XIV.

CHAPITRE LXI.

Récapitulation : et premièrement des idées.

Il est bon maintenant de recueillir ce qui a été dit, et d'en tirer les préceptes nécessaires pour la logique.

Son objet est de diriger à la connoissance de la vérité les opérations de l'entendement.

Il y en a trois principales, dont la première conçoit les idées, la seconde affirme ou nie, la troisième raisonne.

Ces trois opérations de l'esprit divisent la logique en trois parties.

La première opération de l'esprit est la simple conception des idées que les termes signifient, sans rien affirmer ou nier.

Ainsi cette première opération de l'esprit oblige à considérer la nature des idées et des termes.

Les idées sont les premières, et les termes ne sont établis que pour les signifier.

Il faut donc commencer par les idées.

DÉFINITIONS ET DIVISIONS.

I. L'idée est ce qui représente à l'esprit la vérité de l'objet entendu.

II. Les idées représentent leur objet, ou comme subsistant en soi-même, comme quand on dit *Dieu, homme, esprit, corps, animal, plante, métail;* ou comme attaché et inhérent à un autre, comme quand on dit *science, vertu, figure, rondeur, mouvement, durée.*

Les premières peuvent s'appeler des idées *substantielles*, et les autres des idées *accidentelles*.

III. D'ailleurs, ou ces idées représentent dans leur objet quelque chose d'intelligible de soi, comme dans l'ame qu'elle pense ou qu'elle raisonne, et dans le corps qu'il soit rond ou pointu; ou ce qu'elles y représentent n'est pas intelligible de soi, comme dans l'aimant la qualité qui lui fait attirer le fer, et dans la blancheur la qualité qui lui fait dissiper la vue.

Les idées qui représentent dans leur objet quelque chose de clair ou d'intelligible de soi, s'appellent claires et distinctes; les autres s'appellent obscures ou confuses.

Il faut ici remarquer que l'idée confuse marque quelque chose de clair; mais non pas dans son objet même : comme quand on dit que l'aimant attire le fer, ce qui est clair, c'est que le fer va à l'aimant, et cela n'est pas dans l'aimant même : mais ce qui est dans l'aimant même, c'est-à-dire ce qu'il a en lui par où le fer est disposé à s'y attacher, n'est pas clair.

IV. On peut donc donner pour axiome indubitable, que *toute idée a quelque chose de clair, mais non pas toujours dans son objet :* et c'est ce qui fait la différence des idées confuses d'avec les distinctes.

PROPRIÉTÉS DES IDÉES.

Les propriétés des idées s'expliquent par ces propositions, dont les unes suivent des autres :

I. Les idées ont pour objet quelque vérité, c'est-à-dire quelque chose de positif, de réel et de véritable.

II. Tout ce qui est négatif est entendu par quelque chose de positif.

III. Les idées suivent la nature des choses qu'elles doivent représenter. C'est pourquoi elles représentent les substances sans les attacher à un sujet, et les accidens comme étant dans un sujet.

IV. Les idées semblent quelquefois changer la nature, mais pour la mieux exprimer. Cette proposition a deux parties dont la dernière est une suite de la première, et la première va être expliquée.

V. Les idées font des précisions, et représentent une même chose selon de différentes raisons : par exemple, le même homme comme homme, comme citoyen ou comme prince, comme père, comme fils, comme mari, et le reste; la même ame comme sensitive, comme imaginative, comme intellectuelle; et le même corps comme long, comme large, comme profond.

VI. Les idées sont universelles, et représentent plusieurs choses sous une même raison, comme l'homme, le chien, le cheval, sous la commune raison d'animal; l'équilatéral, l'isocèle, le scalène, etc., sous la commune raison de triangle rectiligne.

VII. Une même chose représentée sous de différentes raisons tient lieu de divers objets, et plusieurs choses représentées sous une même raison n'en font qu'un seul; par exemple, le corps considéré comme ligne et le corps considéré comme surface, sont deux objets : et au contraire, tous les triangles considérés simplement comme triangles, n'en sont qu'un seul.

C'est ainsi que les idées paroissent en quelque sorte changer la nature des choses, en faisant d'une seule chose plusieurs objets, et de plusieurs choses un seul objet.

VIII. Les idées par leurs précisions, font la distinction qui s'appelle de raison, qui a toujours son fondement sur une distinction réelle.

IX. Les idées par leur universalité, font aussi une certaine unité qu'on appelle *de raison*, qui a toujours son fondement sur la ressemblance.

Ces deux dernières propositions sont fondées sur la troisième, c'est-à-dire sur ce que les idées suivent la nature des choses qu'elles doivent représenter. C'est pourquoi si elles séparent ce qui est un, c'est à cause qu'elles le regardent par rapport à quelque distinction réelle; et si elles unissent des choses distinctes, c'est à cause que leur ressemblance donne lieu de les regarder sous une raison commune.

Les exemples font voir cette vérité. Le même homme n'est regardé en diverses qualités, tantôt simplement comme homme, tantôt comme citoyen, tantôt comme père, et ainsi du reste, qu'à cause de ses devoirs différens. La même ame n'est considérée sous plusieurs raisons, comme sous celle de sensitive et d'intellectuelle, qu'à cause de ses différentes opérations; et le même corps n'est considéré sous les divers noms de ligne, de superficie et de corps solide, qu'à cause des divers termes où il s'étend par sa longueur, par sa largeur et par sa profondeur.

Et au contraire si les équilatéraux, les scalènes et les isocèles, etc., sont réunis dans la raison commune de triangle, c'est à cause qu'étant tous semblables en ce qu'ils sont terminés de trois lignes droites, la raison de triangle leur convient également à tous.

De là sont déduites nécessairement les quatre propositions suivantes :

X. La multiplicité dans les idées présuppose multiplicité dans les choses mêmes.

XI. L'universalité dans les idées présuppose dans les choses quelque ressemblance.

XII. Les précisions, qui séparent une même chose d'avec elle-même par les idées, servent à la connoître dans tous ses rapports.

XIII. L'universalité des idées, qui ramasse plusieurs choses sous une même raison et en fait un seul objet, sert à en faire connoître les convenances et les ressemblances.

Ces quatre propositions suivent, comme il a été dit, de la VIII° et de la IX°, et expliquent parfaitement la dernière partie de la IV°.

CHAPITRE LXII.

Propriété des idées, en tant qu'elles sont universelles.

Parmi les propriétés des idées, celle qui sert le plus aux sciences, et que la logique aussi considère davantage, est leur universalité; et c'est pourquoi elle mérite d'être considérée à part.

I. Tout est un dans la nature, et nulle chose n'est une autre.

II. Tout est particulier et individuel dans la nature.

III. Parmi les choses particulières, il y en a de nature différente, comme un homme et un arbre; il y en a de même nature, comme tous les hommes. Ceux-ci diffèrent seulement en nombre.

IV. Nous ne connoissons les individus particuliers de même nature, qu'en ramassant plusieurs accidens dont ils sont revêtus à l'extérieur.

L'expérience le fait voir ; car nous ne pourrions, par exemple, discerner deux hommes qui seroient semblables en tout ce qui frappe nos sens, ni deux triangles, ni deux œufs, ni deux gouttes d'eau, et ainsi du reste. De là s'ensuit une cinquième proposition.

V. Les particuliers ou individus de même nature sont connus par un ramas de plusieurs idées, ou plutôt de plusieurs images venues des sens.

VI. Nous n'avons aucune idée simple et précise, pour connoître en son fonds la différence des individus de même nature.

VII. Toutes nos idées prises en elles-mêmes sont universelles.

VIII. Les unes sont universelles plus que les autres. Triangle l'est plus qu'équilatéral, et ainsi des autres.

IX. Les unes comprennent les autres dans leur étendue. Triangle comprend équilatéral, comme équilatéral comprend tels et tels équilatéraux.

X. Les idées ne regardent pas les choses comme existantes. La raison est qu'elles les regardent universellement, et plutôt comme elles peuvent être, que comme elles sont actuellement : ce qui suit des propositions précédentes.

XI. Les objets des idées, ou les vérités qu'elles représentent, sont éternelles et immuables, et c'est en Dieu qu'elles ont cette immutabilité.

XII. Les idées marquent en quoi les choses conviennent ; elles marquent en quoi conviennent tous les triangles en général, et en quoi conviennent tous les triangles équilatéraux ; c'est ce qui fait les genres et les espèces, qui seront définis en parlant des termes.

XIII. Les idées marquent en quoi les choses diffèrent ; par exemple, en quoi diffère l'équilatéral d'avec l'isocèle, et c'est ce qui fait les différences.

XIV. De deux idées, l'une peut servir de fondement à l'autre ; par exemple, en considérant le triangle comme ayant trois lignes posées l'une sur l'autre, et le considérant comme ayant trois angles, on voit clairement que cette seconde idée est fondée sur la première, parce que l'angle ne se fait que par l'incidence des lignes.

XV. L'idée qui représente ce qu'il y a de premier et de fondamental dans la chose, marque son essence : par exemple, être terminé de trois lignes droites, fait l'essence du rectiligne ; être terminé de trois lignes droites égales, fait l'essence de l'équilatéral.

XVI. L'idée qui représente ce qui suit de l'essence, marque ses propriétés ; par exemple, avoir trois angles et les avoir égaux à deux droits, sont propriétés du triangle rectiligne, qui le supposent déjà constitué.

XVII. L'idée qui représente ce qui peut être détaché de la chose sans la détruire, marque les accidens. Telle est la figure ronde dans la cire, le mouvement dans le corps, la science et la vertu dans l'ame.

XVIII. Les précisions, ou idées précises, séparent en quelque façon l'essence même de ce à quoi elle convient, pour marquer précisément en quoi elle consiste ; par exemple, si je conçois l'humanité ou la nature humaine, séparément en quelque façon de l'homme même, c'est pour distinguer ce qui précisément le fait être homme, qui est avoir un tel corps et une telle ame, d'avec ce qu'il a en lui qui ne sert de rien à le faire homme, comme l'astronomie et la musique.

De tout cela il résulte que tant l'universalité des idées que leurs précisions, ne sont que différentes manières de bien entendre les choses selon la capacité de l'esprit humain.

CHAPITRE LXIII.

Des termes.

Après les idées, viennent les termes qui les signifient.

DÉFINITIONS ET DIVISIONS.

I. Le terme est ce qui signifie l'idée par institution, et non de soi-même.

II. Les termes sont positifs ou négatifs.

Le positif est celui qui met et qui assure par exemple, *vertu, santé* ; le négatif est celui qui ôte et qui nie, comme quand on dit : *Cet homme est ingrat ; cette maladie est incurable.*

III. Les termes sont abstraits ou concrets.

Les termes abstraits sont ceux qui naissent des précisions, et ils signifient les formes détachées par la pensée de leur sujet ou de leur tout, comme quand je dis *science, vertu, humanité, raison*.

Les termes concrets regardent les formes unies à leurs sujets et à leur tout, comme quand je dis *savant, vertueux, homme* et *raisonnable*.

IV. Il y a des termes universels et des termes singuliers.

Les termes universels sont ceux qui signifient plusieurs choses sous une même raison ; par exemple, plusieurs animaux de différente nature, sous la raison commune d'animal.

Les termes singuliers signifient les individus de même nature, et qui diffèrent seulement en nombre.

V. Les termes universels signifient l'essence des choses, ou leurs propriétés, ou leurs accidens.

Ceux qui signifient l'essence ; ou ils sont communs à plusieurs choses de différente nature, par exemple, le nom d'animal et le nom d'arbre ; en ce cas il s'appellent genre : ou ils sont communs à plusieurs choses de même nature et différentes seulement en nombre, comme le nom d'homme et celui de cheval, et ainsi des autres ; en ce cas, ils s'appellent espèces.

Il y a des termes qui marquent en quoi les choses diffèrent essentiellement ; par exemple, *raisonnable* marque en quoi l'homme diffère essentiellement de la bête ; ces termes s'appellent *différences*.

Les termes qui marquent la distinction d'une espèce d'avec une autre, s'appellent *différence spécifique*.

Voilà donc cinq universaux, genre, espèce, différence, propriété, accident.

VI. Les termes sont univoques, analogues ou équivoques.

Aux univoques répond la même raison ; ainsi Pierre et Jacques sont appelés hommes : aux analogues répond une raison qui a quelque ressemblance : comme lorsque le transport des corps et les passions de l'ame sont appelés mouvemens : aux équivoques ne répond aucune raison ni commune ni semblable, comme quand on dit louer un grand capitaine ; et louer une maison à certain prix.

VII. Parmi les termes, il y a les noms et les verbes.

Les noms sont substantifs ou adjectifs.

Les noms substantifs signifient ou les substances mêmes qui subsistent indépendamment de tout sujet : par exemple, *homme, arbre, Pierre, Jean;* ou les formes et les accidens qui sont séparés de leur sujet par la pensée : par exemple, *rondeur, mouvement, science*.

Les noms adjectifs signifient le sujet comme revêtu de son accident ou de sa forme ; comme dans ces mots *savant, rond,* et autres semblables.

Les mots *peintre, grammairien*, et autres de cette nature, qui sont substantifs en grammaire, sont adjectifs en logique. La raison est qu'ils signifient le sujet avec sa forme.

Les verbes excepté le substantif qui signifie l'être, signifient l'action et la passion, ou indéfiniment, tels que font les infinitifs *aimer, haïr, échauffer, être aimé, être haï, être échauffé;* ou définiment et par rapport aux personnes et aux temps, comme *j'aimois, j'ai aimé, j'aimerai, vous aimiez, vous avez aimé,* etc.

En logique les pronoms sont compris sous les noms ; et les participes en partie sous les noms, et en partie sous les verbes. Les autres parties de l'oraison n'y sont guère considérées.

PROPRIÉTÉS DES TERMES.

I. Les termes signifient immédiatement les idées, et médiatement les choses mêmes.

II. Le terme naturellement est séparable de l'idée ; mais l'habitude fait qu'on ne les sépare presque jamais.

III. La liaison des termes avec les idées fait qu'on ne les considère que comme un seul tout dans le discours : l'idée est considérée comme l'ame, et le terme comme le corps.

IV. Les termes dans le discours, sont supposés pour les choses mêmes ; et ce qu'on dit des termes, on le dit des choses.

V. Le terme négatif présuppose toujours quelque chose de positif dans l'idée : car toute idée est positive. Le mot d'*ingrat* présuppose qu'on n'a point de reconnoissance, et qu'il y a un bienfait oublié, ou méconnu ; le mot d'*incurable* présuppose un empêchement invincible à la santé.

VI. Les termes précis ou abstraits s'excluent l'un l'autre. L'humanité n'est pas la science, la santé n'est pas la géométrie.

VII. Les termes concrets peuvent convenir et s'assurer l'un de l'autre; l'homme peut être savant; celui qui est sain peut être géomètre.

VIII. Tout terme universel s'énonce univoquement de son inférieur.

IX. Les termes génériques et spécifiques s'énoncent substantivement. On dit : L'homme est animal, Pierre est homme.

X. Les termes qui signifient les différences, les propriétés et les accidens, s'énoncent adjectivement. On dit : *L'homme est raisonnable ; il est capable de discourir ; il est savant et vertueux.*

CHAPITRE LXIV.

Préceptes de la logique tirés de doctrine précédente.

De la doctrine précédente suivent beaucoup de préceptes, que nous allons déduire par propositions.

I. En toute question, chercher par le moyen des idées ce qu'il y a d'immuable dans le sujet dont il s'agit ; c'est-à-dire après avoir regardé ce que les sens nous apportent et qui peut changer, chercher les idées intelligibles dont l'objet est toujours une vérité éternelle.

II. En toute question, séparer l'essence des choses de ses propriétés et de ses accidens. Par exemple, pour considérer le triangle, séparer premièrement sa grandeur et sa petitesse, sa situation et sa couleur, qui sont choses accidentelles ; et puis parmi les idées qui resteront, rechercher quelle est la première, et la marquer pour essence ; ensuite quelle est la seconde et les autres inséparables de la nature, et les marquer pour propriétés.

III. En toute question, ramasser et considérer avant toutes choses les idées qui servent à la résoudre ; par exemple, dans le problème : *Si les trois angles de tout triangle sont égaux à deux droits*, prendre bien l'idée du triangle, celle des angles en général, celle des angles droits, aigus ou obtus, celle des angles opposés au sommet, des angles alternes ; et ainsi du reste.

IV. Désigner chaque idée par son propre nom; déterminer, par exemple, que les deux angles opposés qui se font à l'endroit où deux lignes se coupent, sont ceux qu'on appelle *angles au sommet*.

V. Démêler toutes les équivoques des termes. et en fixer la propre signification.

VI. Dans tout terme négatif chercher pour le bien entendre, le positif qu'il exclut, ou celui qu'il contient sous la forme de négation : par exemple, pour entendre ce terme *ingrat*, considérer la reconnoissance dont l'ingratitude est la privation ; et pour entendre ce terme *immuable*, y trouver la perpétuité ou la plénitude de l'être qui en fait le fond.

VII. Ne prendre dans les idées que ce qu'il y a de clair et de distinct, et regarder ce qu'elles ont de confus comme le sujet de la question, et non comme le moyen de la résoudre; par exemple, dans la question : Comment l'aimant attire le fer, ou comment le feu échauffe, ou comment il fond, ne pas donner pour solution qu'il y a dans l'aimant une vertu *magnétique*, et dans le feu une vertu *caléfactive* et *liquéfactive ;* mais regarder cela même comme la chose qu'il faut expliquer.

VIII. Regarder les choses de tous les biais qu'elles peuvent être regardées, et les prendre dans les plus grandes précisions : par exemple, s'il falloit prescrire à un prince tous ses devoirs, le considérer comme homme raisonnable, comme chrétien, et comme créature de Dieu ; comme ayant en main son pouvoir, et le représentant sur la terre ; comme étant le père du peuple et le défenseur des pauvres opprimés ; le chef de la justice, le protecteur des lois et le premier juge ; le conducteur naturel de la milice, le soutien du repos public ; et ainsi du reste.

IX. Considérer en quoi les choses conviennent, et en quoi elles diffèrent ; c'est-à-dire considérer les genres, les epèces et les différences : par exemple, s'il s'agit de la nature des liquides, considérer en quoi ils conviennent et en quoi ils diffèrent, parce que ce en quoi ils conviennent sera la nature même du liquide : et encore, considérer qu'un corps solide, par exemple, une pierre réduite en poudre menue, coule à peu près comme les liquides, et tient en cela quelque chose de leur nature : d'où on peut soupçonner peut-être que la nature du liquide est dans la réduction des corps à des parties fort menues, qui puissent facilement être détachées les unes des autres ; et qu'à force de briser un corps solide et d'en détacher toutes les parties, on le fait devenir liquide, et que c'est peut-être ce que fait le feu, quand il fond du plomb, de la cire ou de la glace : ce que je dis seulement pour servir d'exemple.

X. Ne pas prendre pour substance tout ce qui a un nom substantif, ni pour action tout ce qui est exprimé par le verbe actif, mais consulter les idées.

XI. Connoître les substances par les idées, c'est-à-dire prendre pour substance ce qu'elles représentent hors de tout sujet ; par exemple, dans la question : *Si l'ame est une substance,* considérer si l'idée que nous en avons l'attache à quelque sujet.

XII. Connoître aussi les modes ou les accidens par les idées ; c'est-à-dire ne prendre en général pour accident ou pour mode, que ce que l'idée représente comme attaché à un sujet.

XIII. Ne prendre aussi en particulier pour accident ou pour mode de quelque chose, que ce que l'idée représente comme y étant attaché ; par exemple, ne croire pas que le sentiment, ou l'intelligence, ou le vouloir, puisse être un mode du corps, si on peut clairement entendre ces choses sans les attacher au corps comme au sujet qu'elles modifient.

XIV. Connoître la distinction des choses par les idées ; c'est-à-dire ne douter point, quand on a diverses idées, qu'il n'y ait distinction du côté des choses.

XV. En toute multiplicité d'idées, rechercher toujours la distinction qu'elles marquent dans les choses mêmes ; par exemple, dans les idées de long, de large et de profond considérées dans un même corps, regarder les termes divers que le corps embrasse par chacune de ces dimensions.

XVI. Connoître par ce moyen la distinction des substances ; c'est-à-dire prendre pour substances distinguées les choses dont les idées sont différentes, si ces idées représentent leur objet hors de tout sujet. De là vient qu'on ne prend pas l'intelligence et la volonté pour des substances distinctes, non plus que le mouvement et la figure, parce que les deux premières idées représentent leur objet dans l'ame comme dans un sujet commun, et les deux autres dans le corps : mais les hommes regardent naturellement leur corps et leur ame comme substances distinctes, à cause que les idées par lesquelles ils entendent ces deux objets représentent chacun d'eux comme subsistant.

Cette proposition suit des précédentes. Car si toute multiplicité dans les idées marque quelque multiplicité du côté des choses, ou dans leur substance, ou dans leurs rapports, deux idées substantielles n'étant pas faites pour représenter multiplicité dans les rapports, la marquent nécessairement dans les substances.

Voilà les préceptes que tire la logique de la première opération de l'esprit. Passons maintenant à la seconde.

LIVRE II.

DE LA SECONDE OPÉRATION DE L'ESPRIT.

CHAPITRE PREMIER.

Les idées peuvent être unies ou séparées, c'est-à-dire ou affirmées ou niées, les unes des autres; et cela s'appelle proposition, ou énonciation.

Parmi (a) les propriétés des idées que nous avons expliquées, nous en avons réservé une qui sert de fondement à la seconde opération de l'esprit; c'est que les idées peuvent être unies ou désunies, c'est-à-dire qu'elles peuvent être affirmées ou niées

---

(a) 1er *alinéa barré* : Nous avons jusques ici considéré les idées séparément, et examiné ce qui convient à chacune d'elles en particulier; il s'agit maintenant de les comparer ensemble.

l'une de l'autre. On peut dire : *Dieu est éternel; l'homme n'est pas éternel; Dieu n'est pas capable de tromper ni d'être trompé; l'homme est capable de tromper et d'être trompé.*

Cette union ou désunion des idées, c'est-à-dire l'affirmation et la négation, s'appelle *énonciation* ou *proposition*, et c'est la seconde opération de l'esprit : lorsqu'on l'exprime au dehors, et qu'on unit ou qu'on désunit les termes qui signifient les idées, cela s'appelle *oraison* ou *discours*. Nommer *Dieu* ou *homme*, ou *éternel*, n'est pas un discours; mais assembler ou séparer ces termes en disant : *Dieu est éternel; l'homme n'est pas éternel*, c'est une *oraison* au sens dont on emploie ce mot quand on parle des parties de l'oraison ; cela s'appelle aussi *discours*, quoique le mot de *discours* se prenne aussi pour raisonnement.

Toute proposition a deux termes, et nous avons déjà dit que le terme dont on affirme ou on nie, s'appelle *sujet*, *subjectum;* celui qui est affirmé ou nié s'appelle *attribut*, en latin *attributum* ou *prædicatum*. Le mot d'*attribut* explique la chose : l'attribut est *ce qu'on attribue*, comme le sujet est ce à quoi on attribue.

La logique met toujours le sujet devant l'attribut ; par exemple, elle dit toujours : *Celui qui craint Dieu est heureux ; la morale est la science la plus nécessaire*. Mais, dans le discours ordinaire, on renverse quelquefois cet ordre ; et on dit pour passionner le discours, ou pour inculquer davantage : *Heureux celui qui craint Dieu ; la science la plus nécessaire, c'est la morale.*

CHAPITRE II.

Quelle est la signification du verbe EST dans la proposition.

Dans toute proposition, nous nous servons du verbe *est*, ou de quelque équivalent ; et il faut entendre avant toutes choses la force de ce mot.

Le verbe *est* peut être pris en deux significations. Ou il se met simplement avec le nom, comme quand on dit : *Dieu est; le cercle parfait est :* ou il se met entre deux termes, comme quand on dit : *Dieu est éternel; le cercle parfait est une figure dont toute la circonférence est également distante du centre.*

Ce verbe pris au premier sens, marque l'existence actuelle des choses. Quand je dis simplement : *Le cercle est*, je suppose qu'il y a un cercle qui existe actuellement; il a été vrai de dire : *Troie est*, et maintenant il est vrai de dire : *Troie n'est plus* : tout cela regarde l'existence actuelle. Elle s'exprime aussi en notre langue d'une autre manière, lorsqu'au lieu de dire : *Dieu est*, on dit : *Il y a un Dieu.*

Le mot *est* pris au second sens, ne signifie autre chose que la liaison de deux idées et de deux termes, sans songer si le sujet existe, ou s'il n'existe pas. Ainsi quand il n'y auroit aucun cercle parfait, il est toujours vrai de dire que le cercle est une figure dont la circonférence est également distante du centre.

Les propositions où le mot *est* se met absolument, s'appellent dans l'Ecole *de secundo adjacente;* et celles où il sert de liaison à deux termes s'appellent *de tertio adjacente,* parce que dans les premières propositions le verbe *est* paroît toujours le second, et que dans les autres il est comme un tiers qui en réunit deux autres.

Dans ce dernier genre de propositions, le verbe *est* se supprime quelquefois, comme quand on dit : *Heureux celui qui craint Dieu;* et le plus souvent il s'exprime par un autre verbe où il est contenu en vertu, comme quand on dit : *Le feu brûle.* Cette parole a la même force que si on disoit : *Le feu est une chose qui brûle;* ou par le participe : *Le feu est brûlant.*

Ainsi le verbe en tout *mode*, excepté en l'infinitif, est une oraison parfaite : *J'aime, vous aimez;* c'est-à-dire, *je suis aimant, vous êtes aimant.* De sorte que le verbe *est* se trouve ou en effet, ou en vertu en toute proposition.

CHAPITRE III.

Divisions des propositions.

Les propositions se divisent, à raison de leur matière, c'est-à-dire de leurs termes, en *incomplexes* et *complexes, simples* et *composées, absolues* ou *conditionnées;* à raison de leur étendue, en *universelles* et *particulières;* à raison de leur qualité, en *affir-*

matives et *négatives*; enfin à raison de leur objet, en *véritables* et *fausses*. Voilà ce qu'il nous faudra expliquer par ordre dans ce second livre.

Les propositions incomplexes sont celles qui sont composées de termes incomplexes, comme quand on dit : *La tulipe est belle; la vertu est aimable.* Les propositions complexes sont celles qui ont un terme ou les deux termes complexes, comme quand on dit : *Le berger qui a tué un géant par un coup de fronde, a reconnu que Dieu est le seul qui peut donner la victoire.*

Les propositions simples sont celles qui n'ont qu'un sujet et un attribut, comme quand on dit : *La vertu est aimable.* Les propositions composées sont celles qui ont un des termes ou tous les deux doubles, comme quand on dit : *La science et la vertu sont aimables; le paresseux est lâche et imprudent; les ambitieux et les avares sont aveugles et injustes.*

Les propositions composées, à proprement parler, sont deux propositions qu'on peut séparer, comme il paroîtra à quiconque y voudra seulement penser : et c'est pour cela même qu'on les appelle composées.

On voit maintenant la différence entre la première division des propositions et la seconde. Car telle proposition peut n'avoir que des termes incomplexes, qui toutefois sera composée, comme celles que nous avons données pour exemple [1]; et telle autre aura des termes complexes, qui au fond n'aura qu'un seul terme, parce que selon la définition que nous avons donnée du terme complexe, il paroît qu'en plusieurs mots il ne signifie que la même chose.

Les propositions absolues et conditionnées s'entendent par elles-mêmes. On voit que la proposition conditionnée est celle où est apposée quelque condition, qui s'exprime ordinairement par le terme *si* : celle donc qui est affranchie et indépendante de toute condition, s'appelle *absolue;* ainsi dire : *Le temps est serein,* est une proposition absolue; et dire : *Si le vent change, le temps sera beau,* est une proposition conditionnée.

Les propositions universelles et particulières, affirmatives et

[1] Voy. liv. I, chap. LX, ci-dessus, p. 328.

négatives, véritables ou fausses, portent leur définition dans leur nom même.

Mais après avoir parlé des différens genres de propositions, voyons les réflexions qu'il faut faire sur chacune d'elles.

CHAPITRE IV.

Des propositions complexes et incomplexes.

La première chose qu'il faut remarquer sur les propositions complexes, c'est qu'elles enferment en elles-mêmes d'autres propositions, indirectement toutefois, et incidemment.

Cela suit de la nature de leurs termes : par exemple, quand pour exprimer David, nous avons employé ce terme complexe : *Le berger qui a tué un géant par un coup de fronde*, nous avons supposé en parlant ainsi, ces trois propositions : *David a été berger, a tué Goliath, et c'est avec sa fronde*.

Mais toutes ces propositions ne sont ici regardées que comme des termes, ou plutôt comme les parties d'un même terme, parce qu'elles sont employées seulement pour désigner David, et non pour assurer de lui qu'il ait été berger, ou qu'il ait tué Goliath d'un coup de pierre : ce qu'on suppose comme connu.

De telles propositions, qui ne tiennent lieu que de termes, sont appelées *indirectes* ou *incidentes*, parce qu'elles ne sont pas le véritable sujet de l'affirmation et de la négation.

Si toutefois quelqu'un se trompoit dans ces propositions indirectes, et que pour désigner un homme, il employât des choses qui ne lui conviennent pas, il devroit être averti qu'il désigne mal son sujet : comme si pour désigner Charlemagne, quelqu'un trompé ou par les romans, ou par l'opinion populaire, l'appeloit : *Celui qui a institué les douze pairs de France*, quand même ce qu'il voudroit assurer ensuite de ce grand et religieux conquérant, seroit véritable, il devroit être repris, comme n'ayant pas connu le sujet dont il parloit et l'ayant mal désigné.

Une seconde chose à remarquer dans les propositions complexes, c'est que quelques-unes d'elles peuvent se réduire en incomplexes, et d'autres non : c'est-à-dire qu'il y a des choses qu'on exprime en termes complexes, qu'on pourroit expliquer en un seul mot ; comme dans ce que nous venons de dire de David, nous pourrions sans aucun circuit de paroles avoir nommé David tout court : et aussi il y en a d'autres qui ne peuvent être expliquées par un seul mot, comme quand je dis : *Celui qui sait dompter ses passions, et se commander à soi-même, est le seul digne de commander aux autres,* je n'ai point de terme simple pour exprimer celui qui dompte ses passions.

En bonne logique, on doit prescrire de se servir autant qu'on peut de termes incomplexes, c'est-à-dire d'exprimer autant qu'on peut par un seul mot, une seule chose ; et quand il faut se servir de termes complexes, de se charger le moins qu'on peut de paroles inutiles, qui embarrassent la chose et donnent lieu à la surprise.

Il arrive assez souvent que celui qui avance une proposition complexe, ne veut pas tant proposer que rendre raison de ce qu'il propose ; comme dans le dernier exemple que j'ai rapporté, je n'ai pas eu dessein de proposer seulement que celui qui se commande à lui-même est digne de commander aux autres, mais de rendre la véritable raison pourquoi il en est digne. Et si je dis que celui qui a châtié les Juifs désobéissans à Moïse son serviteur, châtiera bien plus sévèrement les chrétiens désobéissans à Jésus-Christ son Fils, je ne fais pas une simple proposition, mais un raisonnement et une preuve, où il faut principalement regarder la bonté de la conséquence.

CHAPITRE V.

Des propositions simples et composées, et des propositions modales.

Sur les propositions composées, nous avons déjà remarqué qu'à proprement parler, ce sont deux propositions ; d'où il s'ensuit que pour les bien examiner, il faut avant toutes choses les séparer ; sans quoi on s'exposeroit au péril de mêler le vrai avec le faux : par exemple, si je disois : *Les courageux et les téméraires sont ceux qui font réussir les grandes entreprises,* la proposition seroit fausse en elle-même ; mais pour bien démêler le vrai d'avec le faux, il faudroit faire deux propositions en séparant les deux termes : alors il se trouveroit qu'il n'appartient proprement qu'au courageux de faire réussir les grandes entreprises, et qu'elles ne réussissent que par hasard au téméraire, qui de lui-même est plus propre à les ruiner qu'à les avancer.

Au reste il faut prendre garde que telle proposition paroît simple, qui est composée: comme si en parlant de l'entreprise de Louis XII sur le Milanez, on disoit : *Louis XII a commencé une guerre injuste,* un discours qui paroît si simple est en effet composé de ces deux propositions : *Louis XII a commencé la guerre dans le Milanez,* et *cette guerre est injuste.* Et ce discours pourroit être faux en deux manières : la première, s'il se trouvoit que ce n'est pas Louis XII, mais que c'est le duc de Milan qui a commencé la guerre, en secourant le roi de Naples contre les traités ; la seconde, s'il paroissoit que la guerre seroit très-juste, quand même Louis XII seroit l'agresseur, parce qu'il seroit le successeur légitime de ce duché.

On doit comprendre parmi les propositions composées, celles où celui qui fait la proposition exprime tout ensemble ses dispositions avec la chose même qu'il veut proposer, comme quand on dit : *J'assure* ou *je soutiens que le vertueux est le seul habile,* on ne marque pas seulement la vérité qu'on propose, mais encore avec quelle certitude on la croit.

De telles propositions se peuvent séparer en deux. *J'assure* est une proposition, ainsi que nous avons dit, en expliquant la force du verbe; et : *Le vertueux est le seul habile,* en est une autre.

On demande à quel genre de propositions se rapportent celles que l'Ecole appelle *modales,* et si elles ne font point une espèce particulière.

Les propositions modales sont celles où se rencontre un de ces quatre termes ; *nécessaire, contingent, possible, impossible.*

Nécessaire est ce qui arrive toujours ; contingent est ce qui arrive quelquefois ; possible est ce qui peut arriver ; impossible est ce qui ne peut arriver..

Ces quatre termes modifient les propositions, c'est-à-dire qu'elles n'expliquent pas seulement que la chose est véritable, mais encore de quelle manière elle est véritable.

De telles propositions se réduisent naturellement en propositions simples; comme quand je dis : *Il est nécessaire que Dieu soit; il est impossible que Dieu ne soit pas; il est nécessaire que la terre soit mue; il est possible,* ou bien *impossible qu'elle le soit;* c'est la même chose que si je disois : *L'être de Dieu est nécessaire, le non-être de Dieu est impossible; le mouvement de la terre est nécessaire,* ou *le mouvement de la terre est possible,* ou *le mouvement de la terre est impossible.*

Ainsi ces propositions ne sont point une espèce particulière; ce sont de simples propositions qui se réduisent en propositions complexes ou incomplexes, selon la nature des termes dont elles se trouvent composées.

CHAPITRE VI.

Des propositions absolues et conditionnées.

Sur la division des propositions en absolues et conditionnées, il faut remarquer :

I. Que la proposition conditionnée est ou *simplement pour énoncer,* ou *pour promettre quelque chose.* Quand je dis : *Si le soleil tourne autour de la terre, il faut que la terre soit immobile,* j'énonce seulement ce que je crois vrai; mais quand je dis : *Si vous me rendez ce service, je vous promets telle récompense,* je n'énonce pas seulement ce qui doit être, mais je m'engage à le faire.

II. Qu'en l'un et en l'autre cas, la proposition conditionnée est *une espèce de raisonnement où un certain principe étant posé, la conséquence est déduite comme légitime.* Car, soit que j'énonce, soit que je promette, l'effet doit être certain, si la condition est une fois posée.

III. Que la vérité de la proposition conditionnée dépend purement de la liaison de la condition avec l'effet. Afin que cette proposition soit véritable : *Si le soleil tourne autour de la terre, la terre doit être immobile,* il n'importe pas qu'il soit vrai que le soleil tourne autour de la terre; mais il suffit que, supposé ce mouvement du soleil, l'immobilité de la terre soit assurée. De même dans cette promesse : *Si vous me rendez ce service, je vous donnerai cette récompense*, pour vérifier cette proposition, il n'importe pas d'examiner si vous me rendez ce service, pourvu que la liaison de la récompense avec le service soit véritable; et elle l'est, quand d'un côté la chose dépend de moi, et que de l'autre j'ai la volonté de l'exécuter.

IV. Que c'est pour cela que la condition s'exprime toujours avec quelque doute, par le terme *si*, ou par quelque autre équivalent, parce que, ainsi que nous avons vu, quand même la condition seroit douteuse, la proposition ne l'est pas, pourvu que la conséquence se trouve bonne.

V. Qu'on fait quelquefois des propositions conditionnées où le dessein n'est pas de révoquer en doute la condition, mais seulement de marquer la bonté de la conséquence : par exemple, lorsque je dis à un méchant : *Si Dieu est juste, s'il y a une Providence, et que le monde ne soit pas gouverné par le hasard, vos crimes ne seront pas impunis*, mon dessein n'est pas de mettre la Providence en doute; mais de faire voir seulement combien est infaillible la punition, puisqu'elle est liée nécessairement à une condition qui ne peut manquer : de sorte qu'une telle proposition a la même force que si je disois à un scélérat : *Autant qu'il est assuré que le monde n'est pas régi par le hasard, et qu'il y a une Providence qui le gouverne, autant est-il assuré que vos crimes seront punis.*

VI. Que la condition n'est pas toujours exprimée; mais que l'ayant été une fois suffisamment, elle est toujours sous-entendue. Ainsi lorsque Dieu dit qu'un juste sera heureux, cela s'entend s'il persévère dans la bonne voie; et cette condition a été si clairement et si souvent exprimée, que lorsqu'elle ne l'est pas, elle est toujours sous-entendue.

VII. Que la force de la proposition conditionnée consistant dans celle de la conséquence, si cette proposition n'est pas nécessaire à la rigueur, elle est fausse. Ainsi posé que quelqu'un s'avisât de dire : *S'il pleut demain, je gagnerai au jeu*, quand même il arriveroit, et qu'il plût et qu'il gagnât, dès là qu'il n'y auroit aucune liaison entre la pluie et le gain, la proposition seroit fausse par la seule nullité de la conséquence.

Il faut excepter toutefois les propositions conditionnées qui emportent quelque signe d'institution; par exemple, la baguette d'or tendue par le roi de Perse à qui l'aborde sans être mandé, étant établie comme un signe de salut, la proposition qui assure que *si le roi vous tend la baguette, vous êtes sauvé*, est véritable, parce qu'encore qu'il n'y ait de soi aucune liaison entre le salut et la baguette tendue, il suffit pour la vérité de la proposition que ces choses se trouvent liées par l'institution du prince de qui tout dépend.

C'est par là que se vérifient plusieurs propositions de l'Ecriture : par exemple, celle-ci du serviteur d'Abraham : *La fille qui me dira : Je vous donnerai à boire à vous et à vos chameaux, est celle que Dieu destine au fils de mon maître*, est conditionnée de sa nature, et néanmoins très-véritable, quoiqu'il n'y ait de soi nulle liaison entre la condition et la chose même, parce que par une espèce de convention entre Dieu et ce serviteur, cette parole lui étoit donnée comme un signe de la volonté toute-puissante de Dieu. Et voilà ce qu'il y a à considérer sur les propositions conditionnées.

On peut rapporter à celles-ci les propositions *disjonctives*; par exemple : *C'est le soleil, ou c'est la terre qui tourne*. Car c'est un raisonnement, et elle peut se résoudre en celle-ci : Si le soleil ne tourne pas, il faut que la terre tourne.

Il y a toutefois de telles propositions qui sont simplement *énonciatives* ; comme quand je dis que la justice regarde ou la distribution des biens, ou le châtiment des crimes, en un mot qu'elle est ou distributive ou vindicative, une telle proposition appartient à la division dont nous parlerons ci-après; de sorte qu'en quelque manière qu'on regarde la proposition disjonctive, elle ne fait jamais un genre particulier.

CHAPITRE VII.

Des propositions universelles et particulières, affirmatives et négatives.

Mais parmi les différentes espèces de propositions, celles qui méritent le plus de réflexion, sont les universelles ou particulières, les affirmatives ou négatives. Nous avons dit que les premières regardent la quantité, et les deux autres la qualité des propositions.

Les universelles sont *celles dont le sujet est universel, et pris sans restriction, ou dans toute son étendue;* comme quand je dis en affirmant : *Tout homme est raisonnable, tout vertueux est heureux;* ou en niant : *Nul homme n'est irraisonnable, nul vertueux n'est malheureux.* Les particulières sont *celles où le sujet est pris avec restriction;* comme quand je dis : *Quelque homme est vertueux, quelque homme est sage.*

Ainsi les termes de *tout* ou de *nul*, et celui de *quelque*, sont les marques de l'étendue ou de la restriction du sujet, et par là de l'universalité ou de la particularité des propositions.

On supprime pourtant quelquefois la marque de l'universalité. On dit : *Le triangle est une figure terminée de trois lignes droites*, sans exprimer tout triangle. De telles propositions sont appelées *indéfinies*, et de leur nature ont la même force que les propositions universelles.

La marque d'universalité ne se prend pas toujours à toute rigueur. On dit : *Tout homme est menteur*, ou indéfiniment : *L'homme est menteur*, pour signifier que la plupart le sont, et que leur nature corrompue les porte à l'être. C'est le sens et la suite du discours qui nous peut faire juger si de telles propositions se doivent prendre moralement, c'est-à-dire moins exactement, ou à la rigueur. Mais la logique, qui conduit l'esprit à une vérité précise, lui fait regarder les termes selon leur propriété, et les propositions selon des règles exactes.

Au reste la restriction qui se fait par le mot de *quelque* dans un certain terme, ne regarde pas la force du terme, et ne lui ôte rien de sa raison propre; mais, comme nous avons dit, elle le resserre seulement. *Quelque cercle est un cercle entier;* mais c'est un cercle tiré du nombre de tous les cercles, et considéré à part.

Parmi les propositions particulières, il y en a qu'on peut appeler *singulières*, et ce sont celles qui ont pour sujet des individus particuliers; comme quand on dit : *Alexandre est ambitieux; Charlemagne est religieux, Louis IX est saint.*

Ces termes particuliers signifient *quelque homme*, à la vérité; mais ce n'est point *quelque homme* indéfiniment, ou, comme on dit dans l'École, *un individu vague;* c'est *quelque homme* déterminément, c'est-à-dire *un tel et un tel.*

Quant à la proposition affirmative ou négative, on entend par soi-même quelle en est la force et la nature. Affirmer n'est autre chose que d'identifier le sujet de deux idées et de deux termes, ou plutôt reconnoître que deux idées et deux termes, ne représentent en substance que la même chose; comme quand on dit que l'homme est raisonnable, on entend que l'idée et le terme d'homme, avec l'idée et le terme de raisonnable, ne montrent que la même chose; c'est pourquoi on se sert du verbe *est* pour unir ces termes, afin qu'on entende que ce qui est montré par l'un est la même chose au fond que ce qui est montré par l'autre.

La négation doit faire un effet contraire; et ceci est si clair de soi, qu'on n'a besoin pour l'entendre que d'un peu d'attention.

Il faut ici observer pour éviter toute équivoque, que les propositions douteuses se rapportent aux affirmatives ou aux négatives, en tant qu'on affirme ou qu'on nie d'une chose qu'elle soit douteuse.

On peut encore observer que telle proposition qui paroît affirmative, enferme une négation : par exemple, quand je dis : *La seule vertu rend l'homme heureux*, ce mot de *seule* est une exclusion qui nie de toute autre chose que de la vertu le pouvoir de nous rendre heureux.

Et à proprement parler, cette proposition qui paroît si simple, en effet est composée et se résout en deux propositions, dont l'une est affirmative et l'autre négative. Car en disant que la seule vertu rend l'homme heureux, je dis deux choses : l'une, que la vertu rend l'homme heureux; l'autre, que ni les plaisirs, ni les honneurs, ni les richesses ne le peuvent faire.

CHAPITRE VIII.

Propriétés remarquables des propositions précédentes.

Il sera maintenant aisé d'entendre certaines propriétés des propositions universelles et particulières, affirmatives et négatives, sur lesquelles toute la force du raisonnement est fondée.

La proposition universelle, soit affirmative, soit négative, enferme la particulière de même qualité et de mêmes termes. Cette affirmative : *Tout corps est mobile,* enferme celle-ci : *Quelque corps est mobile,* ou : *Ce corps particulier est mobile;* et cette négative : *Nul corps ne raisonne,* enferme celle-ci : *Quelque corps,* ou : *Ce corps particulier ne raisonne pas.* La raison est que ce terme *tout* enferme tous les particuliers, et que ce terme *nul* les exclut tous. Qui dit *tout corps,* dit chaque corps, de quelque espèce qu'il soit, et tous les corps particuliers sans exception; qui dit *nul corps,* exclut chaque corps, et tous les corps en particulier, sans rien réserver : de sorte que s'il étoit vrai que tout corps est mobile, sans qu'il fût vrai que quelque corps fût mobile, il seroit vrai que la partie ne seroit pas dans son tout.

Par la même raison il paroît que la particulière n'enferme pas l'universelle, parce qu'étant contenue, elle ne peut être contenante. Ainsi : *Quelque homme est juste,* n'enferme pas : *Tout homme est juste;* et ces choses sont claires de soi.

De là suit avec la même évidence, que la particulière détruit l'universelle d'une autre qualité qu'elle; je veux dire que la particulière négative détruit l'universelle affirmative, et au contraire. S'il y a un seul riche qui ne soit pas heureux (et il n'y en a pas pour un), c'en est assez pour conclure qu'il est faux que tout riche soit heureux, ou que les richesses fassent le bonheur. Et s'il y a un seul homme exempt de péché, c'en est assez pour nier que nul homme ne soit sans péché.

Et la particulière d'une qualité ne détruit pas seulement l'universelle de l'autre, mais encore elle détruit en quelque façon l'universelle de même qualité. Si je dis seulement : *Quelque homme est blanc*, je fais entendre par là que quelque homme aussi n'est pas blanc, et qu'il y a des hommes qui ne le sont pas : autrement j'aurois plus tôt fait de dire, en général : *Tout homme est blanc*, puisque même *quelque homme est blanc* y seroit compris.

Ainsi quand je me réduis à la particulière affirmative, je fais voir que je nie l'universelle affirmative, ou du moins que j'en doute; c'est pourquoi ce n'est pas assez de dire que quelque homme de bien est estimable; car alors il sembleroit qu'on doutât du moins que tout homme de bien le fût : de sorte qu'il est véritable que la particulière affirmative détruit en quelque façon l'universelle de même qualité, puisqu'elle la rend toujours ou fausse ou douteuse.

Ici commence l'art des conséquences, puisqu'on voit déjà que celle de l'universel au particulier est bonne, et non au contraire; et nous verrons dans la suite que le raisonnement est fondé sur cela.

Il y a même ici quelque raisonnement, puisqu'il y a une proposition induite d'une autre : mais ce raisonnement n'a que deux propositions, comme il paroît.

Les propositions affirmatives et négatives ont aussi leurs propriétés, qui ne sont pas moins remarquables, et qui ne servent pas moins au raisonnement ; et les voici.

Dans toute proposition affirmative, soit qu'elle soit universelle ou particulière, l'attribut se prend toujours particulièrement ; et dans toute proposition négative, soit qu'elle soit particulière ou universelle, l'attribut se prend toujours universellement. Quand je dis : *Tout homme est animal*, ou : *Quelque homme est animal*, je ne veux pas dire que tout homme, c'est-à-dire chaque homme en particulier, et encore moins quelque homme, soit tout animal, mais seulement qu'il est quelqu'un des animaux; autrement un homme seroit éléphant ou cheval aussi bien qu'homme. Mais quand je dis : *Quelque homme n'est pas injuste*, je ne veux pas dire seulement qu'il n'est pas quelqu'un, mais qu'il n'est aucun des injustes; et quand je dis : *Nul homme de bien n'est abandonné de Dieu*, je veux dire qu'il n'y en a aucun en particulier qui ne soit exclu de tout le nombre de ceux que Dieu abandonne.

C'est ce qui fait dire à Aristote que la négation est d'une nature malfaisante, et qu'elle ôte toujours plus que ne pose l'affirmation. Car l'affirmation ne pose l'attribut qu'avec restriction : *Tout homme est animal*, c'est-à-dire *tout homme est quelque animal*; et la négation l'exclut dans toute son étendue. Si je disois : *Nul homme n'est animal*, je voudrois dire que *l'homme ne seroit aucun des animaux*.

Et la raison est qu'afin qu'il soit vrai de dire : *L'homme est animal*, il suffit qu'il soit quelqu'un des animaux; mais afin qu'il fût vrai de dire : *L'homme n'est pas animal*, il faudroit qu'il n'en fût aucun.

Ces propriétés des propositions affirmatives et négatives sont fondées sur la nature de l'affirmation et de la négation, dont l'une est d'identifier et d'unir les termes dans leur signification, et l'autre de les séparer; or je puis identifier et unir ces deux termes : *homme* et *animal*, pourvu qu'il soit vrai de dire que l'homme est quelqu'un des animaux : d'où il s'ensuit que pour les séparer, il faut que l'homme n'en soit aucun.

C'est pour cela que les deux termes d'une négation véritable s'excluent absolument l'un l'autre. Si nulle plante n'est animal, nul animal n'est plante; et si nul animal n'est plante, nulle plante n'est animal; au lieu que les deux termes de l'affirmation ne s'unissent pas absolument l'un à l'autre ; car de ce que tout homme est animal, il s'ensuit bien que quelque animal est homme, et non pas que tout animal est homme.

C'est une seconde propriété des propositions affirmatives et négatives, que nous allons expliquer en parlant des conversions.

CHAPITRE IX.

Des propositions qui se convertissent.

La conversion des propositions est la transposition qu'on fait dans leurs termes, la proposition demeurant toujours véritable.

On appelle *transposition* des termes, lorsque du sujet on fait l'attribut, et que de l'attribut on fait le sujet; comme quand on dit : *L'homme est raisonnable*, et : *Le raisonnable est homme.* Ces propositions s'appellent *converses*.

Il y a la conversion qu'Aristote appelle *parfaite*, et celle qu'il appelle *imparfaite* [1].

La parfaite est *celle où la converse garde toujours la même quantité;* c'est-à-dire quand l'universelle malgré la conversion de ses termes, demeure toujours universelle, et que la particulière demeure toujours particulière; comme quand je dis : *Tout homme est animal raisonnable; tout animal raisonnable est homme;* ou : *Quelque homme est juste; quelque juste est homme* : cette conversion est appelée dans l'Ecole *conversion simple*.

L'imparfaite est celle où la converse ne garde pas la même quantité; comme quand je dis : *Tout homme est animal; quelque animal est homme;* cette conversion est appelée dans l'Ecole *conversion par accident.*

Cela posé, il est certain que pour faire une conversion parfaite, il faut que les termes soient absolument de même étendue : comme, par exemple, *homme* et *animal raisonnable :* car alors ils conviennent et cadrent pour ainsi dire si parfaitement, qu'on les peut convertir sans que la vérité soit blessée; à peu près comme deux pièces de bois parfaitement égales, qu'on peut mettre dans un bâtiment à la place l'une de l'autre, sans que la structure en souffre.

Mais les termes peuvent être considérés comme égaux, ou en eux-mêmes, ou en tant qu'ils sont dans la proposition; comme, par exemple, *homme* et *animal raisonnable*, sont égaux d'eux-

[1] *Analytic. prior.*, lib. I, cap. II.

mêmes, et ne s'étendent pas plus l'un que l'autre; mais dans la proposition : *Tout homme est animal raisonnable*, ils ne le sont plus, parce que, ainsi que nous avons dit, par la nature de la proposition affirmative, l'attribut se prend toujours particulièrement. Ainsi dans cette proposition : *Tout homme est animal raisonnable,* on veut dire que chaque homme est quelqu'un des animaux raisonnables; autrement chaque homme seroit tout homme, ce qui est absurde.

Quand les termes sont égaux seulement en eux-mêmes, la conversion qui s'en fait vient du côté de la matière ; mais quand ils sont égaux dans la proposition, la conversion qui s'en fait vient du côté de la forme, c'est-à-dire de la nature de la proposition prise en elle-même.

Il sera maintenant aisé de déterminer quelles propositions se convertissent parfaitement ou imparfaitement.

Je dis donc premièrement que toutes les propositions particulières affirmatives se convertissent parfaitement, par la nature même des propositions; comme de ce qu'il est vrai de dire : *Quelque homme est juste,* il est vrai de dire: *Quelque juste est homme.*

La raison est que les termes sont précisément de même étendue, étant tous deux particuliers, le sujet par la restriction qui y est apposée, et l'attribut par la nature même des propositions affirmatives ; et en effet il paroît que dans l'homme qui est juste, il y a nécessairement un juste qui est homme.

Je dis secondement que les propositions négatives universelles se convertissent parfaitement par la nature même des propositions. La raison est que les termes y sont pareillement de même étendue, étant tous deux pris universellement, comme il a été dit. Ainsi de ce que nulle plante n'est animal, il s'ensuit que nul animal n'est plante; et en effet s'il y avoit quelque animal qui fût plante, il y auroit quelque plante qui seroit animal, comme nous venons de voir.

Je dis troisièmement que les propositions universelles affirmatives ne se peuvent, par leur nature, convertir qu'imparfaitement, et en changeant dans la conversion l'universel en particulier :

par exemple, de ce que tout homme est animal, il n'en peut résulter autre chose, sinon que quelque animal est homme. La raison est que les termes sont inégaux, l'attribut étant toujours particulier.

Et par là se voit parfaitement la différence de l'universelle négative et de l'universelle affirmative : parce que dans les négatives le sujet et l'attribut ayant la même étendue, autant que le sujet exclut l'attribut, autant l'attribut exclut le sujet; c'est pourquoi autant qu'il est vrai que nulle plante n'est animal, autant est-il vrai que nul animal n'est plante. Mais au contraire dans l'affirmation, où l'attribut pour cadrer avec le sujet se prend toujours particulièrement, si on le prend universellement, il ne cadr plus : par exemple, si je dis : *Tout homme est animal,* pour faire cadrer *animal* et *homme,* il faut par *animal* entendre quelque animal, ou quelqu'un des animaux; par conséquent, si on ôte à *animal* sa restriction, et qu'au lieu de dire *quelque animal,* on dise *tout animal,* il ne faudra pas s'étonner s'il ne cadre plus avec *homme.* Ainsi de ce que tout homme est animal, il s'ensuivra bien que quelque animal est homme, mais non pas que tout animal est homme.

Je dis quatrièmement que deux particulières négatives ne se peuvent convertir en aucune sorte par la nature des propositions, parce que les deux termes ne peuvent jamais être de même étendue ; l'attribut de la négative, même particulière, étant toujours universel : par exemple, de ce que quelque homme n'est pas musicien, il ne s'ensuit nullement que quelque musicien ne soit pas homme parce qu'il faudroit pour cela que, comme il y a quelque homme, qui n'est aucun des musiciens, il y eût quelqu'un des musiciens qui ne fût aucun des hommes.

De là donc il s'ensuivra que quand deux universelles affirmatives, ou deux particulières négatives se convertiront, ce sera par la nature des termes, et non par la nature des propositions. Dans les universelles affirmatives, cela se fait avec quelque règle. Car les termes qui signifient l'essence ou la différence, et la propriété spécifique, sont tous de même étendue, comme il paroît, et par là se convertissent mutuellement. Ainsi : *Tout homme est animal raisonnable;* et : *Tout animal raisonnable est homme; tout homme est risible, tout risible est homme.*

Mais quant aux particulières négatives, quand elles ont ensemble quelque liaison, ce n'est point par elles-mêmes, ni en vertu d'aucune règle. De cette sorte s'il est vrai de dire que, comme il y a quelque triangle qui n'est pas un corps de six pieds de long, il y a aussi quelque corps de six pieds de long qui ne sera pas un triangle, ce n'est pas que la vérité d'une de ces propositions entraîne celle de l'autre ; mais c'est que chacune d'elles se trouve véritable en soi.

Tout ce que nous venons de dire appartient à cette espèce de raisonnement composé de deux propositions, dont nous avons déjà parlé. C'est pourquoi Aristote traite cette matière à l'endroit où il parle du raisonnement ; mais comme tout ceci sert à connoître la nature des propositions, il semble naturel de le mettre ici.

CHAPITRE X.

Comment les propositions universelles et particulières, affirmatives et négatives, conviennent ou s'excluent universellement; et des propositions équipollentes.

Il sert encore à connoître la nature des propositions, de considérer comment les universelles et les particulières, les affirmatives et les négatives, conviennent ou s'excluent ensemble ; et cela se rapporte encore à cette espèce de raisonnement de deux propositions, dont nous venons de parler.

En comparant ensemble ces quatre sortes de propositions, on les trouve opposées en diverses sortes. Car, ou elles le sont dans leur quantité, en ce que l'une est universelle et l'autre particulière; ou dans leur qualité, en ce que l'une est affirmative et l'autre est négative; ou enfin, dans l'une et dans l'autre.

En prenant donc les propositions avec le même sujet et le même attribut, sans y changer autre chose que les marques de leur quantité, c'est-à-dire de leur universalité ou particularité; et celles de leur qualité, c'est-à-dire celles d'affirmation ou de négation, on en distingue de quatre sortes.

Quand les deux propositions qui conviennent en quantité sont universelles, si l'une est affirmative et l'autre négative, elles s'appellent *contraires;* comme quand on dit : *Tout homme est juste; nul homme n'est juste.*

Quand les deux propositions qui conviennent en quantité sont toutes deux particulières, elles s'appellent *sous-contraires,* parce qu'elles sont comprises sous deux propositions contraires; comme quand on dit : *Quelque homme est juste; quelque homme n'est pas juste.*

Quand les deux propositions conviennent en qualité, c'est-à-dire, qu'elles sont toutes deux affirmatives; ou toutes deux négatives, si l'une est universelle et l'autre particulière, elles s'appellent *subalternes;* parce que l'une est sous l'autre, c'est-à-dire la particulière sous l'universelle; comme quand on dit : *Tout homme est juste, quelque homme est juste; nul homme n'est juste, quelque homme n'est pas juste.*

Enfin quand elles ne conviennent ni en quantité ni en qualité, en sorte que l'une soit universelle affirmative, et l'autre particulière négative; ou au contraire, l'une universelle négative, et l'autre particulière affirmative, elles s'appellent *contradictoires;* comme quand on dit : *Tout homme est juste; quelque homme n'est pas juste;* ou au contraire : *Nul homme n'est juste; quelque homme est juste.*

Il sera maintenant aisé en comparant ensemble ces quatre sortes de propositions, de voir comment la vérité de l'une induit ou la vérité ou la fausseté de l'autre.

Et déjà nous avons vu que parmi les subalternes, si l'universelle est vraie, la particulière l'est aussi, et non au contraire.

Pour ce qui est des deux contradictoires, il est clair que si l'une est vraie, l'autre est fausse : s'il est vrai de dire : *Tout homme est juste,* il est faux de dire : *Quelque homme n'est pas juste,* et au contraire. Et s'il est vrai de dire : *Nul homme n'est juste,* il est faux de dire : *Quelque homme est juste,* et au contraire : autrement il seroit vrai que ce qui est n'est pas; ce qui se détruit de soi-même.

Quant aux propositions contraires, elles ne peuvent jamais

toutes deux être véritables, mais elles peuvent être toutes deux fausses; comme s'il est vrai de dire : *Tout homme est juste*, il ne peut jamais être vrai de dire : *Nul homme n'est juste*. Mais s'il y a seulement quelques justes parmi les hommes, il sera également faux de dire que tout homme est juste, et que nul homme n'est juste.

Mais les sous-contraires peuvent être toutes deux véritables, sans pouvoir être toutes deux fausses : il peut être vrai de dire : *Quelque homme est juste*, et *Quelque homme n'est pas juste*; mais si l'un des deux est faux, l'autre ne le peut pas être ; car s'il est faux de dire : *Quelque homme est juste*, la contradictoire : *Nul homme n'est juste*, est véritable nécessairement, et par conséquent sa subalterne : *Quelque homme n'est pas juste;* et au contraire s'il est faux de dire : *Quelque homme n'est pas juste*, sa contradictoire : *Tout homme est juste*, et par conséquent la subalterne de cette contradictoire : *Quelque homme est juste*, se trouveront indubitables.

Ainsi en parcourant toutes les espèces de propositions et les combinant ensemble, on voit comment elles conviennent, et comment elles s'excluent mutuellement; ce qui est une espèce de raisonnement, mais qui, comme il a été dit, n'a que deux propositions.

Pour mieux faire entendre ces choses, on a accoutumé de faire une figure que voici.

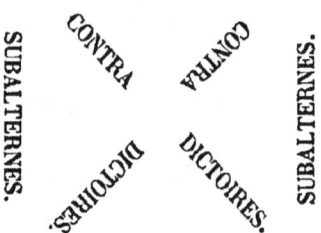

Outre les propositions que nous avons rapportées, il y en a

que l'Ecole appelle *équipollentes*, qui ne s'induisent pas l'une de l'autre comme les précédentes, mais qui selon leur nom valent précisément la même chose, et ne diffèrent que dans les termes.

Cette équipollence se remarque dans les propositions modales : par exemple, cette proposition : *Il est possible que l'homme soit juste*, est équipollente à celle-ci : *Il n'est pas impossible que l'homme soit juste;* et celle-ci : *Il n'est pas nécessaire que l'homme soit juste;* est équipollente à cette autre : *Il est contingent que l'homme soit juste;* et les quatre ont toutes la même force en prenant le possible comme purement possible, auquel sens il est opposé, non-seulement à l'impossible, mais au nécessaire.

Ceci est clair et peu important. Mais il a fallu le dire, afin que l'on entendît ce que l'Ecolé entend par l'équipollence.

CHAPITRE XI.

Des propositions véritables et fausses.

Reste à parler de la vérité ou de la fausseté des propositions, qui sont leurs propriétés les plus essentielles, et auxquelles tend toute la logique, puisqu'elle n'a point d'autre objet que de nous faire embrasser les propositions véritables et éviter les fausses.

La proposition véritable est *celle qui est conforme à la chose même* : par exemple, si je dis : Il est jour, et qu'il soit jour en effet, la proposition est véritable; la fausse s'entend par là, sans qu'il soit besoin d'en discourir davantage.

C'est une qualité merveilleuse de l'entendement, de pouvoir se rendre conforme à tout ce qui est, en formant sur chaque chose des propositions véritables; et dès là qu'il peut en quelque manière se rendre conforme à tout, il paroît qu'il est bien d'une autre nature que les autres choses qui n'ont point cette faculté.

Il est certain que toute proposition est véritable ou fausse : mais on fait ici une question, savoir si de deux propositions qui regardent un *futur contingent*, l'une est vraie et l'autre fausse déterminément : par exemple, s'il est vrai ou faux déterminément que j'irai demain à la promenade, ou que je n'y irai pas.

Aristote a fait naître la difficulté, quand il a dit qu'une de ces deux propositions étoit vraie ou fausse; mais indéterminément, et sans qu'on pût dire laquelle des deux [1] : s'il parle de l'entendement humain, il a raison; mais s'il parle de tout entendement absolument, c'est ôter à l'entendement divin la prescience de toutes les choses qui dépendent de la liberté; ce qui est faux et impie.

Et il faut remarquer qu'Aristote reconnoît que de deux propositions sur le présent ou sur le passé contingent, l'une est vraie déterminément. Il est vrai, par exemple, déterminément, ou que je me promène, ou que je ne me promène pas actuellement; ou que je me suis promené, ou que je ne l'ai pas fait. Mais ce qui fait qu'Aristote ne veut pas admettre la même chose pour l'avenir, c'est qu'il dit que ce seroit introduire une nécessité fatale, et détruire la liberté. Car, dit-il, s'il est vrai déterminément, ou que je me promènerai, ou que je ne me promènerai pas demain, il étoit vrai hier, il étoit vrai il y a dix ans, il étoit vrai il y a cent ans, en un mot, il étoit vrai de toute éternité; ce qui emporte, dit-il, une nécessité absolue et inévitable : et il n'a pas voulu considérer que, de même que la liberté n'est pas détruite de ce qu'il est vrai déterminément que je me promène maintenant, parce qu'il est vrai en même temps que je le fais avec liberté, il en faut dire de même, non-seulement du passé, mais de l'avenir : et comme Aristote avoue qu'encore qu'il soit vrai déterminément que je me promenai hier, ma liberté pour cela n'est point offensée, parce qu'il est vrai aussi que je le fis librement; elle ne le seroit pas non plus quand il seroit vrai déterminément que je me promènerai demain, parce qu'il sera vrai en même temps que je le ferai avec liberté.

En un mot, les propositions du présent, du passé et de l'avenir, sont toutes de même nature, à la réserve de la seule différence des temps. A cela près, elles ont toutes les mêmes propriétés; et si l'une est vraie déterminément, l'autre le doit être aussi.

Et ce qui pourroit faire penser aux hommes que les propositions du futur contingent sont vraies ou fausses indéterminément, c'est qu'ils ne savent pas laquelle est vraie et laquelle est fausse; mais il faudroit considérer que Dieu le sait et que le nier, c'est détruire sa perfection et sa providence.

---

[1] *De Interpret.*, cap. IX.

Les philosophes anciens ont parlé en beaucoup de choses fort ignoramment, pour n'avoir pas su, ou pour n'avoir pas toujours considéré ce qui convenoit à Dieu. Il est de sa perfection de savoir tout éternellement, même nos mouvemens les plus libres : autrement, ou jamais il ne les sauroit ; et comment pourroit-il, ou les récompenser quand ils sont bons, ou les punir quand ils sont mauvais ? ou il en acquerroit la connoissance, et deviendroit plus savant avec le temps. L'un lui ôte sa souveraineté et sa providence, et l'autre détruit la plénitude de sa perfection et de son être.

CHAPITRE XII.

Des propositions connues par elles-mêmes.

Parmi les propositions véritables et fausses, il y en a dont la vérité est connue par elle-même, et d'autres dont elle est connue par la liaison qu'elles ont avec celle-ci.

De ces propositions, les unes sont universelles, comme : *Le tout est plus grand que sa partie ;* les autres sont particulières et connues par expérience, comme quand je dis : *Je pense telle et telle chose ; Je sens du plaisir* ou *de la douleur ; Je crois* ou *je ne crois pas ;* et ainsi des autres qui sont connues par une expérience aussi certaine.

Les propositions universelles connues par elles-mêmes, s'appellent *axiomes*, ou *premiers principes* (*a*).

Comme en parlant des idées, nous avons d'abord exercé l'esprit à en considérer de plusieurs sortes, et à les démêler les unes des autres, ce n'est pas un exercice moins utile que d'attacher notre esprit à remarquer ces propositions universelles connues par elles-mêmes.

Nous appelons *propositions connues par elles-mêmes*, celles dont la vérité est entendue par la seule attention qu'on y a, sans

(*a*) *Alinea barré :* — Il faut entendre qu'elles sont les premiers principes de connoissance, et on leur donne ce nom par rapport aux premiers principes de génération d'où les choses sont formées. Comme donc ces premiers principes font être tout ce qui est, ainsi les premiers principes de connoissance font connoître tout ce qui est connu.

qu'il soit besoin de raisonner ; autrement, *celles où la liaison du sujet et de l'attribut est parfaitement entendue par la seule intelligence des termes.*

Des propositions ainsi clairement et distinctement entendues sont sans doute véritables ; car tout ce qui est intelligible de cette sorte ne peut manquer d'être vrai ; autrement il ne seroit pas intelligible.

Nous allons ici rapporter beaucoup de ces propositions intelligibles par elles-mêmes.

Il est impossible qu'une chose soit et ne soit pas en même temps, autrement : *Ce qui est, ne peut point n'être pas.*

Cela n'est pas seulement vrai de l'être absolument pris, mais encore d'être tel et tel : ce qui est homme ne peut pas n'être pas homme ; ce qui est rond ne peut pas tout ensemble n'être pas rond.

Nous verrons dans la suite [1] que ce principe est celui qui soutient tout raisonnement ; et que qui nieroit une conséquence d'un argument bien fait, en accordant la majeure et la mineure, seroit forcé d'avouer qu'une chose seroit et ne seroit pas en même temps.

Ce principe est tellement le premier, que tous les autres s'y réduisent ; en sorte qu'on peut tenir pour premiers principes tous ceux où, en les niant, il paroît d'abord à tout le monde qu'une même chose seroit et ne seroit pas en même temps.

Ainsi voici encore un premier principe : *Nulle chose ne se peut donner l'être à elle-même ;* et encore : *Ce qui n'est pas, ne peut avoir l'être que par quelque chose qui l'ait ;* et encore : *Nul ne peut donner ce qu'il n'a pas.*

De ce principe quelques-uns concluent qu'un corps ne se peut donner le mouvement à lui-même, et d'autres infèrent encore qu'il ne se peut non plus donner le repos. Mais nous examinerons ailleurs ces conséquences ; il nous suffit maintenant de voir que nulle chose ne se donne l'être à elle-même : autrement elle seroit avant que d'être.

Il est d'une vérité aussi connue que *ce qui est de soi est néces-*

[1]. Liv. III, ch. VIII, ci-après.

sairement. Car pour cela il ne faut qu'entendre ce que veulent dire les termes. Etre de soi, c'est être sans avoir l'être d'un autre : être nécessairement, c'est ne pouvoir pas ne pas être : et maintenant il est clair que ce qui est sans avoir l'être d'un autre, ne peut pas n'être pas ; et qu'une chose qui seroit un seul moment sans être ne seroit jamais, si quelque autre ne lui donnoit l'être.

Ce principe est le même au fond que le précédent, et tout le monde en connoît la vérité. C'est de là qu'il est clair que Dieu ne peut pas être qu'il ne soit nécessairement, parce qu'il est de soi ; et les philosophes qui ont supposé que la matière ou les atomes étoient d'eux-mêmes, ont dit aussi qu'ils étoient nécessairement.

En géométrie tout le monde reçoit comme incontestables les principes suivans : *le corps est étendu en longueur, largeur et profondeur.*

On peut considérer le corps selon chacune des dimensions ; et selon cela donner les définitions incontestables de la ligne, de la surface et du corps solide.

Si deux choses sont égales à une même, elles seront égales entre elles.

Si à choses égales on ajoute choses égales, les touts seront égaux.

Si de choses égales on ôte choses égales, les restes seront égaux.

Et au contraire : *Si à choses inégales on ajoute choses égales, les touts seront inégaux, et si de choses inégales, on ôte choses égales, les restes seront inégaux.*

Si des choses sont moitié, ou tiers, ou quart d'une même chose, elles seront égales entre elles.

Si des grandeurs conviennent, c'est-à-dire si on les peut par la pensée ajuster tellement ensemble, que l'une ne passe pas l'autre, elles sont égales.

Le tout est plus grand qu'une de ses parties.

Toutes les parties rassemblées égalent le tout.

Tous les angles droits sont égaux.

Deux lignes droites n'enferment point entièrement un espace.

Deux lignes parallèles ne se rencontrent jamais, quand elles seroient prolongées jusqu'à l'infini.

Deux lignes non parallèles, prolongées par leurs extrémités, à la fin se rencontreront en un point.

On trouvera beaucoup de tels axiomes dans les *Elémens* d'Euclide.

A cela se rapporte aussi ce que les géomètres appellent pétitions ou demandes, comme : *Qu'on puisse mener une ligne droite d'un point donné à un autre point donné.*

Qu'on puisse continuer indéfiniment une ligne droite donnée.

Qu'on puisse décrire un cercle, de quelque centre et de quelque intervalle que ce soit.

Qu'on puisse prendre une quantité plus grande ou plus petite qu'une quantité donnée.

Il est aussi certain que *ce qui agit est*, que *ce qui a quelque qualité ou propriété réelle est* : de là se conclut très-bien l'existence de toutes les choses qui affectent nos sens; et de là saint Augustin et les autres ont très-bien conclu, en disant : Je pense, donc je suis [1].

C'est encore un autre principe très-véritable : *En vain emploie-t-on le plus où le moins suffit*[2]; par où l'on prouve que les machines les plus simples, tout le reste étant égal, sont les meilleures; et parce qu'on a une idée que dans la nature tout se fait le mieux qu'il se peut, tous ceux qui raisonnent bien sont portés à expliquer les choses naturelles par les moyens les plus simples; aussi les physiciens nous ont-ils donné pour constant que la nature ne fait rien en vain [3].

A ce principe convient celui-ci, qui est un des fondemens du bon raisonnement : *On ne doit point expliquer par plus de choses, ce qui se peut également expliquer par moins de choses.*

Par là sont condamnés ceux qui mettent dans la nature tant de choses inutiles; et dans la politique ceux qui, ayant un moyen sûr, en cherchent plusieurs; et dans la rhétorique ceux qui chargent leur discours de paroles vaines.

Il est encore vrai d'une vérité incontestable, *qu'il faut suivre*

---

[1] Saint Augustin, *De Trinit.* lib. X, n. 13. — [2] *Frustrà fit per plura, quod potest fieri per pauciora.* — *Non sunt multiplicanda entia sine necessitate.* — [3] *Natura nihil facit frustrà.*

la raison connue, et cela tant en spéculative qu'en pratique ; c'est-à-dire qu'il faut croire ce que la droite raison démontre, et pratiquer ce qu'elle prescrit.

Que *l'ordre vaut mieux que la confusion,* que *tout le monde veut être heureux ;* et que *nul ne veut être dans un état qu'il tienne pour absolument mauvais.*

Que *ce qui est intelligible est vrai ;* ou, ce qui est le même, que *le faux,* c'est-à-dire ce qui n'est pas, *ne peut pas être intelligible.*

Que *ce qui se fait expressément pour une fin, ne peut être dirigé ni connu que par la raison,* c'est-à-dire par une cause intelligente. Il ne faut qu'entendre ces termes pour convenir de la proposition, parce qu'agir de dessein, ou concevoir que quelqu'un agit de dessein, enferme nécessairement l'intelligence.

A ce qui est intelligible de soi, on pourroit joindre certaines choses qu'on connoît par une expérience certaine ; comme je connois que je sens, que j'ai du plaisir ou de la douleur, que j'affirme, que je nie, que je doute, que je raisonne, que je veux ; et je connois aussi par le discours que me fait un autre, qu'il a en lui-même des pensées et des sentimens semblables : mais ceci ne s'appelle pas principe ; ce sont choses connues par expérience.

En physique, il y a beaucoup de choses d'expérience qu'on donne ensuite pour principes. Par exemple, de ce qu'on connoît par expérience que toutes les choses pesantes tendent en bas et y tendent avec certaines proportions, on a fondé des principes universels qui servent à la mécanique et à la physique. Mais ces principes ne sont point de ceux que nous appelons intelligibles de soi, parce qu'on ne les connoît que par l'expérience de plusieurs choses particulières, d'où on conclut les universelles ; ce qui appartient au raisonnement.

Je ne sais si on doit rapporter à ces principes de pure expérience, celui-ci : *Que les corps se poussent l'un l'autre,* et que *le corps qui entre en un lieu en chasse celui qui l'occupoit.* Car outre l'expérience, il y a une raison dans la chose même, c'est-à-dire dans les corps qui sont naturellement impénétrables.

Mais du moins il est certain que l'impénétrabilité des corps étant supposée, on n'a plus besoin d'expérience pour connoître certaines choses ; mais on les connoît par elles-mêmes : par exemple, *Un corps ne peut passer par une ouverture moindre que lui ; ce qui est pointu, le reste restant égal, s'insinue plus facilement par une ouverture que ce qui ne l'est pas*, et ainsi du reste.

On connoît avec la même évidence qu'*un agent naturel et nécessaire, dans les mêmes circonstances, fera toujours le même effet :* par exemple, que le soleil se levant demain avec un ciel aussi serein qu'aujourd'hui, causera une lumière aussi claire, et que le même poids attaché à la même corde et toujours dans la même disposition, la tendra également demain et aujourd'hui.

Il n'est pas moins vrai que, *quand ce qui empêche égale ce qui agit, il ne se fait rien :* par exemple, si le poids A, qui doit tirer après soi une balance, en est empêché par le poids B posé vis-à-vis, et que le poids B soit égal en pesanteur au poids A, il est clair que l'un empêchera autant que l'autre agit, et qu'il ne se fera aucun mouvement, c'est-à-dire que la balance demeurera en équilibre. On peut encore rapporter ici ces vérités incontestables, que *ce qui se meut naturellement, tend toujours à continuer son mouvement par la ligne la plus approchante de celle qu'il devoit décrire ;* d'où il arrive que les corps pesans, étant empêchés, continuent leur mouvement par la ligne la plus approchante de la droite. Ainsi dans cette figure, B ———— C, la boule qui roule sur le plan incliné, s'approche, autant qu'il se peut, de la perpendiculaire A, B. Et ce principe est conjoint à celui-ci, que *la ligne droite est la plus courte de toutes*, ce qui fait que le mouvement selon cette ligne est aussi le plus court de soi : et que si la nature cherche le plus court, elle doit mener les corps pesans au centre où elle les pousse par la ligne la plus droite, ou quand ils sont empêchés, par la ligne la plus approchante de la droite.

Ces vérités premières, et intelligibles par elles-mêmes, sont éternelles et immuables ; et Dieu nous en a donné naturellement la connoissance, afin qu'elle nous dirige dans tous nos raisonnemens, sans même que nous y fassions une réflexion actuelle, à peu près comme nos nerfs et nos muscles nous servent à nous mouvoir, sans que nous les connoissions.

Il sert pourtant beaucoup pour plusieurs raisons, de faire une réflexion expresse sur ces vérités primitives.

1° Elle accoutume l'esprit à bien connoître ce que c'est qu'évidence, et lui fait voir que ce qui est évident, est ce qui étant considéré ne peut être nié quand on le voudroit.

2° Elle lui apprend à tenir pour vrai tout ce qu'il entend clairement et distinctement de cette sorte. Car c'est par là que ces axiomes sont tenus pour indubitables.

3° Elle lui apprend qu'il doit suspendre son jugement à l'égard des propositions qu'il ne connoît pas avec une pareille évidence, et à ne les point recevoir, jusqu'à ce qu'en raisonnant il les trouve nécessairement unies à ces vérités premières et fondamentales.

Mais en considérant les vrais axiomes ou premiers principes de connoissance, il faut prendre garde à certaines propositions que la précipitation ou les préjugés veulent faire passer pour principes.

Telles sont ces propositions : *Ce qui ne se touche pas, ni ne se voit pas,* ou, *en un mot, ne se sent pas, n'est pas ; ce qui n'a point de grandeur ou de quantité, n'est rien ;* et autres semblables, qui font toute l'erreur de la vie humaine : car déçus par ces faux principes, nous suivons les sens au préjudice de la raison ; et le mal est que souvent après avoir reconnu en spéculation que ces principes sont faux, nous nous y laissons toutefois entraîner dans la pratique.

C'est encore un principe très-faux que celui que posent certains physiciens, que *pour être bon philosophe, il faut pouvoir expliquer toute la nature sans parler de Dieu.*

Afin que ce principe fût véritable, il faudroit supposer que Dieu ne fait rien dans la nature, c'est-à-dire qu'il faudroit donner pour certain la chose du monde, je ne dis pas la plus incertaine, mais la plus fausse.

Il est vrai que qui ne rendroit raison des effets de la nature qu'en disant : *Dieu le veut ainsi,* seroit un mauvais philosophe, parce qu'il n'expliqueroit pas les causes secondes, ni l'enchaînement qu'ont entre elles les parties de l'univers. C'est un excès que ces physiciens ont raison d'éviter; mais ils tombent dans un autre beaucoup plus blâmable, en supposant comme indubitable que toutes ces causes secondes n'ont point de moteur commun, ni de cause première qui les tienne unies les unes aux autres.

Il n'est pas moins faux de dire, comme font la plupart des nôtres : *Il faut se contenter soi-même;* ou *suivre ce qui fait plaisir,* ou *avoir le plaisir pour guide.*

La fausseté de ces principes paroît en ce que les plus grands maux nous arrivent en suivant aveuglément ce qui nous plaît ; il n'y a point de séduction plus dangereuse que celle du plaisir. Et cependant c'est sur ce principe que roule la conduite de la plupart des hommes du monde.

En voici encore un très-commun et très-pernicieux : *Il faut faire comme les autres;* c'est ce qui amène tous les abus et toutes les mauvaises coutumes, et ce qui est cause qu'on s'en fait des lois. Or ce principe qu'*il faut faire comme les autres*, n'est vrai tout au plus que pour les choses indifférentes, comme pour la manière de s'habiller. Mais, pour l'étendre aux choses de conséquence, il faudroit supposer que la plupart des hommes jugent et font bien.

On entend dire à beaucoup de gens cette parole comme une espèce de principe : *Quand on est bien, il ne faut pas se tourmenter des autres;* chose fausse et inhumaine, qui détruit la société.

On en voit qui croient que pour montrer qu'une chose est douteuse, il suffit de faire voir que quelques-uns en doutent : comme si on ne voyoit pas des opinions manifestement extravagantes suivies non-seulement par quelques particuliers, mais par des nations entières. A cela se rattache encore ce que les hommes disent du bonheur ou du malheur : Je suis heureux, je suis malheureux, et c'est pourquoi telle et telle chose m'arrive : par où on entend ordinairement ce je ne sais quoi d'aveugle qui fait notre bonne ou notre mauvaise destinée; chose fausse et qui renverse la Providence divine.

C'est un beau mot d'Hippocrate, que *la fortune est un nom qui, à vrai dire, ne signifie rien.*

Ces principes imaginaires, et autres semblables, outre qu'ils peuvent être réfutés par raisonnement, paroissent faux en les comparant seulement avec les principes véritables, parce qu'on voit dans les uns une lumière de vérité qu'on n'apercevra pas dans les autres. Personne ne dira qu'il soit aussi clair que ce qui n'est pas sensible n'existe pas, qu'il est clair que le tout est plus grand que la partie, ou que ce qui n'est pas ne peut de lui-même venir à l'être.

CHAPITRE XIII.

De la définition et de son usage.

Parmi les propositions affirmatives, il y en a deux espèces absolument nécessaires aux sciences, et que la logique doit considérer ; l'une est la *définition*, et l'autre la *division*.

Ces deux choses peuvent être considérées ou dans leur nature, ou dans leur usage.

La définition est *une proposition* ou *un discours qui explique le genre et la différence de chaque chose.*

C'est ce qui s'appelle expliquer l'essence ou la nature des choses.

Pour connoître une chose, il faut savoir premièrement à quoi elle tient, et de quoi elle est séparée. Le premier se fait en disant le genre, et le second en disant la différence.

Il en est à peu près de même comme d'un champ à qui on veut donner des bornes. On dit premièrement en quelle contrée il est, afin qu'on ne l'aille pas chercher trop loin ; et puis on en détermine les limites, de peur qu'on ne l'étende plus qu'il ne faut.

Le mot de *définir* vient de là ; et la définition, tant en grec qu'en latin, marque les bornes ou les limites qu'on met dans les choses semblables à peu près à celles qu'on met dans les terres.

Ainsi en disant : *L'homme est un animal raisonnable*, je fais voir premièrement qu'il le faut chercher dans le genre des animaux, et secondement comme il le faut séparer de tous les autres.

Puisque la définition est faite pour donner à connoître l'essence des choses, elle doit aller, autant qu'il se peut, au principe constitutif et à la différence propre et spécifique, sans se charger des propriétés, ni des accidens. La raison est que les propriétés se déduisent de l'essence et y sont comprises, de sorte qu'il suffit de l'expliquer : et pour ce qui est des accidens, ils sont hors de la nature de la chose, et par là ils n'appartiennent pas à la définition.

Ainsi en définissant un triangle, loin qu'il faille dire qu'il est grand ou petit, il ne faut pas même dire qu'il a trois angles égaux à deux droits, mais seulement son essence ou sa nature propre, en disant que c'est *une figure terminée de trois lignes droites*.

Par la même raison, on ne doit pas définir l'homme *animal capable de parler*, mais *animal raisonnable*, ou *capable de raisonner*, parce qu'être raisonnable est sa propre différence constitutive, d'où suit la faculté de parler ; car on ne parle point, si on ne raisonne.

Mais comme on ne connoît pas toujours la différence propre et spécifique des choses, il faut quelquefois les définir par une ou par quelques-unes de leurs propriétés.

De là vient qu'on reconnoît deux sortes de définition : l'une *parfaite* et *exacte*, qui définit la chose par son essence ; l'autre *imparfaite* et *grossière*, qui la définit par ses propriétés.

En ce dernier cas, il faut prendre garde de ne pas entasser dans la définition toutes les propriétés de la chose, mais seulement celles qui sont les premières et comme le fondement des autres.

Et il faut, autant qu'il se peut, se réduire à l'unité, afin que la définition soit plus simple, et approche au plus près qu'il sera possible de la définition parfaite.

Ainsi on définira le cheval par sa force et par son adresse, le chien par son odorat, le singe par sa souplesse et par la facilité qu'il a d'imiter ; et ainsi les autres choses dont l'essence n'est pas connue, par une ou par quelques-unes de leurs propriétés principales.

De là suit que la définition doit être : 1° *courte*, parce qu'elle ne dit que le genre et la différence essentielle, ou en tout cas les principales des propriétés ; 2° *claire*, parce qu'elle est faite pour expliquer ; 3° *égale au défini*, sans s'étendre ni plus ni moins, puisqu'elle doit le resserrer dans ses limites naturelles.

Ainsi la définition se convertit avec le défini par une conversion parfaite, parce que l'une et l'autre sont de même étendue. S'il est vrai que le triangle soit une figure terminée de trois lignes droites, il est vrai aussi qu'une figure terminée de trois lignes droites est un triangle.

Voilà ce qui regarde la nature de la définition. Venons à l'usage.

Sur cela voici la règle : *Toute chose dont on traite doit premièrement être définie.*

Mais comme il y a des choses dont la nature est parfaitement connue par elle-même, et d'autres dont elle ne l'est pas, dans les premières on fait précéder une définition parfaite qui explique leur essence, pour ensuite en rechercher les propriétés ; dans les autres, on fait précéder une définition imparfaite, pour venir, s'il se peut, à la connoissance de la nature même de la chose, et par là à une parfaite définition.

Ainsi la géométrie, qui a pour objet les figures, choses dont la nature est parfaitement connue, en pose d'abord des définitions exactes, dont elle se sert pour rechercher les propriétés de chaque figure, et les proportions qu'elles ont entre elles.

Il n'en est pas de même dans la physique. Car on ne connoît que grossièrement la nature des choses qui en font l'objet, et la fin de la physique est de la faire connoître exactement : par exemple, nous connoissons grossièrement que l'eau est un corps liquide de telle consistance, de telle couleur, capable de tels et de tels accidens ; mais quelle en est la nature et de quelles parties elle est composée, et d'où lui vient d'être coulante, d'être transparente, d'être froide, de pouvoir être réduite en écume et en vapeurs, c'est ce qu'il faut découvrir par raisonnement.

Mais il faut faire précéder cette recherche par une définition grossière, qui la réduise à un certain genre, comme à celui de corps liquide, et en détermine l'espèce par une ou par quelques-unes de ses propriétés principales.

Que s'il s'agit en général de la nature du liquide, il faut avant toutes choses marquer ce que c'est, en disant que c'est un corps coulant et sans consistance; mais par là je n'en connois guère la nature. Si je viens ensuite à trouver que toutes ses parties sont en mouvement, je connois mieux la nature du liquide : et si pénétrant plus avant, je puis déterminer quelle est la figure et le mouvement de ses parties, je la connoîtrai parfaitement, et je pourrai définir exactement le liquide.

Dans toutes les questions de cette nature, les définitions exactes sont le fruit de la recherche, et les autres en sont le fondement.

Ces sortes de définitions qui précèdent l'examen des choses, c'est-à-dire presque toutes les définitions, doivent être telles que tout le monde en convienne. Car il s'agit de poser le sujet de la question, dont il faut convenir avant toutes choses.

Quelquefois au lieu de définir les choses, on les décrit seulement; et cela se fait lorsqu'on ne songe pas tant à en expliquer la nature, qu'à représenter ce qui en paroît aux sens : comme si je dis : *L'homme est un animal dont le corps est posé droit sur deux pieds, dont la tête est élevée au-dessus du corps, couverte de poils qui descendent naturellement sur les épaules*, et le reste. Cela s'appelle *description*, et non pas *définition*.

CHAPITRE XIV.

De la division et de son usage.

Après avoir défini les choses et les avoir réduites à leurs justes bornes, on est en état de les diviser en leurs parties.

La division est *une proposition* ou *un discours qui, prenant un sujet commun, fait voir combien il y a de sortes de choses à qui la raison en convient;* comme quand prenant pour sujet ce terme *être*, on dit que tout ce qui est, a l'être ou de soi-même ou d'un autre : de soi-même, comme Dieu seul; d'un autre, comme tout le reste : et encore, que ce qui a l'être, l'a ou en soi-même comme les substances, ou en un autre comme les modes et les accidens.

Par là il paroît que la division est une espèce de partage d'un tout en ses parties, parce que le sujet commun est regardé comme le tout, et ce qui résulte de la division est regardé comme les parties.

C'est pourquoi les parties de la division sont appelées membres.

De là suivent deux propriétés de la division : l'une, que *les parties divisées égalent l'étendue du tout et ne disent ni plus ni moins*, sans quoi le tout ne seroit divisé qu'imparfaitement ; l'autre, que *les parties de la division ne s'enferment point l'une l'autre, mais plutôt s'excluent mutuellement*, sans quoi ce ne seroit pas diviser, mais plutôt confondre les choses.

Si l'une de ces deux propriétés manque, en l'un et en l'autre cas la division est fausse par de différentes raisons. Au premier cas elle est fausse, parce qu'elle donne pour tout ce qui ne l'est pas, puisqu'il y manque quelque partie : au second cas elle est fausse, parce qu'elle donne pour une partie ce qui ne l'est pas, puisqu'elle est enfermée dans l'autre contre la nature des parties qui s'excluent mutuellement.

Par exemple, si je disois : *Toute action humaine par son objet est bonne ou mauvaise*, la division est fausse, parce qu'outre les actions qui sont bonnes ou mauvaises par leur objet, telles que sont celles d'adorer Dieu et celle de blasphémer son nom, il y en a qui par leur objet sont indifférentes, telle qu'est celle de se promener, et qui peuvent devenir bonnes ou mauvaises par l'intention particulière de celui qui les exerce.

Cette division est donc fausse, parce que promettant de diviser toutes les actions humaines, elle en omet une partie, et ainsi donne pour tout ce qui ne l'est pas.

Que si je dis : *La vie humaine est ou honnête ou agréable*, la division est fausse par l'autre raison, parce que la vie honnête, quoiqu'elle ait ses difficultés, est au fond et à tout prendre la plus agréable : ainsi ce que je donne pour parties, c'est-à-dire pour choses qui s'excluent mutuellement, ne sont point parties, puisque l'une enferme l'autre.

Mais au contraire si je divise la vie humaine en vie raisonnable ou vie sensuelle, la division est juste, parce que d'un côté je comprends tout, étant nécessaire que l'homme vive ou selon la raison, ou selon les sens; et de l'autre les parties s'excluent mutuellement, n'étant pas possible ni que celui qui vit selon la raison s'abandonne aux sens, ni que celui qui s'abandonne aux sens suive la raison.

Autant qu'il y a de sortes de tout et de parties, autant y a-t-il de sortes de divisions.

Il y a le tout essentiel, c'est-à-dire universel, qui a ses parties subjectives, telles que sont les espèces à l'égard du genre; ainsi c'est une des sortes de divisions, que de diviser le genre par ses différences dans les espèces qui lui sont soumises, comme quand on dit : *L'animal est raisonnable* ou *irraisonnable.*

Mais comme il y a des différences accidentelles, aussi bien que des essentielles, on peut diviser un tout universel par certains accidens, comme quand on divise les hommes en blancs ou en nègres.

A cette sorte de division se rapporte celle d'un accident à l'égard de ses différens sujets; comme quand on dit : *La science se trouve ou dans des esprits bien faits qui en font un bon usage, ou dans des esprits mal faits qui la tournent à mal;* c'est diviser la science à l'égard de ses sujets divers, par des différences qui lui sont accidentelles; et si on vouloit la diviser par ses principes intérieurs et essentiels, il faudroit dire : *La science est ou spéculative, ou pratique;* et ainsi du reste.

Il y a un tout de composition qui a des parties réelles dont il est réellement composé, et de là naît la division qui fait le dénombrement de ses parties; comme quand on dit: *L'homme peut être considéré ou selon l'ame ou selon le corps; une maison, dans les parties où l'on habite, comme sont les chambres; et dans celles où l'on resserre et où l'on prépare les choses nécessaires pour la vie, comme sont les greniers et les offices.*

A cette espèce de division se rapporte la division du tout en ses parties intégrantes, desquelles nous avons parlé ailleurs [1].

---

[1] Livre 1, chap. XLVII, ci-dessus.

Il y a un tout que l'école appelle *potentiel*, qui fait regarder une chose dans toutes ses facultés et dans toutes ses actions. En regardant l'ame comme un tout de cette sorte, on la peut diviser en ses facultés sensitives et ses facultés intellectuelles. Ainsi peut-on regarder le feu selon la vertu qu'il a d'éclairer, selon celle qu'il a d'échauffer, selon celle qu'il a de sécher, selon celle qu'il a de brûler et de fondre certains corps, et ainsi du reste. De même on peut regarder le cerveau selon qu'il peut recevoir les impressions des objets, et selon qu'il peut servir à la direction des esprits.

Toutes ces sortes de divisions se rapportent ordinairement à ces quatre : I. *Du genre en ses espèces.* II. *Du tout de composition en ses parties.* III. *Du sujet en ses accidens.* IV. *De l'accident en ses sujets.* Nous en avons rapporté des exemples suffisans.

Lorsqu'on divise en d'autres parties une partie déjà divisée, cela s'appelle *subdivision*, comme quand dans *l'Introduction* (a), nous avons regardé l'homme en tant que composé d'ame et de corps, c'est une division; et la subdivision a été de regarder l'ame dans sa partie sensitive ou intellectuelle, et le corps dans ses parties extérieures et intérieures ; et ainsi du reste.

L'usage de la division est d'éclaircir les matières, et de les exposer par ordre. Ainsi les divisions que nous venons de rapporter, aident l'homme à se connoître lui-même.

La division n'aide pas seulement à faire entendre les choses, mais encore à les retenir. L'esprit retient naturellement ce qui est réduit à certains chefs par une juste division.

Pour cet usage, il paroît que la division doit se faire, premièrement, en peu de membres, et secondement, en membres ordonnés ; et l'expérience fait voir que les divisions et subdivisions trop multipliées confondent l'intelligence et la mémoire.

Et la nature elle-même nous aide à faire ces divisions simples,

---

(a) Bossuet avoit intitulé l'ouvrage qui précède celui-ci, *Introduction à la philosophie ou de la connoissance de Dieu et de soi-même*, les éditeurs ont supprimé, nous ne savons pourquoi, le titre principal pour ne garder que le sous-titre. Mais ce qu'il importe de remarquer, c'est que le renvoi de l'auteur à *la Connoissance de Dieu et de soi-même* montre manifestement l'authenticité de *la Logique.*

parce qu'en effet les choses se réduisent naturellement à peu de principes, et qui ont de l'ordre entre eux : c'est-à-dire qui ont un certain rapport. C'est ce que dans la division nous avons appelé *membres ordonnés*.

Ainsi nous avons connu ce qui convient à la division tant dans sa nature que dans ses usages ; et il est aisé de voir par les choses qui ont été dites tant au chapitre précédent que dans celui-ci, que quel que soit le sujet dont on veut traiter, il faut premièrement le définir, afin qu'on sache de quoi il s'agit; et secondement le diviser, afin d'en connoître toutes les parties, ou de déterminer celles dont on veut traiter en particulier. Ainsi dans les *Instituts de Justinien,* où il s'agit de donner les principes du droit, on définit premièrement la justice en disant que c'est *une volonté constante et perpétuelle de faire droit à chacun.* Ensuite on définit la jurisprudence, *science des choses divines et humaines, de ce qui est juste et injuste.* Après on divise le droit en droit des gens qui est commun à tous les peuples, et droit civil, qui règle chaque peuple particulier, comme les Romains, les Grecs, les François; et celui-ci en droit public et particulier, et encore en droit écrit et on écrit, qu'on appelle autrement coutume.

CHAPITRE XV.

Préceptes tirés de la doctrine précédente.

Il n'est pas besoin ici de récapituler la doctrine précédente, ni les définitions et divisions de ce second livre, qui paroissent assez par le seul titre des chapitres. Il suffira donc de ramasser en peu de mots les préceptes qui en sont tirés.

I. Réduire autant qu'il se peut tout le discours en propositions simples, et décharger les complexes de tous les termes inutiles et embarrassans.

II. Diviser les propositions composées en toutes leurs parties, c'est-à-dire les réduire en toutes les propositions qui les composent, comme en celle-ci: *La seule vertu rend l'homme heureux;* remarquer deux propositions : l'une, que la vertu rend l'homme heureux ; l'autre, que nulle autre chose ne le fait.

III. Regarder dans les propositions conditionnées la bonté de la conséquence. Elle se doit examiner par les règles du syllogisme, auquel il la faut réduire; ce qui appartient à la troisième partie.

IV. Connoître les propriétés des propositions, principalement celles de l'affirmative et de la négative, qui sont que l'attribut de l'affirmative se prend toujours particulièrement, et que l'attribut de la négative se prend toujours universellement.

V. Convertir les propositions selon l'étendue de leurs termes.

VI. Convertir l'universelle négative en universelle négative, et la particulière affirmative en particulière affirmative : par exemple, de ce que nulle plante n'est animal, conclure la vérité de sa converse : *Nul animal n'est plante;* et de ce quelque homme est juste, conclure que quelque juste est homme.

Cette règle suit de la quatrième et de la cinquième, parce qu'il paroît que les termes sont également étendus.

VII. Convertir l'universelle affirmative en particulière affirmative ; dire, par exemple : *Tout homme est animal,* donc *quelque animal est homme;* et non pas *Tout animal est homme.*

Cette règle suit pareillement de la quatrième et de la cinquième.

VIII. Conclure la particulière de son universelle, et non au contraire. De ce que tout feu brûle, conclure : *Donc quelque feu brûle,* et *tel feu en particulier brûle,* et non au contraire, parce que la particulière est enfermée dans l'universelle, et non l'universelle dans la particulière.

IX. De ce que l'une des contradictoires est véritable, conclure la fausseté de l'autre : s'il est vrai que tout vertueux est sage, il est faux que quelque vertueux ne soit pas sage.

X. De ce que l'une des contraires est vraie, conclure la fausseté de l'autre; par exemple, de ce qu'il est vrai que tout vertueux est sage, conclure la fausseté de la contraire : *Nul vertueux n'est sage;* mais de la fausseté de l'une, ne conclure pas la vérité de l'autre, parce qu'elles peuvent être toutes deux fausses : *Tout homme est juste, nul homme n'est juste,* sont deux propositions fausses; parce que la particulière : *Il y a seulement quelques hommes justes,* les renverse toutes deux.

XI. Définir chaque chose, en posant son genre prochain et sa différence.

XII. Faire cadrer la définition avec le défini, sans qu'elle s'étende ni plus ni moins.

XIII. La faire courte, simple et claire.

XIV. Commencer chaque traité et chaque question par la définition de son sujet.

XV. En donner d'abord, s'il se peut, une définition précise, où le vrai genre et la vraie différence essentielle soient expliqués. S'il ne se peut, en donner par quelques propriétés principales une définition moins exacte, mais dont tout le monde puisse convenir.

XVI. Chercher par l'examen de la chose même, une définition plus exacte.

XVII. Après avoir défini son sujet, le diviser.

XVIII. Faire que la division cadre au sujet divisé.

XIX. La faire en parties distinctes, et dont l'une n'enferme pas l'autre.

XX. La faire en termes simples et précis.

XXI. La faire en peu de membres, et qui soient ordonnés entre eux, c'est-à-dire qui aient un certain rapport.

XXII. Se modérer dans les subdivisions.

XXIII. Tenir pour véritable toute proposition qui s'étend distinctement, et n'en recevoir aucune jusqu'à ce qu'elle s'entende de cette sorte.

XXIV. Accoutumer son esprit à discerner les propositions qui s'entendent distinctement d'avec les autres.

XXV. Considérer les propositions qui s'entendent distinctement par elles-mêmes, et les faire servir de fondement à la recherche des autres.

C'est ce qui fait le *raisonnement,* dont nous allons maintenant traiter.

LIVRE III.

DE LA TROISIÈME OPÉRATION DE L'ESPRIT.

CHAPITRE PREMIER.
De la nature du raisonnement.

Le raisonnement est *une opération de l'esprit par laquelle d'une chose on infère une autre.*

De là résultent deux choses : l'une, que le progrès du raisonnement va du certain au douteux, et du plus clair au moins clair ; c'est-à-dire que le certain sert de fondement pour rechercher le douteux, et que ce qui est plus clair sert de moyen pour examiner ce qui est obscur : par exemple, je suis en doute si je suivrai la vertu ou le plaisir : ce qui se trouve de certain en moi, c'est que je veux être heureux ; et trouvant que je ne puis l'être sans vertu, je me détermine à la suivre.

La seconde chose qui résulte de ce qui a été dit, c'est que dans ce progrès du raisonnement, il en faut venir à quelque proposition qui soit claire par elle-même. Car s'il falloit tout prouver, le raisonnement n'auroit point de fin, et jamais rien ne se concluroit.

Le fondement de tout cela est que les idées peuvent s'unir les unes aux autres, ainsi qu'il a été dit ; de sorte que qui unit une idée avec une autre, lui unit par conséquent toutes celles qui sont unies avec celle-là ; et c'est cet enchaînement qu'on appelle *raisonnement*. Par exemple, si je trouve que l'idée de père est jointe à celle de roi, je trouverai par conséquent que les idées de bonté, de tendresse, de soin des peuples y sont jointes aussi, parce que toutes ces idées sont jointes à celle de père.

CHAPITRE II.

En quoi consiste la force du raisonnement.

La force du raisonnement consiste dans une proposition qui en contient une autre, et qui par conséquent est universelle. Par exemple, cette proposition affirmative : *Le prince doit réprimer les violences*, est enfermée dans cette proposition pareillement affirmative : *Tout homme qui a en main la puissance publique, doit réprimer les violences ;* et savoir tirer l'une de l'autre, c'est ce qui s'appelle *argument* ou *raisonnement*.

Il en est de même des propositions négatives ; par exemple, celle-ci : *Nul sujet ne doit se révolter contre son prince*, est renfermée dans cette autre : *Nul particulier ne doit troubler le repos public.*

Ainsi la force du raisonnement consiste à trouver une proposition qui contienne en soi celle dont on veut faire la preuve : c'est ce qu'on appelle dans l'Ecole : *Dici de omni, dici de nullo ;* c'est-à-dire que tout ce qui convient à une chose, convient à tout ce à quoi cette chose convient, et au contraire. Par exemple, ce qui convient à un homme sage en général, convient à chaque homme sage ; et au contraire ce qui est nié de tout homme sage en général, est nié de tout homme sage en particulier. Autre exemple : ce qui convient en général à tout triangle, convient en particulier à l'isocèle et aux autres ; et au contraire ce qui est nié de tout triangle en général, est nié de l'isocèle et de tous les autres en particulier.

CHAPITRE III.

De la structure du raisonnement.

Le raisonnement ou l'argument est composé de trois propositions et de trois termes.

La première proposition s'appelle simplement *proposition* ou *majeure*.

La seconde s'appelle *assomption* ou *mineure*.

La troisième s'appelle *conclusion* ou *conséquence*.

Les deux premières s'appellent *prémisses*, *præmissæ*, parce qu'elles sont les premières, et traînent pour ainsi dire la conclusion après elles.

Comme chaque proposition a deux termes, les trois propositions en auroient six, n'étoit que chaque terme doit être répété deux fois.

Cette répétition et entrelacement des termes les uns dans les autres, est ce qui fait l'enchaînement des propositions et la force de l'argument. Mais un exemple le fera mieux voir. Prouvons que les apôtres sont dignes de foi, dans ce qu'ils déposent qu'ils ont vu Jésus-Christ ressuscité.

Tout témoin désintéressé est digne de foi :
Or les apôtres sont témoins désintéressés :
Donc les apôtres sont dignes de foi.

Il y a ici trois propositions, dont la plus considérable, c'est-à-dire la conclusion, est la dernière, parce que c'est le résultat du raisonnement et ce pour quoi il est fait.

La conclusion doit être la même que la question.

On demande si les apôtres sont dignes de foi ; on conclut que les apôtres sont dignes de foi ; et si la conclusion est bien tirée, la question est finie.

Mais la conclusion dépend de l'enchaînement des termes, et de la manière dont ils sont posés.

Premièrement, nous avons dit qu'il y a trois termes dans tout argument. Par exemple, dans le nôtre, il se trouvera seulement : *Apôtres dignes de foi ; témoins désintéressés :* les deux qu'il faut joindre ensemble, et qui doivent par conséquent se trouver unis dans la conclusion, c'est *apôtres* et *dignes de foi*. Mais comme leur union n'est pas manifeste par elle-même, on choisit un troisième terme pour rapprocher ces deux-ci ; par exemple, dans notre argument *témoins désintéressés*, ce terme s'appelle *moyen*, parce qu'il unit les deux autres, dont l'un s'appelle *le petit extrême*, et l'autre le *grand extrême* [1].

Le petit extrême ou terme le moins étendu, est le sujet de la question ou de la conclusion, le grand extrême ou terme le plus

---

[1] *Majus extremum, minus extremum, medius terminus.*

étendu en est l'attribut. Et on voit que la force du terme moyen est de rapprocher ces extrémités.

Ainsi dans notre argument, *apôtres* est le petit extrême; *dignes de foi* est le grand; *témoins désintéressés* est le milieu qui lie tout.

En effet si tout témoin désintéressé est croyable, et que les apôtres soient témoins désintéressés, il n'y a plus personne qui puisse nier que les apôtres ne soient croyables.

Dès là donc que la forme est bonne, il n'y a plus de doute pour la conclusion, et toute la difficulté est dans les prémisses.

Si les prémisses sont vraies manifestement et par elles-mêmes, toute la question est finie; que si elles sont douteuses, il les faut prouver.

Par exemple dans notre argument, si on nioit la majeure : *Tout témoin désintéressé est croyable,* on la prouveroit en disant que *tout témoin désintéressé dit la vérité;* ce qu'on prouveroit encore en disant qu'il n'y a que l'intérêt qui porte les hommes à trahir leur conscience, et il seroit aisé de mettre tout ceci en forme.

Que si on nioit la mineure, que *les apôtres sont témoins désintéressés,* on la prouveroit aisément en montrant que ni les opprobres, ni les tourmens, ni la mort, ne les ont pu empêcher de persister dans leur témoignage.

Quelquefois au lieu de nier, on distingue la proposition; par exemple, au lieu de nier cette majeure : *Tout témoin désintéressé est croyable,* on peut distinguer en disant : *S'il sait le fait, je l'accorde; s'il l'ignore et qu'il soit trompé, je le nie.*

Alors la preuve est réduite à montrer que les apôtres ne pouvoient pas ignorer ce qu'ils disoient avoir vu et avoir touché de leurs mains.

Le syllogisme que nous venons de rapporter est affirmatif, c'est-à-dire que la conclusion est affirmative; mais la structure du syllogisme, dont la conclusion est négative, est la même; par exemple :

Nul emporté n'est capable de régner :
Tout homme colère est emporté :
Donc nul homme colère n'est capable de régner.

Ce syllogisme est négatif, et ne diffère de l'affirmatif qu'en ce que dans l'affirmatif, où il s'agit d'unir, il faut chercher un moyen qui lie ; au lieu que dans le négatif il faut chercher un moyen qui sépare : par exemple, dans le dernier argument, *emporté* sépare *colère* d'avec *capable de régner*, parce que l'emporté, qui n'est pas maître de lui-même, est encore moins capable d'être le maître des autres.

De cette disposition du terme moyen dépend toute la structure du syllogisme. Selon l'ordre naturel, ce terme, joint au grand extrême, fait la majeure ; avec le petit, fait la mineure ; il ne se trouve jamais dans la conclusion, parce qu'il est pour la produire, et non pas pour y entrer.

Par là s'aperçoit clairement la force du terme moyen. Dans le syllogisme affirmatif, il appelle premièrement à lui le grand terme dans la majeure ; puis s'unissant au petit dans la mineure, il les renvoie tous deux unis par son entremise dans la conclusion.

Au contraire dans les syllogismes négatifs, après avoir séparé de soi le grand extrême dans la majeure, il ne reprend le petit dans la mineure que pour les rendre tous deux incompatibles dans la conclusion.

Voilà comme le terme moyen agit dans les argumens que nous venons de voir, et dans tous ceux dont la conclusion est nette et distincte. Dans les autres il a toujours à peu près la même disposition, et partout c'est en lui seul que consiste le fort de l'argument.

Au reste quoique les prémisses, c'est-à-dire la majeure et la mineure, gardent entre elles une espèce d'ordre naturel, la force de l'argument ne laisse pas de subsister quand on les transpose, comme il paroîtra clairement en faisant cette transposition dans les argumens que nous avons faits.

CHAPITRE IV.

Première division de l'argument, en régulier et irrégulier.

Nous avons vu la structure de l'argument, et nous avons remarqué où en réside la force ; mais tout ceci sera plus clairement entendu, en considérant les diverses sortes d'argumens.

L'argument, en le considérant du côté de la forme, peut être divisé en *régulier* et *irrégulier*.

Le régulier est *celui qui a sa majeure, sa mineure et sa conséquence arrangées l'une après l'autre dans leur ordre, et nettement expliquées.*

Cet argument s'appelle *l'argument en forme, le syllogisme parfait* ou *catégorique*.

L'argument irrégulier est *celui qui regarde la suite des choses, et non celle des propositions*. Nous en verrons en son temps la nature et les différentes espèces [1].

Mais l'ordre veut que nous commencions par l'argument régulier, par où nous entendrons mieux la force de l'autre ; d'autant plus que les argumens irréguliers se peuvent réduire aux réguliers, et que c'est en les y réduisant qu'on en découvre clairement toute la force, comme la suite le fera paroître.

CHAPITRE V.

Règles générales des syllogismes.

La première chose qu'il faut regarder dans la forme du syllogisme, c'est les règles d'où elle dépend, et les voici :

PREMIÈRE RÈGLE.

Le syllogisme n'a que trois termes.

Cette règle est fondée sur la nature même du syllogisme, où nous avons vu qu'il n'y a de termes que le grand et le petit extrême qui composent la conclusion, et le moyen qui les unit ou les désunit dans les deux prémisses. Ainsi quatre termes dans un argument le rendent nul, parce qu'il n'y a point d'union entre les parties du syllogisme, ni pour affirmer, ni pour nier, et par conséquent point de conclusion.

[1] Ci-après, chap. XI et suiv.

DEUXIÈME RÈGLE.

Une des prémisses est universelle.

Cela paroît encore, parce que nous avons vu que la force du raisonnement consiste dans une proposition qui en contienne une autre, et qui par conséquent soit universelle.

De là il s'ensuit la converse, que *de pures particulières il ne se conclut rien.*

TROISIÈME RÈGLE.

Une des prémisses est affirmative.

Car tout est désuni dans les négatives, et où il n'y a nulle liaison, il n'y a aussi nulle conséquence.

Nous avons vu que la force du syllogisme est dans le terme moyen, qui se trouve dans la majeure avec le grand terme, et dans la mineure avec le petit. Mais ce qui le rend fort, tant pour produire une affirmative que pour produire une négative, c'est qu'il se trouve dans une affirmative. Car sans cela il paroît que n'étant uni avec aucun terme, il n'en pourroit désunir aucun, puisqu'il ne fait cette désunion qu'en s'unissant lui-même avec celui qu'il doit détacher de l'autre.

Ainsi un anneau qui doit détacher un autre anneau d'avec un tiers, doit être uni avec celui qu'il doit détacher du tiers, puisqu'il ne peut l'en détacher qu'en l'entraînant avec lui. De là donc s'ensuit ce que nous proposons : *De pures négatives il ne se conclut rien.*

QUATRIÈME RÈGLE.

Il n'y a rien de plus dans la conclusion que dans les prémisses.

Parce qu'elle y est en vertu, et qu'on ne peut pas plus conclure que prouver, d'où il s'ensuit la

CINQUIÈME RÈGLE.

La conclusion suit toujours la plus foible partie.

C'est-à-dire, dès qu'il y a une prémisse particulière, la conclusion l'est aussi ; et que si l'une des prémisses est négative, la conclusion le doit être.

Autrement la conclusion seroit plus forte que les prémisses, qui toutefois doivent faire toute la force du raisonnement. Car il y a plus de force à affirmer qu'à nier, et plus de force à établir l'universel que le particulier. Si donc le terme moyen restreint le grand ou le petit terme dans les prémisses, il ne pourra plus conserver sa généralité dans la conséquence; et si le terme moyen exclut le grand ou le petit terme dans les prémisses, il n'y aura plus moyen de les unir dans la conséquence.

Cette règle ne prouve pas seulement que dès là qu'une des prémisses est particulière, la conclusion le doit être; mais qu'elle ne peut pas être plus universelle qu'une des prémisses, parce que la restriction faite une fois dans l'une des deux, dure encore dans la conclusion. Et cette règle s'étend non-seulement aux propositions, mais encore aux termes, qui ne peuvent jamais être pris plus universellement dans la conclusion que dans les prémisses; autrement on tomberoit toujours dans l'inconvénient de conclure plus qu'on n'a prouvé.

SIXIÈME RÈGLE.

Le terme moyen doit être pris, du moins une fois, universellement.

Elle suit des précédentes : et premièrement, dans le syllogisme affirmatif, le terme moyen qui doit unir les deux autres, en doit du moins contenir l'un, et par conséquent être universel.

Et pour le syllogisme négatif, il n'a point de force, si dans l'une des deux prémisses le terme moyen n'est nié du grand terme. Il doit donc être nécessairement l'attribut d'une négative, d'où il s'ensuit, selon la nature des négatives, qu'il est pris universellement.

Car nous avons vu que dans toutes les négatives, fussent-elles particulières, l'attribut est universel.

Quelque prince n'est pas sage, ce n'est pas à dire : *Quelque prince n'est pas quelqu'un des sages ;* mais : *Quelque prince n'est aucun des sages, est exclu entièrement de ce nombre.*

Faisons servir maintenant cette négative dans un syllogisme, dont la conclusion soit : *Quelque prince n'est pas heureux :*

Tout heureux est sage :

Quelque prince n'est pas sage :
Donc quelque prince n'est pas heureux.

Cette conclusion négative sépare tous les heureux d'avec le prince ; ce qui ne se pourroit pas, si la mineure ne l'avoit auparavant séparé de tous les sages.

C'est donc une règle incontestable, que le terme moyen doit être au moins une fois pris universellement ; autrement on ne conclut rien.

Qu'ainsi ne soit. Changeons notre syllogisme en affirmatif, et au lieu de dire : *Quelque prince n'est pas sage*, disons : *Quelque prince est sage;* nous verrons que l'argument n'aura plus de force :

Tout heureux est sage :
Quelque prince est sage :
Donc quelque prince est heureux.

Toutes les propositions sont affirmatives ; ainsi l'attribut en est particulier ; aussi l'argument ne conclut-il rien. On pourroit être une partie des sages sans être heureux ; c'est-à-dire que, pour conclure que le prince est quelqu'un des heureux parce qu'il est quelqu'un des sages, il faudroit qu'il fût véritable, non que tout heureux fût sage, mais que tout sage fût heureux.

En effet l'argument est bon en cette forme :

Tout sage est heureux :
Quelque prince est sage :
Donc quelque prince est heureux.

Et pour voir combien est faux l'autre argument, en voici un tout semblable qui le montrera :

Tout homme a des dents :
Quelque bête a des dents :
Donc quelque bête est homme.

CHAPITRE VI.

Des figures du syllogisme.

Selon cette doctrine et selon ces règles, il se peut faire des syllogismes de diverses sortes. On en compte de trois figures, qui comprennent dix-neuf modes.

Les figures se prennent de l'arrangement du terme moyen : les modes se déterminent par la quantité ou la qualité des propositions, c'est-à-dire selon qu'on assemble diversement les universelles, les particulières, les affirmatives et les négatives.

On compte ordinairement trois figures, parce que le terme moyen se peut arranger en trois façons. Car, ou il est sujet dans l'une des prémisses et attribut dans l'autre, ou il est attribut dans toutes les deux, ou enfin il est sujet partout.

Le premier arrangement fait la première figure, le second fait la seconde, le troisième fait la troisième.

C'est ainsi que les figures des argumens se varient par la diverse manière dont le terme moyen y est placé.

Il y en a qui comptent une quatrième figure, en partageant le premier en deux cas; le terme moyen y devant être sujet dans l'une des prémisses, et attribut dans l'autre. Cela se peut faire en deux façons : une des façons, c'est que le moyen soit attribut dans la majeure, et sujet dans la mineure; l'autre façon est que le même terme soit sujet dans la majeure, et attribut dans la mineure. Il paroît donc clairement qu'il ne peut y avoir que quatre figures, parce qu'il ne peut y avoir que quatre façons de situer le terme moyen.

Mais comme la quatrième figure, qu'on appelle la *figure de Galien*, est indirecte et peu naturelle, et que d'ailleurs on la peut comprendre dans la première, la plupart des logiciens ne comptent que trois figures; chose si peu importante, qu'elle ne vaut pas la peine d'être examinée.

Les exemples des figures se verront avec ceux des modes, dont nous allons parler.

CHAPITRE VII.

Des modes des syllogismes.

Il sembleroit qu'il dût y avoir autant de façons d'argumenter, que les propositions et les termes peuvent souffrir de différens arrangemens : mais il y a des arrangemens dont on ne peut jamais former un syllogisme; par exemple, nous avons vu que de pures particulières et de pures négatives, il ne se conclut rien.

Il y a grand nombre d'autres arrangemens qui sont exclus par de semblables raisons; et enfin il ne s'en trouve que dix-neuf concluans, qu'on appelle *modes utiles*.

Aristote les a exprimés par la combinaison de ces quatre lettres A, E, I, O.

Par A, il a exprimé l'universelle affirmative;

Par E, l'universelle négative;

Par I, la particulière affirmative;

Et par O, la particulière négative.

Selon cela les philosophes qui ont suivi Aristote, ont exprimé les dix-neuf modes en ces quatre vers artificiels, faits pour aider la mémoire.

Barbara, Celarent, Darii, Ferio, Baralipton,
Celantes, Dabitis, Fapesmo, Frisesomorum,
Cesare, Camestres, Festino, Baroco, Darapti,
Felapton; Disamis, Datisi, Bocardo, Ferizon.

Dans chacun de ces mots, il ne faut prendre garde qu'aux trois premières syllabes dont les voyelles marquent la quantité et la qualité des trois propositions du syllogisme; ainsi dans *Baralipton* et dans *Frisesomorum*, les syllabes qui excèdent trois, sont surnuméraires et n'ont d'autre usage que d'achever le vers.

Les quatre premiers mots désignent quatre modes directs de la première figure, et les cinq autres en désignent cinq modes indirects, qui sont les mêmes que ceux qu'on donne à la figure de Galien.

Ainsi il y a neuf modes dans la première figure, qui sont compris dans les deux premiers vers.

La seconde en a quatre, signifiés par ces mots : *Cesare, Camestres, Festino, Baroco*.

Les six autres mots appartiennent à la troisième, et tous ensemble font dix-neuf.

La plus excellente manière d'argumenter est comprise dans les quatre modes directs de la première figure. Deux de ces modes

concluent universellement et deux particulièrement, deux affirmativement et deux négativement. Ils sont exprimés par
A, a, a. E, a, e.
A, i, i. E, i, o.

a.	Bar-	Tout ce qui est ordonné de Dieu est pour le bien :
a.	ba-	Toute puissance légitime est ordonnée de Dieu :
a.	ra.	Donc toute puissance légitime est pour le bien.
E.	Ce-	Nulle chose ordonnée de Dieu n'est établie pour le mal :
a.	la-	Toute puissance légitime est ordonnée de Dieu :
e.	rent.	Donc nulle puissance légitime n'est établie pour le mal :
A.	Da-	Tout homme qui abuse de son pouvoir est injuste :
i.	ri.	Quelque prince abuse de son pouvoir :
i.	i.	Donc quelque prince est injuste.
E.	Fe-	Nul injuste n'est heureux :
i.	ri.	Quelque prince est injuste :
o.	o.	Donc quelque prince n'est pas heureux.

Ces quatre modes sont directs et manifestement concluans.

La force du terme moyen s'y découvre clairement.

On le voit pris universellement dans une prémisse, et encore dans la majeure qui se trouve la plus universelle, et où ce terme important, qui unit les autres, est le sujet du grand extrême ; ce qui fait la majeure la plus naturelle, la plus propre à produire une conclusion directe : de sorte qu'il paroît en tête dans l'argument, et y exerce visiblement sa puissance.

Il s'en faut bien qu'il en soit ainsi dans les cinq modes indirects, et même dans tous les modes des autres figures.

Les exemples le feront voir :

A.	Ba-	Tout ce qui est haï de Dieu est puni par sa justice, ou pardonné par sa miséricorde :
a.	ra-	Tout ce qui est puni par sa justice, ou pardonné par sa miséricorde, sert à sa gloire :
i.	lip.	Donc quelque chose qui sert à la gloire de Dieu est haïe de Dieu.

Au lieu de conclure plus directement : *Donc toute chose haïe de Dieu sert à sa gloire;* auquel cas en transposant les prémisses, l'argument seroit en *Barbara*.

1. *E.* Ce- Nulle chose douloureuse n'est désirable :
2. *a.* lan- Toute chose désirable est convenable à la nature :
   e. tes. Donc nulle chose convenable à la nature n'est douloureuse.
   A. Da- Tout ce qui sert à notre salut est désirable :
   i. bi- Quelque chose douloureuse sert à notre salut :
   i. tis. Donc quelque chose désirable est douloureuse.

Au lieu de conclure directement : *Donc quelque chose douloureuse est désirable.*

Et remarquez que cet argument ne concluroit pas, s'il étoit construit en la forme de la quatrième figure ; c'est-à-dire si le moyen étoit attribut dans la majeure, et sujet dans la mineure, parce qu'ainsi il se trouveroit toujours pris particulièrement contre la règle vi.

C'est pourquoi ceux qui ont parlé le plus subtilement de cette figure, ont changé l'ordre des propositions, et l'ont ainsi arrangée :

I. Di- Quelque fol dit vrai :
a. bi- Quiconque dit vrai doit être cru :
i. tis. Donc quelqu'un qui doit être cru est fol..

1. [*A.* Fa- Toute qualité naturelle vient de Dieu :
2. *e.* pes- Nulle vertu n'est une qualité naturelle :
   o. mo. Donc quelque chose qui vient de Dieu n'est pas une vertu.

1. *I.* Fri- Quelques personnes contentes sont pauvres :
2. *e.* se- Nul malheureux n'est content :
   o. som. Donc quelques pauvres ne sont pas malheureux.

Quelques-uns pour réduire les deux argumens à la forme qu'ils attribuent à la quatrième figure, transposent la majeure et la mineure, et nous font les modes *Fepasmo* et *Fresisom*, au lieu de *Fapesmo* et de *Frisesom* de l'École.

Tout cela importe peu, puisqu'on est d'accord que les cinq modes de la quatrième figure ne sont au fond que les cinq modes indirects de la première.

Au reste on entend assez qu'ils sont nommés *indirects*, à cause que la conclusion est inespérée, et se tourne tout à coup du côté qu'on attendoit le moins, comme nous l'avons remarqué en quelques exemples, et qu'on le peut aisément remarquer dans tous les autres.

Venons maintenant aux modes de la seconde figure, où le moyen doit être deux fois attribué.

Cette figure n'a que quatre modes, que voici :

E.	*Ce-*	Nul menteur n'est croyable :
a.	*sa-*	Tout homme de bien est croyable :
e.	*re.*	Donc nul homme de bien n'est menteur.
A.	*Ca-*	Toute science est certaine :
e.	*mes-*	Nulle connoissance des choses contingentes n'est certaine :
e.	*tres.*	Donc nulle connoissance des choses contingentes n'est science.
E.	*Fes-*	Nul tyran n'est juste :
i.	*ti-*	Quelque prince est juste :
o.	*no.*	Donc quelque prince n'est pas tyran.
A.	*Ba-*	Tout heureux est sage :
o.	*ro-*	Quelque prince n'est pas sage :
o.	*co.*	Donc quelque prince n'est pas heureux.

Quant aux modes de la troisième figure, où le terme moyen est deux fois sujet, ils sont au nombre de six.

A.	*Da-*	Toute plante se nourrit :
a.	*rap-*	Toute plante est immobile :
i.	*ti.*	Donc quelque chose immobile se nourrit.
E.	*Fe-*	Nulle injure n'est agréable :
a.	*lap-*	Toute injure doit être pardonnée :
o.	*ton.*	Donc quelque chose qui doit être pardonnée n'est pas agréable.
I.	*Di-*	Quelques méchans sont dans les plus grandes fortunes :
a.	*sa-*	Tous les méchans sont misérables :
i.	*mis.*	Donc quelques misérables sont dans les plus grandes fortunes.

A.	*Da-*	Toute fable est fausse :
i.	*ti-*	Quelque fable est instructive :
i.	*si.*	Donc quelque chose instructive est fausse.
O.	*Bo-*	Quelque colère n'est pas blâmable :
a.	*car-*	Toute colère est une passion :
o.	*do.*	Donc quelque passion n'est pas blâmable.
E.	*Fe-*	Nul acte de justice n'est blâmable :
i.	*ri.*	Quelque rigueur est un acte de justice :
o.	*zon.*	Donc quelque acte de rigueur n'est pas blâmable.

Dans cette dernière figure, la conclusion est toujours particulière, parce que le terme moyen étant toujours sujet, il ne se peut qu'un des deux extrêmes ne soit pas particulièrement dans la conséquence (*a*).

Qu'ainsi ne soit. Prenons les deux argumens, qui ayant les deux prémisses universelles, pourroient naturellement produire une conséquence de même quantité.

En *Darapti*, les deux prémisses sont affirmatives; donc leurs attributs sont particuliers, selon la nature de telles propositions. Or le moyen étant sujet partout, il s'ensuit que les deux extrêmes, qui doivent être unis dans la conclusion, ne peuvent y être pris que particulièrement, selon cette règle : *Les termes ne peuvent avoir plus d'étendue dans la conclusion, qu'ils en n'ont dans les prémisses.* Voyez les règles III, IV et V.

Et parce qu'il est impossible qu'il n'y ait dans chaque argument du moins une affirmative, il faut qu'un des deux extrêmes se trouve attribut dans l'une des deux prémisses; donc qu'il y soit pris particulièrement : d'où il sensuit toujours que la conclusion ne peut être que particulière : autrement, on retomberoit toujours dans ce grand inconvénient, que les prémisses seroient moins fortes que la conséquence, contre les règles que nous venons de marquer.

Voilà les trois figures et les dix-neuf modes, parmi lesquels il faut avouer qu'il y en a d'assez inutiles, comme sont tous les indirects; qu'il est difficile de bien distinguer l'un d'avec l'autre,

(*a*) *Variante :* Parce que le petit terme étant attribut dans la mineure qui est affirmative, il est pris particulièrement.

comme sont dans la seconde figure *Cesare* et *Camestres*, *Disamis* et *Datisi* dans la troisième.

CHAPITRE VIII.

Des moyens de prouver la bonté des argumens, et premièrement de la réduction à l'impossible.

On a plusieurs moyens pour faire voir la validité des syllogismes de toutes les figures et de tous les modes. Entre autres, on propose des règles pour chaque figure; mais je trouve peu nécessaire de les rapporter, parce qu'en considérant les règles générales du syllogisme, on trouvera aisément ce qui fait valoir chacun des syllogismes particuliers.

Il y a d'autres moyens de mettre le syllogisme à l'épreuve, l'un desquels s'appelle *la réduction à l'impossible*.

La réduction à l'impossible est un *argument par lequel on montre que celui qui nie une conséquence d'un argument fait en forme, en quelque mode que ce soit, est contraint d'admettre deux choses contradictoires*.

Cela paroît clairement dans les quatre premiers modes de la première figure. Prenez, par exemple, cet argument dans la première.

A.	Bar-	Tout ce qui est ordonné de Dieu est pour le bien :
a.	ba-	Toute puissance légitime est ordonnée de Dieu :
a.	ra.	Donc toute puissance légitime est pour le bien.

Mettez que la conséquence soit fausse, la contradictoire est donc vraie; et au lieu de dire : *Toute puissance légitime est pour le bien*, il faudra dire : *Quelque puissance légitime n'est pas pour le bien*. Et cela étant il faudroit dire ou que *ce que Dieu ordonne n'est pas pour le bien*, ou que *la puissance légitime n'est pas ordonnée de Dieu*; c'est-à-dire qu'il faudroit nier ce qu'on accorde.

La chose est trop évidente dans les quatre premiers modes, pour avoir besoin de cette épreuve; mais prenons un des argumens des autres figures, qui soit des plus éloignés des directs de la première. En voici un en *Baroco* dans la deuxième figure :

A.   *Ba-*   Tout heureux est sage :
o.   *ro-*   Quelque prince n'est pas sage :
o.   *co.*   Donc quelque prince n'est pas heureux.

Si en accordant les prémisses, on nie cette conséquence : *Quelque prince n'est pas heureux*, la contradictoire : *Tout prince est heureux*, sera véritable. Cela étant, faisons maintenant cet argument :

A.   *Bar-*   Tout heureux est sage :
a.   *ba-*   Tout prince est heureux :
a.   *ra.*   Donc tout prince est sage.

L'argument est en *Barbara*. L'évidence de la conclusion est incontestable; elle est néanmoins contradictoire à la mineure accordée de l'argument en *Baroco*. Celui donc qui en accordant les prémisses de cet argument en *Baroco*, nie la conséquence, admet des choses contradictoires.

De dire qu'il puisse nier la majeure ou la mineure de l'argument en *Barbara*, cela ne se peut; car la majeure est la même que celle accordée dans l'autre argument, et la mineure est la contradictoire de la conséquence qu'il nie : ainsi en toute manière il tombe en confusion.

Qui donc nie la conséquence tirée en bonne forme des prémisses accordées, dit que ce qui est, n'est pas, et que ce qui n'est pas, est; en un mot, il ne sait ce qu'il dit.

CHAPITRE IX.

Autre moyen de prouver la bonté des argumens, en les réduisant à la première figure.

Un autre moyen de prouver la bonté des argumens indirects de la seconde et de la troisième figure, est de les réduire à la première, comme à la plus naturelle et à la plus simple.

Dans cette réduction, on observe que la conséquence soit toujours la même, et on ne change rien que dans les prémisses.

Le changement qu'on y fait est double : l'un est de transposer les propositions, l'autre est de les convertir.

Les transposer, c'est faire la mineure de la majeure ; et au contraire.

Les convertir, est transposer les termes.

Nous avons vu que cette conversion est simple, ou par accident [1].

Simple, quand on garde les mêmes quantités ; comme dans ces propositions : *Nul menteur n'est croyable: nul homme croyable n'est menteur.*

Par accident, quand on change la quantité des propositions, comme quand on dit : *Tout homme de bien est croyable ; quelque homme croyable est homme de bien.*

Cela étant supposé, il est certain qu'à la réserve de *Baroco* et de *Bocardo*, tous les modes peuvent se réduire à la première figure.

On a même marqué la manière dont se doit faire cette réduction, dans les mots artificiels par lesquels on a expliqué les modes.

La lettre capitale dénote le mode de la première figure, auquel se doit faire la réduction. S'ils commencent par *B*, la réduction se fait en *Barbara* ; si par *C*, en *Celarent*, et ainsi du reste.

Où on trouve un *S*, c'est que la proposition doit se convertir simplement ; où il y a un *P*, elle se doit convertir par accident ; *M* signifie qu'il faut faire une *métathèse* ou transposition. Quant au *C* qui se trouve au milieu de *Baroco* et de *Bocardo*, il y est mis pour marquer que ces modes ne souffrent pas la même réduction que les autres, mais seulement la réduction à l'impossible dont nous venons de parler.

Par exemple, dans cet argument en *Camestres* :

Ca- Toute science est certaine :

mes- Nulle connoissance des choses contingentes n'est certaine :

tres. Donc nulle connoissance des choses contingentes n'est science.

Le *C* capital dénote que l'argument doit se réduire en *Celarent*.

[1] Voyez liv. II, chap. ix, ci-dessus, p. 355.

Pour y parvenir, l'*M* et l'*S* font voir, l'une, qu'il faut transposer ; l'autre, qu'il faut convertir la proposition simplement. Faisons donc la transposition et la conversion tout ensemble.

La conversion nous fera dire :

Nulle connoissance certaine n'est la connoissance des choses contingentes.

La transposition nous fera mettre cette mineure à la tête.

De ce changement résulte l'argument en *Celarent.*

Ce-   Nulle connoissance certaine ne regarde les choses contingentes :

la-   Toute science est une connoissance certaine :

rent. Donc nulle science ne regarde les choses contingentes.

CHAPITRE X.

Troisième moyen de prouver la bonté d'un argument par le syllogisme expositoire.

Aristote, qui a inventé ces deux manières de réduire les argumens a inventé encore un autre moyen d'en faire voir la bonté, par le syllogisme *expositoire* [1].

Le syllogisme expositoire est un argument composé de pures particulières, tel que celui-ci :

Pierre est musicien :

Pierre est géomètre :

Donc quelque musicien est géomètre.

On en fait aussi de négatifs en cette sorte :

Pierre est musicien :

Pierre n'est pas géomètre :

Donc quelque musicien n'est pas géomètre.

Ce syllogisme est appelé *expositoire,* parce que réduisant les choses aux individus, il les expose aux yeux et les rend palpables.

Tel est le syllogisme qu'un philosophe de notre siècle [2] fait faire aux bêtes, et à son chat.

---

[1] *Analyt. prior.*, lib. I, cap. VII.— [2] Marin Cureau de la Chambre, de l'Acad. françoise, dans son *Traité de la connoissance des Bêtes*, 1648, IIIᵉ part., ch. v.

Le blanc est doux :
Le doux est bon à manger :
Donc ce blanc est bon à manger.

Sur cela le chat convaincu ne manque pas de manger le lait; et ce philosophe, qui ne vouloit pas donner aux bêtes l'intelligence des idées et des propositions universelles, croit ne rien faire de trop pour elles, en leur accordant le syllogisme expositoire, qui n'a que de simples particulières.

Il devoit considérer que son chat, qui n'a pas encore goûté de ce blanc, ne peut savoir qu'il soit doux que par le rapport qu'il en fait aux autres choses pareilles dont il a déjà l'expérience; ce qui ne se peut sans lui donner les idées universelles, qu'on trouve pourtant au-dessus de sa capacité. Mais laissons le raisonnement des bêtes, et venons à la nature du syllogisme expositoire.

Il semble fort différent des autres syllogismes, qui demandent pour se soutenir, des propositions universelles; mais au fond il n'en diffère pas.

Pour l'entendre, il faut distinguer les termes *singuliers* d'avec les termes qu'on prend *particulièrement*, et les propositions *singulières* d'avec les propositions *particulières*.

Les termes *singuliers* sont *ceux qui signifient chaque individu*, comme *Pierre* et *Jean*.

Les termes pris *particulièrement*, sont ceux *où il y a une restriction ;* comme quand on dit : *Quelque homme,* on entend, non un tel individu de la nature humaine, mais indéfiniment quelque individu, que l'Ecole appelle *individu vague.*

La différence de ces deux sortes de termes consiste en ce que le terme singulier se prend toujours totalement, et dans toute son étendue. Qui dit *Pierre,* dit tout ce qui est Pierre; mais au contraire qui dit *homme,* ne dit pas tout ce qui est homme.

Ainsi la proposition qui a pour sujet un terme singulier, a cela de commun avec la proposition universelle, que le sujet de l'une et de l'autre se prend dans toute son étendue. Quand je dis : *Pierre est animal;* et : *Tout homme est animal,* Pierre et homme sont pris ici dans toute leur étendue, et ces deux propositions en ce sens sont de même force.

Voilà ce qui regarde la nature du syllogisme expositoire. Voyons maintenant son usage pour prouver la bonté des argumens.

Aristote le réduit aux modes de la troisième figure, parce qu'encore qu'il puisse être étendu aux autres, l'usage en est plus clair en ceux-ci.

Prenons donc cet argument en *Darapti*.

Da- Toute plante se nourrit :
rap- Toute plante est immobile :
ti. Donc quelque chose qui est immobile se nourrit.

Si en accordant les prémisses vous niez la conséquence, je vous oppose ces mêmes prémisses que vous avez accordées, et le syllogisme expositoire pour vous en faire sentir la force.

Toute plante se nourrit ; donc en particulier cette plante se nourrit. Toute plante est immobile ; donc en particulier cette plante est immobile. Sur cela je construis ce syllogisme expositoire : *Cette plante se nourrit : cette plante est immobile : donc quelque chose qui se nourrit est immobile.*

Ainsi en usera-t-on dans les argumens négatifs, si on a besoin de cette preuve ; mais elle est ordinairement peu nécessaire.

CHAPITRE XI.

De l'enthymème.

Nous venons de voir la structure et les figures diverses des syllogismes parfaits et réguliers : venons aux irréguliers, dont le premier est *l'enthymème*.

L'enthymème est un argument où l'on n'exprime que deux propositions, en sous-entendant la troisième comme claire. Par exemple, l'on dit :

Vous êtes juge :
Donc il faut que vous écoutiez.

La majeure est sous-entendue : *Tout juge doit écouter.*

Souvent même l'argument est réduit à une seule proposition, comme quand Médée prouve à Créon qu'il est injuste, en lui disant seulement : *Qui juge sans écouter les deux parties, est injuste;* elle sous-entend comme claire cette mineure : *Vous jugez sans écouter;* et la conséquence : *Donc vous êtes injuste.*

Bien plus, il arrive souvent qu'en deux ou trois mots se renferme tout un long raisonnement. Médée prouve à Jason qu'il est coupable de tous les crimes qu'elle a faits pour lui, en lui disant seulement : *Celui à qui sert le crime en est coupable* (1) ; comme si elle lui eût dit : *Qui sait le crime, qui le laisse faire, qui s'en sert, qui veut bien lui devoir son salut, en est coupable : or Jason a fait tout cela : donc il est coupable de tous les crimes que j'ai faits.*

C'est ainsi qu'il eût fallu parler, pour mettre l'argument en forme; mais cette forme fait trop languir le discours; et il est plus fort de dire en un mot, que celui à qui le crime est utile en est coupable.

CHAPITRE XII.

Du sorite.

Le *sorite*, c'est-à-dire *entasseur*, argument usité parmi les stoïciens, appelé de ce nom parce qu'en effet il entasse un grand nombre de propositions dont il tire une seule conséquence, comme qui diroit, par exemple : *Qui autorise les violentes entreprises, ruine la justice; qui ruine la justice, rompt le lien qui unit les citoyens; qui rompt le lien de société, fait naître les divisions dans un Etat, qui fait naître les divisions dans un Etat, l'expose à un péril évident : donc qui autorise les entreprises violentes, expose l'Etat à un péril évident.* On voit par là que le sorite n'est pas tant un singulier argument que plusieurs argumens enchaînés ensemble.

CHAPITRE XIII.

De l'argument hypothétique, ou par supposition.

Il y a une manière de syllogisme qu'on appelle *hypothétique,* ou *par supposition;* c'est celui qui se fait par *si*. Par exemple :

---
1 Sénèque, *Médée*, act. III, v. 497-501.

Si la lune étoit plus grande que la terre, elle ne pourroit pas être cachée et enveloppée dans son ombre : or est-il que la lune est enveloppée dans les ombres de la terre : donc elle n'est pas plus grande.

La majeure de cet argument enferme toujours une hypothèse ou une supposition, d'où on prétend qu'il s'ensuive une certaine chose. C'est ce qui fait que cette majeure a deux parties : l'une qui comprend la supposition, et s'appelle l'*antécédent :* l'autre qui comprend ce qui suit, et s'appelle le *conséquent.*

Cet argument se peut faire en deux manières sur la même majeure ; la première procède simplement de l'antécédent au conséquent ; par exemple : *Si vous êtes vertueux, vous aurez du pouvoir sur vous-même : or est-il que vous êtes vertueux : donc vous avez du pouvoir sur vous-même.*

On peut aussi tourner l'argument en négative sur la même majeure, et renverser l'antécédent par le conséquent, de cette façon : *Si vous êtes vertueux, vous avez du pouvoir sur vous-même : or vous n'avez point de pouvoir sur vous-même : donc vous n'êtes pas vertueux.*

La raison est que la proposition hypothétique ou conditionnelle se peut réduire en proposition simple. Par exemple, cette proposition : *Si vous êtes vertueux, vous avez du pouvoir sur vous-même,* se réduit à celle-ci : *Tout vertueux a du pouvoir sur lui-même.* D'où s'ensuit également, et que vous, qui êtes vertueux, avez du pouvoir sur vous-même ; et que, n'ayant point de pouvoir sur vous-même, vous n'êtes pas vertueux.

Par ce moyen il paroît que le syllogisme par supposition se peut aisément réduire à la forme du syllogisme catégorique.

Mais quand il se fait par supposition, il a ordinairement plus de force, parce qu'en disant *si,* et en faisant semblant de douter, on paroît plus rechercher la vérité, et on prépare l'esprit à s'y affermir.

CHAPITRE XIV.

De l'argument qui jette dans l'inconvénient.

C'est une belle manière de prouver la vérité, que de marquer les inconvéniens où tombent ceux qui la nient. Cet argument s'appelle *l'argument qui jette dans l'inconvénient,* en latin *deducendo ad incommodum.*

Nous n'avons pas ici à considérer le fond de cet argument, qui n'est pas de ce lieu, mais la manière dont il se fait ordinairement. Or il se fait ordinairement par *si*. En voici deux exemples pareils, l'un touchant l'autorité politique, l'autre touchant l'autorité ecclésiastique : *S'il n'y avoit point d'autorité politique à laquelle on obéît sans résistance, les hommes se dévoreroient les uns les autres; et s'il n'y avoit point d'autorité ecclésiastique à laquelle les particuliers fussent obligés de soumettre leur jugement, il y auroit autant de religions que de têtes : or est-il qu'il est faux qu'on doive souffrir, ni que les hommes se dévorent les uns les autres, ni qu'il y ait autant de religions que de têtes : donc il faut admettre nécessairement une autorité politique à laquelle on obéisse sans résistance, et une autorité ecclésiastique à laquelle les particuliers soumettent leur jugement.*

Ces sortes de raisonnement sont fondés sur cette proposition : *Tout ce d'où il résulte quelque chose de faux, est faux,* parce qu'en effet la vérité se soutient elle-même dans toutes ses conséquences.

Ainsi on voit que cette sorte de syllogisme se peut aisément réduire au syllogisme catégorique.

CHAPITRE XV.

Du dilemme, ou syllogisme disjonctif.

Il y en a qui séparent ces deux argumens, mais sans nécessité.

Dilemme signifie *double proposition;* et cet argument se fait par *ou,* c'est-à-dire en proposant quelque alternative, comme quand on dit : *On ne peut gouverner les hommes que par raison ou par force.*

Cet argument se fait en deux manières ; car ou l'on oblige à choisir l'une des deux alternatives, ou on les exclut toutes deux.

En voici un où l'on oblige à choisir : *Les hommes sont gouvernés ou par la raison, ou par la force : or est-il qu'il ne faut pas gouverner par la force, ce moyen est trop violent et trop peu durable : donc il faut gouverner par la raison.*

Celui-ci exclut les deux alternatives : *Si vous gouvernez par la force, ou vous la mettrez entre les mains des étrangers, ou entre les mains des citoyens : l'un et l'autre est dangereux, parce que les étrangers ruineront l'Etat, et les citoyens se tourneront contre vous : donc il ne faut pas gouverner par la force.*

Dans ce dernier genre de dilemme, où il faut exclure les deux, la preuve de la mineure se fait par deux argumens, comme nous venons de faire.

Ces deux sortes de dilemmes sont fondées sur deux propositions : l'une, que *deux choses opposées, où il n'y a point de milieu, s'excluent mutuellement;* l'autre, qu'*on exclut la chose universellement en elle-même, quand on détruit tous les moyens de la faire et de l'entendre.*

Ces fondemens posés, on réduira aisément les dilemmes en un ou plusieurs syllogismes ; mais sans cette formalité on en découvre bien tout le fort ou le foible ; il n'y a qu'à observer si entre les deux extrêmes qu'on propose, il n'y a point de milieu, et si outre les choses dénombrées il n'y en a pas encore une troisième ou une quatrième.

Par exemple, dans un de nos argumens, en examinant la majeure : *Il faut gouverner ou par force, ou par raison,* quelqu'un répondra qu'il y a un milieu entre les deux, qui est de mêler l'une à l'autre, c'est-à-dire de gouverner moitié par raison et moitié par force : ce qui est vrai en un sens, car il faut avoir la force en main pour gouverner ; mais il faut que la force même soit menée par la raison, et soit employée avec retenue.

Ainsi dans ce célèbre dilemme par lequel Bias conclut qu'il ne faut pas se marier, le défaut se trouve aisément : *Ou*, dit-il, *vous épouserez une belle femme ou une laide : si elle est belle, elle sera à tout le monde: si elle est laide, vous ne la pourrez pas souffrir : donc il ne faut pas se marier.*

Outre les autres défauts de cet argument, A. Gellius remarque qu'il y a un milieu entre beau et laid, et veut que cette beauté convienne proprement à une femme qu'on veut épouser, qui ne doit être, dit-il, ni trop belle ni trop laide; ce qu'il appelle *forma uxoria* [1].

Au reste le dilemme ne se fait pas toujours par deux membres; mais on en peut mettre autant qu'une division en peut avoir : il faut pourtant avouer que les dilemmes qui se font par deux sont les plus clairs.

Outre ces argumens qui se font par *ou*, qu'on appelle *disjonctifs*, il s'en fait d'autres par *et*, que par une raison contraire on appelle *conjonctifs* ; par exemple : *Pour que vous fussiez en état de faire la guerre, il faudroit que vous fussiez vaillant et avisé; vous n'êtes ni avisé ni vaillant: vous ne devez donc pas faire la guerre.*

Il est clair que pour prouver chacune des deux prémisses, il faut faire deux argumens, dont la force toutefois se réduit à celui que nous avons proposé.

CHAPITRE XVI.

Division de l'argument en démonstratif et probable, et premièrement du démonstratif.

Après avoir distingué les argumens par leur forme, il les faut encore distinguer par leurs matières.

Les matières sont de différentes natures : les unes sont parfaitement connues, les autres ne le sont qu'en partie; les unes sont *nécessaires*, les autres sont *contingentes*.

On appelle matières nécessaires *celles qui ont des causes certaines*, ou *qui peuvent être réduites* à des *observations constantes*; tel qu'est, par exemple, l'ordre des saisons et le cours des astres.

On appelle matières contingentes *celles qui*, au contraire, *ne*

[1] Aulus Gellius, *Noct. Attic.* lib. V, cap. II.

peuvent être réduites à aucun principe fixe et certain; telles que sont, par exemple, la maladie ou la santé, les conseils et les affaires humaines.

Ainsi est-il nécessaire que nous mourions tous; mais quand et comment, c'est matière incertaine et contingente.

Les choses universelles sont nécessaires; les choses particulières sont contingentes. Tant que la nature subsistera comme elle est, on sait qu'il y aura des hommes; quels ils seront et combien, est chose contingente à notre égard.

- Il est maintenant aisé de définir la démonstration : c'est un *argument en matière nécessaire et parfaitement connue, qui en fait voir nettement la nécessité ; telles sont les démonstrations de géométrie.*

Il y a deux sortes de démonstrations : une qui démontre que la chose est, qu'on appelle la démonstration *quòd sit;* l'autre qui dénote pourquoi la chose est, qu'on appelle *cur sit,* ou *propter quid.*

Par exemple, c'est autre chose de démontrer qu'il y a diversité de saisons par tout l'univers; autre chose de montrer d'où vient cette diversité.

A cette division de la démonstration se rapporte encore cette autre, qui la divise en démonstration *à priori,* ou par les causes; et en démonstration *à posteriori,* ou par les effets.

Ainsi on connoît que la saison plus douce est arrivée, ou par la cause, c'est-à-dire par l'approche du soleil; ou par les effets, c'est-à-dire par la verdure qui commence à parer les champs et les forêts.

L'argument qui mène à l'inconvénient est une manière de démonstration par les effets. On prouve qu'une chose est mauvaise, quand elle produit de mauvais effets; on prouve qu'une chose est fausse, quand il s'ensuit des choses fausses. Nous avons donné ailleurs des exemples de cet argument [1].

[1] Ci-dessus, chap. XIV, pag. 374 et suiv.

CHAPITRE XVII.

De l'argument probable.

Les argumens sont certains et démonstratifs, quand les causes ou les effets sont connus et nécessaires ; quand ils ne le sont pas, l'argument n'est que *probable.*

Cet argument est donc *celui qui se fait en matières contingentes, et qui ne sont connues qu'en partie; et il s'y agit de prouver, non que la chose est certaine, ce qui répugne à la nature de cette matière ; mais qu'elle peut arriver plutôt qu'une autre.* Ainsi il est vraisemblable qu'ayant l'avantage du poste et au surplus des forces égales, vous battrez l'ennemi ; mais ce n'est pas chose certaine.

Ce genre d'argument est le plus fréquent dans la vie ; car les pures démonstrations ne regardent que les sciences. L'argument vraisemblable ou conjectural est celui qui décide les affaires, qui préside, pour ainsi parler, à toutes les délibérations.

Par ces jugemens vraisemblables, on juge s'il faut faire la paix ou la guerre, hasarder la bataille ou la refuser, donner ou ôter les emplois à celui-ci plutôt qu'à l'autre.

Car dans ses affaires et en toute autre, il s'agit de choses qui ont tant de causes mêlées, qu'on ne peut prévoir avec certitude ce qui résultera d'un si grand concours.

Il est donc d'une extrême importance d'apprendre à bien faire de tels raisonnemens, sur lesquels est fondée toute la conduite.

La règle qu'il y faut suivre est de chercher toujours la certitude ; autrement on accoutume l'esprit à l'erreur.

La difficulté est de trouver la certitude dans une matière purement contingente, et qui n'est pas bien connue. On le peut pourtant par ces moyens :

La première chose qu'il faut faire, est de s'assurer de la possibilité de ce qu'on avance ; car il peut être douteux si une chose est ou sera, quoique la possibilité en soit certaine.

Par exemple, nous avons vu depuis peu dans notre histoire [1]

---

[1] *Abrégé de l'Hist. de France*, pour le Dauphin, liv. XV, an 1524.

le conseil de guerre tenu par les impériaux, pour aviser s'ils poursuivroient Bonnivet, qui se retiroit devant eux. La première chose que devoient faire le duc de Bourbon et le marquis de Pesquaire, qui étoient d'avis de le combattre, étoit d'établir la possibilité de le vaincre ; ce qui se peut faire ordinairement par des raisons indubitables.

Secondement, il faut établir et recueillir les faits constans, c'est-à-dire les circonstances dont on peut être assuré ; telles que sont, dans l'affaire que nous avons prise pour exemple, le nombre des soldats de part et d'autre, le désordre et le découragement dans l'armée de Bonnivet, avec l'imprudence de ce général, une rivière à passer devant des ennemis pour le moins aussi forts que lui, et autres semblables. Ce qui oblige à établir avant toutes choses ces faits certains, et à en recueillir le plus grand nombre qu'on peut, c'est que pour bien raisonner, il faut que ce qui est certain serve de fondement pour résoudre ce qui ne l'est pas.

Jusqu'ici on peut trouver la certitude entière ; car, comme nous avons dit, la possibilité peut être montrée par des raisons convaincantes, et on peut s'assurer de plusieurs faits par le témoignage des sens.

Avec toutes ces précautions, la matière demeure incertaine ; car il ne s'ensuit pas que la chose doive être parce qu'elle est possible : et comme outre les circonstances connues, il y en a qui ne le sont pas, l'affaire est toujours douteuse.

Parmi les raisons de douter, voici un troisième moyen de tendre à la certitude ; c'est qu'encore qu'on ne connoisse pas certainement la vérité, on peut connoître certainement qu'il y a plus de raison d'un côté que d'autre.

Jusqu'à ce qu'on ait trouvé cette espèce de certitude, un esprit raisonnable demeure toujours irrésolu, parce qu'on ne doit se résoudre à un parti plutôt qu'à un autre, qu'autant qu'on a découvert où il y a plus de raison.

Il paroît donc que tout argument tend de soi à la certitude. La démonstration y tend, parce qu'elle montre clairement la vérité. L'argument probable y tend, parce qu'il montre où il y a plus de raison. C'étoit la règle de Socrate : *Cela*, dit-il, *n'est pas certain; mais je le suivrai jusqu'à ce qu'on m'ait montré quelque chose de meilleur.*

Que si ce principe est reçu dans les matières de science, comme en effet Socrate l'y emploie souvent, quoiqu'on y puisse trouver la certitude absolue : à plus forte raison aura-t-il lieu dans les matières où il n'y a que des conjectures et des apparences.

En appliquant ce principe aux entreprises qu'on veut ou persuader, ou déconseiller, il est vrai que l'événement en est douteux ; mais au défaut de la certitude de l'événement, on y peut trouver la certitude ou de la plus grande facilité, ou du moindre inconvénient.

Ainsi dans les hasards du jeu, celui-là raisonne juste qui sait prendre le parti où il y a quatre contre trois, c'est-à-dire quatre moyens d'un côté contre trois de l'autre.

Il en est de même dans les affaires, qui sont une espèce de jeu mêlé d'adresse et de hasard. Il est certain que le côté où il y a le plus de facilité et le moins d'inconvénient doit prévaloir; par exemple, dans le conseil dont nous parlons, le duc de Bourbon pouvoit montrer qu'il n'y avoit nul inconvénient dans l'attaque qu'il proposoit, et qu'il y avoit beaucoup de facilité.

Ainsi l'argument probable dans une entreprise, peut être appelé *démonstration de la plus grande facilité et des moindres inconvéniens*.

La certitude qu'on trouve en ce genre n'est pas celle qui nous assure de l'événement, mais celle qui nous assure d'avoir bien choisi les moyens.

En ce cas le succès peut être incertain ; mais la conduite est certaine, parce qu'on fait toujours bien quand on choisit le meilleur parmi tout ce qui peut être prévu.

De cette manière de raisonner résultent deux choses : l'une, qu'on n'entreprend rien témérairement ; l'autre, qu'on ne juge point par l'événement.

Ajoutons-en une troisième, que quiconque raisonne ainsi parle sensément : le faux n'a point de lieu dans ses discours ; il ne songe pas à éblouir l'esprit par de vaines espérances, encore moins à divertir les oreilles par des jeux de mots ; il parle d'affaires gravement, il va au fond, il est solide.

CHAPITRE XVIII.

Autre division de l'argument, en argument tiré de raison, et en argument tiré de l'autorité.

Outre la division des argumens qui se fait du côté de la matière en démonstratif et probable, il y a une autre division qui se tire des moyens de la preuve.

Une vérité peut être prouvée, ou par des raisons tirées de l'intérieur de la chose, ou par des raisons tirées du dehors.

Si je prouve qu'un homme en a tué un autre, parce qu'il en a eu et la volonté et le pouvoir, c'est une raison tirée de l'intérieur de la chose et de la propre disposition de celui qui a fait l'action.

Mais si je prouve qu'il a fait ce meurtre, parce que deux témoins l'ont vu, il est clair que c'est une raison tirée du dehors.

La première de ces preuves s'appelle la preuve *par raison*, et la seconde la preuve *par autorité*.

Ce n'est pas que l'autorité soit sans raison ; car la raison elle-même nous montre quand il faut céder à l'autorité. Mais on appelle proprement agir *par raison*, quand on agit par sa propre connoissance, et non pas quand on se laisse conduire par la connoissance des autres.

Comme la preuve par raison est quelquefois démonstrative, quelquefois purement probable, la preuve par autorité est quelquefois indubitable et quelquefois douteuse.

Ainsi quand Dieu parle, la preuve est constante ; et quand un homme parle, la preuve est douteuse.

Quand tous les hommes conviennent d'un fait connu par les sens, comme qu'il y a une ville de Rome, la preuve est indubitable ; quand les témoignages varient, ou que la chose est obscure par elle-même, la preuve est incertaine.

CHAPITRE XIX.

Du consentement de l'esprit, qui est le fruit du raisonnement.

Après le raisonnement suit le consentement de l'esprit. C'est ce que nous avons appelé le *jugement*, autrement l'*affirmation* ou la *négation*, c'est-à-dire la seconde opération de l'entendement.

Nous en avons traité dans la seconde partie ; mais nous avons alors regardé ce consentement de l'esprit selon sa propre nature : maintenant nous le regardons en tant qu'il suit du raisonnement.

Mais comme les raisonnemens sont de différente nature, il y a aussi diverses sortes de consentement de l'esprit. Car, ou il est sans aucun doute et sans crainte de se tromper, ou il est avec doute ; ou il est accompagné d'une connoissance évidente, ou sans avoir cette connoissance, il cède à l'autorité de quelque personne croyable. Pour entendre tout ceci, démêlons ce que nous faisons à chaque preuve qui nous touche, et voyons premièrement ce que nous faisons dans les preuves tirées de raison.

La première chose que fait l'esprit, c'est d'entendre la bonté de la conséquence ; ce qu'on sent naturellement quand on a le sens droit, et où on peut être aidé par les règles que nous avons vues.

Ce consentement à la conséquence est égal dans l'argument démonstratif et dans le probable ; car la forme de l'un et de l'autre doit être bonne, autrement on ne conclut rien.

Les prémisses doivent aussi être véritables et connues pour telles par l'esprit, et cette connoissance fait partie du consentement que donne l'esprit au raisonnement qu'il examine. Ainsi toute la différence qu'il y a entre le consentement que l'esprit donne à une démonstration, et celui qu'il donne à un argument purement probable, est que dans la démonstration, l'esprit entend la chose clairement et absolument comme véritable ; au lieu que dans l'argument probable, il la voit non absolument comme vraie, mais comme prouvée par plus de moyens.

C'est pourquoi dans la démonstration, le consentement ne

souffre aucun doute; et dans l'argument probable, encore que l'esprit voie qu'une chose a plus de raison en la comparant à une autre, comme il ne voit pas qu'elle soit absolument véritable en elle-même, il demeure incertain à cet égard.

Ainsi posé qu'un vaisseau ait trente pièces essentielles, celui qui les sait toutes avec leurs jointures et leurs usages, peut faire une parfaite démonstration du vaisseau ; celui qui n'en sait que vingt, n'en peut raisonner qu'en doutant, non plus que celui qui n'en sait que dix ; et on peut dire absolument que ni l'un ni l'autre n'entend ce que c'est qu'un vaisseau, quoique celui qui en entend vingt soit assuré d'en savoir plus que l'autre.

Tel est le consentement que donne l'esprit aux preuves intérieures et tirées de la nature des choses.

On peut juger par là quel est celui qu'on donne aux argumens tirés de l'autorité. Car, ou l'esprit entend que l'autorité est infaillible, et alors il donne un consentement plein et absolu ; ou il entend que l'autorité est douteuse, et alors le consentement qu'il donne à la chose est accompagné de doute.

Par exemple, si j'entends dire à trois ou quatre personnes seulement que Gand est pris, je commence à croire la chose, mais en doutant : que si la nouvelle se confirme, et que tout le monde le mande positivement, je m'en tiens aussi assuré que si je l'avois vu moi-même.

Il faut pourtant remarquer que quand mon esprit consent à une vérité sur le rapport de quelqu'un, je dis plutôt que je le crois, que je ne dis que je l'entends. Si un excellent mathématicien m'assure que dans un tel mois et à telle heure il paroîtra sur notre hémisphère une éclipse de soleil, je le crois sur sa parole. Je dirai que je l'entends, lorsque instruit des principes, j'aurai fait le même calcul que lui.

C'est que le terme d'entendre n'est que pour les choses qu'on connoît en elles-mêmes, et non pour celles qu'on reçoit sur la foi d'autrui.

Quelques philosophes de ces derniers siècles ont mis le consentement de l'ame qui acquiesce à la vérité, ou le doute qui la tient en suspens, dans des actes de la volonté. Dans cette question, il peut y avoir beaucoup de disputes de mots. Quoi qu'il en soit, il y a toujours quelque acte d'entendement qui précède ces actes de volonté, et il est plus raisonnable de mettre le consentement dans le principe que dans la suite; joint qu'il est naturel d'attribuer le consentement et le jugement à la faculté à laquelle il appartient de discerner, comme il est plus naturel d'attribuer le discernement à celle à qui appartient la connoissance.

Au reste, lorsque l'ame examine une vérité et y consent, nous ne remarquons en nous que ces actes de volonté : premièrement la volonté d'examiner, qui cause l'attention; après, selon que nous entendons plus ou moins les choses en elles-mêmes, ou que nous voyons plus ou moins d'autorité dans ceux qui nous les rapportent, ou nous voulons examiner davantage, ou pleinement convaincus dans l'entendement, nous ne voulons plus que jouir de la vérité découverte.

CHAPITRE XX.

Des moyens de preuve tirés de la nature de la chose.

Les philosophes ont accoutumé de faire un dénombrement des moyens de preuves, tant de ceux qui sont tirés de l'intérieur ou de la nature de la chose que de ceux qui sont tirés du dehors. C'est ce qui s'appelle *lieux*, en grec *topoi*, qui ont donné le nom aux *Topiques* d'Aristote, que Cicéron a traduites, qui est un livre où ce philosophe a traité de ces lieux. C'est de là aussi que prennent leur nom les argumens qu'on appelle *topiques*.

On appelle ainsi les argumens probables, parce qu'ils se tirent ordinairement de ces lieux.

On les peut réduire à vingt, que nous allons expliquer en peu de mots.

Les deux premiers se tirent du nom. L'un se prend de *l'étymologie*, en latin *notatio nominis*, c'est-à-dire de la racine dont les mots sont dérivés; comme quand je dis : *Si vous êtes roi, régnez; si vous êtes juge, jugez.*

L'autre approche de celui-là, et se prend des mots qui ont ensemble la même origine, qu'on appelle *conjugata*, comme dans ce vers de Térence :

<small>Homo sum; humani nihil à me alienum puto [1].</small>

Le troisième et le quatrième lieu sont la *définition*, et la *division*, dont nous avons amplement parlé dans la seconde partie [2].

Le cinquième et le sixième sont le *genre* et *l'espèce*; par exemple, quand je dis : *Vous vous exposez trop pour être véritablement vaillant ; car la valeur, qui est une vertu, demande la médiocrité et le milieu prescrit par la raison*, c'est argumenter par le genre. Et quand je dis : *Cet homme n'est pas sans vertu, puisqu'il a la prudence militaire,* j'argumente par l'espèce.

Suit le septième et le huitième lieu, qui sont le *propre* et *l'accident* : *Il est encore un peu emporté ; mais c'est qu'il est jeune, et le temps le corrigera tous les jours de ce défaut.* Mais c'est argumenter par l'accident, lorsqu'on emploie cette excuse pour un général d'armée vaincu et défait : *Il a été battu, c'est un accident ordinaire dans la guerre; mais il ne s'est point laissé abattre par sa défaite, c'est l'effet d'un courage surprenant.*

Le neuvième et le dixième lieu se tirent de la *ressemblance* ou *dissemblance, à simili* vel *dissimili*. J'argumente par la ressemblance, quand je dis : *Comme une jeune plante veut être arrosée, ainsi l'esprit d'un jeune homme doit être instruit des préceptes de la sagesse;* et au contraire j'argumente par la dissemblance, en disant : *Si les peuples rudes et barbares, qui ne se soucient pas que leurs enfans soient raisonnables, négligent leur instruction; les peuples civilisés, qui ont des pensées différentes, doivent prendre soin de les contenir sous une exacte discipline.*

Le onzième et le douzième lieu est celui de la *cause* et celui de l'*effet*. Nous avons déjà remarqué [3] qu'on argumente de la cause à l'effet, et que c'est de là que se tire la démonstration *à priori* : comme on remonte de l'effet à la cause, et c'est de là que se tire la démonstration *à posteriori*.

---

[1] *Heautontimorum.,* act. I, sc. I. — [2] Liv. II, chap. XIII et XIV, ci-dessus, p. 371 et suiv. — [3] Livre III, chapitre XVI, p. 416, 417.

Nous avons expliqué ailleurs les quatre genres de causes (a), la *matérielle*, la *formelle*, l'*efficiente* et la *finale*; même la cause *exemplaire*, qui se rapporte aux trois dernières.

Il nous reste ici à remarquer que les principaux argumens se tirent de la cause efficiente et de la finale; comme quand je dis : *Louis est vaillant; il a plus de troupes, plus d'argent, plus de braves officiers; et, ce qui est plus considérable, plus de sagesse et de courage que ses ennemis; ses forces sont plus unies, ses conseils sont plus suivis; il les battra donc malgré leur grand nombre,* je me sers de la cause efficiente; et si je dis : *Il veut la paix; c'est pourquoi il fait puissamment la guerre, pour forcer ses ennemis à recevoir des conditions équitables,* j'emploie la cause finale.

Au reste la même méthode qui apprend à prouver les effets par les causes, apprend aussi à découvrir les causes par les effets.

Après les lieux de la cause et des effets, marchent les treizième, quatorzième et quinzième lieux, tirés de ce qui précède, de ce qui accompagne et de ce qui suit : *ab antecedentibus, ab adjunctis, à consequentibus. Il a pris ses armes; il est sorti en murmurant; il est entré sur le soir dans le bois où s'est fait ce meurtre; il l'a donc fait :* c'est argumenter par ce qui précède.

On l'a vu marcher secrètement, se couler derrière un buisson, tirer : voilà ce qui accompagne. *Il est revenu troublé et hors de lui-même; une joie maligne, qu'il tâchoit de tenir cachée, a paru sur son visage avec je ne sais quoi d'alarmé :* voilà ce qui suit.

Le seizième lieu s'appelle le lieu tiré des contraires, *à contrario*. Par exemple : *Si le luxe, si la mollesse, si la nonchalance ruinent les princes et les Etats, il est clair que la retenue, la discipline, la modération, l'activité doivent opérer leur conservation.*

Le dix-septième lieu, qui s'appelle *à repugnantibus*, ou des choses répugnantes, est voisin du précédent : *Vous dites que vous m'estimez, et que vous voulez me croire en tout; cependant lorsque je vous dis que vous éleviez vos pensées à proportion de votre*

(a) *Note marginale :* Voyez le *Traité des causes*, à la fin de cet ouvrage. D'une part; ce traité n'a jamais été imprimé; de l'autre le manuscrit ne se trouve plus. L'abbé Caron dit qu'il étoit, avant la révolution, à la bibliothèque du roi.

naissance, et que vous quittiez ces discours et ces actions d'enfant, vous n'en faites rien; cela ne s'accorde pas, et votre conduite ne convient pas avec vos discours.

Le *tout* et la *partie* font le dix-huitième lieu. Là se fait cet argument qui s'appelle le *dénombrement des parties, ab enumeratione partium*. Ainsi l'Orateur romain, dans l'oraison pour la loi *Manilia*[1], en faisant le dénombrement de toutes les parties d'un grand capitaine, conclut que Pompée est le capitaine accompli qu'il faut opposer à Mithridate.

Par la même raison, si on convient que quelqu'un soit un parfait capitaine, on montrera par là qu'il aura donc la prudence, la valeur, et toutes les autres parties d'un bon général.

Le dix-neuvième lieu se tire de la comparaison d'une chose avec une autre, *à comparatione :* et les argumens s'en forment en trois manières. Car ou on argumente du grand au petit, c'est-à-dire du plus probable au moins probable, *à majori*; ou du petit au grand, c'est-à-dire du moins probable au plus probable, *à minori*; ou de l'égal à l'égal, en faisant voir que deux choses sont également probables, *à pari*. On dit, par exemple : *Si Cambray, si Valenciennes, si Gand n'ont pu résister à Louis, combien les Hollandois doivent-ils plus craindre pour Saas-de-Gand et les autres places moins fortes qui bordent leurs frontières :* c'est argumenter *à majori*.

Junon argumente *à minori*, quand elle dit au dixième livre de l'*Enéide : Vénus, vous pouvez défendre vos Troyens par tant de prodiges; et moi, la reine des dieux, ce sera un crime si je fais quelque chose pour les Rutuliens*[2] *!*

Enée raisonne *à pari* dans le sixième, lorsqu'après avoir produit les exemples de Thésée, d'Hercule et d'Orphée, enfans des dieux qui étoient entrés dans les enfers, il conclut qu'on peut bien lui accorder la même chose, puisqu'il est comme eux fils de Jupiter.

Et mi genus ab Jove summo[3].

Le vingtième lieu est l'*exemple* ou l'*induction*. Quelques-uns

---

[1] Cicéron : *Oratio pro lege Maniliâ*, n. 10 et seq. — [2] Virg., *Æneid*, lib. X, v. 81 et seq. — [3] Virg. *Æneid.*, lib. VI, v. 119.

rapportent ce lieu à celui de la ressemblance. Quoi qu'il en soit, il est important et mérite une réflexion particulière.

CHAPITRE XXI.

De l'exemple ou induction.

L'induction est *un argument par lequel en parcourant toutes les choses particulières, on établit une proposition universelle :* par exemple, en parcourant les hommes particuliers, on les trouve tous capables de rire.

Mais, dira-t-on, *avez-vous vu tous les particuliers, pour tirer cette conséquence ?* Non, sans doute; aussi n'est-il pas nécessaire ; il suffit que ni moi, ni aucun autre que j'aie vu, ni qui que ce soit au monde, n'ait jamais vu ni ouï dire qu'on ait vu des hommes faits autrement. Comme donc on sait d'ailleurs que la nature va toujours un même train, je suis assuré par l'induction que, non-seulement tous les hommes qui sont aujourd'hui sont capables de rire, mais que jamais il n'y en a eu et n'y en aura d'une autre façon.

Il faut cependant supposer, pour faire une induction valable et démonstrative, que la chose soit exposée et vue.

On prouve par induction toutes les choses qui ne sont constantes que par expérience, c'est-à-dire la plupart des choses de physique.

Cet argument est propre a faire connoître la nature et l'usage des choses : par exemple, on dit que la clavicule sert à écarter les bras ; et voici comme on le prouveroit par induction : *Non-seulement les hommes qui écartent beaucoup les bras ont une clavicule, mais encore les oiseaux ; où nous voyons un mouvement fort étendu dans les ailes qui représentent les bras. Les singes ont aussi cette partie, parce qu'ils étendent leurs bras à la manière des hommes ; et les taupes de même, parce qu'elles ont à écarter la terre avec leurs pieds de devant ; au lieu que les autres animaux qui n'ont point cette étendue de mouvement, n'ont point aussi de clavicule.*

A l'induction se rapporte l'exemple, qui regarde les choses

morales : ainsi pour faire voir à quels désordres l'amour porte les hommes, on représente ce qu'il a fait faire à Samson, à David et à Salomon, comme il a pensé faire périr César dans Alexandrie, comme il a fait périr Antoine, et mille autres événemens semblables.

Au reste les inductions peuvent être très-aisément réduites en syllogismes parfaits. Dans celle que nous avons faite, on peut former ce raisonnement : *Le vrai usage de la clavicule est celui qu'on voit dans tous les animaux, où se trouve cette partie : or est-il que l'usage de la clavicule s'y trouve tel que nous l'avons dit : donc tel est en effet le vrai usage de la clavicule.*

La majeure est certaine, la difficulté est donc dans la mineure, et la preuve se fait par l'induction.

De même dans l'argument que nous avons fait sur l'amour, on peut dire ainsi : *La passion qui fait tomber les plus grands hommes dans de grands inconvéniens, est d'un extrême désordre, cela est constant : or l'amour opère ces mauvais effets ;* c'est ce qui se prouve par les exemples.

CHAPITRE XXII.

Des lieux extérieurs, c'est-à-dire des lieux tirés de l'autorité.

Venons maintenant aux lieux extérieurs, c'est-à-dire à *ceux où on se laisse persuader par autorité.*

Nous avons vu que l'autorité est ou divine ou humaine.

On se sert de l'autorité, ou pour persuader des choses qui dépendent du raisonnement, par exemple, que le vrai bonheur consiste dans la vertu ; ou pour persuader des choses de fait et qui dépendent des sens, par exemple, que les Hollandois ont consenti à la paix.

Pour les choses qui dépendent du raisonnement, il n'y a que l'autorité divine qui fasse une preuve entière, parce que Dieu seul est infaillible.

Ainsi croire une doctrine plutôt qu'une autre par la seule autorité des hommes, c'est s'exposer à l'erreur.

L'autorité humaine peut donc induire à une doctrine, mais non pas convaincre l'esprit.

Pour les faits, l'autorité humaine peut quelquefois emporter une pleine conviction, comme il a été déjà dit.

Les argumens d'autorité humaine se tirent du consentement du genre humain, ou du sentiment des sages, ou des lois et des jugemens, ou des actes publics, ou de la renommée, ou des témoignages précis.

Voilà comme les six lieux d'où se tirent les argumens d'autorité.

Le *sentiment du genre humain* est considéré comme la voix de toute la nature, et par conséquent en quelque façon comme celle de Dieu ; c'est pourquoi la preuve est invincible ; par exemple, parmi tant de mœurs et de sentimens contraires qui partagent le genre humain, on n'a point encore trouvé de nation si barbare qui n'ait quelque idée de la Divinité : ainsi nier la Divinité, c'est combattre la nature même. On voit aussi toutes les nations, du moins celles qui ne sont pas tout à fait sauvages, convenir d'un gouvernement : on doit donc croire, sans hésiter, que rien n'est plus convenable au genre humain.

Presque tous les peuples conviennent de tenir les ambassadeurs pour des personnes sacrées. L'amour de la paix, que toute la nature préfère à la guerre, établit ce droit, parce que les ambassadeurs, qui portent les paroles de part et d'autre, sont les médiateurs des traités et les dépositaires de la foi publique.

Immédiatement au-dessous du consentement du genre humain, marche le *sentiment des sages,* qui ne fait pourtant pas une preuve entière, parce que les hommes les plus sages peuvent faillir.

Le sentiment des sages prouve seulement qu'une opinion n'est pas tout à fait absurde, n'étant pas croyable que des hommes sages tombent dans des erreurs palpables.

Cette preuve n'est cependant pas tout à fait concluante, puisqu'on a vu des hommes en réputation de sagesse tomber dans de manifestes absurdités, comme Platon dans l'opinion de la communauté des femmes [1].

---

[1] *De Republ.*, lib. VI.

Mais où il faut principalement croire les sages, c'est dans les choses d'expérience, je veux dire dans les affaires. C'est là que les sages expérimentés, dont le sens est raffiné et la prudence confirmée par l'usage, découvrent ce que les autres ne pourroient pas soupçonner.

Suit l'*autorité des lois*, qui comprend aussi le sentiment des sages, mais reçu et autorisé par toute une nation. Il y a même les lois naturelles, qui étant approuvées par tout ce qu'il y a de peuples civilisés, appartiennent au consentement du genre humain ; comme est la loi d'honorer ceux qui nous ont donné la vie, et la défense de se marier entre les personnes du même sang, tels que sont les frères et les sœurs.

Avec les lois vont les *jugemens*, qui en font l'application, et qui ont une autorité à peu près semblable.

Cette autorité n'ôte pas toute la raison de douter, parce qu'il y a des nations où les jugemens sont corrompus, et dont les lois sont mauvaises : telle qu'étoit parmi les païens la loi d'adorer les divinités du pays.

Les actes publics, en latin *tabulæ*, font preuve en jugement, à moins qu'on ne fasse voir clairement qu'ils ont été falsifiés.

On appelle actes public *ceux qui se font juridiquement en présence des personnes publiques*, comme sont les contrats et autres choses de cette nature. Les personnes publiques sont les juges, les magistrats, les notaires, les greffiers, et autres qui tiennent les registres publics, chacun en ce qui lui est confié.

On favorise de tels actes, et on présume pour ceux à qui le public se fie : joint qu'ils sont sans intérêt, et qu'ils sont soumis à des châtimens rigoureux, s'ils prévariquent dans leur charge.

Il n'arrive pourtant que trop souvent des fraudes et des faussetés dans de tels actes, du côté des ministres de la justice ; ce qui fait qu'on ne peut trop prendre de précautions pour les bien choisir, parce qu'ils ont en main le bien et l'honneur des familles, et qu'ils sont les dépositaires de la foi publique.

L'argument tiré de la *renommée* et du bruit public, est digne de grande considération, et il importe de voir combien on y doit déférer.

La renommée nous rapporte deux sortes de choses : premièrement, ce qui se passe dans le monde; secondement, les bonnes ou les mauvaises qualités des personnes.

A l'égard de ce qui se passe dans le monde, quand ce sont des choses qui se passent dans le public, la renommée fait pour l'ordinaire un argument convaincant : par exemple, on dit constamment qu'une ville est prise, qu'une bataille est gagnée ; comme ce sont des choses qui se font au su et au vu de tout le monde, un bruit constant et unanime est de même force que le consentement du genre humain, et personne ne le révoque en doute.

Au reste le bruit constant suppose de la durée ; car le monde peut être surpris par des mensonges hardis, et toutefois vraisemblables. Mais quand le bruit est douteux, chacun voit qu'il faut aller à la source, et attendre la confirmation.

Que si les choses sont secrètes, alors il n'en faut pas croire le bruit commun, par exemple, lorsqu'on parle de résolutions prises au conseil des princes, choses qui de leur nature doivent demeurer cachées ; mais comme les plus grands secrets peuvent souvent échapper, il ne faut pas toutefois négliger ces bruits. Pour n'y être pas trompé, il faut, autant qu'il se peut, aller à la source d'où ils viennent ; voir s'ils ont un auteur certain, et quelle correspondance il a avec ceux qui peuvent savoir le secret ; considérer au surplus ce qui se fait en conformité de ces résolutions qu'on publie, et voir les divers motifs qu'on peut avoir en les publiant, ou pour endormir le monde, ou pour faire qu'on se remue mal à propos.

Ainsi Agésilas amusoit et trompoit les Perses par les bruits qu'il faisoit courir ; ainsi voyons-nous qu'un grand capitaine fit courir longtemps le bruit de sa mort, afin de surprendre tout à coup ses ennemis que ce bruit avoit rassurés.

Mais où la renommée doit avoir le plus d'autorité, c'est à nous faire connoître les bonnes ou les mauvaises qualités des hommes. Il y faut quatre conditions : 1° qu'il s'agisse de personnes connues ; 2° qu'il paroisse que leur réputation vient naturellement et sans cabale ; 3° qu'elle soit fondée sur quelque action particulière ; 4° qu'elle soit durable. Quand toutes ces choses se rencontrent, on peut croire ce que rapporte la réputation, et encore plutôt la bonne que la mauvaise, parce que les hommes étant pour la plupart envieux et médisans, ce n'est que par vive force de mérite qu'on remporte l'approbation publique.

C'est pour cela que les princes, qui ne peuvent connoître familièrement et intimement beaucoup de particuliers, n'ont point de meilleur moyen pour en bien juger que la voix publique, si elle peut venir pure et sincère jusqu'à eux : et il semble qu'ils doivent s'en tenir à son rapport, à moins que de connoître le contraire par eux-mêmes, ou par des rapports sûrs et fidèles.

Et quelquefois même il est plus sûr de croire la voix publique que nos propres sentimens ou ceux d'un autre, quelque fidèles qu'ils soient, parce que *plusieurs yeux voient mieux qu'un seul*, comme dit le proverbe ; ce qui s'entend toutefois lorsque la connoissance que nous avons par nous-mêmes n'est pas certaine et précise ; car alors il n'y a rien à lui préférer.

Suit enfin le *témoignage*, qui est le dernier lieu de l'autorité. On croit en justice deux témoins contextes, c'est-à-dire qui déposent tous deux constamment le même fait; et il n'en faut pas davantage pour faire mourir un homme (*a*).

Pour rendre les témoins croyables, il faut : 1° qu'ils soient assurés du fait ; 2° qu'ils ne soient point suspects ; 3° qu'ils soient désintéressés, et qu'on ait raison de croire que la seule vérité les fait parler. C'est pourquoi la justice reçoit les reproches contre les témoins, avant que de déférer à leur témoignage.

CHAPITRE XXIII.

Des diverses habitudes qui se forment dans l'esprit en vertu des preuves.

Il ne suffit pas de remarquer les diverses sortes de preuves, et les actes de l'entendement qui y répondent ; il faut encore connoître les habitudes qui se forment par ce moyen dans notre esprit : ce

---

(*a*) L'ancien droit pénal exigeoit, pour la condamnation de l'accusé, la déposition concordante de deux témoins ; le droit moderne n'exige que la conviction du juge. L'ancien adage : *Testis unus testis nullus*, n'est plus vrai en jurisprudence.

qui ne sera pas difficile, puisque les actes étant connus, les habitudes le sont en même temps.

Disons donc en peu de mots que les preuves par autorité engendrent la foi ; les argumens topiques ou probables engendrent l'opinion ; et les démonstrations engendrent la science.

La foi est *une habitude de croire une chose par l'autorité de quelqu'un qui nous la dit.*

Nous avons déjà remarqué qu'il y a *foi divine* et *foi humaine,* et que la foi humaine quelquefois est accompagnée de certitude, quelquefois non.

L'opinion est *une habitude de croire une chose par des principes vraisemblables,* comme la science est une habitude de croire une chose par des principes clairs et certains.

L'opinion et la science se tirent de l'objet même, et la foi se tire de celui qui propose ; c'est-à-dire que dans l'opinion et dans la science, la raison qui détermine est dans l'objet même ; et dans la foi, la raison qui détermine est seulement dans l'autorité de la personne qui parle.

C'est pourquoi la foi suppose toujours quelque obscurité dans la chose ; l'opinion et la science au contraire y supposent de la clarté. Mais la clarté dans la science est pleine et parfaite ; au lieu que la lumière qui luit dans l'opinion est une lumière douteuse qui n'apporte jamais un parfait discernement.

Aussi l'opinion prise en elle-même, n'emporte jamais un parfait acquiescement ni l'entier repos de l'esprit. La science exclut toute crainte, et ne laisse rien à désirer à l'esprit dans ce qui est de son objet précis.

Quant à la foi, lors même qu'elle donne une pleine certitude, elle ne fait point un parfait repos, parce que l'esprit désire toujours de connaître le fond des choses par lui-même.

On demande si la foi, l'opinion et la science peuvent compatir ensemble dans le même entendement ; ce qui se dispute peut-être avec plus de subtilité que d'utilité. Mais ce qu'il est bon de savoir, et qui aussi ne souffre pas de contestation, c'est que l'esprit peut examiner ce que vaut chaque preuve, soit probable, soit démonstrative, soit de pure autorité, et laisse faire à chacune ce qui lui convient; en sorte qu'il dise en lui-même : *Je crois telle chose par démonstration;* par exemple, *qu'il y a une providence : quand je ne le saurois pas avec certitude, j'inclinerois à ce sentiment par tant d'exemples de châtimens et de récompenses qui me le rendent vraisemblable : et quand toutes ces preuves me manqueroient, je serois porté à le croire, parce que les plus grands hommes l'ont cru; et par-dessus tout cela je n'en douterois pas, parce que Dieu même l'a révélé.*

Voilà ce que produisent dans l'esprit les preuves tant de raison que d'autorité, celles qui se tirent de la chose même, et celles qui se tirent des personnes qui nous la proposent.

Outre ces trois habitudes principales de l'entendement, il y en a d'autres qui sont comme dérivées de celles-là; telles que sont les cinq qu'Aristote a expliquées, et qu'il nomme *sagesse, intelligence, science, art,* et *prudence* [1].

La sagesse est *la connoissance certaine des effets par les premières causes;* comme quand on rend raison des événemens; ou de l'ordre de l'univers, par la Providence.

L'intelligence est *la connoissance certaine des premiers principes, et l'habitude d'y voir d'abord comme d'une seule vue, les conclusions qui en sont tirées.*

La science est *la connoissance certaine des conclusions par l'application des principes.*

L'art est *la connoissance qui fait faire comme il faut quelque ouvrage extérieur.*

La prudence enfin est *une connoissance des choses qui regardent les mœurs;* ce qui nous conduit tout naturellement à la morale.

[1] *Ethic. Nicomach,* seu *de Moribus,* lib. VI, cap. III et seq.

FIN DE LA LOGIQUE.

TRAITÉ
DU LIBRE ARBITRE.

CHAPITRE PREMIER.

Définition de la liberté dont il s'agit. Différence entre ce qui est permis, ce qui est volontaire, et ce qui est libre.

Nous appelons quelquefois libre ce qui est permis par les lois ; mais la notion de liberté s'étend encore plus loin, puisqu'il ne nous arrive que trop de faire même beaucoup de choses que les lois ni la raison ne permettent pas.

On appelle encore faire librement, ce qu'on fait volontairement et sans contrainte. Ainsi nous voulons tous être heureux, et ne pouvons pas vouloir le contraire ; mais comme nous le voulons sans peine et sans violence, on peut dire en un certain sens que nous le voulons librement. Car on prend souvent pour la meme chose *liberté* et *volonté*, *volontaire* et *libre*. *Liberè*, d'où vient *libertas* (a), semble vouloir dire la même chose que *velle*, d'où vient *voluntas*; et on peut confondre en ce sens la liberté et la volonté : ce qu'on fait *libentissimè* avec ce qu'on fait *liberrimè*.

On ne doute point de la liberté en ces deux sens. On convient qu'il y a des choses permises, et en ce sens libres ; comme il y a des choses commandées, et en cela nécessaires. On est aussi d'accord qu'on veut quelque chose, et on ne doute non plus de sa volonté que de son être. La question est de savoir s'il y a des choses qui soient tellement en notre pouvoir et en la liberté de notre choix, que nous puissions ou les choisir ou ne les choisir pas.

(a) *Liberè* et *libertas* viennent l'un et l'autre de *libet*, il plaît ; et ce dernier mot trouve son correspondant dans l'allemand et l'anglais *lieben* et *to low*, aimer ; et dans le soascrit *lubh*, désirer.

CHAPITRE II.

Que cette liberté est dans l'homme, et que nous connoissons cela naturellement.

Je dis que la liberté, ou le libre arbitre considéré en ce sens, est certainement en nous, et que cette liberté nous est évidente.
1° Par l'évidence du sentiment et de l'expérience.
2° Par l'évidence du raisonnement.
3° Par l'évidence de la révélation c'est-à-dire parce que Dieu nous l'a clairement révélé par son Écriture.

Quant à l'évidence du sentiment, que chacun de nous s'écoute et se consulte soi-même, il sentira qu'il est libre, comme il sentira qu'il est raisonnable. En effet nous mettons grande différence entre la volonté d'être heureux, et la volonté d'aller à la promenade. Car nous ne songeons pas seulement que nous puissions nous empêcher de vouloir être heureux; et nous sentons clairement que nous pouvons nous empêcher de vouloir aller à la promenade. De même nous délibérons et nous consultons en nous-mêmes, si nous irons à la promenade ou non; et nous résolvons comme il nous plaît, ou l'un ou l'autre; mais nous ne mettons jamais en délibération si nous voudrons être heureux ou non : ce qui montre que comme nous sentons que nous sommes nécessairement déterminés par notre nature même à désirer d'être heureux, nous sentons aussi que nous sommes libres à choisir les moyens de l'être.

Mais parce que dans les délibérations importantes, il y a toujours quelque raison qui nous détermine, et qu'on peut croire que cette raison fait dans notre volonté une nécessité secrète, dont notre ame ne s'aperçoit pas; pour sentir évidemment notre liberté, il en faut faire l'épreuve dans les choses où il n'y a aucune raison qui nous penche d'un côté plutôt que d'un autre. Je sens, par exemple, que levant ma main, je puis ou vouloir la tenir immobile, ou vouloir lui donner du mouvement; et que me résolvant à la mouvoir, je puis où la mouvoir à droite ou à gauche avec une égale facilité : car la nature a tellement disposé les organes du mouvement, que je n'ai ni plus de peine ni plus de plaisir à l'une de ces actions qu'à l'autre ; de sorte que plus je considère sérieusement et profondément ce qui me porte à celui-là plutôt qu'à celui-ci, plus je ressens clairement qu'il n'y a que ma volonté qui m'y détermine, sans que je puisse trouver aucune autre raison de le faire.

Je sais que quand j'aurai dans l'esprit de prendre une chose plutôt qu'une autre, la situation de cette chose me fera diriger de son côté le mouvement de ma main : mais quand je n'ai aucun autre dessein que celui de mouvoir ma main d'un certain côté, je ne trouve que ma seule volonté qui me porte à ce mouvement plutôt qu'à l'autre.

Il est vrai que remarquant en moi-même cette volonté qui me fait choisir un des mouvemens plutôt que l'autre, je ressens que je fais par là une épreuve de ma liberté, où je trouve de l'agrément ; et cet agrément peut être la cause qui me porte à me vouloir mettre en cet état. Mais premièrement, si j'ai du plaisir à éprouver et à goûter ma liberté, cela suppose que je la sens. Secondement, ce désir d'éprouver ma liberté me porte bien à me mettre en état de prendre parti entre ces deux mouvemens ; mais ne me détermine point à commencer plutôt par l'un que par l'autre, puisque j'éprouve également ma liberté, quel que soit celui des deux que je choisisse.

Ainsi j'ai trouvé en moi-même une action, où n'étant attiré par aucun plaisir, ni troublé par aucune passion, ni embarrassé d'aucune peine que je trouve en l'un des partis plutôt qu'en l'autre, je puis connoître distinctement, surtout y pensant comme je fais, tous les motifs qui me portent à agir de cette façon plutôt que de la contraire. Que si plus je recherche en moi-même la raison qui me détermine, plus je sens que je n'en ai aucune autre que ma seule volonté : je sens par là clairement ma liberté, qui consiste uniquement dans un tel choix.

C'est ce qui me fait comprendre que je suis fait à l'image de Dieu ; parce que n'y ayant rien dans la matière qui le détermine à la mouvoir plutôt qu'à la laisser en repos, ou à la mouvoir d'un côté plutôt que d'un autre : il n'y a aucune raison d'un si grand effet que sa seule volonté, par où il me paroît souverainement libre.

C'est ce qui fait voir en passant que cette liberté dont nous parlons, qui consiste à pouvoir faire ou ne faire pas, ne procède précisément ni d'irrésolution, ni d'incertitude, ni d'aucune autre imperfection : mais suppose que celui qui l'a au souverain degré de perfection, est souverainement indépendant de son objet, et a sur lui une pleine supériorité.

C'est par là que nous connoissons que Dieu est parfaitement libre en tout ce qu'il fait au dehors, corporel ou spirituel, sensible ou intelligible, et qu'il l'est en particulier à l'égard de l'impression du mouvement qu'il peut donner à la matière. Mais tel qu'il est à l'égard de toute la matière et de tout son mouvement, tel a-t-il voulu que je fusse à l'égard de cette petite partie de la matière et du mouvement qu'il a mis dans la dépendance de ma volonté. Car je puis avec une égale facilité faire un tel mouvement ou ne le pas faire : mais comme l'un de ces mouvemens n'est pas en soi meilleur que l'autre, ni n'est pas aussi meilleur pour moi en l'état où je viens de me considérer : je vois par là qu'on se trompe quand on cherche dans la matière un certain bien qui détermine Dieu à l'arranger ou à la mouvoir, en un sens plutôt qu'en un autre. Car le bien de Dieu, c'est lui-même ; et tout le bien qui est hors de lui vient de lui seul : de sorte que quand on dit que Dieu veut toujours ce qu'il y a de mieux, ce n'est pas qu'il y ait un mieux dans les choses qui précèdent en quelque sorte sa volonté et qui l'attirent : mais c'est que tout ce qu'il veut par là devient le meilleur, à cause que sa volonté est cause de tout le bien et de tout le mieux qui se trouve dans la créature.

J'ai donc un sentiment clair de ma liberté, qui sert à me faire entendre la souveraine liberté de Dieu, et comme il m'a fait à son image.

Au reste ayant une fois trouvé en moi-même et dans une seule de mes actions, ce principe de liberté, je conclus qu'il se trouve dans toutes les actions, même dans celles où je suis plus passionné, quoique la passion qui me trouble ne me permette pas peut-être de l'y apercevoir d'abord si clairement.

Aussi vois-je que tous les hommes sentent en eux cette liberté. Toutes les langues ont des mots et des façons de parler très-claires et très-précises pour l'expliquer : tous distinguent ce qui est en nous, ce qui est en notre pouvoir, ce qui est remis à notre choix, d'avec ce qui ne l'est pas ; et ceux qui nient la liberté ne disent point qu'ils n'entendent pas ces mots, mais ils disent que la chose qu'on veut signifier par là n'existe pas.

C'est sur cela que je fonde l'évidence du raisonnement qui nous démontre notre liberté. Car nous avons une idée très-claire, et une notion très-distincte de la liberté dont nous parlons : d'où il s'ensuit que cette notion est très-véritable, et par conséquent que la chose qu'elle représente est très-certaine. Et nous n'avons pas seulement l'idée de la souveraine liberté de Dieu, qui consiste en son indépendance absolue ; mais encore d'une liberté qui ne peut convenir qu'à la créature, puisque nous connoissons clairement que nous pouvons choisir si mal, que nous commettrons une faute : ce qui ne peut convenir qu'à la créature : il n'y a personne qui ne conçoive qu'il feroit un crime exécrable d'ôter la vie à son bienfaiteur, et encore plus à son propre père. Tous les jours nous reconnoissons en nous-mêmes que nous faisons quelque faute, dont nous avons de la douleur : et quiconque y voudra penser de bonne foi, verra clairement qu'il met grande différence entre la douleur que lui cause une colique, ou la fâcherie que lui donne quelque perte de ses biens, et quelque défaut naturel de sa personne ; et cette autre sorte de douleur qu'on appelle *se repentir*. Car cette dernière espèce de douleur nous vient de l'idée d'un mal qui n'est pas inévitable, et qui ne nous arrive que par notre faute : ce qui nous fait entendre que nous sommes libres à nous déterminer d'un côté plutôt que d'un autre ; et que si nous prenons un mauvais parti, nous devons nous l'imputer à nous-mêmes.

Il n'y a personne qui ne remarque la différence qu'il y a entre l'aversion que nous avons pour certains défauts naturels des hommes, et le blâme que nous donnons à leurs mauvaises actions. On voit aussi que c'est autre chose de priser un homme comme bien composé, que de louer une action humaine comme bien faite : car le premier peut convenir à une pierrerie et à un animal aussi bien qu'à un homme ; et le second ne peut convenir qu'à celui qu'on reconnoît libre, qui se peut par là rendre digne et de blâme et de louange, en usant bien ou mal de la liberté.

On remarque aussi facilement qu'il y a de la différence entre frapper un cheval qui a fait un faux pas, parce que l'expérience fait voir que cela sert à le redresser, et à châtier un homme qui a failli, parce qu'on veut lui faire connoître sa faute pour le corriger, ou se servir de lui pour donner exemple aux autres : et quoique les hommes grossiers frappent quelquefois un cheval avec un sentiment à peu près semblable à celui qu'ils ont en frappant leur valet, il n'y a personne qui pensant sérieusement à ce qu'il fait, puisse attribuer une faute ou un crime à un autre qu'à celui à qui il attribue une liberté.

Outre cela l'obligation que nous croyons tous avoir, de consulter en nous-mêmes si nous ferons une chose plutôt que l'autre, nous est une preuve certaine de la liberté de notre choix. Car nous ne consultons point sur les choses que nous croyons nécessaires : comme, par exemple, si nous aurons un jour à mourir ; en cela nous nous laissons entraîner au cours naturel et inévitable des choses : et nous en userions de même à l'égard de tous les objets qui se présentent, si nous ne connoissions distinctement qu'il y a des choses à quoi nous devons aviser, parce que nous y devons agir et nous y déterminer par notre choix. De là je conclus que nous sommes libres à l'égard de tous les sujets sur lesquels nous pouvons douter et délibérer. C'est pourquoi nous sommes libres, même à l'égard du bien véritable, qui est la vertu, parce que, quelque bien que nous y voyions selon la raison, nous ne sentons pas toujours un plaisir actuel en la suivant ; et que par conséquent toute l'idée que nous avons du bien ne s'y trouve pas : de sorte que nous ne pouvons être nécessairement et absolument déterminés à aimer un certain objet, si le bien essentiel qui est Dieu ne nous paroît en lui-même.

En ce cas seulement, nous cesserons de consulter et de choisir : mais à l'égard de tous les biens particuliers, et même du bien suprême connu imparfaitement, comme nous le connoissons en cette vie, nous avons la liberté de notre choix : et jamais nous ne la perdrons, tant que nous serons en état de balancer un bien avec l'autre, parce que notre volonté trouvant partout une idée de objet, c'est-à-dire la raison du bien, aura toujours à choisir entre les uns et les autres, sans que son objet la puisse déterminer tout seul.

Ainsi nous avons des idées très-claires, non-seulement de notre liberté, mais encore de toutes les choses qui la doivent suivre. Car non-seulement nous entendons ce que c'est que choisir librement : mais nous entendons encore que celui qui peut choisir, s'il ne voit pas tout d'abord, doit délibérer; et qu'il fait mal s'il ne délibère; et qu'il fait encore plus mal, si après avoir consulté, il prend un mauvais parti; et que par là il mérite et le blâme, et le châtiment : comme au contraire il mérite, s'il use bien de sa liberté, et la louange, et la récompense de son bon choix. Par conséquent nous avons des idées très-claires de plusieurs choses qui ne peuvent convenir qu'à un être libre : et il y en a parmi celles-là que nous ne pouvons attribuer qu'à un être capable de faillir : et nous trouvons tout cela si clairement en nous-mêmes, que nous ne pouvons non plus douter de notre liberté que de notre être.

Nous voyons donc l'existence de la liberté, en ce qu'il faut admettre nécessairement qu'il y a des êtres connoissans qui ne peuvent être précisément déterminés par leurs objets, mais qui doivent s'y porter par leur propre choix. Nous trouvons en même temps que le premier libre, c'est Dieu, parce qu'il possède en lui-même tout son bien; et n'ayant besoin d'aucun des êtres qu'il fait, il n'est porté à les faire, ni à faire qu'ils soient de telle façon, que par la seule volonté indépendante. Et nous trouvons en second lieu, que nous sommes libres aussi, parce que les objets qui nous sont proposés ne nous emportent pas tous seuls par eux-mêmes, et que nous demeurerions à leur égard sans action, si nous ne pouvions choisir.

Nous trouvons encore que ce premier Libre ne peut jamais ni aimer ni faire autre chose que ce qui est un bien véritable, parce qu'il est lui-même par son essence le bien essentiel, qu'influe le bien dans tout ce qu'il fait. Et nous trouvons au contraire que tous les êtres libres qu'il fait, pouvant n'être pas, sont capables de faillir, parce qu'étant sortis du néant, ils peuvent aussi s'éloigner de la perfection de leur être. De sorte que toute créature sortie des mains de Dieu peut faire bien et mal, jusqu'à ce que Dieu l'ayant menée par la claire vision de son essence, à la source même du bien, elle soit si bien possédée d'un tel objet, qu'elle ne puisse plus désormais s'en éloigner.

Ainsi nous avons connu notre liberté, et par une expérience certaine, et par un raisonnement invincible. Il ne reste plus qu'à y ajouter l'évidence de la révélation divine, à laquelle ne désirant pas m'attacher quant à présent, je me contenterai de dire que cette persuasion de notre liberté étant commune à tout le genre humain, l'Ecriture, bien loin de reprendre un sentiment si universel, se sert au contraire de toutes les expressions par lesquelles les hommes ont accoutumé d'exprimer et leur liberté et toutes ses suites ; et en parle, non de la manière dont elle use en nous obligeant de croire les mystères qui nous sont cachés, mais toujours comme d'une chose que nous sentons en nous-mêmes aussi bien que nos raisonnemens et nos pensées.

CHAPITRE III.

Que nous connoissons naturellement que Dieu gouverne notre liberté, et ordonne de nos actions.

Sur cela il s'élève une seconde question, savoir si nous devons croire selon la raison naturelle, que Dieu ordonne de nos actions et gouverne notre liberté, en la conduisant certainement aux fins qu'il s'est proposées : ou s'il faut penser au contraire que, dès qu'il a fait une créature libre, il la laisse aller où elle veut, sans prendre autre part en sa conduite que de la récompenser si elle fait bien, ou de la punir si elle fait mal.

Mais la notion que nous avons de Dieu résiste à ce dernier sentiment. Car nous concevons Dieu comme un être qui sait tout, qui prévoit tout, qui pourvoit à tout, qui gouverne tout, qui fait ce qu'il veut de ses créatures, et à qui se doivent rapporter tous les événemens du monde. Que si les créatures libres ne sont pas comprises dans cet ordre de la Providence divine, on lui ôte la conduite de ce qu'il y a de plus excellent dans l'univers, c'est-à-dire des créatures intelligentes. Il n'y a rien de plus absurde que de dire qu'il ne se mêle point du gouvernement des peuples, de l'établissement ni de la ruine des États; comment ils sont gouvernés, par quels princes, et par quelles lois : toutes lesquelles choses s'exécutant par la liberté des hommes, si elle n'est en la main de Dieu, en sorte qu'il ait des moyens certains de la tourner où il lui plaît, il s'ensuit que Dieu n'a point de part en tous ces événemens, et que cette partie du monde est entièrement indépendante.

Il ne suffit pas de dire que la créature libre est dépendante de Dieu; premièrement, en ce qu'elle est; 2° en ce qu'elle est libre; 3° en ce que selon l'usage qu'elle fait de sa liberté, elle est heureuse ou malheureuse; car il ne faut pas seulement que quelques effets soient rapportés à la volonté de Dieu : mais comme elle est la cause universelle de tout ce qui est, il faut que tout ce qui est, en quelque manière qu'il soit, vienne de lui; et il faut par conséquent que l'usage de la liberté avec tous les effets qui en dépendent, soit compris dans l'ordre de sa providence : autrement on établit une sorte d'indépendance dans la créature, et on y reconnoît un certain ordre dont Dieu n'est point première cause.

Et on ne sauve point la souveraineté de Dieu, en disant que c'est lui-même qui a voulu cette indépendance de la liberté humaine; car il est de la nature d'une souveraineté aussi universelle et aussi absolue que celle de Dieu, que nulle partie de ce qui est ne lui puisse être soustraite ou exemptée, en quelque façon que ce soit, de sa direction : et avec la même raison qu'on dit que Dieu ayant fait un certain genre de créatures, les laisse se gouverner elles-mêmes sans s'en mêler, on pourroit dire encore que les ayant créées, il les laisse se conserver; ou qu'ayant fait la matière, il la laisse mouvoir et arranger au gré de quelque autre.

Cette fausse imagination est détruite par la claire notion qu'on a de Dieu, parce qu'elle nous fait connoître que, comme il ne se peut rien ôter de ce qui fait la perfection de l'Être divin, il ne se peut aussi rien ôter à la créature de ce qui fait la dépendance de l'être créé.

Mais ne pourroit-on pas dire que cette dépendance de l'être créé se doit entendre seulement des choses mêmes qui sont, et non pas des modes ou des façons d'être? Nullement : car les façons d'être, en ce qu'elles tiennent de l'être, puisqu'en effet elles sont à leur manière, doivent nécessairement venir du premier Être. Par exemple, qu'un corps soit d'une telle figure et dans une telle situation, cela sans doute appartient à l'être : car il est vrai qu'il est ainsi disposé; et cette disposition étant en lui quelque chose de véritable et de réel, elle doit avoir pour première cause la cause universelle de tout ce qui est. Et quand on dit que Dieu est la cause de tout ce qui est, s'il falloit restreindre la proposition aux seules substances sans y comprendre les manières d'être, il faudroit dire qu'à la vérité les corps viennent de lui, mais non leurs mouvemens, ni leurs assemblages, ni leurs divers arrangemens, qui font néanmoins tout l'ordre du monde. Que s'il faut qu'il soit l'auteur de l'assemblage et de l'arrangement de certains corps, qui sont les astres et les élémens, comment peut-on penser qu'il ne faille pas rapporter au même principe l'assemblage et l'arrangement qui se voit parmi les hommes; c'est-à-dire leurs sociétés, leurs républiques et leur mutuelle dépendance, où consiste tout l'ordre des choses humaines? Ainsi la raison fait voir que, non-seulement tout être subsistant, mais tout l'ordre des êtres subsistans, doit venir de Dieu; et à plus forte raison que l'ordre des choses humaines doit sortir de là, puisque les créatures libres étant sans aucun doute la plus noble portion de l'univers, elles sont par conséquent les plus dignes que Dieu les gouverne.

En effet tout homme qui reconnoîtra qu'il y a un Dieu infiniment bon, reconnoîtra en même temps que les lois, la paix publique, la bonne conduite et le bon ordre des choses humaines doivent venir de ce principe. Car comme parmi les hommes, il n'y a rien de meilleur que ces choses, il n'y a rien par conséquent qui marque mieux la main de celui qui est le bien par excellence. Puis donc que toutes ces choses s'établissent par la volonté des hommes, et qu'elles sont le sujet ordinaire sur lequel ils exercent leur liberté, si on n'avoue que Dieu la dirige à la fin qu'il lui plaît, on sera forcé de dire qu'en même temps qu'il nous a faits libres, il s'est ôté le moyen de faire de si grands biens au genre humain; et que loin qu'il faille penser que des choses si excellentes puissent être appelées des bienfaits divins, on doit penser au contraire qu'il n'est pas possible que Dieu nous les donne.

Car ce n'est pas les donner d'une manière digne de lui, que de ne pouvoir pas s'assurer qu'elles seront quand il voudra : il faut donc qu'il soit assuré qu'en les voulant donner aux peuples et aux nations, il saura faire servir à ses volontés les hommes par qui il les veut donner ; et par conséquent que leur liberté sera conduite certainement à l'effet qu'il en prétend, puisque ce n'est pas dans le projet, mais dans l'effet même que consiste le bien de toutes ces choses.

Ce seroit une mauvaise réponse de dire que Dieu pourroit s'assurer des hommes en leur ôtant la liberté qu'il leur a donnée. Car c'est le faire contraire à lui-même, que de dire qu'il ait mis en l'homme, quand il l'a fait libre, un obstacle éternel à ses desseins, et un obstacle si grand qu'il n'aura aucun moyen de le vaincre, qu'en détruisant ses premiers conseils et en retirant ses premiers dons. Joint que si on ôte aux hommes leur liberté dans les choses dont nous venons de parler, qui en sont l'exercice le plus naturel, elle ne trouvera désormais aucune place dans la vie humaine; et les expériences que nous en faisons seront toutes vaines : ce qui nous a paru insoutenable.

Que si tant de bons effets qui s'accomplissent par la liberté des hommes, se rapportent toutefois si visiblement à la volonté de Dieu, il faut croire que tout l'ordre des choses humaines est compris dans celui des décrets divins. Et loin de s'imaginer que Dieu ait donné la liberté aux créatures raisonnables pour les mettre hors de sa main, on doit juger au contraire qu'en créant la liberté même, il s'est réservé des moyens certains pour la conduire où il lui plaît.

Autrement on lui ôte ce que personne de ceux qui le connoissent tant soit peu ne lui veut ôter ; car personne sans doute ne lui veut ôter les châtimens et les récompenses, ou des peuples entiers, ou des particuliers ; et cependant ces choses s'exerçant ou s'exécutant ordinairement sur les hommes par les hommes mêmes, on les ôte clairement à Dieu ; à moins qu'on ne laisse en sa main la liberté de l'homme pour l'attirer où il veut par les moyens qui lui sont connus.

Bien plus, sans cela on ôte à Dieu la prescience des choses humaines. En effet si on reconnoît que Dieu ayant des moyens certains de s'assurer des volontés libres, résout à quoi il les veut porter, on n'a point de peine à entendre sa prescience éternelle, puisqu'on ne peut douter qu'il ne connoisse et ce qu'il veut dès l'éternité, et ce qu'il doit faire dans le temps. C'est la raison que rend saint Augustin de la prescience divine : *Novit procul dubio quæ fuerat ipse facturus* [1]. Mais si on suppose au contraire que Dieu attend simplement quel sera l'événement des choses humaines sans s'en mêler, on ne sait plus où il les peut voir dès l'éternité, puisqu'elles ne sont encore ni en elles-mêmes, ni dans la volonté des hommes, et encore moins dans la volonté divine, dans les décrets de laquelle on ne veut pas qu'elles soient comprises. Et pour démontrer cette vérité par un principe plus essentiel à la nature divine, je dis qu'étant impossible que Dieu emprunte rien du dehors, il ne peut avoir besoin que de lui-même pour connoître tout ce qu'il connoît. D'où il s'ensuit qu'il faut qu'il voie tout, ou dans son essence, ou dans ses décrets éternels; et en un mot, qu'il ne peut connoître que ce qu'il est, ou ce qu'il opère par quelque moyen que ce soit. Que si on supposoit dans le monde quelque substance, ou quelque qualité, ou quelque action dont Dieu ne fût pas l'auteur, elle ne seroit en aucune sorte l'objet de sa connoissance : et non-seulement il ne pourroit point la prévoir, mais il ne pourroit pas la voir quand elle seroit réellement existante. Car le rapport de cause à effet étant le fondement essentiel de toute la communication qu'on peut concevoir entre

---

[1] *De lib. Arbitr.*, lib. III, n. 6 et seq.; *De div. Quæst. ad Simplic.*, lib. I, quæst. II, n. 5.

Dieu et la créature, tout ce qu'on supposera que Dieu ne fait pas, demeurera éternellement sans aucune correspondance avec lui, et n'en sera connu en aucune sorte. En effet, quelque connoissant que soit un être, un objet même existant n'en est connu que par l'une de ces manières : ou parce que cet objet fait quelque impression sur lui : ou parce qu'il a fait cet objet : ou parce que celui qui l'a fait lui en donne la connoissance. Car il faut établir la correspondance entre la chose connue et la chose connoissante ; sans quoi elles seront à l'égard l'une de l'autre, comme n'étant point du tout. Maintenant il est certain que Dieu n'a rien au-dessus de lui, qui puisse lui faire connoître quelque chose. Il n'est pas moins assuré que les choses ne peuvent faire aucune impression sur lui, ni produire en lui aucun effet. Reste donc qu'il les connoisse à cause qu'il en est l'auteur ; de sorte qu'il ne verra pas dans la créature ce qu'il n'y aura pas mis : et s'il n'a rien en lui-même par où il puisse causer en nous les volontés libres, il ne les verra pas quand elles seront, bien loin de les prévoir avant qu'elles soient.

Il ne sert de rien, pour expliquer la prescience, de mettre un concours général de Dieu dont l'action et l'effet soient déterminés par notre choix. Car ni le concours ainsi entendu, ni la volonté de le donner, n'ont rien de déterminé ; et par conséquent ne servent de rien à faire entendre comme Dieu connoît les choses particulières ; de sorte que pour fonder la prescience universelle de Dieu, il faut lui donner des moyens certains par lesquels il puisse tourner notre volonté à tous les effets particuliers qu'il lui plaira d'ordonner.

Que si pour combattre le principe que Dieu ne connoît que ce qu'il opère, on objecte qu'il s'ensuivroit de là que le péché lui seroit inconnu, puisqu'il n'en est pas la cause : il ne faut que se souvenir que le mal n'est point un être, mais un défaut ; qu'il n'a point par conséquent de cause efficiente ; et ne peut venir que d'une cause qui étant tirée du néant, soit par là sujette à faillir. Au reste on voit clairement que Dieu sachant la mesure et la quantité du bien qu'il met dans sa créature, connoît le mal où il voit que manque ce bien ; comme i connoîtroit un vide dans la nature, en connoissant jusqu'où tous les corps s'étendent.

CHAPITRE III.

Et quand on seroit en peine d'où vient le mal, on ne peut douter du moins que tout le bien et toute la perfection qui se trouve dans la créature ne vienne de Dieu. Car il est le souverain bien, de qui tout bien prend son origine. Ainsi le bon usage du libre arbitre étant le plus grand bien et la dernière perfection de la créature raisonnable, cela doit par conséquent venir de Dieu. Autrement on pourroit dire que nous nous serions faits meilleurs et plus parfaits que Dieu ne nous auroit faits ; et que nous nous donnerions à nous-mêmes quelque chose qui vaut mieux que l'être, puisqu'il vaut mieux pour la créature raisonnable qu'elle ne soit point du tout, que de ne pas user de son libre arbitre selon la raison de la loi de Dieu.

Et si l'on dit que cette perfection, qui vient à la créature raisonnable par le bon usage de sa liberté, n'est qu'une perfection morale, qui par conséquent n'égale pas la perfection physique de l'être : il faut songer que ce bien moral est la véritable perfection de la nature de l'homme ; et que cette perfection est tellement désirable, que l'homme la doit souhaiter plus que l'être même. De sorte qu'on ne peut rien penser de moins raisonnable que d'attribuer à Dieu ce qui vaut le moins, c'est-à-dire l'être, en lui ôtant ce qui vaut le plus, c'est-à-dire le bien être et le bien vivre.

Que si on est obligé d'attribuer à Dieu le bien dont la créature peut abuser, c'est-à-dire la liberté, à plus forte raison doit-on lui attribuer le bon usage du libre arbitre, qui est un bien si grand et si pur, qu'on ne peut jamais en user mal, puisqu'il est essentiellement le bon usage de soi-même et de toutes choses.

Ainsi on ne peut nier que Dieu en créant la créature raisonnable, n'ait réservé dans la plénitude de sa science et de sa puissance, des moyens certains pour la conduire aux fins qu'il a résolues, sans lui ôter la liberté qu'il lui a donnée. Et il semble que ce sentiment n'est pas moins gravé dans l'esprit des hommes que celui de leur liberté, puisqu'ils comprennent, dans les vœux qu'ils font et dans les actions de graces qu'ils rendent à la Divinité, plusieurs choses qui ne leur arrivent que par leur liberté ou celle des autres. Ils attribuent aussi à la justice divine plusieurs événemens qui ne s'accomplissent que par les conseils humains. *Id scio*, dit ce jeune homme dans le poëte comique, *deos mihi satis infensos qui tibi auscultaverim*[1]. Ce langage si commun dans les comédies et dans les histoires, fait voir que c'est le sentiment du genre humain, que ce qui se fait le plus librement par les hommes est dirigé par les ordres secrets de la divine Providence.

Mais si ce sentiment n'est pas assez clair ni assez développé dans les écrits des auteurs profanes, il est expliqué nettement dans les saintes Ecritures, où on peut remarquer presque à chaque page, que les conseils des hommes sont attribués à la volonté de Dieu en mêmes termes que les autres événemens du monde; ce que je remets à considérer à un autre temps. Pour maintenant je conclus que deux choses nous sont évidentes par la seule raison naturelle : l'une, que nous sommes libres au sens dont il s'agit entre nous; l'autre, que les actions de notre liberté sont comprises dans les décrets de la divine Providence, et qu'elle a des moyens certains de les conduire à ses fins.

CHAPITRE IV.

Que la raison seule nous oblige à croire ces deux vérités, quand même nous ne pourrions trouver le moyen de les accorder ensemble.

Rien ne peut nous faire douter de ces deux importantes vérités, parce qu'elles sont établies l'une et l'autre par des raisons que nous ne pouvons contredire. Car quiconque connoît Dieu ne peut douter que sa providence, aussi bien que sa prescience, ne s'étende à tout : et quiconque fera un peu de réflexion sur lui-même connoîtra sa liberté avec une telle évidence, que rien ne pourra obscurcir l'idée et le sentiment qu'il en a : et on verra clairement que deux choses qui sont établies sur des raisons si nécessaires, ne peuvent se détruire l'une l'autre. Car la vérité ne détruit point la vérité : et quoiqu'il se pût bien faire que nous ne sussions pas trouver les moyens d'accorder ces choses, ce que nous ne connoîtrions pas dans une matière si haute, ne devroit point affoiblir en nous ce que nous en connoissons si certainement.

[1] Terent., *Andr.*, act. IV, sc. I, v. 40, 41.

En effet si nous avions à détruire ou la liberté par la Providence, ou la Providence par la liberté, nous ne saurions par où commencer; tant ces deux choses sont nécessaires, et tant sont évidentes et indubitables les idées que nous en avons. Car il semble que la raison nous fasse paroître plus nécessaire ce que nous avons attribué à Dieu, nous avons plus d'expérience de ce que nous avons attribué à l'homme : de sorte que toutes choses bien considérées, ces deux vérités doivent passer pour également incontestables.

Donc au lieu de les détruire l'une par l'autre, nous devons si bien conduire nos pensées, que rien n'obscurcisse l'idée très-distincte que nous avons de chacune d'elles. Et il ne faudroit pas s'étonner que nous ne sussions peut-être pas si bien les concilier ensemble. Car cela viendroit de ce que nous ne saurions pas le moyen par lequel Dieu conduit notre liberté : chose qui le regarde, et non pas nous, et dont il a pu se réserver le secret sans nous faire tort. Car il suffit que nous sachions ce qui est utile à notre conduite; et nous n'avons rien à désirer pour cela, quand nous savons d'un côté que nous sommes libres, et de l'autre que Dieu sait conduire notre liberté. Car l'un de ces sentimens suffit pour nous faire veiller sur nous-mêmes ; et l'autre suffit aussi pour pour nous empêcher de nous croire indépendans du premier Etre, par quelque endroit que ce soit. Et si nous y prenons garde, nous trouverons que toute la religion, toute la morale, tous les actes de piété et de vertu dépendent de la connoissance de ces deux vérités principales, qui sont aussi tellement empreintes dans notre cœur, que rien ne les en peut arracher qu'une extrême dépravation de notre jugement.

En effet si on pense bien aux dispositions où les hommes sont naturellement sur ces deux vérités, on verra qu'ils ne trouvent aucune difficulté à les avouer séparément ; mais qu'ils s'embarrassent souvent quand ils veulent se tourmenter à les concilier ensemble. Or la droite raison leur fait voir qu'ils devroient plutôt s'appliquer au soin de profiter de la connoissance de l'une et de l'autre, qu'à celui de les accorder entre elles. Car leur obligation essentielle est de profiter, pour bien vivre, des connoissances que Dieu leur donne, en lui laissant ce secret de sa conduite : et ils doivent tenir à grande grace qu'il ait tellement imprimé en eux ces deux vérités, qu'il leur soit presque impossible d'en effacer entièrement les idées. Car cet homme qui nie sa liberté, ne laissera pas à chaque moment de consulter ce qu'il a à faire, et de se blâmer lui-même s'il fait mal. Et pour ce qui est du sentiment de la providence, nous ne le perdrons jamais, tant que nous conserverons celui de Dieu. Toutes les fois que nos passions nous donneront quelque relâche, nous reconnoîtrons au fond du cœur que quelque cause supérieure et divine préside aux choses humaines, en prévoit et en règle les événemens. Nous lui rendrons graces du bien que nous ferons; nous lui demanderons secours contre nous-mêmes, pour éviter le mal que nous pourrions faire. Et encore que ces sentimens n'aient pas été assez vifs ni assez suivis dans les païens, parce que la connoissance de la Divinité y étoit fort obscurcie, nous y en voyons des vestiges qui ne nous permettent pas d'ignorer ce que la nature nous inspiroit, si elle n'avoit pas été corrompue par les mauvaises coutumes.

Tenons donc ces deux vérités pour indubitables, sans en pouvoir jamais être détournés par la peine que nous aurons à les concilier ensemble. Car deux choses sont données à notre esprit : de juger et de suspendre son jugement. Il doit pratiquer la première où il voit clair, sans préjudice de la suspension dont il doit commencer d'user seulement où la lumière lui manque. Et pour aider ceux qui ne peuvent pas tenir ce juste milieu, montrons-leur en d'autres matières que souvent des choses très-claires sont embarrassées de difficultés invincibles.

Il est clair que tout corps est fini; nous en voyons et nous en touchons les bornes certaines : cependant nous n'en trouvons plus, et il faut que nous allions jusqu'à l'infini, quand nous voulons en désigner toutes les parties. Car nous ne trouverons jamais aucun corps qui ne soit étendu; et nous ne trouverons rien d'étendu, où nous ne puissions entendre deux parties; et ces deux parties seront encore étendues, et jamais nous ne finirons, quand nous voudrons les subdiviser par la pensée.

Je dis par la pensée, pour faire voir que la difficulté que je propose subsisteroit toute entière, quand même on supposeroit avec quelques-uns qu'un corps ne peut souffrir en effet aucune division. Car sans m'informer à présent si cela se peut entendre ou non, toujours ne peut-on nier que la grandeur des corps n'est pas renfermée sous de certains termes, non plus que sous une certaine figure. Il ne répugne point à un corps d'être plus grand ou plus petit qu'un autre ; et comme la grandeur peut être conçue s'augmenter jusqu'à l'infini sans détruire la raison du corps, il faut juger de même de la petitesse. Donc un corps ne peut être donné si petit, qu'il ne puisse y en avoir d'autres qu'il surpassera de moitié, et cela ira jusqu'à l'infini : de sorte que tout corps, si petit qu'il soit, en aura une infinité au-dessous de lui. Que s'il ne peut s'en trouver aucun qui ne soit de moitié plus grand qu'un autre, il pourra aussi y en avoir un qui ne sera pas plus grand que cette moitié, et un autre qui ne sera pas plus grand que la moitié de cette moitié; et cette subdivision dans des bornes si resserrées, ne trouvera jamais de bornes. Je ne sais pas si quelqu'un peut entendre cette infinité dans un corps fini; mais pour moi j'avoue que cela me passe. Que si ceux qui soutiennent l'indivisibilité absolue des corps, disent que c'est pour éviter cet inconvénient qu'ils rejettent l'opinion commune de la divisibilité jusqu'à l'infini ; et qu'au reste cette infinité de parties que je viens de remarquer ne les doit point embarrasser, parce qu'elle ne met rien dans la chose même, n'étant que par la pensée : je les prie de considérer que ces divisions et subdivisions que nous venons de faire par la pensée, allant, comme il a été dit, jusqu'à l'infini, elles présupposent nécessairement une infinité véritable dans leur sujet. Car enfin toutes ces parties que j'assigne par la pensée, sont elles-mêmes comprises comme étendues ; et en effet il se peut trouver un corps qui n'aura pas plus d'étendue qu'elles en ont : de sorte qu'on ne peut nier qu'elles ne fassent le même effet dans le corps que si elles étoient réellement divisibles.

Et même, pour dire un mot de cette indivisibilité prétendue, j'avoue que nous concevons naturellement que tout être, et par conséquent tout corps, doit avoir son unité, et par conséquent son individuité. Car ce qui est un proprement n'est pas divisible, et jamais ne peut être deux. Cela paroît fort évident; et toutefois quand nous cherchons cette unité dans les corps, nous ne savons où la trouver. Car nous y trouvons toujours deux parties assignables par la pensée, que nous ne pouvons comprendre être en effet la même chose, puisque nous en avons des idées si distinctes, si nettes et si précises, que nous pourrions même concevoir un corps en qui nous ne concevrions distinctement autre chose que ce que nous avons compris dans cette partie. Ainsi nous pouvons bien nous forcer nous-mêmes à appeler ce corps, un d'une parfaite unité; mais nous ne pouvons comprendre en quoi précisément elle consiste.

Nous ne laisserons pas toutefois, si nous voulons bien raisonner, de dire qu'un corps est un, et de dire qu'il est fini; encore que nous ne puissions nier qu'il ne soit possible d'y assigner des parties toujours moindres jusqu'à l'infini. Mais nous dirons en même temps que ce qui fait en cela notre embarras, c'est qu'encore que nous connoissions clairement qu'il y a des corps étendus, il ne nous est pas donné de connoître précisément toute la raison de l'étendue, ni quelle sorte d'unité convient au corps; et encore moins ce qu'opère en eux cette infinité que nous y trouvons par des raisons si certaines, sans toutefois pouvoir dire comment elle y est.

Dans le mouvement local, n'y a-t-il pas plusieurs choses claires qu'on ne peut concilier ensemble? On sait que le même corps peut parcourir le même espace, tantôt plus lentement, tantôt plus vite. Si le mouvement est continu, comment y peut-on comprendre cette différence? Et s'il est interrompu de morules (a), quelle est la cause qui suspend le cours d'un corps une fois agité? Il ne répugne pas au mouvement d'être continu : le mouvement ne cesse point de lui-même; et un corps une fois ébranlé tend toujours, pour ainsi parler, à continuer son mouvement. De plus, n'est-il pas certain que dans les rayons d'une roue, les parties qui sont le plus proche du centre du mouvement, et celles qui en sont le plus loin, parcourent en même temps deux espaces inégaux; et ensuite que le mouvement est moins rapide vers le

(a) Morule, de *morula* diminutif de *mora* : pause, petit retard.

milieu de la roue que vers la circonférence? Cependant toutes les parties se meuvent en même temps : et le mouvement se faisant par la même impulsion, et tout d'une pièce sans rien briser, on ne peut comprendre ni comment une partie pourroit s'arrêter pendant que l'autre se meut; ni comment l'une peut aller plus vite que l'autre, si toutes ne cessent de se mouvoir, ou si elles se meuvent et se reposent en même temps; ni enfin pourquoi il arrive que l'impression du mouvement soit plus forte à la partie la plus éloignée du lieu où l'ébranlement commence.

Quand on pourroit trouver la raison de toutes les choses que je viens de dire, et le moyen certain de les expliquer : toujours est-il véritable que plusieurs l'ignorent, et que ceux qui prétendroient l'avoir trouvé ont été quelque temps à le chercher. Doutoient-ils des deux vérités qu'il faut ici concilier ensemble, pendant qu'ils ne savoient pas encore le secret de les concilier? L'évidence de ces vérités ne permet pas un tel doute. On voit donc que ces deux vérités peuvent être claires à notre esprit, lors même qu'il ne peut pas les concilier ensemble.

Pour passer maintenant du corps aux opérations de l'ame, nous savons qu'une pensée est véritable quand elle est conforme à son objet. Par exemple, je connois au vrai la hauteur et la longueur d'un portique, lorsque je l'imagine telle qu'elle est; et je ne puis l'imaginer telle qu'elle est, sans avoir une idée qui lui soit conforme; jusque-là qu'on connoîtroit la vérité de l'objet, en connoissant la pensée qui le représente. Par exemple, on connoîtroit la forme et la disposition d'une maison dans la pensée de l'architecte, si on la voyoit clairement; tant il est vrai qu'il y a quelque conformité entre ces choses, et par conséquent quelque ressemblance. Cependant il se trouvera plusieurs personnes qui ne seront pas capables d'entendre quelle sorte de ressemblance il peut y avoir entre une pensée et un corps, entre une chose étendue et une chose qui ne le peut être. Dirons-nous par cette raison, malgré les sens et l'expérience, que l'ame ne peut connoître l'étendue? ou détruirons-nous, pour l'entendre, la spiritualité de l'ame, qui est d'ailleurs si bien établie par la seule définition de l'ame et du corps? Que gagnerions-nous à la détruire, puisque nous n'entendrions pas davantage pour cela cette ressemblance que nous tâcherions d'expliquer? Car si la connoissance de l'étendue se faisoit par l'étendue même, tout corps étendu s'entendroit lui-même, et entendroit tous les autres corps étendus; ce qui est faux visiblement. Et quand on auroit supposé que nous connoîtrions l'étendue qui est dans les corps par l'étendue qui seroit dans l'ame, il resteroit toujours à expliquer comment cette petite étendue, qu'on auroit mise dans l'ame, pourroit lui faire comprendre et imaginer l'étendue mille fois plus grande d'un portique. Ce qui montre, d'un côté, que la connoissance ne peut consister ni dans l'étendue, ni dans rien de matériel; et de l'autre, qu'il se trouve entre les esprits et les corps quelque ressemblance qui ne laisse pas d'être certaine, quoiqu'elle ait quelque chose d'incompréhensible.

On peut dire le même de la connoissance que nous avons du mouvement et du repos. Car la bonne philosophie nous enseigne d'un côté, qu'il n'y a rien dans l'ame qui ressemble à l'un ni à l'autre. Et cependant, puisqu'on conçoit l'un et l'autre, il faut bien que nous ayons une idée qui leur soit conforme. Car, comme il a été dit, nulle pensée n'est véritable que celle qui représente la chose telle qu'elle est, et par conséquent qui lui est semblable.

Que personne ne soit si grossier, que de mettre pour cela dans l'ame un véritable mouvement ou un véritable repos. Car outre l'absurdité d'une telle proposition, qui confond les propriétés de deux genres si divers, il auroit encore le malheur que sa présupposition ne le sortiroit point d'affaire. Car s'il met l'entendre dans le mouvement, jamais il n'expliquera comment l'ame entend le repos; mais aussi s'il le met dans le repos, comment connoîtra-t-elle le mouvement? Que s'il met dans le mouvement la connoissance du mouvement, et au contraire celle du repos dans le repos : comment ne voit-il pas que l'ame n'agit ni plus ni moins, ni d'une autre sorte en concevant l'un que l'autre, et qu'il est absurde de penser qu'elle travaille davantage en connoissant le mouvement qu'en connoissant le repos? De plus, si l'ame connoît le repos en se reposant, et le mouvement en se mouvant, il faudra aussi qu'elle connoisse le mouvement de droite à gauche, en se mouvant de droite à gauche; et tous les autres mouvemens, en les exerçant les uns après les autres : autrement on n'a point trouvé la ressemblance qu'on cherche. Ainsi on croira avoir expliqué ce qu'il y a de particulier et de propre dans la nature de l'ame, en ne lui donnant autre chose que ce qui lui seroit commun avec tous les corps; et enfin on croira la faire entendre, à force d'entasser sur elle ce qui convient aux êtres qui n'entendent pas. Qui ne voit qu'il faut raisonner d'une manière toute contraire; et que pour lui faire entendre le mouvement et le repos, il faut lui attribuer quelque chose qui soit distinct et au-dessus de l'un et l'autre? Nous voyons en effet que nous connoissons et le mouvement et le repos, sans songer que nous exercions ou l'un ou l'autre; et l'idée que nous avons de ces deux choses n'entre nullement dans celle que nous avons de nos connoissances. Il faut donc nécessairement que nos connoissances soient autre chose en nous que le mouvement ou le repos. Elles nous le représentent toutefois par des idées très-distinctes et très-conformes à l'objet même. Qu'on nous dise en quoi consiste cette ressemblance.

Quelques-uns se contenteront peut-être de dire, que toute la ressemblance qui se trouve entre les êtres intelligens et les êtres étendus, c'est que les derniers sont tels que les premiers les connoissent; et prétendront que cela est intelligible de soi-même. A la bonne heure; mais s'il se trouve quelqu'un qui ne soit pas encore parvenu à une manière d'entendre les choses si pure et si simple, ou qui ne puisse comprendre quelle conformité il peut y avoir entre l'image que nous nous formons d'un portique selon toutes ses dimensions, et ces dimensions elles-mêmes; s'ensuivra-t-il pour cela qu'il doive nier que ce qu'il en a imaginé soit véritable? Nullement; il demeurera convaincu qu'il se représente la chose au vrai, encore qu'il ne sache pas expliquer de quelle sorte il se la représente, ni par quelle espèce de ressemblance.

Cela montre que nous ne pouvons pas toujours accorder des choses qui nous sont très-claires, avec d'autres qui ne le sont pas moins. Nous ne devons pas pour cela douter de tout, et rejeter la lumière même, sous prétexte qu'elle n'est pas infinie, mais nous en servir : de sorte que nous allions où elle nous mène, et sachions nous arrêter où elle nous quitte, sans oublier pour cela les pas que nous avons déjà faits sûrement à sa faveur.

Demeurons donc persuadés et de notre liberté, et de la Providence qui la dirige; sans que rien nous puisse arracher l'idée très-claire que nous avons de l'une et de l'autre. Que s'il y a quelque chose en cette matière où nous soyons obligés de demeurer court, ne détruisons pas pour cela ce que nous aurons clairement connu : et sous prétexte que nous ne connoissons pas tout, ne croyons pas pour cela que nous ne connoissions rien; autrement nous serions ingrats envers celui qui nous éclaire,

Quand il nous auroit caché le moyen dont il se sert pour conduire notre liberté, s'ensuivroit-il qu'on dût pour cela ou nier qu'il la conduise, ou dire qu'il la détruise en la conduisant? Ne voit-on pas au contraire, que la difficulté que nous souffrons ne venant ni de l'une ni de l'autre chose, mais seulement de ce moyen, nous devons faire arrêter notre doute précisément à l'endroit qui nous est obscur, et non le faire rétrograder jusque sur les endroits où nous voyons clair?

Faut-il s'étonner que ce premier Etre se réserve, et dans sa nature, et dans sa conduite, des secrets qu'il ne veuille pas nous communiquer? N'est-ce pas assez qu'il nous communique ceux qui nous sont nécessaires? Il n'y a qu'un moment qu'en considérant les choses qui nous environnent, je dis les plus claires et les plus certaines, nous trouvions des difficultés invincibles à les concilier ensemble. Nous sommes sortis de cet embarras, en suspendant notre jugement à l'égard des choses douteuses, sans préjudice de celles qui nous ont paru certaines. Que si nous sommes obligés à user de cette belle et de cette sage réserve à l'égard des choses les plus communes, combien plus la devrons-nous pratiquer en raisonnant des choses divines, et des conduites profondes de la Providence?

La connoissance de Dieu est la plus certaine, comme elle est la plus nécessaire de toutes celles que nous avons par raisonnement : et toutefois comme il y a dans ce premier Etre mille choses incompréhensibles, nous perdons insensiblement tout ce que nous en connoissons, si nous ne sommes bien résolus à ne laisser jamais échapper ce que nous aurons une fois connu, quelque difficile que nous paroisse ce que nous rencontrerons en avançant.

Nous concevons clairement qu'il y a un Etre parfait, c'est-à-dire un Dieu : car les êtres imparfaits ne seroient pas, s'il n'y en avoit un parfait pour leur donner l'être, puisque enfin, s'ils l'avoient d'eux-mêmes, ils ne seroient pas imparfaits. Nous voyons avec la même clarté que cet Etre parfait, qui fait tous les autres, les doit avoir tirés du néant. Car outre que, s'il est parfait, il n'a besoin que de lui-même et de sa propre vertu pour agir : il paroît encore que s'il y avoit une matière qu'il n'eût point faite, cette matière qui auroit déjà de soi tout son être, ni n'auroit besoin de rien, ni ne pourroit jamais dépendre d'un autre, ni ne seroit susceptible d'aucun changement ; et qu'enfin elle seroit Dieu, égalant Dieu même en ce qu'il a de principal, qui est d'être de soi. Et on voit bien en effet que ne dépendant de Dieu en aucune sorte dans son fond, elle seroit absolument hors de son pouvoir et hors de toute atteinte de son action. Car ce qui a l'être de soi, a de soi tout ce qu'il peut avoir, n'y ayant aucune raison à penser que ce qui est si parfait qu'il est de lui-même, ait besoin d'un autre pour avoir le reste, qui seroit moindre que l'être. Joint que si on présuppose que la matière existe de soi-même, comme on doit présupposer que dès qu'elle existe elle a sa situation, il s'ensuit qu'elle l'a aussi d'elle-même. Que si elle a d'elle-même sa situation, elle ne la peut perdre ni changer non plus que son être : ainsi on ne peut plus comprendre ce que Dieu feroit de la matière, qu'il ne pourroit ni mouvoir, ni arranger, ni par conséquent rien faire en elle, ni d'elle. C'est pourquoi dès qu'on conçoit Dieu auteur et architecte du monde, on conçoit qu'il l'a tiré du néant ; sans quoi il faudroit penser qu'il ne l'a ni fait, ni construit, ni ordonné. Et par la même raison, il faut qu'il l'ait fait librement : car il ne peut être obligé à le faire, ni par aucun autre, étant le premier ; ni par son propre besoin, étant parfait ; ni par le besoin du monde, qui n'étant rien ne pouvoit certainement exiger de son auteur qu'il le fît. Le monde n'a donc d'autre cause que la seule volonté de Dieu, qui ne trouvant hors de lui-même que le seul néant, n'y voit rien par conséquent qui l'attire à faire, et ne fait rien que ce qu'il veut et parce qu'il veut ; en quoi il est parfaitement libre. Et qui ne voit pas en Dieu cette liberté, n'y voit pas son indépendance, ni sa souveraineté absolue : car celui qui est obligé nécessairement à donner, n'est pas le maître de son don ; et si le monde a l'être dépendamment, il ne le peut avoir nécessairement, puisque toute nécessité absolue et invincible enferme toujours en soi quelque chose d'indépendant.

Nous connoissons clairement toutes les vérités que nous venons de considérer. C'est renverser les fondemens de tout bon raisonnement que de les nier ; et enfin tout est ébranlé, si on les révoque seulement en doute. Et toutefois oserons-nous dire que ces vérités incontestables n'aient aucune difficulté ? Entendons-nous aussi clairement que de rien il se puisse faire quelque chose, et que ce qui n'est pas puisse commencer d'être, que nous savons qu'il faut nécessairement que la chose soit ainsi ? Nous est-il aussi aisé d'accorder la souveraine liberté de Dieu avec sa souveraine immutabilité, qu'il nous est aisé d'entendre séparément l'une et l'autre ? Et faudra-t-il que nous tenions en suspens ces premières vérités que nous avons vues, sous prétexte qu'en passant plus outre, nous trouvons des choses que nous avons peine à concilier avec elles ? Raisonner de cette sorte, c'est se servir de sa raison pour tout confondre. Concluons donc enfin que nous pouvons trouver dans les choses les plus certaines, des difficultés que nous ne pourrons vaincre : et nous ne savons plus à quoi nous tenir, si nous révoquons en doute toutes les vérité connues que nous ne pourrons concilier ensemble, puisque toutes les difficultés que nous trouvons en raisonnant ne peuvent venir que de cette source, et qu'on ne peut combattre la vérité que par quelque principe qui vienne d'elle.

Je ne sais si nous pouvons croire qu'il y ait quelque vérité dont nous ayons une si parfaite compréhension, que nous la pénétrions dans toutes ses suites, sans y trouver aucun embarras que nous ne puissions démêler : mais quand il y en auroit quelques-unes qu'on pénétrât de cette sorte, on seroit assurément trop téméraire, si on présumoit qu'il en fût ainsi de toutes nos connoissances. Et on n'auroit pas moins de tort, si on rejetoit toute connoissance, aussitôt qu'on trouveroit quelque chose qui arrêteroit l'esprit, puisque telle est sa nature, qu'il doit passer par degrés de ce qui est clair pour entendre ce qui est obscur, et de ce qui est certain pour entendre ce qui est douteux, et non pas détruire l'un aussitôt qu'il aura rencontré l'autre.

Quand donc nous nous mettons à raisonner, nous devons d'abord poser comme indubitable que nous pouvons connoître très-certainement beaucoup de choses, dont toutefois nous n'entendons pas toutes les dépendances ni toutes les suites. C'est pourquoi la première règle de notre logique, c'est qu'il ne faut jamais abandonner les vérités une fois connues, quelque difficulté qui survienne quand on veut les concilier : mais qu'il faut au contraire, pour ainsi parler, tenir toujours fortement comme les deux bouts de la chaîne, quoiqu'on ne voie pas toujours le milieu, par où l'enchaînement se continue.

On peut toutefois chercher les moyens d'accorder ces vérités, pourvu qu'on soit résolu à ne les pas laisser perdre, quoi qu'il arrive de cette recherche ; et qu'on n'abandonne pas le bien qu'on tient, pour n'avoir pas réussi à trouver celui qu'on poursuit. *Disputare vis, nec obest, si certissima præcedat fides*, disoit saint Augustin. Nous allons examiner dans cette pensée, les moyens de concilier notre liberté avec les décrets de la Providence. Nous rapporterons les diverses opinions des théologiens, pour voir si nous y pourrons trouver quelque chose qui nous satisfasse.

CHAPITRE V.

Divers moyens pour accorder ces deux vérités. — Premier moyen : *mettre dans le volontaire l'essence de la liberté. Raisons décisives qui combattent cette opinion.*

Quelques-uns croient que, pour accorder notre liberté avec ces décrets éternels, il n'y a point d'autre expédient que de mettre dans le volontaire l'essence de la liberté ; et ensuite de soutenir que les décrets de Dieu ne nous ôtant pas le vouloir, ils ne nous ôtent pas aussi la liberté qui consiste dans le vouloir même. Quand on demande à ceux-là s'ils veulent donc tout à fait détruire la liberté, selon l'idée que nous en avons ici donnée, ils disent que cette idée est très-véritable; mais qu'il ne la faut chercher en sa perfection que dans l'origine de notre nature, c'est-à-dire lorsqu'elle étoit innocente et saine : ajoutant aussi que dans cet état Dieu laissoit absolument la volonté à elle-même; de sorte qu'il n'y a point à se mettre en peine comment on accordera cette liberté avec les décrets de Dieu, puisque cet état ne reconnoît point de décrets divins où les actes particuliers de la volonté soient compris.

Il n'en est pas de même, selon eux, de l'état où la nature est à présent après le péché. Ils avouent que Dieu y règle par un décret absolu ce qui dépend de nos volontés, et nous fait vouloir ce qu'il lui plaît d'une manière toute-puissante : mais ils nient aussi que dans cet état, il faille entendre la liberté sous la même notion qu'auparavant. Il suffit en cet état, disent-ils, pour sauver la liberté, de sauver le volontaire : de sorte qu'ils n'ont aucune peine à sauver la liberté de l'homme, parce que dans l'état où ils le mettent avec la liberté de son choix, ils n'y reconnoissent ni des décrets absolus, ni des moyens efficaces pour nous faire vouloir; et qu'au contraire dans l'état où ils admettent ces choses, ils ne posent pas cette sorte de liberté, mais une autre qui ne cause ici aucun embarras.

Deux raisons décisives combattent cette opinion.

La première, c'est qu'en cet état où nous sommes présentement, nous éprouvons la liberté dont il s'agit : et en effet les auteurs de l'opinion que nous réfutons ne nient pas dans l'état présent, cette liberté de choix à l'égard des actions purement civiles et naturelles. C'est toutefois en cet état que nous croyons que Dieu règle tous les événemens de notre vie, même ceux qui dépendent le plus du libre arbitre; par conséquent c'est hors de propos qu'on a recours à un autre état, puisque c'est dans celui-ci qu'il s'agit de sauver la liberté.

Secondement, il paroît par les choses qui ont été dites, que ces décrets absolus de la Providence divine, qui enferment tout ce qui dépend de la liberté, ni ces moyens efficaces de la conduire, ne doivent pas être attribués à Dieu par accident, et en conséquence d'un certain état particulier; mais doivent être établis en tout état, comme des suites essentielles de la souveraineté de Dieu et de la dépendance de la créature. En tout état Dieu doit régler tous les événemens particuliers, parce qu'en tout état il est tout-puissant et tout sage. En tout état il doit tout prévoir et par conséquent il doit tout ensemble, et tout résoudre, et tout faire, parce qu'il ne voit rien hors de lui que ce qu'il y fait, et ne le connoît qu'en lui-même dans son essence infinie et dans l'ordre de ses conseils, où tout est compris. Enfin il doit être en tout état la cause de tout le bien qui se trouve dans sa créature, quelle qu'elle soit; et le doit être par conséquent du bon usage du libre arbitre, qui est un bien si précieux et une si grande perfection de la créature.

En effet si toutes ces choses ne sont pas attribuées à Dieu précisément parce qu'il est Dieu, il n'y a aucune raison de les lui attribuer dans l'état où nous nous trouvons à présent. Car encore qu'on doive croire que l'homme malade ait besoin d'un plus grand secours que l'homme sain, il ne s'ensuit pas pour cela que Dieu doive se rendre maître de nos volontés plus qu'il ne l'étoit, puisqu'il peut si bien mesurer son secours avec notre foiblesse, que les choses pour ainsi dire viennent à l'égalité par le contrepoids; et que ce soit toujours notre liberté qui fasse seule pour ainsi dire pencher la balance, sans que Dieu s'en mêle, non plus qu'il faisoit auparavant. Si donc on veut à présent qu'il se mêle dans nos conseils, qu'il en règle les événemens, qu'il en fasse prendre la résolution par des moyens efficaces : ce n'est point la condition particulière de l'état présent qui l'y oblige, mais c'est que sa propre souveraineté, et l'état essentiel de la créature l'exigent ainsi.

On dira que l'homme, ayant abusé de la liberté de son choix, a mérité de perdre cette liberté à l'égard du bien; et que Dieu, qui avoit permis que lorsqu'il étoit en son entier, il pût s'attribuer à lui-même le bon usage de son libre arbitre, ne veut plus précisément qu'il le doive à autre chose qu'à sa grace, afin que celui qui a présumé de lui-même, ne trouve plus désormais de gloire ni de salut qu'en son Auteur. Mais certes je ne comprends pas que la différence qu'il y a entre l'homme sain et l'homme malade puisse jamais opérer qu'il doive, en un état plutôt qu'en l'autre, n'attribuer pas à Dieu le bien qu'il a, et par conséquent celui qu'il fait : quelque noble que soit l'état d'une créature, jamais il ne suffira pour l'autoriser à se glorifier en elle-même; et l'homme, qui doit à Dieu maintenant la guérison de sa maladie, lui auroit dû, en persévérant, la conservation de sa santé par la raison générale qu'il n'a aucun bien qu'il ne lui doive.

Ainsi la direction qu'il faut attribuer à Dieu sur le libre arbitre, pour le conduire à ses fins par des moyens assurés, convient à ce premier Etre par son être même, et par conséquent en tout état : et si on pouvoit penser que cela ne lui convient pas en tout état, nulle raison ne convainc qu'il lui doive convenir en celui-ci.

Aussi voyons-nous que l'Ecriture qui seule nous a appris ces deux états de notre nature, n'attribue en aucun endroit à celui-ci plutôt qu'à l'autre, ni ces décrets absolus, ni ces moyens efficaces. Elle dit généralement que Dieu fait tout ce qu'il lui plaît dans le ciel et dans la terre; que tous ses conseils tiendront, et que toutes ses volontés auront leur effet; que tout bien doit venir de lui comme de sa source. C'est sur ces principes généraux qu'elle veut que nous rapportions à sa bonté tout le bien qui est en nous et que nous faisons, et à l'ordre de sa providence tous les événemens des choses humaines. Par où elle nous fait voir qu'elle attache ce sentiment à des idées qui sont clairement comprises dans la simple notion que nous avons de Dieu : de sorte que les moyens par lesquels il sait s'assurer de nos volontés, ne sont pas d'un certain état où notre nature soit tombée par accident, mais sont du premier dessein de notre création.

Au reste nous n'avons pas entrepris dans cette dissertation, d'examiner les sentimens de saint Augustin, à qui on attribue l'opinion que je viens de rapporter, parce qu'encore qu'il y eût beaucoup de choses à dire sur cela, nous n'avons pas eu dessein de disputer ici par autorité.

CHAPITRE VI.

Second moyen pour accorder notre liberté avec la certitude des décrets de Dieu : la science moyenne ou conditionnée. Foible de cette opinion.

Poursuivons donc notre ouvrage, et considérons l'opinion de ceux qui croient sauver tout ensemble, et la liberté de l'homme et la certitude des décrets de Dieu, par le moyen d'une science moyenne ou conditionnée, qu'ils lui attribuent. Voici quels sont leurs principes :

1° Nulle créature libre n'est déterminée par elle-même au bien ou au mal ; car une telle détermination détruiroit la notion de la liberté.

2° Il n'y a aucune créature qui prise en un certain temps et en certaines circonstances, ne se déterminât librement à faire le bien ; et prise en un autre temps et en d'autres circonstances, ne se déterminât avec la même liberté à faire le mal : car s'il y en avoit quelques-unes qui en tout temps et en toutes circonstances dussent mal faire, il s'ensuivroit contre le principe posé, que l'une par elle-même seroit déterminée au bien, et l'autre au mal.

3° Dieu connoît de toute éternité, tout ce que la créature fera librement, en quelque temps qu'il la puisse prendre et en quelques circonstances qu'il la puisse mettre, pourvu seulement qu'il lui donne ce qui lui est nécessaire pour agir.

4° Ce qu'il en connoît éternellement ne change rien dans la liberté, puisque ce n'est rien changer dans la chose de dire qu'on la connoisse, ni dans le temps telle qu'elle est, ni dans l'éternité telle qu'elle doit être.

5° Il est au pouvoir de Dieu de donner ses inspirations et ses graces, en tel temps et en telles circonstances qu'il lui plaît.

6°. Sachant ce qui arrivera, s'il les donne en un temps plutôt qu'en l'autre, il peut par ce moyen, et savoir et déterminer les événemens sans blesser la liberté humaine.

Une seule demande faite aux auteurs de cette opinion, en découvrira le foible. Quand on présuppose que Dieu voit ce que fera l'homme, s'il le prend en un temps et en un état plutôt qu'en l'autre : ou on veut qu'il le voie dans son décret, et parce qu'il l'a ainsi ordonné ; ou on veut qu'il le voie dans l'objet même comme considéré hors de Dieu et indépendamment de son décret. Si on admet le dernier, on suppose des choses futures sous certaines conditions, avant que Dieu les ait ordonnées ; et on suppose encore qu'il les voit hors de ses conseils éternels : ce que nous avons montré impossible. Que si on dit qu'elles sont futures sous telles conditions, parce que Dieu les a ordonnées sous ces mêmes conditions, on laisse la difficulté en son entier, et il reste toujours à examiner comment ce que Dieu ordonne peut demeurer libre.

Joint que ces manières de connoître sous condition ne peuvent être attribuées à Dieu, que par ce genre de figures qui lui attribuent improprement ce qui ne convient qu'à l'homme, et que toute science précise réduit en propositions absolues toutes les propositions conditionnées.

CHAPITRE VII.

Troisième moyen pour accorder notre liberté avec les décrets de Dieu : la contempération et la suavité, ou la délectation qu'on appelle victorieuse. Insuffisance de ce moyen.

Une autre opinion pose pour principe que notre volonté est libre dans le sens dont il s'agit ; mais qu'il ne s'ensuit pas que pour être libre elle soit invincible à la raison, ni incapable d'être gagnée par les attraits divins. Or ce que Dieu peut faire pour nous attirer, se peut réduire à trois choses : 1° à la proposition ou disposition des objets ; 2° aux pensées qu'il nous peut mettre dans l'esprit ; 3° aux sentimens qu'il peut nous exciter dans le cœur, et aux diverses inclinations qu'il peut inspirer à la volonté, semblables à celles que nous voyons, par lesquelles les hommes se trouvent portés à une profession ou à un exercice plutôt qu'à un autre.

Toutes ces choses ne nuisent pas à la liberté, qui peut s'élever au-dessus : mais, nous disent les auteurs de cette opinion, Dieu en ménageant tout cela avec cette plénitude de sagesse et de puissance qui lui est propre, trouvera des moyens de s'assurer de nos volontés.

Par la disposition des objets, il fera qu'une passion corrigera l'autre ; une crainte extrême survenue modérera une espérance téméraire qui nous emporteroit, une grande douleur nous fera oublier un grand plaisir. Le courant impétueux de ce mouvement sera suspendu et par là perdre sa force ; l'occasion échappera pendant ce temps-là ; l'ame un peu reposée reviendra à son bon sens ; l'amour que la seule beauté d'une femme aura excité, sera éteint par une maladie qui la défigure tout à coup. Dieu modérera une ambition que la faveur trop déclarée d'un prince aura fait naître, en lui inspirant du dégoût pour nous, ou bien en l'ôtant du monde, ou enfin en changeant en mille façons les choses extérieures qui sont absolument en sa puissance.

Par l'inspiration des pensées, il nous convaincra pleinement de la vérité ; il nous donnera des lumières nettes et certaines pour la découvrir ; il nous la tiendra toujours présente, et dissipera comme une ombre les apparences de raison qui nous éblouissent.

Il fera plus : comme la raison n'est pas toujours écoutée lorsque nos inclinations y résistent, parce que notre inclination est elle-même souvent la plus pressante raison qui nous émeuve, Dieu saura nous prendre encore de ce côté-là ; il donnera à notre ame une pente douce d'un côté plutôt que d'un autre. La pleine compréhension de notre inclination et de nos humeurs, lui fera trouver certainement la raison qui nous détermine en chaque chose. Car encore que notre ame soit libre, elle n'agit jamais sans raison dans les choses un peu importantes ; elle en a toujours une qui la détermine. Que je sache jusqu'à quel point un de mes amis est déterminé à me plaire, je saurai certainement jusqu'à quel point je pourai disposer de lui. En effet il y a des choses où je ne me tiens pas moins assuré des autres que de moi-même ; et cependant en cela je ne leur ôte non plus leur liberté que je ne me l'ôte à moi-même, en me convaincant des choses que je dois ou rechercher ou fuir. Or ce que je puis pousser à l'égard des autres jusqu'à certains effets particuliers, qui doute que Dieu ne le puisse étendre universellement à tout? Ce que je ne sais que par conjectures, il le voit avec une pleine certitude. Je ne puis rien que foiblement; il n'y a rien que le Tout-Puissant ne puisse faire concourir à ses desseins. Si donc il veut tout ensemble, et gagner ma volonté, et la laisser libre, il pourra ménager l'un et l'autre. Enfin quand on voudroit supposer que l'homme lui résisteroit une fois, il reviendroit à la charge, disent ces auteurs, et tant de fois, et si vivement, que l'homme qui par foiblesse et à force d'être importuné se laisse aller si souvent, même à des choses fâcheuses, ne résistera point à celles que Dieu aura entrepris de lui rendre agréables.

C'est ainsi que ces auteurs expliquent comment Dieu est cause de notre choix. Il fait, disent-ils, que nous choisissons, par les préparations et par les attraits qu'on vient de voir, qui nous mettent en de certaines dispositions, nous inclinent aussi doucement qu'efficacement à une chose plutôt qu'à l'autre. Voilà ce qu'on appelle l'opinion de la contempération, qui en cela ne diffère pas beaucoup, ou qui enferme en elle-même celle qui met l'efficace des secours divins dans une certaine suavité qu'on appelle victorieuse. Cette suavité est un plaisir qui prévient toute détermination de la volonté : et comme de deux plaisirs qui attirent, celui-là, dit-on, l'emporte toujours dont l'attrait est supérieur et plus abondant, il n'est pas malaisé à Dieu de faire prévaloir le plaisir du côté d'où il a dessein de nous attirer. Alors ce plaisir victorieux de l'autre, engagera par sa douceur notre volonté, qui ne manque jamais de suivre ce qui lui plaît davantage. Plusieurs de ceux qui suivent cette opinion, disent que ce plaisir supérieur et victorieux se fait suivre de l'ame par la nécessité, et ne lui laisse que la liberté qui consiste dans le volontaire. En cela ils diffèrent de l'opinion de la contempération, qui veut que la volonté, pour être libre, puisse résister à l'attrait, quoique Dieu fasse en sorte qu'elle n'y résiste pas et qu'elle s'y rende. Mais au reste si on considère la nature de cette suavité supérieure et victorieuse, on verra qu'elle est composée de toutes les choses que la contempération nous a expliquées.

CHAPITRE VIII.

Quatrième et dernier moyen pour accorder notre liberté avec les décrets de Dieu : la prémotion et la prédétermination physique. Elle sauve parfaitement notre liberté et notre dépendance de Dieu.

Jusques ici la volonté humaine est comme environnée de tous côtés par l'opération divine. Mais cette opération n'a rien encore qui aille immédiatement à notre dernière détermination; et c'est à l'ame seule à donner ce coup. D'autres passent encore plus avant, et avouent les trois choses qui ont été expliquées. Ils ajoutent que Dieu fait encore immédiatement en nous-mêmes que nous nous déterminons d'un tel côté; mais que notre détermination ne laisse pas d'être libre, parce que Dieu veut qu'elle soit libre. Car, disent-ils, lorsque Dieu dans le conseil éternel de sa providence, dispose des choses humaines et en ordonne toute la suite; il ordonne par le même décret ce qu'il veut que nous souffrions par nécessité, et ce qu'il veut que nous fassions librement. Tout suit et tout se fait, et dans le fond et dans la manière, comme il est porté par ce décret. Et, disent ces théologiens, il ne faut point chercher d'autres moyens que celui-là, pour concilier notre liberté avec les décrets de Dieu. Car comme la volonté de Dieu n'a besoin que d'elle-même pour accomplir tout ce qu'elle ordonne, il n'est pas besoin de rien mettre entre elle et son effet. Elle l'atteint immédiatement, et dans son fond, et dans toutes les qualités qui lui conviennent. Et on se tourmente vainement en cherchant à Dieu des moyens par lesquels il fasse ce qu'il veut, puisque dès là qu'il veut, ce qu'il veut existe. Ainsi dès qu'on présuppose que Dieu ordonne dès l'éternité qu'une chose soit dans le temps; dès là, sans autre moyen, elle sera. Car quel meilleur moyen peut-on trouver, pour faire qu'une chose soit, que sa propre cause? Or la cause de tout ce qui est, c'est la volonté de Dieu; et nous ne concevons rien en lui par où il fasse tout ce qu'il lui plaît, si ce n'est que sa volonté est d'elle-même très-efficace. Cette efficace est si grande, que non-seulement les choses sont absolument dès là que Dieu veut qu'elles soient ; mais encore qu'elles sont telles, dès que Dieu veut qu'elles soient telles ; et qu'elles ont une telle suite et un tel ordre, dès que Dieu veut qu'elles l'aient. Car il ne veut pas les choses en général seulement ; il les veut dans tout leur état, dans toutes leurs propriétés, dans tout leur ordre. Comme donc un homme est dès là que Dieu veut qu'il soit, il est libre dès là que Dieu veut qu'il soit libre, et il agit librement dès là que Dieu veut qu'il agisse librement, et il fait librement telle et telle action dès là que Dieu le veut ainsi. Car toutes les volontés, et des hommes et des anges, sont comprises dans la volonté de Dieu comme dans leur cause première et universelle; et elles ne seront libres que parce qu'elles y seront comprises comme libres. Par la même raison, toutes les résolutions que les hommes et les anges prendront jamais, en tout ce qu'elles ont de bien et d'être, sont comprises dans les décrets éternels de Dieu, où tout ce qui est a sa raison primitive : et le moyen infaillible de faire, non-seulement qu'elles soient, mais qu'elles soient librement, c'est que Dieu veuille non-seulement qu'elles soient, mais qu'elles soient librement, parce que, étant maître souverain de tout ce qui est ou libre ou non libre, tout ce qu'il veut est comme il le veut. Dieu donc veut le premier, parce qu'il est le premier être, et le premier libre : et tout le reste veut après lui, et veut à la manière que Dieu veut qu'il veuille. Car c'est le premier principe et la loi de l'univers, qu'après que Dieu a parlé dans l'éternité, les choses suivent dans le temps marqué comme d'elles-mêmes. Et, ajoutent les mêmes auteurs, en ce peu de mots sont compris tous les moyens d'accorder la liberté de nos actions avec la volonté absolue de Dieu. C'est que la cause première et universelle, d'elle-même et par sa propre efficace, s'accorde avec son effet, parce qu'elle y met tout ce qui est, et qu'elle met par conséquent dans les actions humaines, non-seulement leur être tel qu'elles l'ont, mais encore leur liberté même. Car, poursuivent ces théologiens, la liberté convient à l'ame, non-seulement dans le pouvoir qu'elle a de choisir, mais encore lorsqu'elle choisit actuellement : et Dieu, qui est la cause immédiate de notre liberté, la doit produire dans son dernier acte : si bien que le dernier acte de la liberté consistant dans son exercice, il faut que cet exercice soit encore de Dieu, et que comme tel il soit compris dans la volonté divine. Car il n'y a rien dans la créature qui tienne tant soit peu de l'être, qui ne doive à ce même titre tenir de Dieu tout ce qu'il a. Comme donc plus une chose est actuelle, plus elle tient de l'être : il s'ensuit que plus elle est actuelle, plus elle doit tenir de Dieu. Ainsi notre ame conçue comme exerçant sa liberté, étant plus en acte que conçue comme pouvant l'exercer, elle est par conséquent davantage sous l'action divine dans son exercice actuel qu'elle ne l'étoit auparavant : ce qui ne peut s'entendre, si on ne dit que cet exercice vient immédiatement de Dieu. En effet comme Dieu fait en toutes choses ce qui est être et perfection, si être libre est quelque chose et quelque perfection dans chaque acte, Dieu y fait cela même qu'on appelle libre ; et l'efficace infinie de son action, c'est-à-dire de sa volonté, s'étend, s'il est permis de parler ainsi, jusqu'à cette formalité. Et il ne faut pas objecter que le propre de l'exercice de la liberté, c'est de venir seulement de la liberté même ; car cela seroit véritable, si la liberté de l'homme étoit une liberté première et indépendante, et non une liberté découlée d'ailleurs. Mais, comme il a été dit, toute volonté créée est comprise comme dans sa cause, dans la volonté divine ; et c'est de là que la volonté humaine a d'être libre. Ainsi étant véritable que toute notre liberté vient en son fond immédiatement de Dieu, celle qui se trouve dans notre action doit venir de la même source, parce que notre liberté n'étant pas une liberté de soi indépendamment de Dieu, elle ne peut donner à son action d'être libre de soi indépendamment de Dieu : au contraire cette action ne peut être libre qu'avec la même dépendance qui convient essentiellement à son principe. D'où il s'ensuit que la liberté vient toujours de Dieu comme de sa cause, soit qu'on la considère dans son fond, c'est-à-dire dans le pouvoir de choisir; soit qu'on la considère dans son exercice, et comme appliquée à tel acte.

N'importe que notre choix soit une action véritable que nous faisons. Car par là même elle doit encore venir immédiatement de Dieu, qui étant comme premier Etre cause immédiate de tout être ; comme premier agissant doit être cause de toute action :

tellement qu'il fait en nous l'agir même, comme il y fait le pouvoir agir. Et de même que l'être créé ne laisse pas d'être pour être d'un autre, c'est-à-dire pour être de Dieu; au contraire il est ce qu'il est à cause qu'il est de Dieu : il faut entendre de même que l'agir créé ne laisse pas, si on peut parler de la sorte, d'être un agir pour être de Dieu; au contraire, il est d'autant plus d'agir que Dieu lui donne de l'être. Tant s'en faut donc que Dieu, en causant l'action de la créature, lui ôte d'être action, qu'au contraire il le lui donne, parce qu'il faut qu'il lui donne tout ce qu'elle a et tout ce qu'elle est : et plus l'action de Dieu sera conçue comme immédiate, plus elle sera conçue comme donnant immédiatement, et à chaque créature, et à chaque action de la créature, toutes les propriétés qui leur conviennent. Ainsi loin qu'on puisse dire que l'action de Dieu sur la nôtre lui ôte sa liberté, au contraire il faut conclure que notre action est libre *à priori*, à cause que Dieu la fait être libre. Que si on attribuoit à un autre qu'à notre Auteur de faire en nous notre action, on pourroit croire qu'il blesseroit notre liberté, et romproit pour ainsi dire en le remuant, un ressort si délicat, qu'il n'auroit point fait : mais Dieu n'a garde de rien ôter à son ouvrage par son action, puisqu'il y fait au contraire tout ce qui y est, jusqu'à la dernière précision; et qu'il fait par conséquent non-seulement notre choix, mais encore dans notre choix la liberté même.

Pour mieux entendre ceci, il faut remarquer que, selon ce qui a été dit, Dieu ne fait pas notre action comme une chose détachée de nous; mais que faire notre action, c'est faire que nous agissions : et faire dans notre action sa liberté, c'est faire que nous agissions librement; et le faire, c'est vouloir que cela soit : car faire, à Dieu, c'est vouloir. Ainsi pour entendre que Dieu fait en nous nos volontés libres, il faut entendre seulement qu'il veut que nous soyons libres. Mais il ne veut pas seulement que nous soyons libres en puissance, il veut que nous soyons libres en exercice : et il ne veut pas seulement en général que nous exercions notre liberté, mais il veut que nous l'exercions par tel ou tel acte. Car lui, dont la science et la volonté vont toujours jusqu'à la dernière précision des choses, ne se contente pas de vouloir qu'elles soient en général; mais il descend à ce qui s'appelle tel et tel, c'est-à-dire à ce qu'il y a de plus particulier, et tout cela est compris dans ses décrets. Ainsi Dieu veut dès l'éternité tout l'exercice futur de la liberté humaine, en tout ce qu'il a de bon et de réel. Qu'y a-t-il de plus absurde que de dire qu'il n'est pas, à cause que Dieu veut qu'il soit? Ne faut-il pas dire au contraire, qu'il est parce que Dieu le veut; et que comme il arrive que nous sommes libres par la force du décret qui veut que nous soyons libres, il arrive aussi que nous agissons librement en tel et tel acte, par la force du même décret qui descend à tout ce détail?

Ainsi ce décret divin sauve parfaitement notre liberté; car la seule chose qui suit en nous, en vertu de ce décret, c'est que nous fassions librement tel et tel acte. Et il n'est pas nécessaire que Dieu, pour nous rendre conformes à son décret, mette autre chose en nous que notre propre détermination, ou qu'il l'y mette par autre que par nous. Comme donc il seroit absurde de dire que notre propre détermination nous ôtât notre liberté, il ne le seroit pas moins de dire que Dieu nous l'ôtât par son décret : et comme notre volonté, en se déterminant elle-même à choisir une chose plutôt que l'autre, ne s'ôte pas le pouvoir de choisir entre les deux, il faut conclure de même que ce décret de Dieu ne nous l'ôte pas. Car le propre de Dieu, c'est de vouloir : et en voulant, de faire dans chaque chose et dans chaque acte, ce que cette chose et cet acte sera et doit être. Et comme il ne répugne pas à notre choix et à notre détermination de se faire par notre volonté, puisqu'au contraire telle est sa nature; il ne lui répugne pas non plus de se faire par la volonté de Dieu, qui la veut, et la fera être telle qu'elle seroit si elle ne dépendoit que de nous. En effet nous pouvons dire que Dieu nous fait tels que nous serions nous-mêmes si nous pouvions être de nous-mêmes, parce qu'il nous fait dans tous les principes et dans tout l'état de notre être. Car, à parler proprement, l'état de notre être, c'est d'être tout ce que Dieu veut que nous soyons. Ainsi il fait être homme ce qui est homme, et corps ce qui est corps, et pensée ce qui est pensée, et passion ce qui est passion, et action ce qui est action, et nécessaire ce qui est nécessaire, et libre ce qui est libre ; et libre en acte et en exercice, ce qui est libre en acte et en exercice : car c'est ainsi qu'il fait tout ce qu'il lui plaît dans le ciel et dans la terre, et que dans sa seule volonté suprême est la raison *à priori* de tout ce qui est.

On voit par cette doctrine comment toutes choses dépendent de Dieu ; c'est qu'il ordonne premièrement, et tout vient après : et les créatures libres ne sont pas exceptées de cette loi ; le libre n'étant pas en elles une exception de la commune dépendance, mais une différente manière d'être rapporté à Dieu. En effet leur liberté est créée, et elles dépendent de Dieu même comme libres ; d'où il s'ensuit qu'elles en dépendent même dans l'exercice de leur liberté. Et il ne suffit pas de dire que l'exercice de la liberté dépend de Dieu, parce qu'il est en son pouvoir de nous l'ôter ; car ce n'est pas ainsi que nous entendons que Dieu est maître des choses : et nous concevons mal sa souveraineté absolue, si nous ne disons qu'il est le maître et de les empêcher d'être, et de les faire être ; et c'est parce qu'il peut les faire être, qu'il peut aussi les empêcher d'être. Il peut donc également, et empêcher d'être, et faire être l'exercice de la liberté ; et il n'a pour cela qu'à le vouloir. Car il le faut dire souvent : à Dieu, faire, c'est vouloir qu'une chose soit ; après quoi il n'y a rien à craindre pour nous dans l'action toute-puissante de Dieu, puisque son décret qui fait tout, enfermant notre liberté et son exercice, si par l'événement il la détruisoit, il ne seroit pas moins contraire à lui-même qu'à elle.

Ainsi, concluent les théologiens dont nous expliquons les sentimens, pour accorder le décret et l'action toute-puissante de Dieu avec notre liberté, on n'a pas besoin de lui donner un concours qui soit prêt à tout indifféremment, et qui devienne ce qu'il nous plaira : encore moins de lui faire attendre à quoi notre volonté se portera, pour former ensuite à jeu sûr son décret sur nos résolutions. Car sans ce foible ménagement, qui brouille en nous toute l'idée de première cause, il ne faut que considérer que la volonté divine, dont la vertu infinie atteint tout, non-seulement dans le fond, mais dans toutes les manières d'être, s'accorde par elle-même avec l'effet tout entier, où elle met tout ce que nous y concevons, en ordonnant qu'il sera avec toutes les propriétés qui lui conviennent.

Au reste le fondement principal de toute cette doctrine est si certain, que toute l'Ecole en est d'accord. Car comme on ne peut poser qu'il y ait un Dieu, c'est-à-dire une cause première et universelle, sans croire en même temps qu'elle ordonne tout et qu'elle fait tout immédiatement : de là vient qu'on a établi un concours immédiat de Dieu, qui atteint en particulier toutes les actions de la créature, même les plus libres : et le peu de théologiens qui s'opposent à ce concours, sont condamnés de témérité par tous les autres. Mais si on embrasse ce sentiment pour sauver la notion de cause première, il la faut donc sauver en tout ; c'est-à-dire que dès qu'on nomme la cause première, il faut la faire partout aller devant : et si on songe à l'accorder avec son effet, il faut fonder cet accord sur ce qu'elle est cause, et cause encore qui, n'agissant pas avec une impétuosité aveugle, ne fait ni plus ni moins qu'elle veut ; ce qui fait qu'elle ne craint pas de prévenir son effet en tout et partout, parce qu'assurée de sa propre vertu, elle sait qu'ayant commencé, tout suivra précisément comme elle l'ordonne, sans qu'elle ait besoin pour cela de consulter autre chose qu'elle-même.

Tel est le sentiment de ceux qu'on appelle *Thomistes*; voilà ce que veulent dire les plus habiles d'entre eux par ces termes de *prémotion* et *prédétermination physique,* qui semblent si rudes à quelques-uns, mais qui étant entendus, ont un si bon sens. Car enfin ces théologiens conservent dans les actions humaines l'idée toute entière de la liberté, que nous avons donnée au commencement : mais ils veulent que l'exercice de la liberté ainsi défini, ait Dieu pour cause première, et qu'il opère non-seulement par les attraits qui le précèdent, mais encore dans ce qu'il a de plus intime : ce qui leur paroît d'autant plus nécessaire, qu'il y a plusieurs actions libres, comme il a été remarqué, où nous ne sentons aucun plaisir, ni aucune suavité, ni enfin aucune autre raison qui nous y porte que notre seule volonté ; ce qui ôteroit ces actions à la providence, et même à la prescience divine, selon les principes que nous avons établis, si on ne reconnoissoit que Dieu atteint, pour ainsi parler, toute action de nos volontés dans son fond, donnant immédiatement et intimement à chacune tout ce qu'elle a d'être.

CHAPITRE IX.

Objections et réponses, où l'on compare l'action libre de la volonté avec les autres actions qu'on attribue à l'ame, et avec celles qu'on attribue au corps.

Si cela est, disent quelques-uns, la volonté sera purement passive; et lorsque nous croyons si bien sentir notre liberté, il nous sera arrivé la même chose que lorsque nous avons cru sentir que c'étoit nous-mêmes qui mouvions nos corps; ou que ces corps se mouvoient eux-mêmes, en tombant par exemple de haut en bas; ou qu'ils se mouvoient les uns les autres en se poussant mutuellement. Cependant quand nous y avons mieux pensé, nous avons enfin reconnu qu'un corps n'a aucune action, ni pour se mouvoir lui-même, ni pour mouvoir un autre corps : et que notre ame n'en a point aussi pour mouvoir nos membres; mais que c'est le moteur universel de tous les corps, qui selon les règles qu'il a établies, meut un certain corps à l'occasion du mouvement de l'autre, et meut aussi nos membres à l'occasion de nos volontés. Nous pouvons penser, dit-on, que nous sommes trompés en croyant que nous sommes libres, comme en croyant que nous sommes mouvans, ou même que les corps le sont; et à la fin il faudra dire qu'il n'y a que Dieu seul qui agisse, et par conséquent que lui seul de libre, comme il n'y a que lui seul qui soit le moteur de tous les corps.

Il faut ici démêler toutes les idées que nous avons sur la cause du mouvement. Premièrement, nous sentons que nos corps se meuvent, et il n'y a personne qui ne croie faire quelque action en se remuant. Nous trompons-nous en cela? Nullement : car il est vrai que nous voulons, et que vouloir, c'est une action véritable. Mais nous croyons que cette action a son effet sur nos corps. Nous avons raison de le croire, puisqu'en effet nos membres se meuvent ou se reposent au commandement de la volonté. Mais que faut-il penser d'une certaine faculté motrice, qui a dans l'ame, selon quelques-uns, son action particulière distincte de la volonté? Qu'on la croie si on peut l'entendre, je n'ai pas besoin ici de m'y opposer : mais il faut du moins qu'on m'avoue que quand on pourroit trouver par raisonnement une telle faculté motrice, toujours est-il véritable que nous ne sentons en nous-mêmes ni elle ni son action ; et que dans les mouvemens de nos membres, nous n'avons d'idée distincte d'aucune action que de notre volonté et de notre choix. Mais si quelqu'un s'en veut tenir là sans rien admettre de plus, pourra-t-il dire que notre volonté meut nos membres, ou qu'elle est la cause de leur mouvement? Il le pourra dire sans difficulté ; car tout le langage humain appelle cause ce qui étant une fois posé, on voit suivre aussitôt un certain effet : ainsi nous connoissons distinctement qu'en mouvant nos membres, nous faisons une certaine action, qui est de vouloir ; et que de cette action suit le mouvement. Si nous n'entendons autre chose quand nous disons que nos volontés sont la cause du mouvement de nos membres, ce sentiment est très-véritable. On trouvera les idées que nous avons de la liberté aussi claires que celles-là, et par conséquent aussi certaines. On les peut donc raisonnablement comparer ensemble : mais si on compare à l'idée de la liberté celle que quelques-uns se veulent former d'une certaine faculté motrice distincte de la volonté, on comparera une chose claire et dont on ne peut douter, avec une chose confuse dont on n'a aucun sentiment ni aucune idée.

Au reste quand nous sentons la pesanteur de nos membres, nous voyons clairement par là, qu'ils sont entraînés par le mouvement universel du monde ; et par conséquent qu'ils ont pour moteur celui qui agite toute la machine. Que si nous pouvons donner un mouvement détaché de l'ébranlement universel, et même qui lui soit contraire, en poussant par en haut, par exemple, notre bras, que l'impression commune de toute la machine tire en bas ; on voit bien qu'il n'est pas possible qu'une si petite partie de l'univers, c'est-à-dire l'homme, puisse prévaloir d'elle-même sur l'effort du tout. On voit aussi par les convulsions et les autres mouvemens involontaires, combien peu nous sommes maîtres de nos membres : de sorte qu'on doit penser que le même Dieu qui meut tous les corps selon de certaines lois, en exempte cette petite partie de la masse qu'il a voulu unir à notre ame, et qu'il lui plaît de mouvoir en conformité de nos volontés.

Voilà ce que nous pouvons connoître clairement touchant le mouvement de nos membres. Je n'empêche pas qu'outre cela on n'admette, si on veut, dans l'ame une certaine faculté de mouvoir le corps, et qu'on ne lui donne une action particulière : il me suffit que, soit qu'on admette, soit qu'on rejette cette action, cela ne fait rien à la liberté. Car ceux qui admettent dans nos ames cette action qu'ils n'entendent pas, admettront bien plus facilement l'action de la liberté, dont ils ont une idée si claire ; et ceux qui ne voudront pas reconnoître cette faculté motrice, ni son action, feront un très-mauvais raisonnement, s'ils sont tentés de rejeter la connoissance de leur liberté qu'ils ont si distincte, parce qu'ils se seront défaits de l'impression confuse d'une faculté, et d'une action de leur ame qu'ils n'ont jamais ni sentie ni entendue.

Il faut dire la même chose touchant l'action que quelques-uns attribuent aux corps pour se mouvoir les uns les autres. Ceux qui ne peuvent concevoir qu'un corps tombe sans agir sur lui-même, ni qu'il se fasse céder la place sans agir sur celui qu'il pousse, concevront beaucoup moins que l'ame choisisse sans exercer quelque action : et comme ils veulent que les corps ne laissent pas d'être conçus comme agissans, quoique le premier moteur soit la cause de leur action, ils n'auront garde de conclure que l'ame n'agisse pas, sous prétexte que son action reconnoît Dieu pour la cause. Car ils tiennent pour assuré que deux causes peuvent agir subordonnément, et que l'action de Dieu n'empêche pas celle des causes secondes. Nous n'avons donc ici à nous défendre que contre ceux qui rejettent l'action des corps avec Platon [1] ; et nous dirons à ceux-là ce que nous leur avons déjà dit, quand ils comparoient leur liberté avec une certaine faculté motrice de leur ame, inconnue à elle-même. Puisqu'ils ne rejettent cette action des corps que parce qu'ils soutiennent qu'elle

[1] *De Leg.*, lib. X.

n'est pas intelligible; devant que de pousser leur conséquence jusqu'à l'action de la volonté, ils doivent considérer auparavant s'il n'est pas certain qu'ils l'entendent. Mais afin de les aider dans cette considération, en leur montrant la prodigieuse différence qu'il y a entre l'action que quelques-uns attribuent aux corps et celle que nous attribuons à nos volontés : examinons dans le détail ce que nous concevons distinctement dans les corps; après quoi nous repasserons sur ce que nous avons connu distinctement dans nos ames.

Nous voyons qu'un certain corps étant mû selon les lois de la nature, il faut qu'un autre corps le soit aussi. Nous voyons dans un corps que d'avoir une certaine figure, par exemple d'être aigu, le dispose à communiquer à un autre corps une certaine espèce de mouvement, par exemple, d'être divisé. Nous ne nous trompons point en cela; et pour exprimer cette vérité, nous disons que d'être aigu dans un couteau, est la cause de ce qu'il coupe; et qu'être continuellement agité dans l'eau est la cause de ce que la roue d'un moulin tourne sans cesse; et que c'est à cause des trous qui sont dans un crible, que certains grains peuvent passer à travers. Tout cela est très-véritable, et ne veut dire autre chose, sinon que le corps est tellement disposé, ou par sa figure ou par son mouvement, que de son mouvement ou de sa figure il s'ensuit qu'un tel corps, et non un autre, est mû de telle manière plutôt que d'une autre. Voilà ce que nous entendons clairement dans les corps. Que si nous passons de là à y vouloir mettre une certaine vertu active, distincte de leur étendue, de leur figure et de leur mouvement, nous dirons plus que nous n'entendons. Car nous ne concevons rien dans un corps par où il soit entendu en mouvoir un autre, si ce n'est son mouvement. Quand une pierre jetée emporte une feuille ou un fruit qu'elle atteint, ce n'est que par son mouvement qu'elle l'atteint et l'emporte. C'est en vain qu'on voudroit s'imaginer que le mouvement soit une action dans la pierre plutôt que dans la feuille, puisqu'il est partout de même nature : et que la pierre, qui est ici considérée comme mouvante, en effet est elle-même jetée. Et non-seulement la roue du moulin, mais la rivière elle-même doit recevoir son mouvement d'ailleurs. Que si on dit que la rivière fait aller la roue, c'est qu'on regarde par où la matière commence à s'ébranler, et par où le mouvement se communique. Ainsi en considérant cette roue qui tourne, on voit bien que ce n'est pas elle qui donne lieu au mouvement de l'eau; mais au contraire que c'est la rapidité de l'eau qui donne lieu au mouvement de la roue. En ce sens on peut regarder la rivière comme la cause, et le mouvement de la roue comme l'effet. Mais en remontant plus haut à la source du mouvement, on trouve que tout ce qui se meut est mû d'ailleurs, et que toute la matière demande un moteur; de sorte qu'en elle-même, elle est toujours purement passive, comme Platon l'a dit expressément[1]; et qu'encore qu'un mouvement particulier donne lieu à l'autre, tout le mouvement en général n'a d'autre cause que Dieu. Et on se trompe visiblement quand on s'imagine que tout ce qu'on exprime par le verbe actif, soit également actif. Car quand on dit que la terre pousse beaucoup d'herbe, ou qu'une branche a poussé un grand rejeton, si peu qu'on approfondisse, on voit bien qu'on ne veut dire autre chose, sinon que la terre est pleine de sucs, et qu'elle est disposée de sorte que les rayons du soleil donnant dessus, il faut que ces sucs s'élèvent. Et ces rayons pour cela n'en sont pas plus agissans d'une action proprement dite, non plus que la pierre jetée dans l'eau n'est pas véritablement agissante, quand elle la fait rejaillir en donnant dessus; car on voit manifestement qu'elle est poussée par la main : et on ne la doit pas trouver plus agissante quand elle tombe par sa pesanteur, puisqu'elle n'est pas moins poussée dans ce mouvement, pour être poussée par une cause qui ne paroît pas.

Ceux donc qui mettent dans les corps des vertus actives ou des actions véritables, n'en ont aucune idée distincte; et ils verront s'ils y regardent de près, que trouvant en eux-mêmes une action quand ils se meuvent, c'est-à-dire l'action de la volonté; par là ils prennent l'habitude de croire que tout ce qui est mû sans cause apparente, exerce quelque action semblable à la leur. C'est ainsi qu'on s'imagine qu'un corps qui en presse d'autres, et peu

[1] Voyez le *Timée*.

à peu s'y fait un passage, fait un effort tout semblable à celui que nous faisons pour passer à travers d'une multitude ; ce qui est vrai en ce qui est purement du corps : mais notre imagination nous abuse, quand elle prend occasion de là de mettre quelque action dans les corps ; et on voit bien que cette pensée ne vient d'autre chose, sinon qu'étant accoutumés à trouver en nous une véritable action, c'est-à-dire notre volonté jointe aux mouvemens que nous faisons, nous transportons ce qui est en nous aux corps qui nous environnent.

Ainsi dans l'action que nous attribuons aux corps, nous ne trouvons rien de réel, sinon que leurs figures et leurs mouvemens donnent lieu à certains effets. Tout ce qu'on veut dire au delà, n'est ni entendu ni défini ; mais il n'en est pas de même de l'action que nous avons mise dans notre ame. Nous entendons clairement qu'elle veut son bien, et qu'elle veut être heureuse ; nous savons très-certainement qu'elle ne délibère jamais si elle veut son bonheur, mais que toute sa consultation se tourne aux moyens de parvenir à cette fin. Nous sentons qu'elle délibère sur ces moyens, et qu'elle en choisit l'un plutôt que l'autre. Ce choix est bien entendu, et il enferme dans sa notion une action véritable. Nous avons même une notion d'une action de cette nature qui ne peut convenir qu'à un être créé, puisque nous avons une idée distincte d'une liberté qui peut pécher, et que nous nous attribuons à nous-mêmes les fautes que nous faisons. Nous concevons donc en nous une liberté qui se trouve et dans notre fond, c'est-à-dire dans l'ame même, et dans nos actions particulières ; car elles sont faites librement ; et nous avons défini en termes très-clairs la liberté qui leur convient. Mais pour avoir bien entendu cette liberté qui est dans nos actions, il ne s'ensuit pas pour cela que nous la devions entendre comme une chose qui n'est pas de Dieu. Car tout ce qui est hors de lui, en quelque manière qu'il soit, vient de cette cause ; et parce qu'il fait en chaque chose tout ce qui lui convient par sa définition, il faut dire que comme il fait dans le mouvement tout ce qui est compris dans la définition du mouvement, il fait dans la liberté de notre action tout ce que contient la définition d'une action de cette nature. Il y est donc, puisque Dieu l'y fait; et l'efficace toute-puissante de l'opération divine n'a garde de nous ôter notre liberté, puisqu'au contraire elle la fait et dans l'ame et dans ses actes. Ainsi on peut dire que c'est Dieu qui nous fait agir, sans craindre que pour cela notre liberté soit diminuée, puisqu'enfin il agit en nous comme un principe intime et conjoint, et qu'il nous fait agir comme nous nous faisons agir nous-mêmes, ne nous faisant agir que par notre propre action, qu'il veut, et fait en voulant que nous l'exercions avec toutes les propriétés que sa définition enferme.

Il ne faut donc pas changer la définition de notre action en la faisant venir de Dieu, non plus qu'il ne faut changer la définition de l'homme en lui donnant Dieu pour sa cause; car Dieu est cause au contraire de ce que l'homme est, avec tout ce qui lui convient par sa définition : et il faut comprendre de même qu'il est la cause immédiate de ce que notre action est, avec tout ce qui lui convient par son essence.

CHAPITRE X.

La différence des deux états de la nature humaine, innocente et corrompue, assignée selon les principes posés.

Cela étant, on doit comprendre que la différence de l'état où nous sommes avec celui de la nature innocente, ne consiste pas à faire dépendre de la volonté divine les actes de la volonté humaine, en l'un de ces états plutôt qu'en l'autre, puisque ce n'est pas le péché qui établit en nous cette dépendance : et qu'elle est en l'homme, non par sa blessure, mais par sa première institution et par la condition essentielle de son être. Et c'est en vain qu'on diroit que Dieu agit davantage dans la nature corrompue que dans la nature innocente, puisqu'au contraire il faut concevoir qu'étant la source du bien et de l'être, il agit toujours plus où il y a plus de l'un et de l'autre.

Il ne faut non plus établir la différence de ces deux états dans l'efficace des décrets divins, ni dans la certitude des moyens dont Dieu se sert pour les accomplir. Car la volonté divine est en tout état efficace par elle-même, et contient en elle-même tout ce qu'il faut pour accomplir ses décrets. En un mot, l'état du péché ne fait pas que la volonté de Dieu soit plus efficace ou plus absolue, et l'état d'innocence ne fait pas que la volonté de l'homme soit moins dépendante. Ce n'est donc pas de ce côté-là qu'il faut aller rechercher la différence des deux états, qui en cela conviennent ensemble : mais il faut considérer précisément les propositions qui sont changées par la maladie, et juger par là de la nature du remède que Dieu y apporte. Et quoique ce ne soit pas notre dessein de traiter à fond cette différence, nous remarquerons en passant, que le changement le plus essentiel que le péché ait fait dans notre ame, c'est qu'un attrait indélibéré du plaisir sensible prévient tous les actes de nos volontés. C'est en cela que consiste notre langueur et notre foiblesse, dont nous ne serons jamais guéris que Dieu ne nous ôte cet attrait sensible, ou du moins ne le modère par un autre attrait indélibéré du plaisir intellectuel. Alors si par la douceur du premier attrait, notre ame est portée au plaisir sensible : par le moyen du second elle sera rappelée à son véritable bien, et disposée à se rendre à celui de ces deux attraits qui sera supérieur. Elle n'avoit pas besoin, quand elle étoit saine, de cet attrait prévenant, qui avant toute délibération de la volonté, l'incline au bien véritable, parce qu'elle ne sentoit pas cet autre attrait qui avant toute délibération, l'incline toujours au bien apparent. Elle étoit née maîtresse absolue des sens, connoissant parfaitement son bien, qui est Dieu ; munie de toutes les graces qui lui étoient nécessaires pour s'élever à ce bien suprême ; l'aimant librement de tout son cœur, et se plaisant d'autant plus dans son amour, qu'il lui venoit de son propre choix. Mais ce choix, pour lui être propre, n'en étoit pas moins de Dieu, de qui vient tout ce qui est propre à la créature ; qui fait même qu'une telle chose lui est propre plutôt qu'une autre, et que rien ne lui est plus propre que ce qu'elle fait si librement.

En cet état où nous regardons la volonté humaine, on voit bien qu'elle n'a rien en elle-même qui l'applique à une chose plutôt qu'à l'autre, que sa propre détermination ; qu'il ne faut point, pour la faire libre, la rendre indépendante de Dieu, parce qu'étant le maître absolu de tout ce qui est, il n'a qu'à vouloir pour faire que les êtres libres agissent librement, et pour faire que les corps qui ne sont pas libres, soient mus par nécessité.

C'est ainsi que raisonnent ces théologiens ; et l'abrégé de leur doctrine, c'est que Dieu, parce qu'il est Dieu, doit mettre par sa volonté dans sa créature libre, tout ce en quoi consiste essentiellement sa liberté tant dans le principe que dans l'exercice ;·sans qu'on pense que pour cela cette liberté soit détruite, puisqu'il n'y a rien qui convienne moins à celui qui fait que de ruiner et de détruire.

Cette manière de concilier le libre arbitre avec la volonté de Dieu paroît la plus simple, parce qu'elle est tirée seulement des principes essentiels qui constituent la créature, et ne suppose autre chose que les notions précises que nous avons de Dieu et de nous-mêmes.

CHAPITRE XI.

Des actions mauvaises, et de leurs causes.

On peut entendre, ce me semble, par ces principes, ce que Dieu fait dans les mauvaises actions de la créature. Car il fait tout le bien et tout l'être qui s'y trouve ; de sorte qu'il y fait même le fond de l'action, puisque le mal n'étant autre chose que la corruption du bien et de l'être, son fond est par conséquent dans le bien et dans l'être même.

C'est de quoi toute la théologie est d'accord. Ceux qui admettent le concours que l'Ecole appelle simultané, reconnoissent cette vérité, aussi bien que ceux qui donnent à Dieu une action prévenante : et pour entendre distinctement tout le bien que ce premier Etre opère en nous, il ne faut que considérer tout ce qu'il y a de bon dans le mal que nous faisons. Le plaisir que nous recherchons et qui nous fait faire tant de mal, est bon de soi, et il est donné à la créature pour un bon usage. Ne vouloir manquer de rien, ne vouloir avoir aucun mal, ni rien par conséquent qui nous nuise, tout cela est bon visiblement, et fait partie de la félicité pour laquelle nous sommes nés. Mais ce bien recherché mal à propos, est la cause qui nous pousse à la vengeance, et à mille autres excès. Si on maltraite un homme, si on le tue, cette action peut être commandée par la justice, et par conséquent peut être bonne. Commander est bon, être riche est bon; et ces bonnes choses mal prises et mal désirées, font néanmoins tout le mal du monde.

Si toutes ces choses sont bonnes, il est clair que le désir de les avoir enferme quelque bien. Qu'un ange se soit admiré et aimé lui-même, il a admiré et aimé une bonne chose. En quoi donc pèche-t-il dans cette admiration et dans cet amour, si ce n'est qu'il ne l'a point rapporté à Dieu? Que s'il a cru que c'étoit un souverain plaisir de s'aimer soi-même sans se rapporter à un autre, il ne s'est point trompé en cela; car ce plaisir en effet est si grand, que c'est le plaisir de Dieu. L'ange devoit donc aimer ce plaisir, non en lui-même, mais en Dieu; se plaisant à son auteur par un amour aussi sincère que reconnoissant, et faisant sa félicité de la félicité d'un être si parfait et si bienfaisant. Et quand cet ange puni de son orgueil, commence à haïr Dieu qui le châtie, et à souhaiter qu'il ne soit pas, c'est qu'il veut vivre sans peine; et il a raison de le vouloir, car il étoit fait pour cela et pour être heureux. Ainsi tout le mal qui est dans les créatures a son fond dans quelque bien. Le mal ne vient donc pas de ce qui est, mais de ce que ce qui est n'est ni ordonné comme il faut, ni rapporté où il faut, ni aimé ni estimé où il doit être. Et il est si vrai que le mal a tout son fond dans le bien, qu'on voit souvent une action qui n'est point mauvaise le devenir, en y joignant une chose bonne. Un homme fait une chose qu'il ne croit pas défendue: cette ignorance peut être telle, qu'elle l'excusera de tout crime; et pour y mettre du crime, il ne faut qu'ajouter à la volonté la connoissance du mal. Cependant la connoissance du mal est bonne; et cette connoissance, qui est bonne, ajoutée à la volonté la rend mauvaise, elle qui étant seule, pourroit être bonne: tant il est vrai que le mal de tous côtés suppose le bien. Et si on demande par où le mal peut trouver entrée dans la créature raisonnable, au milieu de tant de bien que Dieu y met, il ne faut que se souvenir qu'elle est libre et qu'elle est tirée du néant.

Parce qu'elle est libre, elle peut bien faire ; et parce qu'elle est tirée du néant, elle peut faillir : car il ne faut pas s'étonner que venant pour ainsi dire et de Dieu et du néant, comme elle peut par sa volonté s'élever à l'un, elle puisse aussi par sa volonté retomber dans l'autre, faute d'avoir tout son être, c'est-à-dire toute sa droiture. Or le manquement volontaire de cette partie de sa perfection, c'est ce qui s'appelle péché, que la créature raisonnable ne peut jamais avoir que d'elle-même, parce que telle est l'idée du péché, qu'il ne peut avoir pour sa cause qu'un être libre tiré du néant.

Telle est la cause du péché, si toutefois le péché peut avoir une véritable cause. Mais pour parler plus proprement, comme le néant n'en a point, le péché, qui est un défaut et une espèce de néant, n'en a point aussi : et comme si la créature n'est rien d'elle-même, c'est de son propre fonds, et non pas de Dieu qu'elle a cela ; elle ne peut aussi avoir que d'elle-même, et d'être capable de faillir, et de faillir en effet : mais elle a le premier nécessairement, et le second librement, parce que Dieu l'ayant trouvée capable de faillir par sa nature, la rend capable de bien faire par sa grace.

Ainsi nous avons fait voir qu'à la réserve du péché, qui ne peut par son essence être attribué qu'à la créature, tout le reste de ce qu'elle a dans son fond, dans sa liberté, dans ses actions, doit être attribué à Dieu, et que la volonté de Dieu qui fait tout, bien loin de rendre tout nécessaire, fait au contraire dans le nécessaire, aussi bien que dans le libre, ce qui fait la différence de l'un et de l'autre.

FIN DU TRAITÉ DU LIBRE ARBITRE.

POLITIQUE

TIRÉE DES PROPRES PAROLES

DE L'ÉCRITURE SAINTE

A MONSEIGNEUR LE DAUPHIN.

Dieu est le Roi des rois : c'est à lui qu'il appartient de les instruire et de les régler comme ses ministres. Ecoutez donc, Monseigneur, les leçons qu'il leur donne dans son Ecriture, et apprenez de lui les règles et les exemples sur lesquels ils doivent former leur conduite.

Outre les autres avantages de l'Ecriture, elle a encore celui-ci, qu'elle reprend l'histoire du monde dès sa première origine, et nous fait voir par ce moyen mieux que toutes les autres histoires, les principes primitifs qui ont formé les empires.

Nulle histoire ne découvre mieux ce qu'il y a de bon et de mauvais dans le cœur humain; ce qui soutient et ce qui renverse les royaumes; ce que peut la religion pour les établir, et l'impiété pour les détruire.

Les autres vertus et les autres vices trouvent aussi dans l'Ecriture leur caractère naturel, et on n'en voit nulle part dans une plus grande évidence les véritables effets.

On y voit le gouvernement d'un peuple dont Dieu même a été le législateur; les abus qu'il a réprimés et les lois qu'il a établies, qui comprennent la plus belle et la plus juste politique qui fût jamais.

Tout ce que Lacédémone, tout ce qu'Athènes, tout ce que Rome; pour remonter à la source, tout ce que l'Egypte et les Etats les mieux policés ont eu de plus sage, n'est rien en comparaison de la sagesse qui est renfermée dans la loi de Dieu, d'où les autres lois ont puisé ce qu'elles ont de meilleur.

Aussi n'y eut-il jamais une plus belle constitution d'État que celle où vous verrez le peuple de Dieu.

Moïse, qui le forma, étoit instruit de toute la sagesse divine et humaine dont un grand et noble génie peut être orné ; et l'inspiration ne fit que porter à la dernière certitude et perfection, ce qu'avoient ébauché l'usage et les connoissances du plus sage de tous les empires et de ses plus grands ministres, tel qu'étoit le patriarche Joseph, comme lui inspiré de Dieu.

Deux grands rois de ce peuple, David et Salomon, l'un guerrier, l'autre pacifique, tous deux excellens dans l'art de régner, vous en donneront non-seulememement les exemples dans leur vie, mais encore les préceptes ; l'un dans ses divines poésies, l'autre dans ses instructions que la sagesse éternelle lui a dictées.

Jésus-Christ vous apprendra par lui-même et par ses apôtres, tout ce qui fait les États heureux : son Évangile rend les hommes d'autant plus propres à être bons citoyens sur la terre, qu'il leur apprend par là à se rendre dignes de devenir citoyens du ciel.

Dieu enfin, par qui les rois règnent, n'oublie rien pour leur apprendre à bien régner. Les ministres des princes, et ceux qui ont part sous leur autorité au gouvernement des États et à l'administration de la justice, trouveront dans sa parole des leçons que Dieu seul pouvoit leur donner. C'est une partie de la morale chrétienne que de former la magistrature par ses lois : Dieu a voulu tout décider, c'est-à-dire donner des décisions à tous les états, à plus forte raison à celui d'où dépendent tous les autres.

C'est, Monseigneur, le plus grand de tous les objets qu'on puisse proposer aux hommes, et ils ne peuvent être trop attentifs aux règles sur lesquelles ils seront jugés par une sentence éternelle et irrévocable. Ceux qui croient que la piété est un affoiblissement de la politique, seront confondus ; et celle que vous verrez est vraiment divine.

LIVRE PREMIER.

DES PRINCIPES DE LA SOCIÉTÉ PARMI LES HOMMES.

ARTICLE PREMIER.

L'homme est fait pour vivre en société.

1re PROPOSITION.

Les hommes n'ont qu'une même fin, et un même objet, qui est Dieu.

« Ecoute, Israël; le Seigneur notre Dieu est le seul Dieu. Tu aimeras le Seigneur ton Dieu, de tout ton cœur, de toute ton ame, et de toute ta force [1]. »

IIe PROPOSITION.

L'amour de Dieu oblige les hommes à s'aimer les uns les autres.

Un docteur de la loi demanda à Jésus : « Maître, quel est le premier de tous les commandemens ? Jésus lui répondit : Le premier de tous les commandemens est celui-ci : Ecoute, Israël ; le Seigneur ton Dieu est le seul Dieu ; et tu aimeras le Seigneur ton Dieu de tout ton cœur, de toute ton ame, de toute ta pensée et de toute ta force : voilà le premier commandement ; et le second, qui lui est semblable, est celui-ci : Tu aimeras ton prochain comme toi-même [2].

» En ces deux préceptes consistent toute la loi et les prophètes [3]. »

Nous nous devons donc aimer les uns les autres, parce que nous devons aimer tous ensemble le même Dieu, qui est notre père commun, et son unité est notre lien. « Il n'y a qu'un seul Dieu, dit saint Paul [4] ; si les autres comptent plusieurs dieux, il

---

[1] *Deuter.*, VI, 4, 5. — [2] *Marc*, XII, 29-31. — [3] *Matth.*, XXII, 40. — [4] *1 Cor.*, VIII, 4-6.

n'y en a pour nous qu'un seul, qui est le père d'où nous sortons tous, et nous sommes faits pour lui. »

S'il y a des peuples qui ne connoissent pas Dieu, il n'en est pas moins pour cela le créateur, et il ne les a pas moins faits à son image et ressemblance. Car il a dit en créant l'homme : « Faisons l'homme à notre image et ressemblance [1]; » et un peu après : « Et Dieu créa l'homme à son image; il le créa à l'image de Dieu. »

Il le répète souvent, afin que nous entendions sur quel modèle nous sommes formés, et que nous aimions les uns dans les autres l'image de Dieu. C'est ce qui fait dire à Notre-Seigneur, que le précepte d'aimer le prochain est semblable à celui d'aimer Dieu, parce qu'il est naturel que qui aime Dieu, aime aussi pour l'amour de lui tout ce qui est fait à son image; et ces deux obligations sont semblables.

Nous voyons aussi que quand Dieu défend d'attenter à la vie de l'homme, il en rend cette raison : « Je rechercherai la vie de l'homme de la main de toutes les bêtes et de la main de l'homme. Quiconque répandra le sang humain, son sang sera répandu, parce que l'homme est fait à l'image de Dieu [2]. »

Les bêtes sont en quelque sorte appelées dans ce passage au jugement de Dieu, pour y rendre compte du sang humain qu'elles auront répandu. Dieu par leainsi, pour faire trembler les hommes sanguinaires; et il est vrai en un sens, que Dieu redemandera même aux animaux, les hommes qu'ils auront dévorés, lorsqu'il les ressuscitera malgré leur cruauté dans le dernier jour.

IIIe PROPOSITION.

Tous les hommes sont frères.

Premièrement, ils sont tous enfans du même Dieu. « Vous êtes tous frères, dit le Fils de Dieu [3], et vous ne devez donner le nom de père à personne sur la terre; car vous n'avez qu'un seul père, qui est dans les cieux. »

Ceux que nous appelons pères et d'où nous sortons selon la chair, ne savent pas qui nous sommes; Dieu seul nous connoît

---

[1] *Gen.*, I, 26, 27. — [2] *Ibid.*, IX, 5, 6. — [3] *Matth.*, XXIII, 8, 9.

de toute éternité, et c'est pourquoi Isaïe disoit : « Vous êtes notre vrai père ; Abraham ne nous a pas connus, et Israël nous a ignorés : mais vous, Seigneur, vous êtes notre père et notre protecteur ; votre nom est devant tous les siècles [1]. »

Secondement, Dieu a établi la fraternité des hommes en les faisant tous naître d'un seul, qui pour cela est leur père commun, et porte en lui-même l'image de la paternité de Dieu. Nous ne lisons pas que Dieu ait voulu faire sortir les autres animaux d'une même tige. « Dieu fit les bêtes selon leurs espèces ; et il vit que cet ouvrage étoit bon, et il dit : Faisons l'homme à notre image et ressemblance [2]. ».

Dieu parle de l'homme en nombre singulier, et marque distinctement qu'il n'en veut faire qu'un seul, d'où naissent tous les autres, selon ce qui est écrit dans les *Actes*, « que Dieu a fait sortir d'un seul tous les hommes qui devoient remplir la surface de la terre [3]. » Le grec porte que Dieu les a faits *d'un même sang*. Il a même voulu que la femme qu'il donnoit au premier homme fût tirée de lui, afin que tout fût un dans le genre humain. « Dieu forma en femme la côte qu'il avoit tirée d'Adam, et il l'amena à Adam, et Adam dit : Celle-ci est un os tiré de mes os, et une chair tirée de ma chair : son nom même marquera qu'elle est tirée de l'homme ; c'est pourquoi l'homme quittera son père et sa mère pour s'attacher à sa femme, et ils seront deux dans une chair [4]. »

Ainsi le caractère d'amitié est parfait dans le genre humain ; et les hommes, qui n'ont tous qu'un même père, doivent s'aimer comme frères. A Dieu ne plaise qu'on croie que les rois soient exempts de cette loi, ou qu'on craigne qu'elle ne diminue le respect qui leur est dû. Dieu marque distinctement, que les rois qu'il donnera à son peuple, « seront tirés du milieu de leurs frères [5] ; » un peu après : « Ils ne s'élèveront point au-dessus de leurs frères par un sentiment d'orgueil : » et c'est à cette condition qu'il leur promet un long règne.

Les hommes ayant oublié leur fraternité et les meurtres s'étant

---

[1] *Isa.*, LXIII, 16. — [2] *Gen.*, I, 25, 26. — [3] *Act.*, XVII, 26. — [4] *Gen.*, II, 22, 23. — [5] *Deuter.*, XVII, 15, 20.

multipliés sur la terre, Dieu résolut de détruire tous les hommes [1] à la réserve de Noé et de sa famille, par laquelle il répara le genre humain, et voulut que dans ce renouvellement du monde nous eussions encore tous un même père.

Aussitôt après il défend les meurtres en avertissant les hommes qu'ils sont tous frères, descendus premièrement du même Adam, et ensuite du même Noé : « Je rechercherai, dit-il, la vie de l'homme de la main de l'homme et de la main de son frère [2]. »

IVe PROPOSITION.

Nul homme n'est étranger à un autre homme.

Notre-Seigneur après avoir établi le précepte d'aimer son prochain, interrogé par un docteur de la loi qui étoit celui que nous devons tenir pour notre prochain, condamne l'erreur des Juifs qui ne regardoient comme tels que ceux de leur nation. Il leur montre par la parabole du Samaritain qui assiste le voyageur méprisé par un prêtre et par un lévite, que ce n'est pas sur la nation, mais sur l'humanité en général que l'union des hommes doit être fondée. « Un prêtre vit le voyageur blessé, et passa ; et un lévite passa près de lui et continua son chemin. Mais un Samaritain le voyant, fut touché de compassion [3]. » Il raconte avec quel soin il le secourut, et puis il dit au docteur : « Lequel de ces trois vous paroît être son prochain? Et le docteur répondit : Celui qui a eu pitié de lui : et Jésus lui dit : Allez et faites de même [4]. »

Cette parabole nous apprend que nul homme n'est étranger à un autre homme, fût-il d'une nation autant haïe dans la nôtre que les Samaritains l'étoient des Juifs.

Ve PROPOSITION.

Chaque homme doit avoir soin des autres hommes.

Si nous sommes tous frères, tous faits à l'image de Dieu et également ses enfans, tous une même race et un même sang, nous devons prendre soin les uns des autres ; et ce n'est pas sans raison qu'il est écrit : « Dieu a chargé chaque homme d'avoir

---

[1] *Gen.*, VI. — [2] *Ibid.*, IX, 5. — [3] *Luc.*, X, 31, 32, etc. — [4] *Ibid.*, 36, 37.

soin de son prochain ¹. » S'ils ne le font pas de bonne foi, Dieu en sera le vengeur; car, ajoute l'*Ecclésiastique* ² : « Nos voies sont toujours devant lui, et ne peuvent être cachées à ses yeux. » Il faut donc secourir notre prochain, comme en devant rendre compte à Dieu qui nous voit.

Il n'y a que les parricides et les ennemis du genre humain qui disent comme Caïn : « Je ne sais où est mon frère; suis-je fait pour le garder ³ ? » « N'avons-nous pas tous un même père? N'est-ce pas un même Dieu qui nous a créés? pourquoi donc chacun de nous méprise-t-il son frère, violant le pacte de nos pères ⁴ ? »

VIᵉ PROPOSITION.

L'intérêt même nous unit.

« Le frère aidé de son frère, est comme une ville forte ⁵. » Voyez comme les forces se multiplient par la société et le secours mutuel.

« Il vaut mieux être deux ensemble que d'être seul; car on trouve une grande utilité dans cette union. Si l'un tombe, l'autre le soutient. Malheur à celui qui est seul : s'il tombe, il n'a personne pour le relever. Deux hommes reposés dans un même lit se réchauffent mutuellement. Qu'y a-t-il de plus froid qu'un homme seul? Si quelqu'un est trop fort contre un seul, deux pourront lui résister : une corde à trois cordons est difficile à rompre ⁶. »

On se console, on s'assiste, on se fortifie l'un l'autre. Dieu voulant établir la société, veut que chacun y trouve son bien, et y demeure attaché par cet intérêt.

C'est pourquoi il a donné aux hommes divers talens. L'un est propre à une chose, et l'autre à une autre, afin qu'ils puissent s'entre-secourir comme les membres du corps, et que l'union soit cimentée par ce besoin mutuel. « Comme nous avons plusieurs membres qui tous ensemble ne font qu'un seul corps, et que les membres n'ont pas tous une même fonction; ainsi nous ne

---

¹ *Eccli.*, XVII, 12. — ² *Ibid.*, 13. — ³ *Gen.*, IV, 9. — ⁴ *Malac.*, II, 10. — ⁵ *Prov.*, XVIII, 19. — ⁶ *Eccle.*, IV, 9-12.

sommes tous ensemble qu'un seul corps en Jésus-Christ, et nous sommes tous membres les uns des autres[1]. » Chacun de nous a son don et sa grace différente.

« Le corps n'est pas un seul membre, mais plusieurs membres. Si le pied dit : Je ne suis pas du corps, parce que je ne suis pas la main, est-il pour cela retranché du corps? Si tout le corps étoit œil, où seroient l'ouïe et l'odorat? Mais maintenant Dieu a formé les membres, et les a mis chacun où il lui a plu. Que si tous les membres n'étoient qu'un seul membre, que deviendroit le corps? Mais dans l'ordre que Dieu a établi, s'il y a plusieurs membres, il n'y a qu'un corps. L'œil ne peut pas dire à la main : Je n'ai que faire de votre assistance; ni la tête ne peut pas dire aux pieds : Vous ne m'êtes pas nécessaires. Mais au contraire les membres qui paroissent les plus foibles sont ceux dont on a le plus besoin. Et Dieu a ainsi accordé le corps, en suppléant par un membre ce qui manque à l'autre, afin qu'il n'y ait point de dissension dans le corps, et que les membres aient soin les uns des autres[2]. »

Ainsi par les talens différens le fort a besoin du foible, le grand du petit, chacun de ce qui paroît le plus éloigné de lui, parce que le besoin mutuel rapproche tout, et rend tout nécessaire.

Jésus-Christ formant son Eglise, en établit l'unité sur ce fondement, et nous montre quels sont les principes de la société humaine.

Le monde même subsiste par cette loi. « Chaque partie a son usage et sa fonction; et le tout s'entretient par le secours que s'entre-donnent toutes les parties[3]. »

Nous voyons donc la société humaine appuyée sur ces fondemens inébranlables; un même Dieu, un même objet, une même fin, une origine commune, un même sang, un même intérêt, un besoin mutuel, tant pour les affaires que pour la douceur de la vie.

---

[1] *Rom.*, XII, 4-6. — [2] *1 Cor.*, XII, 14. — [3] *Eccli.*, XLII, 24, 25.

ARTICLE II.

De la société générale du genre humain naît la société civile, c'est-à-dire celle des Etats, des peuples et des nations.

Iʳᵉ PROPOSITION.

La société humaine a été détruite et violée par les passions.

Dieu étoit le lien de la société humaine. Le premier homme s'étant séparé de Dieu, par une juste punition la division se mit dans sa famille, et Caïn tua son frère Abel [1].

Tout le genre humain fut divisé. Les enfans de Seth s'appelèrent les enfans de Dieu, et les enfans de Caïn s'appelèrent les enfans des hommes [2].

Ces deux races ne s'allièrent que pour augmenter la corruption. Les géans naquirent de cette union, hommes connus dans l'Ecriture [3] et dans toute la tradition du genre humain, par leur injustice et leur violence.

« Toutes les pensées de l'homme se tournent au mal en tout temps, et Dieu se repent de l'avoir fait. Noé seul trouve grace devant lui [4] : » tant la corruption étoit générale.

Il est aisé de comprendre que cette perversité rend les hommes insociables. L'homme dominé par ses passions ne songe qu'à les contenter sans songer aux autres. « Je suis, dit l'orgueilleux dans Isaïe, et il n'y a que moi sur la terre [5]. »

Le langage de Caïn se répand partout. « Est-ce à moi de garder mon frère [6] ? » c'est-à-dire : Je n'en ai que faire, ni ne m'en soucie.

Toutes les passions sont insatiables. « Le cruel ne se rassasie point de sang [7]. L'avare ne se remplit point d'argent [8]. »

Ainsi chacun veut tout pour soi. « Vous joignez, dit Isaïe, maison à maison, et champ à champ. Voulez-vous habiter seuls sur la terre [9] ? »

La jalousie si universelle parmi les hommes, fait voir combien

---

[1] *Gen.*, IV, 8. — [2] *Ibid.*, VI, 2. — [3] *Ibid.*, 4. — [4] *Ibid.*, 5, 6, 8. — [5] *Isa.*, XLVII, 8. — [6] *Gen.*, IV, 9. — [7] *Eccli.*, XII, 16. — [8] *Eccle.*, V, 9. — [9] *Isa.*, V, 8.

est profonde la malignité de leur cœur. Notre frère ne nous nuit en rien, ne nous ôte rien; et il nous devient cependant un objet de haine, parce que seulement nous le voyons plus heureux, ou plus industrieux, et plus vertueux que nous. Abel plaît à Dieu par des moyens innocens, et Caïn ne le peut souffrir. Dieu regarda Abel et ses présens, et ne regarda pas Caïn ni ses présens : et Caïn entra en fureur, et son visage changea [1]. » De là les trahisons et les meurtres. « Sortons dehors, dit Caïn; allons promener ensemble : et étant au milieu des champs, Caïn s'éleva contre son frère, et le tua [2]. »

Une pareille passion exposa Joseph à la fureur de ses frères, lorsque loin de leur nuire, il alloit pour rapporter de leurs nouvelles à leur père qui en étoit en inquiétude [3]. « Ses frères voyant que leur père l'aimoit plus que tous les autres, le haïssoient et ne pouvoient lui dire une parole de douceur [4]. » Cette rage les porta jusqu'à le vouloir tuer; et il n'y eut autre moyen de les détourner de ce tragique dessein qu'en leur proposant de le vendre [5].

Tant de passions insensées et tant d'intérêts divers qui en naissent, font qu'il n'y a point de foi ni de sûreté parmi les hommes. « Ne croyez point à votre ami, et ne vous fiez point à votre guide : donnez-vous de garde de celle qui dort dans votre sein : le fils fait injure à son père, la fille s'élève contre sa mère, et les ennemis de l'homme sont ses parens et ses domestiques [6]. » De là vient que les cruautés sont fréquentes dans le genre humain. Il n'y a rien de plus brutal ni de plus sanguinaire que l'homme. « Tous dressent des embûches à la vie de leur frère; un homme va à la chasse après un autre homme, comme il feroit après une bête, pour en répandre le sang [7]. »

« La médisance, et le mensonge, et le meurtre, et le vol, et l'adultère ont inondé toute la terre, et le sang a touché le sang [8] : » c'est-à-dire qu'un meurtre en attire un autre.

Ainsi la société humaine, établie par tant de sacrés liens, est violée par les passions; et comme dit saint Augustin : « Il n'y a

---

[1] *Gen.*, IV, 4, 5. — [2] *Ibid.*, 8. — [3] *Ibid.*, XXXVII, 16, 17, etc. — [4] *Ibid.*, 4. — [5] *Ibid.*, 26-28. — [6] *Mich.*, VII, 5, 6. — [7] *Ibid.*, 2. — [8] *Osee.*, IV, 2.

rien de plus sociable que l'homme par sa nature, ni rien de plus intraitable ou de plus insociable par la corruption [1]. »

II° PROPOSITION.

La société humaine dès le commencement des choses, s'est divisée en plusieurs branches par les diverses nations qui se sont formées.

Outre cette division qui s'est faite entre les hommes par les passions, il y en a une autre qui devoit naître nécessairement de la multiplication du genre humain.

Moïse nous l'a marquée, lorsqu'après avoir nommé les premiers descendans de Noé [2], il montre par là l'origine des nations et des peuples. « De ceux-là, dit-il, sont sorties les nations chacune selon sa contrée et selon sa langue [3]. »

Où il paroît que deux choses ont séparé en plusieurs branches la société humaine. L'une, la diversité et l'éloignement des pays où les enfans de Noé se sont répandus en se multipliant; l'autre, la diversité des langues.

Cette confusion du langage est arrivée avant la séparation, et fut envoyée aux hommes en punition de leur orgueil. Cela disposa les hommes à se séparer les uns des autres, et à s'étendre dans toute la terre que Dieu leur avoit donnée à habiter [4]. « Allons, dit Dieu, confondons leurs langues afin qu'ils ne s'entendent plus les uns les autres; et ainsi le Seigneur les sépara de ce lieu dans toutes les terres [5]. »

La parole est le lien de la société entre les hommes, par la communication qu'ils se donnent de leurs pensées. Dès qu'on ne s'entend plus l'un l'autre, on est étranger l'un à l'autre. « Si je n'entends point, dit saint Paul, la force d'une parole, je suis étranger et barbare à celui à qui je parle, et il me l'est aussi [6]. » Et saint Augustin remarque que cette diversité de langages fait qu'un homme se plaît plus avec son chien, qu'avec un homme son semblable [7].

Voilà donc le genre humain divisé par langues et par contrées :

---

[1] August., *de Civit. Dei.*, lib. XII, cap. XXV. — [2] *Gen.*, X. — [3] *Ibid.*, 5. — [4] *Gen.*, XI, 9. — [5] *Ibid.*, 8. — [6] I *Cor.*, XIV, 11. — [7] August., *de Civit. Dei*, lib. XIX, cap. VII.

et de là il est arrivé qu'habiter un même pays et avoir une même langue, a été un motif aux hommes de s'unir plus étroitement ensemble.

Il y a même quelque apparence que dans la confusion des langues à Babel, ceux qui se trouvèrent avoir plus de conformité dans le langage, furent disposés par là à choisir la même demeure, à quoi la parenté contribua aussi beaucoup; et l'Ecriture semble marquer ces deux causes qui commencèrent à former autour de Babel les divers corps de nations (*a*), lorsqu'elle dit que les hommes les composèrent « en se divisant chacun selon leur langue et leur famille [1]. »

IIIe PROPOSITION.

La terre qu'on habite ensemble sert de lien entre les hommes, et forme l'unité des nations.

Lorsque Dieu promet à Abraham qu'il fera de ses enfans un grand peuple, il leur promet en même temps une terre qu'ils habiteront en commun. « Je ferai sortir de toi une grande nation [2]. » Et un peu après : « Je donnerai cette terre à ta postérité. »

Quand il introduit les Israélites dans cette terre promise à leurs pères, il la leur loue afin qu'ils l'aiment. Il l'appelle toujours « une bonne terre, une terre grasse et abondante, qui ruisselle de tous côtés de lait et de miel [3]. »

Ceux qui dégoûtent le peuple de cette terre, qui le devoit nourrir si abondamment, sont punis de mort comme séditieux et ennemis de leur patrie (*b*). « Les hommes que Moïse avoit envoyés pour reconnoître la terre, et qui en avoient dit du mal, furent mis à mort devant Dieu [4]. »

Ceux du peuple qui avoient méprisé cette terre en sont exclus et meurent dans le désert. « Vous n'entrerez point dans la terre que j'ai juré à vos pères de leur donner. Vos enfans (innocens et qui n'ont point de part à votre injuste dégoût) entreront dans la

---

[1] *Gen.*, x, 5. — [2] *Ibid.*, xii, 2, 7. — [3] *Exod.*, iii, 8, et alibi. — [4] *Numer.*, xiv, 36, 37.

(*a*) IIe *édit.* : Des nations. — (*b*) De la patrie.

terre qui vous a déplu; et pour vous, vos corps morts seront gisans dans ce désert[1]. »

Ainsi la société humaine demande qu'on aime la terre où l'on habite ensemble; on la regarde comme une mère et une nourrice commune; on s'y attache, et cela unit. C'est ce que les Latins appellent *charitas patrii soli*, l'amour de la patrie : et ils la regardent comme un lien entre les hommes.

Les hommes en effet se sentent liés par quelque chose de fort, lorsqu'ils songent que la même terre qui les a portés et nourris étant vivans, les recevra en son sein (a) quand ils seront morts. « Votre demeure sera la mienne; votre peuple sera mon peuple, disoit Ruth à sa belle-mère Noémi; je mourrai dans la terre où vous serez enterrée, et j'y choisirai ma sépulture[2]. »

Joseph mourant dit à ses frères : « Dieu vous visitera et vous établira dans la terre qu'il a promise à nos pères : emportez mes os avec vous[3]. » Ce fut là sa dernière parole. Ce lui est une douceur en mourant, d'espérer de suivre ses frères dans la terre que Dieu leur donne pour leur patrie; et ses os y reposeront plus tranquillement au milieu de ses citoyens.

C'est un sentiment naturel à tous les peuples. Thémistocle, Athénien, étoit banni de sa patrie comme traître : il en machinoit la ruine avec le roi de Perse à qui il s'étoit livré : et toutefois en mourant il oublia Magnésie, que le roi lui avoit donnée, quoiqu'il y eût été si bien traité, et il ordonna à ses amis de porter ses os dans l'Attique, pour les y inhumer secrètement[4], à cause que la rigueur des décrets publics ne permettoit pas qu'on le fît d'une autre sorte. Dans les approches de la mort où la raison revient et où la vengeance cesse, l'amour de la patrie se réveille : il croit satisfaire à sa patrie : il croit être rappelé de son exil après sa mort : et comme ils parloient alors, que la terre seroit plus bénigne et plus légère à ses os.

C'est pourquoi de bons citoyens s'affectionnent à leur terre natale. « J'étois devant le roi, dit Néhémias, et je lui présentois à

---

[1] *Numer.*, XIV, 30-32. — [2] *Ruth*, I, 16, 17. — [3] *Gen.*, L, 23, 24. — [4] *Thucyd.*, lib. I.

(a) *II⁰ édit.* : Dans son sein.

boire, et je paroissois languissant en sa présence ; et le roi me dit : Pourquoi votre visage est-il si triste, puisque je ne vous vois point malade ? Et je dis au roi : Comment pourrois-je n'avoir pas le visage triste, puisque la ville où mes pères sont ensevelis est déserte, et que ses portes sont brûlées ? Si vous voulez me faire quelque grace, renvoyez-moi en Judée en la terre du sépulcre de mon père, et je la rebâtirai [1]. »

Etant arrivé en Judée, il appelle ses concitoyens, que l'amour de leur commune patrie unissoit ensemble. « Vous savez, dit-il, notre affliction. Jérusalem est déserte ; ses portes sont consumées par le feu ; venez, et unissons-nous pour la rebâtir [2]. »

Tant que les Juifs demeurèrent dans un pays étranger et si éloigné de leur patrie, ils ne cessèrent de pleurer, et d'enfler pour ainsi parler de leurs larmes les fleuves de Babylone, en se souvenant de Sion. Ils ne pouvoient se résoudre à chanter leurs agréables cantiques, qui étoient les cantiques du Seigneur, dans une terre étrangère. Leurs instrumens de musique, autrefois leur consolation et leur joie, demeuroient suspendus aux saules plantés sur la rive, et ils en avoient perdu l'usage. « O Jérusalem, disoient-ils, si jamais je puis t'oublier, puissé-je m'oublier moi-même [3]. » Ceux que les vainqueurs avoient laissés dans leur terre natale s'estimoient heureux, et ils disoient au Seigneur dans les Psaumes qu'ils lui chantoient durant la captivité : « Il est temps, ô Seigneur, que vous ayez pitié de Sion : vos serviteurs en aiment les ruines mêmes et les pierres démolies : et leur terre natale, toute désolée qu'elle est, a encore toute leur tendresse et toute leur compassion [4]. »

ARTICLE III.

Pour former les nations et unir les peuples, il a fallu établir un gouvernement.

Ire PROPOSITION.

Tout se divise et se partialise parmi les hommes.

Il ne suffit pas que les hommes habitent la même contrée ou

---

[1] II *Esdr.*, II, 1-3, 6. — [2] *Ibid.*, 17. — [3] *Psal.* CXXXVI, 5. — [4] *Psal.* CI, 14, 15.

parlent un même langage, parce qu'étant devenus intraitables par la violence de leurs passions et incompatibles par leurs humeurs différentes, ils ne pouvoient être unis à moins que de se soumettre tous ensemble à un même gouvernement qui les réglât tous.

Faute de cela Abraham et Lot ne peuvent compatir ensemble, et sont contraints de se séparer. « La terre où ils étoient ne les pouvoit contenir, parce qu'ils étoient tous deux fort riches, et ils ne pouvoient demeurer ensemble : en sorte qu'il arrivoit des querelles entre leurs bergers. Enfin il fallut pour s'accorder que l'un allât à droite et l'autre à gauche [1]. »

Si Abraham et Lot, deux hommes justes et d'ailleurs si proches parens, ne peuvent s'accorder entre eux à cause de leurs domestiques, quel désordre n'arriveroit pas parmi les méchans?

IIe PROPOSITION.

La seule autorité du gouvernement peut mettre un frein aux passions, et à la violence devenue naturelle aux hommes.

« Si vous voyez les pauvres calomniés, et des jugemens violens par lesquels la justice est renversée dans la province, le mal n'est pas sans remède; car au-dessus du puissant il y en a de plus puissans, et ceux-là mêmes ont sur leur tête des puissances plus absolues, et enfin le Roi de tout le pays leur commande à tous [2]. » La justice n'a de soutien que l'autorité et la subordination des puissances.

Cet ordre est le frein de la licence. Quand chacun fait ce qu'il veut et n'a pour règle que ses désirs, tout va en confusion. Un lévite viole ce qu'il y a de plus saint dans la loi de Dieu. La cause qu'en donne l'Ecriture : « C'est qu'en ce temps-là il n'y avoit point de roi en Israël, et que chacun faisoit ce qu'il trouvoit à propos [3]. »

C'est pourquoi quand les enfans d'Israël sont prêts d'entrer dans la terre où ils devoient former un corps d'état et un peuple réglé, Moïse leur dit : « Gardez-vous bien de faire là comme nous faisons ici, où chacun fait ce qu'il trouve à propos, parce que vous

---

[1] *Gen.*, XIII, 6, 7, 9. — [2] *Eccle.*, V, 7, 8. — [3] *Judic.*, XVII, 6.

n'êtes pas encore arrivés au lieu de repos et à la possession que le Seigneur vous a destinée [1]. »

IIIe PROPOSITION.

C'est par la seule autorité du gouvernement que l'union est établie parmi les hommes.

Cet effet du commandement légitime nous est marqué par ces paroles souvent réitérées dans l'Ecriture : Au commandement de Saül et de la puissance légitime, « tout Israël sortit comme un seul homme [2]. Ils étoient quarante mille hommes, et toute cette multitude étoit comme un seul [3]. » Voilà quelle est l'unité d'un peuple, lorsque chacun renonçant à sa volonté, la transporte et la réunit à celle du prince et du magistrat. Autrement nulle union; les peuples errent vagabonds comme un troupeau dispersé. « Que le Seigneur Dieu des esprits dont toute chair est animée, donne à cette multitude un homme pour la gouverner, qui marche devant elle, qui la conduise, de peur que le peuple de Dieu ne soit comme des brebis qui n'ont point de pasteur [4]. »

IVe PROPOSITION.

Dans un gouvernement réglé, chaque particulier renonce au droit d'occuper par force ce qui lui convient.

Otez le gouvernement, la terre et tous ses biens sont aussi communs entre les hommes que l'air et la lumière. Dieu dit à tous les hommes: « Croissez et multipliez et remplissez la terre [5]. » Il leur donne à tous indistinctement « toute herbe qui porte son germe sur la terre, et tous les bois qui y naissent [6]. » Selon ce droit primitif de la nature, nul n'a de droit particulier sur quoi que ce soit, et tout est en proie à tous.

Dans un gouvernement réglé, nul particulier n'a droit de rien occuper. Abraham étant dans la Palestine, demande aux seigneurs du pays jusqu'à la terre où il enterra sa femme Sara : « Donnez-moi droit de sépulture parmi vous [7]. »

Moïse ordonne qu'après la conquête de la terre de Chanaan,

---

[1] *Deuter.*, XII, 8, 9. — [2] 1 *Reg.*, XI, 7, et alibi. — [3] 1 *Esdr.*, II, 64. — [4] *Numer.*, XXVII, 16, 17. — [5] *Gen.*, I, 28; IX, 7. — [6] *Ibid.*, I, 29. — [7] *Ibid.*, XXIII, 4.

elle soit distribuée au peuple par l'autorité du souverain magistrat. « Josué, dit-il, vous conduira. » Et après il dit à Josué lui-même : Vous introduirez le peuple dans la terre que Dieu lui a promise, et vous la lui distribuerez par sort [1]. »

La chose fut ainsi exécutée. Josué avec le conseil, fit le partage entre les tribus et entre les particuliers, selon le projet et les ordres de Moïse [2].

De là est né le droit de propriété : et en général tout droit doit venir de l'autorité publique, sans qu'il soit permis de rien envahir, ni de rien attendre par la force.

Vᵉ PROPOSITION.

Par le gouvernement chaque particulier devient plus fort.

La raison est que chacun est secouru. Toutes les forces de la nation concourent en un, et le magistrat souverain a droit de les réunir. « Race rebelle et méchante, dit Moïse à ceux de Ruben, demeurerez-vous en repos pendant que vos frères iront au combat ? Non, répondent-ils, nous marcherons avancés à la tête de nos frères, et ne retournerons point dans nos maisons jusqu'à ce qu'ils soient en possession de leur héritage [3]. »

Ainsi le magistrat souverain a en sa main toutes les forces de la nation qui se soumet à lui obéir. « Nous ferons, dit tout le peuple à Josué, tout ce que vous nous commanderez : nous irons partout où vous nous enverrez. Qui résistera à vos paroles, et ne sera pas obéissant à tous vos ordres, qu'il meure ! Soyez ferme seulement, et agissez avec vigueur [4]. »

Toute la force est transportée au magistrat souverain, chacun l'affermit au préjudice de la sienne, et renonce à sa propre vie en cas qu'il désobéisse. On y gagne ; car on retrouve en la personne de ce suprême magistrat plus de force qu'on n'en a quitté pour l'autoriser, puisqu'on y retrouve toute la force de la nation réunie ensemble pour nous secourir.

Ainsi un particulier est en repos contre l'oppression et la violence, parce qu'il a en la personne du prince un défenseur invin-

---

[1] *Deuter.*, XXXI, 3, 7. — [2] *Jos.*, XIII, XIV, etc. — [3] *Numer.*, XXXII, 6, 14, 17, 18. — [4] *Jos.*, I, 16, 18.

cible, et plus fort sans comparaison que tous ceux du peuple qui entreprendroient de l'opprimer.

Le magistrat souverain a intérêt de garantir de la force tous les particuliers, parce que si une autre force que la sienne prévaut parmi le peuple, son autorité et sa vie est en péril.

Les hommes superbes et violens sont ennemis de l'autorité, et leur discours naturel est de dire : « Qui est notre maître [1] ? »

« La multitude du peuple fait la dignité du roi [2]. » S'il le laisse dissiper et accabler par les hommes violens, il se fait tort à lui-même.

Ainsi le magistrat souverain est l'ennemi naturel de toutes les violences. « Ceux qui agissent avec violence sont en abomination devant le roi, parce que son trône est affermi par la justice [3]. »

Le prince est donc par sa charge à chaque particulier, « un abri pour se mettre à couvert du vent et de la tempête, et un rocher avancé sous lequel il se met à l'ombre dans une terre sèche et brûlante. La justice établit la paix ; il n'y a rien de plus beau que de voir les hommes vivre tranquillement : chacun est en sûreté dans sa tente, et jouit du repos et de l'abondance [4]. » Voilà les fruits naturels d'un gouvernement réglé.

En voulant tout donner à la force, chacun se trouve foible dans ses prétentions les plus légitimes par la multitude des concurrens, contre qui il faut être prêt. Mais sous un pouvoir légitime chacun se trouve fort, en mettant toute la force dans le magistrat, qui a intérêt de tenir tout en paix pour être lui-même en sûreté.

Dans un gouvernement réglé, les veuves, les orphelins, les pupilles, les enfans même dans le berceau sont forts. Leur bien leur est conservé ; le public prend soin de leur éducation ; leurs droits sont défendus, et leur cause est la cause propre du magistrat. Toute l'Ecriture le charge de faire justice au pauvre, au foible, à la veuve, à l'orphelin et au pupille [5].

C'est donc avec raison que saint Paul nous recommande « de

---

[1] *Psal.* XI, 5. — [2] *Prov.*, XIV, 28. — [3] *Ibid.*, XVI, 12. — [4] *Isa.*, XXXII, 2, 17, 18. — [5] *Deuter.*, X, 18; *Psal.* LXXXI, 3, et alibi.

prier persévéramment et avec instance pour les rois, et pour tous ceux qui sont constitués en dignité, afin que nous passions tranquillement notre vie, en toute piété et chasteté [1]. »

De tout cela il résulte qu'il n'y a point de pire état que l'anarchie; c'est-à-dire l'état où il n'y a point de gouvernement ni d'autorité. Où tout le monde veut faire ce qu'il veut, nul ne fait ce qu'il veut; où il n'y a point de maître, tout le monde est maître; où tout le monde est maître, tout le monde est esclave.

VIe PROPOSITION.

Le gouvernement se perpétue, et rend les Etats immortels.

Quand Dieu déclare à Moïse qu'il va mourir, Moïse lui dit aussitôt : « Donnez, Seigneur, à ce peuple quelqu'un qui le gouverne [2]. » Ensuite par l'ordre de Dieu, Moïse établit Josué pour lui succéder, « en présence du grand prêtre Eléazar et de tout le peuple, et lui impose les mains [3], » en signe que la puissance se continuoit de l'un à l'autre.

Après la mort de Moïse, tout le peuple reconnoît Josué. « Nous vous obéirons en toutes choses comme nous avons fait à Moïse [4]. » Le prince meurt; mais l'autorité est immortelle, et l'Etat subsiste toujours. C'est pourquoi les mêmes desseins se continuent. La guerre commencée se poursuit, et Moïse revit en Josué. « Souvenez-vous, dit-il à ceux de Ruben, de ce que vous a commandé Moïse; » et un peu après : « Vous posséderez la terre que le serviteur de Dieu Moïse vous a donnée [5]. »

Il faut bien que les princes changent, puisque les hommes sont mortels : mais le gouvernement ne doit pas changer; l'autorité demeure ferme, les conseils sont suivis et éternels.

Après la mort de Saül, David dit à ceux de Jabès-Galaad, qui avoient bien servi ce prince : « Prenez courage et soyez toujours gens de cœur, parce qu'encore que votre maître Saül soit mort, la maison de Juda m'a sacré roi [6]. »

Il leur veut faire entendre que comme l'autorité ne meurt ja-

---

[1] 1 *Timoth.*, II, 1, 2. — [2] *Numer.*, XXVII, 16, 17. — [3] *Ibid.*, 22, 23. — [4] *Jos.*, 1, 17. — [5] *Ibid.*, 9-11, 13-16. — [6] II *Reg.*, II, 7.

mais, ils doivent continuer leurs services, dont le mérite est immortel dans un Etat bien réglé.

ARTICLE IV.

Des Lois.

Iʳᵉ PROPOSITION.

Il faut joindre les lois au gouvernement pour le mettre dans sa perfection.

C'est-à-dire qu'il ne suffit pas que le prince, ou que le magistrat souverain règle les cas qui surviennent suivant l'occurrence : mais qu'il faut établir des règles générales de conduite, afin que le gouvernement soit constant et uniforme : et c'est ce qu'on appelle *lois*.

IIᵉ PROPOSITION.

On pose les principes primitifs de toutes les lois.

Toutes les lois sont fondées sur la première de toutes les lois, qui est celle de la nature, c'est-à-dire sur la droite raison et sur l'équité naturelle. Les lois doivent régler les choses divines et humaines, publiques et particulières ; et sont commencées par la nature, selon ce que dit saint Paul, « que les Gentils qui n'ont pas de loi, faisant naturellement ce qui est de la loi, se font une loi à eux-mêmes, et montrent l'œuvre de la loi écrite dans leurs cœurs par le témoignage de leurs consciences, et les pensées intérieures qui s'accusent mutuellement, et se défendent aussi l'une contre l'autre [1]. »

Les lois doivent établir le droit sacré et profane, le droit public et particulier, en un mot, la droite observance des choses divines et humaines parmi les citoyens, avec les châtimens et les récompenses.

Il faut donc avant toutes choses régler le culte de Dieu. C'est par où commence Moïse, et il pose ce fondement de la société des Israélites. A la tête du Décalogue on voit ce précepte fondamental : « Je suis le Seigneur, tu n'auras point de dieux étrangers [2], » etc.

---

[1] *Rom.*, XI, 14, 15. — [2] *Exod.*, XX, 2-6, etc.

Ensuite viennent les préceptes qui regardent la société : « Tu ne tueras point : Tu de déroberas point [1], » et les autres. Tel est l'ordre général de toute législation.

IIIe PROPOSITION.

Il y a un ordre dans les lois.

Le premier principe des lois est de reconnoître la Divinité, d'où nous viennent tous les biens et l'être même. « Crains Dieu, et observe ses commandemens ; c'est là tout l'homme [2]. » Et l'autre est « de faire à autrui comme nous voulons qui nous soit fait [3]. »

IVe PROPOSITION.

Un grand roi explique les caractères des lois.

L'intérêt et la passion corrompent les hommes. La loi est sans intérêt et sans passion : « elle est sans tache et sans corruption ; elle dirige les ames ; elle est fidèle : elle parle sans déguisement et sans flatterie. Elle rend sages les enfans [4] : » elle prévient en eux l'expérience, et les remplit dès leur premier âge de bonnes maximes. « Elle est droite et réjouit le cœur [5]. » On est ravi de voir comme elle est égale à tout le monde, et comme au milieu de la corruption elle conserve son intégrité. « Elle est pleine de lumières : » dans la loi sont recueillies les lumières les plus pures de la raison. « Elle est véritable et se justifie par elle-même [6] : » car elle suit les premiers principes de l'équité naturelle, dont personne ne disconvient que ceux qui sont tout à fait aveugles. « Elle est plus désirable que l'or, et plus douce que le miel [7] : » d'elle vient l'abondance et le repos.

David remarque dans la loi de Dieu ces propriétés excellentes, sans lesquelles il n'y a point de loi véritable.

Ve PROPOSITION.

La loi punit et récompense.

C'est pourquoi la loi de Moïse se trouve partout accompagnée de châtimens : voici le principe qui les rend aussi justes que né-

---

[1] *Exod.*, xx, 3 et seq. — [2] *Eccle.*, xii, 13. — [3] *Matth.*, vii, 12 ; *Luc.*, vi, 31. — [4] *Psal.* xviii, 8. — [5] *Ibid.*, 9. — [6] *Ibid.*, 10. — [7] *Ibid.*, 11.

cessaires. La première de toutes les lois, comme nous l'avons remarqué, est celle de ne point faire à autrui ce que nous ne voulons pas qui nous soit fait. Ceux qui sortent de cette loi primitive, si droite et si équitable, dès là méritent qu'on leur fasse ce qu'ils ne veulent pas qui leur soit fait : ils ont fait souffrir aux autres ce qu'ils ne vouloient pas qu'on leur fît, ils méritent qu'on leur fasse souffrir ce qu'ils ne veulent pas. C'est le juste fondement des châtimens, conformément à cette parole prononcée contre Babylone : « Prenez vengeance d'elle ; faites-lui comme elle a fait [1]. » Elle n'a épargné personne, ne l'épargnez pas ; elle a fait souffrir les autres, faites-la souffrir.

Sur le même principe sont fondées les récompenses. Qui sert le public ou les particuliers, le public et les particuliers le doivent servir.

VIe PROPOSITION.
La loi est sacrée et inviolable.

Pour entendre parfaitement la nature de la loi, il faut remarquer que tous ceux qui en ont bien parlé, l'ont regardée dans son origine comme un pacte et un traité solennel par lequel les hommes conviennent ensemble par l'autorité des princes de ce qui est nécessaire pour former leur société.

On ne veut pas dire par là que l'autorité des lois dépende du consentement et acquiescement des peuples : mais seulement que le prince, qui d'ailleurs par son caractère n'a d'autre intérêt que celui du public, est assisté des plus sages têtes de la nation, et appuyé sur l'expérience des siècles passés.

Cette vérité constante parmi tous les hommes, est expliquée admirablement dans l'Ecriture. Dieu assemble son peuple, leur fait à tous proposer la loi, par laquelle il établissoit le droit sacré et profane, public et particulier de la nation, et les en fait tous convenir en sa présence. « Moïse convoqua tout le peuple. Et comme il leur avoit déjà récité tous les articles de cette loi, il leur dit : Gardez les paroles de ce pacte et les accomplissez, afin que vous entendiez ce que vous avez à faire. Vous êtes tous ici devant

[1] *Jerem.*, L, 15.

le Seigneur votre Dieu, vos chefs, vos tribus, vos sénateurs, vos docteurs, tout le peuple d'Israël, vos enfans, vos femmes et l'étranger qui se trouve mêlé avec vous dans le camp, afin que tous ensemble vous vous obligiez à l'alliance du Seigneur, et au serment que le Seigneur fait avec vous : et que vous soyez son peuple, et qu'il soit votre Dieu : et je ne fais pas ce traité avec vous seuls, mais je le fais pour tous, présens et absens [1]. »

Moïse reçoit ce traité au nom de tout le peuple qui lui avoit donné son consentement. « J'ai été, dit-il, le médiateur entre Dieu et vous, et le dépositaire des paroles qu'il vous donnoit, et vous à lui [2]. »

Tout le peuple consent expressément au traité. « Les lévites disent à haute voix : Maudit celui qui ne demeure pas ferme dans toutes les paroles de cette loi, et ne les accomplit pas; et tout le peuple répond Amen : qu'il soit ainsi [3]. »

Il faut remarquer que Dieu n'avoit pas besoin du consentement des hommes pour autoriser sa loi, parce qu'il est leur Créateur, qu'il peut les obliger à ce qu'il lui plaît ; et toutefois pour rendre la chose plus solennelle et plus ferme, il les oblige à la loi par un traité exprès et volontaire.

VIIe PROPOSITION.

La loi est réputée avoir une origine divine.

Le traité qu'on vient d'entendre a un double effet : il unit le peuple à Dieu, et il unit le peuple en soi-même.

Le peuple ne pouvoit s'unir en soi-même par une société inviolable, si le traité n'en étoit fait dans son fond en présence d'une puissance supérieure, telle que celle de Dieu, protecteur naturel de la société humaine, et inévitable vengeur de toute contravention à la loi.

Mais quand les hommes s'obligent à Dieu, lui promettant de garder tant envers lui qu'entre eux tous les articles de la loi qu'il leur propose, alors la convention est inviolable, autorisée par une puissance à laquelle tout est soumis.

---

[1] *Deuter.*, XXIX, 2, 9-15. — [2] *Ibid.*, V, 5. — [3] *Ibid.*, XXVII, 14, 26; *Jos.*, VIII, 30, etc.

C'est pourquoi tous les peuples ont voulu donner à leurs lois une origine divine, et ceux qui ne l'ont pas eue ont feint de l'avoir.

Minos se vantoit d'avoir appris de Jupiter les lois qu'il donna à ceux de Crète ; ainsi Lycurgue, ainsi Numa, ainsi tous les autres législateurs ont voulu que la convention par laquelle les peuples s'obligeoient entre eux à garder les lois, fût affermie par l'autorité divine, afin que personne ne pût s'en dédire.

Platon dans sa *République* et dans son livre des *Lois*, n'en propose aucunes qu'il ne veuille faire confirmer par l'oracle avant qu'elles soient reçues ; et c'est ainsi que les lois deviennent sacrées et inviolables.

VIIIe PROPOSITION.

Il y a des lois fondamentales qu'on ne peut changer ; il est même très-dangereux de changer sans nécessité celles qui ne le sont pas.

C'est principalement de ces lois fondamentales qu'il est écrit, qu'en les violant « on ébranle tous les fondemens de la terre [1] : » après quoi il ne reste plus que la chute des empires.

En général les lois ne sont pas lois, si elles n'ont quelque chose d'inviolable. Pour marquer leur solidité et leur fermeté, Moïse ordonne « qu'elles soient toutes écrites nettement et visiblement sur des pierres [2]. » Josué accomplit ce commandement [3].

Les autres peuples civilisés conviennent de cette maxime. « Qu'il soit fait un édit et qu'il soit écrit selon la loi inviolable des Perses et des Mèdes, disent à Assuérus les sages de son conseil qui étoient toujours près de sa personne. Ces sages savoient les lois et le droit des anciens [4]. » Cet attachement aux lois et aux anciennes maximes affermit la société et rend les Etats immortels.

On perd la vénération pour les lois quand on les voit si souvent changer. C'est alors que les nations semblent chanceler comme troublées et prises de vin, ainsi que parlent les prophètes [5]. L'esprit de vertige les possède et leur chute est inévi-

---

[1] *Psal.* LXXXI, 5. — [2] *Deuter.*, XXVII, 8. — [3] *Jos.*, VIII, 32. — [4] *Esth.*, I, 13, 19. — [5] *Isa.*, XIX, 14.

table : « parce que les peuples ont violé les lois, changé le droit public, et rompu les pactes les plus solennels [1]. » C'est l'état d'un malade inquiet, qui ne sait quel mouvement se donner.

« Je hais deux nations, dit le sage fils de Sirach, et la troisième n'est pas une nation : c'est le peuple insensé qui demeure dans Sichem [2] : » c'est-à-dire le peuple de Samarie, qui ayant renversé l'ordre, oublié la loi, établi une religion et une loi arbitraire, ne mérite pas le nom de peuple.

On tombe dans cet état quand les lois sont variables et sans consistance, c'est-à-dire quand elles cessent d'être lois.

ARTICLE V.

Conséquences des principes généraux de l'humanité.

UNIQUE PROPOSITION.

Le partage des biens entre les hommes, et la division des hommes mêmes en peuples et en nations, ne doit point altérer la société générale du genre humain.

« Si quelqu'un de vos frères est réduit à la pauvreté, n'endurcissez pas votre cœur et ne lui resserrez pas votre main : mais ouvrez-la au pauvre, et prêtez-lui tout ce dont vous verrez qu'il aura besoin. Que cette pensée impie ne vous vienne point dans l'esprit : le septième an arrive, où selon la loi toutes les obligations pour dettes sont annulées. Ne vous détournez pas pour cela du pauvre, de peur qu'il ne crie contre vous devant le Seigneur, et que votre conduite vous tourne à pécher ; mais donnez-lui et le secourez sans aucun détour ni artifice, afin que le Seigneur vous bénisse [3]. »

La loi seroit trop inhumaine si en partageant les biens, elle ne donnoit pas aux pauvres quelque recours sur les riches. Elle ordonne dans cet esprit d'exiger ses dettes avec grande modération. « Ne prenez point à votre frère les instrumens nécessaires pour la vie, comme la meule dont il mout son blé ; car autrement il vous auroit engagé sa propre vie. S'il vous doit, n'entrez pas dans sa maison pour prendre des gages, mais demeurez dehors,

[1] *Isa.*, XXIV, 5. — [2] *Eccli.*, L, 27, 28. — [3] *Deuter.*, XV, 7-10.

et recevez ce qu'il vous apportera. Et s'il est si pauvre qu'il soit contraint de vous donner sa couverture, qu'elle ne passe pas la nuit chez vous ; mais rendez-la à votre frère, afin que dormant dans sa couverture il vous bénisse ; et vous serez juste devant le Seigneur ¹. »

La loi s'étudie en toutes choses à entretenir dans les citoyens cet esprit de secours mutuel. « Quand vous verrez s'égarer, dit-elle, le bœuf ou la brebis de votre frère, ne passez pas outre sans les retirer. Quand vous ne connoîtriez pas celui à qui elle est, ou qu'il ne vous toucheroit en rien, menez cet animal en votre maison, jusqu'à ce que votre frère le vienne requérir : faites-en de même de son âne, et de son habit, et de toutes les autres choses qu'il pourroit avoir perdues : si vous les trouvez, ne les négligez pas comme choses appartenantes à autrui ² : » c'est-à-dire prenez-en soin comme si elle étoit à vous, pour la rendre soigneusement à celui qui l'a perdue.

Par ces lois, il n'y a point de partage qui empêche que je n'aie soin de ce qui est à autrui, comme s'il étoit à moi-même ; et que je ne fasse part à autrui de ce que j'ai, comme s'il étoit véritablement à lui.

C'est ainsi que la loi remet en quelque sorte en communauté les biens qui ont été partagés, pour la commodité publique et particulière.

Elle laisse même dans les terres si justement partagées quelque marque de l'ancienne communauté, mais réduite à certaines bornes pour l'ordre public. « Vous pouvez, dit-elle, entrer dans la vigne de votre prochain, et y manger du raisin tant que vous voudrez, mais non pas l'emporter dehors. Si vous entrez dans les blés de votre ami, vous en pouvez cueillir des épis et les froisser avec la main, mais non pas les couper avec la faucille ³. »

« Quand vous ferez votre moisson, si vous oubliez quelque gerbe, ne retournez pas sur vos pas pour l'enlever ; mais laissez-la enlever à l'étranger, au pupille et à la veuve, afin que le Seigneur vous bénisse dans tous les travaux de vos mains. » Il

---

¹ *Deuter.*, XXIV, 6, 10-13. — ² *Ibid.*, XXII, 1-3. — ³ *Ibid.*, XXIII, 24, 25.

ordonne la même chose des olives et des raisins dans la vendange ¹. »

Moïse rappelle par ce moyen dans la mémoire des possesseurs, qu'ils doivent toujours regarder la terre comme la mère commune et la nourrice de tous les hommes ; et ne veut pas que le partage qu'on en fait, leur fasse oublier le droit primitif de la nature.

Il comprend les étrangers dans ce droit. « Laissez, dit-il, ces olives, ces raisins et ces gerbes oubliées, à l'étranger, au pupille et à la veuve ². »

Il recommande particulièrement dans les jugemens l'étranger et le pupille, honorant en tout la société du genre humain. « Ne pervertis point, dit-il, le jugement de l'étranger et du pupille : Souviens-toi que tu as été étranger et esclave en Égypte ³. »

Il est si loin de vouloir qu'on manque d'humanité aux étrangers, qu'il étend même en quelque façon cette humanité jusqu'aux animaux. Quand on trouve un oiseau qui couve, le législateur défend de prendre ensemble la mère et les petits : « Laisse-la aller, dit-il, si tu lui ôtes ses petits ⁴. » Comme s'il disoit : Elle perd assez en les perdant, sans perdre encore sa liberté.

Dans le même esprit de douceur, la loi défend « de cuire le chevreau dans le lait de sa mère ⁵ ; et de lier la bouche, c'est-à-dire de refuser la nourriture au bœuf qui travaille à battre le blé ⁶. »

« Est-ce que Dieu a soin des bœufs ? » comme dit saint Paul ⁷ : a-t-il fait la loi pour eux, et pour les chevreaux, et pour les bêtes ; et ne paroit-il pas qu'il a voulu inspirer aux hommes la douceur et l'humanité en toutes choses, afin qu'étant doux aux animaux, ils sentent mieux ce qu'ils doivent à leurs semblables ?

Il ne faut donc pas penser que les bornes qui séparent les terres des particuliers et des Etats, soient faites pour mettre la division dans le genre humain ; mais pour faire seulement qu'on n'attente rien les uns sur les autres, et que chacun respecte le repos d'autrui. C'est pour cela qu'il est dit : « Ne transporte point

---

¹ *Deuter.*, XXIV, 19-21. — ² *Ibid.* — ³ *Ibid.*, 17, 22. — ⁴ *Ibid.*, XXII, 6, 7. — ⁵ *Ibid.*, XIV, 21. — ⁶ *Ibid.*, XXV, 4. — ⁷ I *Cor.*, IX, 9.

les bornes qu'ont mises les anciens dans la terre que t'a donnée le Seigneur ton Dieu [1]. » Et encore : « Maudit celui qui remue les bornes de son voisin [2]. »

Il faut encore plus respecter les bornes qui séparent les Etats que celles qui séparent les particuliers ; et on doit garder la société que Dieu a établie entre tous les hommes.

Il n'y a que certains peuples maudits et abominables avec qui toute la société est interdite, à cause de leur effroyable corruption qui se répandroit sur leurs alliés. « N'aie point, dit la loi, de société avec ces peuples, ne leur donne point ta fille, ne prends pas la leur pour ton fils, parce qu'ils le séduiront et le feront servir aux dieux étrangers [3]. »

Hors de là Dieu défend ces aversions qu'ont les peuples les uns pour les autres, et au contraire il fait valoir tous les liens de la société qui sont entre eux. « N'ayez point en exécration l'Iduméen, parce que vous venez de même sang; ni l'Egyptien, parce que vous avez été étrangers dans sa terre [4]. »

Aussi est-il demeuré parmi tous les peuples, certains principes communs de société et de concorde. Les peuples les plus éloignés s'unissent par le commerce, et conviennent qu'il faut garder la foi et les traités. Il y a dans tous les peuples civilisés, certaines personnes à qui tout le genre humain semble avoir donné une sûreté pour entretenir le commerce entre les nations. La guerre même n'empêche pas ce commerce; les ambassadeurs sont regardés comme personnes sacrées : qui viole leur caractère est en horreur; et David prit avec raison une vengeance terrible des Ammonites, et de leur roi qui avoit maltraité ses ambassadeurs [5]. »

Les peuples qui ne connoissent pas ces lois de société sont peuples inhumains, barbares, ennemis de toute justice et du genre humain, que l'Ecriture appelle du nom odieux « de gens sans foi et sans alliance [6]. »

Voici une belle règle de saint Augustin pour l'application de la charité. « Où la raison est égale, il faut que le sort décide.

---

[1] *Deuter.*, XIX, 14. — [2] *Ibid.*, XXVII, 17. — [3] *Ibid.*, VII, 2-4. — [4] *Ibid.*, XXIII, 7. — [5] II *Reg.*, X, 3-4; XII, 30, 31. — [6] *Rom.*, I, 31.

L'obligation de s'entr'aimer est égale dans tous les hommes et pour tous les hommes. Mais comme on ne peut pas également les servir tous, on doit s'attacher principalement à servir ceux que les lieux, les temps et les autres rencontres semblables nous unissent d'une façon particulière comme par une espèce de sort [1]. »

ARTICLE VI.

De l'amour de la patrie.

Ire PROPOSITION.

Il faut être bon citoyen, et sacrifier à sa patrie dans le besoin tout ce qu'on a, et sa propre vie : où il est parlé de la guerre.

Si l'on est obligé d'aimer tous les hommes, et qu'à vrai dire il n'y ait point d'étrangers pour le chrétien, à plus forte raison doit-il aimer ses concitoyens. Tout l'amour qu'on a pour soi-même, pour sa famille et pour ses amis, se réunit dans l'amour qu'on a pour sa patrie, où notre bonheur et celui de nos familles et de nos amis est renfermé.

C'est pourquoi les séditieux qui n'aiment pas leur pays et y portent la division, sont l'exécration du genre humain. La terre ne les peut pas supporter, et s'ouvre pour les engloutir. C'est ainsi que périrent Coré, Dathan et Abiron. « S'ils périssent, dit Moïse, comme les autres hommes; s'ils sont frappés d'une plaie ordinaire, le Seigneur ne m'a pas envoyé : mais si Dieu fait quelque chose d'extraordinaire, et que la terre ouvre sa bouche pour les engloutir, eux et tout ce qui leur appartient, en sorte qu'on les voie entrer tout vivans dans les enfers, vous connoîtrez qu'ils ont blasphémé contre le Seigneur. A peine avoit-il cessé de parler, que la terre s'ouvrit sous leurs pieds, et les dévora avec leur tente et tout ce qui leur appartenoit [2]. »

Ainsi méritoient d'être retranchés ceux qui mettoient la division parmi le peuple. Il ne faut point avoir de société avec eux; en approcher, c'est approcher de la peste. « Retirez-vous, dit Moïse, de la tente de ces impies, et ne touchez rien de ce qui leur

---

[1] S. August., *de Doct. christ.*, lib. I, cap. XXVIII. — [2] *Numer.*, XVI, 28, etc.

appartient, de peur que vous ne soyez enveloppés dans leurs péchés et dans leur perte¹. »

On ne doit point épargner ses biens quand il s'agit de servir la patrie. Gédéon « dit à ceux de Soccoth : Donnez de quoi vivre aux soldats qui sont avec moi, parce qu'ils défaillent, afin que nous poursuivions les ennemis. » Ils refusent, et Gédéon en fait un juste châtiment². Qui sert le public sert chaque particulier. Il faut même sans hésiter exposer sa vie pour son pays. Ce sentiment est commun à tous les peuples, et surtout il paroît dans le peuple de Dieu.

Dans les besoins de l'Etat, tout le monde sans exception étoit obligé d'aller à la guerre ; et c'est pourquoi les armées étoient si nombreuses.

La ville de Jabès en Galaad, assiégée et réduite à l'extrémité par Naas, roi des Ammonites, envoie exposer son péril extrême à Saül, « qui aussitôt fait couper un bœuf en douze morceaux, qu'il envoya aux confins de chacune des douze tribus avec cet édit : Qui ne sortira pas avec Saül et Samuel, ses bœufs seront ainsi mis en pièces : et aussitôt tout le peuple s'assembla comme un seul homme : et Saül en fit la revue à Bézech ; et ils se trouvèrent d'Israël trois cent mille, et trente mille de Juda : et ils dirent aux envoyés de Jabès : Demain vous serez délivrés³. »

Ces convocations étoient ordinaires, et il faudroit transcrire toute l'histoire du peuple de Dieu pour en rapporter tous les exemples.

C'étoit un sujet de plainte à ceux qui n'étoient pas appelés, et ils le prenoient à affront. « Ceux d'Ephraïm dirent à Gédéon : Quel dessein avez-vous eu de ne nous point appeler quand vous alliez combattre contre Madian? Ce qu'ils dirent d'un ton de colère, et en vinrent presque à la force ; et Gédéon les apaisa en louant leur valeur⁴. »

Ils firent la même plainte à Jephté, et la chose alla jusqu'à la sédition⁵ ; tant on se piquoit d'honneur d'être convoqué en ces occasions. Chacun exposoit sa vie non-seulement pour tout le

¹ *Numer.*, XVI, 26. — ² *Judic.*, VIII, 5, 15-17. — ³ I *Reg.*, XI, 7-9.— ⁴ *Judic.*, VIII, 1-3. — ⁵ *Ibid.*, XII, 1.

peuple, mais pour sa seule tribu, « Ma tribu, dit Jephté, avoit querelle contre les Ammonites ; ce que voyant, j'ai mis mon ame en mes mains (noble façon de parler qui signifioit exposer sa vie), et j'ai fait la guerre aux Ammonites [1]. »

C'est une honte de demeurer en repos dans sa maison, pendant que nos citoyens sont dans le travail et dans le péril pour la commune patrie. David envoya Urie se reposer chez lui, et ce bon sujet répondit : « L'arche de Dieu et tout Israël et Juda sont sous des tentes ; monseigneur Joab et tous les serviteurs du roi mon seigneur couchent sur la terre : et moi j'entrerai dans ma maison pour y manger à mon aise, et y être avec ma femme ? Par votre vie je ne ferai point une chose si indigne [2]. »

Il n'y a plus de joie pour un bon citoyen quand sa patrie est ruinée. De là ce discours de Mathathias, chef de la maison des Asmonéens ou Machabées : « Malheur à moi ! pourquoi suis-je né pour voir la ruine de mon peuple et celle de la cité sainte ? puis-je y demeurer davantage, la voyant livrée à ses ennemis, et son sanctuaire dans la main des étrangers ? Son temple est déshonoré comme un homme de néant ; ses vieillards et ses enfans sont massacrés au milieu de ses rues ; et sa jeunesse a péri dans la guerre : quelle nation n'a point ravagé son royaume, et ne s'est point enrichie de ses dépouilles ? on lui a ravi tous ses ornemens ; de libre elle est devenue esclave : tout notre éclat, toute notre gloire, tout ce qu'il y avoit parmi nous de sacré, a été souillé par les Gentils : et comment après cela pourrions-nous vivre [3]. »

On voit là toutes les choses qui unissent les citoyens et entre eux et avec leur patrie : les autels et les sacrifices, la gloire, les biens, le repos et la sûreté de la vie, en un mot la société des choses divines et humaines. Mathathias touché de toutes ces choses, déclare qu'il ne peut plus vivre voyant ses citoyens en proie, et sa patrie désolée. « En disant ces paroles, lui et ses enfans déchirèrent leurs habits, et se couvrirent de cilices, et se mirent à gémir [4]. »

Ainsi faisoit Jérémie, « lorsque son peuple étant mené en cap-

[1] *Judic.*, XII, 2, 3. — [2] II *Reg.*, XI, 10, 11. — [3] I *Mach.*, II, 7, 8, etc. — [4] *Ibid.*, 14.

tivité, et la sainte cité étant désolée, plein d'une douleur amère, il prononça en gémissant ces lamentations [1], » qui attendrissent encore ceux qui les entendent.

Le même Prophète dit à Baruch, qui dans la ruine de son pays songeoit encore à lui-même et à sa fortune : « Voici, ô Baruch, ce que te dit le Seigneur Dieu d'Israël : J'ai détruit le pays que j'avois bâti, j'ai arraché les enfans d'Israël que j'avais plantés, et j'ai ruiné toute cette terre : et tu cherches encore pour toi de grandes choses? ne le fais pas; contente-toi que je te sauve la vie [2]. »

Ce n'est pas assez de pleurer les maux de ses citoyens et de son pays; il faut exposer sa vie pour leur service. C'est à quoi Mathathias excite en mourant toute sa famille. « L'orgueil et la tyrannie ont prévalu : voici des temps de malheur et de ruine pour vous, prenez donc courage, mes enfans; soyez zélateurs de la loi, et mourez pour le testament de vos pères [3]. »

Ce sentiment demeura gravé dans le cœur de ses enfans; il n'y a rien de plus ordinaire dans la bouche de Judas, de Jonathas et de Simon que ces paroles : Mourons pour notre peuple et pour nos frères. « Prenez courage, dit Judas, et soyez tous gens de cœur : combattez vaillamment ces nations armées pour notre ruine. Il vaut mieux mourir à la guerre que de voir périr notre pays et le sanctuaire [4]. » Et encore : « A Dieu ne plaise que nous fuyions devant l'ennemi ; si notre heure de mourir est arrivée, mourons en gens de cœur pour nos frères, et ne mettons point de tache à notre gloire [5]. »

L'Ecriture est pleine d'exemples qui nous apprennent ce que nous devons à notre patrie; mais le plus beau de tous les exemples est celui de Jésus-Christ même.

IIe PROPOSITION.

Jésus-Christ établit par sa doctrine et par ses exemples, l'amour que les citoyens doivent avoir pour leur patrie.

Le Fils de Dieu fait homme a non-seulement accompli tous les

---

[1] *Lam. Jer.* — [2] *Jerem*, XLV, 1, 2, 4, 5. — [3] *I Mach.*, II, 49, 50, etc. — [4] I *Machab.*, III, 58, 59. — [5] *Ibid.*, IX, 10.

devoirs qu'exige d'un homme la société humaine, charitable envers tous et sauveur de tous; et ceux d'un bon fils envers ses parens, à qui il étoit soumis [1] : mais encore ceux de bon citoyen, se reconnoissant « envoyé aux brebis perdues de la maison d'Israël [2]. » Il s'est renfermé dans la Judée, qu'il « parcouroit toute en faisant du bien, et guérissant tous ceux que le démon tourmentoit [3]! »

On le reconnoissoit pour bon citoyen; et c'étoit une puissante recommandation auprès de lui, que d'aimer la nation judaïque. Les sénateurs du peuple juif, pour l'obliger à rendre « au centurion un serviteur malade qui lui étoit cher, prioient Jésus avec ardeur, et lui disoient : Il mérite que vous l'assistiez : car il aime notre nation et nous a bâti une synagogue : et Jésus alloit avec eux, et guérit ce serviteur [4]. »

Quand il songeoit aux malheurs qui menaçoient de si près Jérusalem et le peuple juif, il ne pouvoit retenir ses larmes. « En approchant de la ville et la regardant, il se mit à pleurer sur elle : Si tu connoissois, dit-il, dans ce temps qui t'est donné pour te repentir, ce qui pourroit t'apporter la paix ! mais cela est caché à tes yeux [5]. » Il dit ces mots entrant dans Jérusalem au milieu des acclamations de tout le peuple.

Ce soin qui le pressoit dans son triomphe, ne le quitte pas dans sa passion. Comme on le menoit au supplice, « une grande troupe de peuple et de femmes, qui le suivoient, frappoient leur poitrine et gémissoient; mais Jésus se tournant à elles leur dit : Filles de Jérusalem, ne pleurez pas sur moi; pleurez sur vous-mêmes et sur vos enfans, car bientôt vont venir les jours où il sera dit : Heureuses les stériles ; heureuses les entrailles qui n'ont point porté de fruit, et les mamelles qui n'ont point nourri d'enfans [6]. » Il ne se plaint pas des maux qu'on lui fait souffrir injustement, mais de ceux qu'un si inique procédé devoit attirer à son peuple.

Il n'avoit rien oublié pour les prévenir. « Jérusalem, Jérusalem, qui tues les prophètes, et qui lapides ceux qui te sont envoyés, combien de fois ai-je voulu ramasser tes enfans, comme

---

[1] *Luc.*, II, 51. — [2] *Matth.*, XV, 24. — [3] *Act.*, X, 38. — [4] *Luc.*, VII, 3-6, 10. — [5] *Luc.*, XIX, 41, 42. — [6] *Ibid.*, XXIII, 27-29.

une poule ramasse ses petits sous ses ailes; et tu n'as pas voulu! et voilà que vos maisons vont bientôt être désolées¹. »

Il fut, et durant sa vie, et à sa mort, exact observateur des lois et des coutumes louables de son pays, même de celles dont il savoit qu'il étoit le plus exempt.

On se plaignit à saint Pierre qu'il ne payoit pas le tribut ordinaire du temple, et cet Apôtre soutenoit qu'en effet il ne devoit rien. « Mais Jésus le prévint en lui disant : De qui est-ce que les rois de la terre exigent le tribut; est-ce de leurs enfans ou des étrangers? Pierre répondit : Des étrangers. Jésus lui dit : Les enfans sont donc francs; et toutefois pour ne causer point de désordre, et pour ne les pas scandaliser, allez et payez pour moi et pour vous². » Il fait payer un tribut qu'il ne devoit pas comme fils, de peur d'apporter le moindre trouble à l'ordre public.

Aussi dans le désir qu'avoient les pharisiens de le trouver contraire à la loi, ils ne purent jamais lui reprocher que des choses de néant, ou les miracles qu'il faisoit le jour du sabbat³; comme si le sabbat devoit faire cesser les œuvres de Dieu, aussi bien que celles des hommes.

« Il étoit soumis en tout à l'ordre public, faisant rendre à César ce qui étoit à César, et à Dieu ce qui est à Dieu⁴. »

Jamais il n'entreprit rien sur l'autorité des magistrats. « Un de la troupe lui dit : Maître, commandez à mon frère qu'il fasse partage avec moi : Homme, lui répondit-il, qui m'a établi pour être juge et pour faire vos partages⁵? »

Au reste la toute-puissance qu'il avoit en main ne l'empêcha pas de se laisser prendre sans résistance. Il reprit saint Pierre qui avoit donné un coup d'épée, et rétablit le mal que cet Apôtre avoit fait⁶.

Il comparoît devant les pontifes, devant Pilate et devant Hérode, répondant précisément sur le fait dont il s'agissoit à ceux qui avoient droit de l'interroger. « Le souverain pontife lui dit : Je vous commande de la part de Dieu de me dire si vous êtes le

---

¹ *Matth.*, XXII, 37, 38. — ² *Ibid.*, XVII, 24-26. —³ *Luc.*, XIII, 14; *Joan.*, V, 9, 12; IX, 14, 15. — ⁴ *Matth.*, XXII, 21. — ⁵ *Luc.*, XII, 13, 14. — ⁶ *Luc.*, XXIII, 50, 51; *Joan.*, XVIII, 11.

Christ fils de Dieu : et il répondit : Je le suis ¹. » Il satisfit Pilate sur sa royauté qui faisoit tout son crime, et l'assura en même temps « qu'elle n'étoit pas de ce monde ². » Il ne dit mot à Hérode qui n'avoit rien à commander dans Jérusalem, à qui aussi on le renvoyoit seulement par cérémonie, et qui ne le vouloit voir que par pure curiosité, et après avoir satisfait à l'interrogatoire légitime : au surplus il ne condamna que par son silence la procédure manifestement inique dont on usoit contre lui, sans se plaindre, sans murmurer : « se livrant, comme dit saint Pierre, à celui qui le jugeoit injustement ³. »

Ainsi il fut fidèle et affectionné jusqu'à la fin à sa patrie quoique ingrate, et à ses cruels citoyens qui ne songeoient qu'à se rassasier de son sang avec une si aveugle fureur, qu'ils lui préférèrent un séditieux et un meurtrier.

Il savoit que sa mort devoit être le salut de ces ingrats citoyens, s'ils eussent fait pénitence ; c'est pourquoi il pria pour eux en particulier, jusque sur la croix où ils l'avoient attaché.

Caïphe ayant prononcé qu'il falloit que Jésus mourût « pour empêcher toute la nation de périr, » l'Evangéliste remarque « qu'il ne dit pas cela de lui-même ; mais qu'étant le pontife de cette année, il prophétisa que Jésus devoit mourir pour sa nation ; et non-seulement pour sa nation, mais encore pour ramasser en un les enfans de Dieu dispersés ⁴. »

Ainsi il versa son sang avec un regard particulier pour sa nation ; et en offrant ce grand sacrifice qui devoit faire l'expiation de tout l'univers, il voulut que l'amour de la patrie y trouvât sa place.

IIIe PROPOSITION.

Les apôtres et les premiers fidèles ont toujours été de bons citoyens.

Leur maître leur avoit inspiré ce sentiment. Il les avoit avertis qu'ils seroient persécutés par toute la terre, et leur avoit dit en même temps « qu'il les envoyoit comme des agneaux au milieu des loups ⁵ ; » c'est-à-dire qu'ils n'avoient qu'à souffrir sans murmure et sans résistance.

---

¹ *Matth.*, XXVI, 63, 64 ; *Luc.*, XXII, 70. — ² *Joan.*, XVIII, 36, 37. — ³ *I Petr.*, II, 23. — ⁴ *Joan.*, XI, 50, 52. — ⁵ *Matth.*, X, 16.

Pendant que les Juifs persécutoient saint Paul avec une haine implacable, ce grand homme prend Jésus-Christ qui est la vérité même et sa conscience à témoin, que touché d'une extrême et continuelle douleur pour l'aveuglement de ses frères, « il souhaite d'être anathème pour eux. Je vous dis la vérité, je ne mens pas : ma conscience éclairée par le Saint-Esprit m'en rend témoignage, etc. [1]. »

Dans une famine extrême il fit une quête pour ceux de sa nation, et apporta lui-même à Jérusalem les aumônes qu'il avoit ramassées pour eux dans toute la Grèce. « Je suis venu, dit-il, pour faire des aumônes à ma nation [2]. »

Ni lui ni ses compagnons n'ont jamais excité de sédition, ni assemblé tumultuairement le peuple [3].

Contraint par la violence de ses citoyens d'appeler à l'empereur, il assemble les Juifs de Rome, pour leur déclarer « que c'est malgré lui qu'il a été obligé d'appeler à César, mais qu'au reste il n'a aucune accusation ni aucune plainte à faire contre ceux de sa nation [4]. » Il ne les accuse pas ; mais il les plaint, et ne parle jamais qu'avec compassion de leur endurcissement. En effet accusé devant Félix président de Judée [5], il se défendit simplement contre les Juifs, sans faire aucun reproche à de si violens persécuteurs.

Durant trois cents ans de persécution impitoyable, les chrétiens ont toujours suivi la même conduite.

Il n'y eut jamais de meilleurs citoyens, ni qui fussent plus utiles à leur pays, ni qui servissent plus volontiers dans les armées, pourvu qu'on ne voulût pas les y obliger à l'idolâtrie. Ecoutons le témoignage de Tertullien : « Vous dites que les chrétiens sont inutiles : nous naviguons avec vous, nous portons les armes avec vous, nous cultivons la terre, nous exerçons la marchandise [6]. » C'est-à-dire nous vivons comme les autres dans tout ce qui regarde la société.

L'empire n'avoit point de meilleurs soldats : outre qu'ils combattoient vaillamment, ils obtenoient par leurs prières ce qu'ils

---

[1] *Rom.*, IX, 1-3. — [2] *Act.*, XXIV, 17; *Rom.*, XV, 25, 26. — [3] *Act.*, XXIV, 12, 18. — [4] *Ibid.*, XXVIII, 19. — [5] *Ibid.*, XXIV, 10, etc. — [6] Tertul., *Apol.*, n. 42.

ne pouvoient faire par les armes. Témoin la pluie obtenue par la légion Fulminante, et le miracle attesté par les lettres de Marc-Aurèle.

Il leur étoit défendu de causer du trouble, de renverser les idoles, de faire aucune violence : les règles de l'Eglise ne leur permettoient que d'attendre le coup en patience.

L'Eglise ne tenoit pas pour martyrs ceux qui s'attiroient la mort par quelque violence semblable, et par un faux zèle : il pouvoit y avoir quelquefois des inspirations extraordinaires ; mais ces exemples n'étoient pas suivis, comme étant au-dessus de l'ordre.

Nous voyons même dans les Actes de quelques martyrs, qu'ils faisoient scrupule de maudire les dieux; ils devoient reprendre l'erreur sans aucune parole emportée. Saint Paul et ses compagnons en avoient ainsi usé; et c'est ce qui faisoit dire au secrétaire de la communauté d'Ephèse : « Messieurs, il ne faut pas ainsi vous émouvoir. Vous avez ici amené ces hommes, qui n'ont commis aucun sacrilége, et qui n'ont point blasphémé votre déesse[1]. » Ils ne faisoient point de scandale ; et prêchoient la vérité sans altérer le repos public, autant qu'il étoit en eux.

Combien soumis et paisibles étoient les chrétiens persécutés : ces paroles de Tertullien l'expliquent admirablement : « Outre les ordres publics par lesquels nous sommes poursuivis, combien de fois le peuple nous attaque-t-il à coups de pierres, et met-il le feu dans nos maisons dans la fureur des bacchanales ? On n'épargne pas les chrétiens même après leur mort: on les arrache du repos de la sépulture et comme de l'asile de la mort : et cependant quelle vengeance recevez-vous de gens si cruellement traités ? Ne pourrions-nous pas avec peu de flambeaux mettre le feu dans la ville, si parmi nous il étoit permis de faire le mal pour le mal ? et quand nous voudrions agir en ennemis déclarés, manquerions-nous de troupes et d'armées ? Les Maures, ou les Marcomans et les Parthes mêmes qui sont renfermés dans leurs limites, se trouveront-ils en plus grand nombre que nous, qui remplissons toute la terre ? Il n'y a que peu de temps que nous

[1] *Act.*, XIX, 37.

paroissons dans le monde; et déjà nous remplissons vos villes, vos îles, vos châteaux, vos assemblées, vos camps, les tribus, les décuries, le palais, le sénat, le barreau, la place publique. Nous ne vous laissons que les temples seuls. A quelle guerre ne serions-nous pas disposés, quand nous serions en nombre inégal au vôtre, nous qui endurons si résolument la mort; n'étoit que notre doctrine nous prescrit plutôt d'être tués que de tuer? Nous pourrions même sans prendre les armes et sans rébellion, vous punir en vous abandonnant : votre solitude et le silence du monde vous feroit horreur : les villes vous paroîtroient mortes et vous seriez réduits au milieu de votre empire à chercher à qui commander. Il vous demeureroit plus d'ennemis que de citoyens, car vous avez maintenant moins d'ennemis, à cause de la multitude prodigieuse des chrétiens [1]. »

« Vous perdez, dit-il encore, en nous perdant. Vous avez par notre moyen un nombre infini de gens, je ne dis pas qui prient pour vous, car vous ne le croyez pas, mais dont vous n'avez rien à craindre [2]. »

Il se glorifie avec raison que parmi tant d'attentats contre la personne sacrée des empereurs, il ne s'est jamais trouvé un seul chrétien, malgré l'inhumanité dont on usoit sur eux tous. « Et en vérité, dit-il, nous n'avons garde de rien entreprendre contre eux. Ceux dont Dieu a réglé les mœurs ne doivent pas seulement épargner les empereurs, mais encore tous les hommes. Nous sommes pour les empereurs tels que nous sommes pour nos voisins. Car il nous est également défendu de dire, ou de faire, ou de vouloir du mal à personne. Ce qui n'est point permis contre l'empereur, n'est permis contre personne; ce qui n'est permis contre personne, l'est encore moins sans doute contre celui que Dieu a fait si grand [3]. »

Voilà quels étoient les chrétiens si indignement traités.

CONCLUSION.

Pour conclure tout ce livre et le réduire en abrégé.

La société humaine peut être considérée en deux manières.

[1] Tertull, *Apol.*, n. 37. — [2] *Ibid.*, n. 43. — [3] *Ibid.*, n. 36.

Ou en tant qu'elle embrasse tout le genre humain, comme une grande famille.

Ou en tant qu'elle se réunit en nations; ou en peuples composés de plusieurs familles particulières, qui ont chacune leurs droits.

La société considérée de ce dernier sens, s'appelle *société civile*.

On la peut définir selon les choses qui ont été dites, société d'hommes unis ensemble sous le même gouvernement et sous les mêmes lois.

Par ce gouvernement et ces lois, le repos et la vie de tous les hommes est mise autant qu'il se peut en sûreté.

Quiconque donc n'aime pas la société civile dont il fait partie, c'est-à-dire l'état où il est né, est ennemi de lui-même et de tout le genre humain.

LIVRE II.

DE L'AUTORITÉ ; QUE LA ROYALE ET L'HÉRÉDITAIRE EST LA PLUS PROPRE AU GOUVERNEMENT.

ARTICLE PREMIER.

Par qui l'autorité a été exercée dès l'origine du monde.

Ire PROPOSITION.

Dieu est le vrai roi.

Un grand roi le reconnoît, lorsqu'il parle ainsi en présence de tout son peuple : « Béni soyez-vous, ô Seigneur, Dieu d'Israël notre père, de toute éternité et durant toute l'éternité. A vous, Seigneur, appartient la majesté, et la puissance, et la gloire, et la victoire, et la louange : tout ce qui est dans le ciel et dans la terre est à vous : il vous appartient de régner, et vous commandez à tous les princes : les grandeurs et les richesses sont à vous ; vous dominez sur toutes choses : en votre main est la force et la puissance, la grandeur et l'empire souverain ¹. »

L'empire de Dieu est éternel, et de là vient qu'il est appelé le Roi des siècles ².

L'empire de Dieu est absolu : « Qui osera vous dire, ô Seigneur : Pourquoi faites-vous ainsi ? ou qui se soutiendra contre votre jugement ³ ? »

Cet empire absolu de Dieu a pour premier titre et pour fondement la création. Il a tout tiré du néant, et c'est pourquoi tout est en sa main : « Le Seigneur dit à Jérémie : Va en la maison d'un potier : là tu entendras mes paroles. Et j'allai en la maison d'un potier, et il travailloit avec sa roue, et il rompit un pot qu'il venoit de faire de boue, et de la même terre il en fit un autre ; et le Seigneur me dit : Ne puis-je pas faire comme ce potier ? Comme cette terre molle est en la main du potier, ainsi vous êtes en ma main, dit le Seigneur ⁴. »

IIᵉ PROPOSITION.

Dieu a exercé visiblement par lui même l'empire et l'autorité sur les hommes.

Ainsi en a-t-il usé au commencement du monde. Il étoit en ce temps le seul roi des hommes, et les gouvernoit visiblement.

Il donna à Adam le précepte qu'il lui plut, et lui déclara sur quelle peine il l'obligeoit à le pratiquer ⁵. Il le bannit ; il lui dénonça qu'il avoit encouru la peine de mort.

Il se déclara visiblement en faveur du sacrifice d'Abel contre celui de Caïn. Il reprit Caïn de sa jalousie : après que ce malheureux eut tué son frère, il l'appela en jugement, il l'interrogea, il le convainquit de son crime, il s'en réserva la vengeance, et l'interdit à tout autre ⁶ ; il donna à Caïn une espèce de sauve-garde, un signe pour empêcher qu'aucun homme n'attentât sur lui ⁷. Toutes fonctions de la puissance publique.

Il donne ensuite des lois à Noé et à ses enfans : il leur défend le sang et les meurtres, et leur ordonne de peupler la terre ⁸.

---

¹ I *Paral.*, XXIX, 10-12. — ² *Apoc.*, XV, 3. — ³ *Sapient.*, XII, 12. — ⁴ *Jerem.*, XVIII, 1, 6.— ⁵ *Gen.*, II, 17.— ⁶ *Ibid.*, IV, 4-6, 9, 10. — ⁷ *Ibid.*, 15.— ⁸ *Ibid.*, IX, 1, 5-7.

Il conduit de la même sorte Abraham, Isaac et Jacob.

Il exerce publiquement l'empire souverain sur son peuple dans le désert. Il est leur roi, leur législateur, leur conducteur. Il donne visiblement le signal pour camper et pour décamper, et les ordres tant de la guerre que de la paix.

Ce règne continue visiblement sous Josué et sous les Juges : Dieu les envoie : Dieu les établit : et de là vient que le peuple disant à Gédéon : « Vous dominerez sur nous, vous et votre fils, et le fils de votre fils ; il répondit : Nous ne dominerons point sur vous ni moi ni mon fils ; mais le Seigneur dominera sur vous[1]. »

C'est lui qui établit les rois. Il fit sacrer Saül et David par Samuel ; il affermit la royauté dans la maison de David, et lui ordonna de faire régner à sa place Salomon son fils.

C'est pourquoi le trône des rois d'Israël est appelé le trône de Dieu. « Salomon s'assit sur le trône du Seigneur, et il plut à tous, et tout Israël lui obéit[2]. » Et encore : « Béni soit le Seigneur votre Dieu, dit la reine de Saba à Salomon[3], qui a voulu vous faire seoir sur son trône, et vous établir roi pour tenir la place du Seigneur votre Dieu. »

IIIe PROPOSITION.

Le premier empire parmi les hommes est l'empire paternel.

Jésus-Christ, qui va toujours à la source, semble l'avoir marqué par ces paroles : « Tout royaume divisé en lui-même sera désolé ; toute ville et toute famille divisée en elle-même ne subsistera pas[4]. » Des royaumes il va aux villes, d'où les royaumes sont venus ; et des villes il remonte encore aux familles, comme au modèle et au principe des villes et de toute la société humaine.

Dès l'origine du monde Dieu dit à Eve, et en elle à toutes les femmes : « Tu seras sous la puissance de l'homme, et il te commandera[5]. »

Au premier enfant qu'eut Adam, qui fut Caïn, Eve dit : « J'ai possédé un homme par la grace de Dieu[6]. » Voilà donc aussi les

---

[1] *Judic.*, VIII, 22, 23. — [2] I *Paral.*, XXIX, 23.— [3] II *Paral.*, IX, 8.— [4] *Matth.*, XII, 25. — [5] *Gen.*, III, 16. — [6] *Ibid.*, IV, 1.

enfans sous la puissance paternelle. Car cet enfant étoit plus encore en la possession d'Adam, à qui la mère elle-même étoit soumise par l'ordre de Dieu. L'un et l'autre tenoient de Dieu cet enfant, et l'empire qu'ils avoient sur lui. « Je l'ai possédé, dit Eve, mais par la grace de Dieu. »

Dieu ayant mis dans nos parens, comme étant en quelque façon les auteurs de notre vie, une image de la puissance par laquelle il a tout fait, il leur a aussi transmis une image de la puissance qu'il a sur ses œuvres. C'est pourquoi nous voyons dans le Décalogue qu'après avoir dit : « Tu adoreras le Seigneur ton Dieu, et ne serviras que lui; » il ajoute aussitôt : « Honore ton père et ta mère, afin que tu vives longtemps sur la terre que le Seigneur ton Dieu te donnera [1]. » Ce précepte est comme une suite de l'obéissance qu'il faut rendre à Dieu, qui est le vrai père.

De là nous pouvons juger que la première idée de commandement et d'autorité humaine, est venue aux hommes de l'autorité paternelle.

Les hommes vivoient longtemps au commencement du monde, comme l'attestent non-seulement l'Ecriture, mais encore toutes les anciennes traditions : et la vie humaine commence à décroître seulement après le déluge, où il se fit une si grande altération dans toute la nature. Un grand nombre de familles se voyoient par ce moyen réunies sous l'autorité d'un seul grand-père; et cette union de tant de familles avoit quelque image de royaume.

Assurément durant tout le temps qu'Adam vécut, Seth, que Dieu lui donna à la place d'Abel, lui rendit avec toute sa famille une entière obéissance.

Caïn, qui viola le premier la fraternité humaine par un meurtre, fut aussi le premier à se soustraire de l'empire paternel : haï de tous les hommes et contraint de s'établir un refuge, il bâtit la première ville, à qui il donna le nom de son fils Hénoch [2].

Les autres hommes vivoient à la campagne dans la première simplicité, ayant pour loi la volonté de leurs parens et les coutumes anciennes.

[1] *Exod.*, xx, 12. — [2] *Gen.*, iv, 17.

Telle fut encore après le déluge la conduite de plusieurs familles, surtout parmi les enfans de Sem, où se conservèrent plus longtemps les anciennes traditions du genre humain, et pour le culte de Dieu, et pour la manière du gouvernement.

Ainsi Abraham, Isaac et Jacob persistèrent dans l'observance d'une vie simple et pastorale. Ils étoient avec leurs familles libres et indépendans : ils traitoient d'égal avec les rois. Abimélech, roi de Gérare, vint trouver Abraham; « et ils firent un traité ensemble [1]. »

Il se fait un pareil traité entre un autre Abimélech fils de celui-ci, et Isaac fils d'Abraham. « Nous avons vu, dit Abimélech, que le Seigneur étoit avec vous, et pour cela nous avons dit : Qu'il y ait entre nous un accord confirmé par serment [2]. »

Abraham fit la guerre de son chef aux rois qui avoient pillé Sodome, les défit, et offrit la dîme des dépouilles à Melchisédech, roi de Salem, pontife du Dieu très-haut [3].

C'est pourquoi les enfans de Heth avec qui il fait un accord, l'appellent seigneur, et le traitent de prince. « Ecoutez-nous, seigneur; vous êtes parmi nous un prince de Dieu [4], » c'est-à-dire qui ne relève que de lui.

Aussi a-t-il passé pour roi dans les histoires profanes. Nicolas de Damas, soigneux observateur des antiquités, le fait roi; et sa réputation dans tout l'Orient est cause qu'il le donne à son pays. Mais au fond la vie d'Abraham étoit pastorale ; son royaume étoit sa famille, et il exerçoit seulement à l'exemple des premiers hommes l'empire domestique et paternel.

IVe PROPOSITION.

Il s'établit pourtant bientôt des rois, ou par le consentement des peuples, ou par les armes : où il est parlé du droit de conquête.

Ces deux manières d'établir les rois sont connues dans les histoires anciennes. C'est ainsi qu'Abimélech, fils de Gédéon, fit consentir ceux de Sichem à le prendre pour souverain. « Lequel aimez-vous mieux, leur dit-il, ou d'avoir pour maîtres soixante et

---

[1] *Gen.*, XXI, 23, 32. — [2] *Ibid.*, XXVI, 28. — [3] *Ibid.*, XIV, 14, etc. — [4] *Ibid.*, XXIII, 6.

dix hommes enfans de Jérobaal, ou de n'en avoir qu'un seul, qui encore est de votre ville et de votre parenté : et ceux de Sichem tournèrent leur cœur vers Abimélech¹. »

C'est ainsi que le peuple de Dieu demanda de lui-même un roi pour le juger².

Le même peuple transmit toute l'autorité de la nation à Simon et à sa postérité. L'acte en est dressé au nom des prêtres, de tout le peuple, des grands et des sénateurs, qui consentirent à le faire prince³.

Nous voyons dans Hérodote que Déjocès fut fait roi des Mèdes de la même manière.

Pour les rois par conquêtes, tout le monde en sait les exemples.

Au reste il est certain qu'on voit des rois de bonne heure dans le monde. On voit du temps d'Abraham, c'est-à-dire quatre cents ans environ après le déluge, des royaumes déjà formés et établis de longtemps. On voit premièrement quatre rois qui font la guerre contre cinq⁴. On voit Melchisédech, roi de Salem, pontife du Dieu très-haut, à qui Abraham donne la dîme⁵. On voit Pharaon roi d'Egypte, et Abimélech roi de Gérare⁶. Un autre Abimélech, aussi roi de Gérare, paroît du temps d'Isaac⁷; et ce nom apparemment étoit commun aux rois de ce pays-là, comme celui de Pharaon aux rois d'Egypte.

Tous ces rois paroissent bien autorisés; on leur voit des officiers réglés, une cour, des grands qui les environnent, une armée et un chef des armes pour la commander⁸, une puissance affermie. « Qui touchera, dit Abimélech⁹, la femme de cet homme, il mourra de mort. »

Les hommes qui avoient vu, ainsi qu'il a été dit, une image de royaume dans l'union de plusieurs familles sous la conduite d'un père commun, et qui avoient trouvé de la douceur dans cette vie, se portèrent aisément à faire des sociétés de familles sous des rois qui leur tinssent lieu de père.

---

¹ *Judic.*, IX, 2, 3. — ² I *Reg.*, VIII, 5. — ³ I *Machab.*, XIV, 28, 41. — ⁴ *Gen.*, XIV, 1, 9. — ⁵ *Ibid.*, 18, 20. — ⁶ *Ibid.*, XII, 15; et XX, 2. — ⁷ *Ibid.*, XXVI, 1. — ⁸ *Ibid.*, XII, 15; XXI, 22. — ⁹ *Ibid.*, XXVI, 11.

C'est pour cela apparemment que les anciens peuples de la Palestine appeloient leurs rois Abimélech, c'est-à-dire Mon père le roi. Les sujets se tenoient tous comme les enfans du prince ; et chacun l'appelant Mon père le roi, ce nom devint commun à tous les rois du pays.

Mais outre cette manière innocente de faire des rois, l'ambition en a inventé une autre. Elle a fait des conquérans, dont Nemrod, petit-fils de Cham, fut le premier. « Celui-ci, homme violent et guerrier, commença à être puissant sur la terre, et conquit d'abord quatre villes dont il forma son royaume [1]. »

Ainsi les royaumes formés par les conquêtes sont anciens, puisqu'on les voit commencer si près du déluge, sous Nemrod, petit-fils de Cham.

Cette humeur ambitieuse et violente se répandit bientôt parmi les hommes. Nous voyons Chodorlahomor, roi des Elamites, c'est-à-dire des Perses et des Mèdes, étendre bien loin ses conquêtes dans les terres voisines de la Palestine.

Ces empires, quoique violens, injustes et tyranniques d'abord, par la suite des temps et par le consentement des peuples peuvent devenir légitimes : c'est pourquoi les hommes ont reconnu un droit qu'on appelle de conquête, dont nous aurons à parler plus au long avant que d'abandonner cette matière.

Ve PROPOSITION.

Il y avoit au commencement une infinité de royaumes et tous petits.

Il paroît par l'Ecriture que presque chaque ville et chaque petite contrée avoit son roi [2].

On compte trente-trois rois dans le seul petit pays que les Juifs conquirent [4].

La même chose paroît dans tous les auteurs anciens, par exemple dans Homère et ainsi des autres.

La tradition commune du genre humain sur ce point est fidèlement rapportée par Justin, qui remarque qu'au commencement il n'y avoit que de petits rois, chacun content de vivre douce-

[1] *Gen.*, X, 8-10. — [2] *Ibid.*, XIV, 4-7. — [3] *Ibid.*, 14 etc. — [4] *Josue*, XII, 2, 4, 7-24.

ment dans ses limites avec le peuple qui lui étoit commis. « Ninus, dit-il, rompit le premier la concorde des nations. »

Il n'importe que ce Ninus soit Nemrod, ou que Justin l'ait fait par erreur le premier des conquérans. Il suffit qu'on voie que les premiers rois ont été établis avec douceur, à l'exemple du gouvernement paternel.

VIe PROPOSITION.

Il y a eu d'autres formes de gouvernemens que celle de la royauté.

Les histoires nous font voir un grand nombre de républiques, dont les unes se gouvernoient par tout le peuple, ce qui s'appeloit *démocratie;* et les autres par les grands, ce qui s'appelait *aristocratie.*

Les formes de gouvernement ont été mêlées en diverses sortes, et ont composé divers Etats mixtes, dont il n'est pas besoin de parler ici.

Nous voyons en quelques endroits de l'Ecriture, l'autorité résider dans une communauté.

Abraham demande le droit de sépulcre à tout le peuple assemblé, et c'est l'assemblée qui l'accorde [1].

Il semble qu'au commencement les Israélites vivoient dans une forme de république. Sur quelque sujet de plainte arrivée du temps de Josué contre ceux de Ruben et de Gad, « les enfans d'Israël s'assemblèrent tous à Silo pour les combattre; mais auparavant ils envoyèrent dix ambassadeurs, pour écouter leurs raisons : ils donnèrent satisfaction, et tout le peuple s'apaisa [2]. »

Un lévite dont la femme avoit été violée et tuée par quelquesuns de la tribu de Benjamin, sans qu'on en eût fait aucune justice, toutes les tribus s'assemblent pour punir cet attentat, et ils se disoient l'un à l'autre dans cette assemblée : « Jamais il ne s'est fait telle chose en Israël; jugez et ordonnez en commun ce qu'il faut faire [3]. »

C'étoit en effet une espèce de république, mais qui avoit Dieu pour roi.

---

[1] *Gen.*, XXIII, 3, 5. — [2] *Josue*, XXII, 11-14, 33. — [3] *Judic.*, XIX, 30.

VIIᵉ PROPOSITION.

La monarchie est la forme de gouvernement la plus commune, la plus ancienne et aussi la plus naturelle.

Le peuple d'Israël se réduisit de lui-même à la monarchie, comme étant le gouvernement universellement reçu. « Etablissez-nous un roi pour nous juger, comme en ont tous les autres peuples . »

Si Dieu se fâche, c'est à cause que jusque-là il avoit gouverné ce peuple par lui-même, et qu'il en étoit le vrai roi. C'est pourquoi il dit à Samuel : « Ce n'est pas toi qu'ils rejettent; c'est moi qu'ils ne veulent point pour régner sur eux [2]. »

Au reste ce gouvernement étoit tellement le plus naturel, qu'on le voit d'abord dans tous les peuples.

Nous l'avons vu dans l'histoire sainte : mais ici un peu de recours aux histoires profanes nous fera voir que ce qui a été en république, a vécu premièrement sous des rois.

Rome a commencé par là, et y est enfin revenue, comme à son état naturel.

Ce n'est que tard et peu à peu, que les villes grecques ont formé leurs républiques. L'opinion ancienne de la Grèce étoit celle qu'exprime Homère par cette célèbre sentence, dans l'Iliade : « Plusieurs princes n'est pas une bonne chose : qu'il n'y ait qu'un prince et un roi. »

A présent il n'y a point de république qui n'ait été autrefois soumise à des monarques. Les Suisses étoient sujets des princes de la maison d'Autriche. Les Provinces-Unies ne font que sortir de la domination d'Espagne et de celle de la maison de Bourgogne. Les villes libres d'Allemagne avoient leurs seigneurs particuliers, outre l'empereur qui étoit le chef commun de tout le corps germanique. Les villes d'Italie qui se sont mises en républiques du temps de l'empereur Rodolphe, ont acheté de lui leur liberté. Venise même, qui se vante d'être république dès son origine, étoit encore sujette aux empereurs sous le règne de Charlemagne et longtemps après : elle se forma depuis en Etat popu-

[1] I *Reg.*, VIII, 5. — [2] *Ibid.*, 7.

laire, d'où elle est venue assez tard à l'état où nous la voyons.

Tout le monde donc commence par des monarchies; et presque tout le monde s'y est conservé comme dans l'état le plus naturel.

Aussi avons-nous vu qu'il a son fondement et son modèle dans l'empire paternel, c'est-à-dire dans la nature même.

Les hommes naissent tous sujets : et l'empire paternel, qui les accoutume à obéir, les accoutume en même temps à n'avoir qu'un chef.

VIIIe PROPOSITION.

Le gouvernement monarchique est le meilleur.

S'il est le plus naturel, il est par conséquent le plus durable, et dès là aussi le plus fort.

C'est aussi le plus opposé à la division, qui est le mal le plus essentiel des Etats, et la cause la plus certaine de leur ruine; conformément à cette parole déjà rapportée : « Tout royaume divisé en lui-même sera désolé : toute ville ou toute famille divisée en elle-même ne subsistera pas[1]. »

Nous avons vu que Notre-Seigneur a suivi en cette sentence le progrès naturel du gouvernement, et semble avoir voulu marquer aux royaumes et aux villes, le même moyen de s'unir que la nature a établi dans les familles.

En effet il est naturel que quand les familles auront à s'unir pour former un corps d'Etat, elles se rangent comme d'elles-mêmes au gouvernement qui leur est propre.

Quand on forme les Etats, on cherche à s'unir, et jamais on n'est plus uni que sous un seul chef. Jamais aussi on n'est plus fort, parce que tout va en concours.

Les armées, où paroît le mieux la puissance humaine, veulent naturellement un seul chef : tout est en péril quand le commandement est partagé. « Après la mort de Josué les enfans d'Israël consultèrent le Seigneur, disant : Qui marchera devant nous contre les Chananéens, et qui sera notre capitaine dans cette guerre? et le Seigneur répondit : Ce sera la tribu de Juda[2]. »

---

[1] *Matth.*, xii, 25. — [2] *Judic.*, i, 1, 2.

Les tribus, égales entre elles, veulent qu'une d'elles commande. Au reste il n'étoit pas besoin de donner un chef à cette tribu, puisque chaque tribu avoit le sien. « Vous aurez des princes, et des chefs de vos tribus ; et voici leurs noms [1], » etc.

Le gouvernement militaire demandant naturellement d'être exercé par un seul, il s'ensuit que cette forme de gouvernement est la plus propre à tous les Etats, qui sont foibles et en proie au premier venu, s'ils ne sont formés à la guerre.

Et cette forme de gouvernement à la fin doit prévaloir, parce que le gouvernement militaire, qui a la force en main, entraîne naturellement tout l'Etat après soi.

Cela doit surtout arriver aux Etats guerriers, qui se réduisent aisément en monarchie, comme a fait la république romaine, et plusieurs autres de même nature.

Il vaut donc mieux qu'il soit établi d'abord et avec douceur, parce qu'il est trop violent quand il gagne le dessus par la force ouverte.

IX° PROPOSITION.

De toutes les monarchies la meilleure est la successive ou héréditaire, surtout quand elle va de mâle en mâle et d'aîné en aîné.

C'est celle que Dieu a établie dans son peuple. « Car il a choisi les princes dans la tribu de Juda, et dans la tribu de Juda il a choisi ma famille, c'est David qui parle, et il m'a choisi parmi tous mes frères ; et parmi mes enfans il a choisi mon fils Salomon, pour être assis sur le trône du royaume du Seigneur, sur tout Israël ; et il m'a dit : J'affermirai son règne à jamais, s'il persévère dans l'obéissance qu'il doit à mes lois [2]. »

Voilà donc la royauté attachée par succession à la maison de David et de Salomon : « et le trône de David est affermi à jamais [3]. »

En vertu de cette loi l'aîné devoit succéder au préjudice de ses frères. C'est pourquoi Adonias, qui étoit l'aîné de David, dit à Bethsabée, mère de Salomon : « Vous savez que le royaume étoit

---

[1] *Numer.* I, 4, 5, etc. — [2] I *Paralipom.*, XXVIII, 4, 5, 7. — [3] II *Reg.*, VII, 16.

à moi, et tout Israël m'avoit reconnu ; mais le Seigneur a transféré le royaume à mon frère Salomon[1]. »

Il disoit vrai, et Salomon en tombe d'accord, lorsqu'il répond à sa mère, qui demandoit pour Adonias une grace dont la conséquence étoit extrême selon les mœurs de ces peuples[2] : « Demandez pour lui le royaume; car il étoit mon aîné, et il a dans ses intérêts le pontife Abiathar et Joab. » Il veut dire qu'il ne faut pas fortifier un prince qui a le titre naturel, et un grand parti dans l'Etat.

A moins donc qu'il n'arrivât quelque chose d'extraordinaire, l'aîné devoit succéder : et à peine trouvera-t-on deux exemples du contraire dans la maison de David, encore étoit-ce au commencement.

Xe PROPOSITION.

La monarchie héréditaire a trois principaux avantages.

Trois raisons font voir que ce gouvernement est le meilleur.

La première, c'est qu'il est le plus naturel, et qu'il se perpétue de lui-même. Rien n'est plus durable qu'un Etat qui dure et se perpétue par les mêmes causes qui font durer l'univers, et qui perpétuent le genre humain.

David touche cette raison quand il parle ainsi : « Ç'a été peu pour vous, ô Seigneur, de m'élever à la royauté : vous avez encore établi ma maison à l'avenir : et c'est là la loi d'Adam, ô Seigneur Dieu[3], » c'est-à-dire que c'est l'ordre naturel que le fils succède au père.

Les peuples s'y accoutument d'eux-mêmes. « J'ai vu tous les vivans suivre le second, tout jeune qu'il est (c'est-à-dire le fils du roi) qui doit occuper sa place[4]. »

Point de brigues, point de cabales dans un Etat, pour se faire un roi, la nature en a fait un : Le mort, disons-nous, saisit le vif et le roi ne meurt jamais.

Le gouvernement est le meilleur, qui est le plus éloigné de l'anarchie. A une chose aussi nécessaire que le gouvernement

---

[1] III Reg., II, 15. — [2] Ibid., 22. — [3] II Reg., VII, 19. — [4] Eccle., IV, 15.

parmi les hommes, il faut donner les principes les plus aisés, et l'ordre qui roule le mieux tout seul.

La seconde raison qui favorise ce gouvernement, c'est que c'est celui qui intéresse le plus à la conservation de l'Etat les puissances qui le conduisent. Le prince qui travaille pour son Etat, travaille pour ses enfans ; et l'amour qu'il a pour son royaume, confondu avec celui qu'il a pour sa famille, lui devient naturel.

Il est naturel et doux de ne montrer au prince d'autre successeur que son fils ; c'est-à-dire un autre lui-même, ou ce qu'il a de plus proche. Alors il voit sans envie passer son royaume en d'autres mains ; et David entend avec joie cette acclamation de son peuple : « Que le nom de Salomon soit au-dessus de votre nom, et son trône au-dessus de votre trône [1]. »

Il ne faut point craindre ici les désordres causés dans un Etat par le chagrin d'un prince, ou d'un magistrat, qui se fâche de travailler pour son successeur. David empêché de bâtir le temple, ouvrage si glorieux et si nécessaire autant à la monarchie qu'à la religion, se réjouit de voir ce grand ouvrage réservé à son fils Salomon ; et il en fait les préparatifs avec autant de soin, que si lui-même devoit en avoir l'honneur. « Le Seigneur a choisi mon fils Salomon pour faire ce grand ouvrage, de bâtir une maison non aux hommes, mais à Dieu même : et moi j'ai préparé de toutes mes forces tout ce qui étoit nécessaire à bâtir le temple de mon Dieu [2]. »

Il reçoit ici double joie, l'une de préparer du moins au Seigneur son Dieu, l'édifice qu'il ne lui est pas permis de bâtir ; l'autre de donner à son fils les moyens de le construire bientôt.

La troisième raison est tirée de la dignité des maisons, où les royaumes sont héréditaires.

« Ç'a été peu pour vous, ô Seigneur, de me faire roi, vous avez établi ma maison à l'avenir, et vous m'avez rendu illustre au-dessus de tous les hommes. Que peut ajouter David à tant de choses, lui que vous avez glorifié si hautement, et envers qui vous vous êtes montré si magnifique [3] ? »

[1] III *Reg.*, I, 47. — [2] I *Paral.*, XXIX, 1, 2. — [3] *Ibid.*, XVII, 17, 18.

Cette dignité de la maison de David s'augmentoit à mesure qu'on en voyoit naître les rois ; le trône de David et les princes de la maison de David, devinrent l'objet le plus naturel de la vénération publique. Les peuples s'attachoient à cette maison ; et un des moyens dont Dieu se servit pour faire respecter le Messie, fut de l'en faire naître. On le réclamoit avec amour sous le nom de fils de David [1].

C'est ainsi que les peuples s'attachent aux maisons royales. La jalousie qu'on a naturellement contre ceux qu'on voit au-dessus de soi, se tourne ici en amour et en respect ; les grands mêmes obéissent sans répugnance à une maison qu'on a toujours vue maîtresse, et à laquelle on sait que nulle autre maison ne peut jamais être égalée.

Il n'y a rien de plus fort pour éteindre les partialités, et tenir dans le devoir les égaux, que l'ambition et la jalousie rendent incompatibles entre eux.

XIe PROPOSITION.

C'est un nouvel avantage d'exclure les femmes de la succession.

Par les trois raisons alléguées, il est visible que les royaumes héréditaires sont les plus fermes. Au reste le peuple de Dieu n'admettoit pas à la succession le sexe qui est né pour obéir ; et la dignité des maisons régnantes ne paroissoit pas assez soutenue en la personne d'une femme, qui après tout étoit obligée de se faire un maître en se mariant.

Où les filles succèdent, les royaumes ne sortent pas seulement des maisons régnantes, mais de toute la nation : or il est bien plus convenable que le chef d'un Etat ne lui soit pas étranger : et c'est pourquoi Moïse avoit établi cette loi : « Vous ne pourrez pas établir sur vous un roi d'une autre nation ; mais il faut qu'il soit votre frère [2]. »

Ainsi la France, où la succession est réglée selon ces maximes, peut se glorifier d'avoir la meilleure constitution d'Etat qui soit possible, et la plus conforme à celle que Dieu même a établie.

---

[1] *Matth.*, xx, 30, 31, etc.; xxi, 9. — [2] *Deuter.*, xvii, 15.

Ce qui montre tout ensemble, et la sagesse de nos ancêtres, et la protection particulière de Dieu sur ce royaume.

XII° PROPOSITION.

On doit s'attacher à la forme du gouvernement qu'on trouve établie dans son pays.

« Que toute ame soit soumise aux puissances supérieures : car il n'y a point de puissance qui ne soit de Dieu; et toutes celles qui sont, c'est Dieu qui les a établies : ainsi qui résiste à la puissance, résiste à l'ordre de Dieu[1]. »

Il n'y a aucune forme de gouvernement, ni aucun établissement humain qui n'ait ses inconvéniens; de sorte qu'il faut demeurer dans l'Etat auquel un long temps a accoutumé le peuple. C'est pourquoi Dieu prend en sa protection tous les gouvernemens légitimes, en quelque forme qu'ils soient établis : qui entreprend de les renverser, n'est pas seulement ennemi public, mais encore ennemi de Dieu.

ARTICLE II.

1ʳᵉ PROPOSITION.

Il y a un droit de conquête très-ancien, et attesté par l'Ecriture.

Dès le temps de Jephté le roi des Ammonites se plaignoit que le peuple d'Israël en sortant d'Egypte, avoit pris beaucoup de terres à ses prédécesseurs, et il les redemandoit [2].

Jephté établit le droit des Israélites par deux titres incontestables : l'un étoit une conquête légitime, et l'autre une possession paisible de trois cents ans.

Il allègue premièrement le droit de conquête ; et pour montrer que cette conquête étoit légitime, il pose pour fondement « qu'Israël n'a rien pris de force aux Moabites et aux Ammonites : au contraire qu'il a pris de grands détours pour ne point passer sur leurs terres [3]. »

Il montre ensuite que les places contestées n'étoient plus aux Ammonites, ni aux Moabites, quand les Israélites les avoient

---

[1] *Rom.*, XIII, 1, 2. — [2] *Judic.*, XI, 13. — [3] *Ibid.*, 15-17, etc.

prises; mais à Séhon roi des Amorrhéens, qu'ils avoient vaincu par une juste guerre. Car il avoit le premier marché contre eux, et Dieu l'avoit livré entre leurs mains [1].

Là il fait valoir le droit de conquête établi par le droit des gens et reconnu par les Ammonites, qui possédoient beaucoup de terres par ce seul titre [2].

De là il passe à la possession ; et il montre premièrement, que les Moabites ne se plaignirent point des Israélites lorsqu'ils conquirent ces places, où en effet les Moabites n'avoient plus rien.

« Valez-vous mieux que Balac roi de Moab, ou pouvez-vous nous montrer qu'il ait inquiété les Israélites, ou leur ait fait la guerre pour ces places [3] ? »

En effet il étoit constant par l'histoire que Balac n'avoit point fait la guerre [4], quoiqu'il en eût eu quelque dessein.

Et non-seulement les Moabites ne s'étoient pas plaints; mais même les Ammonites avoient laissé les Israélites en possession paisible durant trois cents ans. « Pourquoi, dit-il, n'avez-vous rien dit durant un si long temps [5] ? »

Enfin il conclut ainsi : « Ce n'est donc pas moi qui ai tort ; c'est vous qui agissez mal contre moi, en me déclarant la guerre injustement. Le Seigneur soit juge en ce jour entre les enfans d'Israël et les enfans d'Ammon [6]. »

A remonter encore plus haut, on voit Jacob user de ce droit dans la donation qu'il fait à Joseph, en cette sorte: « Je vous donne par préciput sur vos frères un héritage que j'ai enlevé de la main des Amorrhéens, par mon épée et par mon arc [7]. »

Il ne s'agit pas d'examiner ce que c'étoit, et comment Jacob l'avoit ôté aux Amorrhéens ; il suffit de voir que Jacob se l'attribuoit par le droit de conquête, comme par le fruit d'une juste guerre.

La mémoire de cette donation de Jacob à Joseph, s'étoit conservée dans le peuple de Dieu comme d'une chose sainte et légitime jusqu'au temps de Notre-Seigneur, dont il est écrit « qu'il

---

[1] *Judic.*, xi, 20, 21. — [2] *Ibid.*, 23, 24. — [3] *Ibid.*, 25. — [4] *Numer.*, xxiv, 25. — [5] *Judic.*, xi, 26. — [6] *Ibid.*, 27. — [7] *Gen.*, xlviii, 22.

vint auprès de l'héritage que Jacob avoit donné à son fils Joseph [1]. »

On voit donc un domaine acquis par le droit des armes sur ceux qui le possédoient.

IIe PROPOSITION.

Pour rendre le droit de conquête incontestable, la possession paisible y doit être jointe.

Il faut pourtant remarquer deux choses dans ce droit de conquête : l'une, qu'il y faut joindre une possession paisible, ainsi qu'on a vu dans la discussion de Jephté ; l'autre, que pour rendre ce droit incontestable, on le confirme en offrant une composition amiable.

Ainsi le sage Simon le Machabée querellé par le roi d'Asie sur les villes d'Ioppé et de Gazara, répondit : « Pour ce qui est de ces deux villes, elles ravageoient notre pays, et pour cela nous vous offrons cent talens [2]. »

Quoique la conquête fût légitime, et que ceux d'Ioppé et de Gazara étant agresseurs injustes, eussent été pris de bonne guerre, Simon offroit cent talens pour avoir la paix, et rendre son droit incontestable.

Ainsi on voit que ce droit de conquête, qui commence par la force, se réduit pour ainsi dire au droit commun et naturel du consentement des peuples, et par la possession paisible. Et l'on présuppose que la conquête a été suivie d'un acquiescement tacite des peuples soumis, qu'on avoit accoutumés à l'obéissance par un traitement honnête : ou qu'il étoit intervenu quelque accord, semblable à celui qu'on a rapporté entre Simon le Machabée et les rois d'Asie.

CONCLUSION.

Nous avons donc établi par les Ecritures, que la royauté a son origine dans la Divinité même :

Que Dieu aussi l'a exercée visiblement sur les hommes dès les commencemens du monde :

---

[1] *Joan.*, IV, 5. — [2] I *Machab.*, XV, 35.

Qu'il a continué cet exercice surnaturel et miraculeux sur le peuple d'Israël, jusqu'au temps de l'établissement des rois :

Qu'alors il a choisi l'état monarchique et héréditaire, comme le plus naturel et le plus durable :

Que l'exclusion du sexe né pour obéir, étoit naturelle à la souveraine puissance.

Ainsi nous avons trouvé que par l'ordre de la divine Providence, la constitution de ce royaume étoit dès son origine la plus conforme à la volonté de Dieu, selon qu'elle est déclarée par ses Ecritures.

Nous n'avons pourtant pas oublié qu'il paroît dans l'antiquité d'autres formes de gouvernemens, sur lesquelles Dieu n'a rien prescrit au genre humain : en sorte que chaque peuple doit suivre comme un ordre divin, le gouvernement établi dans son pays, parce que Dieu est un Dieu de paix, et qui veut la tranquillité des choses humaines.

Mais comme nous écrivons dans un état monarchique, et pour un prince que la succession d'un si grand royaume regarde, nous tournerons dorénavant toutes les instructions que nous tirerons de l'Ecriture au genre de gouvernement où nous vivons : quoique par les choses qui se diront sur cet état, il est aisé de déterminer ce qui regarde les autres.

LIVRE III

OU L'ON COMMENCE A EXPLIQUER LA NATURE ET LES PROPRIÉTÉS DE L'AUTORITÉ ROYALE.

ARTICLE PREMIER.

On en remarque les caractères essentiels.

UNIQUE PROPOSITION.

Il y a quatre caractères ou qualités essentielles à l'autorité royale.

Premièrement l'autorité royale est sacrée :

Secondement elle est paternelle :

Troisièmement elle est absolue :
Quatrièmement elle est soumise à la raison.
C'est ce qu'il faut établir par ordre dans les articles suivans.

ARTICLE II.

L'autorité royale est sacrée.

Ire PROPOSITION.

Dieu établit les rois comme ses ministres, et règne par eux sur les peuples.

Nous avons déjà vu que toute puissance vient de Dieu [1].

« Le prince, ajoute saint Paul, est ministre de Dieu pour le bien. Si vous faites mal, tremblez; car ce n'est pas en vain qu'il a le glaive : et il est ministre de Dieu, vengeur des mauvaises actions [2]. »

Les princes agissent donc comme ministres de Dieu, et ses lieutenans sur la terre. C'est par eux (a) qu'il exerce son empire. « Pensez-vous pouvoir résister au royaume du Seigneur, qu'il possède par les enfans de David [3] ? »

C'est pour cela que nous avons vu que le trône royal n'est pas le trône d'un homme, mais le trône de Dieu même. « Dieu a choisi mon fils Salomon pour le placer dans le trône où règne le Seigneur sur Israël [4]. » Et encore : « Salomon s'assit sur le trône du Seigneur [5]. »

Et afin qu'on ne croie pas que cela soit particulier aux Israélites d'avoir des rois établis de Dieu, voici ce que dit l'*Ecclésiastique* : « Dieu donne à chaque peuple son gouverneur; et Israël lui est manifestement réservé [6]. »

Il gouverne donc tous les peuples, et leur donne à tous leurs rois, quoiqu'il gouverne Israël d'une manière plus particulière et plus déclarée.

---

[1] *Rom.*, XIII, 1, 2. — [2] *Ibid.*, 4. — [3] II *Paral.*, XIII, 8. — [4] I *Paral.*, XXVIII, 5. — [5] *Ibid.*, XXIX, 23. — [6] *Eccli.*, XVII, 14, 15.

(a) IIe *édit.* : C'est pour eux.

IIᵉ PROPOSITION.

La personne des rois est sacrée.

Il paroît de tout cela que la personne des rois est sacrée, et qu'attenter sur eux c'est un sacrilége.

Dieu les fait oindre par ses prophètes d'une onction sacrée [1], comme il fait oindre les pontifes et ses autels.

Mais même sans l'application extérieure de cette onction, ils sont sacrés par leur charge, comme étant les représentans de la majesté divine, députés par sa providence à l'exécution de ses desseins. C'est ainsi que Dieu même appelle Cyrus son oint. « Voici ce que dit le Seigneur à Cyrus mon oint, que j'ai pris par la main pour lui assujettir tous les peuples [2]. »

Le titre de *christ* est donné aux rois ; et on les voit partout appelés les *christs* ou les *oints* du Seigneur.

Sous ce nom vénérable, les prophètes mêmes les révèrent, et les regardent comme associés à l'empire souverain de Dieu, dont ils exercent l'autorité sur le peuple. « Parlez de moi hardiment devant le Seigneur et devant son christ ; dites si j'ai pris le bœuf ou l'âne de quelqu'un, si j'ai pris des présens de quelqu'un, et si j'ai opprimé quelqu'un. Et ils répondirent : Jamais ; et Samuel dit : Le Seigneur et son christ sont donc témoins que vous n'avez aucune plainte à faire contre moi [3]. »

C'est ainsi que Samuel après avoir jugé le peuple vingt et un ans de la part de Dieu avec une puissance absolue, rend compte de sa conduite devant Dieu et devant Saül, qu'il appelle ensemble à témoin, et établit son innocence sur leur témoignage.

Il faut garder les rois comme des choses sacrées ; et qui néglige de les garder est digne de mort. « Vive le Seigneur, dit David aux capitaines de Saül, vous êtes des enfans de mort, vous tous qui ne gardez pas votre maître l'oint du Seigneur [4]. »

Qui garde la vie du prince, met la sienne en la garde de Dieu même. « Comme votre vie a été chère et précieuse à mes yeux,

---

[1] I *Reg.*, IX, 16 ; XVI, 3, etc. — [2] *Isa.*, XLV, 1. — [3] I *Reg.*, XII, 3-5. — [4] *Ibid.*, XXVI, 16.

dit David au roi Saül, ainsi soit chère ma vie devant Dieu même, et qu'il daigne me délivrer de tout péril [1]. »

Dieu lui met deux fois entre les mains Saül, qui remuoit tout pour le perdre; ses gens le pressent de se défaire de ce prince injuste et impie; mais cette proposition lui fait horreur. « Dieu, dit-il, soit à mon secours, et qu'il ne m'arrive pas de mettre ma main sur mon maître, l'oint du Seigneur [2]. »

Loin d'attenter sur sa personne, il est même saisi de frayeur pour avoir coupé un bout de son manteau, encore qu'il ne l'eût fait que pour lui montrer combien religieusement il l'avoit épargné. « Le cœur de David fut saisi, parce qu'il avoit coupé le bord du manteau de Saül [3] : » tant la personne du prince lui paroît sacrée, et tant il craint d'avoir violé par la moindre irrévérence le respect qui lui étoit dû.

IIIe PROPOSITION.

On doit obéir au prince par principe de religion et de conscience.

Saint Paul après avoir dit que le prince est le ministre de Dieu, conclut ainsi : « Il est donc nécessaire que vous lui soyez soumis, non-seulement par la crainte de sa colère, mais encore par l'obligation de votre conscience [4]. »

C'est pourquoi « il le faut servir, non à l'œil, comme pour plaire aux hommes, mais avec bonne volonté, avec crainte, avec respect, et d'un cœur sincère comme à Jésus-Christ [5]. »

Et encore : « Serviteurs, obéissez en toutes choses à vos maîtres temporels, ne les servant point à l'œil, comme pour plaire à des hommes, mais en simplicité de cœur et dans la crainte de Dieu. Faites de bon cœur tout ce que vous faites, comme servant Dieu et non pas les hommes, assurés de recevoir de Dieu même la récompense de vos services. Regardez Jésus-Christ comme votre maître [6]. »

Si l'Apôtre parle ainsi de la servitude, état contre la nature, que devons-nous penser de la sujétion légitime aux princes et aux magistrats protecteurs de la liberté publique?

[1] I *Reg.*, XXVI, 24. — [2] *Ibid.*, XXIV, 7, 11, etc.; XXVI, 23. — [3] *Ibid.*, XXIV, 6. — [4] *Rom.*, XIII, 5. — [5] *Ephes.*, VI, 5, 6. — [6] *Coloss.*, III, 22-24.

C'est pourquoi saint Pierre dit : « Soyez donc soumis pour l'amour de Dieu à l'ordre qui est établi parmi les hommes (a) : soyez soumis au roi; comme à celui qui a la puissance suprême : et à ceux à qui il donne son autorité comme étant envoyés de lui pour la louange des bonnes actions, et la punition des mauvaises [1]. »

Quand même ils ne s'acquitteroient pas de ce devoir, il faut respecter en eux leur charge et leur ministère. « Obéissez à vos maîtres, non-seulement à ceux qui sont bons et modérés, mais encore à ceux qui sont fâcheux et injustes [2]. »

Il y a donc quelque chose de religieux dans le respect qu'on rend au prince. Le service de Dieu et le respect pour les rois sont choses unies; et saint Pierre met ensemble ces deux devoirs : « Craignez Dieu, honorez le roi [3]. »

Aussi Dieu a-t-il mis dans les princes quelque chose de divin. « J'ai dit : Vous êtes des dieux, et vous êtes tous enfans du Très-Haut [4]. » C'est Dieu même que David fait parler ainsi.

De là vient que les serviteurs de Dieu jurent par le salut et la vie du roi, comme par une chose divine et sacrée. Urie parlant à David : « Par votre salut et par la conservation de votre vie, je ne ferai point cette chose [5]. »

Encore même que le roi soit infidèle, par la vue qu'on doit avoir de l'ordre de Dieu. « Par le salut de Pharaon, je ne vous laisserai point sortir d'ici [6]. »

Il faut écouter ici les premiers chrétiens, et Tertullien qui parle ainsi au nom d'eux tous : « Nous jurons, non par les génies des Césars; mais par leur vie et par leur salut, qui est plus auguste que tous les génies. Ne savez-vous pas que les génies sont des démons? Mais nous, qui regardons dans les empereurs le choix et le jugement de Dieu, qui leur a donné le commandement sur tous les peuples, nous respectons en eux ce que Dieu y a mis, et nous tenons cela à grand serment [7]. »

Il ajoute : « Que dirai-je davantage de notre religion et de notre

[1] I *Petr.*, II, 13, 14. — [2] *Ibid.*, 18. — [3] *Ibid.*, 17. — [4] *Psal.* LXXXI, 6. — [5] II *Reg.*, XI, 11; XIV, 19. — [6] *Gen.*, XLII, 15, 16. — [7] Tertull.; *Apol.*, n. 32.

(a) IIe *édit.*: Par les hommes.

piété pour l'empereur, que nous devons respecter comme celui que notre Dieu a choisi : en sorte que je puis dire que César est plus à nous qu'à vous, parce que c'est notre Dieu qui l'a établi [1]. »

C'est donc l'esprit du christianisme de faire respecter les rois avec une espèce de religion, que le même Tertullien appelle très-bien « la religion de la seconde majesté [2]. »

Cette seconde majesté n'est qu'un écoulement de la première; c'est-à-dire de la divine, qui pour le bien des choses humaines, a voulu faire rejaillir quelque partie de son éclat sur les rois.

IVᵉ PROPOSITION.

Les rois doivent respecter leur propre puissance, et ne l'employer qu'au bien public.

Leur puissance venant d'en haut, ainsi qu'il a été dit, ils ne doivent pas croire qu'ils en soient les maîtres pour en user à leur gré; mais ils doivent s'en servir avec crainte et retenue, comme d'une chose qui leur vient de Dieu, et dont Dieu leur demandera compte. « Ecoutez, ô rois, et comprenez : apprenez, juges de la terre : prêtez l'oreille, ô vous qui tenez les peuples sous votre empire, et vous plaisez à voir la multitude qui vous environne : c'est Dieu qui vous a donné la puissance : votre force vient du Très-Haut, qui interrogera vos œuvres, et pénétrera le fond de vos pensées : parce qu'étant les ministres de son royaume, vous n'avez pas bien jugé, et n'avez pas marché selon ses volontés. Il vous paroîtra bientôt d'une manière terrible : car à ceux qui commandent est réservé le châtiment le plus dur. On aura pitié des petits et des foibles; mais les puissans seront puissamment tourmentés. Car Dieu ne redoute la puissance de personne, parce qu'il a fait les grands et les petits, et qu'il a soin également des uns et des autres. Et les plus forts seront tourmentés plus fortement. Je vous le dis, ô rois, afin que vous soyez sages et que vous ne tombiez pas [3]. »

Les rois doivent donc trembler en se servant de la puissance

---

[1] Tertull., *Apol.*, n. 33. — [2] *Ibid.*, n. 35. — [3] *Sapient.*, VI, 2, 3, etc.

que Dieu leur donne, et songer combien horrible est le sacrilége d'employer au mal une puissance qui vient de Dieu.

Nous avons vu les rois assis dans le trône du Seigneur, ayant en main l'épée que lui-même leur a mise en main. Quelle profanation et quelle audace aux rois injustes, de s'asseoir dans le trône de Dieu pour donner des arrêts contre ses lois, et d'employer l'épée qu'il leur met en main, à faire des violences et à égorger ses enfans!

Qu'ils respectent donc leur puissance, parce que ce n'est pas leur puissance, mais la puissance de Dieu, dont il faut user saintement et religieusement. Saint Grégoire de Nazianze parle ainsi aux empereurs : « Respectez votre pourpre : reconnoissez le grand mystère de Dieu dans vos personnes : il gouverne par lui-même les choses célestes; il partage celles de la terre avec vous. Soyez donc des dieux à vos sujets [1]. » C'est-à-dire, gouvernez-les comme Dieu gouverne, d'une manière noble, désintéressée, bienfaisante, en un mot divine.

ARTICLE III.

L'autorité royale est paternelle, et son propre caractère c'est la bonté.

Après les choses qui ont été dites, cette vérité n'a plus besoin de preuves.

Nous avons vu que les rois tiennent la place de Dieu, qui est le vrai père du genre humain.

Nous avons vu aussi que la première idée de puissance qui ait été parmi les hommes, est celle de la puissance paternelle; et que l'on a fait les rois sur le modèle des pères.

Aussi tout le monde est-il d'accord que l'obéissance qui est due à la puissance publique, ne se trouve, dans le Décalogue, que dans le précepte qui oblige à honorer ses parens.

Il paroît par tout cela que le nom de roi est un nom de père, et que la bonté est le caractère le plus naturel des rois.

Faisons néanmoins ici une réflexion particulière sur une vérité si importante.

[1] Greg. Naz.

Iʳᵉ PROPOSITION.

La bonté est une qualité royale, et le vrai apanage de la grandeur.

« Le Seigneur votre Dieu est le Dieu des dieux, et le Seigneur des seigneurs : un Dieu grand, puissant, redoutable ; qui n'a point d'égard aux personnes en jugement, et ne reçoit pas de présens ; qui fait justice au pupille et à la veuve ; qui aime l'étranger et lui donne sa nourriture et son vêtement [1]. »

Parce que Dieu est grand et plein en lui-même, il se tourne pour ainsi dire tout entier à faire du bien aux hommes, conformément à cette parole : « Selon sa grandeur, ainsi est sa miséricorde [2]. »

Il met une image de sa grandeur dans les rois, afin de les obliger à imiter sa bonté.

Il les élève à un état où ils n'ont plus rien à désirer pour eux-mêmes. Nous avons ouï David disant : « Que peut ajouter votre serviteur à toute cette grandeur dont vous l'avez revêtu [3] ? »

Et en même temps il leur déclare, qu'il leur donne cette grandeur pour l'amour des peuples. « Parce que Dieu aimoit son peuple, il vous a fait régner sur eux [4]. » Et encore : « Vous avez plu au Seigneur, il vous a placé sur le trône d'Israël ; et parce qu'il aimoit ce peuple, il vous a fait leur roi pour faire justice et jugement [5]. »

C'est pourquoi dans les endroits où nous lisons que le royaume de David fut élevé sur le peuple, l'hébreu et le grec portent *pour* le peuple. Ce qui montre que la grandeur a pour objet le bien des peuples soumis.

En effet Dieu, qui a formé tous les hommes d'une même terre pour le corps, et a mis également dans leurs ames son image et sa ressemblance, n'a pas établi entre eux tant de distinctions, pour faire d'un côté des orgueilleux et de l'autre des esclaves et des misérables. Il n'a fait des grands que pour protéger les petits ; il n'a donné sa puissance aux rois que pour procurer le bien public, et pour être le support du peuple.

---

[1] *Deuter.*, x, 17, 18. — [2] *Eccli.*, ii, 23. — [3] II *Reg.*, vii, 20 ; I *Paral.*, xvii, 18. — [4] II *Paral.*, ii, 11. — [5] III *Reg.*, x, 9.

IIᵉ PROPOSITION.

Le prince n'est pas né pour lui-même, mais pour le public.

C'est une suite de la proposition précédente, et Dieu confirme cette vérité par l'exemple de Moïse.

Il lui donne son peuple à conduire, et en même temps il fait qu'il s'oublie lui-même.

Après beaucoup de travaux, et après qu'il a supporté l'ingratitude du peuple durant quarante ans pour le conduire en la terre promise, il en est exclu : Dieu le lui déclare, et que cet honneur étoit réservé à Josué [1].

Quant à Moïse il lui dit : « Ce ne sera pas vous qui introduirez ce peuple dans la terre que je leur donnerai [2]. » Comme s'il lui disoit : Vous en aurez le travail, et un autre en aura le fruit.

Dieu lui déclare sa mort prochaine [3]; Moïse sans s'étonner et sans songer à lui-même, le prie seulement de pourvoir au peuple. « Que le Dieu de tous les esprits donne un conducteur à cette multitude, qui puisse marcher devant eux : qui le mène et le ramène, de peur que le peuple du Seigneur ne soit comme des brebis sans pasteur [4]. »

Il lui ordonne une grande guerre en ces termes : « Venge ton peuple des Madianites, et puis tu mourras [5]. » Il veut lui faire savoir qu'il ne travaille pas pour lui-même, et qu'il est fait pour les autres. Aussitôt et sans dire un mot sur sa mort prochaine, Moïse donne ses ordres pour la guerre, et l'achève tranquillement [6].

Il achève le peu de vie qui lui reste à enseigner le peuple, et à lui donner les instructions qui composent le livre du *Deutéronome*. Et puis il meurt sans aucune récompense sur la terre, dans un temps où Dieu les donnoit si libéralement. Aaron a le sacerdoce pour lui et pour sa postérité : Caleb et sa famille est pourvu magnifiquement; les autres reçoivent d'autres dons; Moïse rien; on ne sait ce que devient sa famille. C'est un personnage public

---

[1] *Deuter.*, XXXI, 7. — [2] *Numer.*, XX, 12. — [3] *Ibid.*, XXVII, 13. — [4] *Ibid.*, 16, 17. — [5] *Ibid.*, XXXI, 2. — [6] *Ibid.*, 3, 7.

né pour le bien de l'univers; ce qui aussi est la véritable grandeur.

Puissent les princes entendre que leur vraie gloire est de n'être pas pour eux-mêmes; et que le bien public qu'ils procurent, leur est une assez digne récompense sur la terre, en attendant les biens éternels que Dieu leur réserve.

IIIe PROPOSITION.

Le prince doit pourvoir aux besoins du peuple.

« Le Seigneur a dit à David : Vous paîtrez mon peuple d'Israël, et vous en serez le conducteur [1]. »

« Dieu a choisi David, et l'a tiré d'après les brebis pour paître Jacob son serviteur, et Israël son héritage [2]. » Il n'a fait que changer de troupeau : au lieu de paître des brebis, il paît des hommes. Paître dans la langue sainte, c'est gouverner, et le nom de *pasteur* signifie le prince ; tant ces choses sont unies.

« J'ai dit à Cyrus, dit le Seigneur : Vous êtes mon pasteur [3]. » C'est-à-dire : Vous êtes le prince que j'ai établi.

Ce n'est donc pas seulement Homère qui appelle les princes pasteurs des peuples; c'est le Saint-Esprit. Ce nom les avertit assez de pourvoir au besoin de tout le troupeau, c'est-à-dire de tout le peuple.

Quand la souveraine puissance fut donnée à Simon le Machabée, le décret en est conçu en ces termes : « Tout le peuple l'a établi prince, et il aura soin des saints [4] : » c'est-à-dire du peuple juif, qui s'appeloit aussi le peuple des saints.

C'est un droit royal, de pourvoir aux besoins du peuple. Qui l'entreprend au préjudice du prince, entreprend sur la royauté : c'est pour cela qu'elle est établie; et l'obligation d'avoir soin du peuple est le fondement de tous les droits que les souverains ont sur leurs sujets.

C'est pourquoi dans les grands besoins, le peuple a droit d'avoir recours à son prince. « Dans une extrême famine, toute l'Egypte vint crier autour du roi, lui demandant du pain [5]. » Les

---

[1] II *Reg.*, v, 2. — [2] *Psal.* LXXVII, 70, 71. — [3] *Isa.*, XLIV, 28, alibi. — [4] I *Mach.*, XIV, 42. — [5] *Gen.*, XLI, 55.

peuples affamés demandent du pain à leur roi comme à leur pasteur, ou plutôt comme à leur père. Et la prévoyance de Joseph l'avoit mis en état d'y pourvoir [1].

Voici sur ces obligations du prince une belle sentence du Sage : « Vous ont-ils fait prince ou gouverneur? soyez parmi eux comme l'un d'eux : ayez soin d'eux, et prenez courage ; et reposez-vous après avoir pourvu à tout [2]. »

Cette sentence contient deux préceptes.

1ᵉʳ Précepte. « Soyez parmi eux comme l'un d'eux. » Ne soyez point orgueilleux : rendez-vous accessible et familier : ne vous croyez pas, comme on dit, d'un autre métal que vos sujets : mettez-vous à leur place, et soyez-leur tel que vous voudriez qu'ils vous fussent s'ils étoient à la vôtre.

2ᵉ Précepte. « Ayez soin d'eux, et reposez-vous après avoir pourvu à tout. » Le repos alors vous est permis : le prince est un personnage public, qui doit croire que quelque chose lui manque à lui-même, quand quelque chose manque au peuple et à l'Etat.

IVᵉ PROPOSITION.

Dans le peuple, ceux à qui le prince doit le plus pourvoir sont les foibles.

Parce qu'ils ont plus besoin de celui qui est par sa charge le père et le protecteur de tous.

C'est pour cela que Dieu recommande principalement aux juges et aux magistrats, les veuves et les pupilles.

Job, qui étoit un grand prince, dit aussi : « On me rendoit témoignage que j'écoutois le cri du pauvre, et délivrois le pupille qui n'avoit point de secours : la bénédiction de celui qui alloit périr venoit sur moi ; et je consolois le cœur de la veuve [3]. » Et encore : « J'étois l'œil de l'aveugle, le pied du boiteux, le père des pauvres [4]. » Et encore : « Je tenois la première place ; assis au milieu d'eux comme un roi environné de sa Cour et de son armée, j'étois le consolateur des affligés [5]. »

Sa tendresse pour les pauvres est inexplicable. « Si j'ai refusé aux pauvres ce qu'ils demandoient, et si j'ai fait attendre les yeux

---

[1] *Genes.*, XLI, 47. — [2] *Eccli.*, XXXII, 1, 2. — [3] *Job*, XXIX, 11-13. — [4] *Ibid.*, 15, 16. — [5] *Ibid.*, 25.

de la veuve; si j'ai mangé seul mon pain, et ne l'ai pas partagé avec le pupille, parce que la compassion est née avec moi et a crû dans mon cœur dès mon enfance : si j'ai dédaigné celui qui mouroit de froid faute d'habits; si ses côtés ne m'ont pas béni, et s'il n'a pas été réchauffé par la laine de mes brebis, puisse mon épaule se séparer de sa jointure, et que mon bras soit brisé avec ses os [1]. » Etre impitoyable à son peuple, c'est se séparer de ses propres membres, et on mérite de perdre ceux de son corps.

Il donne libéralement; il donne pénétré de compassion; il donne sans faire attendre : qu'y a-t-il de plus paternel et de plus royal?

Dans les vœux que David fit pour Salomon le jour de son sacre, il ne parle que du soin qu'il aura des pauvres, et met en cela tout le bonheur de son règne. « Il jugera le peuple avec équité, et fera justice au pauvre [2]. » Il ne se lasse point de louer cette bonté pour les pauvres. « Il protégera, dit-il, les pauvres du peuple, et il sauvera les enfans des pauvres, et il abattra leurs oppresseurs; » et encore : « Tous les rois de la terre l'adoreront, et toutes les nations lui seront sujettes, parce qu'il délivrera le pauvre des mains du puissant, le pauvre qui n'avoit point de secours. Il sera bon au pauvre et à l'indigent; il sauvera les ames des pauvres : il les délivrera des usures et des violences, et leur nom sera honorable devant lui. » Ses bontés pour les pauvres, lui attireront avec de grandes richesses la prolongation de ses jours, et la bénédiction de tous les peuples. « Il vivra, et l'or de Saba lui sera donné; il sera le sujet de tous les vœux : on ne cessera de le bénir. » Voilà un règne merveilleux, et digne de figurer celui du Messie.

David avoit bien conçu que rien n'est plus royal que d'être le secours de qui n'en a point; et c'est tout ce qu'il souhaite au roi son fils.

Ceux qui commandent les peuples, soit princes, soit gouverneurs, doivent à l'exemple de Néhémias soulager le peuple accablé [3]. « Les gouverneurs qui m'avoient précédé fouloient le peuple, et leurs serviteurs tiroient beaucoup : et moi, qui crai-

---

[1] *Job*, XXXI, 16-18, etc. — [2] *Psal.* LXXI, 1, 4, 11, 12, etc. — [3] II *Esdr.*, V, 15-18.

gnois Dieu, je n'en ai pas usé ainsi : au contraire j'ai contribué à rebâtir les murailles ; je n'ai rien acquis dans le pays, » plus soigneux de donner que de m'enrichir ; « et je faisois travailler mes serviteurs. Je tenois une grande table, où venoient les magistrats et les principaux de la ville, sans prendre les revenus assignés au gouverneur; car le peuple étoit fort appauvri. »

C'est ainsi que Néhémias se réjouissoit d'avoir soulagé le pauvre peuple ; et il dit ensuite plein de confiance : « O Seigneur, souvenez-vous de moi en bien, selon le bien que j'ai fait à votre peuple [1]. »

Ve PROPOSITION.

Le vrai caractère du prince est de pourvoir aux besoins du peuple ; comme celui du tyran est de ne songer qu'à lui-même.

Aristote l'a dit, mais le Saint-Esprit l'a prononcé avec plus de force.

Il représente en un mot le caractère d'une ame superbe et tyrannique, en lui faisant dire : « Je suis, et il n'y a que moi sur la terre [2]. »

Il maudit les princes qui ne songent qu'à eux-mêmes, par ces terribles paroles : « Voici ce que dit le Seigneur : Malheur aux pasteurs d'Israël qui se paissent eux-mêmes. Les troupeaux ne doivent-ils pas être nourris par les pasteurs? Vous mangiez le lait de mes brebis, et vous vous couvriez de leurs laines, et vous tuiez ce qu'il y avoit de plus gras dans le troupeau, et ne le paissiez pas : vous n'avez pas fortifié ce qui étoit foible, ni guéri ce qui étoit malade, ni remis ce qui étoit rompu, ni cherché ce qui étoit égaré, ni ramené ce qui étoit perdu : vous vous contentiez de leur parler durement et impérieusement : et mes brebis dispersées, parce qu'elles n'avoient pas de pasteurs, ont été la proie des bêtes farouches ; elles ont erré dans toutes les montagnes et dans toutes les collines, et se sont répandues sur toute la face de la terre ; et personne ne les recherchoit, dit le Seigneur. Pour cela, ô pasteurs, écoutez la parole du Seigneur. Je vis éternellement, dit le Seigneur : parce que mes brebis dispersées ont été

---

[1] II *Esdr.*, v, 19. — [2] *Isa.*, XLVII, 10.

en proie faute d'avoir des pasteurs : car mes pasteurs ne cherchoient point mon troupeau ; ces pasteurs se paissoient eux-mêmes, et ne paissoient point mes brebis : et voici ce que dit le Seigneur : Je rechercherai mes brebis de la main de leurs pasteurs, et je les chasserai, afin qu'ils ne paissent plus mon troupeau, et ne se paissent plus eux-mêmes : et je délivrerai mon troupeau de leur bouche, et ils ne le dévoreront plus [1]. »

On voit ici : premièrement, que le caractère du mauvais prince est de se paître soi-même, et de ne songer pas au troupeau.

Secondement, que le Saint-Esprit lui demande compte, non-seulement du mal qu'il fait, mais encore de celui qu'il ne guérit pas.

Troisièmement, que tout le mal que les ravisseurs font à ses peuples, pendant qu'il les abandonne et ne songe qu'à ses plaisirs, retombe sur lui.

VIe PROPOSITION.

Le prince inutile au bien du peuple, est puni aussi bien que le méchant qui le tyrannise.

C'est la règle de la justice divine, de ne punir pas seulement les serviteurs violens, qui abusent du pouvoir qu'il leur a donné : mais encore les serviteurs inutiles, qui ne font pas profiter le talent qu'il leur a mis en main. « Jetez le serviteur inutile dans les ténèbres extérieures : » c'est-à-dire dans la prison obscure et profonde, qui est hors de la maison de Dieu : « là seront pleurs et grincemens de dents [2]. »

C'est pourquoi nous venons d'entendre qu'il reprochoit aux pasteurs, non-seulement qu'ils dévoroient son troupeau, mais qu'ils ne le guérissoient pas, qu'ils le négligeoient et le laissoient dévorer.

Mardochée manda aussi à la reine Esther, dans le péril extrême du peuple de Dieu : « Ne croyez pas vous pouvoir sauver toute seule, parce que vous êtes la reine et élevée au-dessus de tous les autres; car si vous vous taisez, les Juifs seront délivrés par

---

[1] *Ezech.*, xxxiv, 2-4, etc. — [2] *Matth.*, xxv, 30.

quelque autre voie; et vous périrez, vous et la maison de votre père ¹. »

VII° PROPOSITION.

La bonté du prince ne doit pas être altérée par l'ingratitude du peuple.

Il n'y a rien de plus ingrat envers Moïse que le peuple juif. Il n'y a rien de meilleur envers le peuple juif que Moïse. On n'entend partout dans l'*Exode* et dans les *Nombres*, que des murmures insolens de ce peuple contre lui; toutes leurs plaintes sont séditieuses, et jamais il n'entend de leur bouche des remontrances tranquilles. Des menaces ils passent aux effets. « Tout le peuple crioit contre lui, et vouloit le lapider ². » Mais pendant cette fureur il plaide leur cause devant Dieu, qui vouloit les perdre. « Je les frapperai de peste, et je les exterminerai, et je te ferai prince d'une grande nation plus puissante que celle-ci : Oui, Seigneur, répondit Moïse, afin que les Égyptiens blasphèment contre vous. Glorifiez plutôt votre puissance, ô Dieu patient et de grande miséricorde, et pardonnez à ce peuple selon vos bontés infinies ³. »

Il ne répond pas seulement aux promesses que Dieu lui fait, occupé du péril de ce peuple ingrat, et s'oubliant toujours lui-même.

Bien plus il se dévoue pour eux. « Seigneur, ou pardonnez-leur ce péché, ou effacez-moi de votre livre ⁴ : » c'est-à-dire : Otez-moi la vie.

David imite Moïse. Malgré toutes ses bontés, son peuple avoit suivi la révolte d'Absalon, et depuis, celle de Séba ⁵. Il ne leur en est pas moins bon; et même ne laisse pas de se dévouer, lui et sa famille, pour ce peuple tant de fois rebelle. « Voyant l'ange qui frappoit le peuple : O Seigneur, s'écria-t-il, c'est moi qui ai péché, c'est moi qui suis coupable; qu'ont fait ces brebis que vous frappez ? Tournez votre main contre moi, et contre la maison de mon père ⁶. »

---

¹ *Esther*, IV, 13, 14. — ² *Numer.*, XIV, 4, 10. — ³ *Ibid.*, 12, 13, etc. — ⁴ *Exod.*, XXXII, 32. — ⁵ II *Reg.*, XV, XX. — ⁶ *Ibid.*, XXIV, 17.

VIIIᵉ PROPOSITION.

Le prince ne doit rien donner à son ressentiment ni à son humeur.

« A Dieu ne plaise, dit Job, que je me sois réjoui de la chute de mon ennemi, ou du mal qui lui arrivoit. Je n'ai pas même péché contre lui par des paroles, ni je n'ai fait aucune imprécation contre sa vie [1]. »

Les commencemens de Saül sont admirables, lorsque la fortune n'avoit pas encore perverti en lui les bonnes dispositions qui l'avoient rendu digne de la royauté. Une partie du peuple avoit refusé de lui obéir : « Cet homme nous pourra-t-il sauver ? Ils le méprisèrent, et ne lui apportèrent pas les présens ordinaires en cette occasion [2]. » Comme donc il venoit de remporter une glorieuse victoire, « tout le peuple dit à Samuel : Qu'on nous donne ceux qui ont dit : Saül ne sera pas notre roi, et qu'on les fasse mourir. A quoi Saül répondit : Personne ne sera tué en ce jour que Dieu a sauvé son peuple [3]. »

En ce jour de triomphe et de salut, il ne pouvoit offrir à Dieu un plus digne sacrifice que celui de la clémence.

Voici encore un exemple de cette vertu en la personne de David. Durant que Saül le persécutoit, il étoit avec ses troupes vers le Carmel, où il y avoit un homme extraordinairement riche, nommé Nabal. David le traitoit avec toute la bonté possible : non-seulement il ne souffroit pas que ses soldats lui fissent aucun tort; chose difficile dans la licence de la guerre, et parmi des troupes tumultuairement ramassées sans paye réglée, telles qu'étoient alors celles de David : mais les gens de Nabal confessoient eux-mêmes, qu'il les protégeoit en toutes choses. « Ces hommes, disent-ils, nous sont fort bons : nous n'avons jamais rien perdu parmi eux; et au contraire pendant que nous paissions nos troupeaux, ils nous étoient nuit et jour comme un rempart [4]. » C'est le vrai usage de la puissance : car que sert d'être le plus fort, si ce n'est pour soutenir le plus foible ?

C'est ainsi qu'en usoit David : et cependant comme ses soldats

[1] *Job*, XXXI, 29, 30. — [2] I *Reg.*, X, 27. — [3] *Ibid.*, XI, 12, 13. — [4] *Ibid.*, XXV, 15, 16.

en un jour de réjouissance vinrent demander à Nabal, avec toute la douceur possible, qu'il leur donnât si peu qu'il voudroit; cet homme féroce, non-seulement le refusa, mais encore il s'emporta contre David d'une manière outrageuse, sans aucun respect pour un si grand homme, destiné à la royauté par ordre de Dieu; et sans être touché de la persécution qu'il souffroit injustement; l'appelant au contraire un valet rebelle, qui vouloit faire le maître [1].

A ce coup la douceur de David fut poussée à bout; il couroit à la vengeance : mais Dieu lui envoie Abigaïl femme de Nabal, aussi prudente que belle, qui lui parla en ces termes : « Que le roi mon seigneur ne prenne pas garde aux emportemens de cet insensé. Vive le Seigneur, qui vous a empêché de verser le sang, et a conservé vos mains pures et innocentes; le Seigneur vous sera une maison puissante et fidèle, parce que vous combattez pour lui. A Dieu ne plaise qu'il vous arrive de faire aucun mal dans tout le cours de votre vie : quand le Seigneur aura accompli ce qu'il vous a promis, et qu'il vous aura établi roi sur son peuple d'Israël, vous n'aurez point le regret d'avoir répandu le sang innocent, ni de vous être vengé vous-même; et cette triste pensée ne viendra pas vous troubler au milieu de votre gloire; et mon seigneur se ressouviendra de sa servante [2]. »

Elle parloit à David comme assurée de sa bonté, et le touchoit en effet par où il étoit sensible, lui faisant voir que la grandeur n'étoit donnée aux hommes que pour bien faire, comme il avoit toujours fait; et qu'au reste toute sa puissance n'auroit plus d'agrément pour lui, s'il pouvoit se reprocher d'en avoir usé avec violence.

David pénétré de ce discours s'écrie : « Béni soit le Dieu d'Israël qui vous a envoyée à ma rencontre; béni soit votre discours, qui a calmé ma colère; et bénie soyez-vous vous-même, vous qui m'avez empêché de verser du sang, et de me venger de ma main [3]. »

Comme il goûte la douceur de dompter sa colère : et dans quelle horreur entre-t-il de l'action qu'il alloit faire!

---

[1] 1 *Reg.*, xxv, 8, etc. — [2] *Ibid.*, 25, 26, etc. — [3] *Ibid.*, 32, 33.

Il reconnoît qu'en effet la puissance doit être odieuse, même à celui qui l'a en main, quand elle le porte à sacrifier le sang innocent à son ressentiment particulier. Ce n'est pas être puissant, que de n'avoir pu résister à la tentation de la puissance ; et quand on en a abusé, on sent toujours en soi-même qu'on ne la méritoit pas.

Voilà quel étoit David : et il n'y a rien qui fasse plus déplorer ce que l'amour et le plaisir peuvent sur les hommes, que de voir un si bon prince poussé jusqu'au meurtre d'Urie par cette aveugle passion.

Si le prince ne doit rien donner à ses ressentimens particuliers, à plus forte raison ne doit-il pas se laisser maîtriser par son humeur, ni par des aversions ou des inclinations irrégulières : mais il doit agir toujours par raison, comme on dira dans la suite.

IXe PROPOSITION.

Un bon prince épargne le sang humain.

« Qui me donnera, avoit dit David, qui me donnera de l'eau de la citerne de Bethléem ? Aussitôt trois vaillans hommes percèrent le camp des Philistins, et lui apportèrent de l'eau de cette citerne : mais il ne voulut pas en boire, et la répandit devant Dieu en effusion, disant : Le Seigneur me soit propice ; à Dieu ne plaise que je boive le sang de ces hommes, et le péril de leurs ames. »

« Il sent, dit saint Ambroise, sa conscience blessée par le péril où ces vaillans hommes s'étoient mis pour le satisfaire, et cette eau qu'il voit achetée au prix du sang ne lui cause plus que de l'horreur [2]. »

Xe PROPOSITION.

Un bon prince déteste les actions sanguinaires.

« Retirez-vous de moi, gens sanguinaires, » disoit David [3]. Il n'y a rien qui s'accorde moins avec le protecteur de la vie et du salut de tout le peuple, que les hommes cruels et violens.

[2] II *Reg.*, XXIII, 15-17. — [2] Ambr., *Apol. David*, cap. VII, n. 34. — [3] *Psal.* CXXXVIII, 19.

Après le meurtre d'Urie le même David, qu'un amour aveugle avoit jeté contre sa nature dans cette action sanguinaire, croyoit toujours nager dans le sang; et ayant horreur de lui-même, il s'écrioit : « O Seigneur, délivrez-moi du sang [1]. »

Les violences et les cruautés toujours détestables, le sont encore plus dans les princes établis pour les empêcher et les punir. Dieu, qui avoit supporté avec patience les impiétés d'Achab et de Jézabel, laisse partir la dernière et irrévocable sentence, après qu'ils ont répandu le sang de Naboth. Aussitôt Elie est envoyé pour dire à ce roi cruel : « Tu as tué, et tu as possédé le bien de Naboth, et tu ajouteras encore à tes crimes : mais voici ce que dit le Seigneur : Au même lieu où les chiens ont léché le sang de Naboth, ils lécheront aussi ton sang, et je ruinerai ta maison sans qu'il en reste un seul homme, et les chiens mangeront le corps de ta femme Jézabel. Si Achab meurt dans la ville, les chiens le mangeront; et s'il meurt dans la campagne, il sera donné aux oiseaux [2]. »

Antiochus surnommé l'Illustre, roi de Syrie, périt d'une manière moins violente en apparence, mais non moins terrible. Dieu le punit en l'abandonnant aux reproches de sa conscience et à des chagrins furieux, qui se tournèrent enfin en maladie incurable.

Son avarice l'avoit engagé à piller le temple de Jérusalem, et ensuite à persécuter le peuple de Dieu. Il fit de grands meurtres, et parla avec grand orgueil [3]. Et voilà que tout d'un coup entendant parler des victoires des Juifs qu'il persécutoit à toute outrance, « il fut saisi de frayeur à ce discours, et fut jeté dans un grand trouble : il se mit au lit, et tomba dans une profonde tristesse, parce que ses desseins ne lui avoient pas réussi. Il fut plusieurs jours en cet état; sa tristesse se renouveloit et s'augmentoit tous les jours, et il se sentoit mourir. Alors appelant tous ses courtisans, il leur dit : Le sommeil s'est retiré de mes yeux; je n'ai plus de force, et mon cœur est abattu par de cruelles inquiétudes. En quel abîme de tristesse suis-je plongé? quelle horrible agitation sens-je en moi-même, moi qui étois si heureux et si

---

[1] *Psal.* L, 16. — [2] III *Reg.*, XXI, 19, 23, 24. — [3] I *Mach.*, I, 23-25.

chéri de toute ma Cour dans ma puissance ! Maintenant je me ressouviens des maux et des pilleries que j'ai faites dans Jérusalem, et des ordres que j'ai donnés sans raison pour faire périr les peuples de la Judée. Je connois que c'est pour cela que m'arrivent les maux où je suis ; et voilà que je péris accablé de tristesse dans une terre étrangère [1]. »

Il se joignit à cette tristesse des douleurs d'entrailles et des ulcères par tout le corps : il devint insupportable à lui-même, aussi bien qu'aux autres, par la puanteur qu'exhaloient ses membres pourris. En vain reconnut-il la puissance divine par ces paroles : « Il est juste d'être soumis à Dieu, et qu'un mortel ne s'égale pas à lui. » Dieu rejeta des soumissions forcées. « Et ce méchant le prioit en vain dans un temps où Dieu avoit résolu de ne lui plus faire de miséricorde [2]. »

« Ainsi mourut ce meurtrier et ce blasphémateur, traité comme il avoit traité les autres [3]. » C'est-à-dire, qu'il trouva Dieu impitoyable, comme il l'avoit été.

Voilà ce qui arrive aux rois violens et sanguinaires. Ceux qui oppriment le peuple et l'épuisent par de cruelles vexations, doivent craindre la même vengeance, puisqu'il est écrit : « Le pain est la vie du pauvre : qui le lui ôte est un homme sanguinaire [4]. »

XIe PROPOSITION.

Les bons princes exposent leur vie pour le salut de leur peuple, et la conservent aussi pour l'amour d'eux.

L'un et l'autre nous paroît par ces deux exemples.

Pendant la révolte d'Absalon David mit son armée en bataille, et voulut marcher avec elle à son ordinaire. « Mais le peuple lui dit : Vous ne viendrez pas : car quand nous serons défaits, les rebelles ne croiront pas pour cela avoir vaincu. Vous êtes vous seul compté pour dix mille, et il vaut mieux que vous demeuriez dans la ville pour nous sauver tous. Le roi répondit : Je suivrai vos conseils [5]. »

Il cède sans résistance ; il ne fait aucun semblant de se retirer

---

[1] *Mach.*, VI, 8-10, etc. — [2] II *Mach*, IX, 5, 9, 12, 13. — [3] *Ibid.*, 28. — [4] *Eccli.*, XXXIV, 25. — [5] II *Reg.*, XVIII, 3, 4.

à regret ; en un mot, il ne fait point le vaillant : c'est qu'il l'étoit.

« Dans un combat des Philistins contre David, comme les forces lui manquoient, un Philistin alloit le percer ; Abisaï fils de Sarvia le défendit, et tua le Philistin : alors les gens de David lui dirent avec serment : Vous ne viendrez plus avec nous à la guerre, pour ne point éteindre la lumière d'Israël [1]. »

La valeur de David s'étoit fait sentir aux Philistins, à ce fier géant Goliath, et même aux ours et aux lions, qu'il déchiroit comme agneaux [2]. Cependant nous ne lisons point qu'il ait combattu depuis ce temps. Il ne faut pas moins estimer la condescendance d'un roi si vaillant qui se conserve pour son Etat, que la piété de ses sujets.

Au reste l'histoire des rois, et celle des Machabées, sont pleines de fameux exemples de princes qui ont exposé leur vie pour le peuple ; et il est inutile de les rapporter.

L'antiquité païenne a admiré ceux qui se sont dévoués pour leur patrie. Saül au commencement de son règne, et David à la fin du sien, se sont dévoués à la vengeance divine pour sauver leur peuple (a).

Nous avons déjà rapporté l'exemple de David : voyons celui de Saül.

Saül victorieux, résolu de poursuivre les ennemis jusqu'au bout selon une coutume ancienne, dont on voit des exemples dans toutes les nations, « engagea tout le peuple par ce serment : Maudit celui qui mangera jusqu'au soir, et jusqu'à ce que je me sois vengé de mes ennemis [3], » c'est-à-dire des Philistins ennemis de l'Etat. Jonathas, qui n'avoit pas ouï ce serment de son père, mangea contre l'ordre dans son extrême besoin [4] ; et Dieu qui vouloit montrer, ou combien étoit redoutable la religion du serment, ou combien on doit être prompt à savoir les ordres publics, témoigna sa colère contre tout le peuple [5]. Sur cela que fait Saül [6] ? « Vive Dieu, le Sauveur d'Israël, dit-il ; si la faute est arrivée par mon fils Jonathas, il sera irrémissiblement puni de

---

[1] II *Reg.*, xxi, 15-17. — [2] I *Reg.*, xvii, 36 ; *Eccli.*, xlvii, 3. — [3] I *Reg.*, xiv, 24 — [4] *Ibid.*, 27. — [5] *Ibid.*, 37. — [6] *Ibid.*, 39-41.

(a) *II*e *édit.* : Le peuple.

mort. Séparez-vous d'un côté, et moi je serai de l'autre avec Jonathas. O Seigneur Dieu d'Israël, faites connoître en qui est la faute qui vous a mis en colère contre votre peuple. Si elle est en moi ou en Jonathas, faites-le connoître. » Aussitôt le sort fut jeté; Dieu le gouverna; tout le peuple fut délivré; il ne restoit que Saül et Jonathas. Saül poursuit sans hésiter : « Jetez le sort entre moi et Jonathas : il tombe sur Jonathas[1] ; » ce jeune prince avoue ce qu'il avoit fait ; son père persiste invinciblement à vouloir le faire mourir; il fallut que tout le peuple s'unît pour empêcher l'exécution[2] ; mais du côté de Saül le vœu fut accompli, et Jonathas fut dévoué à la mort sans s'y opposer.

XIIe PROPOSITION.

Le gouvernement doit être doux.

« Ne soyez pas comme un lion dans votre maison, opprimant vos sujets et vos domestiques[3]. »

Le prince ne doit être redoutable qu'aux méchans. Car, comme dit l'Apôtre, « il n'est pas donné pour faire craindre ceux qui font bien, mais ceux qui font mal. Voulez-vous ne craindre pas le prince, faites bien, et vous n'aurez de lui que des louanges. Car il est ministre de Dieu pour le bien : que si vous faites mal, tremblez ; car ce n'est pas en vain qu'il porte l'épée[4]. »

Ainsi le gouvernement est doux de sa nature ; et le prince ne doit être rude, qu'y étant forcé par les crimes.

Hors de là, il lui convient d'être bon, affable, indulgent, en sorte qu'on sente à peine qu'il soit le maître. « Vous ont-ils fait leur prince, ou leur gouverneur, soyez parmi eux comme l'un d'eux[5]. »

C'est au prince de pratiquer ce précepte de l'*Ecclésiastique*[6] : « Prêtez l'oreille au pauvre sans chagrin ; rendez-lui ce que vous lui devez, et répondez-lui paisiblement et avec douceur. »

La douceur aide à entendre et à bien répondre. « Soyez doux à écouter la parole, afin de la concevoir, et de rendre avec sagesse une réponse véritable[7]. »

---

[1] *Reg.*, XIV, 42. — [2] *Ibid.*, 45. — [3] *Eccli.*, IV, 35. — [4] *Rom.*, XIII, 3, 4. — [5] *Eccli.*, XXXII, 1. — [6] *Ibid.*, IV, 8. — [7] *Ibid.*, V, 13.

Par la douceur on expédie mieux les affaires, et on acquiert une grande gloire. « Mon fils, faites vos affaires avec douceur, et vous élèverez votre gloire au-dessus de tous les hommes [1]. »

Moïse étoit le plus doux de tous les hommes [2], et par là le plus digne de commander sous un Dieu qui est la bonté même. « Il a été sanctifié par sa foi et par sa douceur, et Dieu l'a choisi parmi tous les hommes pour être le conducteur de son peuple [3]. »

Nous avons vu la bonté et la douceur de Job, qui « assis au milieu du peuple comme un roi environné de sa Cour, étoit le consolateur des affligés [4]. »

Moïse ne se lassoit jamais d'écouter le peuple, tout ingrat qu'étoit ce peuple à ses bontés : « Et il y passoit depuis le matin jusqu'au soir [5]. »

David étoit tendre et bon. Nathan le prend par la pitié, et commence par cet endroit comme par le plus sensible, à lui faire entendre son crime. « Un pauvre homme n'avoit, dit-il, qu'une petite brebis; elle couchoit en son sein, et il l'aimoit comme sa fille : et un riche la lui a ravie et tuée [6], » etc.

Cette femme de Thécua, qui venoit lui persuader de rappeler Absalon, le prend par le même endroit : « Hélas! je suis une femme veuve; un de mes fils a tué son frère; et ma parenté assemblée me veut encore ôter celui qui me reste, et éteindre l'étincelle qui m'est demeurée : et le roi lui dit : Allez, j'y donnerai ordre [7]. »

Elle achève de le toucher, en lui représentant le bien du peuple, comme la chose qui lui étoit la plus chère. « D'où vous vient cette pensée contre le peuple de Dieu, et pourquoi ne rappelez-vous pas votre fils banni, que tout le peuple désire [8]. »

On peut voir par les choses qui ont été dites, que toute la vie de ce prince est pleine de bonté et de douceur. Ce n'est donc pas sans raison que nous lisons dans un psaume, qui apparemment est de Salomon : « O Seigneur, souvenez-vous de David et de toute sa douceur [9]? »

---

[1] *Eccli.*, III, 19. — [2] *Numer.*, XII, 3. — [3] *Eccli.*, XLV, 4. — [4] *Job*, XXIX, 25. — [5] *Exod.*, XVIII, 13. — [6] II *Reg.*, XII, 3, 4. — [7] *Ibid.*, XIV, 5-8. — [8] *Ibid.*, 13. — [9] *Psal.* CXXXI, 1.

Ainsi, parmi tant de belles qualités de David, son fils n'en trouve point de plus mémorable, ni de plus agréable à Dieu, que sa grande douceur.

Il n'y a rien aussi que les peuples célèbrent tant. Nous avons ouï dire que les rois de la maison d'Israël sont doux et clémens[1]. Les Syriens parlent ainsi à leur roi Bénadad, prisonnier d'un roi d'Israël. Belle réputation de ces rois parmi les peuples étrangers, et qualité vraiment royale!

XIIIe PROPOSITION.
Les princes sont faits pour être aimés.

Nous avons déjà rapporté cette parole: « Salomon s'assit dans le trône du Seigneur, et il plut à tous, et tout le monde lui obéit[2]. »

On ne connoît pas ce jeune prince: il se montre, et gagne les cœurs par la seule vue. Le trône du Seigneur, où il est assis, fait qu'on l'aime naturellement, et rend l'obéissance agréable.

De cet attrait naturel des peuples pour leurs princes, naît (a) la mémorable dispute entre ceux de Juda et les autres Israélites, à qui serviroit mieux le roi. « Ces derniers vinrent à David, et lui dirent: Pourquoi nos frères de Juda nous ont-ils dérobé le roi, et l'ont-ils ramené à sa maison, comme si c'étoit à eux seuls de le servir? Et ceux de Juda répondirent: C'est que le roi m'est plus proche qu'à vous, et qu'il est de notre tribu: pourquoi vous fâchez-vous? l'avons-nous fait par intérêt? nous a-t-on donné des présens ou quelque chose pour subsister? Et ceux d'Israël répondirent: Nous sommes dix fois plus que vous, et nous avons plus de part que vous en la personne du roi: vous nous avez fait injure, de ne nous avertir pas les premiers pour ramener notre roi. Ceux de Juda répondirent durement à ceux d'Israël[3]. »

Chacun veut avoir le roi; chacun passionné pour lui, envie aux autres la gloire de le posséder: il en arriveroit quelque sédition, si le prince, qui en effet est un bien public, ne se donnoit également à tous.

Il y a un charme pour les peuples dans la vue du prince; et

---

[1] III *Reg.*, xx, 31. — [2] I *Paral.*, xxix, 23. — [3] II *Reg.*, xix, 41-43.

(a) IIe *edit.:* Naquit.

rien ne lui est plus aisé que de se faire aimer avec passion. « La vie est dans la gaîté du visage du roi, et sa clémence est comme la pluie du soir ou de l'arrière-saison¹. » La pluie, qui vient alors rafraîchir la terre desséchée par l'ardeur ou du jour ou de l'été, n'est pas plus agréable qu'un prince, qui tempère son autorité par la douceur ; et son visage ravit tout le monde quand il est serein.

Job explique admirablement ce charme secret du prince. « Ils attendoient mes paroles comme la rosée, et ils y ouvroient leur bouche comme on fait à la pluie du soir. Si je leur souriois, ils avoient peine à le croire, et ils ne laissoient point tomber à terre les rayons de mon visage². » Après le grand chaud du jour ou de l'été, c'est-à-dire après le trouble et l'affliction, ses paroles étoient consolantes ; les peuples étoient ravis de le voir passer ; et heureux d'avoir un regard, ils le recueilloient comme quelque chose de précieux.

Que le prince soit donc facile à distribuer des regards benins, et à dire des paroles obligeantes. « La rosée rafraîchit l'ardeur, et une douce parole vaut mieux qu'un présent³. »

Et encore : « Une douce parole multiplie les amis, et adoucit les ennemis ; et une langue agréable donne l'abondance⁴. »

Il y faut pourtant joindre les effets. « L'homme qui donne des espérances trompeuses et n'accomplit pas ses promesses, c'est une nuée et un vent qui n'est pas suivi de la pluie⁵. »

Un prince bienfaisant est adoré par son peuple. « Tout le pays fut en repos durant les jours de Simon : il cherchoit le bien de sa nation : aussi sa puissance et sa gloire faisoient le plaisir de tout le peuple⁶. »

Que la puissance est affermie, quand elle est ainsi chérie par les peuples ! et que Salomon a raison de dire : « La bonté et la justice gardent le roi ; et son trône est affermi par la clémence⁷ ! »

Voilà une belle garde pour le roi, et un digne soutien de son trône.

---

¹ *Prov.*, XVI, 15. — ² *Job*, XXIX, 23, 24. — ³ *Eccli.*, XVIII, 16. — ⁴ *Ibid.*, VI, 5. — ⁵ *Prov.*, XXV, 14. — ⁶ 1 *Mach.*, XIV, 4. — ⁷ *Prov.*, XX, 28.

XIVᵉ PROPOSITION.

Un prince qui se fait haïr par ses violences, est toujours à la veille de périr.

Il est regardé non comme un homme, mais comme une bête féroce. « Le prince impitoyable est un lion rugissant et un ours affamé [1]. »

Il se peut assurer qu'il vit au milieu de ses ennemis. Comme il n'aime personne, personne ne l'aime. « Il dit en son cœur : Je suis, et il n'y a que moi sur la terre : il lui viendra du mal sans qu'il sache de quel côté : il tombera dans une misère inévitable. La calamité viendra sur lui, lorsqu'il y pensera le moins [2]. »

« Brisez la tête des princes ennemis qui disent : Il n'y a que nous [3]. » Ce n'est pas, comme nous verrons, qu'il soit permis d'attenter sur eux ; à Dieu ne plaise ! mais le Saint-Esprit nous apprend qu'ils ne méritent pas de vivre, et qu'ils ont tout à craindre tant des peuples poussés à bout par leur violence, que de Dieu qui a prononcé que « les hommes sanguinaires et trompeurs ne verront pas la moitié de leurs jours [4]. »

XVᵉ PROPOSITION.

Le prince doit se garder des paroles rudes et moqueuses.

Nous avons vu que le prince doit tenir ses mains nettes de sang et de violence : mais il doit aussi retenir sa langue, dont les blessures souvent ne sont pas moins dangereuses ; selon cette parole de David : leur langue est une épée affilée [5]. » Et encore : « Ils ont aiguisé leurs langues comme des langues de serpent. Leur morsure est venimeuse et mortelle [6]. »

La colère du prince déclarée par ses paroles, cause des meurtres, et vérifie ce que dit le Sage : « L'indignation du roi annonce la mort [7]. »

Son discours loin d'être emporté et violent, ne doit pas même être rude. De tels discours aliènent tous les esprits. « Une douce parole abat la colère, un discours rude met en fureur [8]. »

---

[1] *Prov.*, XXVIII, 15. — [2] *Isa.*, XLVII, 10, 11. — [3] *Eccli.*, XXXVI, 12. — [4] *Psal.* LIV, 24. — [5] *Psal.* LVI, 5. — [6] *Psal.* CXXXIX, 3. — [7] *Prov.*, XVI, 14. — [8] *Ibid.*, XV, 1.

Surtout un discours moqueur est insupportable en sa bouche. « N'offensez point votre serviteur qui travaille de bonne foi, et qui vous donne sa vie [1]. » Et encore : « Ne vous moquez pas de l'affligé : car il y a un Dieu qui voit tout, qui élève et qui abaisse [2]. »

Ne vous fiez donc pas à votre puissance; et qu'elle ne vous emporte pas à des moqueries insolentes. Il n'y a rien de plus odieux. Que peut-on attendre d'un prince, dont on ne reçoit pas même d'honnêtes paroles ?

Au contraire il est de la bonté du prince de réprimer les médisances et les railleries outrageuses. Le moyen en est aisé; un regard sévère suffit. « Le vent de bise dissipe la pluie ; et un visage triste arrête une langue médisante [3]. »

La médisance n'est jamais plus insolente, que lorsqu'elle a osé paroître devant la face du prince; et c'est là par conséquent qu'elle doit être le plus réprimée.

LIVRE IV.

SUITE DES CARACTÈRES DE LA ROYAUTÉ.

ARTICLE PREMIER.

L'autorité royale est absolue.

Pour rendre ce terme odieux et insupportable, plusieurs affectent de confondre le gouvernement absolu et le gouvernement arbitraire. Mais il n'y a rien de plus distingué, ainsi que nous le ferons voir lorsque nous parlerons de la justice.

Ire PROPOSITION.

Le prince ne doit rendre compte à personne de ce qu'il ordonne.

« Observez les commandemens qui sortent de la bouche du

---

[1] *Eccli.*, VII, 22. — [2] *Ibid.*, 12. — [3] *Prov.*, XXV, 23.

roi, et gardez le serment que vous lui avez prêté. Ne songez pas à échapper de devant sa face, et ne demeurez pas dans de mauvaises œuvres, parce qu'il fera tout ce qu'il voudra. La parole du roi est puissante; et personne ne lui peut dire : Pourquoi faites-vous ainsi? Qui obéit n'aura point de mal¹. »

Sans cette autorité absolue, il ne peut ni faire le bien, ni réprimer le mal : il faut que sa puissance soit telle que personne ne puisse espérer de lui échapper : et enfin la seule défense des particuliers contre la puissance publique, doit être leur innocence.

Cette doctrine est conforme à ce que dit saint Paul : « Voulez-vous ne craindre point la puissance, faites le bien ². »

IIe PROPOSITION.

Quand le prince a jugé, il n'y a point d'autre jugement.

Les jugemens souverains sont attribués à Dieu même. Quand Josaphat établit des juges pour juger le peuple : « Ce n'est pas, disoit-il, au nom des hommes que vous jugez, mais au nom de Dieu³. »

C'est ce qui fait dire à l'*Ecclésiastique* : « Ne jugez point contre le juge⁴. » A plus forte raison contre le souverain juge qui est le roi. Et la raison qu'il en apporte, « c'est qu'il juge selon la justice. » Ce n'est pas qu'il juge toujours : mais c'est qu'il est réputé y juger; et que personne n'a droit de juger, ni de revoir après lui.

Il faut donc obéir aux princes comme à la justice même, sans quoi il n'y a point d'ordre ni de fin dans les affaires.

Ils sont des dieux, et participent en quelque façon à l'indépendance divine. « J'ai dit : Vous êtes des dieux, et vous êtes tous enfants du Très-Haut⁵. »

Il n'y a que Dieu qui puisse juger de leurs jugemens, et de leurs personnes. « Dieu a pris sa séance dans l'assemblée des dieux, et assis au milieu il juge les dieux⁶. »

C'est pour cela que saint Grégoire, évêque de Tours, disoit au roi Chilpéric, dans un concile : « Nous vous parlons; mais vous

---

¹ *Eccles.*, VIII, 2-5. — ² *Rom.*, XIII, 3. — ³ II *Paral.*, XIX, 6. — ⁴ *Eccli.*, VIII, 17. — ⁵ *Psal.* LXXXI, 6. — ⁶ *Ibid.*, 3.

nous écoutez si vous voulez. Si vous ne voulez pas, qui vous condamnera, sinon celui qui a dit qu'il étoit la justice même ¹ ? »

De là vient que celui qui ne veut pas obéir au prince, n'est pas renvoyé à un autre tribunal; mais il est condamné irrémissiblement à mort, comme l'ennemi du repos public et de la société humaine. « Qui sera orgueilleux et ne voudra pas obéir au commandement du pontife et à l'ordonnance du juge, il mourra, et vous ôterez le mal du milieu de vous ². » Et encore : « Qui refusera d'obéir à tous vos ordres, qu'il meure ³. » C'est le peuple qui parle ainsi à Josué.

Le prince se peut redresser lui-même, quand il connoît qu'il a mal fait; mais contre son autorité, il ne peut y avoir de remède que dans son autorité.

C'est pourquoi il doit bien prendre garde à ce qu'il ordonne. « Prenez garde à ce que vous faites; tout ce que vous jugerez retombera sur vous; ayez la crainte de Dieu; faites tout avec grand soin ⁴. »

C'est ainsi que Josaphat instruisoit les juges, à qui il confioit son autorité : combien y pensoit-il quand il avoit à juger lui-même !

IIIe PROPOSITION.

Il n'y a point de force coactive contre le prince.

On appelle force coactive une puissance pour contraindre à exécuter ce qui est ordonné légitimement. Au prince seul appartient le commandement légitime; à lui seul appartient aussi la force coactive.

C'est aussi pour cela que saint Paul ne donne le glaive qu'à lui seul. « Si vous ne faites pas bien, craignez; car ce n'est pas en vain qu'il a le glaive ⁵. »

Il n'y a dans un Etat que le prince qui soit armé; autrement tout est en confusion, et l'Etat retombe en anarchie.

Qui se fait un prince souverain, lui met en main tout ensemble, et l'autorité souveraine de juger, et toutes les forces de l'Etat.

---

¹ Greg. Tur., lib. VI *Hist.* — ² *Deuter.*, XVII, 12, 13. — ³ *Jos.*, I, 18. — ⁴ II *Paral.*, XIX, 6, 7. — ⁵ *Rom.*, XIII, 4.

« Notre roi nous jugera, et il marchera devant nous, et il conduira nos guerres [1]. » C'est ce que dit le peuple juif quand il demanda un roi. Samuel leur déclare sur ce fondement, que la puissance de leur prince sera absolue, sans pouvoir être restreinte par aucune autre puissance [2]. « Voici le droit du roi qui régnera sur vous, dit le Seigneur : il prendra vos enfans, et les mettra à son service : il se saisira de vos terres et de ce que vous aurez de meilleur, pour le donner à ses serviteurs, et le reste. »

Est-ce qu'ils auront droit de faire tout cela licitement? A Dieu ne plaise. Car Dieu ne donne point de tels pouvoirs : mais ils auront droit de le faire impunément à l'égard de la justice humaine. C'est pourquoi David disoit : « J'ai péché contre vous seul : ô Seigneur, ayez pitié de moi [3]! » Parce qu'il étoit roi, dit saint Jérôme sur ce passage [4], et n'avoit que Dieu seul à craindre.

Et saint Ambroise dit sur ces mêmes paroles : *J'ai péché contre vous seul:* « Il étoit roi; il n'étoit assujetti à aucunes lois, parce que les rois sont affranchis des peines qui lient les criminels. Car l'autorité du commandement ne permet pas que les lois les condamnent au supplice. David donc n'a point péché contre celui qui n'avoit point d'action pour le faire châtier [5]. »

Quand la souveraine puissance fut accordée à Simon le Machabée, on exprima en ces termes le pouvoir qui lui fut donné : « Qu'il seroit le prince, et le capitaine général de tout le peuple, et qu'il auroit soin des saints (c'est ainsi qu'on appeloit les Juifs) : et qu'il établiroit les directeurs de tous les ouvrages publics, et de tout le pays; et les gouverneurs qui commanderoient les armes et les garnisons; et que ce seroit à lui de prendre soin du peuple; et que tout le monde recevroit ses ordres, et que tous les actes et décrets publics seroient écrits en son nom; et qu'il porteroit la pourpre et l'or; et qu'aucun du peuple ni des prêtres ne feroit contre ses ordres, ni ne s'y pourroit opposer, ni ne tiendroit d'assemblée sans sa permission; ni ne porteroit la pourpre ou la boucle d'or, qui est la marque du prince; et que quiconque feroit au contraire, seroit criminel [6]. Le peuple consentit à ce dé-

---

[1] I *Reg.*, VIII, 20. — [2] *Ibid.*, 11, etc. — [3] *Psal.* L, 6. — [4] Hier., *in Psal.* L. — [5] Ambr., *in Psal.* L; et *Apolog. David.*, cap. X, n. 51. — [6] 1 *Mach.*, XIV, 42-45.

cret, et Simon accepta la puissance souveraine à ces conditions. Et il fut dit que cette ordonnance seroit gravée en cuivre, et affichée au parvis du temple au lieu le plus fréquenté ; et que l'original en demeureroit dans les archives publiques entre les mains de Simon et de ses enfans [1]. »

Voilà ce qui se peut appeler la loi royale des Juifs, où tout le pouvoir des rois est excellemment expliqué. Au prince seul appartient le soin général du peuple : c'est là le premier article et le fondement de tous les autres : à lui les ouvrages publics ; à lui les places et les armes ; à lui les décrets et les ordonnances ; à lui les marques de distinction ; nulle puissance que dépendante de la sienne ; nulle assemblée que par son autorité.

C'est ainsi que pour le bien d'un Etat, on en réunit en un toute la force. Mettre la force hors de là, c'est diviser l'Etat ; c'est ruiner la paix publique ; c'est faire deux maîtres, contre cet oracle de l'Evangile : « Nul ne peut servir deux maîtres [2]. »

Le prince est par sa charge le père du peuple ; il est par sa grandeur au-dessus des petits intérêts ; bien plus, toute sa grandeur et son intérêt naturel, c'est que le peuple soit conservé, puisqu'enfin le peuple manquant, il n'est plus prince. Il n'y a donc rien de mieux, que de laisser tout le pouvoir de l'Etat à celui qui a le plus d'intérêt à la conservation et à la grandeur de l'Etat même.

IVe PROPOSITION.

Les rois ne sont pas pour cela affranchis des lois.

« Quand vous vous serez établi un roi, il ne lui sera pas permis de multiplier sans mesure ses chevaux et ses équipages ; ni d'avoir une si grande quantité de femmes qui amollissent son courage ; ni d'entasser des sommes immenses d'or et d'argent. Et quand il sera assis dans son trône, il prendra soin de décrire cette loi, dont il recevra un exemplaire de la main des prêtres de la tribu de Lévi, et l'aura toujours en main, la lisant tous les jours de sa vie, afin qu'il apprenne à craindre Dieu, et a garder ses ordonnances et ses jugemens. Que son cœur ne s'enfle pas

---

[1] I *Machab.*, XIV, 46-49. — [2] *Matth.*, VI, 24.

au-dessus de ses frères, et qu'il marche dans la loi de Dieu sans se détourner (a) à droite et à gauche, afin qu'il règne longtemps lui et ses enfans [1]. »

Il faut remarquer que cette loi ne comprenoit pas seulement la religion, mais encore la loi du royaume, à laquelle le prince étoit soumis autant que les autres ou plus que les autres, par la droiture de sa volonté.

C'est ce que les princes ont peine à entendre. « Quel prince me trouverez-vous, dit saint Ambroise, qui croie que ce qui n'est pas bien ne soit pas permis; qui se tienne obligé à ses propres lois : qui croie que la puissance ne doive pas se permettre ce qui est défendu par la justice? Car la puissance ne détruit pas les obligations de la justice; mais au contraire c'est en observant ce que prescrit la justice, que la puissance s'exempte de crime : et le roi n'est pas affranchi des lois; mais s'il pèche il détruit les lois par son exemple. » Il ajoute : « Celui qui juge les autres, peut-il éviter son propre jugement, et doit-il faire ce qu'il condamne [2]? »

De là cette belle loi d'un empereur romain : « C'est une parole digne de la majesté du prince, de se reconnoître soumis aux lois [3]. »

Les rois sont donc soumis comme les autres à l'équité des lois, et parce qu'ils doivent être justes, et parce qu'ils doivent au peuple l'exemple de garder la justice; mais ils ne sont pas soumis aux peines des lois : ou, comme parle la théologie, ils sont soumis aux lois, non quant à la puissance coactive, mais quant à la puissance directive.

Ve PROPOSITION.

Le peuple doit se tenir en repos sous l'autorité du prince.

C'est ce qui paroît dans l'apologue où les arbres se choisissent un roi [4]. Ils s'adressent à l'olivier, au figuier, et à la vigne. Ces arbres délicieux, contens de leur abondance naturelle, ne voulurent pas se charger des soins du gouvernement. « Alors tous

---

[1] *Deuter.*, XVII, 16, 17, etc. — [2] Ambr., l. II, *Apol. David. altera*, cap. III, n. 8. — [3] L. *Digna*, c. *de Legib.* — [4] *Judic.*, IX, 8-13.

(a) IIe édit. : Sans détourner.

les arbres dirent au buisson : Venez et régnez sur nous [1]. » Le buisson est accoutumé aux épines et aux soins. Il est le seul qui naisse armé, il a sa garde naturelle dans ses épines. Par là il pouvoit paroître digne de régner. Aussi le fait-on parler comme il appartient à un roi. « Il répondit aux arbres qui l'avoient élu : Si vous me faites vraiment votre roi, reposez-vous sous mon ombre; sinon il sortira du buisson un feu qui dévorera les cèdres du Liban [2]. »

Aussitôt qu'il y a un roi, le peuple n'a plus qu'à demeurer en repos sous son autorité. Que si le peuple impatient se remue, et ne veut pas se tenir tranquille sous l'autorité royale, le feu de la division se mettra dans l'Etat, et consumera le buisson avec tous les autres arbres, c'est-à-dire le roi et les peuples : les cèdres du Liban seront brûlés; avec la grande puissance, qui est la royale, les autres puissances seront renversées, et tout l'Etat ne sera plus qu'une même cendre.

Quand un roi est autorisé, « chacun demeure en repos, et sans crainte sous sa vigne, et sous son figuier, d'un bout du royaume à l'autre [3]. »

Tel étoit l'état du peuple juif sous Salomon. Et de même sous Simon le Machabée. « Chacun cultivoit sa terre en paix : les vieillards assis dans les rues parloient ensemble du bien public; et les jeunes gens se paroient, et prenoient l'habit militaire. Chacun assis sous sa vigne et sous son figuier, vivoit sans crainte [4]. »

Pour jouir de ce repos, il ne faut pas seulement la paix au dehors, il faut la paix au dedans, sous l'autorité d'un prince absolu.

VIe PROPOSITION.

Le peuple doit craindre le prince; mais le prince ne doit craindre que de faire mal.

« Qui sera orgueilleux et ne voudra pas obéir au commandement du pontife, et à l'ordonnance du juge, il mourra, et vous ôterez le mal du milieu d'Israël : et tout le peuple qui entendra

---

[1] *Judic.*, IX, 14. — [2] *Ibid.*, 15. — [3] *III Reg.*, IV, 25. — [4] *Machab.*, XIV, 8, 9, 12.

son supplice craindra, afin que personne ne se laisse emporter à l'orgueil [1]. »

La crainte est un frein nécessaire aux hommes à cause de leur orgueil, et de leur indocilité naturelle.

Il faut donc que le peuple craigne le prince ; mais si le prince craint le peuple, tout est perdu. La mollesse d'Aaron, à qui Moïse avoit laissé le commandement pendant qu'il étoit sur la montagne, fut cause de l'adoration du veau d'or. « Que vous a fait ce peuple, lui dit Moïse [2], et pourquoi l'avez-vous induit à un si grand mal? » Il impute le crime du peuple à Aaron, qui ne l'avoit pas réprimé, quoiqu'il en eût le pouvoir.

Remarquez ces termes : « Que vous a fait ce peuple pour l'induire à un si grand mal? » C'est être ennemi du peuple, que de ne lui résister pas (a) dans ces occasions.

Aaron lui répondit : « Que mon seigneur ne se fâche point contre moi ; vous savez que ce peuple est enclin au mal : ils me sont venus dire : Faites des dieux qui nous précèdent ; car nous ne savons ce qu'est devenu Moïse, qui nous a tirés d'Egypte [3]. »

Quelle excuse à un magistrat souverain de craindre de fâcher le peuple? Dieu ne la reçoit pas, « et irrité au dernier point contre Aaron, il voulut l'écraser ; mais Moïse pria pour lui [4]. »

Saül pense s'excuser sur le peuple, de ce qu'il n'a pas exécuté les ordres de Dieu. Vaine excuse, que Dieu rejette ; car il étoit établi pour résister au peuple, lorsqu'il se portoit au mal. « Ecoutez, lui dit Samuel, ce que le Seigneur a prononcé contre vous : Vous avez rejeté sa parole, il vous a aussi rejeté, et vous ne serez pas roi. Saül dit à Samuel : J'ai péché d'avoir désobéi au Seigneur et à vous en craignant le peuple, et cédant à ses discours [5]. »

Le prince doit repousser avec fermeté les importuns qui lui demandent des choses injustes. La crainte de fâcher poussée trop avant, dégénère en une foiblesse criminelle. « Il y en a qui

---

[1] *Deuter.*, XVII, 12, 13. — [2] *Exod.*, XXXII, 21. — [3] *Ibid.*, 22, 23. — [4] *Deuter.*, IX, 20. — [5] I *Reg.*, XV, 16, 23, 24.

(a) IIe édit. : Que de ne lui pas résister.

perdent leur ame par une mauvaise honte : l'imprudent qu'ils n'osent refuser les fait périr [1]. »

VII° PROPOSITION.

Le prince doit se faire craindre des grands et des petits.

Salomon dès le commencement de son règne, parle ferme à Adonias son frère. Aussitôt que Salomon eut été couronné, Adonias lui envoya dire : « Que le roi Salomon me jure qu'il ne fera point mourir son serviteur. Salomon répondit : S'il fait son devoir il ne perdra pas un seul cheveu ; sinon, il mourra [2]. »

Dans la suite Adonias cabala pour se faire roi, et Salomon le fit mourir [3].

Il fit dire au grand prêtre Abiathar qui avoit suivi le parti d'Adonias : « Retirez-vous à la campagne dans votre maison : vous méritez la mort ; mais je vous pardonne, parce que vous avez porté l'arche du Seigneur devant mon père David, et que vous l'avez fidèlement servi [4]. »

Sa dignité et ses services passés lui sauvèrent la vie ; mais il lui en coûta la souveraine sacrificature, et il fut banni de Jérusalem.

Joab, le plus grand capitaine de son temps et le plus puissant homme du royaume, étoit aussi du même parti. Ayant appris que Salomon l'avoit su, il se réfugia au coin de l'autel, où Salomon ordonna à Banaïas de le tuer. « Ainsi, dit-il, vous éloignerez de moi, et de la maison de mon père, le sang innocent que Joab a répandu, en tuant deux hommes de bien, et qui valoient mieux que lui, Abner fils de Ner, et Amasa fils de Jether : et leur sang retombera sur sa tête [5]. »

L'autel n'est pas fait pour servir d'asile aux assassins ; et l'autorité royale se doit faire sentir aux méchans, quelque grands qu'ils soient.

Dans le Nouveau Testament et parmi des peuples plus humains, il faut moins faire de ces exécutions sanglantes qu'il ne s'en faisoit dans l'ancienne loi et parmi les Juifs, peuple dur et enclin à

---

[1] *Eccli.*, xx, 24. — [2] III *Reg.*, I, 51, 52. — [3] *Ibid.*, II, 22-25. — [4] *Ibid.*, 26. — [5] *Ibid.*, 28, 31-33.

la révolte. Mais enfin le repos public oblige les rois à tenir tout le monde en crainte, et plus encore les grands que les particuliers, parce que c'est du côté des grands qu'il peut arriver de plus grands troubles.

VIIIᵉ PROPOSITION.

L'autorité royale doit être invincible.

S'il y a dans un Etat quelque autorité capable d'arrêter le cours de la puissance publique, et de l'embarrasser dans son exercice, personne n'est en sûreté. Jérémie exécutoit les ordres de Dieu, en déclarant que la ville en punition de ses crimes, seroit livrée au roi de Babylone. « Les grands s'assemblèrent autour du roi, et lui dirent : Nous vous prions que cet homme soit mis à mort : car il abat par la malice le courage des gens de guerre, et de tout le peuple : c'est un méchant qui ne veut pas le bien de l'Etat, mais sa ruine. Le roi Sédécias leur répondit : Il est en vos mains; car le roi ne vous peut rien refuser [1]. » Le gouvernement étoit foible, et l'autorité royale n'étoit plus un refuge à l'innocent persécuté.

Le roi vouloit le sauver, parce qu'il savoit que Dieu lui avoit commandé de parler comme il avoit fait. « Il fit venir Jérémie auprès de lui en particulier; et il lui dit : Vous ne mourrez pas; mais que les seigneurs ne sachent point ce qui se passe entre nous; et s'ils entendent dire que vous m'avez parlé, et qu'ils vous demandent : Qu'est-ce que le roi vous a dit ? répondez : Je me suis jeté aux pieds du roi, afin qu'il ne me renvoyât pas dans ma prison pour y mourir [2]. » Prince foible, qui craignoit les grands, et qui perdit bientôt son royaume, n'osant suivre les conseils que lui donnoit Jérémie par ordre de Dieu.

Evilmérodac, roi de Babylone, fut un de ces princes foibles, qui se laissent mener par force. Par son ordre Daniel avoit découvert les fourbes des prêtres de Bel, et avoit fait crever le dragon sacré que les Babyloniens adoroient. « Ce que les seigneurs ayant ouï, ils entrèrent dans une grande colère; et s'étant assemblés contre le roi, ils disoient : Le roi s'est fait Juif,

---

[1] *Jerem.*, XXXVIII, 4, 5. — [2] *Ibid.*, 14, 24-26.

il a renversé Bel, il a tué le dragon sacré et les prêtres. Et ayant dit ces choses entre eux, ils vinrent au roi : Livrez-nous Daniel, lui dirent-ils, autrement nous vous ferons mourir, vous et votre maison [1]. »

Il leur accorda leur demande [2]; et si Dieu délivra Daniel des bêtes farouches, ce roi n'en étoit pas moins coupable de sa mort, à laquelle il avoit donné son consentement.

On entreprend aisément contre un prince foible. Celui-ci, qui se laisse intimider par les menaces qu'on lui fait de le faire mourir, lui et sa maison, fut tué en une autre occasion pour ses débauches et ses injustices [3] : car tout prince foible est injuste, et sa maison perdit la royauté.

Ainsi ces foiblesses sont pernicieuses aux particuliers, à l'Etat et au prince même, contre qui on ose tout quand il se laisse entamer.

Le prophète Daniel fut encore exposé aux bêtes farouches, par la foiblesse de Darius le Mède. « Il vouloit donner à Daniel le gouvernement du royaume, parce que l'esprit de Dieu paroissoit en lui, plus que dans tous les autres hommes. Les grands et les satrapes jaloux de sa grandeur, cherchèrent l'occasion de le perdre, et surprirent le roi. Puissiez-vous vivre à jamais, ô roi Darius; les grands de votre royaume, et les magistrats, et les satrapes, les sénateurs, et les juges, sont d'avis qu'on publie un édit royal, par lequel il soit fait défense d'adresser durant trente jours aucune prière à qui que ce soit, Dieu ou homme, excepté à vous [4]. »

Le roi fit cette loi, autant tyrannique qu'impie, selon la forme la plus authentique, et qui la rendoit irrévocable parmi les Mèdes et les Perses [5]. On ne doit point d'obéissance aux rois contre Dieu. « Ainsi Daniel prioit à son ordinaire trois fois le jour, ses fenêtres ouvertes, tournées vers Jérusalem. Ceux qui avoient conseillé la loi entrèrent en foule, et le trouvèrent en prières [6]. »

Ils firent leur plainte au roi; et pour le presser davantage, ils le prennent par la coutume des Mèdes et des Perses, et par sa

---

[1] *Dan.*, XIV, 27, 28. — [2] *Ibid.*, 29, etc. — [3] Beros., apud Joseph., l. I, cont. Appion. — [4] *Dan.*, VI, 3, 4, 6, 7. — [5] *Ibid.*, 8, 9. — [6] *Ibid.*, 10, 11.

propre autorité. « Sachez, ô roi, que c'est une loi inviolable parmi les Mèdes et les Perses, que toute ordonnance faite par le roi ne peut être changée ¹. »

Darius abandonna Daniel, qui l'avoit si bien servi, et se contenta d'en témoigner une sensible douleur ². Dieu délivra ce prophète encore une fois; mais le roi l'avoit immolé autant qu'il étoit en lui à la fureur des lions, et à la jalousie des grands plus furieux que les lions mêmes.

Un roi est bien foible, qui répand le sang innocent pour n'avoir pu résister aux grands de son royaume, ni révoquer une loi injuste et faite par une surprise évidente. Assuérus, roi du même peuple, révoqua bien la loi publiée contre les Juifs ³, quand il en connut l'injustice, quoiqu'elle eût été faite de la manière la plus authentique.

C'est une chose pitoyable de voir Pilate dans l'histoire de la Passion. « Il savoit que les Juifs lui amenoient et accusoient Jésus par envie ⁴. »

Il leur avoit déclaré « qu'il ne voyoit en cet homme aucune cause de mort ⁵. Il leur dit encore une fois : Vous l'accusez d'avoir excité le peuple à sédition; et voilà que l'interrogeant devant vous, je n'ai rien trouvé de ce que vous lui reprochez. Hérode, à qui je l'ai renvoyé, ne l'a pas non plus trouvé digne de mort. Et ils se mirent à crier : Faites-le mourir; mettez en liberté Barabbas, qui avoit été arrêté pour sédition et pour meurtre. Pilate leur parla encore, pensant délivrer Jésus : et ils crièrent de nouveau : Crucifiez-le, crucifiez-le. Et il leur dit pour la troisième fois : Mais quel mal a-t-il fait ? Pour moi je ne le trouve pas digne de mort ! Je le châtierai, et le renverrai. Et ils faisoient des efforts horribles, criant qu'on le crucifiât; et leurs cris s'augmentoient toujours. Enfin Pilate leur accorda leur demande. Il délivra le meurtrier et le séditieux, et abandonna Jésus à leur volonté ⁶. »

Pourquoi tant contester pour enfin abandonner la justice ? Toutes ses excuses le condamnent. « Prenez-le vous-mêmes, leur

---

¹ *Dan.*, VI, 15. — ² *Ibid.*, 16, 18. — ³ *Esth.*, VIII, 5, 8. — ⁴ *Matth.*, XXVII, 18; *Marc,*, XV, 10. — ⁵ *Luc.*, XXIII, 4. — ⁶ *Ibid.*, 14, 15, etc.

dit-il, et jugez-le selon votre loi [1]. » Et encore : « Prenez-le vous-mêmes, et crucifiez-le. » Comme si un magistrat étoit innocent, de laisser faire un crime qu'il peut empêcher.

On lui allègue la raison d'Etat : « Si vous le renvoyez, vous offenserez César. Qui se fait roi est son ennemi [2]. Mais il savoit bien, et Jésus le lui avoit déclaré, que son royaume n'étoit point de ce monde [3]. » Il craignit les mouvemens du peuple, et les menaces qu'ils lui faisoient, de se plaindre de lui à César. Il ne devoit craindre que de mal faire.

C'est en vain « qu'il lave ses mains devant tout le peuple en disant : Je suis innocent du sang de cet homme juste ; c'est à vous à y aviser [4] : » l'*Ecclésiastique* le condamne. « Ne soyez point juge, si vous ne pouvez enfoncer par force l'iniquité : autrement vous craindrez la face du puissant, et votre justice trébuchera [5]. »

Cette foiblesse des juges est déplorée par le Prophète. « Le grand sollicite, et le juge ne peut rien refuser [6]. »

Que si le prince lui-même, qui est le juge des juges, craint les grands, qu'y aura-t-il de ferme dans l'Etat? Il faut donc que l'autorité soit invincible, et que rien ne puisse forcer le rempart, à l'abri duquel le repos public et le salut des particuliers est à couvert.

IXe PROPOSITION.

La fermeté est un caractère essentiel à la royauté.

Quand Dieu établit Josué pour être prince et capitaine général, il dit à Moïse : « Donne tes ordres à Josué, et l'affermis, et le fortifie : car il conduira le peuple, et lui partagera la terre que tu ne feras seulement que voir [7]. »

Quand il eut été désigné successeur de Moïse qui alloit mourir, « Dieu lui dit lui-même : Sois ferme et fort ; car tu introduiras mon peuple dans la terre que je lui ai promise, et je serai avec toi [8]. »

---

[1] *Joan.*, XVIII, 31; XIX, 6. — [2] *Ibid.*, XIX, 12. — [3] *Ibid.*, XVIII, 36. — [4] *Matth.*, XXVII, 24. — [5] *Eccli.*, VII, 6. — [6] *Mich.*, VII, 3. — [7] *Deuter.*, III, 28. — [8] *Ibid.*, XXXI, 23.

Quand après la mort de Moïse il se met à la tête du peuple, Dieu lui dit encore [1] : « Moïse mon serviteur est mort : lève-toi, et passe le Jourdain : sois ferme, courageux et fort. » Et encore : « Sois ferme et fort, et garde la loi que Moïse mon serviteur t'a donnée. » Et encore : « Je te le commande, sois ferme et fort, ne crains point, ne tremble point : je suis avec toi. » De même que s'il lui disoit : Si tu trembles, tout tremble avec toi. Quand la tête est ébranlée, tout le corps chancelle : le prince doit être fort ; car il est le fondement du repos public dans la paix et dans la guerre.

Aussitôt Josué commande avec fermeté. « Il donna ses ordres aux chefs, et leur dit : Traversez le camp, et commandez à tout le peuple qu'il se tienne prêt ; nous allons passer le Jourdain. Il parla aussi à ceux de Ruben et de Gad, et à la demi-tribu de Manassé : Souvenez-vous des ordres que vous a donnés Moïse, et marchez avec vos armes devant vos frères, et combattez vaillamment [2]. »

Il n'hésite en rien, il parle ferme, et le peuple le demande ainsi pour sa propre sûreté. « Qui ne vous obéira pas, qu'il meure : seulement soyez ferme et agissez en homme [3]. »

Le moyen d'affermir le prince, c'est d'établir l'autorité, et qu'il voie que tout est en lui. Assuré de l'obéissance, il n'est en peine que de lui-même : en s'affermissant il a tout fait, et tout suit : autrement il hésite, il tâtonne et tout se fait mollement. Le chef tremble quand il est mal assuré de ses membres.

Voilà comme Dieu installe les princes : il affermit leur puissance, et leur ordonne d'en user avec fermeté.

David suit cet exemple, et parle ainsi à Salomon : « Dieu soit avec vous mon fils : qu'il vous donne la prudence, et le sens qu'il faut pour gouverner son peuple. Vous réussirez si vous gardez les préceptes que Dieu a donnés par Moïse : soyez ferme, agissez en homme ; ne craignez point, ne trembliez point [4]. »

Il lui réitère en mourant la même chose : et voici les dernières paroles de ce grand roi à son fils : « J'entre dans le chemin de toute la terre : soyez ferme, et agissez en homme, et gardez les

---

[1] *Jos.*, I, 2, 6, 7, 9. — [2] *Ibid.*, 10-14. — [3] *Ibid.*, 18. — [4] I *Paral.*, XXII, 11-13.

commandemens du Seigneur votre Dieu [1]. » Toujours la fermeté et le courage : rien n'est plus nécessaire pour soutenir l'autorité ; mais toujours la loi de Dieu devant les yeux : on n'est ferme que quand on la suit.

Néhémias savoit bien que la puissance publique devoit être menée avec fermeté. « Tout le monde me vouloit intimider, espérant que nous cesserions de travailler aux murailles de la ville : et moi je m'affermissois davantage. Sémaïas me disoit : Enfermons-nous dans la maison de Dieu au milieu du temple; car on viendra cette nuit pour vous tuer : et je répondis : Mes semblables ne fuient jamais. Je connus que ces faux prophètes n'étoient pas envoyés de Dieu, et qu'ils avoient été gagnés pour m'épouvanter, afin que je péchasse, et qu'ils eussent quelque reproche à me faire [2]. »

Ceux qui intimident le prince et l'empêchent d'agir avec force, sont maudits de Dieu. « O Seigneur, souvenez-vous de moi, et faites à Tobie, à Sanaballat et aux prophètes qui vouloient m'effrayer, faites-leur, Seigneur, selon leurs œuvres [3]. »

Xe PROPOSITION.

Le prince doit être ferme contre son propre conseil et ses favoris, lorsqu'ils veulent le faire servir à leurs intérêts particuliers.

Outre la fermeté contre les périls, il y a une autre sorte de fermeté, qui n'est pas moins nécessaire au prince : c'est la fermeté contre l'artifice de ses favoris et contre l'ascendant qu'ils prennent sur lui.

La foiblesse d'Assuérus, roi de Perse, fait pitié dans le livre d'Esther. Aman irrité contre les Juifs par la querelle particulière qu'il avoit avec Mardochée, entreprend de le perdre avec tout son peuple. Il veut faire du roi l'instrument de sa vengeance; et faisant le zélé pour le bien de l'Etat, il parle ainsi : « Il y a un peuple dispersé par toutes les provinces de votre royaume, qui a des lois et des cérémonies particulières, et méprise les ordres du roi. Vous savez qu'il est dangereux à l'Etat qu'il ne devienne insolent par l'impunité; ordonnez, s'il vous plaît, qu'il périsse, et

---

[1] III *Reg.*, II, 2, 3. — [2] II *Esdr.*, VI, 9-13. — [3] *Ibid.*, 14.

je ferai entrer dix mille talens dans vos coffres. Le roi tira de sa main l'anneau dont il se servoit, et le donnant à Aman : Cet argent, dit-il, est à vous ; et pour le peuple, faites-en ce que vous voudrez[1]. » Aussitôt les ordres sont expédiés, les courriers sont dépêchés par tout le royaume[2], et la facilité du roi va faire périr cent millions d'hommes en un moment.

Que les princes doivent prendre garde à ne se pas rendre aisément ! Aux autres la difficulté de l'exécution donne lieu à de meilleurs conseils ; dans le prince, à qui parler c'est faire, on ne peut comprendre combien la facilité est détestable.

Il n'en coûte que trois mots à Assuérus, et la peine de tirer son anneau de son doigt : par un si petit mouvement, cent millions d'innocens vont être égorgés, et leur ennemi va s'enrichir de leurs dépouilles.

Tenez-vous donc ferme, ô prince ! Plus il vous est facile d'exécuter vos desseins, plus vous devez être difficile à vous laisser ébranler pour les prendre.

C'est à vous principalement que s'adresse cette parole du Sage : « Ne tournez pas à tout vent, et n'entrez pas en toutes voies[3]. » Le prince aisé à mener, et trop prompt à se résoudre, perd tout.

Assuérus fut trop heureux de s'être ravisé, et d'avoir pu révoquer ses ordres avant leur exécution. Elle est ordinairement trop prompte, et ne vous laisse que le repentir d'avoir fait un mal irréparable.

XIe PROPOSITION.

Il ne faut pas aisément changer d'avis après une mûre délibération.

Mais autant qu'il faut être lent à se résoudre, autant faut-il être ferme quand on s'est déterminé avec connoissance. « N'entrez point en toutes voies, » vous a dit le Sage[4] : et il ajoute : « C'est ainsi que va le pécheur, dont la langue est double. » C'est-à-dire qu'il dit et se dédit, sans jamais s'arrêter à rien. Il poursuit : « Soyez fermes dans la vérité de votre sens, et que votre discours soit un : » qu'il ne change pas aisément, selon le grec.

[1] *Esther*, III, 8-11. — [2] *Ibid.*, 12, etc. — [3] *Eccli.*, v, 11. — [4] *Ibid.*, 11, 12.

ARTICLE II.

De la mollesse, de l'irrésolution et de la fausse fermeté.

Ire PROPOSITION.

La mollesse est l'ennemie du gouvernement : caractère du paresseux et de l'esprit indécis.

« La main des forts dominera; la main nonchalante paiera tribut[1]. » Un grand roi le dit : c'est Salomon. Au lieu des forts, l'hébreu porte : De ceux qui sont appliqués et attentifs : l'attention est la force de l'ame.

« Le paresseux veut et ne veut pas : les hommes laborieux s'engraisseront[2]. » L'hébreu porte encore : Les hommes attentifs et appliqués.

Celui qui veut mollement, veut sans vouloir : il n'y a rien de moins propre à exercer le commandement, qui n'est qu'une volonté ferme et résolue.

Il ne veut rien ; il n'a que des désirs languissans. « Les désirs tuent le paresseux ; il ne veut point travailler : il ne fait que souhaiter tout le long du jour[3]. » Il voudroit toujours, il ne veut jamais.

Aussi rien ne lui réussit, il perd toutes les affaires. « Qui est mol et languissant dans son ouvrage, est frère du dissipateur[4]. »

Nous avons dit que la crainte ne convient pas au commandement : le paresseux craint toujours, tout lui paroît impossible. « Le paresseux dit : Il y a un lion dans le chemin, je serai tué au milieu des rues[5] ; » et encore : « Le paresseux dit : Il y a un lion dans le chemin; une lionne attend sur le passage : le paresseux se roule en son lit, comme une porte sur son gond. » Assez de mouvement, peu d'action. Et ensuite : « Le paresseux cache sa main sous ses bras, et ce lui est un travail de la porter jusqu'à sa bouche[6]. »

Comment aidera les autres celui qui ne sait pas s'aider lui-

---

[1] *Prov.*, XII, 24. — [2] *Ibid.*, XIII, 4. — [3] *Ibid.*, XXI, 25. — [4] *Ibid.*, XVIII, 9. — [5] *Ibid.*, XXII, 13. — [6] *Ibid.*, XXVI, 13-15.

même ? « La crainte abat le paresseux; les efféminés manqueront de tout [1]. »

La négligence abat les toits; les mains languissantes font entrer la pluie de tous côtés dans les maisons [2].

Tout est foible sous un paresseux. « Soyez prompts dans tous vos ouvrages, et la foiblesse ne viendra jamais au-devant de vous, pour traverser vos desseins [3]. »

Les affaires en effet sont difficiles, on n'en surmonte la difficulté que par une activité infatigable. On manque tous les jours tant d'entreprises, que ce n'est qu'à force d'agir sans cesse qu'on assure le succès de ses desseins. « Semez donc le matin; ne cessez pas le soir : vous ne savez lequel des deux profitera; et si c'est tous les deux, tant mieux pour vous [4]. »

IIe PROPOSITION.

Il y a une fausse fermeté.

L'opiniâtreté invincible de Pharaon le fait voir. C'étoit endurcissement, et non fermeté. Cette dureté est fatale à lui et à son royaume. L'Ecriture en fait foi dans tout le livre de l'*Exode*.

La force du commandement poussée trop loin; jamais plier, jamais condescendre, jamais se relâcher, s'acharner à vouloir être obéi à quelque prix que ce soit; c'est un terrible fléau de Dieu sur les rois et sur les peuples.

Celui qui a dit : « Ne tournez pas à tout vent [5], » avoit dit un peu auparavant : « Ne forcez point le cours d'un fleuve [6]. » Il y a une légèreté, et aussi une roideur excessive.

Une fausse fermeté conseillée à Roboam par de jeunes gens sans expérience, lui fit perdre dix tribus. Le peuple demandoit d'être un peu soulagé des impôts très-grands que Salomon exigeoit : soit qu'ils se plaignissent sans raison d'un prince qui avoit rendu l'or et l'argent communs dans Jérusalem; ou qu'en effet Salomon les eût grevés dans le temps qu'il donna tout à ses passions. Les vieillards qui connoissoient l'état des affaires et l'humeur du peuple juif, lui conseilloient de l'apaiser avec de

---

[1] *Prov.*, XVIII, 8. — [2] *Eccles.*, X, 18. — [3] *Eccli.*, XXXI, 27. — [4] *Eccles.*, XI, 6. — [5] *Eccli.*, V, 11. — [6] *Ibid.*, IV, 32.

douces paroles suivies de quelques effets. « Si vous donnez quelque chose à leurs prières, et que vous leur parliez doucement, ils vous serviront toute votre vie [1]. »

Mais la jeunesse téméraire, qu'il consulta dans la suite, se moqua de la prévoyance des vieillards, et lui conseilla, non un simple refus, mais un refus accompagné de paroles dures et de menaces insupportables. « Mon petit doigt, leur dit-il[2], est plus gros que tout le corps de mon père : mon père vous a foulés, et moi je vous foulerai encore davantage : mon père vous a fouettés avec des verges, et moi je vous fouetterai avec des chaînes de fer : et le roi n'acquiesça pas au désir du peuple, parce que Dieu s'étoit éloigné de lui, et vouloit accomplir ce qu'il avoit dit contre Salomon : Qu'en punition de ses crimes il partageroit son royaume après sa mort [3]. »

Ainsi cette dureté de Roboam étoit un fléau envoyé de Dieu, et une juste punition tant de Salomon que de lui.

Les jeunes gens qu'il consultoit ne manquoient pas de prétextes : il faut soutenir l'autorité ; qui se laisse aller au commencement, on lui met à la fin le pied sur la gorge. Mais par-dessus tout cela il falloit connoître les dispositions présentes, et céder à une force qu'on ne pouvoit vaincre. Les bonnes maximes outrées perdent tout. Qui ne veut jamais plier, casse tout à coup.

IIIe PROPOSITION.

Le prince doit commencer par soi-même à commander avec fermeté, et se rendre maître de ses passions.

« Ne marchez point après vos désirs, retirez-vous de votre propre volonté. Si vous suivez vos désirs, vous donnerez beaucoup de joie à vos ennemis [4]. » Il faut donc résister à ses propres volontés, et être ferme premièrement contre soi-même.

Le premier de tous les empires est celui qu'on a sur ses désirs. « Ta cupidité te sera soumise, et tu la domineras [5]. »

C'est la source et le fondement de toute l'autorité. Qui l'a sur soi-même, mérite de l'avoir sur les autres. Qui n'est pas maître

---

[1] III Reg., XII, 7. — [2] Ibid., 10, 11, 15. — [3] Ibid., XI, 31, etc. — [4] Eccli., XVIII, 30, 31. — [5] Gen., IV, 7.

de ses passions, n'a rien de fort; car il est foible dans le principe.

Sédécias, qui disoit aux grands : « Le roi ne vous peut rien refuser [1], » n'étoit foible devant eux, que parce qu'il l'étoit en lui-même, et ne savoit pas maîtriser sa crainte.

Evilmérodac abattu par la même passion, se laissa maltraiter et abattre par les seigneurs qui lui disoient : « Livrez-nous Daniel, ou nous vous tuerons [2]. »

Si Darius eût eu assez de force sur lui-même pour soutenir la justice, il auroit eu de l'autorité sur les grands qui lui demandoient le même prophète, et n'auroit pas eu la foiblesse de sacrifier un innocent à leur jalousie [3].

Pilate avoit succombé intérieurement à la tentation de la faveur, quand il se laissa forcer à crucifier Jésus-Christ. Il avoit beau avoir en main toute la puissance romaine dans la Judée, il n'étoit pas puissant, puisqu'il ne put résister à l'iniquité connue.

David, quelque grand roi qu'il fût, n'étoit plus puissant, quand sa puissance ne lui servit qu'à des actions qu'il a pleurées toute sa vie, et qu'il eût voulu n'avoir pas pu faire.

Salomon n'étoit plus puissant, quand sa puissance le rendit le plus foible de tous les hommes.

Hérode n'étoit point puissant, lorsque désirant de sauver saint Jean-Baptiste, dont une malheureuse lui demandoit la tête, il n'osa le faire « de peur de la fâcher [4]. » Il entra dans son crime quelque égard pour les assistans, devant lesquels il craignit de paroître foible, s'il manquoit d'accomplir le serment qu'il avoit fait. « Le roi étoit fâché d'avoir promis la tête de saint Jean-Baptiste; mais à cause du serment qu'il avoit fait et des assistans, il commanda qu'on la donnât [5]. »

C'est la plus grande de toutes les foiblesses, que de craindre trop de paroître foible.

Tout cela fait connoître qu'il n'y a point de puissance, si on n'est premièrement puissant sur soi-même; ni de fermeté véritable, si on n'est premièrement ferme contre ses propres passions.

[1] *Jerem.*, XXXVIII, 5. — [2] *Dan.*, XIV, 28. — [3] *Ibid.*, VI, 12 et seq. — [4] *Marc.*, VI, 26. — [5] *Matth.*, XIV, 9.

« Il faut souhaiter, dit saint Augustin, d'avoir une volonté droite, avant que de souhaiter d'avoir une grande puissance [1]. »

IVe PROPOSITION.

La crainte de Dieu est le vrai contre-poids de la puissance : le prince le craint d'autant plus qu'il ne doit craindre que lui.

Pour établir solidement le repos public et affermir un Etat, nous avons vu que le prince a dû recevoir une puissance indépendante de toute autre puissance qui soit sur la terre. Mais il ne faut pas pour cela qu'il s'oublie ni qu'il s'emporte, puisque moins il a de compte à rendre aux hommes, plus il a de compte à rendre à Dieu.

Les méchans, qui n'ont rien à craindre des hommes, sont d'autant plus malheureux, qu'ils sont réservés comme Caïn à la vengeance divine.

« Dieu mit un signe sur Caïn, afin que personne ne le tuât [2]. » Ce n'est pas qu'il pardonnât à ce parricide; mais il falloit une main divine pour le punir comme il méritoit.

Il traite les rois avec les mêmes rigueurs. L'impunité à l'égard des hommes, les soumet à des peines plus terribles devant Dieu. Nous avons vu que la primauté de leur état leur attire une primauté dans les supplices. « La miséricorde est pour les petits; mais les puissans seront puissamment tourmentés : aux plus grands est préparé un plus grand tourment [3]. »

Considérez comme Dieu les frappe dès cette vie. Voyez comme il traite un Achab : comme il traite un Antiochus : comme il traite un Nabuchodonosor, qu'il relègue parmi les bêtes : un Baltazar, à qui il dénonce sa mort et la ruine de son royaume, au milieu d'une grande fête qu'il faisoit à toute sa Cour : enfin comme il traite tant de méchans rois : il n'épargne pas la grandeur; mais plutôt il la fait servir d'exemple.

Que ne fera-t-il point contre les rois impénitens, s'il traite si rudement David humilié devant lui, qui lui demande pardon? « Pourquoi as-tu méprisé ma parole, et as-tu fait le mal devant

---

[1] August., *de Trinit.*, lib. XIII, cap. XIII. — [2] *Gen.*, IV, 15. — [3] *Sapient.*, VI, 6, 7, 9.

mes yeux? Tu as tué Urie par le glaive des enfans d'Ammon ; tu lui as ravi sa femme. Le glaive s'attachera à ta maison à jamais, parce que tu m'as méprisé. Et voici ce que dit le Seigneur : Je susciterai contre toi ton propre fils : je te ravirai tes femmes, et les donnerai à un autre qui en abusera publiquement et à la lumière du soleil. Tu l'as fait en secret, et tu as cru pouvoir cacher ton crime ; et moi j'en ferai le châtiment à la vue de tout le peuple et devant le soleil, parce que tu as fait blasphémer les ennemis du Seigneur[1]. »

Dieu le fit comme il l'avoit dit, et il n'est pas nécessaire de rapporter ici la révolte d'Absalon et toutes ses suites.

Ces châtimens font trembler. Mais tout ce que Dieu exerce de rigueur et de vengeance sur la terre, n'est qu'une ombre à comparaison des rigueurs du siècle futur. « C'est une chose horrible de tomber entre les mains du Dieu vivant[2]. »

Il vit éternellement ; sa colère est implacable et toujours vivante ; sa puissance est invincible ; il n'oublie jamais ; il ne se lasse jamais ; rien ne lui échappe.

LIVRE V.

QUATRIÈME ET DERNIER CARACTÈRE DE L'AUTORITÉ ROYALE.

ARTICLE PREMIER.

Que l'autorité royale est soumise à la raison.

Ire PROPOSITION.

Le gouvernement est un ouvrage de raison et d'intelligence.

« Maintenant, ô rois, entendez ; soyez instruits, juges de la terre[3]. »

Tous les hommes sont faits pour entendre ; mais vous princi-

---

[1] II Reg., XII, 9, 10, etc. — [2] Hebr., X, 31. — [3] Psal. II, 10.

palement sur qui tout un grand peuple se repose, qui devez être l'ame et l'intelligence d'un Etat, en qui se doit trouver la raison première de tous ses mouvemens : moins vous avez à rendre de raison aux autres, plus vous devez avoir de raison et d'intelligence en vous-mêmes.

Le contraire d'agir par raison, c'est agir par passion ou par humeur. Agir par humeur, ainsi qu'agissoit Saül contre David, ou poussé par sa jalousie, ou possédé par sa mélancolie noire, entraîne toute sorte d'irrégularité, d'inconstance, d'inégalité, de bizarrerie, d'injustice, d'étourdissement dans la conduite.

N'eût-on qu'un cheval à gouverner et des troupeaux à conduire, on ne peut le faire sans raison : combien plus en a-t-on besoin pour mener les hommes et un troupeau raisonnable?

« Le Seigneur a pris David comme il menoit les brebis, pour lui donner à conduire Jacob son serviteur et Israël son héritage; et il les a conduits dans l'innocence de son cœur, d'une main habile et intelligente [1]. »

Tout se fait parmi les hommes par l'intelligence et par le conseil. « Les maisons se bâtissent par la sagesse, et s'affermissent par la prudence. L'habileté remplit les greniers, et amasse les richesses; l'homme sage est courageux : l'homme habile est robuste et fort, parce que la guerre se fait par conduite et par industrie : et le salut se trouve où il y a beaucoup de conseils [2]. »

La Sagesse dit elle-même : « C'est par moi que les rois règnent, par moi les législateurs prescrivent ce qui est juste [3]. »

Elle est tellement née pour commander, qu'elle donne l'empire à qui est né dans la servitude. « Le sage serviteur commandera aux enfans de la maison qui ne sont pas sages, et il fera leurs partages [4]. » Et encore : « Les personnes libres s'assujettiront à un serviteur sensé [5]. »

Dieu en installant Josué lui ordonne d'étudier la loi de Moïse, qui étoit la loi du royaume : « afin, dit-il, que vous entendiez tout ce que vous faites [6]. » Et encore : « Alors vous conduirez vos desseins, et vous entendrez ce que vous faites. »

[1] *Psal.* LXXVII, 70-72. — [2] *Prov.*, XXIV, 3-6. — [3] *Ibid.*, VIII, 15. — [4] *Ibid.*, XVII, 2. — [5] *Eccli.*, X, 28. — [6] *Jos.*, I, 7, 8.

David en dit autant à Salomon dans les dernières instructions qu'il lui donna en mourant : « Prenez garde à observer la loi de Dieu, afin que vous entendiez tout ce que vous faites, et de quel côté vous aurez à vous tourner [1]. »

Qu'on ne vous tourne point ; tournez-vous vous-même avec connoissance ; que la raison dirige tous vos mouvemens : sachez ce que vous faites, et pourquoi vous le faites.

Salomon avoit appris de Dieu même combien la sagesse étoit nécessaire pour gouverner un grand peuple. « Dieu lui apparut en songe durant la nuit, et lui dit : Demandez-moi ce que vous voudrez : Salomon répondit : O Seigneur, vous avez usé d'une grande miséricorde envers mon père David : comme il a marché devant vous en justice et en vérité et d'un cœur droit, vous lui avez aussi gardé vos grandes miséricordes, et vous lui avez donné un fils assis sur son trône : et maintenant, ô Seigneur Dieu, vous avez fait régner votre serviteur à la place de David son père : et moi je suis un jeune homme, qui ne sais pas encore entrer ni sortir (c'est-à-dire, qui ne sais pas me conduire : qui ne sais par où commencer, ni par où finir les affaires). Et je me trouve au milieu du peuple que vous avez choisi, peuple infini et innombrable. Donnez donc à votre serviteur la sagesse et l'intelligence, et un cœur docile, afin qu'il puisse juger et gouverner votre peuple, et discerner entre le bien et le mal. Car qui pourra gouverner et juger ce peuple immense ? La demande de Salomon plut au Seigneur. Et il lui dit : Parce que vous avez demandé cette chose, et que vous n'avez point demandé une longue vie, ni de grandes richesses, ou de vous venger de vos ennemis ; mais que vous avez demandé la sagesse pour juger avec discernement, j'ai fait selon vos paroles, et je vous ai donné un cœur sage et intelligent, en sorte qu'il n'y eut jamais, ni jamais il n'y aura un homme si sage que vous. Mais je vous ai encore donné ce que vous ne m'avez pas demandé, c'est-à-dire les richesses et la gloire ; et jamais il n'y a eu roi qui en eût tant que vous en aurez [2]. »

Ce songe de Salomon étoit une extase, où l'esprit de ce grand

---

[1] III *Reg.*, II, 3. — [2] *Ibid.*, III, 5-7, etc.; II *Paral.*, I, 7, 8, etc.

roi séparé des sens et uni à Dieu, jouissoit de la véritable intelligence. Il vit en cet état que la sagesse est la seule grâce qu'un prince devoit demander à Dieu.

Il vit le poids des affaires et la multitude immense du peuple (a) qu'il avoit à conduire. Tant d'humeurs, tant d'intérêts, tant d'artifices, tant de passions, tant de surprises à craindre, tant de choses à considérer, tant de monde de tous côtés à écouter et à connoître : quel esprit y peut suffire?

Je suis jeune, dit-il, et je ne sais pas encore me conduire. L'esprit ne lui manquoit pas, non plus que la résolution. Car il avoit déjà parlé d'un ton de maître à son frère Adonias : et dès le commencement de son règne il avoit pris son parti dans une conjoncture décisive, avec autant de prudence qu'on en pouvoit désirer : et toutefois il tremble encore, quand il voit cette suite immense de soins et d'affaires qui accompagnent la royauté : et il voit bien qu'il n'en peut sortir que par une sagesse consommée.

Il la demande à Dieu, et Dieu la lui donne : mais en même temps il lui donne tout le reste qu'il n'avoit pas demandé, c'est-à-dire et les richesses et la gloire.

Il apprend aux rois que rien ne leur manque quand ils ont la sagesse, et qu'elle seule leur attire tous les autres biens.

Nous trouvons un beau commentaire de la prière de Salomon dans le livre de la *Sagesse*, qui fait parler ainsi ce sage roi : « J'ai désiré le bon sens, et il m'a été donné ; j'ai invoqué l'esprit de sagesse, et il est venu sur moi. J'ai préféré la sagesse aux royaumes et aux trônes ; au prix de la sagesse les richesses m'ont paru comme rien : devant elle l'or m'a semblé un grain de sable et l'argent comme de la boue : elle est plus aimable que la santé et la bonne grace. Je l'ai mise devant moi comme un flambeau, parce que sa lumière ne s'éteint jamais. Tous les biens me sont venus avec elle, et j'ai reçu de ses mains la gloire, et des richesses immenses[1]. »

[1] *Sapient.*, VII, 7-9, etc.
(a) *IIe édit.* : D'un peuple.

IIᵉ PROPOSITION.

La véritable fermeté est le fruit de l'intelligence.

« Considérez ce qui est droit, et que vos yeux précèdent vos pas, dressez-vous un chemin et toutes vos démarches seront fermes [1]. » Qui voit devant soi, marche sûrement.

Autant donc que la fermeté est nécessaire au gouvernement, autant a-t-il besoin de la sagesse.

Le caractère de la sagesse est d'avoir une conduite suivie. « L'homme sage est permanent comme le soleil; le fol change comme la lune [2]. »

Le plus sage de tous les rois fait dire ces paroles à la Sagesse : « A moi appartient le conseil et l'équité, à moi la prudence, à moi la force [3]. »

Ces choses à le bien prendre sont inséparables.

« L'homme sage est courageux, l'homme habile est robuste et fort [4]. »

Les brutaux n'ont qu'une fausse hardiesse. « Nabal étoit impérieux, et personne n'osoit lui parler dans sa maison [5]. » Tant qu'il crut n'avoir rien à craindre de David, il disoit insolemment : « Qu'ai-je à faire de David? qui est le fils d'Isaï [6]? » Aussitôt qu'il eut appris que David avoit juré sa perte, quoiqu'on lui eût dit que sa femme l'avoit apaisé, « le cœur lui manqua, il demeura comme une pierre, et mourut au bout de dix jours [7]. »

Roboam est méprisé pour son peu de sens. « Salomon laissa après lui la folie de la nation, Roboam, qui manquoit de prudence, et qui divisa le peuple par les mauvais conseils qu'il suivit [8]. »

Comme il n'avoit point de sagesse, il n'avoit point de fermeté; et son propre fils est contraint de dire : « Roboam était un homme malhabile et d'un courage tremblant, et il n'eut pas la force de résister aux rebelles [9]. » Au lieu de malhabile et de courage tremblant, l'hébreu porte : « C'étoit un enfant tendre de cœur. »

---

[1] *Prov.*, IV, 25, 26. — [2] *Eccli.*, XXVII, 12. — [3] *Prov.*, VIII, 14. — [4] *Ibid.*, XXIV, 5. — [5] I *Reg.*, XXV, 17. — [6] *Ibid.*, 10. — [7] *Ibid.*, 37, 38. — [8] *Eccli.*, XLVII, 27, 28. — [9] II *Paral.*, XIII, 7.

Ce n'est pas qu'il ne leur ait fait la guerre. « Roboam et Jéroboam eurent toujours la guerre entre eux [1]. »

Il n'est point accusé d'avoir manqué de courage militaire ; mais c'est qu'il n'avoit pas cette force qui fait prendre et suivre avec résolution un bon conseil. A voir pourtant de quel ton il parla à tout le peuple, on le croiroit ferme et résolu. Mais il n'étoit ferme qu'en paroles, et au premier mouvement de la sédition on lui voit honteusement prendre la fuite. « Roboam envoya Aduram qui avoit la charge de lever les tributs, et les enfans d'Israël le lapidèrent. Ce que Roboam n'eut pas plutôt su, qu'il se pressa de monter dans son chariot et s'enfuit en Jérusalem ; et le peuple d'Israël se sépara de la maison de David [2]. »

Voilà l'homme qui se vantoit d'être plus puissant que Salomon : il parle superbement, quand il croit qu'il fera peur à un peuple suppliant. A la première émeute, il tremble lui-même, et il affermit les rebelles par sa fuite précipitée.

Ce n'est pas ainsi qu'avoit fait son aïeul David. Quand il apprit la révolte d'Absalon, il vit ce qu'il y avoit à craindre, et se retira promptement, mais en bon ordre et sans trop de précipitation : « marchant à pied avec ses gardes, et ce qu'il avoit de meilleures troupes ; et se posta dans un lieu désert et de difficile accès, en attendant qu'il eût des nouvelles de ceux qu'il avoit laissés pour observer les mouvemens du peuple [3]. »

Il est vrai qu'il alloit en signe de douleur, « nu-pieds et la tête couverte, lui et tout le peuple pleurant [4]. » Cela étoit d'un bon roi et d'un bon père, qui voyoit son fils bien-aimé à la tête des rebelles, et combien de sang il falloit répandre, et que c'étoit son péché qui attiroit tous ces malheurs sur sa maison et sur son peuple.

Il s'abaissoit sous la main de Dieu, attendant l'événement avec un courage inébranlable : « Si je suis agréable à Dieu, il me rétablira dans Jérusalem : que s'il me dit : Tu ne me plais pas, il est le maître ; qu'il fasse ce qu'il trouvera le meilleur [5]. »

Etant donc ainsi résolu, il pourvoyoit à tout avec une présence

---

[1] II *Paral.*, XII, 15. — [2] *Ibid.*, X, 18, 19. — [3] II *Reg.*, XV, 14, 15, 17, 18, 23. — [4] *Ibid.*, 30. — [5] *Ibid.*, 25, 26.

d'esprit admirable; et il trouva sans hésiter ce beau moyen qui dissipa les conseils d'Absalon et d'Achitophel [1].

Et quand après la victoire, il vit Séba fils de Bochri, qui ramassoit les restes des séditieux, il ne se reposa pas sur l'avantage qu'il venoit de remporter. « Et il dit à Abisaï : Séba nous fera plus de peine qu'Absalon : prenez donc tout ce qu'il y a ici de gens de guerre, de peur qu'il ne se jette dans quelque ville forte, et ne nous échappe [2]. » Par cet ordre il assura le repos public, et étouffa la sédition dans sa naissance.

Voilà un homme vraiment fort, qui sait craindre où il faut, et qui sait prendre à propos les bons conseils.

IIIe PROPOSITION.

La sagesse du prince rend le peuple heureux.

« Le roi insensé perdra son peuple : les villes seront habitées par la prudence de leurs princes [3]. »

Voici les fruits bienheureux du sage gouvernement de Salomon. « Le peuple de Juda et d'Israël étoit innombrable; ils buvoient, ils mangeoient et ils vivoient à leur aise : et ils demeuroient sans rien craindre, chacun dans sa vigne et sous son figuier [4]. »

« L'or et l'argent étoient communs en Jérusalem comme les pierres : et les cèdres naissoient dans les vallées en aussi grande quantité que les sycomores [5]. »

Sous un prince sage tout abonde, les hommes, les biens de la terre, l'or et l'argent. Le bon ordre amène tous les biens.

La même chose arriva sous Simon le Machabée. Son caractère étoit la sagesse. Parmi les Machabées enfans de Mathathias, Judas étoit le fort [6] : et Simon étoit le sage. Mathathias l'avoit bien connu, lorsqu'il parle ainsi à ses enfans [7] : « Votre frère Simon est homme de bon conseil : écoutez-le en toutes choses, et regardez-le comme votre père. »

Nous avons déjà vu comme le peuple fut heureux sous sa conduite; mais il faut voir le particulier.

---

[1] II *Reg.*, xv, 33, 34. — [2] *Ibid.*, xx, 6. — [3] *Eccli.*, x, 3. — [4] III *Reg.*, iv, 20, 25. — [5] *Ibid.*, x, 27; II *Paral.*, i, 15. — [6] I *Mach.*, ii, 66. — [7] *Ibid.*, 65.

Il avoit trouvé les affaires en mauvais état : « sous lui les Juifs furent affranchis du joug des Gentils¹. »

« Toute la terre de Juda étoit en repos durant les jours de Simon : il chercha le bien de ses citoyens ; aussi prenoient-ils plaisir à voir sa gloire et sa grandeur. Il prit Joppé, et y fit un port, et il s'ouvrit un passage dans les îles de la mer. Il étendit les bornes de sa nation, et fit beaucoup de conquêtes. Personne ne lui pouvoit résister. Chacun cultivoit sa terre en paix ; la terre de Juda et les arbres produisoient leurs fruits : les vieillards assis dans les places publiques ne parloient que de l'abondance où on vivoit : la jeunesse prenoit plaisir à se parer de riches habillemens, et portoit l'habit militaire. Il pourvoyoit à la subsistance des villes, et les fortifioit : la paix étoit sur la terre, et Israël vivoit en grande joie, chacun dans sa vigne et sous son figuier, sans avoir aucune crainte : personne ne les attaquoit ; les rois ennemis étoient abattus : il protégeoit les foibles ; il faisoit observer la loi : il ôtoit les méchans de dessus la terre ; il ornoit le temple et augmentoit les vaisseaux sacrés². Enfin il faisoit justice, il gardoit la foi, et ne songeoit qu'au bonheur et à la grandeur de son peuple³. »

Que ne fait point un sage prince? Sous lui les guerres réussissent ; la paix s'établit ; la justice règne ; les lois gouvernent ; la religion fleurit ; le commerce et la navigation enrichissent le pays ; la terre même semble produire les fruits plus volontiers. Tels sont les effets de la sagesse. Le Sage n'avoit-il pas raison de dire : « Tous les biens me sont venus avec elle⁴ ? »

Qu'on doive tant de biens aux soins et à la prudence d'un seul homme, peut-on l'aimer assez? Nous voyons aussi que la grandeur de Simon faisoit les délices du peuple. Il n'y a rien qu'ils ne lui accordent⁵.

Quand Dieu veut rendre un peuple heureux, il lui envoie un prince sage. Hiram admirant Salomon qui savoit tout faire à propos, lui écrivoit : « Parce que Dieu a aimé son peuple, il vous a fait roi : et il ajoutoit : Béni soit le Dieu d'Israël, qui a fait le

---

¹ *I Mach.*, XIII, 41. — ² *Ibid.*, XIV, 4-6, etc. — ³ *Ibid.*, 35. — ⁴ *Sapient.*, VII, 11. — ⁵ *I Mach.*, XIV, 14, 35, 46.

ciel et la terre, et qui a donné à David un fils sage, habile, sensé et prudent[1]. »

« Heureux vos sujets et vos domestiques, qui sont tous les jours devant vous, et écoutent votre sagesse, s'écrioit la reine de Saba. Béni soit le Seigneur votre Dieu, à qui vous avez plu; qui vous a fait roi d'Israël, parce qu'il aimoit ce peuple d'un amour éternel; et vous a établi pour y faire justice et jugement[2]. »

IVᵉ PROPOSITION.

La sagesse sauve les Etats plutôt que la force.

« Il y avoit une petite ville, et peu de monde dedans. Un grand roi est venu contre elle; il l'a enceinte de tranchées, où il a bâti des forts de tous côtés; et il a formé un siége devant cette place. Il s'y est trouvé un homme pauvre et sage, et il a délivré sa ville par sa sagesse; et j'ai dit en moi-même que la sagesse vaut mieux que la force[3]. »

C'est ainsi que Salomon nous explique les effets de la sagesse. Et il répète encore une fois : « La sagesse vaut mieux que les armes; mais qui manque en une chose, perd de grands biens[4]. »

Les combats sont hasardeux ; la guerre est fâcheuse pour les deux partis : la sagesse, qui prend garde à tout et ne néglige rien, a des voies non-seulement plus douces et plus raisonnables, mais encore plus sûres.

Dans la révolte de Séba contre David, le rebelle se retira dans Abéla, ville importante, où Joab ne tarda pas à l'assiéger par ordre de David[5]. Pendant qu'on en ruinoit les murailles, une femme de la ville demanda à parler à Joab, et lui tint ce discours au nom de la ville qu'elle introduisoit comme lui parlant. « Il y a un certain proverbe, que qui veut savoir la vérité la demande à Abéla[6]. » (Cette ville étoit en réputation d'avoir beaucoup de sages citoyens qu'on venoit consulter de tous côtés). « C'est moi qui réponds la vérité aux Israélites; cependant vous voulez me détruire et ruiner une mère en Israël (c'est-à-dire, une ville capitale)? Pourquoi renversez-vous l'héritage du Seigneur, et une

---

[1] II Paral., II, 11, 12. — [2] III Reg., x, 8, 9. — [3] Eccle., IX, 14-16. — [4] Ibid., 18. — [5] II Reg., XX, 14, etc. — [6] Ibid., 18, etc.

ville qu'il a donnée à son peuple? A Dieu ne plaise, répondit Joab, que je veuille la renverser; mais Séba s'est soulevé contre le roi, livrez-le tout seul, et nous laisserons la ville en repos. La femme lui répondit : On vous jettera sa tête du haut de la muraille. Elle parla au peuple assemblé, et discourut sagement; de sorte qu'on résolut de faire ce qu'elle avoit dit, et Joab renvoya l'armée. »

Voilà une ville sauvée par la sagesse. La sagesse finit tout à coup, sans rien hasarder, et en ne perdant que le seul coupable, une guerre qui avoit donné tant d'appréhension à David.

Béthulie, assiégée par Holopherne, est sauvée par les conseils de Judith, qui empêche premièrement qu'on ne suive la pernicieuse résolution de se rendre déjà prise dans le conseil : et ensuite fait périr les ennemis par une conduite aussi sage que hardie [1].

Ainsi on voit que la sagesse est la plus sûre défense des Etats. La guerre met tout en hasard. « L'empire du sage est stable [2]. »

« La sagesse fortifie le sage plus que s'il étoit soutenu par les principaux de la ville [3]. »

Ve PROPOSITION.

Les sages sont craints et respectés.

David étoit vaillant, et savoit parfaitement l'art de la guerre. Ce n'est pas ce qui donnoit le plus de crainte à Saül. « Mais il le craignoit parce qu'il étoit très-prudent en toutes choses [4]. »

David lui-même craignoit plus le seul Achitophel, que tout le peuple qui étoit avec Absalon, parce qu'en ce temps « on consultoit Achitophel comme si ç'eût été un Dieu [5]. »

C'étoit autant la sagesse que la puissance de Salomon, qui tenoit en crainte ses voisins, et conservoit son royaume dans une paix profonde.

Parce que Josaphat étoit sage, instruit de la loi et prenant soin d'en faire instruire le peuple, tous ses voisins le craignoient. « Le

---

[1] *Judith*, VIII, 9, 10, 28; IX, X, etc. — [2] *Eccli.*, X, 1. — [3] *Eccle.*, VII, 20. — [4] I *Reg.*, XVIII, 15. — [5] II *Reg.*, XVI, 23.

Seigneur répandit la terreur sur les royaumes voisins, et ils n'osoient faire la guerre à Josaphat : les Philistins lui apportoient des présens, et les Arabes lui payoient tribut [1]. »

Josaphat étoit belliqueux : mais l'Ecriture attribue tous ces beaux effets à la piété et à la sagesse de ce roi, qui n'avoit pas encore fait la guerre dans le temps qu'il étoit si redouté de ses voisins.

Si la sagesse fait respecter le prince au dehors, il ne faut pas s'étonner qu'elle le fasse respecter au dedans. Quand Sâlomon eut rendu ce jugement mémorable où il montra un si grand discernement, tout Israël entendit la sentence que le roi avoit prononcée, et ils craignirent le roi, voyant que la sagesse de Dieu étoit en lui [2]. »

Il y a quelque chose de divin à ne se tromper pas; et rien n'inspire tant de respect ni tant de crainte.

Et voyez comme l'Ecriture marque exactement l'effet naturel de chaque chose. La bonne grace de Salomon lui avoit déjà attiré l'amour des peuples. « Il parut dans le trône de son père, et il plut à tous [3]. »

Voici quelque chose de plus grand. Il montra un discernement exquis; et on le craignit de cette crainte respectueuse qui tient tout le monde dans le devoir.

C'est donc avec raison qu'on lui fait dire : « La sagesse vaut mieux que les forces; et l'homme prudent est au-dessus de l'homme fort [4]. »

VI° PROPOSITION.

C'est Dieu qui donne la sagesse.

« Toute sagesse vient du Seigneur; elle a été avec lui devant tous les siècles, et y sera à jamais. Qui a compté le sable de la mer, et les gouttes de pluie, et les jours du monde? Qui a mesuré la hauteur des cieux, et la largeur de la terre, et les profondeurs de l'abîme? Qui a pénétré cette sagesse de Dieu qui a précédé toutes choses? La sagesse a été produite la première; l'intelli-

---

[1] II *Paral.*, XVII, 7, 8, 10, 11, etc. — [2] III *Reg.*, III, 28. — [3] I *Paral.*, XXIX, 23. — [4] *Sapient.*, VI, 1.

gence est engendrée devant tous les siècles. A qui a été connue la source de la sagesse, et qui a découvert toutes ses adresses? Il n'y a qu'un seul sage, un seul redoutable : c'est le Seigneur assis sur le trône de la sagesse. C'est lui qui l'a créée par son esprit, et qui l'a connue, et qui l'a comptée, et qui en sait toutes les mesures. Il l'a répandue sur tous ses ouvrages et sur toute chair, à chacun selon qu'il lui a plu; et il l'a donnée à ceux qui l'aiment. » C'est par où commence l'*Ecclésiastique* [1].

Dieu est le seul sage; en lui est la source de la sagesse, et c'est lui seul qui la donne.

C'est à lui que la demande le Sage. « O Dieu de mes pères, ô Seigneur miséricordieux, qui avez tout fait par votre parole, donnez-moi la sagesse qui est toujours auprès de votre trône. Vous m'avez fait roi, et vous m'avez ordonné de vous bâtir un temple. Votre sagesse est avec vous; elle entend tous vos ouvrages : elle étoit avec vous quand vous avez fait le monde; elle savoit ce qui vous plaisoit, et ce qui étoit droit dans tous vos commandemens : envoyez-la-moi des cieux, du trône sublime où vous êtes assis plein de gloire et de majesté, afin qu'elle soit toujours et travaille toujours avec moi, et que je connoisse ce qui vous est agréable : car elle sait tout : elle me fera observer une juste médiocrité dans toutes mes actions, et me gardera par sa puissance. Et ma conduite vous plaira, et je gouvernerai votre peuple avec justice; et je serai digne du trône de mon père [2]. »

Qui désire ainsi la sagesse, et qui la demande à Dieu avec cette ardeur, ne manque jamais de l'obtenir. « Je t'ai donné un cœur sage et intelligent [3]. » Et encore : « Dieu donna la sagesse à Salomon, et une prudence exquise, et une étendue de cœur (c'est-à-dire d'intelligence), comme le sable de la mer [4]. »

Il lui a donné la sagesse, pour l'intelligence de la loi et des maximes; la prudence, pour l'application; l'étendue de connoissance, c'est-à-dire une grande capacité, pour comprendre les difficultés et toutes les minuties des affaires. Dieu seul donne tout cela.

[1] *Eccli.*, I, 1-4, etc. — [2] *Sapient.*, IX, 1, 4, 7, 8, etc. — [3] III *Reg.*, III, 12. — [4] *Ibid.*, IV, 29.

VIIᵉ PROPOSITION.

Il faut étudier la sagesse.

Dieu la donne, il est vrai; mais Dieu la donne à ceux qui la cherchent.

« J'aime ceux qui m'aiment, dit la Sagesse elle-même; et qui me cherche du matin, me trouve [1]. »

« Le commencement de la sagesse est un véritable désir de la savoir [2]. »

« Aimez mes discours, dit-elle, et désirez de les entendre, et vous aurez la science [3]. »

« La sagesse se laisse voir facilement à ceux qui l'aiment, et se laisse trouver à ceux qui la cherchent : elle prévient ceux qui la désirent, et se montre la première à eux : qui s'éveille du matin pour penser à elle, ne sera pas rebuté, il la trouvera à sa porte. Y penser, c'est la perfection : qui veille pour l'obtenir sera bientôt content; car elle tourne de tous côtés pour se donner à ceux qui sont dignes d'elle; elle leur apparoît avec un visage agréable, et n'oublie rien pour aller à leur rencontre [4]. »

Elle est bonne, elle est accessible : mais il faut l'aimer et travailler pour l'avoir.

Il ne faut pas plaindre les peines qu'on prendra à cette recherche, on en est bientôt récompensé. « Mon fils, faites-vous instruire dès votre jeunesse, et la sagesse vous suivra jusqu'aux cheveux gris : cultivez-la avec soin comme celui qui laboure et qui sème, et attendez ses bons fruits. Vous travaillerez un peu pour l'acquérir, et vous ne tarderez pas à manger ses fruits [5]. Mettez vos pieds dans ses entraves, votre cou dans ses liens, votre épaule sous son joug. A la fin vous y trouverez le repos, et elle vous tournera en plaisir [6]. »

---

[1] *Prov.*, VIII, 17. — [2] *Sapient.*, VI, 18. — [3] *Ibid.*, 12. — [4] *Ibid.*, 13-17. — [5] *Eccli.*, VI, 18-20. — [6] *Ibid.*, 25, 26, 29.

VIIIᵉ PROPOSITION.

Le prince doit étudier et faire étudier les choses utiles : quelle doit être son étude.

Il ne faut pas s'imaginer le prince un livre à la main, avec un front soucieux et des yeux profondément attachés à la lecture. Son livre principal est le monde : son étude c'est d'être attentif à ce qui se passe devant lui pour en profiter.

Ce n'est pas que la lecture ne lui soit utile, et le plus sage des rois ne l'a pas négligée.

« Comme l'Ecclésiaste (c'est Salomon) étoit très-sage, il a instruit son peuple, et il a recherché les sages sentences. L'Ecclésiaste a étudié pour trouver des discours utiles; et il a écrit des choses droites, des paroles véritables. Les discours des sages sont comme un aiguillon dans le cœur; les maîtres qui les ont ramassés étoient conduits par un seul pasteur [1]. » C'étoit le roi qui prenoit soin et de chercher par lui-même, et de faire chercher aux autres les discours utiles à la vie.

« Mon fils, n'en désirez pas davantage. » C'est-à-dire, renfermez-vous dans les choses profitables : laissez les livres de curiosité : « on multiplie les livres sans fin; et de trop longues spéculations épuisent le corps [2]. »

Les vraies études sont celles qui apprennent les choses utiles à la vie humaine. Il y en a qui sont dignes de l'application du prince habile. Dans les autres, c'est assez pour lui d'exciter l'industrie des savans par les récompenses; dont la principale est toujours aux esprits bien faits l'agrément et l'estime d'un maître entendu.

Il ne convient pas au prince de se fatiguer par de longues et curieuses lectures. Qu'il lise peu de livres.; qu'il lise comme Salomon les discours sensés et utiles. Surtout qu'il lise l'Evangile, et qu'il le médite. C'est là sa loi, et la volonté du Seigneur.

[1] *Eccle.*, XII, 9-11. — [2] *Ibid.*, 12.

IXᵉ PROPOSITION.

Le prince doit savoir la loi.

Il est fait pour juger, et c'est la première institution de la royauté. « Faites-nous un roi qui nous juge. » Et encore : « Nous voulons être comme les autres nations, et avoir un roi qui nous juge [1]. »

Aussi avons-nous vu que Dieu commande aux rois d'écrire la loi de Moïse, d'en avoir toujours avec eux un exemplaire authentique et de la lire tous les jours de leur vie [2].

C'est pour cela que dans leur sacre on la leur mettoit en main. « Ils amenèrent au temple le fils du roi, et lui mirent le diadème et la marque royale sur la tête ; ils lui mirent aussi la loi à la main, et le firent roi. Le pontife Joïada et ses enfans le sacrèrent ; et tout le peuple cria : Vive le roi [3]. »

Le prince doit croire aussi que dans la nouvelle alliance il reçoit l'Evangile de la main de Dieu, pour se régler par cette lecture.

Le peuple doit savoir la loi, sans doute, du moins dans ses principaux points, et se faire instruire du reste dans les occurrences ; car il la doit pratiquer. Mais le prince qui outre cela la doit faire pratiquer aux autres, et juger selon ses décrets, la doit savoir beaucoup davantage.

On ne sait ce qu'on fait, quand on va sans règle, et qu'on n'a pas la loi pour guide : la surprise, la prévention, l'intérêt et les passions offusquent tout. « Le prince ignorant opprime sans y penser plusieurs personnes, et fait triompher la calomnie [4]. »

« Mais le commandement est un flambeau devant les yeux ; la loi est une lumière [5]. » Le prince qui la suit, voit clair ; et tout l'Etat est éclairé.

« Que si l'œil de l'Etat (c'est-à-dire le prince) est obscurci, que seront les ténèbres mêmes, et combien ténébreux sera tout le corps [6] ? »

Qu'il sache donc le fond de la loi, par laquelle il doit gouver-

---

[1] I *Reg.*, VIII, 5, 20. — [2] *Deuter.*, XVII, 18, 19. — [3] II *Paral.*, XXIII, 11. — [4] *Prov.*, XXVIII, 16. — [5] *Ibid.*, VI, 23. — [6] *Matth.*, VI, 23.

ner. Et s'il ne peut pas descendre à toutes les ordonnances particulières que les affaires font naître tous les jours, qu'il sache du moins les grands principes de la justice, pour n'être jamais surpris. C'étoit le *Deutéronome* et le fondement de la loi, que Dieu l'obligeoit d'étudier et de savoir.

Que la vie du prince est sérieuse! Il doit sans cesse méditer la loi. Aussi n'y a-t-il rien parmi les hommes de plus sérieux ni de plus grave, que l'office de la royauté.

Xe PROPOSITION.

Le prince doit savoir les affaires.

Ainsi a-t-on vu Jephté élu prince du peuple de Dieu, prouver par la discussion des droits de ce peuple, que le roi des Ammonites leur faisoit injustement la guerre [1].

On voit l'affaire discutée avec toute l'exactitude possible. Dans cette discussion, les principes du droit sont joints par Jephté avec la recherche des faits et la connoissance des antiquités. C'est ce qu'on appelle savoir les affaires.

Le prince, qui sait ces choses, met visiblement la raison de son côté : ses peuples sont encouragés à soutenir la guerre par l'assurance de leur bon droit : ses ennemis sont ralentis : les voisins n'ont rien à dire.

Une semblable discussion fit beaucoup d'honneur à Simon le Machabée. « Le roi d'Asie lui envoya redemander par Athénobius la citadelle de Jérusalem, avec Joppé et Gazara, places importantes, qu'il soutenoit être de son royaume [2]. »

Simon sur cette demande fait premièrement les distinctions nécessaires. Il distingue les anciennes terres qui appartenoient de tout temps aux Juifs, d'avec celles qu'ils avoient conquises depuis peu.

« Nous n'avons, dit-il, rien usurpé sur nos voisins, et ne possédons rien du bien d'autrui; mais l'héritage de nos pères, que nos ennemis ont possédé quelque temps injustement, dans lequel nous sommes rentrés aussitôt que nous en avons trouvé l'occa-

---

[1] *Judic.* XI, 15, etc.; sup., p. 529, etc. — [2] 1 *Machab.*, XV, 28, etc.

sion : et nous ne faisons que revendiquer l'héritage de nos pères [1]. »

On a vu les offres qu'il fit pour Joppé et pour Gazara, encore qu'il les eût prises par une bonne et juste guerre : et il se mit si bien à la raison, « qu'Athénobius envoyé du roi d'Asie, n'eut rien à répondre [2]. »

Il est beau et utile que les affaires d'une certaine importance soient discutées autant qu'il se peut par le prince même, avec un si grand raisonnement. Quand il s'en fie tout à fait aux autres, il s'expose à être trompé, ou à voir ses droits négligés. Personne ne pénètre plus dans les affaires que celui qui y a le principal intérêt.

XIe PROPOSITION.

Le prince doit savoir connoître les occasions et les temps.

C'est une des principales parties de la science des affaires, qui toutes dépendent de là.

« Chaque chose a son temps, et tout passe sous le ciel dans l'espace qui lui est marqué. Il y a le temps de naître, et le temps de mourir; le temps de planter, et le temps d'arracher; le temps de blesser, et le temps de guérir; le temps de bâtir, et le temps d'abattre; le temps de pleurer, et le temps de rire; le temps d'amasser, et le temps de répandre; le temps de couper, et le temps de coudre (c'est-à-dire le temps de s'unir, et le temps de rompre); le temps de parler, et le temps de se taire; le temps de guerre, et le temps de paix. Dieu même fait tout en certains temps [3]. »

Si toutes choses dépendent du temps, la science des temps est donc la vraie science des affaires, et le vrai ouvrage du sage. Aussi est-il écrit « que le cœur du sage connoît le temps, et règle sur cela son jugement [4]. »

C'est pourquoi il faut dans les affaires beaucoup d'application et de travail. « Chaque affaire a son temps et son occasion; et la vie de l'homme est pleine d'affliction, parce qu'il ne sait point le

---

[1] I *Mach.*, xv, 33, 34. — [2] *Ibid.*, 35. — [3] *Eccle.*, iii, 1, 2, etc. — [4] *Ibid.*, viii, 5.

passé, et il n'a point de messager qui lui annonce l'avenir. Il ne peut rien sur les vents; il n'a point de pouvoir sur la mort; il ne peut différer quand on vient lui faire la guerre¹. » Nul ne fait ce qu'il veut : une force majeure domine partout : les momens passent rapidement et avec une extrême précipitation : qui les manque, manque tout.

Cette science des temps a fait la principale louange de la sagesse de Salomon. « Béni soit le Dieu d'Israël, qui a donné à David un fils habile, avisé, sage et prudent, pour bâtir un temple au Seigneur, et un palais pour sa personne². » Dans une profonde paix, dans une grande abondance, après les préparatifs faits par son père, c'étoit le temps d'entreprendre de si grands ouvrages.

Parce que les Machabées prirent bien leur temps, ils engagèrent les Romains à les protéger; et ils s'affranchirent des rois de Syrie, qui les opprimoient. « Jonathas vit que le temps étoit favorable, et il envoya renouveler l'alliance avec les Romains³. »

Il faudroit transcrire toutes les histoires saintes et profanes, pour marquer ce que peuvent dans les affaires les temps et les contre-temps.

Il y a encore dans les choses certains temps à observer pour garder les bienséances, et entretenir l'ordre. « Mon fils, observez les temps, et évitez le mal⁴. »

Les temps règlent toutes les actions jusqu'aux moindres. « Malheur à toi, terre, dont les rois se gouvernent en enfans, et mangent dès le matin. Heureuse la terre dont le roi n'a que de grandes pensées; dont les princes mangent dans le temps pour la nécessité, et non pour la délicatesse⁵. » C'est une espèce de similitude pour montrer que le temps gouverne tout : et que chaque chose a un temps propre.

---

¹ *Eccle.*, VIII, 6-8. — ² II *Paral.*, II, 12. — ³ I *Machab.*, XII, 1. — ⁴ *Eccli.*, IV, 23. — ⁵ *Eccle.*, X, 16, 17.

XIIᵉ PROPOSITION.

Le prince doit connoître les hommes.

C'est là sans doute sa plus grande affaire, de savoir ce qu'il faut croire des hommes et à quoi ils sont propres.

Il faut avant toutes choses qu'il connoisse le naturel de son peuple : et c'est ce que le Sage lui prescrit en la figure d'un pasteur : « Connoissez, dit-il, la face de votre brebis, et considérez votre troupeau [1]. »

Sans regarder aux conditions, il doit juger de chacun, parce qu'il est dans son fond. « Ne méprisez pas le pauvre qui est homme de bien : n'élevez pas le riche à cause qu'il est puissant [2]. » Et encore : « Ne louez ni ne méprisez l'homme par ce qui paroît à la vue : l'abeille est petite, et il n'y a rien de plus doux que ce qu'elle fait [3]. »

Il faut surtout qu'il connoisse ses courtisans. « Prenez garde à ceux qui vous environnent, et tenez conseil avec les sages [4]. »

Autrement tout ira au hasard dans un Etat, et il y arrivera ce que déplore le Sage. « J'ai vu sous le soleil qu'on ne confie pas la course au plus vite, ni la guerre au plus vaillant : que ce n'est point aux sages qu'on donne du pain, ni aux plus habiles qu'on donne les richesses; et que ce ne sont pas les plus intelligens qui plaisent le plus : mais que la rencontre et le hasard font tout sur la terre [5]. »

C'est ce qui arrive sous un prince inconsidéré, qui ne sait pas choisir les hommes, mais qui prend ceux que le hasard et l'occasion, ou son humeur, lui présentent.

La surprise et l'erreur confondent tout dans un tel règne. « J'ai vu sous le soleil un mal, où le prince se laisse aller par surprise : un fol tient les hautes places, et les grands sont à ses pieds [6]. »

Le prince qui choisit mal, est puni par son propre choix. « Celui qui envoie porter des paroles par un fol, sera condamné par ses propres œuvres [7]. »

David pour avoir bien connu les hommes, sauva ses affaires

---

[1] *Prov.*, XXVII, 23. — [2] *Eccli.*, X, 26. — [3] *Ibid.*, XI, 2, 3. — [4] *Eccli.*, IX, 21 — [5] *Eccle.*, IX, 11. — [6] *Ibid.*, X, 5, 6. — [7] *Prov.*, XXVI, 6.

dans la révolte d'Absalon. Il vit que toute la force du parti rebelle étoit dans les conseils d'Achitophel, et tourna tout son esprit à les détruire. Il connut la capacité et la fidélité de Chusaï. C'étoit un sage vieillard, qui le voyant contraint de prendre la fuite, « vint à lui la tête couverte de poussière, et les habits déchirés. David lui dit : Si vous venez avec moi, vous me serez à charge : si vous faites semblant de suivre le parti d'Absalon, vous dissiperez le conseil d'Achitophel [1]. »

Il ne se trompa point dans sa pensée. Chusaï empêcha Absalon de suivre un conseil d'Achitophel, qui ruinoit David sans ressource [2]. Achitophel sentit aussitôt que les affaires étoient perdues, et se fit périr par un cordeau [3].

David non content d'envoyer Chusaï, lui donna des personnes affidées. Il ne falloit pas s'y tromper; car au moindre faux pas, le précipice étoit inévitable. Voici donc ce que David dit à Chusaï : « Tout ce que vous apprendrez des desseins d'Absalon, dites-le aux prêtres Sadoc et Abiathar : ils ont deux enfans par qui vous me manderez toutes les nouvelles [4]. »

Chusaï n'y manqua pas. Après avoir rompu les desseins d'Achitophel, il manda à David par ces deux hommes tout ce qui s'étoit passé [5], et lui donna un avis qui sauva l'Etat.

Ainsi David pour avoir connu les hommes dont il se servoit, reprit le dessus, et rétablit ses affaires presque désespérées.

Au contraire Roboam pour avoir mal connu l'humeur de son peuple, et l'esprit de Jéroboam qui le soulevoit, perdit dix tribus, c'est-à-dire plus de la moitié de son royaume.

Le prince qui s'habitue à bien connoître les hommes, paroît en tout inspiré d'en haut; tant il donne droit au but. Joab avoit envoyé une femme habile pour insinuer quelque chose à David. Ce prince connut d'abord de qui venoit le conseil. « Il répondit à cette femme : Dites-moi la vérité; n'est-ce pas Joab qui vous envoie me parler? Seigneur, lui dit-elle, par le salut de votre ame vous ne vous êtes détourné ni à droite ni à gauche. Votre serviteur Joab m'a mis à la bouche toutes les paroles que j'ai

---

[1] II *Reg.*, xv, 32-34. — [2] *Ibid.*, xvii, 7, etc. — [3] *Ibid.*, 23. — [4] *Ibid.*, xv, 35, 36. — [5] *Ibid.*, xvii, 15, etc.

dites : mais vous, seigneur, vous êtes sage comme un ange de Dieu, et il n'y a rien sur la terre que vous ne sachiez ¹. »

C'est ce que vouloit dire Salomon dans cette belle sentence : « La prophétie est dans les lèvres du roi; il ne se trompe point dans son jugement ². »

Ce sage roi l'avoit éprouvé dans ce jugement mémorable qu'il rendit entre ces deux mères. Parce qu'il connut la nature et les effets des passions, la malice et la dissimulation ne put se cacher à ses yeux : « Et tout le peuple connut que la sagesse de Dieu étoit en lui ³. »

Outre que la grande expérience et la connoissance des hommes donnent à un prince appliqué un discernement délicat, Dieu l'aide en effet quand il s'applique : car « le cœur du roi est entre ses mains ⁴. »

C'est Dieu qui mit dans le cœur de David ces salutaires conseils qui lui remirent la couronne sur la tête. Ce ne fut pas la prudence de David : « ce fut le Seigneur lui-même qui dissipa les conseils utiles d'Achitophel ⁵. »

Aussi s'étoit-il d'abord tourné à Dieu. « O Seigneur, confondez le conseil d'Achitophel ⁶ ! »

Voilà donc deux choses que le prince doit faire : premièrement, s'appliquer de toute sa force à bien connoître les hommes : secondement, dans cette application, attendre les lumières d'en haut, et les demander avec ardeur; car la chose est délicate et enveloppée.

Il ne se peut rien ajouter à ce que dit sur ce sujet l'*Ecclésiastique*. Je rapporterai son discours, comme il est porté dans le grec, bien plus clair que notre version latine : « Tout conseiller vante son conseil; mais il y en a qui conseillent pour eux-mêmes. Gardez-vous donc d'un conseiller, et regardez avant toutes choses quel besoin vous en avez, et quels sont ses intérêts. Car souvent il conseillera pour lui-même, et hasardera vos affaires pour faire les siennes. Il vous dira : Vous faites bien; et il prendra garde cependant à ce qui vous arrivera pour en profiter. Ne consultez

---

[1] II *Reg.*, XIV, 18-20.— [2] *Prov.*, XVI, 10.— [3] III *Reg.*, III, 28.— [4] *Prov.*, XXI, 1. — [5] II *Reg.*, XVII, 14. — [6] *Ibid.*, XV, 31.

donc pas avec un homme suspect. Regardez les vues d'un chacun. Ne prenez pas l'avis d'une femme sur celle dont elle est jalouse, ni d'un homme timide sur la guerre, ni du marchand sur la difficulté des voitures, ni du vendeur sur le prix de ses marchandises (chacun se fera valoir, et regardera son profit). Ne consultez non plus l'envieux sur la récompense des services : ni celui dont le cœur est dur sur les libéralités et sur les graces : ni l'homme lent sur quelque entreprise que ce soit : ni le mercenaire que vous avez à votre service sur la fin de l'ouvrage qu'il a entrepris (car il a intérêt de le faire durer le plus qu'il pourra) : ni un serviteur paresseux sur les travaux qu'il faut entreprendre. Ne prenez point de tels conseils : mais ayez auprès de vous un homme religieux, qui garde les commandemens, dont l'esprit revienne au vôtre, et qui compatisse à vos maux quand vous tomberez. Et faites-vous un conseil dans votre cœur ; car vous n'en trouverez point de plus fidèle. L'esprit d'un homme lui rapporte plus de nouvelles que sept sentinelles mises sur de hauts lieux, pour découvrir et pour observer. Et par-dessus tout cela, priez le Seigneur, afin qu'il conduise vos voies [1]. »

XIIIe PROPOSITION.

Le prince doit se connoître lui-même.

Mais de tous les hommes que le prince doit connoître, celui qu'il lui importe plus de bien connoître, c'est lui-même.

« Mon fils, éprouvez vôtre ame dans toute votre vie ; et si elle vous semble mauvaise. ne lui donnez pas de pouvoir [2] : » c'est-à dire, ne vous laissez pas aller à ses désirs. Le grec porte : « Mon fils, éprouvez votre ame ; connoissez ce qui lui est mauvais, et gardez-vous de le lui donner. »

Tout ne convient pas à tous ; il faut savoir à quoi on est propre. Tel homme qui seroit grand employé à certaines choses, se rend méprisable, parce qu'il se donne à celles où il n'est pas propre.

Connoître ses défauts est une grande science. Car on les corrige, ou on y supplée par d'autres moyens. « Mais qui connoît ses fautes [3] ? » dit le Psalmiste. Nul ne les connoît par lui-même ;

---

[1] *Eccli.*, XXXVII, 8, 9, etc. — [2] *Ibid.*, 30. — [3] *Psal.* XVIII, 13.

il faut avoir quelque ami fidèle qui vous les montre. Le Sage nous le conseille. « Qui aime à savoir, aime à être enseigné ; qui hait d'être repris, est insensé [1]. »

En effet c'est un caractère de folie, d'adorer toutes ses pensées, de croire être sans défaut, et de ne pouvoir souffrir d'en être averti. « L'insensé marchant dans sa voie, trouve tous les autres fols [2]. » Et encore : « Ne conférez point avec le fol, qui ne peut aimer que ce qui lui plaît [3]. »

Le Sage dit au contraire : « Qui donnera un coup de fouet à mes pensées, et une sage instruction à mon cœur, afin que je ne m'épargne pas moi-même, et que je connoisse mes défauts : de peur que mes ignorances et mes fautes ne se multiplient, et que je ne donne de la joie à mes ennemis, qui me verront tomber à leurs pieds [4] ? »

Voilà ce qui arrive à l'insensé, qui ne veut pas connoître ses fautes. Les princes accoutumés à la flatterie, sont sujets plus que tous les autres hommes à ce défaut. Parmi une infinité d'exemples, je n'en rapporterai qu'un seul.

Achab ne vouloit point entendre le seul prophète qui lui disoit la vérité, parce qu'il la disoit sans flatterie. « Josaphat, roi de Juda, dit à Achab, roi d'Israël : N'y a-t-il pas ici quelque prophète du Seigneur ? Il nous en reste encore un, répondit le roi d'Israël, qui s'appelle Michée, fils de Jemla ; mais je le hais, parce qu'il ne me prophétise que du mal, et jamais du bien [5]. »

Il le reprenoit de ses crimes, et l'avertissoit des justes jugemens de Dieu, afin qu'il les évitât. Achab ne pouvoit souffrir ses discours. Il aimoit mieux être environné d'une troupe de prophètes flatteurs, qui ne lui chantoient que ses louanges et des triomphes imaginaires. Il voulut être trompé, et il le fut. Dieu le livra à l'esprit d'erreur, qui remplit le cœur de ses prophètes de flatteries et d'illusions, auxquelles il crut pour son malheur ; et il périt dans la guerre où ses prophètes lui annonçoient tant d'heureux succès.

Au contraire le pieux roi Josaphat reprend le roi d'Israël, qui

---

[1] *Prov.*, XII, 1. — [2] *Eccle.*, X, 3. — [3] *Eccli.*, VIII, 20 — [4] *Ibid.*, XXIII, 2, 3. — [5] III *Reg.*, XXII, 7, 8 ; II *Paral.*, XVIII, 6, 7.

ne vouloit pas qu'on écoutât ce prophète de malheurs. « Ne parlez pas ainsi, roi d'Israël[1]. » Il faut écouter ceux qui nous montrent, de la part de Dieu, et nos fautes, et ses jugemens.

Le même roi Josaphat au retour de la guerre où il avoit été avec Achab, écouta avec soumission le prophète Jéhu qui lui dit : « Vous donnez secours à un impie, et vous faites amitié avec les ennemis de Dieu : vous méritiez sa colère ; mais il s'est trouvé en vous de bonnes œuvres[2]. »

Il marchoit en tout sur les pas de son père David, qui, recevant avec respect les justes répréhensions des prophètes Nathan et Gad[3], reconnut ses fautes, et en obtint le pardon.

Ce ne sont pas seulement les prophètes qu'il faut ouïr : le sage regarde tous ceux qui lui découvrent ses fautes avec prudence, comme des hommes envoyés de Dieu pour l'éclairer. Il ne faut point avoir égard aux conditions : la vérité conserve toujours son autorité naturelle dans quelque bouche qu'elle soit. « Les hommes libres obéissent aux serviteurs sensés ; l'homme prudent et instruit ne murmure pas étant repris[4]. »

L'homme qui peut souffrir qu'on le reprenne est vraiment maître de lui-même. « Qui méprise l'instruction, méprise son ame : qui acquiesce aux répréhensions, est maître de son cœur[5]. »

XIVe PROPOSITION.

Le prince doit savoir ce qui se passe au dedans et au dehors de son royaume.

Sous un prince habile et bien averti, personne n'ose mal faire. On croit toujours l'avoir présent, et même qu'il devine les pensées. « Ne dites rien contre le roi dans votre pensée ; ne parlez point contre lui dans votre cabinet ; car les oiseaux du ciel rapporteront vos discours[6]. »

Les avis volent à lui de toutes parts ; il en sait faire le discernement, et rien n'échappe à sa connoissance.

Ce soldat à qui Joab, son général, commandoit quelque chose contre les ordres du roi, « lui répondit : Quelque somme que vous me donnassiez, je ne ferois pas ce que vous me dites. Car le

---

[1] III *Reg.*, XXII, 7, 8 ; II *Paral.*, XVIII, 6, 7. — [2] II *Paral.*, XIX, 2, 3. — [3] II *Reg.*, XII et XXIV. — [4] *Eccli.*, X, 28. — [5] *Prov.*, XV, 32. — [6] *Eccle.*, X, 20.

roi l'a défendu : et quand je ne craindrois pas ma propre conscience, le roi le sauroit ; et pourriez-vous me protéger [1] ? »

« Nathan vint à Bethsabée mère de Salomon, et lui dit : Ne savez-vous pas qu'Adonias, fils d'Haggith, s'est fait reconnoître roi, et le roi notre maître l'ignore encore ? Sauvez votre vie et celle de Salomon ; allez promptement, et parlez au roi [2]. » Un mal connu est à demi guéri : les plaies cachées deviennent incurables.

Voilà pour le dedans. Et pour le dehors : Amasias roi de Juda, enflé de la victoire nouvellement remportée sur les Iduméens, voulut mesurer ses forces avec le roi d'Israël plus puissant que lui. « Joas roi d'Israël lui fit dire : Le chardon du Liban voulut marier son fils avec la fille du cèdre ; et les bêtes qui étoient dans le bois de cette montagne, en passant écrasèrent le chardon. Vous avez défait les Iduméens et votre cœur s'est élevé. Contentez-vous de la gloire que vous avez acquise, et demeurez en repos. Pourquoi voulez-vous périr, vous et votre peuple ? Amasias n'acquiesça pas à ce conseil, il marcha contre Joas ; il fut battu et pris. Joas abattit quatre cents coudées des murailles de Jérusalem, et enleva les trésors de la maison du Seigneur et de la maison du roi [3]. » Si Amasias eût connu les forces de ses voisins, il n'auroit pas cru qu'il pût vaincre un roi plus puissant que lui, parce qu'il en avoit vaincu un plus foible : et cette ignorance causa sa ruine.

Au contraire Judas le Machabée, pour avoir parfaitement connu la conduite et les conseils des Romains, leur puissance et leur manière de faire la guerre, enfin leurs secrètes jalousies contre les rois de Syrie [4], s'en fit des protecteurs assurés, qui donnèrent moyen aux Juifs de secouer le joug des Gentils.

Que le prince soit donc averti, et n'épargne rien pour cela. C'est à lui principalement que s'adresse cette parole du Sage : « Achetez la vérité [5]. » Mais qu'il prenne donc garde à ne point payer des trompeurs, et à ne pas acheter le mensonge.

---

[1] II *Reg.*, XVIII, 12, 13. — [2] III *Reg.*, I, 11-13. — [3] IV *Reg.*, XIV, 8-10, etc. — [4] I *Machab.*, VIII, 1-3, etc. — [5] *Prov.*, XXIII, 23.

XVᵉ PROPOSITION.

Le prince doit savoir parler.

« Les ouvrages sont loués par la main de l'ouvrier ; et le prince du peuple est reconnu sage par ses discours [1]. »

On n'attend de lui que de grandes choses. Job sentoit en cela son obligation et l'attente des peuples, lorsqu'il disoit : « On n'attendoit de ma bouche que de belles sentences, et on se taisoit pour écouter mes conseils. On ne trouvoit rien à ajouter à mes paroles [2]. »

Ce n'est pas tout de tenir de sages discours, ni de dire de bonnes choses ; il les faut dire à propos. « Les belles sentences sont rejetées dans la bouche de l'imprudent : car il ne les dit pas en leur temps [3]. »

C'est pourquoi le Sage pense à ce qu'il dit, pour ne parler que quand il faut. « Le cœur du sage instruit sa bouche, et donne grace à ses lèvres. Des paroles bien ordonnées sont comme le miel ; la douceur en est extrême [4]. »

« Les paroles du sage le rendront agréable ; celles du fol l'engageront dans le précipice : il commence par une folie, et finit par une erreur insupportable [5]. »

S'il n'y a rien de plus agréable qu'un discours fait à propos, il n'y a rien de plus choquant qu'un discours inconsidéré. « Un homme désagréable ressemble à un discours hors de propos [6]. »

Parler mal à propos n'est pas seulement chose désagréable, mais nuisible. « Le discoureur se blesse lui-même d'une épée ; la langue des sages est la santé [7]. » Et encore : « Qui garde sa bouche, garde son ame ; le parleur inconsidéré se perdra lui-même [8]. »

Le vain discoureur a un caractère de folie. « L'insensé parle sans fin [9]. » Et encore : « Voyez-vous cet homme prompt à parler ? il y a plus à espérer d'un fol que de lui [10]. »

La langue conduite par la sagesse est un instrument propre à

---

[1] *Eccli.*, IX, 24. — [2] *Job*, XXIX, 21, 22. — [3] *Eccli.*, XX, 22. — [4] *Prov.*, XVI, 23, 24. — [5] *Eccle.*, X, 12, 13. — [6] *Eccli.*, XX, 21. — [7] *Prov.*, XII, 18. — [8] *Ibid.*, XIII, 3. — [9] *Eccle.*, X, 14. — [10] *Prov.*, XXIX, 20.

tout. Voulez-vous adoucir un homme irrité ? « Une douce réponse apaise la colère ; mais une parole rude excite la fureur ¹. » Et encore : « Une langue douce est l'arbre de vie ; une langue emportée accable l'esprit ². »

Voulez-vous gagner quelqu'un qui soit mécontent, la parole vous y sert plus que les dons. « La rosée rafraîchit l'ardeur ; et une parole vaut mieux qu'un présent ³. »

Il faut donc être maître de sa langue. « Le cœur du sage instruit sa bouche, » comme nous venons de voir. Et encore : « Le cœur des fols est en la puissance de leur bouche ; et la bouche des sages est en la puissance de leur cœur ⁴. » La démangeaison de parler emporte l'un ; la circonspection mesure toutes les paroles de l'autre : l'un s'échauffe en discourant, et s'engage ; l'autre pèse tout dans une balance juste, et ne dit que ce qu'il veut.

XVIᵉ PROPOSITION.

Le prince doit savoir se taire : le secret est l'ame des conseils.

« Il est bon de cacher le secret du roi ⁵. »

Le secret des conseils est une imitation de la sagesse profonde et impénétrable de Dieu. « On ne peut connoître la hauteur des cieux, ni la profondeur de la terre, ni le cœur des rois ⁶. »

Il n'y a point de force, où il n'y a point de secret. « Celui qui ne peut retenir sa langue, est une ville ouverte et sans murailles ⁷. » On l'attaque, on l'enfonce de toutes parts.

Si trop parler est un caractère de folie, savoir se taire est un caractère de sagesse. « Le fol même, s'il sait se taire, passera pour sage ⁸. »

Le sage interroge plus qu'il ne parle : « Faites semblant de ne pas savoir beaucoup de choses, et écoutez en vous taisant et en interrogeant ⁹. »

Ainsi sans vous découvrir, vous découvrirez les autres. Le désir de montrer qu'on sait, empêche de pénétrer et de savoir beaucoup de choses.

---

¹ *Prov.*, XV, 1. — ² *Ibid.*, 4. — ³ *Eccli.*, XVIII, 16. — ⁴ *Ibid.*, XXI, 29. — ⁵ *Tob.*, XIII, 7. — ⁶ *Prov.*, XXV, 3. — ⁷ *Ibid.*, 28. — ⁸ *Ibid.*, XVII, 28. — ⁹ *Eccli.*, XXXII, 12.

Il faut donc parler avec mesure. « L'insensé dit d'abord tout ce qu'il a dans l'esprit : le sage réserve toujours quelque chose pour l'avenir [1]. »

Il ne se tait pas toujours, « mais il se tait jusqu'au temps propre : l'insolent et l'imprudent ne connoissent pas le temps [2]. »

« Il y en a qui se taisent parce qu'ils ne savent pas parler ; et il y en a qui se taisent, parce qu'ils connoissent le temps [3]. »

Tant de grands rois, à qui des paroles témérairement échappées ont causé tant d'inquiétude, justifient cette parole du Sage : « Qui garde sa bouche et sa langue, garde son ame de grands embarras et de grands chagrins [4].

« Qui mettra un sceau sur mes lèvres, et une garde autour de ma bouche, afin que ma langue ne me perde point [5] ? »

XVIIe PROPOSITION.
Le prince doit prévoir.

Ce n'est pas assez au prince de voir, il faut qu'il prévoie. « L'habile homme a vu le mal qui le menaçoit, et s'est mis à couvert : le malhabile a passé outre, et a fait une grande perte [6]. »

« Jouissez des biens dans les temps heureux ; mais donnez-vous garde du temps fâcheux : car le Seigneur a fait l'un et l'autre [7]. »

Il ne faut point avoir une prévoyance pleine de souci et d'inquiétude, qui vous trouble dans la bonne fortune : mais il faut avoir une prévoyance pleine de précaution, qui empêche que la mauvaise fortune ne nous prenne au dépourvu.

« Dans l'abondance souvenez-vous de la famine : pensez à la pauvreté et au besoin parmi les richesses : le temps change du matin au soir [8]. »

Nous avons vu David, pour avoir prévu l'avenir, ruiner le parti d'Absalon, et étouffer la rébellion de Séba dans sa naissance [9].

Roboam, Amasias, et les autres dont nous avons vu les égare-

---

[1] *Prov.*, XXIX, 11. — [2] *Eccli.*, XX, 7. — [3] *Ibid.*, 6. — [4] *Prov.*, XXI, 23. — [5] *Eccli.*, XXII, 33. — [6] *Prov.*, XXII, 3. — [7] *Eccle.*, VII, 15. — [8] *Eccli.*, XVIII, 25, 26. — [9] II *Reg*, XV, XX.

mens, n'ont rien prévu, et sont tombés. Les exemples de l'un et l'autre événement sont innombrables.

Il n'y a guère d'homme qui ne soit touché d'un grand mal présent, et ne fasse des efforts pour s'en tirer : ainsi toute la sagesse est à prévoir.

L'homme prévoyant prend garde aux petites choses, parce qu'il voit que de celles-là dépendent les grandes. « Qui méprise les petites choses tombera peu à peu [1]. »

Dans la plupart des affaires, ce n'est pas tant la chose que la conséquence qui est à craindre : qui n'entend pas cela, n'entend rien.

La santé dépend plus des précautions que des remèdes : « Apprenez avant que de parler; prenez le remède avant la maladie [2]. »

Que les particuliers aient des vues courtes, cela peut être supportable. Le prince doit toujours regarder au loin, et ne se pas renfermer dans son siècle. « La vie de l'homme a des jours comptés; mais les jours d'Israël sont innombrables [3]. »

O prince! regardez donc la postérité. Vous mourrez; mais votre Etat doit être immortel.

XVIII° PROPOSITION.

Le prince doit être capable d'instruire ses ministres.

C'est-à-dire que la raison doit être dans la tête. Le prince habile fait les ministres habiles, et les forme sur ses maximes.

C'est ce que vouloit dire l'*Ecclésiastique* : « Le sage juge, c'est-à-dire le sage prince, instruira son peuple : et le gouvernement de l'homme sensé sera durable [4]. » Et encore : « L'homme sage instruit son peuple, et les fruits de la sagesse ne sont pas trompeurs [5]. »

L'exemple de Josaphat également sage, vaillant et pieux, nous apprendra ce qu'il faut faire.

Dans la troisième année de son règne, il envoya cinq des seigneurs de la Cour « pour instruire le peuple dans les villes de

---

[1] *Eccli.*, XIX, 1. — [2] *Ibid*, XVIII, 19, 20. — [3] *Ibid.*, XXXVII, 28. — [4] *Ibid.*, X, 1. — [5] *Ibid.*, XXXVII, 26.

Juda, et avec eux huit lévites et deux prêtres. Ils enseignoient le peuple de Juda, ayant en main le livre de la loi du Seigneur; et ils parcouroient toutes les villes de Juda, et ils instruisoient le peuple [1]. »

Remarquez toujours que la loi du Seigneur étoit la loi du royaume, dont le peuple doit être instruit; et le roi prend soin de l'en faire instruire. Comme cette loi contenoit ensemble les choses religieuses et politiques, aussi pour enseigner le peuple, il envoya des prêtres avec des seigneurs. Mais voyons la suite.

« Il établit des juges par toutes les villes fortes de Juda, leur disant : Prenez garde à ce que vous avez à faire : car ce n'est pas le jugement des hommes que vous exercez, mais le jugement du Seigneur : et tout ce que vous jugerez retombera (a) sur vous. Que la crainte du Seigneur soit donc avec vous : et faites tout avec soin; car il n'y a point d'iniquité dans le Seigneur votre Dieu, ni d'acception de personnes, ni de désir d'avoir des présens [2]. »

Outre ces tribunaux érigés dans les villes de Juda, il érigea un tribunal plus auguste dans la capitale du royaume. « Il établit dans Jérusalem des lévites et des prêtres, et les chefs de famille, pour juger le jugement du Seigneur, et terminer toutes les causes en son nom. Et il leur dit: Vous ferez ainsi, et ainsi, dans la crainte du Seigneur, avec fidélité et d'un cœur parfait. Dans toute cause de vos frères qui viendra à vous, où il sera question de la loi, des commandemens, des ordonnances et de la justice, apprenez-leur à ne point offenser Dieu, de peur que la colère de Dieu ne vienne sur vous et sur eux : en faisant ainsi vous ne pécherez pas [3]. »

Un prince habile donne ordre que le peuple soit bien instruit des lois; et lui-même il instruit ses ministres, afin qu'ils agissent selon la règle.

---

[1] II *Paral.*, XVII, 7-9. — [2] *Ibid.*, XIX, 5-7. — [3] *Ibid.*, 8-10.
— (a) *II° édit.* : Tombera.

ARTICLE II.

Moyens à un prince d'acquérir les connoissances nécessaires.

Iʳᵉ PROPOSITION.

Premier moyen : Aimer la vérité, et déclarer qu'on la veut savoir.

Nous avons montré au prince par la parole de Dieu, combien il doit être instruit, et de combien de choses : donnons-lui les moyens d'acquérir les connoissances nécessaires, en suivant toujours cette divine parole comme notre guide.

Le premier moyen qu'a le prince pour connoître la vérité, est de l'aimer ardemment et de témoigner qu'il l'aime : ainsi elle lui viendra de tous côtés, parce qu'on croira lui faire plaisir de la lui dire.

« Les oiseaux de même espèce s'assemblent, et la vérité retourne à celui qui la recherche [1]. » Les véritables cherchent les véritables : la vérité vient aisément à un esprit disposé à la recevoir par l'amour qu'il a pour elle.

Au contraire toute leur Cour sera remplie d'erreur et de flatterie, s'ils sont de l'humeur de ceux « qui disent aux voyans : Ne voyez pas ; et à ceux qui regardent : Ne regardez pas pour nous ce qui est droit : dites-nous des choses agréables, voyez pour nous des illusions [2]. »

Peu disent cela de bouche ; beaucoup le disent de cœur. Le monde est rempli de ces insensés dont parle le Sage : « L'insensé n'écoute pas les discours prudens : ni ne prête l'oreille, si vous ne lui parlez selon ses pensées [3]. »

Il ne suffit pas au prince de dire en général qu'il veut savoir la vérité, et de demander, comme fit Pilate à Notre-Seigneur [4] : « Qu'est-ce que la vérité ? » puis s'en aller tout à coup sans attendre la réponse. Il faut et le dire, et le faire de bonne foi.

Les uns s'informent de la vérité par manière d'acquit et en passant seulement ; comme il semble que Pilate fit en ce lieu. Les autres, sans se soucier de la savoir, s'en informent par ostenta-

[1] *Eccli.*, XXVII, 10. — [2] *Isa.*, XXX, 10. — [3] *Prov.*, XVIII, 2. — [4] *Joan.*, XVIII, 38.

tion, et pour se faire honneur de cette recherche. Tel étoit Achab roi d'Israël, dans lequel nous voyons tous les caractères de ce dernier genre d'hommes.

Au fond il n'aimoit que la flatterie, et craignoit la vérité. C'est pourquoi « il haïssoit Michée par cette seule raison, qu'il ne lui prophétisoit que des malheurs [1]. »

Repris de cette aversion injuste par Josaphat roi de Juda, il n'ose lui refuser d'écouter ce prophète véritable : mais en l'envoyant quérir par un courtisan flatteur, il lui fit dire sous main, comme nous avons déjà vu : « Tous les prophètes annoncent unanimement au roi des succès heureux, tenez-lui un même langage [2]. »

Cependant quand il paroît devant Josaphat et devant le monde, il fait semblant de vouloir savoir la vérité. « Michée, dit Achab, entreprendrons-nous cette guerre ? Je vous demande encore une fois, au nom de Dieu, de ne me dire que la vérité [3]. »

Mais aussitôt que le saint prophète commence à la lui expliquer, il s'en fâche ; et à la fin de son discours il le fait mettre en prison. « Ne vous avois-je pas bien dit qu'il ne vous prophétiseroit que des malheurs [4] ? »

C'est ainsi qu'il parla à Josaphat, aussitôt presque que Michée eut ouvert la bouche : et quand il eut tout dit, « le roi d'Israël donna cet ordre : Enlevez-moi Michée, et menez-le (a) au gouverneur de la ville, et à Joas fils d'Amélech, et dites-leur : Le roi commande qu'on mette cet homme en prison, et qu'on le nourrisse au pain et à l'eau en petite quantité, jusqu'à ce que je revienne en paix [5]. »

Voilà à quoi aboutit ce beau semblant que fit Achab de vouloir savoir la vérité. Aussi Michée le jugeant indigne de la savoir (b), lui répondit d'abord d'un ton ironique : Allez, tout vous réussira [6].

Enfin pressé au nom de Dieu de dire la vérité, le prophète exposa devant tout le monde cette terrible vision : « J'ai vu le Sei-

[1] III *Reg.*, XXII, 8 ; II *Paral.*, XVIII, 7. — [2] III *Reg.*, XXII, 13 ; II *Paral.*, XVIII, 12. — [3] III *Reg.*, XXII, 15, 16 ; II *Paral.*, XVIII, 14, 15. — [4] III *Reg.*, XXII, 18 ; II *Paral.*, XVIII, 17. — [5] III *Reg.*, XXII, 26, 27 ; II *Paral.*, XVIII, 25, 26. — [6] III *Reg.*, XXII, 15 ; II *Paral.*, XVIII, 14.

(a) IIe *édit.* : Mettez-le. — (b) De le savoir.

gneur assis dans son trône, et toute l'armée du ciel à droite et à gauche ; et le Seigneur dit : Qui trompera Achab roi d'Israël, afin qu'il assiége Ramoth-Galaad, et qu'il y périsse? L'un disoit d'une façon, et l'autre d'une autre ; un esprit s'avança au milieu de l'assemblée, et dit au Seigneur : Je le tromperai. En quoi le tromperas-tu, dit le Seigneur? Et il répondit : Je serai esprit menteur dans la bouche de tous les prophètes. Le Seigneur lui dit : Tu le tromperas, et tu prévaudras ; va, et fais comme tu dis. Maintenant donc, poursuivit (*a*) Michée, le Seigneur a mis l'esprit de mensonge dans la bouche de tous vos prophètes, et il a résolu votre perte [1]. »

Qui ne tremblera en voyant de si terribles jugemens? Mais qui n'en admirera la justice? Dieu punit par la flatterie les rois qui aiment la flatterie : et livre à l'esprit de mensonge les rois qui cherchent le mensonge, et de fausses complaisances.

Achab fut tué ; et Dieu fit voir que qui cherche à être trompé, trouve la tromperie pour sa perte.

« Vous êtes juste, ô Seigneur ! et tous vos jugemens sont droits [2]. »

IIe PROPOSITION.

Second moyen : Etre attentif et considéré.

On a beau avoir la vérité devant les yeux ; qui ne les ouvre pas, ne la voit pas. Ouvrir les yeux, à l'ame, c'est être attentif.

« Les yeux du sage sont en sa tête ; le fol marche dans les ténèbres [3]. » On demande à l'imprudent et au téméraire : Insensé, à quoi pensiez-vous? où aviez-vous les yeux? Vous ne les aviez pas à la tête, ni devant vous : vous ne voyiez pas devant vos pieds : c'est-à-dire, vous ne pensiez à rien ; vous n'aviez aucune attention.

C'est comme si on n'avoit point d'yeux, ni d'oreilles. « Ce peuple ne voit pas de ses yeux, et n'écoute pas des oreilles [4]. » Ou,

---

[1] III *Reg.*, XXII, 19, etc.; II *Paral.*, XVIII, 18, etc. — [2] *Psal.* CXVIII, 137. — [3] *Eccles.*, II, 14. — [4] *Isa.*, VI, 10.

(*a*) IIe *édit.* : Poursuit.

comme traduit saint Paul[1] : « Vous écouterez, et n'entendrez pas; vous verrez, et ne concevrez pas. »

C'est pourquoi le Sage nous dit « qu'il y a un œil qui voit, et une oreille qui écoute : et c'est, dit-il, le Seigneur qui fait l'un et l'autre [2]. »

Ce don de Dieu n'est pas fait pour ceux qui dorment, et qui ne pensent à rien. Il faut s'exciter soi-même et considérer. « Que vos yeux considèrent ce qui est droit, que vos paupières précèdent vos pas. Dressez-vous vous-même un chemin, et vos démarches seront fermes [3]. » Regardez avant que de marcher : soyez attentif à ce que vous faites.

Il ne faut jamais rien précipiter. « Où il n'y a point d'intelligence, il n'y a point de bien : qui se précipite choppera : la folie des hommes les fait tomber, et puis ils s'en prennent à Dieu dans leur cœur [4]. »

Soyez donc attentif et considéré en toutes choses. « Devant que de juger ayez la justice devant les yeux ; apprenez avant que de parler : prenez la médecine devant la maladie : examinez-vous vous-même, avant que de prononcer un jugement : et Dieu vous sera propice [5]. »

L'attention en tout, c'est ce qui nous sauve. « Le conseil et l'attention vous garderont, la prudence vous sauvera des mauvaises voies : vous serez délivré de l'homme qui parle malicieusement, qui laisse le droit chemin, et marche par des voies ténébreuses [6]. »

Au milieu des déguisemens et des artifices qui règnent parmi les hommes, il n'y a que l'attention et la vigilance qui nous puissent sauver des surprises.

Qui considère les hommes attentivement, y est rarement trompé. Jacob connut au visage de Laban, que les dispositions de son cœur étoient changées. Il vit que le visage de Laban étoit autre qu'à l'accoutumée [7]. Et sur cela il prit la résolution de se retirer.

Car, comme dit l'*Eccélsiastique* selon les Septante : « On con-

---

[1] *Act.*, XXVIII, 26. — [2] *Prov.*, XX, 12. — [3] *Ibid.*, IV, 25, 26. — [4] *Ibid.*, XIX, 2, 3. — [5] *Eccli.*, XVIII, 19, 20. — [6] *Prov.*, II, 11-13. — [7] *Gen.*, XXXI, 2, 5.

noît les desseins de vengeance dans le changement du visage [1]. » Et encore : « Le cœur de l'homme change son visage, soit pour le bien, soit pour le mal [2]. »

Mais cela n'est pas aisé à découvrir, il y faut une grande application. « On trouve difficilement et avec travail les vestiges d'un cœur bien disposé et un bon visage [3]. »

Que le prince considère donc attentivement toutes choses ; mais surtout qu'il considère attentivement les hommes. La nature a imprimé sur le dehors une image du dedans. « L'homme se connoît à la vue ; on remarque un homme sensé à la rencontre : l'habit, le ris, la démarche découvrent l'homme [4]. »

Il ne faut pourtant pas en croire les premières impressions. Il y a des apparences trompeuses : il y a de profondes dissimulations. Le plus sûr est d'observer tout, mais de n'en croire que les œuvres. « Vous les connoîtrez par leurs fruits [5], » c'est-à-dire par leurs œuvres, dit la Vérité même. Et ailleurs : « L'arbre se connoît par son fruit [6]. »

Encore faut-il prendre garde à ce que dit l'*Ecclésiastique*. « Il y en a qui manquent, mais ce n'est pas de dessein. Qui ne pèche point dans ses paroles [7] ? » Comme s'il disoit : Ne prenez pas garde à quelque parole, et à quelque faute qui échappe. C'est en regardant la suite des paroles et des actions que vous porterez un jugement droit.

Il n'y a rien de moins attentif ni de moins considéré que les enfans. Le Sage nous veut tirer de cet état, et nous rendre plus sérieux, quand il nous dit : « Laissez l'enfance ; et vivez, et marchez par les voies de la prudence [8]. »

L'homme qui n'est point attentif, tombe dans l'un de ces deux défauts : ou il est égaré, ou il est comme assoupi dans une profonde léthargie. Le premier de ces défauts fait les étourdis ; l'autre fait les stupides ; états qui poussés à un certain point, font deux espèces de folie.

Voici en deux paroles deux tableaux qui sont faits de la main

---

[1] *Eccli.*, XVIII, 24. — [2] *Ibid.*, XIII, 31. — [3] *Ibid.*, 32. — [4] *Ibid.*, XIX, 26, 27. — [5] *Matth.*, VII, 16, 20. — [6] *Ibid.*, XII, 33. — [7] *Eccli.*, XIX, 16, 17. — [8] *Prov.*, IX, 6.

du Sage : « La sagesse reluit sur le visage de l'homme sensé : les yeux du fol regardent aux extrémités de la terre ¹. »

Voyez comme l'un est posé : l'autre, pendant qu'on lui parle, jette deçà et delà ses regards inconsidérés : son esprit est loin de vous; il ne vous écoute pas; il ne s'écoute pas lui-même : il n'a rien de suivi ; et ses regards égarés font voir combien ses pensées sont vagues.

Mais voici un autre caractère, qui n'est pas moins mauvais, ni moins vivement représenté. « C'est parler avec un homme endormi, que de discourir avec l'insensé, qui à la fin du discours demande : De quoi parle-t-on ² ? »

Que ce sommeil est fréquent parmi les hommes! Qu'il y en a peu qui soient attentifs, et aussi qu'il y a peu de sages! C'est pourquoi Jésus-Christ trouvant tout le genre humain assoupi, le réveille par cette parole qu'il répète si souvent : « Veillez, soyez attentifs, pensez à vous-mêmes ³. »

« Voyez, veillez, priez. Veillez encore une fois. Et ce que je vous dis, je le dis à tous : Veillez. Vous ne savez pas à quelle heure viendra le voleur ⁴. »

Qui ne veille pas est toujours surpris. Quelle erreur au prince, qui veut autour de lui des sentinelles qui veillent, et qui laisse dormir en lui-même son attention, sans laquelle il n'y a nulle garde qui soit sûre !

Le prince est lui-même une sentinelle établie pour garder son Etat : il doit veiller plus que tous les autres. Peuple malheureux! tes sentinelles (tes princes, tes magistrats, tes pontifes, en un mot tous tes pasteurs, qui doivent veiller à ta conduite;) « tes sentinelles, dis-je, sont tous aveugles ; ils sont tous ignorans ; chiens muets, qui ne savent point japper : ils ne voient que des choses vaines : ils dorment, ils aiment les songes : ce sont des chiens impudens et insatiables. Les pasteurs mêmes n'entendent rien : chacun songe à son intérêt : chacun suit son avarice, depuis le premier jusqu'au dernier. Venez, disent-ils, buvons, enivrons-nous; il sera demain comme aujourd'hui et cela durera longtemps ⁵. »

---

¹ *Prov.*, XVII, 24. — ² *Ecclt.*, XXII, 9. — ³ *Matth.*, XXIV, 42, 43; XXV, 13; XXVI, 38, 41; *Luc.*, XVII, 3; XXI, 34. — ⁴ *Marc.*, XIII, 33, 35, 37. — ⁵ *Isa.*, LVI, 10-12.

Voilà le langage de ceux qui croient que les affaires se font toutes seules, et que ce qui a duré durera de lui-même sans qu'on y pense. Vient cependant tout à coup le moment fatal. « Mané, Thécel, Pharès. Dieu a compté les jours de ton règne, et le nombre en est complet. Tu as été mis dans la balance, et tu as été trouvé léger. Ton royaume a été divisé, et il a été donné aux Mèdes et aux Perses. Et la même nuit Baltazar, roi des Chaldéens, fut tué, et Darius le Mède eut son royaume [1]. »

IIIe PROPOSITION.

Troisième moyen : Prendre conseil, et donner toute liberté à ses conseillers.

« Ne soyez point sage en vous-même [2]. » Ne croyez pas que vos yeux vous suffisent pour tout voir.

« La voie de l'insensé est droite à ses yeux. » Il croit toujours avoir raison. « Le sage écoute conseil [3]. »

Un prince présomptueux, qui n'écoute pas conseil, et n'en croit que ses propres pensées, devient intraitable, cruel et furieux. « Il vaut mieux rencontrer une ourse à qui on enlève ses petits, qu'un fol qui se confie dans sa folie [4]. »

Le fol qui se confie dans sa folie, et le présomptueux qui ne trouve bon que ce qu'il pense, est déjà défini par ces paroles du Sage : « Le fol n'écoute pas les discours prudens, si vous ne lui parlez selon sa pensée [5]. »

Qu'il est beau d'entendre parler ainsi Salomon le plus sage roi qui fut jamais ! Qu'il se montre vraiment sage, en reconnoissant que sa sagesse ne lui suffit pas !

Aussi voyons-nous qu'en demandant à Dieu la sagesse, il demande un cœur docile. « Donnez, dit-il, ô mon Dieu ! à votre serviteur un cœur docile » (un cœur capable de conseil : point superbe, point prévenu, point aheurté), « afin qu'il puisse gouverner votre peuple [6]. » Qui est incapable de conseil, est incapable de gouvernement.

Avoir le cœur docile, c'est n'être point entêté de ses pensées ; c'est être capable d'entrer dans celle des autres, selon cette pa-

---

[1] *Dan.*, v, 25, 26, etc. — [2] *Prov.*, iii, 7. — [3] *Ibid.*, xii, 15. — [4] *Ibid.*, xvii, 12. — [5] *Ibid.*, xviii, 2. — [6] III *Reg.*, iii, 9.

role de l'*Ecclésiastique* : « Soyez avec les vieillards prudens, et unissez-vous de tout votre cœur à leur sagesse [1]. »

Ainsi faisoit David. Nous avons vu combien il étoit prudent : nous le voyons aussi écoutant toujours et entrant dans la pensée des autres, point aheurté à la sienne. Il écoute avec patience cette femme sage de la ville de Thécué, qui osa bien lui venir parler des plus grandes affaires de son Etat et de sa famille. « Qu'il me soit permis, dit-elle, de parler au roi mon seigneur : et il lui dit : Parlez. » Elle poursuivit : « Pourquoi le roi mon seigneur offense-t-il le peuple de Dieu? et pourquoi fait-il cette faute, de ne vouloir pas rappeler Absalon qu'il a chassé [2]? » David l'écouta paisiblement, et trouva qu'elle avoit raison.

Quand Absalon, abusant de la bonté de David, eut péri dans sa rébellion, ce bon père s'abandonnoit à la douleur. Joab lui vint représenter de quelle conséquence il lui étoit de ne point témoigner tant d'affliction de la mort de ce rebelle. « Vous avez, dit-il, couvert de confusion les visages de vos serviteurs qui ont exposé leur vie pour votre salut, et de toute votre famille : vous aimez ceux qui vous haïssent, et vous haïssez ceux qui vous aiment : vous nous faites bien paroître que vous ne vous souciez pas de vos capitaines, ni de vos serviteurs : et je vois bien que si Absalon vivoit et que nous fussions tous perdus, vous en auriez de la joie. Levez-vous donc, paroissez, et contentez vos serviteurs par des paroles honnêtes : sinon je vous jure en vérité, qu'il ne demeurera pas un seul homme auprès de vous; et le mal qui vous arrivera sera le plus grand de tous ceux que vous avez jamais éprouvés depuis votre première jeunesse jusqu'à présent [3]. »

David tout occupé qu'il étoit de sa douleur, entre dans la pensée d'un homme qui en apparence le traitoit mal, mais qui en effet le conseilloit bien : et en le croyant il sauva l'Etat.

C'est donc en prenant conseil et en donnant toute liberté à ses conseillers, qu'on découvre la vérité, et qu'on acquiert la véritable sagesse. « Moi sagesse, j'ai ma demeure dans le conseil, et je me trouve au milieu des délibérations sensées [4]. » Et encore :

---

[1] *Eccli.*, VI, 35. — [2] II *Reg.*, XIV, 12, etc. — [3] *Ibid.*, XIX, 5, etc. — [4] *Prov.*, VIII, 12.

« La guerre se fait par adresse, et le salut est dans la multitude des conseils[1]. »

C'est là que se trouvent avec abondance les expédiens. « La science du sage est une inondation, et son conseil est une source inépuisable[2]. »

C'est pourquoi « le commencement de tout ouvrage est la parole, et le conseil doit marcher avant toutes les actions[3]. »

« Où il n'y a point de conseil les pensées se dissipent ; où il y a plusieurs conseillers, elles se confirment[4]. »

« Mon fils, ne faites rien sans conseil, et vous ne vous repentirez point de vos entreprises[5]. »

Outre que les choses ordinairement réussissent par les bons conseils, on a cette consolation, qu'on ne s'impute rien quand on les a pris.

C'est une chose admirable de voir ce que deviennent les petites choses conduites par les bons conseils. Mathathias n'avoit à opposer que sa famille et un petit nombre de ses amis à la puissance redoutable d'Antiochus roi de Syrie, qui opprimoit la Judée. Mais parce qu'il règle d'abord les affaires et les conseils, il pose les fondemens de la délivrance du peuple[6]. « Simon votre frère est homme de conseil : écoutez-le en tout, et il sera votre père. Judas homme de guerre commandera les troupes, et fera la guerre pour le peuple. Vous attirerez avec vous ceux qui sont zélés pour la loi de Dieu. Combattez, et défendez votre peuple. » Un bon dessein, un bon conseil, un bon capitaine pour exécuter, est un moyen assuré d'attirer du monde dans le parti. Voilà un gouvernement réglé, et un petit commencement d'une grande chose.

IVe PROPOSITION.

Quatrième moyen : Choisir son conseil.

« Ne découvrez pas votre cœur à tout le monde[7]. » Et encore : « Que plusieurs personnes soient bien avec vous ; mais choisissez pour conseiller un entre mille[8]. »

---

[1] *Prov.*, XXIV, 6. — [2] *Eccli.*, XXI, 16. — [3] *Ibid.*, XXXVII, 20. — [4] *Prov.*, XV, 22. — [5] *Eccli.*, XXXII, 24. — [6] I *Machab.*, II, 65, 66. — [7] *Eccli.*, VIII, 22. — [8] *Ibid.*, VI, 6.

C'est pourquoi les conseils doivent être réduits à peu de personnes. Les rois de Perse n'avoient que sept conseillers, ou sept principaux ministres. Nous avons vu « qu'ils étoient toujours auprès du roi, et qu'il faisoit tout par leur conseil [1]. »

David en avoit encore moins. « Jonatham oncle de David, homme sage et savant, étoit son conseiller. Lui, et Jahiel fils de Hachamoni étoient avec les enfans du roi. Achitophel étoit aussi conseiller du roi, et Chusaï étoit son principal ami. Après Achitophel, Joïadas fils de Banaïas, et Abiathar furent appelés aux conseils. Joab avoit le commandement des armées [2]. » Et c'étoit avec lui que David traitoit des affaires de la guerre.

Il faut donc plusieurs conseillers, car ils s'éclairent l'un l'autre, et un seul ne peut pas tout voir : mais il se faut réduire à un petit nombre.

Premièrement, parce que l'ame des conseils est le secret. « Nabuchodonosor assembla les sénateurs et les capitaines, et tint avec eux le secret de son conseil [3]. »

C'est un ange qui dit à Tobie [4] : « Il est bon de cacher le secret du roi : mais il est bon de découvrir les œuvres de Dieu. »

Le conseil des rois est un mystère; leur secret, qui regarde le salut de tout l'Etat, a quelque chose de religieux et de sacré, aussi bien que leur personne et leur ministère. C'est pourquoi l'interprète latin a traduit *secret* par le mot de *mystère* et de *sacrement*, pour nous montrer combien le secret des conseils du prince doit être religieusement gardé.

Au reste quand l'ange dit qu'il est bon de cacher le secret du roi, mais qu'il est bon de découvrir les œuvres de Dieu, c'est que les conseils des rois peuvent être détournés étant découverts; mais la puissance de Dieu ne trouve point d'obstacle à ses desseins; et Dieu ne les cache point par crainte ou par précaution, mais parce que les hommes ne sont pas dignes de les savoir, ni capables de les porter.

Que le conseil du prince soit donc secret; et pour cela qu'il soit entre très-peu de personnes. Car les paroles échappent aisément, et passent trop rapidement d'une bouche à l'autre. « Ne tenez

[1] *Esther*, I, 13. — [2] I *Paral.*, XXVII, 32-34. — [3] *Judith*, II, 2. — [4] *Tob.*, XII, 7.

point conseil avec le fol, qui ne saura pas cacher votre secret[1]. »

Une autre raison oblige le prince à réduire son conseil à peu de personnes : c'est que le nombre de ceux qui sont capables d'une telle charge est rare.

Il y faut premièrement une sagesse profonde, chose rare parmi les hommes : une sagesse qui pénètre les secrets desseins, et qui déterre pour ainsi dire ce qu'il y a de plus caché. « Les desseins qu'un homme forme dans son cœur sont un abîme profond; un homme sage les épuisera[2]. »

Cet homme sage ne se trouve pas aisément. Mais je ne sais s'il n'est pas encore plus rare et plus difficile de trouver des hommes fidèles. « Heureux qui a trouvé un véritable ami[3]. » Et encore : « Un ami fidèle est une défense invincible; qui l'a trouvé a trouvé un trésor : rien ne lui peut être comparé; l'or et l'argent ne sont rien au prix de sa fidélité[4]. »

La difficulté est de connoître ces vrais et ces sages amis. « Il y a des hommes rusés qui conseillent les autres, et ne peuvent pas se servir eux-mêmes[5]; il y a des raffineurs qui se rendent odieux à tout le monde[6]. Il y en a qui sont sages pour eux-mêmes, et les fruits de leur sagesse sont fidèles dans leur bouche[7] » : c'est-à-dire leurs conseils sont salutaires.

Pour les faux amis, ils sont innombrables. « Tout ami dit : Je suis bon ami : mais il y a des amis qui ne sont amis que de nom. N'est-ce pas de quoi s'affliger jusqu'à la mort, quand on voit qu'un ami devient ennemi? O malheureuse pensée! pourquoi viens-tu couvrir toute la terre de tromperie? Il y a des amis de plaisir qui nous quittent dans l'affliction. Il y a des amis de table et de bonne chère; ce sont des lâches qui abandonneront leur bouclier dans le combat[8]. » Et encore : « Il y a des amis qui cherchent leur temps et leurs intérêts; ils vous quitteront dans la mauvaise fortune : il y a des amis qui découvriront les paroles d'emportement, qui vous seront échappées dans votre colère. Il y a des

---

[1] *Eccli.*, VIII, 20, sec. LXX. — [2] *Prov.*, XX, 5. — [3] *Eccli.*, XXV, 12. — [4] *Ibid.*, VI, 14, 15. — [5] *Ibid.*, XXXVII, 21. — [6] *Ibid.*, 23. — [7] *Ibid.*, 25, 26. — [8] *Ibid.*, I, 2-5.

amis de table, que vous ne trouverez pas dans le besoin : dans la prospérité un tel ami sera comme un autre vous-même, et il agira hardiment dans votre maison. Si vous tombez, il se mettra contre vous, et se retirera [1]. »

Parmi tant de faux sages et de faux amis, il faut faire un choix prudent, et ne se fier qu'à peu de personnes.

Il n'y a point de plus sûr lien d'amitié que la crainte de Dieu. « Celui qui craint Dieu sera ami fidèle; et son ami lui sera comme lui-même [2]. » Et de là vient le sage conseil : « Ayez toujours avec vous un homme saint que vous connoîtrez craignant Dieu, dont l'ame s'accorde avec la vôtre, et qui compatisse à vos secrets défauts [3]. »

Prenez garde dans tous ces préceptes, que le Sage vous marque toujours un choix exquis; et qu'il faut se renfermer dans le petit nombre.

Mais il faut surtout consulter Dieu. Qui a Dieu pour ami, Dieu lui donnera des amis. « Un ami fidèle est un remède pour nous assurer la vie et l'immortalité. Ceux qui craignent Dieu le trouveront [4]. »

Ve PROPOSITION.

Cinquième moyen : Ecouter et s'informer.

Autres sont les personnes qu'il faut consulter ordinairement dans ses affaires, autres celles qu'il faut écouter.

Le prince doit tenir conseil avec très-peu de personnes. Mais il ne doit pas renfermer dans ce petit nombre tous ceux qu'il écoute : autrement s'il arrivoit qu'il y eût de justes plaintes contre ses conseillers, ou des choses qu'ils ne sussent pas, ou qu'ils résolussent de lui taire, il n'en sauroit jamais rien.

Nous avons vu David écouter sur des affaires importantes jusqu'à une femme, et suivre ses conseils : tant il aimoit la raison et la vérité, de quelque côté qu'elle lui vînt.

Il faut que le prince écoute, et s'informe de toutes parts, s'il la veut savoir. Ce sont deux choses : Il faut qu'il écoute, et remarque ce qui vient à lui : et qu'il s'informe avec soin de tout ce

---

[1] *Eccli.*, VI, 8-12. — [2] *Ibid.*, 17. — [3] *Ibid.*, XXXVII, 15, 16. — [4] *Ibid.*, VI, 16.

qui n'y vient pas assez clairement. « Si vous prêtez l'oreille, vous serez instruit; si vous aimez à écouter, vous serez sage [1]. »

Après tant d'instructions tirées des auteurs sacrés, ne refusons pas d'écouter un prince infidèle, mais habile et grand politique. C'est Dioclétien qui disoit : « Il n'y a rien de plus difficile que de bien gouverner : quatre ou cinq hommes s'unissent, et se concertent pour tromper l'empereur. Lui qui est enfermé dans ses cabinets ne sait pas la vérité. Il ne peut savoir que ce que lui disent ces quatre ou cinq hommes qui l'approchent. Il met dans les charges des hommes incapables. Il en éloigne les gens de mérite. C'est ainsi, disoit ce prince, qu'un bon empereur, un empereur vigilant, et qui prend garde à lui, est vendu. *Bonus, cautus, optimus, venditur imperator* [2]. »

Oui sans doute, quand il n'écoute que peu de personnes, et ne daigne pas s'informer de ce qui se passe.

VIe PROPOSITION.

Sixième moyen : Prendre garde à qui on croit, et punir les faux rapports.

Dans cette facilité de recevoir des avis de plusieurs endroits, il faut craindre : premièrement, que le prince ne se rabaisse en écoutant des personnes indignes. Cette femme que David écouta si tranquillement [3], étoit une femme sage et connue pour telle. L'*Ecclésiastique*, qui recommande tant d'écouter, veut que ceux qu'on écoute soient des vieillards honorables et des hommes sensés. « Soyez avec les sages vieillards, et unissez votre cœur à leurs sages pensées : si vous voyez un homme sensé, fréquentez souvent sa maison, ou l'appelez dans la vôtre [4]. »

Secondement, il faut craindre que le prince qui écoute trop ne se charge de faux avis, et ne se laisse surprendre aux mauvais rapports.

« Qui croit aisément, a le cœur léger, et se dégrade lui-même [5]. »

Ne croyez donc pas à toute parole [6]. « Pesez tout dans une juste balance. » « Comptez et pesez, » dit l'*Ecclésiastique* [7].

---

[1] *Eccli.*, VI, 34. — [2] Flavius Vop. Aurel. — [3] II *Reg.*, XIV, 2. — [4] *Eccli.*, VI, 35, 36. — [5] *Ibid.*, XIX, 4. — [6] *Ibid.*, 16. — [7] *Ibid.*, XLII, 7.

Il faut entendre, et non pas croire : c'est-à-dire peser les raisons, et non pas croire le premier venu sur sa parole : « Le simple croit tout ce qu'on lui dit; le sage entend ses voies [1]. »

Salomon, qui parle ainsi, avoit profité de ce sage avis du roi son père : « Prenez garde que vous entendiez tout ce que vous faites, et de quel côté vous aurez à vous tourner [2]. » Comme s'il disoit : Tournez-vous de plus d'un côté; car la vérité veut être cherchée en plusieurs endroits : les affaires humaines veulent être aussi tentées par divers moyens; mais de quelque côté que vous vous tourniez, tournez-vous avec connoissance et ne croyez pas sans raison.

Surtout prenez garde aux faux rapports. « Le prince qui prend plaisir à écouter les mensonges, n'a que des méchans pour ses ministres [3]. »

On jugera de vous par les personnes à qui vous croyez. « Le méchant écoute la méchante langue; le trompeur écoute les lèvres trompeuses [4]. »

« Plutôt un voleur, dit le Sage, que la conversation du menteur [5]. » Le menteur vous dérobe par ses artifices le plus grand de tous les trésors, qui est la connoissance de la vérité; sans quoi vous ne sauriez faire justice, ni aucun bon choix, ni en un mot aucun bien.

Prenez garde que le menteur, qui a aiguisé sa langue et préparé son discours pour couper la gorge à quelqu'un, ne manque pas de couvrir ses mauvais desseins sous une apparence de zèle. Miphiboseth, fils de Jonathas, zélé pour David, est trahi par Siba son serviteur, qui voulant le perdre pour avoir ses biens, vient au-devant de David avec des rafraîchissemens pendant qu'il fuyoit devant Absalon [6]. « Où est le fils de votre maître? lui dit David. Il est demeuré, répondit le traître, à Jérusalem, disant que Dieu lui rendroit le royaume de son père [7]. »

Voilà comme on prépare la voie aux calomnies les plus noires par une démonstration de zèle.

La malice prend quelquefois d'autres couvertures. Elle fait la

---

[1] *Prov.*, xiv, 15. — [2] III *Reg.*, ii, 3. — [3] *Prov.*, xxix, 12. — [4] *Ibid.*, xvii, 4. — [5] *Eccli.*, xx, 27. — [6] II *Reg.*, xvi, 1, 2. — [7] *Ibid.*, 3.

simple et la sincère. « Les paroles du fourbe paroissent simples, mais elles percent le cœur [1]. »

Elle fait aussi la plaisante, et s'insinue par des moqueries. Mais de là naissent des querelles dangereuses : « Chassez le moqueur : les querelles, les procès et les injustices se retireront avec lui [2]. »

En quelque forme que la médisance paroisse, craignez-la comme un serpent. « Si la couleuvre mord en secret, le médisant qui se cache n'a rien de moins odieux [3]. »

Le remède souverain contre les faux rapports, est de les punir. Si vous voulez savoir la vérité, ô prince ! qu'on ne vous mente pas impunément. Nul ne manque plus de respect pour vous, que celui qui ose porter des mensonges et des calomnies à vos oreilles sacrées.

On ne ment pas aisément à celui qui sait s'informer, et punir ceux qui le trompent.

La punition que je vous demande pour les faux rapports, c'est d'ôter toute croyance à ceux qui les font, et de les chasser d'auprès de vous. « Éloignez la mauvaise langue ; ne laissez point approcher les lèvres médisantes [4]. »

Ecouter les médisans, ou seulement les souffrir, c'est participer à leur crime. « N'ayez rien à démêler avec le discoureur, et ne jetez point de bois dans son feu [5]. » N'entretenez point les médisances en les écoutant et en les souffrant. Et encore : « N'allumez point le feu du pécheur, de peur que sa flamme ne vous dévore [6]. »

Ce n'est pas seulement les médisances qui sont à craindre ; les fausses louanges ne sont pas moins dangereuses, et les traîtres qui vendent les princes ont des gens apostés pour se faire louer devant eux. Toutes les malices auprès des grands se font sous prétexte de zèle. Tobie l'Ammonite, qui vouloit perdre Néhémias, lui faisoit donner des avis en apparence importans : « Il y a des desseins contre votre vie ; ils vous veulent tuer cette nuit : entendez-vous avec moi ; tenons conseil dans le temple au lieu le

---

[1] *Prov.*, XVIII, 8. — [2] *Ibid.*, XXII, 10. — [3] *Eccles.*, X, 11. — [4] *Prov.*, IV, 24. — [5] *Eccli.*, VIII, 4. — [6] *Ibid.*, 13, secund. LXX.

plus retiré¹ ; et je compris, dit Néhémias², que Sémaias étoit gagné par Tobie et Sanaballat. Tobie entretenoit de secrets commerces dans la Judée ; il avoit plusieurs grands dans ses intérêts, qui le louoient devant moi, et lui rapportoient toutes mes paroles³. »

O Dieu ! comment se sauver parmi tant de piéges, si on ne sait se garder des discours artificieux, et parler avec précaution ? « Mettez une haie d'épines autour de vos oreilles ; » n'y laissez pas entrer toute sorte de discours : « n'écoutez pas la mauvaise langue : faites une porte et une serrure à votre bouche : pesez toutes vos paroles⁴. »

O prince! sans ces précautions vos affaires pourront souffrir : mais quand votre puissance vous sauveroit de ces maux, c'est pour vous le plus grand de tous les maux de faire souffrir les innocens, contre qui les méchantes langues vous auront irrité.

Qu'il est beau d'entendre David chanter sur sa lyre : « J'étois dans ma maison avec un cœur simple ; je ne me proposois point de mauvais desseins ; je haïssois les esprits artificieux. Le cœur malin ne trouvoit point d'accès auprès de moi : je persécutois celui qui médisoit en secret contre son prochain ; je ne pouvois vivre avec le superbe et le hautain ; mes yeux se tournoient vers les gens de bien pour les faire demeurer avec moi. Celui qui vit sans reproche étoit le seul que je jugeois digne de me servir ; le menteur ne me plaisoit pas. Dès le matin je pensois à exterminer les impies ; et je ne pouvois souffrir les méchans dans la cité de mon Dieu⁵. »

La belle Cour, où l'on voit tant de simplicité et tant d'innocence, et tout ensemble tant de courage, tant d'habileté et tant de sagesse !

VIIᵉ PROPOSITION.

Septième moyen : Consulter les temps passés, et ses propres expériences.

En toutes choses, le temps est un excellent conseiller. Le temps découvre les secrets : le temps fait naître les occasions : le temps confirme les bons conseils.

---

¹ II *Esdr.*, VI, 10. — ² *Ibid.*, 12. — ³ *Ibid.*, 17-19. — ⁴ *Eccli.*, XXVIII, 28, 29. — ⁵ *Psal.* C, 2-8.

Surtout qui veut bien juger de l'avenir, doit consulter les temps passés.

Si vous voulez savoir ce qui fera du bien et du mal aux siècles futurs, regardez ce qui en a fait aux siècles passés. Il n'y a rien de meilleur que les choses éprouvées. « N'outre-passez point les bornes posées par vos ancêtres [1]. » Gardez les anciennes maximes sur lesquelles la monarchie a été fondée, et s'est soutenue.

Imitez les rois de Perse, qui avoient toujours auprès d'eux « ces sages conseillers instruits des lois et des maximes anciennes [2]. »

De là les registres de ces rois, et les annales des siècles passés, qu'Assuérus se faisoit apporter pendant la nuit, quand il ne pouvoit dormir [3].

Toutes les anciennes monarchies, celle des Egyptiens, celle des Hébreux, tenoient de pareils registres. Les Romains les ont imités. Tous les peuples enfin, qui ont voulu avoir des conseils suivis, ont marqué soigneusement les choses passées pour les consulter dans le besoin.

« Qu'est-ce qui sera? ce qui a été. Qu'est-ce qui a été fait? ce qu'on fera. Rien n'est nouveau sous le soleil, et personne ne peut dire : Cela n'a jamais été vu : car il a déjà précédé dans les siècles qui sont devant nous [4]. »

C'est pourquoi comme il est écrit dans la *Sagesse :* « Qui sait le passé, peut conjecturer l'avenir [5]. »

« L'insensé ne met point de fin à ses discours; l'homme ne sait pas ce qui a été devant lui; qui lui pourra découvrir ce qui viendra après [6]? »

N'écoutez pas les vains et infinis raisonnemens, qui ne sont pas fondés sur l'expérience. Il n'y a que le passé qui puisse vous apprendre et vous garantir l'avenir.

De là vient que l'Ecriture appelle toujours aux conseils les vieillards expérimentés. Les passages en sont innombrables. En voici un digne de remarque : « Ne vous éloignez point du sentiment des vieillards; écoutez ce qu'ils vous racontent; car ils l'ont appris de leurs pères. Vous trouverez l'intelligence dans leurs

---

[1] *Prov.*, xxii, 28. — [2] *Esth.*, i, 13. — [3] *Ibid.*, vi, 1. — [4] *Eccle.*, i, 9, 10. — [5] *Sapient.*, viii, 8. — [6] *Eccle.*, x, 14.

conseils, et vous apprendrez à répondre comme le besoin des affaires le demandera [1]. »

Job déplorant l'ignorance humaine, nous fait voir que s'il y a parmi nous quelque étincelle de sagesse, c'est dans les vieillards qu'elle se trouve. « Où réside la sagesse, dit-il, et d'où nous vient l'intelligence? Elle est cachée aux yeux de tous les vivans; elle est même inconnue aux oiseaux du ciel (c'est-à-dire aux esprits les plus élevés). La mort et la corruption ont dit : Nous en avons ouï quelque bruit [2]. » Les vieillards expérimentés, qu'un grand âge approche du tombeau, en ont ouï dire quelque chose.

Job avoit dit la même chose en d'autres paroles : « La sagesse est dans les vieillards, et la prudence vient avec le temps [3]. »

C'est donc par l'expérience que les esprits se raffinent. « Comme le fer émoussé s'aiguise avec grand travail, ainsi la sagesse suit le travail et l'application [4]. »

« Employez le sage, et vous augmenterez sa sagesse [5]. » L'usage et l'expérience le fortifiera.

Par l'expérience on profite même de ses fautes. « Qui n'a point été éprouvé, que sait-il? L'homme qui a beaucoup vu, pensera beaucoup : qui a beaucoup appris raisonnera bien. Qui n'a point d'expérience sait peu de chose. Celui qui a été trompé se raffine, et met le comble à sa sagesse. J'ai beaucoup appris dans mes fautes et dans mes voyages : l'intelligence que j'y ai acquise, a passé tous mes raisonnemens : je me suis trouvé dans de grands périls, et mes expériences m'ont sauvé [6]. »

C'est ainsi que la sagesse se forme : nos fautes mêmes nous éclairent, et qui sait en profiter est assez savant.

Travaillez donc, ô prince! à vous remplir de sagesse. L'expérience toute seule vous la donnera, pourvu que vous soyez attentif à ce qui se passera devant vos yeux. Mais appliquez-vous de bonne heure : autrement vous vous trouverez aussi peu avancé dans un grand âge, que vous l'avez été dans votre enfance.

« Pensez-vous trouver dans votre vieillesse ce que vous n'aurez point amassé dans votre jeune âge [7]? »

---

[1] *Eccli.*, VIII, 11, 12. — [2] *Job*, XXVIII, 20-22. — [3] *Ibid.*, XII, 12. — [4] *Eccle.*, X, 10. — [5] *Prov.*, IX, 9. — [6] *Eccli.*, XXXIV, 9-12, sec. LXX. — [7] *Ibid.*, XXV, 5.

« Laissez l'enfance, et vivez : et marchez par les voies de la prudence [1]. »

VIII⁰ PROPOSITION.

Huitième moyen : S'accoutumer à se résoudre par soi-même.

Il y a ici deux choses : la première, qu'il faut savoir se résoudre ; la seconde, qu'il faut savoir se résoudre par soi-même. C'est à ces deux choses qu'il se faut accoutumer de bonne heure.

Il faut donc, premièrement, savoir se résoudre. Ecouter, s'informer, prendre conseil, choisir son conseil, et toutes les autres choses que nous avons vues, ne sont que pour celle-ci : c'est-à-dire pour se résoudre.

Il ne faut donc point être de ceux qui à force d'écouter, de chercher, de délibérer, se confondent dans leurs pensées et ne savent à quoi se déterminer : gens de grandes délibérations et de grandes propositions ; mais de nulle exécution. A la fin tout leur manquera.

« Où il y a beaucoup de discours, beaucoup de propositions, des raisonnemens infinis, la pauvreté y sera. L'abondance est dans l'ouvrage [2]. » Il faut conclure et agir.

« Ne soyez pas prompt à parler, et languissant à faire [3]. » Ne soyez point de ces discoureurs qui ont à la bouche de belles maximes, dont ils ne savent pas faire l'application : et de beaux raisonnemens politiques, dont ils ne font aucun usage. Prenez votre parti, et tournez-vous à l'action.

« Ne soyez donc point trop juste ni trop sage, de peur qu'à la fin vous ne soyez comme un stupide [4], » immobile dans l'action, incapable de prendre un dessein.

Cet homme trop juste et trop sage, est un homme qui par foiblesse, et pour ne pouvoir se résoudre, fait scrupule de tout, et trouve des difficultés infinies en toutes choses.

Il y a un certain sens droit, qui fait qu'on prend son parti nettement. « Dieu a fait l'homme droit, et il s'est embarrassé de questions infinies [5]. » Il reste à notre nature même après sa

---

[1] *Prov.*, IX, 6. — [2] *Ibid.*, XIV, 23. — [3] *Eccli.*, IV, 34. — [4] *Eccle.*, VII, 17. — [5] *Ibid.*, 30.

chute, quelque chose de cette droiture : c'est par là qu'il faut se résoudre, et ne point toujours s'abandonner à de nouveaux doutes.

« Qui observe le vent ne sèmera point ; qui considère les nuées ne fera jamais sa moisson [1]. » Qui veut trop s'assurer et trop prévoir ne fera rien.

Il n'est pas donné aux hommes de trouver l'assurance entière dans leurs conseils et dans leurs affaires. Après avoir raisonnablement considéré les choses, il faut prendre le meilleur parti, et abandonner le surplus à la Providence.

Au reste quand on a vu clair, et qu'on s'est déterminé par des raisons solides, il ne faut pas aisément changer. Nous l'avons déjà vu. « Ne tournez pas à tout vent, et ne marchez point en toute voie. Le pécheur (celui qui se conduit mal) a une double langue [2]. » Il dit, et se dédit : il résout d'une façon, et exécute de l'autre. « Soyez ferme dans votre intelligence, et que votre discours soit un [3]. »

Quand je dis qu'il faut savoir prendre sa résolution, c'est-à-dire qu'il la faut prendre par soi-même : autrement, nous ne la prenons pas, on nous la donne ; ce n'est pas nous qui nous tournons, on nous tourne.

Revenons toujours à cette parole de David à Salomon : « Prenez garde, mon fils, que vous entendiez tout ce que vous faites ; et de quel côté vous aurez à vous tourner [4]. »

« Le sage entend ses voies [5]. » Il a son but, il a ses desseins, il regarde si les moyens qu'on lui propose vont à sa fin. « L'imprudence des fols est errante. » Faute d'avoir un but arrêté, ils ne savent où aller ; et ils vont comme on les pousse.

Qui se laisse ainsi mener, ne voit rien ; c'est un aveugle qui suit son guide.

« Que vos yeux précèdent vos pas [6] : » nous a déjà dit le Sage. Vos yeux, et non ceux des autres. Faites-vous tout expliquer ; faites-vous tout dire : ouvrez les yeux et marchez ; n'avancez que par raison.

---

[1] *Eccle.*, XI, 4. — [2] *Eccli.*, V, 11. — [3] *Ibid.*, V, 12, sec. LXX. — [4] III *Reg.*, II, 3. — [5] *Prov.*, XIV, 8. — [6] *Ibid.*, IV, 25.

Ecoutez donc vos amis, et vos conseillers; mais ne vous abandonnez pas à eux. Le conseil de l'*Ecclésiastique* est admirable : « Séparez-vous de vos ennemis, prenez garde à vos amis [1]. » Prenez garde qu'ils ne se trompent : prenez garde qu'ils ne vous trompent.

Que si vous suivez à l'aveugle quelqu'un qui aura l'adresse de vous prendre par votre foible, et de s'emparer de votre esprit, ce ne sera pas vous qui régnerez, ce sera votre serviteur et votre ministre. Et ce que dit le Sage vous arrivera : « Trois choses émeuvent la terre : la première est un serviteur qui règne [2]. »

Dans quelle réputation s'étoit mis ce roi de Judée, dont il est écrit dans les *Actes* : « Hérode étoit en colère contre les Tyriens et les Sidoniens : ils vinrent à lui tous ensemble; et ayant gagné Blastus chambellan du roi, ils obtinrent ce qu'ils voulurent [3]? »

On vient au prince par cérémonie; en effet on traite avec le ministre. Le prince a les révérences; le ministre a l'autorité effective.

On rougit encore pour Assuérus roi de Perse, quand on lit dans l'histoire la facilité avec laquelle il se laisse mener par Aman son favori [4].

« Etablissez-vous donc un conseil en votre cœur : car vous n'en trouverez point de plus fidèle. L'esprit d'un homme attentif à ses affaires, lui rapporte plus de nouvelles que sept sentinelles posées dans des lieux éminens [5]. » On ne peut trop vous répéter ce conseil du Sage.

Il est malaisé dans votre jeunesse que vous ne croyiez quelqu'un; car l'expérience manque dans cet âge : les passions y sont trop impétueuses; les délibérations y sont trop promptes. Mais si vous voulez devenir bientôt capable d'agir par vous-même, croyez de telle manière que vous vous fassiez expliquer les raisons de tout; accoutumez-vous à goûter les bonnes. « Faites-vous instruire dans votre jeunesse : et jusqu'aux cheveux blancs votre sagesse croîtra [6]. »

Et remarquez ici que la véritable sagesse doit toujours croître :

---

[1] *Eccli.*, VI, 13. — [2] *Prov.*, XXX, 21, 22. — [3] *Act.*, XII, 20. — [4] *Esth.*, III, 8. — [5] *Eccli.*, XXXVII, 17, 18, sec. LXX. — [6] *Ibid.*, VI, 18.

mais elle doit commencer par la docilité. C'est pourquoi nous avons ouï Salomon au commencement de son règne, et dans sa première jeunesse, demander un cœur docile. Et le livre de la *Sagesse* lui fait dire : « J'étois un enfant ingénieux, et j'avois eu en partage une bonne ame [1]; » c'est-à-dire portée au bien et capable de prendre conseil.

Il parvint en peu de temps par ce moyen, au plus haut degré de sagesse. Il vous en arrivera autant. Si vous écoutez au commencement, bientôt vous mériterez qu'on vous écoute. Si vous êtes quelque temps docile, vous deviendrez bientôt maître et docteur.

IX⁰ PROPOSITION.

Neuvième moyen : Eviter les mauvaises finesses.

Nous en avons déjà vu une belle idée dans ces mots de l'*Ecclésiastique :* « Il y a des hommes rusés et artificieux, qui se mêlent d'enseigner les autres, et qui sont inutiles à eux-mêmes : il y a des raffineurs odieux dans leurs discours, et à qui tout manque [2]. » A force de raffiner ils sortent du bon sens, et tout leur échappe.

Ce que j'appelle ici mauvaises finesses, ce ne sont pas seulement les finesses grossières, ou les raffinemens trop subtils, mais en général toutes les finesses qui usent de mauvais moyens.

Elles ne manquent jamais d'embarrasser celui qui s'en sert. « Qui marche droitement, se sauvera; qui cherche les voies détournées, tombera dans quelqu'une, » dit le plus sage des rois [3].

Il n'y a rien qui se découvre plus tôt que les mauvaises finesses. « Celui qui marche simplement, marche en assurance : celui qui pervertit ses voies, sera bientôt découvert [4]. »

Le trompeur ne manque jamais d'être le premier trompé. « Les voies du méchant le tromperont : le trompeur ne gagnera rien [5]. » Et encore : « Qui creuse une fosse tombera dedans : qui rompt une haie, un serpent le mord [6]. »

Ecoutez la vive peinture que nous fait le Sage, du fourbe et de

---

[1] *Sapient.*, VIII, 19. — [2] *Eccli.*, XXXVII, 21-23, sec. LXX. — [3] *Prov.*, XXVIII, 18. — [4] *Ibid.*, X, 9. — [5] *Ibid.*, XII, 26, 27. — [6] *Eccle.*, X, 8.

l'imposteur. « Le fourbe et l'infidèle a des paroles trompeuses : il cligne les yeux : il marche sur les pieds : il fait signe des doigts, » il a des intelligences secrètes avec tout le monde ; « son cœur perverti machine toujours quelques tromperies ; il fait mille querelles, et brouille les meilleurs amis. Il périra bientôt, une chute précipitée le brisera, et il n'y aura plus de remède [1]. »

Si une telle conduite est odieuse dans les particuliers, combien plus est-elle indigne du prince, qui est le protecteur de la bonne foi !

Souvenez-vous de cette parole vraiment noble et vraiment royale du roi Jean, qui sollicité de violer un traité, répondit : « Si la bonne foi étoit périe par toute la terre, elle devroit se retrouver dans le cœur et dans la bouche des rois. »

« Les méchans sont abominables aux rois ; les trônes sont affermis par la justice. Les lèvres justes sont les délices des rois ; qui parle sincèrement, en sera aimé [2]. »

Voilà comme agit un roi, quand il songe à ce qu'il est et qu'il veut agir en roi.

Xe PROPOSITION.

Modèle de la finesse et de la sagesse véritable, dans la conduite de Saül et de David, pour servir de preuve et d'exemple à la proposition précédente.

Nous pouvons connoître la différence des sages véritables d'avec les trompeurs, par l'exemple de Saül et de David.

Les commencemens de Saül sont magnifiques ; il craignoit le fardeau de la royauté ; il étoit caché dans sa maison, et à peine le put-on trouver quand on l'élut [3]. Après son élection, il y vivoit dans la même simplicité et appliqué aux mêmes travaux qu'auparavant. Le besoin de l'Etat l'oblige à user d'autorité ; il se fait obéir par son peuple ; il défait les ennemis, son cœur s'enfle ; il oublie Dieu [4].

La jalousie s'empare de son esprit. Il avoit aimé David [5]. Il ne le peut plus souffrir, après que ses services lui ont acquis beaucoup de gloire. Il n'ose chasser de la Cour un si grand homme,

[1] *Prov.*, VI, 12-15. — [2] *Ibid.*, XVI, 12, 13. — [3] I *Reg.*, X, 21, etc ; XI, 5. — [4] *Ibid.*, XI-XV. — [5] *Ibid.*, XVI, 21.

de peur de faire crier contre lui-même : mais il l'éloigne sous prétexte de lui donner un commandement considérable [1]. Par là il lui fait trouver les moyens d'augmenter sa réputation, et de lui rendre de nouveaux services.

Enfin ce prince jaloux se résout à perdre David; et il ne voit pas qu'il perd lui-même le meilleur serviteur qu'il ait dans tout son royaume. Sa jalousie lui fournit de noirs artifices pour réussir dans ce dessein. » Il lui promet sa fille ; mais afin qu'elle lui soit une occasion de ruine; il lui fait dire par ses courtisans : Vous plaisez au roi, et tous ses ministres vous aiment [2]. » Mais tout cela pour le perdre. Sous prétexte de lui faire honneur, il l'expose à des occasions hasardeuses; et l'engage dans des périls presque inévitables. « Vous serez mon gendre, dit-il, si vous tuez cent Philistins. David le fit, et Saül lui donna sa fille. Mais il vit que le Seigneur étoit avec David : il le craignit, et il le haït toute sa vie [3]. »

Son fils Jonathas, qui aimoit David, fit ce qu'il put pour apaiser son père jaloux. Saül dissimule, et trompe son propre fils, pour mieux tromper David. Il le fait revenir à la Cour. David se signale par de nouvelles victoires; et la jalousie transporte de nouveau Saül. Pendant que David jouoit de la lyre devant lui, il le veut percer de sa lance. David s'enfuit, et il est contraint de se dérober de la Cour [4].

Saül le rappelle par de nouvelles caresses, et lui tend toujours de nouveaux piéges. David s'enfuit de nouveau [5].

Le malheureux roi, qui voyoit la gloire de David s'augmenter toujours; et que ses serviteurs, jusqu'à ses propres parens, et son fils même, aimoient un homme en effet si accompli, leur parla en ces termes : « Ecoutez, enfans de Jémini (il étoit lui-même de cette race); est-ce le fils d'Isaï qui vous donnera des champs et des vignes, ou qui vous fera capitaines et généraux des armées? Pourquoi avez-vous tous conjuré contre moi, et que personne ne m'avertit où est le fils d'Isaï, avec qui mon propre fils est lié d'amitié? Aucun de vous n'a pitié de moi, ni ne m'avertit de ce

---

[1] I *Reg.*, XVIII, 7-9, 13, etc. — [2] *Ibid.*, 21, 22. — [3] *Ibid.*, 25-29. — [4] *Ibid.*, XIX. — [5] *Ibid.*, XX.

qui se passe. On aime mieux servir mon sujet rebelle, qui fait de continuelles entreprises contre ma vie [1]. »

Il ne pouvoit parler plus artificieusement, pour intéresser tous ses serviteurs dans la perte de David. Il trouve des flatteurs qui entrent dans ses injustes desseins. David très-fidèle au roi, est traité comme un ennemi public. « Les Ziphéens vinrent avertir Saül que David étoit caché parmi eux dans une forêt. Et Saül leur dit : Bénis soyez-vous de par le Seigneur, vous qui avez seuls déploré mon sort. Allez, préparez tout avec soin ; n'épargnez pas vos peines : recherchez curieusement où il est, et qui l'aura vu. Car c'est un homme rusé, qui sait bien que je le hais. Pénétrez toutes ses retraites ; rapportez-moi des nouvelles certaines, afin que j'aille avec vous. Fût-il caché dans la terre, je l'en tirerai, et je le poursuivrai dans tout le pays de Juda [2]. »

Que d'artifices, que de précautions, que de dissimulation, que d'accusations injustes! Mais que d'ordres précis donnés, et avec combien d'attention et de vigilance! Tout cela pour opprimer un sujet fidèle.

Voilà ce qui s'appelle des finesses pernicieuses. Mais nous allons voir en David une sagesse véritable.

Plus Saül tâchoit en le flattant, de faire qu'il s'oubliât lui-même, et s'emportât à des paroles orgueilleuses ; plus sa modestie naturelle lui en inspiroit de respectueuses. « Qui suis-je? et de quelle importance est ma vie? Quelle est ma parenté en Israël, afin que je puisse espérer d'être le gendre du roi [3] ? » Et encore : « Vous semble-t-il que ce soit peu de chose, que d'être le gendre du roi? Pour moi, je suis un homme pauvre et ma fortune est basse [4]. »

Il ne se défendit jamais des malices de Saül par aucune voie violente. Il ne se rendoit redoutable que par sa prudence, qui lui faisoit tout prévoir. « Il agissoit prudemment dans toutes ses voies, et le Seigneur étoit avec lui. Saül vit qu'il étoit prudent, et il le craignoit [5]. »

Il avoit des adresses innocentes, pour échapper des mains d'un

---

[1] 1 *Reg.*, XXII, 7, 8. — [2] *Ibid.*, XXIII, 19-23. — [3] *Ibid.*, XVIII, 28. — [4] *Ibid.*, 23. — [5] *Ibid.*, 14, 15.

ennemi si artificieux et si puissant. Il se faisoit descendre secrètement par une fenêtre; et les satellites de Saül ne trouvoient dans son lit, où ils le cherchoient, qu'une statue bien couverte, qui lui avoit servi à dérober sa fuite à ses domestiques [1].

S'il se servoit de sa prudence pour se précautionner contre la jalousie du roi, il s'en servoit encore plus contre les ennemis de l'Etat. « Quand les Philistins marchoient en campagne, David les observoit mieux que tous les autres capitaines de Saül; et son nom le rendoit célèbre [2]. »

Comme il étoit bon ami et reconnoissant, il se fit des amis fidèles qui ne le trompèrent jamais. Samuel lui donna retraite dans la maison des prophètes [3]. Achimélech le grand prêtre ayant été tué pour avoir servi David innocemment, il sauva son fils Abiathar : « Demeurez avec moi, lui dit-il, j'aurai le même soin de votre vie que de la mienne, et nous nous sauverons tous deux ensemble [4]. » Abiathar gagné par un traitement si honnête, ne manqua jamais à David.

Son habileté et sa vertu lui gagnèrent tellement Jonathas fils de Saül, que, loin de vouloir entrer dans les desseins sanguinaires du roi son père, il n'oublia jamais rien pour sauver David [5]. En quoi il rendoit service à Saül même, qu'il empêchoit de tremper ses mains dans le sang innocent.

Quoiqu'il sût que Jonathas ne le trompoit pas, comme il connoissoit mieux Saül que lui, il ne se reposoit pas tout à fait sur les assurances que lui donnoit son ami. « Jonathas lui dit : Vous ne mourrez point; mon père ne fera ni grande ni petite chose qu'il ne me la découvre : m'auroit-il caché ce seul dessein? cela ne sera pas. Mais David lui dit : Votre père sait que vous m'honorez de votre bienveillance, et il dit en lui-même : Je ne me découvrirai point à Jonathas, de peur de le contrister. Vive le Seigneur et vive votre ame! Il n'y a qu'un petit espace entre moi et la mort [6]. »

Afin donc de ne se point tromper dans les desseins de Saül, il donna des moyens à Jonathas pour les découvrir; et ils convin-

---

[1] I *Reg.*, xix, 11, 12, etc. — [2] *Ibid.*, xviii, 30. — [3] *Ibid.*, xix, 18-20. — [4] *Ibid.*, xxii, 23. — [5] *Ibid.*, xix et xx. — [6] *Ibid.*, xx, 2, 3.

rent entre eux d'un signal que Jonathas donneroit à David dans le péril[1].

Comme il vit qu'il n'y avoit rien à espérer de Saül, il pourvut à la sûreté de son père et de sa mère, qu'il mit entre les mains du roi de Moab, « jusqu'à ce que je sache, dit-il[2], ce que Dieu aura ordonné de moi. » Voilà un homme qui pense à tout, et qui choisit bien ses protecteurs. Car le roi de Moab ne le trompa point. Par ce moyen il n'eut plus à penser qu'à lui-même. Et il n'y a rien de plus industrieux ni de plus innocent que fut alors toute sa conduite.

Contraint de se réfugier dans les terres d'Achis roi des Philistins, les satrapes vinrent dire au roi : « Voilà David ce grand homme, qui a défait tant de Philistins[3]. » David fit réflexion sur ces discours ; et sut si bien faire l'insensé, qu'Achis au lieu de le craindre et de l'arrêter, le fit chasser de sa présence et lui donna moyen de se sauver.

Environné trois à quatre fois par toute l'armée de Saül, il trouve moyen de se dégager, et d'avoir deux fois Saül entre ses mains[4].

Alors se vérifia ce que David a lui-même si souvent chanté dans les Psaumes : « Le méchant est tombé dans la fosse qu'il a creusée : il a été pris dans les lacets qu'il a tendus[5]. »

Quand ce fidèle sujet se vit maître de la vie de son roi, il n'en tira autre avantage, que celui de lui faire connoître combien profondément il le respectoit, et de confondre les calomnies de ses ennemis. « Il lui cria de loin : Mon seigneur et mon roi, pourquoi écoutez-vous les paroles des méchans qui vous disent : David attente contre votre vie ? Ne voyez-vous pas vous-même que le Seigneur vous a mis entre mes mains ? Et j'ai dit : A Dieu ne plaise que j'étende ma main sur l'oint du Seigneur. Reconnoissez donc, ô mon roi, que je n'ai point de mauvais dessein, et que je n'ai manqué en rien à ce que je vous dois. C'est vous qui voulez me perdre. Que le Seigneur juge entre vous et moi, et qu'il me fasse justice quand il lui plaira. Mais à Dieu ne plaise

---

[1] 1 *Reg.*, xx, 5, 6, 20-22. — [2] *Ibid.*, xxii, 3, 4. — [3] *Ibid.*, xxi, 11, 12, etc. — [4] *Ibid.*, xxiv et xxvi. — [5] *Psal.* vii, 16 ; ix, 16, etc.

que ma main attente sur votre personne. Contre qui vous acharnez-vous, roi d'Israël? contre qui vous acharnez-vous? contre un chien mort, contre un ver de terre. Que le Seigneur soit juge entre vous et moi, et qu'il protége ma cause, et me délivre de vos mains [1]. »

Par cette sage et irréprochable conduite, il contraignoit son ennemi à reconnoître sa faute. « Vous êtes plus juste que moi, lui dit Saül [2]. »

La colère de ce roi injuste ne s'apaisa pas pour cela. « David toujours poursuivi, dit en lui-même : « Je tomberai un jour entre les mains de Saül; il vaut mieux que je me sauve en la terre des Philistins; et que Saül désespérant de me trouver dans le royaume d'Israël, se tienne en repos [3]. »

Enfin il fit son traité avec Achis roi de Geth; et se ménagea tellement que, sans jamais rien faire contre son roi et contre son peuple, il s'entretint toujours dans les bonnes graces d'Achis [4].

Vous voyez Saül et David, tous deux avisés et habiles, mais d'une manière bien différente. D'un côté, une intention perverse : de l'autre, une intention droite. D'un côté, Saül un grand roi, qui ne donnant nulles bornes à sa malice, emploie tout sans réserve pour perdre un bon serviteur dont il est jaloux. De l'autre côté, David un particulier abandonné et trahi, se fait une nécessité de ne se défendre que par les moyens licites, sans manquer à ce qu'il doit à son prince et à son pays. Et cependant la sagesse véritable, renfermée dans des bornes si étroites, est supérieure à la fausse, qui n'oublie rien pour se satisfaire.

ARTICLE III.

Des curiosités et connoissances dangereuses : et de la confiance qu'on doit mettre en Dieu.

Ire PROPOSITION.

Le prince doit éviter les consultations curieuses et superstitieuses.

Telles sont les consultations des devins et des astrologues :

---
[1] I *Reg.*, XXIV, 9-16. — [2] *Ibid.*, 18. — [3] *Ibid.*, XXVII, 1. — [4] *Ibid.*, XXVII et XXVIII.

chose que l'ambition et la foiblesse des grands leur fait si souvent rechercher.

« Qu'il ne se trouve personne parmi vous qui consulte les devins, ni qui croie aux songes et aux augures. Qu'il n'y ait ni enchanteur, ni devin, ni aucun qui se mêle d'évoquer les morts. Le Seigneur a toutes ces choses en exécration. Il a détruit pour ces crimes les peuples qu'il a livrés entre vos mains. Soyez parfaits et sans tache devant le Seigneur votre Dieu. Les nations que vous détruirez écoutent les devins et ceux qui tirent des augures. Mais pour vous, vous avez été instruits autrement par le Seigneur votre Dieu. Il veut que vous ne sachiez la vérité que par lui seul : et s'il ne veut pas vous la découvrir, il n'y a qu'à s'abandonner à sa providence [1]. »

Les astrologues sont compris dans ces malédictions de Dieu. Voici comme il parle aux Chaldéens, inventeurs de l'astrologie, en laquelle ils se glorifioient. « Le glaive de Dieu sur les Chaldéens, dit le Seigneur, et sur les habitans de Babylone ; sur leurs princes et sur leurs sages. Le glaive de Dieu sur leurs devins, qui deviendront fols : le glaive sur leurs braves, qui trembleront : le glaive sur leurs chevaux, sur leurs chariots et sur tout le peuple : ils seront tous comme des femmes : le glaive sur leurs trésors, qui seront pillés [2]. »

Il n'y a rien de plus foible ni de plus timide que ceux qui se fient aux pronostics : trompés dans leurs vains présages, ils perdent cœur, et demeurent sans défense.

Ainsi périt Babylone la mère des astrologues, au milieu de ses réjouissances et des triomphes que lui chantoient ses devins. Isaïe prévoyant sa prise, lui parle en ces termes : « Viens, dit-il, avec tes enchantemens et tes maléfices, dans lesquels tu t'es exercée dès ta jeunesse ; pour voir s'ils te serviront, ou te rendront plus puissante. Te voilà à bout de tous tes conseils, que tu fondois sur des pronostics. Appelle tous les devins, qui observoient sans cesse le ciel, qui contemploient les astres, qui comptoient les mois, et faisoient des supputations si exactes pour t'annoncer l'avenir. Qu'ils te sauvent des mains de tes ennemis ! Ils sont

[1] *Deuter.*, XVIII, 10-14. — [2] *Jerem.*, I, 35-37.

comme de la paille que le feu dévore ; ils ne peuvent se sauver eux-mêmes de la flamme [1]. »

Ceux qui se vantent de prédire les événemens incertains, se font semblables à Dieu. Car écoutez comme il parle : « Qui est celui qui appelle, et qui compte au commencement toutes les races futures ? Moi le Seigneur, qui suis le premier et le dernier : qui suis devant et après [2]. »

« Amenez-moi vos dieux, ô gentils, dit le Seigneur, que je leur fasse leur procès. Parlez, si vous avez quelque chose à dire, dit le roi de Jacob ; qu'ils viennent, et qu'ils vous annoncent l'avenir. Découvrez-nous les choses futures, et nous vous tiendrons pour des dieux [3]. »

Et encore : « Ecoutez, maison d'Israël : voici ce que dit le Seigneur : Ne marchez point dans les voies des gentils ; ne craignez point les signes du ciel que les gentils craignent : la loi de ces peuples est vaine [4]. »

Les gentils ignorans adoroient les planètes et les autres astres ; leur attribuoient des empires, des vertus et des influences divines, par lesquelles ils dominoient sur le monde et en régloient les événemens : leur assignoient des temps et des lieux, où ils exerçoient leur domination. L'astrologie judiciaire est un reste de cette doctrine, autant impie que fabuleuse. Ne craignez donc ni les éclipses, ni les comètes, ni les planètes, ni les constellations que les hommes ont composées à leur fantaisie, ni ces conjonctions estimées fatales, ni les lignes formées sur les mains ou sur le visage, et les images nommées *Talismans*, imprégnées des vertus célestes. Ne craignez ni les figures, ni les horoscopes, ni les présages qui en sont tirés. Toutes ces choses, où l'on n'allègue pour toute raison que des paroles pompeuses, au fond sont des rêveries que les affronteurs vendent cher aux ignorans.

Ces sciences curieuses, qui servent de couverture aux sortiléges et aux maléfices, sont condamnées dans tous les Etats, et néanmoins souvent recherchées par les princes qui les défendent. Malheur à eux, malheur encore une fois ! Ils veulent savoir l'avenir, c'est-à-dire pénétrer le secret de Dieu. Ils tomberont dans

---

[1] *Isa.*, XLVII, 12-14. — [2] *Ibid.*, XLI, 4. — [3] *Ibid.*, 21-23. — [4] *Jerem.*, X, 1-3.

la malédiction de Saül. Ce roi avoit défendu les devins, et il les consulte. Une femme devineresse lui dit sans le connoître : « Vous savez que Saül a exterminé les devins, et vous venez me tenter pour me perdre? Vive le Seigneur, répondit Saül, il ne vous arrivera aucun mal. La femme lui dit : Qui voulez-vous que je vous évoque? Evoquez-moi Samuel, répondit Saül. La femme ayant vu Samuel, s'écria de toute sa force : Pourquoi m'avez-vous trompée? Vous êtes Saül. Saül lui dit : Ne craignez rien : qu'avez-vous vu? Je vois quelque chose de divin qui s'élève de terre. Saül répliqua : Quelle est sa figure? Un vieillard s'élève, dit-elle, revêtu d'un manteau. Il comprit que c'étoit Samuel, et se prosterna la face contre terre. Alors Samuel dit à Saül : Pourquoi troublez-vous mon repos en m'évoquant? et que vous sert de m'interroger, après que le Seigneur s'est retiré de vous pour aller à celui que vous enviez? Le Seigneur fera suivant que je vous l'ai dit de sa part : il vous ôtera votre royaume et le donnera à David, parce que vous n'avez pas obéi à la parole du Seigneur, et n'avez pas satisfait sa juste colère contre Amalec. C'est la cause de tous les maux qui vous arrivent aujourd'hui. Et le Seigneur livrera avec vous le peuple d'Israël aux Philistins : demain vous et vos enfans serez avec moi [1]. » C'est-à-dire, vous serez parmi les morts.

A cette terrible sentence, Saül tomba de frayeur, et il étoit hors de lui-même [2]. Et le lendemain la prédiction fut accomplie [3].

Il n'étoit pas au pouvoir d'une enchanteresse d'évoquer une ame sainte : ni au pouvoir du démon, qui a paru selon quelques-uns, sous la forme de Samuel, de dire si précisément l'avenir. Dieu conduisoit cet événement; et vouloit nous apprendre que quand il lui plaît, il permet qu'on trouve la vérité par des moyens illicites, pour la juste punition de ceux qui s'en servent.

Ne vous étonnez donc pas de voir arriver quelquefois ce qu'ont prédit les astrologues. Car sans recourir au hasard, parce que ce qui est hasard à l'égard des hommes est dessein à l'égard de Dieu; songez que par un terrible jugement, Dieu même livre à la séduction ceux qui la cherchent. Il abandonne le monde, c'est-

---

[1] I *Reg.*, XXVIII, 9, 10, etc. — [2] *Ibid.*, 20, 21. — [3] *Ibid.*, XXXI.

à-dire ceux qui aiment le monde, à des esprits séducteurs dont les hommes ambitieux et vainement curieux sont le jouet. Ces esprits trompeurs et malins amusent et déçoivent par mille illusions les ames (a) curieuses, et par là crédules. Un de leurs secrets est l'astrologie et les autres genres de divinations, qui réussissent quelquefois, selon que Dieu trouve juste de livrer ou à l'erreur, ou à de justes supplices, une folle curiosité.

C'est ainsi que Saül trouva dans sa curiosité la sentence de sa mort. C'est ainsi que Dieu doubla son supplice, le punissant non-seulement par le mal même qui lui arriva, mais encore par la prévoyance. Si c'est un genre de punition de livrer les hommes curieux à des terreurs furieuses, c'en est un autre de les livrer à de flatteuses espérances. Enfin leur crédulité, qui fait qu'ils se fient à d'autres qu'à Dieu, mérite d'être punie de plusieurs manières ; c'est-à-dire non-seulement par le mensonge, mais encore par la vérité, afin que leur téméraire curiosité leur tourne à mal en toutes façons.

C'est ce qu'enseigne saint Augustin, fondé sur les Ecritures, dans le deuxième livre de la *Doctrine chrétienne*, chap. XX et suivans.

Gardez-vous bien, ô rois, ô grands de la terre, d'approcher de vous ces trompeurs et ces ignorans, que l'on appelle devins ; « qui vous font des raisonnemens, et vous donnent des décisions de ce qu'ils ignorent, » dit le plus sage des rois [1].

Ne cherchez point parmi eux des interprètes de vos songes, comme s'ils étoient mystérieux. « Celui qui s'y fie est un insensé : une vaine espérance et le mensonge est son partage. Celui qui s'arrête à ces trompeuses visions, ressemble à l'homme qui embrasse une ombre, et qui court après le vent. Un homme croit voir un autre homme devant lui dans son sommeil : et prend pour vérité une creuse et vaine ressemblance » (ce ne sont que vapeurs impures qui s'élèvent dans le cerveau d'une nourriture mal digérée). « Espérez-vous épurer vos pensées par ce mélange confus d'imaginations, ou que le mensonge vous instruise de la

---

[1] *Prov.* XXIII, 6.
(a) IIe édit. : Des ames.

vérité? La divination est une erreur, les augures une tromperie, et les songes un mensonge et une illusion. Il n'appartient qu'au Très-Haut d'envoyer de véritables visions : et tout le reste ressemble aux fantaisies qu'une femme enceinte se met dans l'esprit. N'y mettez point votre cœur, si vous ne voulez être le jouet d'une honteuse foiblesse, d'une folle crédulité et d'une espérance trompeuse [1]. »

IIe PROPOSITION.

On ne doit pas présumer des conseils humains, ni de leur sagesse.

« L'homme sait à peine les choses passées : qui lui découvrira les choses futures [2] ? »

Ainsi « qui se fie en son cœur, est fol [3]. » Et encore : « Ne vous élevez pas dans votre cœur comme un taureau furieux, de peur que cette pensée ne vous dévore. Vos feuilles seront mangées, vos fruits tomberont ; vous demeurerez un bois sec ; votre gloire et votre force s'évanouiront [4]. »

Les Egyptiens se piquoient d'une sagesse extraordinaire dans leurs conseils. Voici comme Dieu leur parle : « Les princes de Tanis, sages conseillers de Pharaon, lui ont donné des conseils extravagans. Comment dites-vous à Pharaon : Je suis le fils des sages, le fils de ces anciens rois renommés par leur prudence? Où sont maintenant vos sages? Qu'ils vous disent ce que le Dieu des armées a ordonné de l'Egypte. Les princes de Tanis ont perdu l'esprit : les princes de Memphis se sont trompés; et ils ont trompé l'Egypte, eux en qui elle se fioit comme en ses remparts. Le Seigneur a répandu au milieu d'eux l'esprit de vertige : la tête leur a tourné : et ils font errer l'Egypte comme un ivrogne qui chancelle, et tournoie en vomissant. L'Egypte ne fera plus rien : elle ne fera ni grandes ni petites choses. On la verra étonnée et tremblante comme une femme. Tous ceux qui la verront, trembleront à la vue des desseins que Dieu a sur elle [5]. »

Quand on voit ses ennemis prendre de foibles conseils, il ne faut pas pour cela s'enorgueillir, mais songer que c'est le Sei-

---

[1] *Eccli.*, XXXIV, 1-7. — [2] *Eccle.*, X, 14. — [3] *Prov.*, XXVIII, 26. — [4] *Eccli.*, VI, 2, 3, sec. LXX. — [5] *Isa.*, XIX, 11, 12, etc.

gneur qui leur envoie cet esprit d'égarement pour les punir, et craindre un semblable jugement.

S'il se retire, dit le saint Prophète, « la sagesse des sages périt, et l'intelligence des prudens est obscurcie [1]. »

« C'est lui qui réduit à rien les conseils profonds, et qui rend inutiles les grands de la terre [2]. »

Tremblez donc devant lui, et gardez-vous de présumer de la sagesse humaine.

III° PROPOSITION.

Il faut consulter Dieu par la prière, et mettre en lui sa confiance en faisant ce qu'on peut de son côté.

Nous avons vu que c'est Dieu qui donne la sagesse. Nous venons de voir que c'est Dieu qui l'ôte aux superbes. Il faut donc la lui demander humblement.

C'est ce que nous enseigne l'*Ecclésiastique*, lorsqu'après nous avoir prescrit dans le chap. XXXVII tant de fois cité, tout ce que peut faire la prudence, il conclut ainsi : « Mais par-dessus tout, priez le Seigneur, afin qu'il dirige vos pas à la vérité [3]. » Lui seul la connoît à fond; c'est à lui seul qu'il en faut demander l'intelligence.

Mais qui demande de Dieu la sagesse, doit faire de son côté tout ce qu'il peut. C'est à cette condition qu'il permet de prendre confiance à sa puissance et à sa bonté. Autrement c'est tenter Dieu, et s'imaginer vainement qu'il enverra ses anges pour nous soutenir, quand nous nous serons précipités nous-mêmes : ainsi que Satan osoit le conseiller à Jésus-Christ [4].

ARTICLE IV.

Conséquences de la doctrine précédente : de la majesté, et de ses accompagnemens.

Ire PROPOSITION.

Ce que c'est que la majesté.

Je n'appelle pas majesté cette pompe qui environne les rois, ou

---

[1] *Isa.*, XXIX, 14. — [2] *Ibid.*, XL, 23. — [3] *Eccli.*, XXXVII, 19. — [4] *Matth.*, IV, 6, 7.

cet éclat extérieur qui éblouit le vulgaire. C'est le rejaillissement de la majesté, et non pas la majesté elle-même.

La majesté est l'image de la grandeur de Dieu dans le prince.

Dieu est infini, Dieu est tout. Le prince, en tant que prince, n'est pas regardé comme un homme particulier : c'est un personnage public, tout l'Etat est en lui, la volonté de tout le peuple est renfermée dans la sienne. Comme en Dieu est réunie toute perfection et toute vertu, ainsi toute la puissance de sparticuliers est réunie en la personne du prince. Quelle grandeur qu'un seul homme en contienne tant!

La puissance de Dieu se fait sentir en un instant de l'extrémité du monde à l'autre : la puissance royale agit en même temps dans tout le royaume. Elle tient tout le royaume en état comme Dieu y tient tout le monde.

Que Dieu retire sa main, le monde retombera dans le néant : que l'autorité cesse dans le royaume, tout sera en confusion.

Considérez le prince dans son cabinet. De là partent les ordres qui font aller de concert les magistrats et les capitaines, les citoyens et les soldats, les provinces et les armées par mer et par terre. C'est l'image de Dieu, qui assis dans son trône au plus haut des cieux fait aller toute la nature.

« Quel mouvement se fait, dit saint Augustin, au seul commandement de l'empereur? Il ne fait que remuer les lèvres, il n'y a point de plus léger mouvement, et tout l'empire se remue. C'est, dit-il, l'image de Dieu, qui fait tout par sa parole. Il a dit, et les choses ont été faites; il a commandé, et elles ont été créées [1]. »

On admire ses œuvres; la nature est une matière de discourir aux curieux. « Dieu leur donne le monde à méditer; mais ils ne découvriront jamais le secret de son ouvrage depuis le commencement jusqu'à la fin [2]. » On en voit quelque parcelle; mais le fond est impénétrable. Ainsi est le secret du prince.

Les desseins du prince ne sont bien connus que par l'exécution. Ainsi se manifestent les conseils de Dieu : jusque-là personne n'y entre que ceux que Dieu y admet.

Si la puissance de Dieu s'étend partout, la magnificence l'ac-

---

[1] August., *in Psal.* CXLVIII, n. 2. — [2] *Eccles.*, III, 11.

compagne. Il n'y a endroit de l'univers où il ne paroisse des marques éclatantes de sa bonté. Voyez l'ordre, voyez la justice, voyez la tranquillité dans tout le royaume. C'est l'effet naturel de l'autorité du prince.

Il n'y a rien de plus majestueux que la bonté répandue : et il n'y a point de plus grand avilissement de la majesté que la misère du peuple causée par le prince.

Les méchans ont beau se cacher; la lumière de Dieu les suit partout, son bras va les atteindre jusqu'au haut des cieux, et jusqu'au fond des abîmes. « Où irai-je devant votre esprit, et où fuirai-je devant votre face? Si je monte au ciel, vous y êtes; si je me jette au fond des enfers, je vous y trouve; si je me lève le matin, et que j'aille me retirer sur les mers les plus éloignées, c'est votre main qui me mène là, et votre main droite me tient. Et j'ai dit : Peut-être que les ténèbres me couvriront : mais la nuit a été un jour autour de moi. Devant vous les ténèbres ne sont pas ténèbres, la nuit est éclairée comme le jour : l'obscurité et la lumière ne sont qu'une même chose [1]. » Les méchans trouvent Dieu partout, en haut et en bas, nuit et jour; quelque matin qu'ils se lèvent, il les prévient; quelque loin qu'ils s'écartent, sa main est sur eux.

Ainsi Dieu donne au prince de découvrir les trames les plus secrètes. Il a des yeux et des mains partout. Nous avons vu que les oiseaux du ciel lui rapportent ce qui se passe. Il a même reçu de Dieu par l'usage des affaires, une certaine pénétration qui fait penser qu'il devine. A-t-il pénétré l'intrigue, ses longs bras vont prendre ses ennemis aux extrémités du monde : ils vont les déterrer au fond des abîmes. Il n'y a point d'asile assuré contre une telle puissance.

Enfin ramassez ensemble les choses si grandes et si augustes que nous avons dites, sur l'autorité royale. Voyez un peuple immense réuni en une seule personne : voyez cette puissance sacrée, paternelle et absolue : voyez la raison secrète qui gouverne tout le corps de l'Etat, renfermée dans une seule tête; vous voyez l'image de Dieu dans les rois, et vous avez l'idée de la majesté royale.

[1] *Psal.* CXXXVIII, 7-9, etc.

Dieu est la sainteté même, la bonté même, la puissance même, la raison même. En ces choses est la majesté de Dieu. En l'image de ces choses est la majesté du prince.

Elle est si grande cette majesté, qu'elle ne peut être dans le prince comme dans sa source ; elle est empruntée de Dieu, qui la lui donne pour le bien des peuples, à qui il est bon d'être contenu par une force supérieure.

Je ne sais quoi de divin s'attache au prince, et inspire la crainte aux peuples. Que le roi ne s'oublie pas pour cela lui-même. « Je l'ai dit, c'est Dieu qui parle ; Je l'ai dit : Vous êtes des Dieux, et vous êtes tous enfans du Très-Haut ; mais vous mourrez comme des hommes, et vous tomberez comme les grands [1]. » Je l'ai dit : Vous êtes des dieux ; c'est-à-dire : Vous avez dans votre autorité, vous portez sur votre front un caractère divin. Vous êtes les enfans du Très-Haut : c'est lui qui a établi votre puissance pour le bien du genre humain. Mais, ô dieux de chair et de sang : ô dieux de boue et de poussière, vous mourrez comme des hommes, vous tomberez comme les grands. La grandeur sépare les hommes pour un peu de temps ; une chute commune à la fin les égale tous.

O rois, exercez donc hardiment votre puissance ; car elle est divine et salutaire au genre humain ; mais exercez-la avec humilité. Elle vous est appliquée par le dehors. Au fond elle vous laisse foibles ; elle vous laisse mortels ; elle vous laisse pécheurs : et vous charge devant Dieu d'un plus grand compte.

II° PROPOSITION.

La magnanimité, la magnificence et toutes les grandes vertus conviennent à la majesté.

A la grandeur conviennent les choses grandes. A la grandeur la plus éminente, les choses les plus grandes, c'est-à-dire les grandes vertus.

Le prince doit penser de grandes choses. « Le prince pensera des choses dignes d'un prince [2]. »

[1] *Psal.* LXXXI, 6, 7. — [2] *Isa.*, XXXII, 8.

Les pensées vulgaires déshonorent la majesté. Saül est élu roi ; en même temps Dieu qui l'a élu, « lui change le cœur, et il devint un autre homme [1]. »

Taisez-vous, pensées vulgaires : cédez aux pensées royales.

Les pensées royales sont celles qui regardent le bien général ; les grands hommes ne sont pas nés pour eux-mêmes : les grandes puissances, que tout le monde regarde, sont faites pour le bien de tout le monde.

Le prince est par sa charge entre tous les hommes, le plus au-dessus des petits intérêts, le plus intéressé au bien public : son vrai intérêt est celui de l'Etat. Il ne peut donc prendre des desseins trop nobles, ni trop au-dessus des petites vues et des pensées particulières.

Ce Saül changé en un autre homme dans le temps qu'il fut fidèle à la grace de son ministère, étoit au-dessus de tout.

Au-dessus de la royauté dont il appréhende le fardeau et dont il méprise le faste [2]. Nous l'avons déjà vu.

Au-dessus des sentimens de vengeance. A un jour de victoire, où tout le peuple lui veut immoler ses ennemis, il offre à Dieu un sacrifice de clémence [3].

Au-dessus de lui-même, et de tous les sentimens que le sang inspire : prêt à dévouer pour le peuple sa propre personne, et celle de Jonathas son fils bien-aimé [4].

Que dirons-nous de David, à qui on donne cette belle et juste louange ? « Le roi mon seigneur ressemble à un ange de Dieu : il n'est ému ni du bien ni du mal qu'on dit de lui [5]. » Il va toujours au bien public, soit que les hommes ingrats blâment sa conduite, soit qu'elle trouve les louanges dont elle est digne.

Voilà la véritable magnanimité, que les louanges n'enflent point, que le blâme n'abat point, que la seule vérité touche.

On abandonne avec joie toute sa fortune à la conduite d'un tel prince. « Vous êtes comme un ange de Dieu ; faites de moi tout ce qu'il vous plaira [6], » lui dit Miphiboseth petit-fils de Saül, trahi par Siba son serviteur.

---

[1] I *Reg.*, x, 6, 9. — [2] *Ibid.*, x, xi. — [3] *Ibid.*, xi, 12, 13. — [4] *Ibid.*, xiv, 41. — [5] II *Reg.*, xiv, 17. — [6] *Ibid.*, xix, 27.

En effet David n'étoit plein que de grandes choses, de Dieu et du bien public.

Nous avons vu que malgré les rébellions et l'ingratitude de son peuple, il se dévoue pour lui à la vengeance divine, comme étant le seul coupable. « Frappez, Seigneur, frappez ce coupable, et épargnez le peuple innocent [1]. »

Combien sincèrement avoue-t-il sa faute, chose si rare à un roi ! Avec quel zèle la répare-t-il ! « J'ai péché, dit-il, d'avoir fait le dénombrement du peuple. O Seigneur ! pardonnez-moi, car j'ai agi trop follement [2]. »

Nous lui avons vu mépriser sa vie en cent combats : et après nous l'avons vu se mettre au-dessus de la gloire de combattre, en se conservant pour son Etat.

Mais combien est-il au-dessus du ressentiment et des injures ! Nous avons admiré sa joie, quand Abigaïl l'empêcha de se venger de sa propre main. Nous l'avons vu épargner et défendre contre les siens Saül son persécuteur, quoiqu'il sût qu'en se vengeant il s'assuroit la couronne, dont la succession lui appartenoit. Quelle hauteur de courage, de se mettre si aisément au-dessus de la douceur de régner, et de celle de la vengeance !

Quand Saül et Jonathas furent tués, David les pleure tous deux; David chante leur louange. Ce n'est pas seulement Jonathas, son intime ami, dont il déplore la perte : il pleure son persécuteur. « Saül et Jonathas, tous deux aimables et couverts de gloire, toujours unis dans leur vie, n'ont pas été séparés à la mort. Filles d'Israël, pleurez Saül qui vous habilloit de pourpre, par qui vous aviez des parures d'or [3] » et le reste.

Il ne tait point les vertus d'un prédécesseur injuste, qui a fait tout ce qu'il a pu pour le perdre : il les célèbre, il les immortalise par une poésie incomparable.

Il ne pleure pas seulement Saül; il le venge, et punit de mort celui qui s'étoit vanté de l'avoir tué. « Je l'ai percé de mon épée, disoit ce traître, après lui avoir ôté le diadème de dessus la tête, et le bracelet qu'il avoit au bras, pour vous apporter ces marques royales à vous mon seigneur [4]. »

---

[1] II *Reg.*, XXIV, 17. — [2] *Ibid.* — [3] *Ibid.*, I, 17, 23, 24, etc. — [4] *Ibid.*, 10.

Ces riches présens ne sauvèrent pas ce parricide. « Pourquoi n'as-tu pas craint de mettre la main sur l'oint du Seigneur [1] ? »

Que ce soit si vous voulez l'intérêt de la royauté qui lui ait fait venger son prédécesseur : toujours est-ce un sentiment au-dessus des pensées vulgaires, que David banni, loin de témoigner de la joie d'une mort qui le délivroit d'un si puissant ennemi et lui mettoit le diadème sur la tête, la venge sur l'heure et assure le repos public avec la vie des rois.

Il avoit encore un redoutable ennemi : c'étoit un fils de Saül, qui partageoit le royaume : il sembloit que la politique le pouvoit porter à ménager davantage celui qui le défit de Saül ; ainsi ce grand courage ne veut point être délivré de ses ennemis par des attentats et par des crimes.

En effet quelque temps après, des méchans lui apportèrent la tête de ce second ennemi. « Voilà, lui dirent-ils, la tête d'Isboseth, fils de Saül, qui en vouloit à votre vie ; mais le Seigneur vous en a vengé. David dit : Vive le Seigneur qui m'a délivré de tout péril ; j'ai fait mourir celui qui croyoit m'apporter une nouvelle agréable en m'annonçant la mort de Saül : il trouva la mort lui-même au lieu de la récompense qu'il espéroit : combien plus vous dois-je ôter de la terre, vous qui avez tué dans son lit un homme innocent [2] ? »

Il les fit mourir aussitôt, et fit attacher en lieu public leurs mains sanguinaires et leurs pieds qui avoient couru au meurtre, afin que tout Israël connût qu'il ne vouloit point de tels services.

Et ce qui montre qu'il agit en tout par les motifs les plus nobles, c'est le soin qu'il prend des restes de la maison de Saül. « Reste-t-il encore quelqu'un de la maison de Saül, afin que je lui fasse du bien pour l'amour de Jonathas [3] ? » Il trouva Miphiboseth fils de Jonathas, à qui il donna sa table, après lui avoir rendu toutes les terres de sa maison.

Au lieu que les rois d'une nouvelle famille ne songent qu'à affoiblir et à détruire les restes des maisons qui ont été sur le trône devant eux, David soutient et relève la maison de Saül et de Jonathas.

---

[1] II *Reg.*, I, 14. — [2] *Ibid.*, IV, 8-12. — [3] *Ibid.*, IX, 1, 7-9.

En un mot, toutes les actions et toutes les paroles de David respirent je ne sais quoi de si grand, et par conséquent de si royal, qu'il ne faut que lire sa vie et écouter ses discours, pour prendre l'idée de la magnanimité.

A la magnanimité répond la magnificence, qui joint les grandes dépenses aux grands desseins.

David nous en est encore un beau modèle. Ses victoires étoient marquées par les dons magnifiques qu'il faisoit au sanctuaire, qu'il enrichissoit des dépouilles des royaumes subjugués [1].

La belle chose de voir ce grand homme après avoir achevé glorieusement tant de guerres, passer sa vieillesse à faire les préparatifs et les desseins de ce magnifique temple, que son fils bâtit après sa mort!

« Il assembla à grands frais tout ce qu'il y avoit de plus excellens ouvriers; il amassa des poids immenses de fer et d'airain; les cèdres qu'il fit venir n'avoient point de prix : il consacra à ce grand ouvrage cent mille talens d'or et dix millions de talens d'argent; le reste étoit innombrable. Salomon mon fils est jeune; et la maison, disoit-il, que je veux bâtir, doit être renommée par tout l'univers : ainsi je lui en veux préparer toute la dépense [2]. »

Après de si magnifiques préparatifs il croyoit n'avoir rien fait. « J'ai offert, dit-il, à Dieu toutes ces choses dans ma pauvreté [3]. » Il trouve pauvre tout ce qu'il a préparé, parce que cette dépense royale n'égaloit pas ses désirs ni ses idées; tant il les avoit grandes.

On parlera plus commodément en un autre endroit des magnificences de Salomon et des autres grands rois de Juda. Et pour définir en quoi consiste la magnificence, on verra qu'elle paroît dans les grands travaux consacrés à l'utilité publique : dans les ouvrages qui attirent de la gloire à la nation, qui impriment du respect aux sujets et aux étrangers, et rendent immortels les noms des princes.

[1] II *Reg.*, VIII, 11; I *Paral.*, XVIII, 11. — [2] I *Paral.*, XXII, 1-5, 14. — [3] *Ibid.*, 14.

FIN DU VINGT-TROISIÈME VOLUME.

TABLE

DES MATIÈRES CONTENUES DANS LE VINGT-TROISIÈME VOLUME.

REMARQUES HISTORIQUES. 1

DE INSTITUTIONE LUDOVICI DELPHINI LUDOVICI XIV FILII AD INNOCENTIUM XI, PONTIFICEM MAXIMUM. 1

I. Lex à rege posita et studiorum ratio constituta. 1
II. Religio. 2
III. Grammatica : auctores latini : geographia. 5
IV. Historia, maximè francica : eaque à principe latino et vernaculo sermone conscripta. 7
V. Sanctus Ludovicus exemplar principis. 8
VI. Regis exemplum. 9
VII. Philosophia quo consilio tradita. Tractatus *de Cognitione Dei et sui*. 9
VIII. Logica : Rhetorica : Ethica. 10
IX. Principia juris civilis. 11
X. Aliæ philosophiæ partes. 12
XI. Mathematicæ disciplinæ. 12
XII. Tria postrema, colligendis studiorum fructibus. Primum opus : *Religionis continua series*, variæque *imperiorum vices, ex Historiâ universali*. 12
XIII. Secundum opus : *Instituta politica, ex Scripturâ desumpta*. . . 13
XIV. Tertium opus : *Regni gallicani, cæterorumque regnorum ac totius Europæ status*. 14

DE L'INSTRUCTION DE MONSEIGNEUR LE DAUPHIN AU PAPE INNOCENT XI. . . 15

I. La règle sur les études données par le roi. 15
II. La Religion. 17
III. La grammaire, les auteurs latins, et la géographie. 19
IV. L'histoire. Celle de France composée par Monseigneur le Dauphin, en latin et en françois. 22
V. Saint Louis modèle d'un roi parfait. 23
VI. L'exemple du Roi 23
VII. La philosophie. *Traité de la connoissance de Dieu et de soi-même*. 24
VIII. La logique, la rhétorique, et la morale. 25
IX. Les principes de la jurisprudence. 26

x. Les autres parties de la philosophie. 26
xi. Les mathématiques. 27
xii. Trois derniers ouvrages pour recueillir les fruits des études. Le premier: *Histoire universelle, pour expliquer la suite de la religion, et les changemens des empires.* 27
xiii. Second ouvrage : *Politique tirée des propres paroles de la sainte Ecriture.* 28
xiv. Troisième ouvrage : *L'état du royaume et de toute l'Europe.* . . . 28

Innocentius PP. XI. 30

Innocent PP. XI. 31

DE LA CONNOISSANCE DE DIEU ET DE SOI-MÊME.

Dessein et division de ce traité. 33

Chapitre premier. — *De l'ame.*

I. Opérations sensitives, et premièrement des cinq sens. . . . 34
II. Le plaisir et la douleur. 37
III. Diverses propriétés des sens. 39
IV. Le sens commun et l'imagination. 40
V. Des sens extérieurs et intérieurs, et plus en particulier de l'imagination 42
VI. Les passions. 44
VII. Les opérations intellectuelles, et premièrement celles de l'entendement. 49
VIII. De certains actes de l'entendement qui sont joints aux sensations, et comment on en connoît la différence. 53
IX. Différence de l'imagination et de l'entendement. 56
X. Comment l'imagination et l'intelligence s'unissent et s'aident, ou s'embarrassent mutuellement. 57
XI. Différence d'un homme d'esprit et d'un homme d'imagination; l'homme de mémoire. 58
XII. Les actes particuliers de l'intelligence. 60
XIII. Des trois opérations de l'esprit. 61
XIV. Diverses dispositions de l'entendement 64
XV. Les sciences et les arts. 65
XVI. Ce que c'est que bien juger; quels en sont les moyens, et quels les empêchemens. 68
XVII. Perfection de l'intelligence au-dessus du sens. 72
XVIII. La volonté et ses actes. 73
XIX. La vertu et les vices; la droite raison et la raison corrompue. 75
XX. Récapitulation. 77

CHAPITRE II. — *Du corps.*

I. Ce que c'est que le corps organique.	78
II. Division des parties du corps, et description des extérieures. .	79
III. Description des parties intérieures, et premièrement de celles qui sont enfermées dans la poitrine.	81
IV. Les parties qui sont au-dessous de la poitrine.	84
V. Les passages qui conduisent aux parties ci-dessus décrites, c'est-à-dire l'œsophage et la trachée-artère.	86
VI. Le cerveau et les organes des sens.	87
VII. Les parties qui règnent par tout le corps, et premièrement les os.	90
VIII. Les artères, les veines, et les nerfs.	91
IX. Le sang et les esprits	95
X. Le sommeil, la veille, et la nourriture.	98
XI. Le cœur et le cerveau sont les deux maîtresses parties. . .	102
XII. La santé, la maladie, la mort; et à propos des maladies, les passions en tant qu'elles regardent le corps.	104
XIII. La correspondance de toutes les parties.	108
XIV. Récapitulation, où sont ramassées les propriétés de l'ame et du corps.	110

CHAPITRE III. — *De l'union de l'ame et du corps.*

I. L'ame est naturellement unie au corps.	111
II. Deux effets principaux de cette union, et deux genres d'opération dans l'ame. . . . . , .	112
III. Les sensations sont attachées à des mouvemens corporels qui se font en nous	113
IV. Les mouvemens corporels qui se font en nous dans les sensations viennent des objets par le milieu.	116
V. Les mouvemens de nos corps, auxquels les sensations sont attachées sont les mouvemens des nerfs.	117
VI. Six propositions, qui expliquent comment les sensations sont attachées à l'ébranlement des nerfs.	118
VII. Réflexions sur la doctrine précédente.	126
VIII. Six propositions qui font voir de quoi l'ame est instruite par les sensations, et l'usage qu'elle en fait, tant pour le corps que pour elle-même.	127
IX. De l'imagination et des passions, et de quelle sorte il les faut considérer	135
X. De l'imagination en particulier, et à quel mouvement du corps elle est attachée	136
XI. Des passions, et à quelle disposition du corps elles sont unies.	140
XII. Second effet de l'union de l'ame et du corps, où se voient les mouvemens du corps assujettis aux actions de l'ame. . .	145
XIII. L'intelligence n'est attachée par elle-même à aucun organe ni à aucun mouvement du corps.	148

XIV. L'intelligence, par sa liaison avec le sens, dépend en quelque sorte du corps, mais par accident. 151
XV. La volonté n'est attachée à aucun organe corporel ; et loin de suivre les mouvemens du corps, elle y préside. 152
XVI. L'empire que la volonté exerce sur les mouvemens extérieurs, la rend indirectement maîtresse des passions. 154
XVII. La nature de l'attention, et ses effets immédiats sur le cerveau, par où paroît l'empire de la volonté. 156
XVIII. L'ame attentive à raisonner se sert du cerveau, par le besoin qu'elle a des images sensibles 158
XIX. L'effet de l'attention sur les passions, et comment l'ame les peut tenir en sujétion dans leur principe, où il est parlé de l'extravagance, de la folie, et des songes. 162
XX. L'homme qui a médité la doctrine précédente, se connoît lui-même 166
XXI. Pour se bien connoître soi-même, il faut s'accoutumer, par de fréquentes réflexions, à discerner en chaque action ce qu'il y a du corps d'avec ce qu'il y a de l'ame 168
XXII. Comment on peut distinguer les opérations sensitives d'avec les mouvemens corporels qui en sont inséparables. 171

CHAPITRE IV. — *De Dieu créateur de l'ame et du corps, et auteur de leur union.*

I. L'homme est un ouvrage d'un grand dessein, et d'une sagesse profonde. 175
II. Le corps humain est l'ouvrage d'un dessein profond et admirable. 179
III. Dessein merveilleux dans les sensations et dans les choses qui en dépendent. 185
IV. La raison, nécessaire pour juger des sensations, et régler les mouvemens extérieurs, devoit nous être donnée, et ne l'a pas été sans un grand dessein 186
V. L'intelligence a pour objet des vérités éternelles, qui ne sont autre chose que Dieu même, où elles sont toujours subsistantes et toujours parfaitement entendues. 187
VI. L'ame connoît, par l'imperfection de son intelligence, qu'il y a ailleurs une intelligence parfaite. 191
VII. L'ame qui connoît Dieu, et se sent capable de l'aimer, sent dès là qu'elle est faite pour lui, et qu'elle tient tout de lui. . . 193
VIII. L'ame connoît sa nature, en connoissant qu'elle est faite à l'image Dieu. 193
IX. L'ame qui entend la vérité reçoit en elle-même une impression divine qui la rend conforme à Dieu. 195
X. L'image de Dieu s'achève en l'ame par une volonté droite. . 197
XI. L'ame attentive à Dieu se connoît supérieure au corps, et apprend que c'est par punition qu'elle en est devenue captive. 199
XII. Conclusion du chapitre. 203

CHAPITRE. V. — *De la différence entre l'homme et la bête.*

I. Pourquoi les hommes veulent donner du raisonnement aux animaux. Deux argumens en faveur de cette opinion. . . . 204
II. Réponse au premier argument. 206
III. Second argument en faveur des animaux; en quoi ils nous sont semblables, et si c'est dans le raisonnement. 209
IV. Si les animaux apprennent. 216
V. Suite, où on montre encore plus en particulier ce que c'est que dresser les animaux et que leur parler. 219
VI. Extrême différence de l'homme et de la bête. 224
VII. Les animaux n'inventent rien. 227
VIII. De la première cause des inventions, et de la variété de la vie humaine, qui est la réflexion. 228
IX. Seconde cause des inventions, et de la variété de la vie humaine; la liberté. 231
X. Combien la sagesse de Dieu paroît dans les animaux. . . . 233
XI. Les animaux sont soumis à l'homme, et n'ont pas même le dernier degré de raisonnement. 234
XII. Réponse à l'objection tirée de la ressemblance des organes. . 234
XIII. Ce que c'est que l'instinct qu'on attribue ordinairement aux animaux. Deux opinions sur ce point. 236
XIV. Conclusion de tout ce Traité, où l'excellence de la nature humaine est de nouveau démontrée. 244

LA LOGIQUE.

LIVRE PREMIER.

CHAP. Ier. De l'entendement. 250
II. Des idées et de leur définition. 251
III. Des termes, et de leur liaison avec les idées. 252
IV. Des trois opérations de l'entendement, et de leur rapport avec les idées. 254
V. De l'attention, qui est commune aux trois opérations de l'esprit. 255
VI. De la première opération de l'esprit, qui est la conception des idées. 256
VII. Dénombrement de plusieurs idées. 257
VIII. Division générale des idées. 259
IX. Autre division générale des idées. 262
X. Plusieurs exemples d'idées claires et obscures. 264
XI. Diverses propriétés des idées, et premièrement qu'elles ont toutes un objet réel et véritable. 267
XII. Si, et comment on peut dire qu'on a de fausses idées. . . 267
XIII. De ce qu'on appelle êtres de raison, et quelle idée on en a. . 268
XIV. Le néant n'est pas entendu, et n'a pas d'idée. 269

Chap. XV. Des êtres appelés négatifs et privatifs. 270
XVI. Les idées sont positives, quoique souvent exprimées en termes négatifs. 271
XVII. Dans les termes négatifs, il faut toujours regarder ce qui leur répond de positif dans l'esprit. 271
XVIII. A chaque objet chaque idée. 272
XIX. Un même objet peut être considéré diversement. 272
XX. Un même objet considéré diversement se multiplie en quelque façon, et multiplie les idées. 273
XXI. Divers objets peuvent être considérés sous une même raison, et être entendus par une seule idée 274
XXII. Ce que c'est que précision, et idée ou raison précise. . . . 275
XXIII. La précision n'est point une erreur. 276
XXIV. La précision, loin d'être une erreur, est le secours le plus nécessaire pour nous faire connoître distinctement la vérité. . . 277
XXV. De la distinction de raison, et de la distinction réelle. . . . 279
XXVI. Toute multiplicité dans les idées présuppose multiplicité du côté des choses mêmes. 280
XXVII. Nous aurions moins d'idées si notre esprit étoit plus parfait. . 282
XXVIII. Les idées qui représentent plusieurs objets sous une même raison sont universelles 282
XXIX. Tout est individuel et particulier dans la nature. 283
XXX. L'universel est dans la pensée ou dans l'idée. 283
XXXI. La nature de l'universel expliquée par la doctrine précédente. 284
XXXII. Des êtres qui diffèrent en espèce, et de ceux qui ne diffèrent qu'en nombre. 285
XXXIII. Nous ne connoissons pas ce qui fait précisément la différence numérique ou individuelle 286
XXXIV. Toutes nos idées sont universelles, et les unes plus que les autres. 287
XXXV. Comment nous connoissons les choses qui diffèrent seulement en nombre. 288
XXXVI. Les idées regardent les vérités éternelles, et non ce qui existe et ce qui se fait dans le temps. 289
XXXVII. Ce que c'est que les essences, et comment elles sont éternelles. 291
XXXVIII. Quand on a trouvé l'essence, et ce qui répond aux idées, on peut dire qu'il est impossible que les choses soient autrement. . 293
XXXIX. Par quelle idée nous connoissons l'existence actuelle des choses. 294
XL. En toutes choses, excepté en Dieu, l'idée de l'essence, et l'idée de l'existence, sont distinguées. 295
XLI. De ce que, dans la créature, les idées de l'essence et de l'existence sont différentes, il ne s'ensuit pas que l'essence des créatures soit distinguée réellement de leur existence. . . . 296
XLII. Des différens genres de termes, et en particulier des termes abstraits et concrets 297
XLIII. Quelle est la force de ces termes. 299
XLIV. Les cinq termes de Porphyre (*quinque voces Porphyrii*), ou les cinq universaux. 301

Chap. XLV. Explication particulière des cinq universaux, et premièrement du genre, de l'espèce et de la différence. 303
XLVI. De la propriété, et de l'accident. 305
XLVII. Diverses façons d'exprimer la nature des universaux. . . . 307
XLVIII. Autres façons d'exprimer l'universalité, où est expliqué ce qui s'appelle univoque, analogue, et équivoque. 310
XLIX. Suite, où sont expliquées d'autres expressions accommodées à l'universel. 311
L. De quelle manière chaque terme universel est énoncé de ses inférieurs. 312
LI. Des dix catégories ou prédicamens d'Aristote. 314
LII. De la substance et de l'accident en général. 315
LIII. De la substance en particulier. 316
LIV. De la quantité. 318
LV. De la relation. 319
LVI. De la qualité. 321
LVII. Des six autres catégories. 323
LVIII. Des opposés. 325
LIX. De la priorité et postériorité. 327
LX. Des termes complexes et incomplexes. 328
LXI. Récapitulation; et premièrement les idées. 329
LXII. Propriété des idées, en tant qu'elles sont universelles. . . . 332
LXIII. Des termes. 334
LXIV. Préceptes de la logique tirés de la doctrine précédente. . . . 337

LIVRE II.

De la seconde opération de l'esprit.

Chap. 1er. Les idées peuvent être unies ou séparées, c'est-à-dire ou affirmées ou niées les unes des autres; et cela s'appelle proposition ou énonciation. 340
II. Quelle est la signification du verbe est, dans la proposition. . 341
III. Divisions des propositions. 342
IV. Des propositions complexes et incomplexes. 344
V. Des propositions simples et composées, et des propositions modales. 345
VI. Des propositions absolues et conditionnées. 347
VII. Des propositions universelles et particulières, affirmatives et négatives. 350
VIII. Propriétés remarquables des propositions précédentes. . . . 352
IX. Des propositions qui se convertissent. 355
X. Comment les propositions universelles et particulières, affirmatives et négatives, conviennent ou s'excluent universellement; et des propositions équipollentes. 358
XI. Des propositions véritables et fausses. 361
XII. Des propositions connues par elles-mêmes. 363
XIII. De la définition, et de son usage. 371

Chap. XIV. De la division, et de son usage 374
XV. Préceptes tirés de la doctrine précédente. 378

LIVRE III.

De la troisième opération de l'esprit.

Chap. Ier. De la nature du raisonnement. 381
II. En quoi consiste la force du raisonnement. 382
III. De la structure du raisonnement. 382
IV. Première division de l'argument, en régulier et irrégulier. . 385
V. Règles générales des syllogismes. 386
VI. Des figures du syllogisme. 389
VII. Des modes des syllogismes. 390
VIII. Des moyens de prouver la vérité des argumens, et premièrement de la réduction à l'impossible. 396
IX. Autre moyen de prouver la bonté des argumens, en les réduisant à la première figure. 397
X. Troisième moyen de prouver la bonté d'un argument, par le syllogisme expositoire. 399
XI. De l'enthymème. 401
XII. Du sorite. 402
XIII. De l'argument hypothétique, ou par supposition. 402
XIV. De l'argument qui jette dans l'inconvénient. 404
XV. Du dilemme, ou syllogisme disjonctif. 404
XVI. Division de l'argument en démonstratif et probable, et premièrement du démonstratif. 406
XVII. De l'argument probable. 408
XVIII. Autre division de l'argument en argument tiré de raison, et en argument tiré de l'autorité. 411
XIX. Du consentement de l'esprit, qui est le fruit du raisonnement. 412
XX. Des moyens de preuve tirés de la nature de la chose. . . 414
XXI. De l'exemple ou induction. 418
XXII. Des lieux extérieurs, c'est-à-dire des lieux tirés de l'autorité. . 419
XXIII. Des diverses habitudes qui se forment dans l'esprit en vertu des preuves. 423

TRAITÉ DU LIBRE ARBITRE.

Chap. Ier. Définition de la liberté dont il s'agit. Différence entre ce qui est permis, ce qui est volontaire, et ce qui est libre. 426
II. Que cette liberté est dans l'homme, et que nous connoissons cela naturellement. 427
III. Que nous connoissons naturellement que Dieu gouverne notre liberté, et ordonne de nos actions. 433
IV. Que la raison seule nous oblige à croire ces deux vérités, quand

même nous ne pourrions trouver le moyen de les accorder ensemble. 440
Chap. V. Divers moyens pour accorder ces deux vérités. — *Premier moyen.* Mettre dans le volontaire l'essence de la liberté. Raisons décisives qui combattent cette opinion. 451
VI. *Second moyen* pour accorder notre liberté avec la certitude des décrets de Dieu : la science moyenne ou conditionnée. Faible de cette opinion. 455
VII. *Troisième moyen* pour accorder notre liberté avec les décrets de Dieu : la contempération et la suavité, ou la délectation qu'on appelle victorieuse. Insuffisance de ce moyen. . . . 456
VIII. *Quatrième et dernier moyen* pour accorder notre liberté avec les décrets de Dieu : la prémotion et la prédétermination physique. Elle sauve parfaitement notre liberté et notre dépendance de Dieu. 459
IX. Objections et réponses, où l'on compare l'action libre de la volonté avec les autres actions qu'on attribue à l'ame, et avec celles qu'on attribue au corps 466
X. La différence des deux états de la nature humaine, innocente et corrompue, assignée selon les principes posés. 472
XI. Des actions mauvaises, et de leurs causes. 474

POLITIQUE

TIRÉE DES PROPRES PAROLES DE L'ECRITURE SAINTE.

Avant-propos. A Mgr. le Dauphin. 477

LIVRE PREMIER.

Des principes de la société parmi les hommes.

Article premier. — *L'homme est fait pour vivre en société.*

Ire *Proposition.* Les hommes n'ont qu'une même fin, et un même objet, qui est Dieu. 479
IIe *Proposition.* L'amour de Dieu oblige les hommes à s'aimer les uns les autres. 479
IIIe *Proposition.* Tous les hommes sont frères. 480
IVe *Proposition.* Nul homme n'est étranger à un autre homme. . . . 482
Ve *Proposition.* Chaque homme doit avoir soin des autres hommes. . . 482
VIe *Proposition.* L'intérêt même nous unit. 483

Article II. — *De la société générale du genre humain naît la société civile, c'est-à-dire celle des Etats, des peuples et des nations.*

Ire *Proposition.* La société humaine a été détruite et violée par les passions. 485

II⁰ *Proposition.* La société humaine, dès le commencement des choses, s'est divisée en plusieurs branches par les diverses nations qui se sont formées 487
III⁰ *Proposition.* La terre qu'on habite ensemble sert de lien entre les hommes, et forme l'unité des nations. 488

ARTICLE III. — *Pour former les nations et unir les peuples, il a fallu établir un gouvernement.*

Iʳᵉ *Proposition.* Tout se divise et se partialise parmi les hommes. . . 490
II⁰ *Proposition.* La seule autorité du gouvernement peut mettre un frein aux passions, et à la violence devenue naturelle aux hommes. . . 491
III⁰ *Proposition.* C'est par la seule autorité du gouvernement que l'union est établie par les hommes. 492
IV⁰ *Proposition.* Dans un gouvernement réglé, chaque particulier renonce au droit d'occuper par force ce qui lui convient. 492
V⁰ *Proposition.* Par le gouvernement chaque particulier devient plus fort. 493
VI⁰ *Proposition.* Le gouvernement se perpétue, et rend les Etats immortels. 495

ARTICLE IV. — *Des lois.*

Iʳᵉ *Proposition.* Il faut joindre les lois au gouvernement pour le mettre dans sa perfection. 496
II⁰ *Proposition.* On pose les principes primitifs de toutes les lois . . . 496
III⁰ *Proposition.* Il y a un ordre dans les lois. 497
IV⁰ *Proposition.* Un grand roi explique les caractères des lois. 497
V⁰ *Proposition.* La loi punit et récompense. 497
VI⁰ *Proposition.* La loi est sacrée et inviolable. 498
VII⁰ *Proposition.* La loi est réputée avoir une origine divine. 499
VIII⁰ *Proposition.* Il y a des lois fondamentales qu'on ne peut changer; il est même très-dangereux de changer sans nécessité celles qui ne le sont pas. 500

ARTICLE V. — *Conséquence des principes généraux de l'humanité.*

Unique proposition. Le partage des biens entre les hommes, et la division des hommes mêmes en peuples et en nations, ne doit point altérer la société générale du genre humain. 501

ARTICLE VI. — *De l'amour de la patrie.*

Iʳᵉ *Proposition.* Il faut être bon citoyen, et sacrifier à sa patrie dans le besoin tout ce qu'on a, et sa propre vie, où il est parlé de la guerre. 505
II⁰ *Proposition.* Jésus-Christ établit, par sa doctrine et par ses exemples, l'amour que les citoyens doivent avoir pour leur patrie. 508
III⁰ *Proposition.* Les apôtres, et les premiers fidèles ont toujours été de bons citoyens. 511

LIVRE II.

De l'autorité : que la royale et l'héréditaire est la plus propre au gouvernement.

ARTICLE PREMIER. — *Par qui l'autorité a été exercée dès l'origine du monde.*

Ire *Proposition.* Dieu est le vrai roi. 515
IIe *Proposition.* Dieu a exercé visiblement par lui-même l'empire et l'autorité sur les hommes 516
IIIe *Proposition.* Le premier empire parmi les hommes est l'empire paternel. 517
IVe *Proposition.* Il s'établit pourtant bientôt des rois, ou par le consentement des peuples, ou par les armes : où il est parlé du droit de conquêtes. 519
Ve *Proposition.* Il y avoit au commencement une infinité de royaumes, et tous petits 521
VIe *Proposition.* Il y a eu d'autres formes de gouvernement que celle de la royauté. 522
VIIe *Proposition.* La monarchie est la forme de gouvernement la plus commune, la plus ancienne, et aussi la plus naturelle. 523
VIIIe *Proposition.* Le gouvernement monarchique est le meilleur. . . . 524
IXe *Proposition.* De toutes les monarchies, la meilleure est la successive ou héréditaire, surtout quand elle va de mâle en mâle, et d'aîné en aîné. 525
Xe *Proposition.* La monarchie héréditaire a trois principaux avantages. . 526
XIe *Proposition.* C'est un nouvel avantage d'exclure les femmes de la succession. 528
XIIe *Proposition.* On doit s'attacher à la forme de gouvernement qu'on trouve établie dans son pays. 529

ARTICLE II.

Ire *Proposition.* Il y a un droit de conquête très-ancien, et attesté par l'Ecriture. 529
IIe *Proposition.* Pour rendre le droit de conquête incontestable, la possession paisible y doit être jointe. 531

LIVRE III.

Où l'on com ence à expliquer la nature et les propriétés de l'autorité royale.

ARTICLE PREMIER. — *On en remarque les caractères essentiels.*

Unique proposition. Il y a quatre caractères ou qualités essentielles à l'autorité royale. 532

Article II. — *L'autorité royale est sacrée.*

Ire *Proposition.* Dieu établit les rois comme ses ministres, et règne par eux sur les peuples. 533
IIe *Proposition.* La personne des rois est sacrée. 534
IIIe *Proposition.* On doit obéir au prince par principe de religion et de conscience 535
IVe *Proposition.* Les rois doivent respecter leur propre puissance, et ne l'employer qu'au bien public. 537

Article III. — *L'autorité royale est paternelle, et son propre caractère c'est la bonté.*

Ire *Proposition.* La bonté est une qualité royale, et le vrai apanage de la grandeur. 539
IIe *Proposition.* Le prince n'est pas né pour lui-même, mais pour le public. 540
IIIe *Proposition.* Le prince doit pourvoir aux besoins du peuple. . . . 541
IVe *Proposition.* Dans le peuple, ceux à qui le prince doit le plus pourvoir, sont les foibles. 542
Ve *Proposition.* Le vrai caractère du prince est de pourvoir aux besoins du peuple; comme celui du tyran est de ne songer qu'à lui-même. . 544
VIe *Proposition.* Le prince inutile au bien du peuple, est puni aussi bien que le méchant qui le tyrannise. 545
VIIe *Proposition.* La bonté du prince ne doit pas être altérée par l'ingratitude du peuple. 546
VIIIe *Proposition.* Le prince ne doit rien donner à son ressentiment ni à son humeur 547
IXe *Proposition.* Un bon prince épargne le sang humain. 549
Xe *Proposition.* Un bon prince déteste les actions sanguinaires. . . . 549
XIe *Proposition.* Les bons princes exposent leur vie pour le salut de leur peuple, et la conservent aussi pour l'amour d'eux. 551
XIIe *Proposition.* Le gouvernement doit être doux. 553
XIIIe *Proposition.* Les princes sont faits pour être aimés. 555
XIVe *Proposition.* Un prince qui se fait haïr par ses violences, est toujours à la veille de périr. 557
XVe *Proposition.* Le prince doit se garder des paroles rudes et moqueuses. 557

LIVRE IV.

Suite des caractères de la royauté.

Article premier. — *L'autorité royale est absolue.*

Ire *Proposition.* Le prince ne doit rendre compte à personne de ce qu'il ordonne. 558
IIe *Proposition.* Quand le prince a jugé, il n'y a point d'autre jugement. 559
IIIe *Proposition.* Il n'y a point de force coactive contre le prince. . . . 560

ive *Proposition*. Les rois ne sont pas pour cela affranchis des lois. . . . 562
v^e *Proposition*. Le peuple doit se tenir en repos sous l'autorité du prince. 563
vi^e *Proposition*. Le peuple doit craindre le prince ; mais le prince ne doit craindre que de faire mal 564
viie *Proposition*. Le prince doit se faire craindre des grands et des petits. 566
viiie *Proposition*. L'autorité royale doit être invincible. 567
ixe *Proposition*. La fermeté est un caractère essentiel à la royauté. . . 570
x^e *Proposition*. Le prince doit être ferme contre son propre conseil, et ses favoris, lorsqu'ils veulent le faire servir à leurs intérêts particuliers. 572
xie *Proposition*. Il ne faut pas aisément changer d'avis après une mûre délibération. 573

ARTICLE II. — *De la mollesse, de l'irrésolution, et de la fausse fermeté.*

i^{re} *Proposition*. La mollesse est l'ennemie du gouvernement : caractère du paresseux, et de l'esprit indécis. 574
iie *Proposition*. Il y a une fausse fermeté. 575
iiie *Proposition*. Le prince doit commencer par soi-même à commander avec fermeté, et se rendre maître de ses passions. 576
ive *Proposition*. La crainte de Dieu est le vrai contre-poids de la puissance : le prince le craint d'autant plus qu'il ne doit craindre que lui. 578

LIVRE V.

Quatrième et dernier caractère de l'autorité royale.

ARTICLE PREMIER. — *Que l'autorité royale est soumise à la raison.*

i^{re} *Proposition*. Le gouvernement est un ouvrage de raison et d'intelligence. 579
iie *Proposition*. La véritable fermeté est le fruit de l'intelligence. . . 583
iiie *Proposition*. La sagesse du prince rend le peuple heureux. . . . 585
ive *Proposition*. La sagesse sauve les Etats plutôt que la force. . . . 587
v^e *Proposition*. Les sages sont craints et respectés. 588
vi^e *Proposition*. C'est Dieu qui donne la sagesse. 589
viie *Proposition*. Il faut étudier la sagesse. 591
viiie *Proposition*. Le prince doit étudier et faire étudier les choses utiles : quelle doit être son étude. 592
ixe *Proposition*. Le prince doit savoir la loi. 593
x^e *Proposition*. Le prince doit savoir les affaires. 594
xie *Proposition*. Le prince doit savoir connoître les occasions et les temps. 595
xiie *Proposition*. Le prince doit connoître les hommes. 597
xiiie *Proposition*. Le prince doit se connoître lui-même. 600
xive *Proposition*. Le prince doit savoir ce qui se passe au-dedans et au-dehors de son royaume. 602
xve *Proposition*. Le prince doit savoir parler. 604
xvie *Proposition*. Le prince doit savoir se taire : le secret est l'âme des conseils 605

xviie *Proposition.* Le prince doit prévoir. 606
xviiie *Proposition.* Le prince doit être capable d'instruire ses ministres. 607

ARTICLE II. — *Moyens à un prince d'acquérir les connoissances nécessaires.*

ire *Proposition.* Premier moyen : Aimer la vérité, et déclarer qu'on la veut savoir. 609
iie *Proposition.* Second moyen : Etre attentif, et considéré. 611
iiie *Proposition.* Troisième moyen : Prendre conseil, et donner toute liberté à ses conseillers. 615
ive *Proposition.* Quatrième moyen : Choisir son conseil. 617
ve *Proposition.* Cinquième moyen : Ecouter et s'informer. 620
vie *Proposition.* Sixième moyen : Prendre garde à qui on croit, et punir les faux rapports. 621
viie *Proposition.* Septième moyen : Consulter les temps passés, et ses propres expériences 624
viiie *Proposition.* Huitième moyen : S'accoutumer à se résoudre par soi-même. 627
ixe *Proposition.* Neuvième moyen : Eviter les mauvaises finesses . . . 630
xe *Proposition.* Modèle de la finesse, et de la sagesse véritable, dans la conduite de Saül et de David : pour servir de preuve et d'exemple à la proposition précédente. 631

ARTICLE III. — *Des curiosités et connoissances dangereuses : et de la confiance qu'on doit mettre en Dieu.*

ire *Proposition.* Le prince doit éviter les consultations curieuses et superstitieuses 636
iie *Proposition.* On ne doit pas présumer des conseils humains, ni de leur sagesse. 641
iiie *Proposition.* Il faut consulter Dieu par la prière, et mettre en lui sa confiance, en faisant ce qu'on peut de son côté. 642

ARTICLE IV. — *Conséquences de la doctrine précédente : de la majesté, et de ses accompagnemens.*

ire *Proposition.* Ce que c'est que la majesté. 642
iie *Proposition.* La magnanimité, la magnificence, et toutes les grandes vertus conviennent à la majesté. 645

FIN DE LA TABLE DU VINGT-TROISIÈME VOLUME.

SANCTI BONAVENTURÆ

EX ORDINE MINORUM

S. R. E. EPISCOPI CARD. ALBANENSIS

OPERA OMNIA SIXTI V, PONTIFICIS MAX. JUSSU

DILIGENTISSIME EMENDATA,

ACCEDIT

SANCTI DOCTORIS, VITA, UNA CUM DIATRIBA HISTORICO-CHRONOLOGICO-CRITICA

EDITIO ACCURATE RECOGNITA,

Ad puram et veriorem testimoniorum biblicorum emendationem denuo reducta cura et studio

A.-C. PELTIER,

CANONICI ECCLESIÆ REMENSIS.

14 volumes in-4° à deux colonnes. Papier vergé à la colle animale
Prix net : 160 francs.

« Quand on me demande quel est le docteur le plus parfait que je connaisse,
» écrit Gerson, je réponds : Bonaventure; car il est profond et solide, pieux,
» juste et édifiant. On ne trouve pas chez lui de vaines minuties ni d'inutiles
» arguties; il ne mêle pas, comme tant d'autres, des digressions mondaines
» à de sérieuses discussions théologiques. En même temps qu'il éclaire, il
» édifie; en nourrissant l'intelligence, il remplit le cœur... il n'y a pas de doctrine
» qui soit plus élevée, plus divine, plus salutaire et plus utile aux vrais théo-
» logiens que la sienne. » — « Bonaventure, dit le savant abbé Jean de Tritheim,
» était aussi versé dans les saintes Ecritures que dans les sciences profanes.
» Son esprit était fin et lumineux; ses livres sont profonds et pieux; ils allument
» dans le cœur l'amour du Christ; ils fortifient l'intelligence des plus saintes
» doctrines. Veux-tu être pieux et savant tout à la fois : sers-toi des livres de
» Bonaventure. »

Notre édition, sous le double rapport de la correction et de la beauté du texte, ne laissera rien à désirer. Confiée à M. l'abbé Peltier, avantageusement connu, elle offrira aux amateurs des beaux livres, comme aux amis de la saine critique et de la plus savante théologie, tout ce qui peut charmer les yeux et tout à la fois satisfaire l'esprit. Les fausses indications des éditions précédentes ont été relevées avec exactitude; et, au moyen des variantes renvoyées au bas des pages ou rejetées dans les marges, on aura, pour ainsi dire, sous la main toutes les facilités désirables pour entrer dans la pleine intelligence des passages les plus obscurs du docteur Séraphique. Les sources, tant sacrées que profanes, où a puisé saint Bonaventure, les passages d'auteurs qu'il a cités seront de même indiqués avec précision et consciencieusement discutés dans des notes distinctes des variantes, qu'on pourra, sans plus de travail, consulter également, sur des lignes parallèles, au bas de chaque page. Une table complète et soignée des matières terminera cette édition : avantage inappréciable que n'offre aucune de celles qui ont paru jusqu'ici.

BESANÇON. — IMPRIMERIE D'OUTHENIN CHALANDRE FILS.

www.ingramcontent.com/pod-product-compliance
Lightning Source LLC
Chambersburg PA
CBHW050104230426
43664CB00010B/1432